工业与组织心理学

第10版

心理学与现代社会的工作

〔美〕杜安·P. 舒尔茨
〔美〕悉尼·埃伦·舒尔茨 著

孟 慧 林晓鹏 等译

上海人民出版社

谨以此书献给戴维·B.昆廷，感谢他卓越的判断力、
管理技巧和不屈不挠的意志

目　录

第1部分　工业与组织心理学实践

第3部分　组织心理学

第4部分　工作场所的特质

第5部分　工程心理学

第6部分　消费心理学

译者序

工业与组织心理学（Industrial and Organizational Psychology）诞生于19世纪20年代初，是一门将心理学方法、知识和原则运用于工作中的人的科学。工业与组织心理学自诞生以来就致力于解决工作场所中组织和个人存在的实际问题，并在这一过程中不断进行理论的推陈出新。就其名称来看，工业与组织心理学对我国读者而言可能显得有些陌生，但实际上，工业与组织心理学就存在我们的日常生活和工作中。这门学科的研究范围很广，我们所熟悉的很多学科实际上都可以算作是它的分支，比如管理心理学、人力资源管理、工程心理学、消费心理学以及职业健康心理学等等。

尽管工业与组织心理学对我们的日常生活，特别对我们的工作有着十分重要的影响，但令人遗憾的是，到目前为止，在我国《工业与组织心理学》的译作不足五本。20世纪90年代初，由浙江大学卢盛忠、王重鸣、郑全全等教授翻译了麦考密克和伊尔根的《工业与组织心理学》（1985年版），2010年由我主持翻译了保罗·斯佩克特的《工业与组织心理学》（第5版），2011年由丁丹等翻译了阿莫特的《工业与组织心理学》（第6版），这三本均主要面向心理学本专业的学生和专业研究者。而舒尔茨教授夫妇撰写的这本《工业与组织心理学——心理学与现代社会的工作》则主要面向更为广阔的非心理学专业的读者群。2004年时勘教授首次将该书的第8版翻译成中文，介绍给了我国的读者。此次，我受上海人民出版社的委托，很荣幸将该书第10版的中译本介绍给对工作中的心理学感兴趣的读者。

通过对第10版《工业与组织心理学——心理学与现代社会的工作》的仔细阅读和学习，我认为这本书有以下特点：

第一，语言通俗易懂，内容详实丰富，使得非心理学专业人士也易于使用和学习。

正如作者在前言中提到的，本书主要面向非心理学专业的学生。也因此，作者以非常通俗的语言对相关理论及其实践进行了阐述，避免了使用心理学专业术语可能会给人带来的晦涩感甚至是误解。我们在翻译的过程中也力图使我国的读者能够感受到舒尔茨教授夫妇的这一良苦用心。除了语言通俗，本书的内容也非常充实，囊括了研究方法、雇员和工作评估、工作激励、职业健康、组织心理、工程和环境心理以及消费者心理等内容。作者对每一个主题都是深入浅出地娓娓道来，使得每一个阅读此书的读者都能迅速理解该主题的含义。这些都促使本书的读者群更为广泛。

第二，本书注重已有的理论和成果，但更注重理论的实践应用性。

基于工业与组织心理学这一学科的性质，本书作者引用了大量相关的科学研究成果，深入而全面地介绍了这一学科的相关理论,同时,考虑到理论与成果在实际工作中的可用性,作者所选择的研究成果均来自于以实际工作者为对象且以工作场所为背景的研究。可以说,本书所呈现的理论、方法和研究结果能够更为有效地帮助读者解决实际的工作问题。

第三,与前几版相比,第 10 版继续关注经济全球化和工作场所多元化的影响,并且更注重与时俱进,增加了大量工业与组织心理学领域的最新研究成果。

为了体现工作场所的全球化,本书所呈现的工业与组织心理学成果来自于近 50 个国家的研究。同时,作者增加了 400 多项反映 21 世纪工业与组织心理学研究发现和趋势的新成果。例如,人类社会在进入 21 世纪以后已经发生了很多变化,其中之一便是网络的使用。如今,网络已经渗透到了人类工作与生活的各个方面。那么,网络对于我们的日常生活,特别是对于我们的工作到底是好是坏,网络给我们带来了什么呢?这一版的《工业与组织心理学》将给你解答。除了网络使用之外,本书还增加了对工作团队、变革型领导、神经营销学以及工作—家庭平衡等反映现代工业与组织心理学最新理论进展的内容。这些内容有助于读者了解国际上工业与组织心理学研究的最新成果及其应用。

第四,本书体例科学,便于读者的学习、理解和应用。

本书是根据读者的基本学习规律进行编排的,全书图文并茂,引文丰富,具有很强的可读性。每一章都包含了本章概览、本章小结、关键术语、复习题和拓展性阅读,各章正文中也附有"新闻聚焦"这一专栏,为读者提供了大量的参考性阅读信息,其内容都节选自《纽约时报》等大众期刊,作者试图以此来加深读者对每一章内容的理解和运用。

总之,本书是理解和学习工业与组织心理学的不可多得的一本好书。希望读者在读完这本书后能有所收获,如果这本书能给您的工作和生活带来些许良好的变化,我们将备感欣慰。

关于本书的翻译,我首先要特别感谢我的同行和学生们。他们是:黄佩佳(第 1、2 章)、艾亦菲(第 3、4 章)、陈晓茹(第 5、6 章)、杨铮(第 9 章)、林晓鹏(术语表、第 11 章)、李趁趁(第 7、12 章)、孟慧、杨丽霞(第 8 章)、房慧聪、郑星(第 10 章)、房慧聪、赵圣磊(第 13 章)、王彦(第 14 章)以及黄璐(前言)。其次,本书初译稿完成后共经过了三次初步审校,该项工作主要是由我的硕士研究生及少量对工业与组织心理学感兴趣的高年级本科生完成的,他们是林晓鹏、孙兰、黄佩佳、陈晓茹、艾亦菲、黄璐、吴海荣、刘琳、张璐洁、胡佳丽、张璇和朱玉娇,这些同学也同时对部分章节的译稿进行了挑剔性阅读。再次,林晓鹏、孙兰和我对三次初审后的译稿进行了非常仔细的纠错、审读和校对。最后,全书由我逐章审校定稿。在此,特别感谢林晓鹏在整个翻译过程中进行了大量的组织协调工作,他和孙兰也对全书译稿的排版和格式进行了统一整理;感谢我的同事房慧聪博士、王彦博士和王鹏博士在翻译过程中给予的支持和参与;也要感谢孔苏玮、钟艳、黄姝君、顾敏雅和储雯等低年级本科生应邀作为本书译稿的首批读者对部分章节进行了挑剔性阅读,给出了非常宝贵的建议。

　　本书可供各类高等院校学生作为工业与组织心理学、管理心理学、人事心理学等专业课程、通识课程的教材或参考书,也可供广大心理学爱好者和实践者作为工业与组织心理学学习与实践的参考书。在翻译过程中,我们享受了学习的快乐,但同时也备感压力,唯恐不能向读者准确呈现原著之思想精华。由于学识和时间所限,恳请同仁和读者们对本书翻译中的疏漏和错误给予批评、指正。

孟　慧

2012 年 12 月于田家炳书院

本书第 10 版所引用的研究来自于以下国家或地区：

阿根廷	法国	尼泊尔	韩国
澳大利亚	德国	荷兰	西班牙
奥地利	希腊	新西兰	瑞典
比利时	中国香港	挪威	瑞士
巴西	印度	巴基斯坦	中国台湾
加拿大	伊拉克	秘鲁	泰国
中国	爱尔兰	葡萄牙	土耳其
哥伦比亚	以色列	俄罗斯	美国
厄瓜多尔	意大利	苏格兰	乌拉圭
埃及	日本	新加坡	越南
英格兰	马来西亚	南非	威尔士
芬兰	墨西哥		

前　言

多数修读工业与组织心理学导论课的学生日后会为某个组织工作,也有一部分人已经是在职员工了。本书旨在告诉他们,作为求职者、受训者、员工、管理者和消费者,工业与组织心理学如何直接影响个人的生活。简言之,就是使学生领悟现代社会中工作的本质。

比起追求科学理想,本书更关注实践和应用。例如,我们认为,让学生们了解培训需求分析之类的主题很有必要,但同时,学生们也应该了解在工作场所中,公司一般不愿意在这方面花钱,所以很少实施需求分析。

只有学习了工业与组织心理学的重要理论、模型、研究方法和研究成果,学生才能深入理解这一领域的目标和宗旨。但同时他们也要意识到,实践中的工业与组织心理学会受到组织环境和需求的影响。因此,本书将在实际工作情境和工作相关问题的框架下探讨有关的理论、方法和研究成果。

事实上,本书引用的所有研究都源自实际工作中的雇员,而非心理系实验室中执行模拟工作任务的大学生群体。同样,我们基于对不同性别、年龄、文化、种族、社会经济地位员工的研究,描述了实践中的工业与组织心理学项目,展现了它们是如何在不同组织环境中计划和实施的。

为了体现工作场所的全球化和当今经济社会内部的关系,本书呈现了对将近50个国家的雇员的研究成果,这些国家分别位于北美洲、南美洲、欧洲、亚洲、非洲和澳洲。前言的最后部分会列出这些国家的名字。

因此,本书的第10版不仅继续关注工作场所的多元化,也关注经济环境的改变和尖端技术的应用所带来的影响。本书主要面向非心理学专业的学生,他们是社区大学、学院和综合性大学的心理学系和商学院所开设的工业与组织心理学、商业心理学、人事心理学、应用心理学等课程的选课主体。

本书第10版的修订反映了工业与组织心理学领域的动态本质。我们重写并改编了一些章节,添加了400多项反映21世纪工业与组织心理学研究发现和趋势的新成果。

本版的重要内容包括:

- 当前大学生的求职意向和工作态度,以及由此给工业与组织心理学家带来的挑战
- 基于网络的研究、招聘、职业培训和社会化的优劣
- 谜题面试
- 多样化培训

- 由是否拥有计算机技能所带来的雇员之间"数字鸿沟"的加深
- 工作团队
- 针对不同群体的广告投放
- 人格与工作绩效
- 绩效评估中的性别和种族偏见
- 印象管理
- 变革型领导
- 组织公平
- 组织公民行为
- 工作场所的欺负、粗暴言行和骚扰
- 工作-家庭平衡
- 健康管理中人的因素
- 神经营销学

每章包括本章概览、本章小结、拓展阅读和关键术语。本书最后以术语表形式汇总了所有关键术语及其定义。复习题旨在激发学生分析本章资料,当然,也可用作课堂讨论和书面作业。新闻聚焦板块较之以前有所扩展。总而言之,这些简短的部分给大家提供了现实世界工作问题的非正式讨论,诸如找不到工作的原因、工作-生活平衡、假期对提升工作绩效的作用、虚拟现实的应用、聚友网(MySpace)等社交网站的影响。

本书提供了教师手册和试题库,这些资源也可以在教师资源中心和 www.pearsonhighered.com 下载。

在此我们要感谢就这本书致信给我们的许多学生和同事,他们为本书呈现了宝贵的建议。也同样感谢几位读者,对书稿提供了富有洞察力的反馈。他们的名字是:

Shawn R.Charlton, *University of Central Arkansas*;

Kim Cummings, *University of Tampa*;

George Diekhoff, *Midwestern State University*;

Donald A.Hantula, *Temple University*;

Brian Johnson, *University of Tennessee-Martin*;

Bryan Kennedy, *Athens State University*;

Hollie G.Smith, *Stephen F.Austin State University*.

杜安・P.舒尔茨

悉尼・埃伦・舒尔茨

第1部分　工业与组织心理学实践

　　不论你是否处在工作岗位上，抑或在申请第一份工作，或是在规划职业生涯如何前进，抑或是在准备退休，工业与组织心理学家们的工作都将影响你的行为和身心健康。本书的第1章将介绍工业与组织心理学的研究范畴，第2章将回顾工业与组织心理学家使用何种研究方法来收集数据，得出结论，为管理者提供建议，并将研究结果应用到组织生活的方方面面。

第 1 章

理论、实践和问题

若非必要，你会工作吗？

想象一下，假如你中了1 000万美元的彩票，你还会继续去工作吗？让人吃惊的是，很多人的回答都是会，即使他们不需要钱。这里，我们不是在说电影明星、歌星或者运动员，而是说那些在传统工作岗位上的人。他们即使不工作也有足够的钱舒服地过完下半生，但他们为什么仍努力工作？因为他们享受这个过程。

想想那些大公司的CEO，他们很多人都能拿到数百万的工资，但仍然继续工作。再想想那些富裕的华尔街商人，他们很少休假，仍然像未成功的时候那样花长时间努力工作。还有其他一些看上去并没有这么光鲜的职业，例如教师、电脑编程员、实验室技术员和机械师等，也有将近75%的人表示即使得到了经济保障不再需要那份工资了，他们也会继续工作。

有些人幸运地找到了一份非常契合自身能力的工作，那么他们从工作中得到的就不仅仅是一份薪水，还能体验到强烈的自我满意感、满足感和成就感。这种感觉与薪水不同，是一份特殊的回报。所以说，工作不仅与经济富足有关，也与安全情绪体验、自尊和满足感有关。工作可以给你一种身份和地位，给你和他人一个定义，你是谁，你算什么。工作能提供给你学习新技能、征服新挑战的机会，带给你积极的社会经验，满足你归属某个团队的需要，也能让你体验到作为一名成员被团队接纳、重视的安全感。此外，工作还能提供建立友谊、碰到各种不同背景的人的机会。

另一方面，如果你不幸地发现自己不喜欢现在的工作，那么工作就会单调枯燥，甚至有害健康。有些工作环境带有危险性，另一些工作则会让人产生压力、焦虑和不满。如果你厌倦了现在的工作，在发展规划中受挫，或者对老板不满，你就有可能在一天的工作结束后将这些不满带回家，然后在家人朋友面前发泄出来。

有一项长期研究聚焦于工作压力和身心健康之间的联系，研究在工作场所中进行，结果表明，积极的社会互动有助于提升心血管功能，增强免疫系统（Heaphy & Dutton, 2008）。另一项研究显示，工作对心理健康、满意感、成就感和情感幸福很重要（Brustein, 2008）。工作满意感能有效地预测人的寿命，对自己工作满意度更高的人，活得更长久。

努力寻找什么样的工作契合自己的兴趣、能力和性格是很重要的。因此，工业与组织心理学可能是大学课程中与个人相关度最高的课程了。你会发现，从你申请第一份工作开始到宣布退休，工业与组织心理学都将影响着你。工业与组织心理学家对实践的研究发现，结合你自身的技能和动机，将会决定你的工作职位、工作方式、工作报酬、工作的责任心以及从工作中获得的快乐。

工作中的工业与组织心理学

工业组织心理学家在人力资源和人员选拔领域工作，最初是为了帮助解决择业这一难题的。你第一次在课堂外与工业与组织心理学家正式接触可能是通过招聘网、申请表、面试、心理测试或其他雇员选拔测试。工业与组织心理学家精心设计这些选拔测试,以此来帮助雇主决定你的去留,看你是不是这份工作的最佳人选,或者说看这份工作是不是最适合你的。

工作有助于定义自己的角色,提升自尊水平

在你找到让自己和企业都满意的合适职位后,培训及工作中的表现将决定你今后的发展,你的雇主会用工业与组织心理学家制定的评估标准对你进行评估。

如果你接受过大学教育的训练,那么你很有可能跻身管理阶层,胜任经理的职位,因为管理层的工作要求你了解不同的激励策略和员工所关心的问题,从而学会领导和激励你的员工,让他们更努力地为你工作,因此你需要获悉工业与组织心理学家在这些方面的研究成果。

即使你没有直接下属,例如工程师、信息技术员、会计或个体经营者,如果你掌握一些建立良好人际关系的技能和知识,你也会从中获益良多。成功与失败的关键可能就看你是否懂得如何与他人更好地相处。

理想的情况是,你对雇主有承诺,并且希望企业发展良好,从而继续提供给你自我发展的机会。企业势必要高效率、高质量地进行生产。良好的设备设施、工作条件等有利于形成高效的工作氛围。工业与组织心理学家能够帮助企业设计出最佳生产力的工作流程和办公环境。此外,企业还需要有效的产品包装、宣传和行销,在所有这些环节中,工业与组织心理学家都起到了一定的作用。

所以说,在现代化企业运作的各个层面上,心理学家都为雇主和雇员提供了必要的服务,而你和你的企业都是工业与组织心理学服务的对象,两者之中只要有一方受益,另一方自然也会受益。

但是需要提醒的一点是,工业与组织心理学固然重要,它贯穿于职业生涯的整个过程,但它毕竟只是一个工具。任何工具只有到了具备使用技能的人手里才能体现其价值。如果工业与组织心理学的方法和研究发现被管理者误用,或者被员工误解,那么将弊大于利。因此,即使只是为了自我保护,了解一些工业与组织心理学的知识也是非常重要的。

新闻聚焦

你需要知道你喜欢什么

几年前,乔布斯(Steve Jobs)在斯坦福大学的毕业班上以自己的亲身经验做了一次讲座,他说,"我很幸运,我在年轻时就已找到了自己喜欢做的事。"乔布斯20岁的时候,与史蒂夫·沃兹尼亚克(Steve Wozniak)一起在他父母家的车库成立了苹果电脑公司(Apple Computers)。10年后,他们拥有了4 000多名员工,而且乔布斯也成为一位亿万富翁。但是后来,那些被乔布斯捧上董事位子的董事们以及新任主席撤销了他的经营权,那时他30岁,痛苦万分,虽然做梦也没想过自己会赚到这么多钱。

"生活的重心突然消失了,这几乎是毁灭性的。"乔布斯可以做任何他想做的事,去任何地方,买任何东西,只是不能再回去工作了。然而,他却创办了一家新的软件公司,发展成了后来的皮克斯动画工作室(Pixar),很快它就成为全球最成功的动漫电影制片公司。

乔布斯是这样形容他被苹果公司解雇一事的:"有时生活给你迎头痛击,但是我深信,就是因为我热爱我所从事的工作,它会使我不断前进。所以你也需要找到自己所热爱的工作,它就像生活中你的爱人一样。工作将会占据你生活中的一大部分,让自己满意的唯一途径就是相信这是一份了不起的工作,而做好这份了不起工作的唯一途径就是爱上你所干的活。如果你还没找到自己热爱什么,那么继续寻找,不要停下来。正如所有的心头事一样,找到了你就会知道你已经找到了,也正如所有的亲密关系一样,随着时间的推移会越来越好。所以说,直到你找到你喜欢做的事之前不要停下来。"

资料来源:Steve Jobs, commencement address, Stanford University, June 14, 2005.

日常生活中的工业与组织心理学

　　工业与组织心理学除了在工作中有所运用之外,在生活中也有广泛应用,例如它会影响你日常生活的态度和行为。你可以想想,你是怎么开始一天的新生活的,你是怎样选择牙膏或沐浴露的,你为什么选择某个牌子的早餐食品,诸如此类,这些选择都受到心理学家的影响。他们根据你的心理意象设计产品,根据你的喜好包装产品,又设立独特的品牌来满足你对品牌的情感需求。是不是有广告标语说,穿上这条牛仔裤你将会更显时尚,开这辆车将会凸显你的成功? 工业与组织心理学家帮助企业设计广告和营销策略来创造、迎合并且影响消费者的需求。

　　同样的,心理学的这些技术还可以用于晋升和拉选票,例如,领导人用民意测验和焦点小组访谈等形式了解选民对候选人在各种问题上所持立场的感觉。此外,民意测验也可以用来考察电视节目的收视率。

　　工业与组织心理学家还可以协助工程师设计和排列显示装置和控制装置,例如车上的仪表盘以及各种家用电器。在这些方面,心理学家的工作可以使得控制装置更便于使用,显示装置更便于识别和理解。我们常见的高速公路上指示灯的颜色和形状也是工业与组织心理学家研究设计出来的,此外,他们还参与设计飞机驾驶舱、手机、微波炉、电脑显示器和键盘等,使这些设备使用起来更舒适便捷。

新闻聚焦

找不到工作的原因(一):面试时什么是不能说的

以下是负责招聘的经理和主管报道的内容:

- "一位应征者用唱歌的形式回答了所有的面试问题。"
- "一位应征者说我们公司福利很好,这一点非常棒,因为他明年需要请很多的假。"
- "一位应征者带他母亲来面试,还让他母亲代替他回答了所有问题。"
- "一位应征者说他对于要应征的这份工作没有任何相关经验,但他朋友有。"
- "一位应征者说他已经试过三次了没有成功,相信这次肯定能获得这份工作。"

你会雇用这些员工吗?

资料来源:*Biz Tidbits*, September 2, 2007.

对雇主而言，工业与组织心理学意味着什么

为什么各行各业的企业都需要工业与组织心理学家的服务呢？因为他们的工作确实有效，不仅可以提高企业的效率，激励员工的士气，还可以增加企业的利润。例如员工的缺勤问题会给企业带来很大的损失，而工业与组织心理学家提出的策略可以降低缺勤率，降低损失。加拿大一家拥有 3 万多员工的银行，采纳了一位企业咨询心理学家的建议，安装了一套计算机缺勤报告系统，1 年内节省了 700 万美元，远远高出了心理学家的咨询费和安装系统所花的费用。

企业另一个影响利润的问题是人员流失。如果员工离职，不仅损失了先前在离职员工身上所花的招聘、选拔和培训费用，还需要雇用和培训新人来顶替这一职位。工业与组织心理学家研究企业的情况，并提出建议来解决高离职率问题，最终为企业降低了 10％ 的离职率，在一年内节省了 10 万美元。研究显示，通过对员工态度的定期调查、管理层与下属之间经常交流、职业测试等方式可以使企业利润提高 20％ 以上（Rynes, Brown, & Colbert, 2002）。

提升员工的工作满意感是如今企业所关心的一个重大问题，企业管理者希望工业与组织心理学家能帮助他们改善员工对工作、对组织的态度。提高员工对工作的满意度不仅可以降低他们的不满情绪和其他工作抗拒，还可以降低缺勤率、离职率、消极怠工、误工和工伤等问题。

工业与组织心理学家设计像心理测试这样的人员选拔方法，可以有效地帮助企业选拔出最合格的候选人。例如，有研究者曾比较利用认知能力（智力）测验和基于传统的学历和工作经验这两种不同选拔方式选拔的联邦政府雇员，结果发现通过智力测验选拔出来的员工更优秀，工作效率更高，并且节约了大量的花费。

这些例子都表明，不论是哪种类型的企业，工业与组织心理学家的工作都是非常重要的，有助于企业提高效率，增加收益。

工业与组织心理学的发展历程

心理学是一门研究行为和心理活动过程的科学，工业与组织心理学（industrial-organizational psychology）是将心理学的方法、知识和原则运用于工作中的人的一门科学。心理学是一门科学，这个事实告诉我们它是可操作的，科学能够处理那些可以看到、听到、触摸到、测量到以及记录到的信息。所以说，科学是实证主义，它依赖于可证实的观察、实验和经验，而非臆断、预感或个人的主观想法、偏见等。科学，无论是其方法还是结果，都是客观的。

需要注意的是，科学是由其方法，而不是由其研究主题界定的。在研究方法和程序上，工业与组织心理学力求像物理和化学那样做到科学性，当工业与组织心理学家在观察人

在工作中的行为时,所遵循的是最传统的科学原则:客观、公正和系统。

工业与组织心理学所研究的主题也是具有客观性的,心理学家通过观察和分析人们的外在行为,例如行动、讲话、书写以及其他创造性工作等,去分析和了解他们。这些外显的行为表现是人作为一种存在的生命体唯一能被客观看到、听到、测量到、记录到的方面。但因为心理学还是一门研究认知过程的科学,因此除了行为之外,研究内容还包括其他内在的心理活动,例如动机、情绪、需要、知觉、思维和情感,而这些内在的心理活动,我们无法直接进行观测。

例如,动机是看不到的,它是一种内在的驱动力,无法直接观察到,但动机所产生的效果却是可以看到的。如果一个人生气了,他的情绪可以通过涨红的脸、急促的呼吸和紧握的拳头等外在行为表现出来。一个人如果对成功有强烈的渴望,与那些渴望程度较弱的人相比,会在其行为中更明显地表现出这一动机,无论在工作中、宴会上,或者是在心理实验室的观察下,这两类人的行为表现都是不一样的。

智力也是无法直接观察到的,但观察到的外显行为可以代表智力的不同水平层次。心理学家可以客观地记录认知能力测验的完成情况,完成得更好,说明这个人的智力水平更高。通过对客观观察到的行为进行推测,即使不能直接看到,也可以使我们了解到人的心理状态。

这就是工业与组织心理学家的工作范式。在控制良好的系统性条件下,观察员工在工作中的行为,记录其行为反应,例如一条生产线每小时生产的零件数,一个打字员每分钟敲键盘的次数,或者航空公司服务部门电话服务的质量。心理学家通过改变一份工作的工作环境来测量不同工作条件下员工不同的行为反应。心理学家通过观察并使用这些或其他策略和技术,从而对人类的行为有一个更全面的理解。他们谨遵科学方法的原则客观且精确地看、听、测量以及记录。

工业与组织心理学是如何变成现代组织生活和日常生活不可或缺的一部分的呢? 主要是因为这一领域建构且迎合了时代的需要。某些亟待使用创新方法才能解决的实践问题推动了这一领域的发展,对于危机和需求的渴望,则持续刺激着它的成长和影响力。

人员选拔的先驱

工业与组织心理学的正式创立是在 20 世纪初期,开拓这一领域的功劳要归属于斯科特(Walter Dill Scott,1869—1955)。斯科特曾是西北大学的一名足球运动员,从神学院毕业后,他想到中国做一名传教士,正当他为这一决定做准备时,得知中国的传教士职位没有空缺,于是他转而成为一名心理学家。

斯科特是把心理学运用于广告、人员选拔以及管理问题的第一人。19 世纪末,他提出心理学对于广告业的潜在使用价值,受商界领袖的鼓舞,斯科特写了几篇文章,并出版了《广告的理论与应用》(Scott,1903)一书,该书被公认为是第一本讲述如何用心理学去解决商业领域问题的书籍。1919 年,斯科特创办了第一家工业心理学咨询公司,为美国 40 多家大公司提供服务,主要内容为人员选拔。

1913年,在哈佛大学任教的德国心理学家芒斯特伯格(Hugo Münsterberg, 1863—1916)写了《心理学与工业效率》一书,他较早提倡使用心理测验来测量未来员工的技能,并据此将人与工作要求进行匹配。他在真实的工作环境及工作场所中进行了大量研究,目的在于提高工作效率。芒斯特伯格的著作、研究及咨询活动,传播了工业心理学的影响力,他也成为美国名望最高、最著名的心理学家,他与国王、总统和影星成为朋友,同时他也是仅有的曾被指控为间谍的两名心理学家之一(这一指控是错误的)。

第一次世界大战与心理测试运动

斯科特和芒斯特伯格的工作为工业心理学领域揭开了序幕,而其作为一门重要且有用的学科真正诞生是由于第一次世界大战期间(1917—1918)美国军队对心理测验的迫切需求。为了对前来报名参军的数万人员进行选拔和安置,军队委托心理学家设计测验来检测出那些智商较低的人员,以便将他们从培训项目中除名。经过心理学家们的努力,共编制出两套测验:α测验(陆军甲种测验)与β测验(陆军乙种测验),前者用于那些会读写的人,后者则以迷宫、图片和符号的形式用于那些不识字的人,同时也适用于那些英语不熟练的移民。

还有附加测试用来选拔军官、飞行员及其他要求特殊能力的兵种,让合格者进入培训。例如,人格测验、个人数据表可以同时对大批人进行施测,甄别出具有神经过敏倾向的新兵。

战争过后,商业、制造业、学校和其他组织都需要选拔和安置大量人员,这就需要更多更好的测验技术。原来的军用测验改为民用,此外又编制了新测验以适用于各种不同情境,从而使人们对心理测验的热情传遍了整个美国。不久之后,成千上万的学生和求职者有如例行公事一般地都遭遇到了心理测验这一门槛。因此,工业心理学家最初的贡献在于人员选拔,即对个体进行评估后将他们安置在适合他们的工作岗位或是培训项目中。

霍桑实验与动机问题

工业心理学领域由于心理学史上最重要的一个研究而得到了快速发展,这一研究是由哈佛大学工业研究所所长梅奥(Elton Mayo)进行的,从1929年一直持续到1932年。之所以称之为霍桑实验(Hawthorne studies),是因为该研究是在位于伊利诺伊州西部电气公司(the Western Electric Company)的霍桑工厂进行的,这项长期研究项目使得工业心理学的研究从人员选拔与安置问题进一步延伸到动机、人际关系和组织动力等更为复杂的问题(Roethlisberger & Dickson, 1939;Hsueh, 2002)。

研究起初是直接考察物理工作环境对工人工作效率的影响,涉及如下几个问题:提高工场的照明度会对工人的产量有何影响? 温度和湿度是否会影响产量? 如果管理者让工人稍作休息会怎么样?

霍桑实验的结果让研究者和工厂管理人员都非常震惊,结果显示工作场所中的社会和心理因素远比物理因素重要。例如,工场照明强度的由强变弱并不会降低工人的工作效率,即使在将近黑暗的工作环境中,工人仍能保证原有的产量,这就说明,势必有更多微妙的因素在起作用。

另一组工人的产量则随着照明强度的升高而增加,研究者又改变了其他因素,例如提供间休、免费午餐、缩短工作时间,无论改变何种因素,产量都随之增加,可是,当这些福利都消失时,产量还是在增加。由此,研究者得出结论,对于工人而言,工作环境中的物理条件没有管理者想的这么重要,社会和心理因素才是更为重要的。

例如,研究者通过对2万名工人的访谈证实了这一结论,并不是访谈的内容,而是被访谈这一事实本身使得工人平息了怨气,变得更听话,适应更良好,因为访谈让他们感觉到被关注,有人看到了他们,愿意倾听他们,他们还有做调查的资格(Lemov,2005,p.65)。换句话说,只因为在工作中被询问或者被观察这一事实让很多工人都觉得管理者是关心他们的,老板对他们感兴趣,也是真的把他们视为独立的个体,而不仅仅是巨大的工业机器中那些交替着的齿轮。

霍桑实验为工业与组织心理学家开辟了新的研究领域,例如领导力的实质,员工中非正式团体的形成,员工态度,沟通模式以及如今被认为能够影响效率、动机和工作满意度的一些管理与组织变量。虽然霍桑实验因其缺乏科学的严谨性而受到指责,但不可否认,心理学家对工作本质的关注是受到了霍桑实验的启发和引导的,而且它也为工业与组织心理学拓宽了道路,指明了方向。如果需要了解更多关于霍桑实验的信息以及它对当今管理学问题所产生的影响,请登录 www.library.hbs.edu/hc/hawthorne/。

新闻聚焦

第一份工作:我们都必须从某一个点开始

布拉德·皮特(Brad Pitt)在成名之前曾穿着公仔外套站在快餐炸鸡店门口吸引顾客。迈克尔·戴尔(Michael Dell)在计算机行业中成为亿万富翁之前曾在一家中式餐厅做刷碗工。制片人昆汀·塔伦蒂诺(Quentin Tarantino)在成为电影和电视制作人之前做过一家X级影剧院的接待员,也在影像商店做过店员。喜剧演员克里斯·洛克(Chris Rock)曾是红龙虾餐馆(Red Lobster restaurant)的服务生,直到他在杰·雷诺(Jay Leno)的节目上拿自己在餐馆的工作当笑料讲笑话而成名。

你可能都没听到过吉姆·斯金纳(Jim Skinner)的名字,但作为麦当劳总裁的他一年至少挣1500万美元,他曾在美国海军服役10年,退役后成为麦当劳的管理培训生,从扫地、扫厕所、炸薯条、做汉堡开始,最后坐上了麦当劳的最高位。

泰瑞·伦德格林(Terry Lundgren)上大学时找的第一份兼职工作是在餐厅当侍应生,为客人剥牡蛎,毕业时他厌倦了这一食品服务行业,之后去了好几家公司工作,最后成为梅西百货公司(Macy' department store)的董事长。2006 年,他的年净收入是 900 万美元。他说,"从最开始我对我所从事的工作都是非常热爱的,我努力工作,我觉得我很幸运,我从不认为这些都是理所当然的,尤其当我想到我是从哪里开始做起的。"

你是从哪里开始你的职业生涯的呢? 你想从这个地方到哪里去? 无论你的目标是什么,工业与组织心理学家的工作都有可能帮助你去实现它。

资料来源:Celebrity first jobs(2007), Retrieved from www.forbes.com; MSNBC. com, May 11, 2007; Kirdahy, M.(2007, October 26).

第二次世界大战与工程心理学

第二次世界大战(1941—1945)把 2 000 多名心理学家直接卷入了战争中,他们的主要贡献是测试、安置和培训各个兵种成千上万的新兵。操作高端复杂的飞机、坦克和船舶需要新的知识技能,因此军队需要甄别出有能力完成这些任务的人。

战争中日益复杂的武器设备促进了一块新领域的诞生和发展,即工程心理学。心理学家与机械工程师紧密合作,告知工程师有关人类操作高速行驶的飞机、潜水艇及其他设备的一些优势和局限,从而完善他们的设计。

工业与组织心理学因为对战争的贡献,地位有所提高。政府和工业领导人意识到,商业中的许多实际问题可以由心理学家去解决。战争的经验也告诉那些战前把自己关在大学实验室里做研究的心理学家们,现实世界中有很多重要且极具挑战的问题是他们能够帮助解决的。

工业与组织心理学的后续发展

1945 年,二战结束,随着美国商业和技术企业的发展,工业与组织心理学得到迅速的发展。现代化企业的规模和复杂性要求工业与组织心理学家发展出更多的技能,同时也为这一领域的发展提供了良好的机遇。新科技的发展意味着员工素质需要提升,培训项目需要重新设计。例如,计算机的出现产生了对编程和技术支持人员的需求,也改变了很多工作的运行模式。心理学家势必要评估这些工作所需的能力,也要评估哪类人最具备这些能力,还要开发出培训新员工的最佳方法。

此外,对工程心理学家的需求也在增长。例如,超音速飞机、导弹、先进武器装备的发明,信息技术的出现,促使操作人员需要额外的培训,以便他们能够最高效地进行操作。工程心理学家也参与设计工业机器人、高科技办公设备以及自动化操作平台的再设计等工作。

组织问题,即工业与组织心理学中的"组织",也日趋重要。很多经理和主管认为人际关系技能对于员工保持高工作绩效是非常重要的。心理学家们仍在继续研究和分析领导力的本质、动机和工作满意感的作用、组织架构和工作氛围的影响以及决策过程等问题。在意识到组织变量的重要性后，美国心理学会（American Psychological Association，APA）的工业心理学部门发展成为工业与组织心理学会（Society for Industrial and Organizational Psychology，SIOP）。

工业与组织心理学面临的挑战

工作性质急速变化，科技高速发展，分工日益精细，这些都给工业与组织心理学家带来了新的要求和责任。他们正面临一项新的挑战，伴随着这些变化，工作类型和员工的工作方式也发生了变化。

虚拟的工作场所

企业中有很多员工不在公司办公，这种现象越来越普遍。员工在家远程办公，出差时在车上通过电子邮件，在飞机上通过电话，在酒店或度假村通过电话会议等都可以进行工作，这一工作场所和工作方式的急速转变是信息时代发展的结果。很多工作无论在家还是在办公室都可以完成，这要归功于电子邮件、语音信箱、传呼机、手机、手提电脑和个人数据系统的发明。

为了快速有效地工作，这些虚拟的工作场所至少需要三种信息获取方式：(1)能从网上下载和打印资料；(2)能远程获得客户、产品数据库及重要文件；(3)能随时追踪到下属及其任务完成情况。

使用电子通信虚拟工作场所的负面效应是，老板总希望雇员能加班，或在正常的上班时间之外也能找到人。有些公司要求员工随时都带着手机或寻呼机，确保随时能联系到，使员工没有机会逃避工作要求。正如《纽约时报》的一位编者说的，"一周 7 天，一天 24 小时的交流是通过电话线进行的。"当 985 位工业与组织心理学家被问到"什么是最有可能影响未来这一领域发展的趋势"时，37% 的心理学家认为科学技术与网络的发展是最关键的（Waclawski，Church，& Berr，2002）。

虚拟的员工

不仅越来越多的人在办公室外远程办公，而且，能够在同一家公司一直做到退休的全职员工也越来越少了。以前，员工总是对自己的老板怀着这样一种信念：只要我把自己的工作做好，公司就会一直雇用我到退休。但现在的员工不再对这样的终身职业保障有把握了。在经历了 20 世纪末这样一个疯狂的阶段，公司合并、裁员，工厂倒闭，成千上万的工人和管理者失业之后，人们对于"长期效忠与承诺"这样的概念已经逐渐淡忘了。

现在，多数人喜欢做临时工、自由职业者、独立承包人或者兼职季节工。美国最大的私营企业是一家临时工介绍所——万宝盛华公司（Manpower，Inc）。现在有数百万美国人是自由职业者，经美国国家劳动局的专业估计，有 800 多万人属于独立的承包人。

许多人,尤其是年轻人,说他们更喜欢做临时工,因为那样的工作灵活、独立、有挑战性,能不断提供给他们增加工作经验、提高工作技能的机会。而很多公司也喜欢这样的形式,因为这样可以省下不少管理费用和税额,不用为员工提供保险金、退休金等福利。

但是,也有研究表明,雇用临时工会对全职员工有消极影响,在一项对 415 名来自不同企业全职员工的调查中发现,雇用合同工会降低全职员工对企业的忠诚度,也会破坏全职员工与管理层之间的关系(Davis-Blake, Broschak, & George, 2003)。

此外,很多企业希望全职员工能训练和管理临时工,同时也使全职员工对临时工的工作内容负起责任,这样一来,不仅增加了全职员工的工作量,也加重了他们的职责,然而他们却没有因为额外的工作量而得到补偿。一项对来自 8 家比利时企业的 568 名员工的研究证实,全职员工觉得他们的工作量大于兼职员工(DeCuyper & DeWitte, 2006)。另一些研究也发现,许多全职员工认为他们的工作威望要高于临时工。基于以上态度,很难把全职员工与临时工对等起来,也很难在工作场所中营造和谐的人际关系。

新闻聚焦

临时工

"10 年前,我找了一份装信封的工作,那时我刚大学毕业,也不知道以后要做什么,因此这是必然的。但是借钱供我读完大学的人却不同情我当时的困境。那份工作是我从临时工介绍所找到的,工作内容是往马尼拉信封里塞公司的小礼物,每小时 7.25 美元。我只做了一天。从那以后,临时工的世界就发生了戏剧性的变化……"

由于雇主越来越担心员工无法留任,因此临时工职位越来越多。纽约曼哈顿临时职位委员会主席埃塞(James Essey)说,"雇主在雇用雇员之前都想考验他们一番。"很多公司喜欢临时工,因为不需要给足他们全职员工的福利,甚至完全不用给福利。

不仅雇主变幻无常,很多年轻人也喜欢在不同的地方工作,不愿意介入严肃的人际关系中,除非他们已经完全融合到这个团队中去了。曼哈顿第五大道临时服务所(Fifth Avenue Temporary Services in Manhattan)副总裁埃利斯(Georgia Ellis)说道,"他们就好像试婚一样在测试对方,但不会使你的简历变得不好看,因为你并不是在频繁跳槽,你永远有一个借口,那就是你是临时工。"

29 岁的罗宾逊(Kristin Robinson)已经成为一名"永远的临时工",即长期都有工作任务的临时工。在过去的两年里,作为一名演员的罗宾逊女士也是曼哈顿安德森咨询公司(Andersen Consulting in Manhattan)的长期临时工,一周三天,从事平面艺术工作。这样,她就可以自由支配剩下的两天,去联系其他的临时工作。她认为自由是无价的,她说,"我努力赢得别人的尊重和关注,但如果需要离开时我就会离开,而且我从来不把工作带回家。"

多数年轻人选择像游牧民一样在公司里做临时工,有些是演员、音乐人和作家,他们希望专注于自己所钟爱的真正的事业,而不用被逼去服务他人,"你需要薯条吗?"他们重视时间的灵活性,他们只是利用临时工作来填补生活中的空白。

况且,如果他们一份工作做得不开心,随时都可以走。27岁的林恩(Suzanne Lynn)原本在加利福尼亚南部的格林威尔律师事务所工作,因为出去吃午餐被上司吼了两句非常生气,说再也不回事务所上班了。中介理解她,并为她找了另外一份临时工作。带着这样一种自由以及无条件的爱,临时工作可能成为未来发展的潮流。

资料来源:Ellin, A.(1999, April 18), *New York Times*.

员工介入

如今企业的运作模式正发生着巨大的改变,改变不仅发生在现存的工作中,还发生在新出现的工作中。因此,不管是蓝领工人,还是主管层以及高层管理者都面临着变革性的挑战。

以前,对于某一项操作任务,都有人先把员工教会,然后告诉他们不要问问题,尽管重复做就可以了,但这种现象在当今社会已经消失了。今天的员工想要的是高质量的管理,想要是"被授权"、"介入"和"参与"。员工不仅想要精通某一项工作任务,还想要把各项技能融合起来,这样就可以转换工作任务了。他们势必要不断提升工作技能,学习如何参与决策,从而判断出最佳的工作方式。今天的员工还在产品生产、销售服务、甚至新员工选拔和雇用过程中承担着越来越重大的责任。

员工的介入也影响了管理者的工作方式,他们不能再向员工发号施令,命令他们要做什么,什么时候做以及怎么做了。相比传统的领导者,他们现在更像是引导者和指导者。这些改变都需要员工和管理者做一些适当的调整。这些改变从一定程度上也反映了科技变革对工作场所的作用结果。

新技术需要新技能

工作场所产生的根本变化源于微电子技术的发展,如文字处理器、计算机及工业机器人。工作环境可大可小,尖端科技设备已代替了原先由人操作的机器。如今,大多数办公室职员使用文字或数据处理器,先前那些不需要高水平技能的文书工作被替代了。以前的员工不需要了解的系统和程序,现在的员工在技术上都需要精进。电脑、传真、调制解调器、手机、电子笔记本、电子邮件和因特网改变了许多工作的运行方式,也创造出一些新工作。一些公司还免费给员工配备电子设备,例如,在福特公司(Ford)和达美航空公司(Delta Air Lines),无论是办公室、工厂车间还是维修棚的员工,都配备家用电脑和打印机,还能免费上网。

随着对手工制造业需求的降低,以及对现代化技术需求的增加,那些电脑盲或受教育程度不高的人们找到工作的机会越来越小。以前,搬运工、码头工这些工作主要是体力活,基本不用动脑子。40 年前,从一艘 900 英尺长的货轮上卸货,需要 500 名搬运工花 3 个月的时间,而如今,使用自动化设备,10 个人就可以在 24 小时内干完。现在的搬运工需要运行电脑里的存货清单来点船上的货物,这是 40 年前的员工所不需要的技能。

据估计,大约有 2 500 万 17 岁以上的美国人是半文盲,也就是说他们缺乏阅读理解和写作能力,连一张工作申请表都填不了,当然,他们也缺乏基本的数学计算能力。研究表明,如果让一群 20 岁左右的年轻人照着账单给客人找钱,只有 20% 的人可以完成。

站在雇主的立场上,他们势必想要雇用那些具备一些基本技能、有能力学习怎样干活的员工,但这似乎越来越难了。位于美国东北部的一家电讯公司,测试和面试了 9 万名应聘者,才筛选出 2 000 人可以经过培训参加工作,而且这些工作甚至都不要求有高中文凭。通用汽车公司也发现,员工如果缺乏一定的读写和计算能力,就很难完成几年一次的新技能培训项目,也就无法熟练掌握新的操作流程。到 2012 年,美国将缺乏 1 000 万名能从事高技术工作的员工(Salzburg, 2007)。

全球化的工作场所

你手上的工作可能正在被移到海外,而你人还在这里不动,这说明你将要失业了。美国有众多公司在进行业务外包,甚至出境外包,比如把客户关系、技术支持及电话中心等业务都外包到其他国家去。例如,IBM 公司输出了上万个高薪信息技术岗位到中国,虽然同样的工作内容,但员工在中国拿到的工资与在美国相比却是很低的。微软公司也输出了许多岗位到印度,在那里,一名编程员的年薪是 4 万美元,而在美国却是 8 万美元。全球化意味着把工作转移到劳动力更廉价、竞争更小的地区。这一现象使得如今商业和工业领域成千上万名高技能员工为了迎合当下的工作需要而接受再次培训从而发展出新的技能。

工作场所中的种族多样性

工作场所中的另一个变化是人口上的变化,一个明显的变化是劳动人口中的种族占比在改变,非裔、亚裔和西班牙裔的员工在新员工中至少占了 35%,而且,所有新员工中,女性占了一半,男性白种人已属少数群体。对于由不同文化和背景组成的劳动力而言,不管是大型企业还是小型企业,都对其多元化程度越来越敏感。

每年有多达 80 万人移民美国,他们大多急着去工作,但是很多人缺乏英语训练及其他读写技能,对企业的工作习惯也不熟悉,这一现状是工商业的另一大挑战。

所有这些由工作场所和劳动人口构成的变化而带来的改变,给工业与组织心理学家提供了机会,他们可以帮助企业选拔和培训员工、重新设计工作和设备、改善管理策略、提升员工士气、处理健康和安全保障问题等。这些机遇和挑战告诉我们,21 世纪,工业与组织心理学家这一职业将会越来越受到重视。

新闻聚焦

你能找到工作吗？大学毕业生的热门职业

在美国，随着一些工作被外派，另一些工作则在消失，还有一些工作受到新科技的彻底改变而使得原有的技能已不再适用。你如何知道在你毕业准备要开始职业生涯的时候，什么样的工作在等着你呢？在哈佛大学和麻省理工学院进行了有关哪种工作可能被替代的研究，结果发现，最关键的因素在于这份工作是否是"程序化"的，也就是说，"可以把整个流程拆分成可重复操作的几个小步，每天的工作不会有太多变化"。这样的工作可以用一个设计好的电脑程序简单代替，或者转移到其他拥有廉价劳动力的国家（Coy，2004）。

这会对你造成怎样的影响呢？根据大学委员会的测试结果，从现在到2014年，大学毕业生能找的越来越多的工作是：

- 网络系统和数据通信分析
- 计算机软件工程师
- 网络计算机系统监测员
- 数据库监测员

当然，这不是说诸如总经理、教师和社会工作者等其他工作领域就没有大学生了，只是说信息技术及相关领域的职业发展速度是最快的。

资料来源：College Board, Ten Hottest Careers for College Graduates, 2007.

不同的时代，不同的价值观念

史上第一次，不同文化群体的人在同一个地方工作，他们有着不同的背景、期望和需求。当然，一家企业中总是有不同年龄段的员工，青年、中年以及年长者都有，但从来没有像现在这样，不同年龄段的人有如此大的差异，这很可能影响工作效率。今天的劳动人口有四类：沉默的一代、生育高峰的一代、被遗忘的一代以及新一代。当然这肯定无法涵盖所有人，每一种分类中肯定有例外，说不定你也是其中一个例外。

被叫做沉默的一代人出生于1922年至1945年，这一代人现在多数已经走到了职业生涯的末期，甚至已经退休，但有些人仍处于领导地位，拥有权力。他们工作努力，尊重权威，忠诚于老板，反过来，他们也相信老板对自己的承诺，会照顾自己到退休。非常明显的特点是，他们的整个职业生涯中只有过一至两位老板。

生育高峰的一代人出生于1946年至1964年，是出生人口最多的一代，他们势必要使自己极具竞争力才能找到工作，得到晋升。很多人变成了工作狂，一个星期能在办公室工作60个小时，为了工作，为了加薪，为了升职，他们牺牲了与家人在一起的时间。

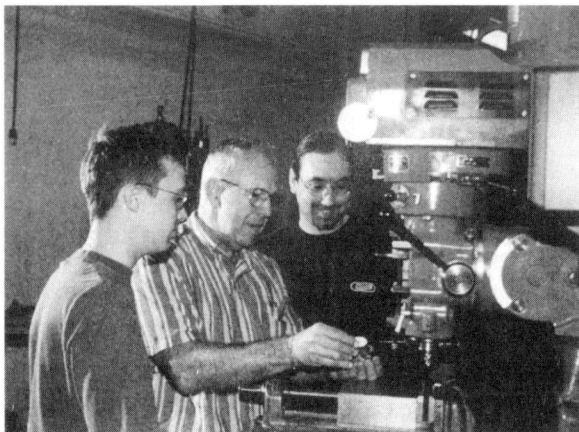

老一辈可以为年轻一辈提供指导和培训

被遗忘的一代人出生于 1965 年至 1979 年(他们的父母是生育高峰的一代人),他们刻意不仿照父母的生活模式,不把所有的精力投入工作中。他们更倾向于非传统的工作,精通计算机技术,喜欢质疑权威,重视工作及私生活的独立和自主。

新一代即是 80 后,越来越多的 80 后逐渐开始工作,到 2012 年,美国劳动人口中一半多都是 80 后。他们被称为是最需要称赞的一代,因为他们更加自我中心,更多地需要老板经常给予恭维、反馈和重视(Zaslow,2007)。"因为父母是这样教育这群孩子的:你们是最棒的。所以他们工作的时候如果想要什么,就理所应当地认为别人应该提供给他们。"(McCormack,2007,p.1)一位新闻工作者写道,"他们自尊心很强,从小到大唱的歌词都是'我很独特',他们是创业者,不能忍受无意义的工作,他们对工作充满热情,但不愿意把时间精力浪费在卑微的工作上。他们想要从经理那里得到反馈,也想要与经理相互沟通。比起钱,他们更向往自由的时间,所以说他们是不愿意每周工作 60 个小时的。他们看到自己的父母被原以为靠得住的公司解雇了,这让他们体会到了这残酷的现实,因此不大会忠诚于自己的老板,他们通常隔几年就会换工作,甚至改变自己的职业方向"(Rexrode,2007)。登录 www.employeeevolution.com,了解更多 80 后一代对自己在工作中如何定位的想法和讨论。

调查显示,90%以上的 80 后认为他们在寻找这样一种工作,这种工作时间灵活、需要创造性,并且可以使自己对这个世界产生影响,同时他们也需要有趣的同事(Belkin,2007)。随着越来越多的 80 后进入劳动市场,企业需要适应他们的特殊需要,这就意味着工业与组织心理学家的挑战和机遇又出现了。因此,如果你考虑在工业与组织心理学领域中从业,我们将会提供一些信息,让你开始着手准备。

工业与组织心理学家的职业生涯

想要以工业与组织心理学家的身份工作，最低要求是具备硕士学位。多数硕士生在校期间就已经开始做全职或兼职工作了。每年授予的工业与组织心理学学位中有 2/3 是硕士学位，而且大多数硕士毕业生可以在工业、政府机关、咨询公司和研究机构找到与自己专业相关且薪资可观的工作。他们最有市场竞争力的工作包括：心理测试、调查问卷的设计和验证、人力资源选拔和安置、绩效评估、平等雇用策略和员工培训。在校期间诸如动机、工作满意感和组织发展的研究课程对毕业后的工作也很有帮助。总的来说，硕士期间有关工业与组织心理学方面的训练为以后的高产高回报工作奠定了良好的基础。当然，在商业和学校中的一些更高职位还需要博士学位，这需要 3—5 年的专业训练。

工业与组织心理学专业的毕业生数量在不断上升，其中增长最多的是硕士生，这些学生对他们的这一选择都有合理且实际的理由。美国劳工统计局（the U.S. Bureau of Labor Statistics）预计，在未来，将会有越来越多的心理学家进入商业和研究机构、非盈利组织和电脑公司工作。

工业与组织心理学的职业生涯训练是艰苦的，但回报也是丰厚的，因为工业与组织心理学家的薪水比其他领域的心理学家都要高。2006 年，美国拥有博士学位的工业与组织心理学家平均年薪是 98 500 美元，硕士则是 79 000 美元，而根据 2007 年的报告，所有心理学博士的起薪是 74 000 美元，硕士 55 000 美元（APA research office, 2007；Khanna & Medsker, 2007）。此外，令人激动的工作、富有挑战的责任以及智慧的增长也都是十分重要的回报。正如前工业与组织心理学会会长霍华德（Ann Howard）所说："在这个领域，你可以操纵事件的发生，设计完一个项目就可以看它的结果。你可能会看到更合适的人被选拔出来，看到工作满意度上升，或者离职率下降。这些结果的产生一定程度上是你的功劳，这是一种何等令人兴奋的回报。"

工业与组织心理学家在商业、工业、政府机关、服务机构、咨询公司和大学里工作，许多在大学里教授工业与组织心理学课程的心理学家同时也从事研究和咨询工作。表 1-1 列举了部分工业与组织心理学家的就业机会，包括工作职位、职责和机构。

如今的心理学领域中，女性起着越来越重要的作用。1970 年，获得心理学博士学位的博士生中女性只占 20%，而 2005 年，同比增长到 75%，其中超过半数希望在工业与组织心理学领域继续工作（Cynkar, 2007）。此外，由于加大了对少数民族学生的招生力度，已经有 22% 的工业与组织心理学博士毕业生是少数民族（Avery & Hysong, 2007）。

工业与组织心理学家主要隶属于美国心理学会（APA）的 4 个分学会：工业与组织心理学会（SIOP）、军事心理学会（Division of Military Psychology）、应用实验和工程心理学会（Division of Applied Experimental and Engineering Psychologists）以及消费心理学会（the Society for Consumer Psychology）。许多学校和研究机构的工业与组织心理学家也隶属于美国心理学协会（APS）。

新闻聚焦

一名心理学本科毕业生能做什么？

心理学本科毕业生中，一半不到的人会继续攻读硕士学位。那剩下那些本科生做什么去了呢？他们去哪里找工作呢？他们能期望找到什么样的工作呢？如果你也是一名心理学本科毕业生，那么放心，即使你不打算继续攻读硕士和博士学位，前途也是一片大好的。

经过 4 年的心理学专业训练，你可以在这个经济体系下的各个地方找到工作。据报道，大约 50％ 进了私营企业，15％ 进了政府机关，14％ 进了教育机构，12％ 自己创业，还有 9％ 进了慈善机构。大多数进公司的人坐上了管理层的位子，其余的在销售部、人力资源部、培训部及其他职能机构工作。

将近一半的心理学本科毕业生认为他们当下的工作与专业课程是有紧密联系的，并且认为自己的工作有很大的发展前途。当问及雇主希望心理学本科毕业求职者具备什么能力时，他们回答，要善于处理人际关系，有职业道德。具体而言，他们需要的是善于与人相处，善于团队合作，并且想要学习新技能的应届毕业生。所以说，你即使不打算继续深造，也有好工作等着你，但是需要你有交际能力，并且愿意不断学习。

资料来源：Landrum, R. & Harrold, R. (2003). What employees want from psychology graduates. *Teaching of Psychology*, 30, 131—133；Van Wagner, K. (2007). Career options with a bachelor's degree in psychology. Retrieved from, www.about.com/psychology.

表 1-1　部分工业与组织心理学家的工作岗位及相应的工作职责

人力资源咨询公司

开发和修订测验，培训面试技巧，设计评价中心、绩效评估系统、职业规划项目、态度调查问卷

市场研究、咨询及推广服务公司，市场调研项目主管

运用社会科学的研究方法，开发提案，经过市场分析后写成报告展示出来

国际航空，海外发展的评估中心专家

协调和管理评估中心，对考虑晋升的员工进行评估，开发评估材料，提出改进建议以提高工作效率，选拔和培训员工使其成为合格的评估者

管理咨询公司，高级经理

审查有关培训、培训技术、管理和职业生涯培训的项目

人力资源研究和咨询公司，工业与组织项目经理

与心理学家、社会学家、计算机专家和教育工作者等不同领域的同事一起工作，开发信息系统、测验、调查问卷及解决公平雇用问题等，同时也包括在诉讼案件中提供专家证供

择业咨询公司，人力资源总监

为求职者提供咨询和职业发展意见，指导他们如何准备面试、评估和测试

制药公司，心理服务部门经理

为员工提供心理层面的测试和职位分析，评估雇用的合法性，研究和改善公司的福利系统，开发和管理绩效评估方案

(续表)

公用设施(电气)公司,组织规划和发展执行顾问

　　与工会、连线操作部、人力资源部和高级经理层一起重新设计人力资源系统,开展公司的重大变革项目

电子公司,团队领导及沟通培训师

　　建立自主的工作团队,训练员工团队合作的概念、问题解决策略、领导意识、沟通以及团队决策的能力,管理评估项目及结果

电讯公司,人力资源研究助理

　　以准博士的身份(即已获得去大学继续攻读博士资格的人)协助工业与组织心理学家与资深人力资源工作者进行人力资源的项目研究

州立大学,心理学助理教授

　　教授组织行为学、团体发展、测试与测量等课程,指导本科生研究课题

工业与组织心理学家所面临的实践问题

　　每个研究领域都会遇到来自内部和外部的问题,工业与组织心理学也不例外。公众对于这项服务的需求虽然是推动这一领域发展的最重要因素,但也因此加大了工业组织心理学家所面临问题的难度。

欺骗性的从业者

　　与其他学科相比,心理学领域的"骗子"更多,因为有些几乎没有受过心理学专业训练的人经常会误用或滥用心理学。这一现象在临床心理学领域尤为明显,那些未受过训练的人自称是咨询师、治疗师,使得那些因为情绪困扰而想要寻求帮助的人受到更大的伤害。

　　"骗子"也影响到工业与组织心理学,前工业与组织心理学会会长特诺皮尔(Mary Tenopyr)写道,"在商业领域,心理学家面临着的一大问题就是,那些几乎没有受过训练的人以及无耻之徒会给公司提供所谓的心理学服务。我曾经处理过的最棘手的事就是那些使高级经理言听计从的伪心理学家们的伪心理学活动。"(Tenopyr,1992,p.175)

　　一些无知的商业组织就像单个的个体一样容易上当受骗,缺乏职业道德的测试或咨询公司为了赚快钱就向企业提供所谓的专业服务,当然他们跑得也很快,而当企业意识到自己上当受骗时为时已晚。这种不良行为不仅对企业来说是危险且不公平的(比如,那些有能力的人就是因为在那种无意义的虚假测试上表现得不好而没有被雇用),而且对作为一门科学和专业的心理学而言,也是有害的。如果一家公司因为"骗子"的行为利益受损,那么整个心理学领域都会受到谴责,以前被骗过的企业主管以后也不愿再考虑正统心理学的服务了。

新闻聚焦

去年暑假我做了什么?

安德鲁·布拉克斯玛(Andrew Braaksma)是密歇根大学(University of Michigan)一名大三的学生,曾经在一个炎热的夏天到一家汽车工厂的流水线上工作,那份工作每天的工作时间长,而且又脏又吃力。他说,"像我这样的学生,一般不会愿意上午去上课,原本我可以呆在豪华的校园和报告厅里享受我的大学生活,但我每天早上6点钟起床去工厂,要忍受里面巨大的噪音,还有冒着火花的机器,真是一种折磨。我的时间都花在标记、切割、焊接、移动和组装零件上,因为工厂严格的工作时间和规定的任务额度,我好像有100万年没有学习以及看《运动周期》了。"

为了赚够下一年的学费,安德鲁每年夏天都会找这样的活干,他也吸取了很多宝贵的经验教训。他说,"如果我没有考上大学,我今后就非常有可能过着这样在工厂工作的日子。有一次我在一家塑料厂工作,每天干12个小时,累得筋疲力尽,可是当我拿到工资的时候我震惊了,少得让人难以置信,我在如此炎热的生产车间呆了这么久居然才得到了这点钱。"

有一次,安德鲁在工作时获悉他们这个车间下星期或者下个月就会停产,整个工厂也会搬到墨西哥或者别的国家去,他再次了解到蓝领工人的又一项职业压力。即使你够幸运还能找到下一份工作,这份工作已经永远失去了,但是也很有可能你新找的那份工作的待遇还没有这家公司好。

"我曾经短暂工作过的地方,许多人在那呆了一辈子,我每次只去两个月的地方很多人呆了30年。那些不幸没有受过教育的人,他们所付出的代价让我意识到教育改变人生。"

曾经有位同事对安德鲁说,"这份工作待遇不错,可是对身体的伤害是极大的,所以要不断努力学习。"

安德鲁还不知道他想从事什么样的工作,但他非常确定什么样的工作是他不想做的。

资料来源:Braaksma, 2005, p.17.

证书与证明

现在许多国家都会给心理学家颁发认可证书,就像医生获得执照一样,因此,临床心理学界的"骗子"在不断减少。获得资格证书的要求,一般来说就是有研究生文凭,通过了涵盖所有心理学领域的知识考核,如果有人没有达到证书的要求就公然说自己是心理学家,或者运用心理学,即构成违法行为。

这些程序的设立可以防止临床和咨询心理学领域的"骗子",但是给工业与组织心理学家颁发类似的证书在学术界是有争议的,许多在提供认证的州工作的工业与组织心理学家都申请了证书。虽然很多工业与组织心理学会(SIOP)会员都有证书,但该学会本身却认为这是没有必要的。

　　企业在寻求心理学家的服务时势必要小心谨慎,光是匆匆浏览电话簿,或是在搜索引擎中键入工业与组织心理学这几个字是远远不够的。对任何一位号称是心理学家的人的学历和职业资格都需要进行仔细的检查。

与管理人员交流

　　所有的科学都会发展一套专门的术语,供行内人互相交流,有时候外行人都听不懂。但工业与组织心理学家的工作势必要与经理、老板近距离接触,而这些人都不是心理学家,所以,他们要努力把自己的想法、行动和研究结果以通俗易懂的语言与管理者进行沟通交流。如果对方无法理解,那么心理学家的建议就会毫无价值,他们的报告也很快会被放入废纸篓里。因此,工业与组织心理学家必须以正确的方式展示自己的贡献,能够为寻求服务的人所理解。

员工反对新理念

　　这个问题可以这样表达,“我以前都是这样做的,这次我还是会继续这样做!”在工商业领域工作的心理学家经常会遇到这样的问题,员工不愿意改变,不愿意尝试新事物,不愿意考虑新异想法。每当心理学家建议改变原有的工作方式时,经常会被员工视为一种威胁。想要让员工按照心理学家推荐的更高效的系统去工作的意愿也会遭到抵触,因为他们会认为是公司想要让他们工作得更辛苦,但工资还是一样的。敏感不安的员工还会觉得是管理人员在批评他之前的工作表现。从流水线上和电话银行的工人到集团总部首席执行官,不愿意改变对于各个层面都是一个严峻的问题。

　　如果心理学家想要让他们的研究发现对企业产生影响,就必须得到那些他们想要影响的经理和员工的支持。心理学家需要员工的合作,尤其是那些工作将会发生改变的员工。因此,除了专业技能之外,心理学家们势必还需要有高超的人际交往能力、耐心和说服力。

研究还是应用?

　　在工业与组织心理学家与管理人员的关系中,注重研究还是注重应用的问题仍然存在。一些管理者抱怨,很少在工业与组织心理学杂志上发表的研究是与他们每天处理的实际问题有关的(Lawlwe, 2007; Madigan & Dickson, 2007)。这也许可以解释为什么多数人力资源经理不阅读工业与组织心理学的出版读物,因为这些对他们而言过于专业,很难理解,也无法迎合他们的实际需要(Rynes, Giluk, & Brown, 2007; Shapiro, Kirkman, & Courtney, 2007)。而那些为企业工作的工业与组织心理学家可以改善这一问题,他们可以用清楚直接的写作方式,让人力资源经理理解研究结果,并找到有助于他们解决日常工作中问题的内容和方法。

此外,学院派的工业与组织心理学家与应用领域工作的心理学家之间也有显著的差异。虽然他们接受的专业训练是一样的,但是一毕业,工作经历和价值观就会产生分歧。研究者通常只对理论和方法感兴趣,对其他一切相关事务均不感兴趣,相反,实践者却是忽视研究的问题解决者。虽然很多学术研究可能无法立即投入应用,但直接为企业工作的那些心理学家也知道,研究和应用是相互依赖的。脱离了研究,就没有可靠的信息可以应用到工作上的关键问题中去,而这一点常被管理人员忽视,他们需要的是能够立刻解决特定问题的方法,不能理解心理学家所说的"答案源自研究"。

企业一般需要及时的解决方案,这就使得研究与应用的冲突增加。研究的设计和执行均需要时间,但生产时间表和合同期限不能等。那些被叫做人类行为专家的企业心理学家无法快速提供一个解决方案时,管理人员因为受到时间的限制可能会变得不耐烦,也不会抱什么期望了。

当然我们也不建议心理学家一遇到问题就跑去实验室开始一项长达数月的实验研究。对于不同情境下的人类行为,心理学研究史上已经有丰富的实证资料,训练有素的心理学家知道如何应用这些研究发现去解决工作场所中的具体问题。而这些资料的价值大小取决于其原始情境以及当前情境的相似程度。例如,一项关于某化学公司员工学习能力的研究与一项关于某钢铁公司员工学习能力的研究之间的相关度比较高,而与一项关于大学二年级学生学习复杂材料的研究之间相关度较低,因为钢铁公司的研究是在实际的工作情景下进行的,能够提供较多有用的信息,但如果有一项研究是在另外一家化学公司进行的,那么这项研究结果的适用性更高。如果有一项研究询问了每位员工的学习习惯,那么这项研究将会是最适用的。

设计恰当的研究可以为组织的生产效益产生巨大的价值,但由于有时时间和资源有限,无法进行研究。由于工作场所的特殊性需要得到管理人员和心理学家之间的相互妥协、耐心和理解。这一问题的本质不是研究与应用的对立,而是两者的结合,两者是相互兼容和补充的。

工业与组织心理学研究领域

这一章,我们提到了工业与组织心理学通常是如何影响你以及你工作中的方方面面的。后面的几章我们将分别阐述工业与组织心理学家感兴趣的领域。

科学技术、工具和策略(第 2 章)。心理学家运用科学工具和技术研究人类行为,只有熟悉了他们是如何进行研究、分析数据和得出结论的,我们才能真正理解这些研究成果。

员工的招聘和选拔(第 3、4 章)。一些主管和人事经理认为他们可以通过握手、眼神接触和衣着风格来判断应聘者。然而,员工的选拔和评估是一个复杂的过程,在最初的招聘和雇用决定之后还会持续很长一段时间。在整个职业生涯中,升职以及加薪的问题都会出现。许多雇用时使用的选拔工具,例如面试和心理测试,也关系到后续的职业选择,因此,了解选拔过程是非常重要的。如果你未来的老板选用了最有效的选拔技术,对你而言是有利的。人岗不匹配会使得你和你老板工作效率及满意度低下。

员工工作绩效的评估(第 5 章)。 在整个职业生涯中,企业都会定期对你的工作表现进行评估,也会根据评估结果让你升职、加薪、或者换工作甚至解雇。这些决策应该要尽可能地公平客观,不受上司的个人喜恶影响。工业与组织心理学家针对不同种类的工作已设计出了多种评估方法。你今后的工作满意度和安全感取决于这些评估,因此,企业有一套公平适用的工作绩效评估系统是非常重要的,你也需要理解这一系统的运行方式。

员工培训和职业发展(第 6 章)。 几乎每位新员工都会接受一些工作培训。新员工缺乏经验,需要教会他们如何进行具体的操作,同时也需要训练他们良好的工作习惯。而有经验的员工如果要换工作也必须要了解新老板的政策和程序。当工作由于技术的更新而发生变化时,也需要重新培训。随着机械化生产和企业生活的变动日益复杂,员工需要更多的学习,雇主需要更多的指导。

组织领导(第 7 章)。 工业领域最大的挑战之一是要选拔、培训和发展得力的领导者。这一问题值得关注主要是因为如下两个原因:第一,作为一名员工,你会在一位主管或者经理手下工作,你的工作效率和满意感会受到他/她领导风格的影响。第二,因为多数商业领导是接受过大学教育的,在你的职业生涯中,你很有可能会担任多种层次水平的管理者。心理学家也关注领导者在不同情境下的能力以及不同类型的领导风格对下属的影响。企业如果要持续发展壮大,就必须要让最有能力的人担任领导,而且他们的能力也要以最有效的方式展现出来。

动机、工作满意感和工作投入(第 8 章)。 员工的动机、工作满意度以及组织承诺对于企业的效益是非常重要的。工作环境中的很多方面都会影响员工的动机、满意度和投入度,例如领导质量、晋升机会、工作安全性以及工作氛围的物理和心理特性。工作中的消极方面会产生一些不良影响,如缺勤、离职、低生产率、事故频发以及员工的不满。工业与组织心理学家需要找出那些会损害工作质量的情况,在其对雇员和雇主产生严重的心理和经济影响之前进行改善。

组织心理学(第 9 章)。 很少有人是孤立工作的,无论是在教室、百货商店,还是软件公司工作,都是在特定的企业氛围和文化下的。企业文化包括正式的组织架构和政策,领导风格,以及员工自发组成的非正式群体。非正式群体可能会形成一种与企业政策不同的规范和行为。

工作环境(第 10 章)。 工业与组织心理学家首先研究的就是工作环境中的物理因素,许多研究考察了灯光、温度、噪音、工作场所特征及工作时间等因素的影响。后来,又有研究考察工作中更为复杂的社会心理因素的影响。疲劳和厌倦等属于心理因素,比物理因素更为重要,因为其受到个体差异的影响更大。

员工的安全和健康问题(第 11 章)。工伤事故除了给个人带来伤痛之外,也会给企业造成数以亿计的经济损失,包括丢失的工作时间,给工伤员工的赔偿,以及雇用和培训新员工的费用。因为多数事故都是由人为的失误造成的,因此,工业与组织心理学家在如何减少事故发生方面的工作是非常重要的。此外,心理学家的工作也涉及工作中的酒精和药物滥用问题,以及工作场所中的暴力问题。

工作压力(第 12 章)。由工作引起的压力会对个体的身心健康产生影响。压力会对工作绩效产生不良影响,也可能导致员工患上严重的疾病。很多企业试图通过咨询和重新设计工作内容来来减轻压力的影响。

工程心理学(第 13 章)。设计那些工作中需要使用的工具和设备与很多因素直接相关,例如工作环境中的物理因素,员工动机和士气及工作安全性。随着生产、运输和服务的机械化日益复杂,对设备操作者的要求也逐渐提升。工程心理学家在考虑到人和机器的优势和劣势之后,尽力确保人与机器能处于最佳的工作关系中。

消费心理学(第 14 章)。如果你工作的公司是向消费者销售自己生产的产品和服务,或者说你想成为一名聪明、见多识广的买家,那么消费心理学家的工作对你而言是非常重要的。消费心理学家的工作包括:定义消费产品的市场,判断广告的效力以及分析广大消费群体的购买动机和购买需要。

本章小结

工作可以向个体提供一种身份,定义其社会地位,有助于提升其自尊感以及满足其归属群体的需要。工业与组织心理学是指运用科学的方法、知识和原理研究工作中人的行为和心理活动过程的一门科学。心理学作为一门科学,其研究依赖于观察和实验,以及操纵人类能够被客观观察到的外显行为。

工业心理学始于 20 世纪早期,在两次世界大战的推动下发展起来。20 世纪 20、30 年代的霍桑实验是工业心理学一个重大的转折点,它让心理学家们意识到社会和心理因素对工人行为的影响。工程心理学在二战尖端武器的发展中兴起。到了 60 年代,人们开始关注工作中的组织氛围,从而发展了组织心理学。

后来,工业与组织心理学家又遇到了新的挑战,包括:虚拟的工作场所和员工,对新技能的需求,劳动人口的多样化,工作性质本身发生的变化以及工作的全球化。

想要以一名专业工业与组织心理学家的身份工作,你需要一个硕士学位,如果你拥有博士学位,则能够找到更高的职位。工业与组织心理学家在企业中会遇到一些问题,而这些问题从一定程度上是由人们对心理学服务的需求引起的。其中包括:没有接受过专业训练的"骗子";专业术语较难翻译,使得一些观点无法与管理者进行更好的沟通;管理者和员工不愿尝试新方法;平衡研究和即时解决当下问题的需要。

在后面的章节中即将讨论的工业与组织心理学研究领域有:人员选拔、心理测试、绩效评估、培训和职业发展、领导、动机和工作满意度、组织心理学、工作环境、员工安全和健康、工作压力、工程心理学以及消费心理学。

关键术语[①]

霍桑实验

工业与组织心理学

复习题

1. 列举你所从事的工作对你的日常生活产生哪些方面的影响。

2. 工业与组织心理学家的研究发现将会如何影响你的工作方式？

3. 工业与组织心理学是如何影响你的日常生活的？

4. 举例说明工业与组织心理学是如何为你老板省钱的。

5. 请阐述作为一门科学，心理学是如何研究动机、情绪和智力等这些无法被客观观察到的方面的。

6. 阐述第一次世界大战对工业与组织心理学发展的影响。

7. 斯科特、芒斯特伯格和梅奥分别对工业与组织心理学做出了哪些贡献？

8. 阐述霍桑实验是如何开辟工业与组织心理学的新领域的。

9. 阐述第二次世界大战对工业与组织心理学发展的影响。

10. 以电子技术为依托的虚拟工作场所的优势和劣势是什么？

11. 企业雇用临时员工会对他们的全职员工产生什么样的影响？

12. 员工的虚拟化、工作场所的虚拟化和全球化趋势给工作方式带来了哪些改变？

13. 美国劳动人群中的种族多样化给工业与组织心理学家带来了何种挑战？

14. 区分如今劳动人群中的四代人。

15. 描述一下你所处的一代的特点，你觉得与自己相符吗？

16. 如果你有心理学学士学位，你可以找到什么样的工作？如果你有工业与组织心理学的博士学位，你又可以胜任什么样的工作？

17. 如今的工作场所中工业与组织心理学家所面临的问题有哪些？你认为最严峻的是什么？

18. 阐述研究和应用之间的争议。

---

① 所有的关键术语及其解释按首字母排序见本书附录术语表。

第 2 章

技术、工具和策略

为什么要学习研究方法

为什么要学习研究方法？或者更直接地说，它对你而言有什么价值？你为什么要知道心理学家是如何收集和分析研究数据的？即使你没有兴趣成为一名工业与组织心理学家，但你也会用到他们的研究成果。例如，如果企业雇用了心理学家或咨询师，作为经理，你需要和他们交流以找出解决管理问题的方案，同时也要基于心理学家给出的建议做决策。

假如你要负责实施一套新的制作电脑屏幕的生产流程，那么你必须要设计并建造一套现代化的制造设备，也要更新改造现有的生产流程。这里你需要考虑很多问题，例如，突然改变了原有的工作流程，工人们会有什么反应？他们会积极努力去适应新设备，同时保持高质量生产吗？他们需要重新培训吗？如果需要，那么去哪里培训，如何进行培训呢？新的生产流程会不会有安全问题？你将会遇到各种问题，而这些只是其中一部分。如果你决策失误，或者判断有误，那将会给你自己以及公司带来巨大损失。

此时，工业与组织心理学家可以基于现有的心理学研究成果帮助你。但是如果你需要对他们提出的建议进行评估，那么你必须首先要理解他们是如何研究问题继而得出结论的。有时候你也要判断某个研究项目是否值得花这么多时间和金钱去实施。如果你有研究方法的相关知识，那么你会做出更明智的决策。

因此，本章的目的并不是要训练你怎样去做研究，而是向你介绍科学研究的要求、局限性和方法。把科学方法（scientific method）引入原本靠直觉和猜测的工作中，这是工业与组织心理学家为组织管理和工作问题的实践做出的巨大贡献。如果你理解了他们的研究方法，那么你就可以判断在某项研究中，他们是否使用了正确的研究方法和工具。

心理学研究的要求

科学研究有三个要求：客观观察，控制，可验证/可重复。

客观观察。在任何学科领域，科学研究的基本要求和本质特征是客观的观察。理想状态下，研究者的每一个结论都是基于客观观察得到的事实证据，而不带任何的主观臆断和偏见。例如，当一位心理学家需要为某种特定的情景选择测验、培训方式或者设计工作区时，他必须要对当前实际情况的各个方面进行客观分析，才能在此基础上做出决策，而不能根据个人偏好或者权威人士的推荐，甚至参照以往研究做出决策。

控制。心理学研究的第二大要求是观察必须是系统化且经过严格控制的。进行客观观察的情境必须是事先设定好的，这样研究者才能了解情境中每一个可能会影响结果的因素。例如，如果心理学家想要研究背景音乐对数据录入员工工作效率的影响，那么必须要对实验情境进行严格控制，以排除其他可能会对工作效率产生影响的因素，确保变化是由音乐引起的。

可验证/可重复。只有对客观观察进行系统地控制，才能实现研究的第三大要求，即可验证性和可重复性。如果一项研究是在严格控制的情景下进行的,那么其他研究者可以在不同的时间和地点复制这一实验情境。如果某项研究结果能够得到其他研究者的重复验证,就可以进一步确信该研究结果的准确性。而这种重复验证只有在严格控制的情境下才能进行。因此,心理学研究在任何情况下都需要进行系统地设计,严格地控制实验情境,客观地观察,才能使研究结果被重复和验证。

心理学研究的局限性

心理学家在大学实验室里进行的心理学实验,无论是在实验设计还是实施方面都会遇到很多问题,如果在工厂或者办公室等这些实际生活场景中进行研究的话,遇到的问题会更多。

不是所有的行为都可以进行研究。心理学研究的一个明显局限是并非每个问题都可以用这套研究方法。例如,社会心理学家无法控制暴动情境去观察人们在该情境下的行为反应,因为这种情境的复杂性和危险性无法预先设定。同样的,在工业领域,因为某些机械安全装置可能会使工人受伤,因此也无法在该情境下进行系统研究。安全问题可能会限制研究者在感兴趣领域的研究。

观察改变行为。实验中,观察者的存在会干扰甚至改变被观察者的行为。例如,在一项工作满意度研究中,员工需要完成一份人格问卷,员工可能会故意乱填,或许因为不想回答个人问题,也或许因为不喜欢自己的老板或者当前在做研究的心理学家。又例如,在研究发动机噪音对航空机械师工作效率的影响时,如果机械师意识到自己正参与某项心理学研究,可能会故意提高或放慢工作速度。

霍桑效应。有时候员工的行为发生改变仅仅因为工作场所中出现了某些新异刺激,这一现象在后来的霍桑实验中被发现,因此被称为霍桑效应。第1章中我们介绍了霍桑实验中的一个增加工作场所照明强度的小实验,结果发现,产量随着照明强度的增加而增加,但当照明强度逐渐降低时,高产量依然保持着。这说明,产量的变化与照明无关,而是由于工作场所中出现了其他新变化。因此,研究者必须要判断员工的行为差异是由研究者所设定的实验条件所导致的,还是由实验本身引起的其他变化所造成的。

模拟的情境。有些研究必须要在模拟的情境中进行,因为管理者一般不会同意研究者为了研究而干扰生产线或办公室的日常工作流程,从而影响生产。因此,有时候研究势必要在一个模拟的工作环境中进行。在这样的研究中,研究结论是基于模拟情景中的行为表现得出的,而结论是要应用于真实情境中的,真实情境与模拟情景并不完全相同,这可能会降低研究结论的适用性。有研究者将数百项与企业中团队工作表现相关的研究进行了对比,结果发现,虽然研究的是同样的变量,但实验室中的研究结果不同于真实工作场景中的研究结果。所以说,在哪里实施研究也会影响研究结果(Bell, 2007)。

大学生被试。许多工业与组织心理学研究是在大学里进行的,以大学生为被试,这使得研究的模拟性问题更为复杂。通过回顾5本顶级期刊发现,87%的研究被试是学生。而对比学生和非学生样本的一些特征和行为,发现两者还是有很大差异的。例如,有一项研究让有经验的业务经理和大学生完成相同的任务,即评估应聘管理职位的候选人,结果发现,大学生对候选人的评价高于业务经理,且认为其应该获得更高的起薪。

由于大学生与员工和管理者之间的差异,使得研究结论的推广受到了限制。尽管有些心理学家认为实验室里的研究可以推广到人力资源和企业问题中,但是有一些心理学家认为两类群体的差异太大,必须小心谨慎地进行推广。本书中我们主要探讨的是在真实工作场景中以员工和管理者为被试的研究,因为这些研究具有最高的适用性。

实验法

心理学家如果要在工作场所中进行研究,有多种研究方法可行,从中选择一种最有效的方法也是研究者进行一项研究的首要问题。一般而言,研究方法的选择要视研究问题的本质而定。接下来,我们会讨论以下几种研究方法:实验法、自然观察法、调查法和网络研究法。

实验法(experimental method)的基本概念很简单,但实施起来却比较困难。实验的目的是要考察一个变量对被试绩效或行为所产生的作用或影响。

实验中的变量分为两类,一类是刺激变量,也就是自变量(independent variable),研究者感兴趣的是自变量的作用;另一类是被试的行为结果,也就是因变量(dependent variable),因变量的变化是由自变量的变化引起的。两类变量都可以进行客观的观察、测量和记录。

实验设计

先看一个例子,管理层对电视机组装线上工人的低生产率非常担忧,所以请心理学家来研究如何提升产量。起初,心理学家提出了一系列可能导致生产率低下的原因,例如工资低、培训不够、主管不得人心、设备陈旧等。但当他们实地调查之后,猜测问题可能在于工作的环境不够明亮。于是他们设计了一个实验来检验这一假设。

实验中的两个变量显而易见,而且容易测量。自变量是照明强度,这是刺激变量,研究者将会在实验中增加照明强度以考察其对结果的影响。因变量是工人的行为反应,在这个例子中就是随着照明强度的变化而变化的生产率。

研究者在实验前先测量了工人的产量,然后调高车间的照明度,两周后再次测量工人的产量。结果发现,在照明强度改变前,每位工人平均每小时组装 3 台电视机,而两周后,人均产量达到了每小时 8 台,得到了显著的提高。

产量为什么会增加? 对这一变化我们是否可以认为是自变量的变化(照明强度增加)导致了因变量的变化(产量提升)呢?答案是否定的,仅仅在上述所描述实验的基础上我们无法得出这一结论。

我们怎么知道除了照明强度外,没有别的因素可能会使产量得到提升呢?或许是因为主管看到了心理学家的出现,于是在实验的这两周对工人的态度比以前更友善了;或许是因为工人们觉得自己的工作岗位受到威胁而刻意努力工作,提升产量;或许是因为这段时间的好天气使得工人们心情愉悦;又或许是因为霍桑效应,给单调的日常工作带来了新鲜的变化。当然,还有很多其他因素也可能会提升工人的产量。研究者必须确保除了经过处理的刺激变量之外,没有别的变量会影响被试的行为。

控制的要素。上述实验中遗漏了科学方法的一个基本特征,即控制。对实验情境的控制可以确保行为或绩效的变化是由自变量的变化引起的。

为了对实验情境进行有效的控制,研究者需要在实验中使用两组被试,即实验组(由接受自变量处理的被试组成)和控制组,自变量的各变化水平只对实验组实施,控制组保持不变,除此之外,两组被试在其他方面需要尽可能地保持一致。因此,研究者必须要把所有的工人分到两个不同的被试组中,实验处理前后分别测量工人的产量,控制组被试的产量作为基准水平比较实验组被试在照明度调高之后的产量。

如果两组被试在其他方面大致相同,且实验组最后的产量显著高于控制组,那么我们就可以说因为照明强度的提升而使得产量增加了。而其他外在因素,比如天气、领导行为,或者是霍桑效应都没有影响被试的行为。因为如果是这些因素的影响,那么两组被试的绩效会出现相似的变化。

新闻聚焦

找不到工作的原因(二):电子邮件地址!

你对自己的电子邮件地址满意吗? 你是否认为你设计的邮箱地址很巧妙,很有趣,标新立异呢? 它显示出了你是谁,也显示出了你是什么样的人? 当然,雇主们可能不太同意。他们拒绝你,有可能不是因为你的能力不够,而是因为你选择呈现于这个网络世界的方式不对。

史蒂芬·沃特金斯(Steve Watkins)在为一位网络管理员所做的研究中对300份电子邮件简历进行了审查,他被一些邮件地址雷到了。为了保护隐私,他把域名改为"@domain.com",他在自己的网站上举了一些例子。沃特金斯说,"如果你在这里认出了自己的电子邮件地址,记住,我们已经改过了,这已经不是你的电子邮件地址了!"

IBFreakin@domain.com; 2hot4u@domain.com; SleazyLiza@domain.com; Hottie@domain.com; DrinkMoreBeer@domain.com; Joe6Pack@domain.com; Dude@domain.com; SleepyHead@domain.com

资料来源:Watkins, S. (2002, November 5). Top 10 ways not to get hired. Retrieved from lowendmac.com/practical/02/1105.html.

选择被试

实验组和控制组的被试要尽可能地保持一致,可以使用两种实验方法来确保这一点:即随机区组设计和匹配组设计。

随机区组设计(random group design)是将被试随机分配到实验组和控制组中。在上述实验中,如果企业总共雇用了100名电视机组装员,研究者就会任意分配50名员工到实验情境中,50名员工到控制情境中。因为被试是随机分配的,所以可以假定两组被试基本上是相似的。诸如年龄和工作经验等可能会产生影响的变量也被均匀分配到两组中,因为这些因素不会影响被试的分配。

在匹配组设计(matched group design)中,为了确保实验组和控制组被试的一致性,需要基于一些可能会影响绩效(因变量)的特征而对两组被试进行匹配。在上述实验中,研究者可以根据年龄、工作经验、智力水平和对上司的评价等方面对被试进行两两匹配,并将每一对分别分配到实验组和控制组中去。通过这种方法可以尽可能地确保两组被试的一致性。

尽管匹配组设计的效果比较理想,但实施起来比较麻烦,且成本较高。要找到足够的配对被试,研究者需要一个很大的被试群体,而且如果要对两个或两个以上因素进行匹配的话,会更加复杂。比如,仅在工作经验层面上进行匹配的话还是比较方便的,但要同时在几个层面上进行匹配,处理起来就会很复杂。

实验样例：培训对离职率和生产量的影响

来看一个典型实验样例[①],该研究在一家制造女性内衣的工厂中进行,被试为缝纫工。管理者希望企业咨询顾问找出这家工厂一年内工人的离职率达到68%的原因。在进行了员工态度调查以及对管理者的访谈后,研究者提出假设,认为导致高离职率的原因可能是工人没有受到充分的培训。

于是,研究者设计了一个实验来探究几种不同的培训条件对离职率和生产量的影响。虽然研究问题的根源是员工的高离职率,但在研究者针对这一问题设计实验的过程中发现,在不消耗额外精力和资源的情况下,还可以得到另一个因变量数据,即生产量。

被试和实验设计。实验被试为1年内雇用的208名女性新员工,因变量有两个:(1)离职率,以40天内离职的工人所占比例作为指标;(2)生产量,以40天内的平均日产量作为指标。研究者之所以用40天作为时间节点是因为公司的记录显示,新员工被雇用后最初的40天内离职率是最高的。对这两个因变量的观察、测量和记录都是较为容易且精确的。

自变量是不同的培训水平。研究者界定了四种不同的培训水平。公司的标准培训计划是利用专门的培训设施对新员工进行1天的培训。研究者把这1天的培训作为控制条件,与其他培训水平进行比较。

---

① "Effect of Training on the Productivity and Tenure of Sewing Machine Operators," by J.Lefkowitz, 1970, *Journal of Applied Psychology*, 54, pp.81—86.

被分配到第1组的新员工接受标准的1天培训课程,第2组在相同的培训设施下接受2天的培训,第3组在相同的培训设施下接受3天的培训,第4组也接受3天的培训,但其中一部分时间在相同的培训设施下,另一部分时间在车间内。

研究者基于工人进公司的时间进行分配,研究开始后第1个月内进公司的被分入第1组中,第2个月进公司的进入第2组,依次循环类推。且数据显示,4组工人的最初产量没有差异。

研究结果。对第1、2、3组的比较结果发现,员工在相同培训设施下接受的培训时间越长,离职率越低(图2-1)。而同样是接受3天的培训,第4组(一部分在培训设施下进行,一部分在车间进行)的离职率并不低于第3组(全部在培训设施下进行)。比较第1组和第3组,结果发现,增加的2天培训可以把离职率从53%降到33%。

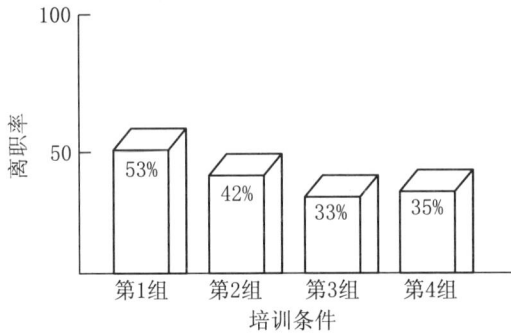

图2-1　4种不同培训条件下的离职率

研究的第二部分,即培训条件对生产量的影响,出现了意料之外的结果,也使得研究更为复杂。数据显示,在培训设施下接受的培训时间越长,平均日产量越低(图2-2)。第4组的产量高于第3组。

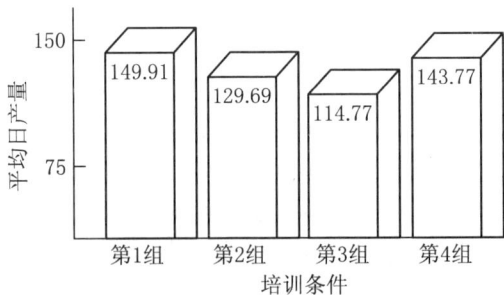

图2-2　4种不同培训条件下的产量

因此,自变量的不同培训水平对两个因变量产生的影响不一致。在培训室内培训的时间越长,一方面导致了更低的离职率,但另一方面也带来了更低的产量。为了解释这一研究结果,研究者还需要做更多的工作。研究有时并不一定会出现研究者预期的结果,假设不一定能得到证实,研究结论也不一定清晰且稳定,所以,研究者要对工作和研究问题的数据结果有一定的解释能力,并将可能的原因向管理者解释。

研究者进行了上述实验,评估了产量和离职率数据,最后认为 3 天的结合式培训,即第4 组是最适合公司的培训方式。综合所有因素,第 4 组的产量是第二高的,离职率也仅略次于第 3 组。

总之,必须记住的是,研究程序包括两个阶段,首先是设计实验,其次是解释结果并应用到实际工作中去。整个过程都需要能理解心理学研究要求的管理者和工人的配合。

自然观察法

在实际工作情境中对人类行为的研究,并不一定能像实验法那样对相关变量进行严格控制,而且研究真实生活中发生的行为或许更有意义。实验法的一个局限就是人为性,为了避免这一缺陷,心理学家有时更倾向于研究自然情境中发生的行为,不对自变量进行任何的处理,这就是自然观察法(naturalistic observation)的实质。虽然这一方法不对自变量进行任何处理,研究者仍能对情境进行一定的控制。

自然观察法的一大优势是所观察的行为及其所处的环境是典型的日常生活和工作,从实际生活中观察得到的结果能更容易、更广泛地应用到实际生活中去。毕竟日常生活和工作情境中发生的行为不同于实验法严格控制的情境中发生的行为。

然而,这一优势也是一个主要的劣势。因为研究者没有对自变量进行过任何处理,因此有时候很难确定导致被试某种行为或绩效出现的原因究竟是什么。此外,自然观察法的另一个缺陷是无法重复,因为要将自然观察下的情境完全再现出来是不太现实的。

尽管如我们之前提到的,实验法有很多问题,但当实验法可行的时候,与自然观察法相比,还是有其优越性的,因为研究者能对自变量进行控制和系统的处理。不过,如果运用得当,这两种方法对研究工作情境中的人类行为都是非常有价值的。

控制观察样例:便利店职员的亲和服务

一家全国性连锁店曾提出一个培训项目,旨在训练售货员如何为顾客提供亲和服务[①]。公司想要知道亲和行为是否会提升销售量,从而判断是否值得花时间和金钱去展开培训。针对这一问题如果要进行实验会比较困难,甚至还可能会得不到有用的信息。研究者可以使一家店接受亲和服务的培训,另一家店不接受,从而比较两家店的销售额,但这就意味着

---

① "Understanding the Relationship Between Displayed Emotions and Organizational Sales: The Case of Convenience Stores," by R.I.Sulton and A.Rafaeli, 1988, *Academy of Management Journal*, 31, pp.461—487.

控制组的那家店不仅将损失销售额,也将损失顾客。

研究者还可以设计这样一个实验室实验,请人扮演礼貌的和粗鲁的售货员,询问那些扮演顾客的人是否更愿意在礼貌售货员的店里买东西。但这一情景的人为性太强,实验结果也无法给公司提供有关亲和行为如何影响销售额的有效信息。

研究设计。研究者决定进行一项自然观察研究,受过专业训练的观察者观察了 576 家便利店 1 319 名售货员与顾客的 11 805 次售货交易。事先告知售货员将会观察他们的亲和程度,但不告诉他们具体的观察时间和方式。

观察者装扮成一个普通顾客的模样去买东西,在每家店停留 4 到 12 分钟,时间长短取决于店里其他顾客人数的多少。店里越拥挤,观察者在店里徘徊的时间越久,以免引起售货员的怀疑。观察者认为,所有观察中,引起售货员怀疑的次数不超过 3%,并且剔除这些可能被怀疑的数据。观察者记录到的售货员亲和行为,包括对顾客微笑、欢迎、致谢以及与顾客保持一定的目光接触。这些行为,连同每家店的销售额是研究中的因变量。

研究者虽然没有操纵自变量,但对可能会影响行为和销售额的因素进行了控制。例如,研究者考虑到售货员中的男女比例,控制了礼貌行为的性别差异。因为前人研究显示,在任何情境下,女性更倾向于表现出礼貌亲和行为。同时也考虑到顾客中的男女比例,也控制了购买行为的性别差异。为什么呢?因为与男性相比,女性买的东西会更多一些,如果某些店基本上都是女性去光顾,那么这些店的销售额就会比较高,但这与售货员的行为无关。

用于观察的店是随机挑选的,但都是在人口稠密的城区,没有一家店是在郊区或者农村,因为这些地方的消费模式与城市不一样。研究者考虑到美国不同城区的人也有不同的购买习惯,而这也与公司的培训项目无关。因此研究者分别分析了东北部、南部、中西部和西部这 4 个地区的数据。由此可见,把研究从实验室带入现实生活中,心理学家们还是可以对一些相关变量进行控制并进行客观观察的。

研究结果。出乎研究者的意料,亲和行为的发生频率越高,该店的销售额越低。对数据进行深入分析后,研究者发现是便利店的销售水平影响了售货员的行为,而培训的亲和行为并不会提升销售额。某家店越忙,也就是销售额更高,那么售货员展现自己亲和行为的机会和时间就越少,而销售额比较低的店,售货员就有时间表现出自己的亲和行为。此外,研究结果还证实女销售员的行为表现比男销售更具有亲和力,西部的销售员比东北部的销售员表现得更为友善。

当然,上述实验中对所观察行为的控制没有在实验室情境中那么严格,但现实生活情境所提供的真实性弥补了这一不足。很多情况下,研究者需要根据所研究问题的本质和复杂性来选择最合适的研究方法。有时候研究者也必须要判断,为了更广泛的适用性,是否要放弃一些严格的控制。

调查和民意测验

　　调查和民意测验也是对行为的观察，但这种观察不是直接的，而是通过被试在访谈和问卷中的反应体现出来的。调查法（survey research method）强调的不是人们在做什么（这是实验和自然观察法关注的），而是他们说自己要做什么。

　　调查问卷和访谈在工业与组织心理学领域应用广泛，心理学家用调查法探究影响员工工作满意度和士气的因素。一些大公司会专门设计各种工作相关问题的民意测验，定期进行调查。这种调查给了员工申诉和抱怨的机会，也是一种自下而上的沟通方式。同时还可以评估员工对改变某项工作程序或政策的态度反应，给员工提供参与政策制定的机会。事实上，这种态度调查对提高员工士气、降低离职率，以及避免工会申诉造成的损失等方面有潜在的作用。一些工厂将上下级之间的沟通渠道保持畅通，可以从一定程度上减弱工会化。因为那些相信上级能听取和重视自己意愿的员工一般不太觉得需要工会的申诉。

　　广告和动机研究公司需要使用调查法去了解消费者的偏好。例如，金宝汤（Campbell Soup）调查了 10 万多名消费者来判断他们喜欢和不喜欢吃的食物，基于调查结果，他们改变了冷冻食品的调味品，采用了低盐汤料。

　　另外，在政治活动中，民意调查也经常被用来了解选民对候选人及相关问题的态度。

　　调查法中存在的问题。即使是最好的调查公司在精确测量个人观点和态度方面也会遇到困难。有时候，在调查问题上人们可能会故意撒谎，或者说的是一回事，做起来却是另外一回事。也有时候人们的想法会发生转变，比如他们在 10 月份的访谈中说会投票给共和党，结果 11 月份选举时却投给了民主党。

　　有人会说自己偏好某种品牌的衣服或车，因为这样的选择会使自己看上去很精致。也有人声称自己喝昂贵的进口啤酒，但如果访谈者去看他的冰箱，或许根本找不到进口啤酒，而只能找到廉价的国产听装啤酒。

调查法关注的是人们告诉访谈者要怎么做，
而不是他们真正会怎么做。

　　有时候，人们表达出来的观点可能只是特地为这一调查问题所准备的，甚至他们自己根本不是这么认为的，因为他们不想让访谈者觉得自己很无知。对 37 份调查的分析发现，当被调查者问及"是否读过某篇杂志文章"时，64％ 的被试声称自己读过，但事实上，这篇文章

从未发表过。分析结果还显示,针对同一个问题的调查,比起面对面的访谈,被试如果是私底下完成调查问卷的话诚实度会更高。

　　调查法中存在的这些问题也许可以解释为什么有人竞选失败了,有的公司破产了,有人会做出错误的管理决策。问题不在于这一方法本身,而是因为人们的态度、偏好和行为极具复杂性和主观性,甚至有时会违反常理。但要记住的是,设计恰当的调查可以得到高度精确的结果,而且成功的次数也比失败的多。

电话调查比访谈的成本更低,并且一位访谈者可以在一天内联系到几百人。

访谈

　　调查法收集数据的方式有 4 种,分别是个人访谈、问卷、在线调查和电话调查。其中个人访谈是最耗时耗财的方法,需要访谈者与被访者进行面对面的会谈。

　　寻找和培训合格的访谈者非常重要,因为访谈者的言行举止会影响被访者的配合度和回答问题的方式。研究发现,面对不同年龄、种族和性别的访谈者,被访者会有不同的回答。此外,还有许多细微的访谈者因素会影响访谈结果。比如关于药物滥用的问题,如果访谈者是微笑着提问,则暗示同意被访者所说的态度;如果访谈者是皱着眉提问,则暗示不同意被访者所说的态度,这会让被访者感觉到访谈者对药物滥用这一问题的观点,继而改变自己后续的回答。

　　个人访谈,或者说面对面访谈,与其他调查法中的数据收集方法相比有一些优势。总体而言,个人访谈获得的反应率比电话问卷或电子邮件问卷都高,有时甚至高达 90%,同时也能照顾到那些不识字的人。此外,如果访谈过程中受访者有任何问题,访谈者可随时进行解释。

　　访谈需要受访者在与访谈者面对面的情境中袒露自己的想法,有些受访者可能会感到不适,而且现在有很多人选择在有门控、封闭式的居住区、装有保安系统的公寓或者复合式公寓居住,这就使得访谈者很难找到这类经济水平层次的人做访谈。

新闻聚焦

他知道自己是对的

那是 1936 年，所有人都觉得当时的总统富兰克林·罗斯福(Franklin D.Roosevelt)会在改选中出局。《文学文摘》是当时最大最著名的民意测验公司，且从未失误过，曾准确预测了先前的 5 次大选，甚至精确到百分点。而他们这次的预测结果是罗斯福会输，这似乎已经成了一个既定的事实。

但是，新泽西普林斯顿镇上有一家刚成立一年的民意测验公司，创立者是一位傲慢的 35 岁年轻人，坐在一间小办公室里，却声称他的民意测验结果显示罗斯福会赢。这一举动引来了嘲笑声，"他能知道什么呢？"到了选举那天，罗斯福以从未有过的压倒性优势赢得了选举。于是，乔治·盖洛普(George Gallup)及他的盖洛普民意测验公司(Gallup Poll)兴起了，逐渐成为民意测验的主力。

盖洛普是怎么做的呢？就是通过客观、科学的方法去测量民众的观点。盖洛普是爱荷华大学(the University of Iowa)校报的前任编辑，他曾在社论上大力呼吁学生要"质疑一切事物，做一个激进分子！"盖洛普于 1928 年获得了应用心理学博士学位，他的论文题目是《一种判断读报者兴趣的客观研究方法》。盖洛普能准确测量民众观点的原因只有一个，那就是有研究的态度，使用科学的方法。

1936 年大选，别人预测错了，盖洛普却预测准确了。当时《文学文摘》的方法是在全国范围内从电话簿和汽车登记表中选取数百万家庭并寄去了调查问卷，这一方法的问题在于没有意识到当时的美国处于经济大萧条时期，很多选民都是买不起车和电话的人。

而盖洛普只选取了 2 000 个人的样本，但是经过严格挑选、能代表所有选民的一个样本，而且经过民意测验专家的逐个访谈，其中多数人说会投给罗斯福。所以盖洛普在这次选举预测中赢了《文学文摘》，也改变了后来 70 年民意测验的取样方式。

资料来源：Blackwell, J. (2007). 1935：The Poll That Took America's Pulse. Retrieved from www.capitalcentury.com/1935.html；Igo, S.(2006). A gold mine and a tool for democracy：George Gallup, Elmo Roper, and the business of scientific polling, 1935—1955. *Journal of the History of the Behavioral Sciences*，42，109—145.

问卷

从大面积、大规模人群中收集信息，问卷法是较方便的方法，且成本较低。如今的工业与组织心理学家经常用问卷法收集员工的信息，因为是匿名的，所以员工会更自由、更开放地给出答案。而且，因为员工填写问卷时并不赶时间，所以可以将自己的答案表达得更明确。因此，与访谈相比，被试在问卷中表达出来的观点更为可靠。

问卷调查的主要不足在于回收率一般只在 40％到 45％之间,有时还要追加一些程序来增加回收量。研究者可以给所有被试寄去信件或明信片,告诉他们这份调查问卷的重要性,提醒他们务必要合作,寄了挂号信之后还可以追加一个电话让他们配合。有些公司还会给完成问卷的被试一定的奖励,当然也有人对于用贵重奖品来提升问卷回收率持质疑态度。多数公司只是象征性地进行支付,例如 1 美元,因为这已经足够让被试因收了钱却不做问卷而感到羞愧。

在线调查

如今多数公司使用电子通讯技术对员工进行民意调查,用电子邮件、公司内网或因特网发布调查文件,员工只需要用键盘键入自己的答案即可。在线调查与传统的调查方式相比,可以提高速度。像好事达(Allstate)、杜克电力(Duke Power)、IBM 和施乐(Xerox)等公司会例行开展在线调查,并将结果发布在网上,每位员工都可以自行查看。

工业与组织心理学家曾对比研究传统问卷与在线问卷所得到的回答。一些研究指出两者没有显著性差异,而另一些研究则发现,美国、日本和法国的员工更喜欢在线问卷调查方式。此外,还发现了显著的年龄差异,50 岁以下员工喜欢在线问卷,而 50 岁以上员工喜欢传统的纸笔问卷调查方式(Church,2001)。后续又有研究支持多数员工喜欢在线调查的结论,而性别、种族、是否是军人等因素对调查方式的偏好没有显著影响(Thompson,Surface,Martin,& Sanders,2003)。

在比较在线调查和电话调查的研究中发现,在线调查所提供的数据结果更为可靠、成本更低、更省时(Braunsberger,Wybenga,& Gates,2007)。

虽然在线调查很受欢迎,但此方法仍有一些缺陷。因为在线调查速度快并且成本又低,所以有些管理者甚至还没有考虑清楚做这个调查的目的是什么,要如何用这个调查结果,只因为操作方便就用这个方法去征集员工的想法。这会让员工抱怨做了太多的问卷,却没看到公司有什么具体行动来回应自己曾提出的观点和建议,从而让员工觉得提出的想法没有被考虑或认可,这样员工对今后的调查也不会予以重视了。有研究者曾在一大型军事组织中对 661 名军人和平民员工进行调查,结果发现,如果员工觉得自己在先前调查中所提到的问题得到了组织的反应甚至进一步的行动,那么他们会更喜欢在调查中表达自己真实的想法(Kroustalis,Behrend,Meade,& Surface,2007)。

此外,还有一种令人担忧的情况是乱填问卷,即员工在一份调查问卷中重复相同的回答,这当然会使结果产生偏差。而且即使问卷是不记名的,员工也会担心自己的隐私问题,他们会怀疑匿名保护真的可以做到吗?因为担心这些问题,有些员工自然不会把与公司政策相悖的观点表达出来。总而言之,虽然在线调查有这些不足之处,还是很快成为员工民意调查最常用的方法。

新闻聚焦

导向性民意调查：是事实还是断章取义？

民意测验除了可以向选民收集投票意向之外，还可以提供很多信息，若其中有关于某个政党候选人的信息是虚假的或是歪曲事实的，那么就会降低其获胜的机会。这类民意调查被称为导向性民意调查，因为设计此类调查的目的是要看关于某位候选人的消极信息是否会使选民不去选这位候选人，而使得另一位付钱进行这项调查的候选人得利。

我们用一个例子来说明导向性民意调查是如何进行的。国会议员格林请一家民意测验公司对国会选区内的几千名选民进行民意调查，问他们准备投票给格林还是他的竞争对手布朗。那些说会投票给布朗或者还没有拿定主意的选民就会被问到这样的问题，"如果我告诉你布朗因为在救济金问题上欺骗了老人而被抓过，你会改变自己的选票吗？"

请注意这个问题的表达方式，调查者并没有说布朗真的因为某事而被抓过，而且确实是子虚乌有。调查者仅仅提出了这一问题，但已经很明确地暗示布朗曾经是被抓过的。通过这种方式，这个选区成千上万的选民就被灌输了有关这一竞争对手的虚假信息，从而使其无辜地损失了选票。

在政府的各个部门，大型政治党派的候选人都用过导向性民意调查，显然这会引发一些道德问题。一位民意调查者在一本名为《竞选活动》的行业杂志中批判了这种有问题的调查方式，他说："真相就是，如今在各类竞争中所使用的民意调查，已经不是简单地反映选民的投票意向，而是在左右他们的观点。有的还用失真的问题，或者用断章取义的调查结果来误导公众。"

我不愿意接受电话调查

请原谅我在民意访谈中说的不多，也不愿意接听电话调查，并不是因为我不爱国，也不是我不愿意表达自己的观点。每次选举我都会去投票，但也许只是因为我的名字出现在投票名单上，结果却让我每星期都要接到1—2个电话。以前我也会配合那些调查者，但为什么我后来放弃了呢？

- 电话调查会占用我的时间，而且会打扰到我，盖洛普(Gallup)或者其他民意调查公司有什么权利占用我的时间，然后把调查结果卖给那些政党或者出版商呢？
- 我怎么知道打电话来的调查者是谁呢？是盖洛普、哈里斯(Harris)、福克斯新闻(Fox News)、CNN，还是谁呢？话又说回来，即使我愿意回答，但是当调查者问我一般去哪家银行、多久去一次这类问题的时候，我又开始反感了。
- 有些问题涉及隐私，甚至让我回答起来感到害怕，就像上面关于去哪家银行的问题。还有调查者问过我家有多少人，我有没有养狗，有没有枪，家庭总收入是多少。而这些问题一般都在电话调查进行到快结束才问的，此时才拒绝回答要比一开始就拒绝更难。

- 许多调查者都是很有礼貌的，但有些却很粗鲁。曾经有位调查者在电话中与我交谈了 10 分钟，然后问我的家庭收入，我拒绝回答这一问题，结果她气炸了，说我必须要回答，否则的话整个调查和她的时间都被浪费掉了，但其实是我们两个的时间都浪费了。

- 有些调查者是推销员，假借调查之名问你是不是教徒，是否相信上帝的存在，是否愿意来参观他们的新教堂或者去那里买书。

- 许多调查者会试图影响你的观点，会问你是否知道他们的竞争对手最近做的那些可怕的事，他们并不是想要得到是或否的答案，而是想就此展开讨论从而左右你的看法，这样或许可以从你那里得到一票，这才是他们的目的。

- 在民意调查中所说的通常得不到保密，他们会记录下来，然后附上姓名传播出去。一天晚上我去参加共和党的核心会议，有人给我一份打印文件，是我们小区的民意调查结果，调查涉及我们的投票意向，是候选人 A、候选人 B、没有意见，还是拒绝回答。挨家挨户，我们整个街区的调查结果都在里面，我家的地址居然也赫然醒目，写着拒绝回答。那些人我都认识，让我这样看他们的政治倾向，不觉得很可笑吗？对于民意调查结果我是有所保留的，相信很多人和我有一样的想法。

资料来源：Dickerson, G. (1999, July 13). *New York Times.*

电话调查

电话调查的优势是成本低，一个访谈者一天可以联系到几百个人，借助于计算机通讯系统还可以提高速度。电话调查与个人访谈相比大约可以省下一半的费用，而得到的数据量相差不多。根据经验你可能知道，打电话联系人是有一定难度的，因为先进的技术可以让人很容易就屏蔽掉不想听的电话。一位调查研究者说，"如今大多数的美国家庭有电话答录机或来电显示，有些可能两种功能兼备，他们以此来过滤掉不想听的电话。许多调查专家指出，与过去 10 年相比，现在的电话调查接听率直线下降"。(Tourangeau, 2004, p.782)

手机的广泛使用也给电话调查带来一些问题。调查和民意测验公司的计算机呼叫方式（也就是自动呼叫）不能拨打移动电话，而很多人现在只用手机，不用传统的座机了，因此，就不能找这些人来做电话调查的被试。政府的一项研究结果显示，18—29 岁人群中将近 1/3 的人只用手机(Graff, 2007；Thee, 2007)。

调查问题

任何一项研究，不管用什么数据收集方式，都必须要解决两个基本问题：(1)要问什么问题；(2)要去问谁。一般而言，调查中会用开放性问题或限选题。

开放性问题(open-end questions)跟大学考试里写文章的题目很像，需要被调查者把自己的观点表达出来，没有任何限制。调查者鼓励他们尽可能详尽地表达自己的观点，没有时间限制。如果一份问卷中有许多开放性问题，完成起来将会非常耗时。而且回答是否有用取决于被调查者是否清晰明确地表达了自己的想法和感受。开放性问题要求调查者能够对回答进行完整且准确的记录。

限选题（fixed-alternative questions）像是考试中的选择题，把被调查者的回答限定在几个给定选项中。一道典型的开放性问题可能这样问：对于提高教育税这一问题，你是怎么看的？ 相同的问题，换成限选题可能这样问：对于提高教育税这一问题，你是赞同、反对还是不确定？ 如此，被调查者要在限定的几个选项中进行选择。

与开放性问题相比，限选题简化了整个调查，而且在给定的时间内可以完成更多的题。同时，也能更加方便和准确地记录答案。但不足在于有限的选项可能无法准确反映被调查者的观点，在上述例子中，有人可能在有些情况下赞同增加税收，但在有些情况下不赞同，那么仅通过是、否和不确定这 3 个限定的选项，调查者是无法了解被调查者真实想法的。如果样本中的很多人都有这种想法，那么调查的结果将会误导调查者。

通常在一个小样本内对调查问题进行前测是一个很好的方法，可以确保问题是否表达清楚、到位。如果被试误解或者曲解了题目的意思，那么结果就会产生偏差。例如，美国健康统计中心（National Center for Health Statistics）曾向人们调查关于"腹痛"的问题，调查者后来发现很多人不了解这个叫法，也不知道腹部在哪里，甚至不知道什么是腹部，这么多人对问题本身的不理解足以使调查结果失真。而当调查者向被试展示身体器官图并指出腹部的具体位置之后，调查结果出现了很大的差异。

总之，如何准确地表达调查问题也是工业与组织心理学家面临的一大挑战，因为美国劳动人口中大约有 25% 是半文盲。如果他们不识字，无法理解问卷中的题目和指导语的话，他们就无法积极地去完成问卷，即使想做也没有这个能力。

取样方法

假设德克萨斯州的立法机构要请一位企业管理咨询家调查有车一族对提高驾照考试费的看法，如果要去询问德克萨斯州每位车主的意见，那将会是一件繁琐又困难的事。即使有足够的时间和资金，也不可能找到每一位车主进行访谈，当然也不需要这么做。因为如果经过精密的设计，通过对有代表性的样本的调查也可以获得想要的信息，从而预测总体的态度反应。

要在德克萨斯州选择车主样本，研究者可以去购物中心、加油站或拥堵的十字路口拦下车主进行询问，然而这不能保证选到的人是这个州所有车主中的典型代表。例如，在达拉斯或休斯敦郊外高级商场遇到的车主，他们的收入水平高于该州的大部分车主，并不能代表该州的所有车主。那么有没有更好的办法为这项调查抽取代表性的样本呢？

有两种方法可以从总体中选取代表性样本，即随机取样和分层取样。随机取样（probability sampling）时，总体中的每个人都会有已知的概率或机会被选入样本。针对上述调查，研究者可以通过合法渠道从相关部门获得所有车主的名单，然后从每 10 个或 25 个中选择一个进入样本,具体视样本需求量而定。这样的话,每个登记的车主被选入样本的机会是相同的,即 1/10 或 1/25。因此,只要有这样一份总体名单表,这一取样方法是非常理想的。如果想研究美国所有的合法选民,这一方法就不合适了,因为名单里只有那些登记过的选民。

分层取样(quota sampling)时,研究者试图从一个大群体中复制出一个缩影来。假设德克萨斯州的人口普查数据显示 20% 的车主是大学毕业生,50% 是男性,40% 是西班牙裔,如果研究者能得到诸如此类的信息,那么他所选取的样本也必须符合这个比例。然后,在每一类别中选取与总体具有相同比例的人群进行访谈,选出合适的样本。但因为样本是由调查者挑选的,他们的个人感觉和判断会影响样本的选择,例如某位调查者可能更愿意与衣着得体的人交流,另一位调查者可能只访谈女性被试。

员工对调查的态度

有些员工拒绝参加调查,这会使得调查结果产生一定的偏差。有的时候可能是员工没有收到问卷,或是想不起把问卷放在什么地方了,甚至忘了有这回事了,但也有些员工坚决拒绝公司任何有关态度、意见、兴趣或感受等方面的调查。越来越多的员工对调查持不合作态度,因为公司的调查项目太过频繁,员工厌烦了总是要向公司提供各类信息。如果公司调查问卷的回收率降低,数据结果所提供的信息可能会误导公司的管理人员。

在一项对 194 名员工的研究中发现,拒绝参加调查的员工和愿意参加调查的员工在一些关键地方有显著的差别(Rogelberg, Luong, Sederburg, & Cristol, 2000)。与合作完成调查的员工相比,不合作的员工显示出更强烈的离职倾向,对组织的承诺及工作满意感更低,而且认为公司之前的调查并没有太大意义。这样的话,管理者收到的调查结果主要来自那些对工作和公司都满意的员工,而这部分员工并不能代表全体员工的观点。

对 96 名荷兰医护工作者的研究也得出了相同的结论。与不太愿意参加调查的员工相比,那些愿意参加调查的员工对工作和公司所持的态度都更为积极(Taris & Schreurs, 2007)。对一家大型美国公司 11 000 多名员工的研究发现,如果给参与调查的员工以适度的经济奖励(例如 1 美元),那么问卷的回收率会得到显著的提高(Rose, Sidle, & Griffith, 2007)。

如果你想了解当下一些问题的调查结果,或者想参与调查,请登录:www.ropercenter.uconn.edu;www.gallup.com;www.pollingreport.com。

虚拟实验室:网络研究

如今的工业与组织心理学家也会借助网络进行研究,与大学实验室和公司两种情境相比,研究者在虚拟实验室中的研究速度更快,研究成本更低,还可以找到更多不同的被试。基于网络可以进行求职者问卷调查、员工态度调查以及心理测试等,还可以做实验,让员工在自己的电脑上根据程序中呈现出的刺激做出反应。有研究者回顾了近两年发表在美国心理学会(American Psychological Association，APA)杂志上的文章，发现大多数的研究借助了网络并运用传统的心理测量和研究方法做的，这些研究关注的都是同样的问题，并采用心理学实验室中的典型研究方法(Skitka & Sargis，2006，p.535)。

将传统的实验室与网络实验室相结合，研究者可以进行大规模的研究，从不同的企业和国家收集数千个被试的数据。网络实验室还可以进行虚拟现实实验，让被试在真实的工作环境中对情境的刺激做出反应。

与传统在工作场所或实验室中的实地研究相比，虚拟研究有很多优势。正如一位研究者所提到的，"虚拟研究可以快速地将调查或实验内容发给联网的每一个人，数据也可以用电子表格自动存储，节省了实验室、专用设备、纸、邮寄及劳动力等一系列费用"。(Birnbaum，2004，p.804)在网上招募各类不同的被试也比较方便，例如不同年龄、性别、受教育水平、工作类型、收入、社会地位和国籍等。许多心理学研究的被试是大学生，因为研究是在大学校园内进行的，找大学生做被试固然十分方便。相比之下，网络聊天室和论坛可以为研究者提供更大更丰富的研究样本，用以研究沟通、偏见、组织行为等一系列人类行为(Kraut et al.，2004，p.105)。

假设某位研究生想要研究那些对家谱感兴趣的老年人。如果他在家谱杂志上登广告或招募启事，这样找被试可能要花上几个月的时间。但这位研究者没有这么做，他在网上的家谱讨论群中发消息询问，结果在一个星期不到的时间内招募到了 4 000 多名被试(Birnbaum，2004)。

网络研究的不足之处在于研究者无法评估被试是否诚实且准确地填写了年龄、性别和种族等个人信息，也不知道被试是否因受过问卷回答方面的培训而撒谎，或者为了标新立异而给出错误或乱填的答案。此外，那些不懂计算机以及不太善于运用网络资源的人与那些熟悉电脑的人相比，其受教育水平和社会经济状况势必有差别。这样一来，研究的被试在一定程度上是自我选择的结果，并不能代表总体。对此，网络研究的支持者指出，传统心理学研究的主要被试是大学生，也不能代表总体。

此外，网络调查的回收率也低于传统的由主试操作的调查及电话调查，网络研究的作废率也高于实验室研究。网络研究中一位匿名的被试很容易就可以中途退出系统，但在由教授所指导的实验中，学生中途退出的情况还是不太常见的。尽管如此，越来越多的研究显示，网络研究的结果与实验室研究及现场研究的结果基本一致(Birnbaum，2004；Gosling，Vazire，Srivastava，& John，2004；Kraut et al.，2004)。

如果想要了解更多有关网络研究的信息，例如，如何进行网络研究及心理学各个领域的网络研究结果等，请登录 www.psych.hanover.edu/research/exponnet.html。

数据分析

与任何科学研究一样，心理学研究中，数据收集也只是用科学方法解决问题的第一步。

假设我们测量了装配线上200名工人的产量,或者对200名销售岗位应聘者进行了能力测验,从中我们得到了什么信息呢?目前为止,我们只是简单地收集了200个原始分数而已。接下来就需要对这些数据进行分析解释,得出结论,从而将结论运用到当前情境中去。为此,我们要运用统计方法来总结和描述这些数据。

描述性统计

相信大家都熟悉"描述性"一词,当你描述一个人或一件事时,你会试图把脑海中的图像传达给对方。同样的,当心理学家用描述性统计(descriptive statistics)时,就是在试图把研究数据以一种有意义的方式表达或呈现出来。下面来看一些研究数据以及如何用统计来描述它们。

有一项新的测试是用来预测求职者是否能成功销售卫星电视系统,研究者要评估这份测试,因此选了99名求职者完成此份测试,测试分数见表2-1。看着这一堆数据你就应该知道为什么一定要想方设法来描述这些数据了,因为就这样你是无法理解这些数据有什么意义的。从这个数据表你无法对他们未来的工作表现做出预测或任何有意义的评估。

表2-1　99位求职者在卫星电视测验中的原始分数

141	91	92	88	95	113
124	119	108	146	120	123
122	118	98	97	94	89
144	84	110	127	81	120
151	76	89	125	108	90
102	120	112	89	101	118
129	125	142	87	103	147
128	94	94	114	134	114
102	143	134	138	110	128
117	121	141	99	104	127
107	114	67	110	124	122
112	117	144	102	126	121
127	79	105	133	128	118
87	114	110	107	119	133
156	79	112	117	83	114
99	98	156	108	143	99
96		145		120	

建构频次分布(frequency distribution)是描述数据的一种方法,以柱状图的形式表明每个分数出现的次数(见图2-3)。方便起见,可以把这些分数划分为相同的分数段,当然并不是必须要这么做,但这样做能够简化数据分析的过程。与前面的原始分数表相比,从这个柱

状图可以更清楚地看到求职者在测验中的表现。此外还可以看到大部分求职者的测验得分处于中间水平。

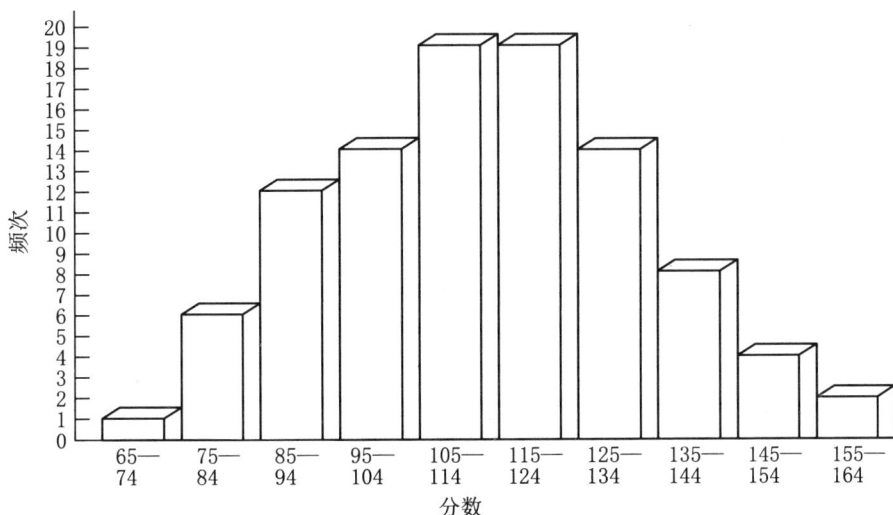

图 2-3　卫星电视销售测试得分的分布(分组数据)

平均数、中数和众数。科学的数据分析方法要求对原始分数进行量化的描述,所以必须要用单个测量值呈现出数据分布的集中趋势,例如平均数、中数和众数。

描述数据分布的最常用且最有效的方法是计算算术平均数(mean),即所有分数的总和除以个数,上例中 99 位求职者的测验平均分是总分 11 251,除以 99 得到 113.6,通过这种方式,99 个原始数据的信息就用平均数这种单个数据的形式呈现出来了。平均数是进一步统计分析的基础。

中数(median)是原始数据分布中位于中点的数值,把 99 个数据从高到低排列,第 50 个人的分数即中数。所有求职者中,一半人的分数高于中数,一半人的分数低于中数。上个例子的中数是 114,与平均数的值相近。在偏态分布中,中数是一个有效的测量值。

众数(mode)是数据分布中出现频率最高的数值,一个分布中可能有不止一个众数。上例中的众数是 114,一般描述数据时很少用到众数,但在某些情境中众数是非常有用的数据。例如,某店长要进货就要先考虑哪种电脑游戏卖得最好。

正态分布和偏态分布。从图 2-3 可以看到,大多数求职者的测验分数处于中间水平,只有几个是非常高或非常低的分数。很多测量结果近似这种钟形分布,一般而言,大样本测量某种物理或心理特征时都会出现这种正态曲线分布。例如,无论是测量身高、体重还是智力,只要样本量足够,大多数的值会集中分布在中间位置,只有少数会落到极高和极低两端。

正态分布(normal distribution)的出现取决于测试样本量的大小和取样的随机性,如果样本不能代表总体,而是有某种偏向趋势的话,结果就不会近似正态曲线。

假设我们对一组高中辍学学生进行智商测试,因为这样一个样本并不能代表总体,所以结果不会呈现出正态曲线,因为他们接受的正式教育很少,也不了解标准化的测验。如果选择某个特殊群体进行测量,那么结果会呈现出不对称分布,即偏态分布(skewed distribution)(图 2-4)。对于偏态分布,中数最能反映数据的集中趋势,因为平均数会受到极端值的影响,此时用平均数描述数据可能会带有误导性,而中数受极端值的影响较小。

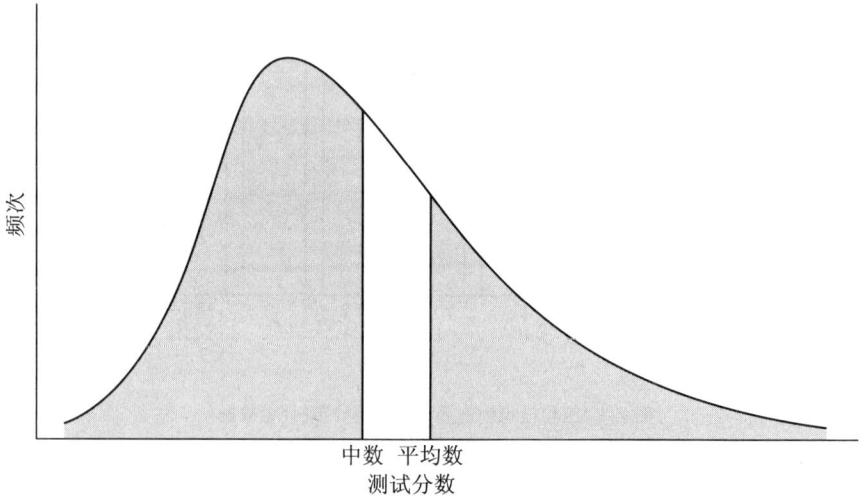

图 2-4　偏态分布曲线

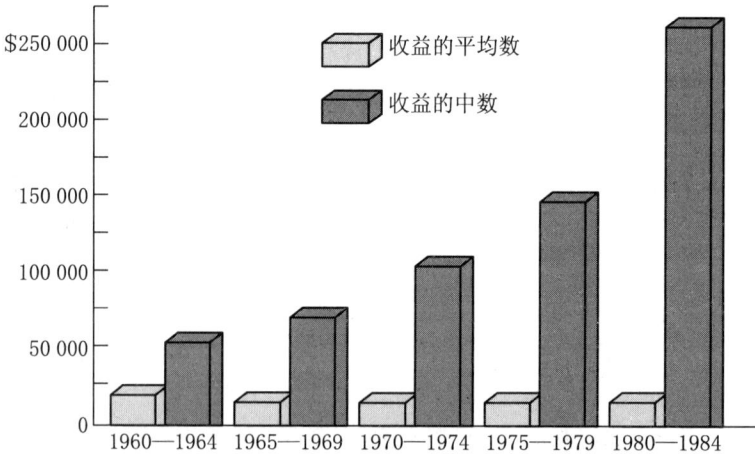

图 2-5　债券收益的中数和平均数。(该数据来自 Institute for Civil Justice, Rand Corporation, New York Times, April 13, 1986)

你肯定听到过别人说统计是骗人的。虽然统计可以误导人,但都错在运用不当,而不是统计方法本身的错。如图 2-5 中的数据代表某公司 24 年间债券收益的平均数和中数,数据显示,平均收益从 6 万美元上升到 25 万美元,而中数却呈略微下降的趋势。对此数据的解释是有争议的,因为律师可以从高债券收益中获利,所以他坚持声称债券收益无变化,而保险公司是要支付这些债券,因此声称债券收益增长了 5 倍。律师用的是中数,保险公司用的是平均数,从技术上说两方都是对的,尽管在偏态分布中用中数解释更为合适一些。如果你是一名员工、经理、选民或者消费者,当你听到"平均"一词时,应要有所怀疑,并追问一句,是哪个"平均",平均数还是中数?

离散性和标准差。 仅仅对数据分布进行集中趋势的计算和制图是不够的,还需要进一步的分析以便对数据的分布进行更详细的描述和解释。如果想要充分利用数据信息的话,则必须要了解数据在中心点周围的散布情况,并用数值表示出来。

例如,图 2-6 中的两个正态分布图,如果用平均数和中数来衡量数据分布的集中趋势,那么两个分布应该是相同的,因为两条正态曲线的平均数和中数都相等。但很明显,这两个分布图是不同的,差异在于它们的数据散布情况,也就是离散程度,测量离散程度的基本指标是标准差(standard deviation, SD),是数据到分布基准线的精确距离。通过确定这一距离,可以对数据有更多的了解,进而更有效地描述数据所包含的信息。

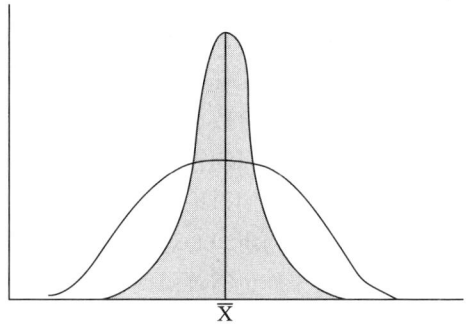

图 2-6 两条集中趋势相同但离散程度
不同的正态分布曲线

如图 2-7 的 IQ 分数分布图中,数据构成了一条平均值为 100、标准差为 15 的正态分布曲线,标准差为 15 意味着,115 的 IQ 得分比平均值 100 高出一个标准差,而 130 的 IQ 得分则比平均值高出两个标准差,以此类推。同样的,85 的 IQ 得分则低于平均值一个标准差。

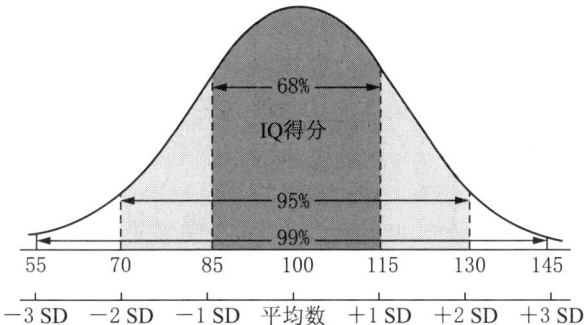

图 2-7 标有标准差单位的 IQ 分数正态分布图

有了标准差,对于任一原始分数 X,我们就可以知道整个分布中有百分之多少的分数高于或低于 X。正态分布的数学表达式向我们提供了落在不同标准差单位内的人有多少，分数出现的频率有多高。比如从图 2-7 我们可以看到，全体被试中 IQ 低于 145 的占 99％，低于 130 的占 97.5％，低于 115 的占 84％。只要数据符合正态分布，这一百分比关系适用于任何测得的变量。知道了某项正态分布的标准差后，就可以判断任一具体分数的意义，知道其在整个群体中的相对位置。

假设我们开发了一套能力测验，测量牙科学校学生在牙科手术中操作工具的能力，你室友参加了测验并得到 60 分，这一分数本身说明不了任何问题，它不能告诉你与其他所有人相比你室友的能力如何。但是，如果我们知道测验分数呈正态分布，且平均分为 50 分，标准差为 10，那么 60 分就意味着比平均分高出一个标准差，说明只有 16％的同学得分比你室友高，84％的同学比你室友低。总之，你室友将很有可能成为一名出色的牙医。

这种方法可以把任意原始分数都转换为标准分数，从而可以在整体分布内解释每一个原始分数的意义。此外，还可以用标准分数比较不同个体不同变量之间的差异。例如把所有测试成绩的原始分数都转换为标准分数之后，可以对不同测试上的表现进行比较，因为此时所有的分数都是以同样的形式呈现出来的。

相关。以上我们讨论的是一次对一个变量进行统计处理的方法，例如一组求职者的测验得分。而工业与组织心理学家通常更关心两个变量之间的关系，如果要预测某求职者是否能胜任某份工作也需要对两个或两个以上变量上进行匹配。例如，必须要将员工在选拔测试中的表现与后续实际工作表现相比较，心理学家才能判断这个选拔工具是否是选出最佳人选的有效工具。（我们将在第 4 章详细讨论效度概念。）此时研究者需要使用相关分析法来研究变量之间的关系。

相关（correlation）分析可以告诉研究者两件事：（1）变量之间关系的方向；（2）变量之间关系的强度。变量之间关系的方向可以是正向的或是负向的，取决于一个变量值高时，另一个变量值是高还是低。在正向相关关系中，一个变量值增加时，另一个变量值也会相应地增加。例如，员工的测验分数与上司评定之间呈正相关，说明测验分数越高，上司对其工作表现的评价也越高，即一个变量增加，另一个变量随之增加，于是就可以预测那些在能力测验中表现更好的求职者在工作中的表现也会更好。换句话说，测验得分高的求职者更倾向于得到上司的高评价。而在负向相关关系中，一个变量值升高时，另一个变量值会下降。举例来说，求职者在选拔测验中的得分越高，得到的上司评价越低，换句话说，测验中表现得越好，工作中却会表现得越差。

通过运用相关系数的统计公式可以计算出两个变量之间关系的方向和强度。相关系数在 0 到 1 的范围内即正相关，在 -1 到 0 的范围内即负相关。相关系数为 1 或 -1 时，相关强度相等，只是方向相反。这两种情形下，一个变量上的得分都可以预测另一个变量上的得分，例如测验分数可以预测上司评价。相关系数越接近 1 或 -1，预测结果越准确。在工业与组织心理学中，相关是一个非常有用而且被广泛使用的工具，在本书中将会看到很多使用相关分析的例子。

推断统计

在标准的心理学实验中,研究者通常会比较实验组和控制组之间的差异。比如在一项检验新培训方法效果的实验中,实验组接受了培训而控制组未接受培训,只有通过比较两组被试的工作绩效,才能做出关键决策,即是否应该将这一新培训方法在全公司内推广。这一决策取决于两组被试工作绩效之间有多大差异。

显著性水平。研究者要判断两组被试的工作绩效达到多大水平的差异时能够推广此培训项目,就必须要通过确定两组平均数之间差异的统计显著性(statistical significance)水平来实现,是以概率的形式呈现出来的,而不是确定性的呈现。也就是说,两组之间的差异是否足够大,以至于如此大的差异并不是偶然发生的。

概率。研究者用推断统计(inferential statistics)的方法处理实验组和控制组被试的数据,计算两组平均数出现差异的概率(probability)值,这一数值代表了差异偶然出现的可能性大小。心理学家认为,有两种统计显著性水平,即.05 的概率水平和.01 的概率水平。在.01 水平上显著意味着实验中两组平均数之间的巨大差异在 100 次中只有 1 次可能是偶然发生的,因此如果两组平均数之间的差异达到此显著性水平的话就可以认为差异是由新的培训项目引起的,而不是偶然发生的。若在.05 水平上显著的话,对于结果的解释信心会略微有所下降,因为此时出现的显著性差异表明,100 次中可能有 5 次是偶然发生的。

元分析。在工业与组织心理学中,元分析(meta-analysis)是比显著性检验更进一步的分析方法,即通过对大量已有研究的再分析,从而确定总体趋势。许多心理学家采用元分析的方法对同一问题的大量已有研究数据进行分析,从而得出更为客观的结论。元分析在各个领域都有广泛应用,例如工业与组织心理学、经济学和医学等。

元分析已成功运用于工业与组织心理学的许多研究问题上,例如人员选拔技术,领导特征,以及工作满意度、工作绩效、离职、缺勤之间的变量关系等。研究者通过元分析可以理解、分析和解释研究结论,并且将众说纷纭的研究结果整合到一起,给出确信可靠的结论,使得研究更接近实践者的需要(Le, Oh, Shaffer, & Schmidt, 2007, pp.9,14)。

工业与组织心理学家在对商业和工业领域的一些重要问题进行研究时,无论是用何种分析方法研究数据的,统计工具的结果都有助于他们给出决策信息和建议。当然统计并不是让人们不用再做决策了,而是给研究者、管理者或者任务执行者提供一定的引导。统计工具对研究结果很重要,但不是研究的终结。

本章小结

心理学研究中的观察必须要客观,经过系统严格的控制,且能够被重复和验证。但是心理学研究有一些局限性,例如有些问题太过复杂,无法用心理学的研究方法进行研究;观察行为本身也会对被观察对象产生一定的干扰作用,因为有时观察本身带来的新异刺激对行为变化的作用大于处理本身,如霍桑效应。此外,一些研究必须在人为设定的情境下进行,这就限制了研究结论的可推广性。

在实验法中,心理学家控制其他所有变量,只研究一个变量对行为结果的影响,这一变量即自变量,行为结果即因变量。实验中还会用到实验组和控制组两组被试,通过随机区组设计和匹配组设计可以使两组被试尽可能地保持一致。随机区组设计是将被试随机分配到两个组中,而匹配组设计是将被试在一些个人特征上进行匹配后再逐对分配到两个组中。

自然观察法是指在日常生活和工作情境中对行为进行观察,研究者可以控制自变量但不能像实验法那样对自变量进行精确地处理。

调查法聚焦于对人们态度和观点的调查,调查法包括面对面的个人访谈、纸笔问卷、在线问卷和电话调查。美国、日本和法国的研究发现,与纸笔问卷调查相比,员工更喜欢在线调查,同时,50 岁以下的员工也更喜欢在线调查。调查的问题可以是开放性问题也可以是限选题,开放性问题允许被调查者用自己的话回答问题,而限选题把被调查者的答案限制在几个特定的选项中。此外,可以通过随机取样或分层取样在总体中挑选有代表性的样本进行调查,随机取样是指总体中的每个人都有已知的概率或机会被选入样本,而分层取样是指从一个大群体中复制出一个缩影出来。乔治·盖洛普通过客观、科学的方法从总体中选出代表性样本,并将此方法运用到民意测验中。

与积极配合调查问卷的员工相比,那些不愿意回答调查问题的员工对自己的工作满意度更低。此外,心理学家也在虚拟实验室中进行在线研究,从而获得更多不同的被试样本。与传统的实验室研究相比,在线研究可以在更短的时间内让更多的被试完成研究,同时获得的数据也更加可靠。

研究获得的原始数据可以通过描述性统计进行总结、描述和分析,用图表或几个有意义的统计指标呈现出来。衡量数据分布集中趋势的指标有 3 个,即平均数、中数和众数。如果从代表性样本中获得足够的数据,就可以形成一个钟形曲线,即正态分布曲线,其中大部分数据落在中间或平均水平上。此外,心理学家还用标准差,即数据到分布基准线的距离,来衡量一个分布的变异程度。有了标准差,对于任何一个原始数据,就可以知道样本中有百分之多少的数据高于或低于这一分数。相关系数表示两个变量之间关系的方向和强度,在相关系数的基础上,研究者可以根据一个变量的得分来预测另一个变量的得分。

推断统计用来确定两组被试之间差异的显著性水平,根据差异的大小判断这个差异是否是偶然发生的。元分析是通过对大量已有研究结果进行总结和分析,从而使得出的研究结论更接近于实践者的需要。

关键术语

控制组	推断统计	概率
相关系数	匹配组设计	随机取样
因变量	平均数	分层取样
描述性统计	中数	随机区组设计
实验组	元分析	科学方法

实验法	众数	偏态分布
限选题	自然观察	标准差
频次分布	正态分布	统计显著性
自变量	开放性问题	调查研究法

复习题

1. 如果要开始你的职业生涯,了解心理学研究方法对你有何帮助?

2. 阐述心理学研究的三大基本要求。

3. 霍桑效应是什么?它如何限制心理学研究结果?

4. 请区分因变量和自变量、随机区组设计和匹配组设计。

5. 实验组和控制组的差异表现在哪些方面?在实验中加入控制组的目的是什么?

6. 有一组已在公司工作 5 年的资深计算机工程师,当部门搬迁后,他们突然开始犯输错数据这种小错误。如果要你设计一个实验来判断出现这一情况的原因,你将如何设计?

7. 阐述自然观察法的优势和劣势。

8. 调查和民意测验有哪些用途?并讨论哪些问题会有损其适用性。

9. 收集调查数据的 4 种方法是什么,并分别阐述其优点。

10. 如果你要开展一项市场调查,去了解宝马车主想要在这次的新车型中看到什么样的改变,你会使用何种调查研究方法?为什么?

11. 盖洛普是如何改变民意调查方式的?

12. 导向性民意调查是什么?它是如何影响选举结果的?

13. 请区分开放性问题和限选题。

14. 讨论随机取样和分层取样之间的差异。

15. 为什么与之前相比,用电话进行研究调查和民意调查变得更加困难了?

16. 阐述虚拟实验室中的心理学研究有何优势和劣势。

17. 描述性统计和推断统计之间的区别是什么?

18. 在你看来,没有统计,世界是否会更美好?请对自己的观点进行辩护,并给出适当的数据支持。

19. 用标准差如何解释你在某个 IQ 测验上的得分。

20. 如果你的 IQ 分数和老板对你工作绩效的评定之间的相关系数是.85,说明什么?

第2部分 人力资源的发展

　　工业与组织心理学涉及人力资源的选拔、培训、评估等多个环节。当你申请一份工作时，你就成为选拔过程的一部分。组织若要雇用新员工，就会采用申请表和专业的心理测试等一系列选拔技术。

　　一旦公司雇用了你，就会要求你接受相关培训来掌握必需的工作技能，促使你更高效地工作。在晋升问题上，公司也会采用一定的选拔和培训技术，尤其是当你被委任更大的职责时，公司要求你接受相关培训来适应新的角色。此外，你的上级会定期评估你的表现。你也希望他的评价是公平客观的，并且由此给予你工作进展的反馈。员工选拔、培训和评估方法会决定你的工作岗位和你如何履行工作责任。

　　本书将在第3章和第4章详细介绍人力资源中的选拔。第3章重点讨论申请表、面试、推荐信和评价中心等选拔方法。第4章介绍选拔中运用的认知能力（智力）、兴趣、态度、人格和诚信测试。第5章介绍绩效评估，第6章讨论培训技术。

第 3 章

雇员选拔的原则和技术

你理想的工作是什么样的?

你希望工作带给你什么? 高薪、股权、全面的健康保险,还是固定停车位? 就你个人而言,这个问题并不难回答,但倘若询问所有员工,就众口难调,没有统一答案了。工业与组织心理学家列举了一系列对于员工来说可能重要的工作特征。在你心目中,它们的重要程度各是怎样的?

——工作富有挑战性、有趣并且有意义

——高薪

——有升职机会

——工作稳定(不会被解雇)

——持有公司股份

——令人满意的工作时间

——令人愉快的工作环境

——友好的同事

——受到老板的尊重和赞扬

——有学习新技能的机会

——公平和忠诚的上司

——在工作中能够发表自己的看法

——帮助解决个人问题

研究者询问了 3 000 多名求职者"你在寻找怎样的一份工作?"之后分析得出求职者们认为重要的因素(Howard, Erker, & Bruce, 2007):

学习和成长的机会	78%
有趣的工作	77%
好的管理者/上司	75%
让你感到自豪的公司	74%
升职机会	73%
稳定/工作安全性	70%
有创造力的或者有趣的工作文化	67%
兼容并包的工作小组	67%
工作与私人生活的平衡	65%
能有所成就的机会	64%

你在工作追求上的排序和心理学家以及其他求职者的排序一致吗?

求职者的年龄和所处的年代会影响其求职偏好,某一年代的人会有相似的求职倾向。就像第 1 章提到的,80 后(出生在 1980 年代)大多想要一份能够展现自己创造力且实行弹性工作制的有趣工作。除此之外,调查还发现了 80 后的其他工作特点。到 2012 年,80 后将占总劳动力的 50%,他们通过即时的信息、游戏和媒体来互相联系。他们能够同时承担多种职责,努力工作、尽善尽美完成任务。与此同时,他们渴望在工作中获得认可与赞美。另一些调查报告还显示,80 后期望公司提供最新的交流技术和高薪,他们认为公司应该将有意义、有挑战并较重要的任务委派给他们,不太愿意去做低水平的日常任务,因为那无法证明其个人价值(Balderrama,2007;Barreto,2007;Erickson,2006)。

求职者的偏好还可能受教育水平等其他因素的影响。大学毕业生、高中毕业生和高中未毕业者对于工作有着不同的期望和求职偏好。此外,不是所有的大学毕业生都有同样的工作期望。工程类和计算机专业的学生与文科专业的学生期望不同,成绩优秀的学生与成绩一般的学生期望不同。白领和蓝领的求职偏好不同,技术人员和管理人员求职偏好也不同。

同样,经济形势不同,求职者的偏好也会不同。在经济衰退时期,由于工作岗位缺乏,求职者更关心薪酬和工作稳定性,即使公司不能满足他们原本的目标和求职偏好,员工也愿意一直呆在固定的公司里。经济形势较好时,工作岗位充足,求职者就不太追求工作稳定或者高薪,而是会更倾向于选择有挑战性的、有机会学到新技能的工作。

为什么很多人会离开自己的第一份工作? 可能就是因为许多人在进入企业前对工作和公司抱有不现实的期望,导致期望与现实之间的差距太大。在对 111 个研究进行元分析后,调查者发现不切实际的工作预期导致低的工作满意度、低的组织承诺度和高的离职倾向(Zhao,Weyne,Glibkowski,& Bravo,2007)。

当你第一次和潜在的雇主接触时(最典型的就是第一次面试),期望就已经开始和外在现实冲突了。当然,这种接触给了个人和企业双方互相评估的机会,因此它非常重要。

招聘过程

工业与组织心理学家关心招聘过程中的各个方面:求职者找到工作的途径、招聘者的特点、校园招聘以及提供给求职者的信息种类。

招聘途径

传统的招聘途径包括网络招聘、在报纸上发布招聘广告、职业介绍所、专业协会的就业介绍机构、招聘会以及就业服务机构。另一个流行的招聘途径是校园招聘,几乎一半以上的大企业通过校园来招聘管理类和专业类人员。

内部推荐作为招聘方法的一种,在组织中被广泛使用。组织对于成功推荐的员工会给予奖金奖励。相比其他招聘方法,内部推荐成本低且更有效。一项对 9 008 名应聘电话客服中心的求职者的研究发现,由在职的高绩效员工推荐比由低绩效员工推荐更容易被录用(Yakubovich & Lup,2006)。

组织也渐渐开始使用网络招聘,在网络上发布空缺职位以及该组织的其他信息。网络招聘优于其他方法的原因是:第一,花少量的钱,传递大量的信息;第二,让求职者产生"这个组织很专业、很先进"这类印象,更有效地吸引年轻员工。

招聘网站的存在也为求职者提供了便利。求职者能够迅速地使用网络资源去了解未来的雇主,并且他们在网上就可以提交申请表和其他材料,完成网上问卷。个体求职费用降低了,公司也能够更快地做出录用决定。

有学者对 48 名大学生进行研究,发现通过网页,学生能很快了解公司的文化和价值观,例如企业是否强调工作中的团队协作、成长、发展、果断性、创造力和工作革新(Braddy, Meads, & Kroustalis, 2006)。在对 814 名大学生的研究中,研究者也发现学生和某一企业签约的意图很大程度上受到这个企业在其招聘网站上呈现的信息和给人留下的印象的影响,学生对企业网站的态度越积极,越可能去应聘该企业中的工作(Allen, Mahto, & Otondo, 2007)。

一些公司,例如惠普(Hewlett-Packard)、微软(Microsoft)和威瑞森(Verizon),已经开始使用网上虚拟招聘会来展示他们公司的信息和特定的工作内容。"参加"他们网上招聘会的求职者能够直接和公司的主管们交流(类似即时短信的形式)。也有组织会在著名的社交网站建立招聘页面,例如 MySpace、Facebook 和 YouTube(Athavaley, 2007)。

招聘者的特点

公司招聘者的行为和个性特征很大程度上会影响大学生择业。心理学家发现招聘者的某些特征,例如微笑、点头、目光接触、同理心和热情周到等,会提高大学毕业生接受这份工作的可能性。

研究者对 71 个相关的研究进行元分析后发现,比起工作本身,求职者更容易受到招聘者行为的影响。那些最成功的,即为组织招募新员工数量最多的招聘人员,往往在求职者眼中是最具有人格魅力、热情友好且乐于助人的。招聘者的人格魅力比其在公司的地位、种族和性别对求职者择业上的影响更大(Chapman, Uggerslev, Carroll, Piasentin, & Jones, 2005)。

另一项对校园招聘的研究表明,大学生更喜欢招聘者在面试时告知公司的一些具体信息、工作对求职者的要求以及回答求职者的疑问。当大学生认为招聘者花太多的时间讨论无关的话题时,他们就不太可能接受这份工作。

校园招聘

其实,校园招聘目前也许并没有完全发挥其潜能,公司也许没有充分实现它的价值。低于 50% 的招聘者受过面试技巧培训。很多招聘者往往在面试的前几分钟里就形成关于求职者能力的积极或者消极的印象,而事实上这几分钟里收集的信息远不够做出正确的招聘决定。

校园招聘让大学生有机会了解不同工作的信息

比起轻易被判断为不合适的求职者,招聘者会花更多的时间和他们认为有资质的求职者交流。招聘者还往往不按照公司规定的面试问题来进行面试,有时候他们会忽略和求职者谈论某些重要的事情。所有这些都反映了招聘者缺乏面试技巧。

此外,在校园招聘时,企业招聘者面对的主要困难是求职者对工作的不切实际的期望。这也是校园招聘无法令人满意的另一个原因。许多学生没有工作经历,不知道要问面试官什么问题,因此无法获得有关工作和公司的正确信息。有时候,学生为了给招聘者留下好印象,还会努力去掩藏他们认为招聘者不喜欢的态度和性格。此外,招聘者也会导致学生对企业或工作本身有错误印象。因为招聘者的目标是找到愿意为公司工作的人,为此,他可能会在招聘过程中将企业和工作描述得过于理想化。

因此,学生和招聘者都对误解负有责任。当员工发现现实工作与期望存在很大差距时,就容易产生不满意的情绪。而避免这一误解的好方法是尽可能的诚实,开诚布公地讲明工作的优缺点。也因此有些企业把现实工作预览作为选拔过程的重要一环。

现实工作预览

现实工作预览(realistic job previews)指尽可能地提供与工作有关的各方面的真实信息。提供信息的方式是手册等书面形式、短片或录像,甚至是工作典型样本。根据这些信息,求职者可以自我衡量是否能够达到工作要求。现实工作预览的目的是为潜在的雇员提供全面的工作信息,以此减少其对工作过于乐观或不切实际的期望。

以林布列德探险队(Lindblad Expeditions)为例,它是一家游船公司,为人们提供如南极洲或者加拉巴哥岛等非同寻常的旅游。每个申请在林布列德工作的人都会收到关于工作内容的 DVD。DVD 内容包括船员洗厕所的画面以及对一名每天洗 5 000 个盘子的船员的

新闻聚焦

听上去太好的工作可能不是真的……

马克·拉塞尔(Marc Russell)的第一份工作给他如下承诺:他将工作于一家快速发展的为世界五百强企业提供商业问题解决方案和技术服务的咨询公司,他的职位有充足的晋升机会,并享有国际旅游和股票期权。而事实并非如此:他在西雅图郊区的一所空房子里呆了三个月,等待轮到自己玩"终极战区"游戏。这还算不错的任务了。

"他最长的旅行是从西雅图到波特兰。他持有10份股票期权,但只有他死了以后才能拿到钱。他做的最大的项目是为国王郡监狱(King County Jail)提供咨询,在那里他最敏锐的发现是,玉米热狗里没有棍子。他编写软件追踪囚犯的行动——但他们能跑多远? 除此之外,没人告知他所在的地方有多么令人毛骨悚然:'客户威胁说如果他得不到想要的咨询方案,他就会把我们一直关在监狱里,'他这样描述监狱管理员:'他不是开玩笑的。'"

招聘者承诺的理想工作变成了一个噩梦——这种事情常常发生。一个招聘者给出的建议是:在你接受一项工作之前,你应该尽自己所能去确定公司作出的承诺是否切合实际。

资料来源:When employers promise the noon(2003, Novermber 2). *St. Petersburg (FL) Times*; adapted from the *Wall Street Journal*.

访谈。DVD内的员工会告诉求职者:"准备好拼命地工作吧。"公司CEO说这张DVD就是要"吓倒你"。当然它真的见效了。大多数求职者观看后就放弃了这份工作。比起当你飞到阿拉斯加登上船后才发现一切都不是你想要的,在签订就业协议之前就知道这份工作不适合你要好得多(Simon, 2007)。

研究表明使用现实工作预览与工作满意度、工作绩效、组织承诺、员工流失率的降低都存在正相关(Ganzach, Pazy, Ohayun, & Brainin, 2002; Kammeyer-Mueller & Wanberg, 2003)。现实工作预览让一些人在工作申请前就了解某些工作环境并不具吸引力或者并不适合自己,因此它能够帮助减少最初申请工作的人数。

选拔过程概述

合适的选拔方法不仅是在报纸上或者网上放一条广告、让人来办公室填写申请表、然后面试那么简单。一个成功的员工选拔项目还包括一些额外的程序。假设公司要求人力资源部经理招200名能操纵生产数码相机机器的新员工,他该怎么做呢?

职位和人员分析

理想情况下,工业与组织心理学家第一步要做的是调查这项工作的特性。只有详细描述员工如何高效地完成工作,组织才知道招聘员工时需要考察什么样的特质。工业与组织心理学家通过职位分析(job analysis)来确定某一工作所需的具体技能,从而建立工作说明书。

一旦明确了必需的能力,人力资源部经理就要决定如何有效地在应聘者身上找到这些特质。这项工作对读图能力、操作能力、电学知识有要求吗? 公司如何发现某个求职者是否已具备了这些技能呢? 一项对 3 000 多名员工的调查发现,工作所要求的技能越复杂,员工选拔时所用的方法也就越多、越广、越复杂(Wilk & Cappelli, 2003)。

在评估每一个求职者时,面试者都应该基于工作分析进行评估,明确求职者的背景、特点和资质。面试者需要确定在面试时要问哪些具体问题,要用什么心理测验以及各种能力的合格标准是什么。例如,设定测验的最低分或者受教育年限或工作经验,低于这个水平的候选人都不会被录用。因此,工业与组织心理学家需要事先评估在相同或者相似岗位上的在职人员,以此决定在选拔过程中怎样的标准才是合适的。

招聘决策

接下来就是做出招聘决策。招聘新员工是采用纸质或网络广告的方法还是通过职业介绍所介绍? 或者是通过内部员工的推荐? 不同的招聘方法会吸引数量不同的求职者,最终影响被录用员工的水平。如果广告和内部推荐只吸引了 250 名求职者来申请这 200 个岗位,那么与 400 个人来应征相比,公司选择的余地就小了。工业与组织心理学家把这叫做选拔比率(selection ratio),即拟雇用人数与潜在的可雇用人数之间的关系。因此,潜在可雇用人数直接影响录用标准的严格性。当应聘者很少但需要几周内就有人到岗时,一些录用标准(如认知能力测验的合格分数)就会被降低。

缺少求职者可能也会迫使公司去扩大招聘规模,提供更高的薪酬和福利或更好的工作环境来吸引和留住新员工。因此,劳动力供应的规模不仅能够大大影响招聘选拔的过程,而且会对工作本身产生巨大影响。

选拔技术

通过一系列的选拔技术,例如申请表、面试、推荐信、评价中心和心理测验,企业能够选拔新员工,判断他们是否适合这个工作岗位。录用决策不是仅根据一项简单的选拔技术,而是很多选拔技术相结合。此外,在许多工作的招聘过程中,企业会采用药物检验(第 12 章)。由于一些工作还有生理上的要求,所以在招聘时企业还可能会使用力量和耐力测试。

选拔过程的下一个阶段是检验选拔技术,确定选拔技术是否能成功区分出最适合该岗位的员工。在前面那个例子中,在雇用最初的 200 名员工后,人力资源部门还必须追踪他们在工作中的绩效,由此检验选拔的有效性。

每一个选拔项目都必须接受检验,确定它是否具有预测的精确性和效度。这种检验可以是评估用新选拔技术所录用员工在工作中的绩效。例如,新员工在岗位上工作 6 个月后,要求上级对其工作绩效打分,之后将上级的打分与员工选拔时的表现相对比,通过两次评估的相关性判断这项选拔技术能否预测应聘者成为更好的员工。

如果那些在手部灵活性测试上得分平均高出合格线 10 分且有高中文凭的员工获得上司较高的评价,而在手部灵活性测试上得分只比合格线高一两分且没有高中文凭的员工则得到上司较低的评价。我们便可以推测这两个因素——手部灵活性和高中文凭,能够区分潜在的优秀员工和一般员工。那么以后,人力资源部门能够大胆使用这些标准来选拔更好的员工。

要评估选拔技术必须要有测量工作绩效的方法,这样才能将员工工作绩效与其在选拔中的表现进行比较。而评估和测量工作绩效的一些方法将在第 5 章里做具体讨论。

公平雇用

好的员工选拔项目必须遵从就业机会均等委员会(Equal Employment Opportunity Commission, EEOC)1972 年制定的法规、1964 年的规定和 1991 年的《民权法案》。所有求职者,无论其种族、宗教信仰、性别和原国籍,都拥有择业和就业的平等权利。招聘中的歧视是不道德的,也是非法的。在过去几十年中,由于这些立法,歧视少了很多。然而,在工作中依然存在偏见和歧视的事例。

一项调查发现,比起那些名字听上去像黑人的人,例如泰伦(Tyrone)或者塔米卡(Tamika),面试官更倾向于让那些名字听起来像白人的人,例如布拉德(Brad)或者克里斯丁(Kristen)参加面试,两者比率相差 50%(Ferdman, 2003)。即使所有申请人在申请表上填写的内容除了名字以外都一致,这种结果仍然成立。

研究者研究了美国 114 名母语是西班牙语、说英语带西班牙口音的员工。即使在美国某个地区,半数以上市民都是这样的人,例如迈阿密、佛罗里达,应聘者仍然报告在找工作时遭受歧视。这种歧视让他们感受到压力,也降低了他们的工作满意度(Wated & Sanchez, 2006)。

有一项研究分析了美国政府行政部门对申请高级管理职位的 357 名求职者做出的雇用决策,结果显示:由不同种族和性别的成员组成的面试官小组更加喜欢女性求职者,而对黑人和带有西班牙口音的求职者的态度更消极。此外,比起女性或者白种人的面试官,男性非裔美籍面试官更不喜欢选择男性非裔美籍求职者(Powell & Butterfield, 2002)。

对少数群体的负面影响

在雇用决策过程中,当某一少数群体比大部分群体遭受更差的对待时,少数群体就受到了所谓的负面影响(adverse impact)。负面影响的证据就是少数群体的选择比例不超过多数群体的比例的 80%。例如,一个公司有 200 名应聘者(100 名黑人和 100 名白人),最终公司雇用了其中的 100 人(20 名黑人和 80 名白人)。在这个例子中,80％的白人应聘者被录用,而只有 20％的黑人应聘者被录用。选拔黑人的比率只相当于选拔白人比率的四分之一,即 25％,远远低于 80％,这就是负面影响。这个公司可能会因为对少数群体和多数群体的拒绝比例差异过大而被指控。

反向歧视

为了招募、雇用、晋升弱势群体,贯彻就业机会均等委员会(EEOC)的法规,有时候也会产生对强势群体的歧视。例如,如果一个公司急切地想要增加女性员工的数量去达到法律要求的标准线,它就会在招聘过程中对男性不平等。这种现象就是反向歧视(reserve descrimination)。这种现象常常在研究生院和专业学校里发生,例如即使白人申请者分数高于弱势群体申请者的分数,他们仍可能会被学校拒绝。反向歧视也可能发生在工作晋升中,例如相比和他们有相似能力的白种男性,女性或者少数族裔往往拥有更多的升职机会。

平等机会容易使强势群体对被雇佣或被升职的弱势群体产生偏见。隶属于强势群体的雇员可能会认为正是因为优先雇用了女性和少数群体才导致雇用了一些不合格的人。因此,一些白人男性会感到愤恨。对此不满的员工、招聘者和政府人员可能会反对这种平权运动。

提高工作中的多样性

今天,很多组织会在招聘广告上放特定的照片,通过雇用女性、黑人、西班牙裔的面试官来招募更多的女性和少数民族。世界财富 100 强的企业中大部分企业(78％)的招聘宣传材料中有女性和少数群体,因为他们知道吸引多样化劳动力的唯一方法就是展示公司承诺的多样性(Avery & McKay, 2006)。

这些努力有效吗?

尽管在过去 20 年中多样化研究和多样性培训项目不断增多,在反歧视立法的 40 年里,平权运动也在不断开展,但是女性、少数民族和其他非优势群体成员仍然受到有色眼镜和无形壁垒的限制,无法在关键职位上充分立足;与普通人相比,绩效标准对弱势群体的要求更高;他们有时仍遭受恶毒的骚扰、歧视和驱逐(Bell & Berry, 2007, p.21)。

我们的确已经看到了实际工作中员工的多样性,但是在许多工作场合,女性和少数民族仍然没有被完全接受。

其他被歧视对象

对年长员工的歧视。美国劳动力的年龄正在不断提高。然而,即使工业与组织心理学家提出证据表明年长员工比起年轻员工生产力更高、缺勤率更少、离职率更低,但是大多数公司仍然倾向于雇用年轻员工。其实一般来说,年长员工的健康状况、精力和心理能力并不比年轻员工差。

有学者对 380 个研究进行元分析后发现,年长员工是优秀的组织成员。他们比年轻员工更少地滥用药物、拖延和缺席,而且他们的攻击性更低,能够在工作中很好地控制自己的情绪(Ng & Feldman，2008)。

然而，对于年长员工的刻板印象仍然存在，年长员工比年轻员工得到的绩效评估结果更加消极。这种评估更多的是基于年龄而不是其真实的工作表现。在雇用和晋升过程中，年长员工受到法律反年龄歧视的保护。1967 年的《雇用年龄歧视法案》立法保护 40 到 65 岁人的平等权利。这项法案在 1978 年被修订，强制退休的年龄从 65 岁提高到 70 岁。

新闻聚焦

我们仍然要坐在公交车的最后吗？

我们无法在办公大楼的门口乘坐出租车。我们在城郊往返列车上被搜身，甚至被拘留。我们在超市被监控，连衣帽间的服务员也会弄错我们的衣服，当在最好的餐厅吃午饭时，如果我们中途上厕所还会有人跟随。有时公司的接待人员没认出我们是谁，会把我们带到货运电梯或者交付窗口。我们是美国公司中的黑人职员。

尽管每天早上，我和其他同事面临同样的工作问题，但是我感受到的压力其实来源于和工作完全无关的事情。我的父亲希望有一天他的儿子能够坐在高楼大厦的办公室里工作。但是他不知道，为了达到这个目标，在美国的黑人不得不永不停息地努力。

虽然我是平权行动的受益者，但我也知道它的一些缺点——它会激起白人男性的愤怒，它潜在地促使少数群体和女性形成一种"群体权利"意识。但是作为一名企业律师、教授，作为在大多数白人聚集的地方工作的黑人职员，我知道：在美国，即使是今天，工作环境里的歧视问题仍然很棘手。把平权行动制定为永久政策非常必要。

有些人认为我的这一想法是小题大做，在这里我要告诉大家一个我刚开始在曼哈顿当企业律师时发生的事情。

当时我正在办公室和一个客户进行电话会议，一个接待人员和一个保安一起跑向我秘书的桌子。

"抱歉，拉里(Larry)，我收到这里的安全警报，"接待员喘着气说，也打断了我的电话会议，"你看到一个送货男孩走过接待室，带着一个紫色的袋子到这里吗？"

我看着墙角，那里是我在波道夫·古得曼(Bergdorf Goodman，一家大型商场)买的袋子，里面有我给我妻子买的帽子。

"就是那个男孩！"保安指着我大叫。

当接待员看到购物袋，认出我后，如释重负的表情划过她的脸。"真好笑，"她一边关门一边笑着说，"我们以为你是那个送货的男孩，对不起打扰你了。"

然后我的客户带着一丝怀疑的眼光看着我。

资料来源：Graham, L.O.(1995, May 21). The case for affirmative action. *New York Times*.

对残疾员工的歧视。接近五分之一的美国人有一定程度的残疾，在所有阶层的群体中，残疾人的雇用率最低。尽管法律保护每个人的雇用权利，但是在所有想要工作的残疾人中，只有三分之一的人能找到全职工作（Fassinger，2008）。

联邦法律保护生理或心理上有疾患的雇员，避免他们被歧视。1973 年的《职业康复法案》强制企业招聘、录用和晋升合格的残疾人。1990 年《美国残疾人法案》（Americans with Disabilities Act，ADA）禁止雇主、地方政府、职业介绍所和工会在工作申请、雇用、解雇、晋升、薪酬、工作培训和其他工作条件中歧视合格的残疾人。这项法案规定，在不严重影响正常商业运营的前提下，企业需要为患有生理或心理疾患的合格求职者或残疾雇员提供合理的辅助设施。

比如，一个超市员工由于狼疮（一种肿瘤疾病）而身体疲惫，那么公司应该给她提供一个高脚凳使她在完成出纳工作时不用站着。除此之外，提供合理辅助设施包括组织应该让健康员工以口头言语或盲文指导的方式来帮助视觉有障碍的员工，给坐轮椅的人建立坡道和其他便利建筑设施等。

为残疾员工提供辅助设施带来的一个意外结果是身心健全员工的不满（参见，例如，Colla，Paerzold，& Belliveau，2004）。因为残疾员工工作的时间比较少，其他员工就认为自己不得不更加努力地工作。

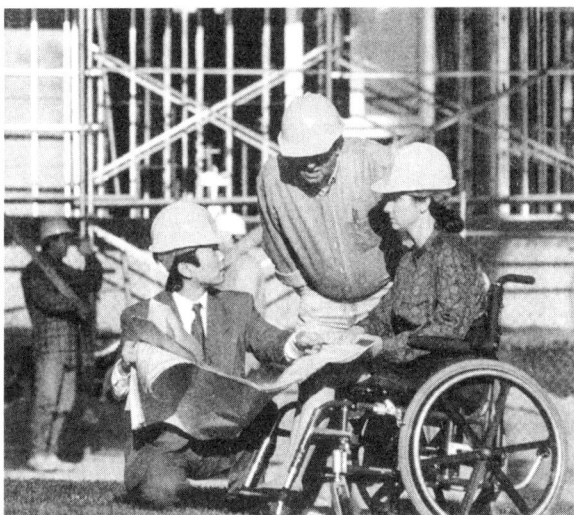

1990 年《美国残疾人法案》禁止招聘者歧视残疾员工。

即使残疾工人的实际工作表现很好，仍有人反对雇用残疾员工。工业与组织心理学家研究发现，残疾员工的绩效和普通非残疾员工的绩效相同，有时甚至优于他们。许多美国大公司，例如杜邦公司（DoPont）、3M 公司、道格拉斯公司（McDonnell Douglas），都会雇用残疾员工,因为他们发现残疾人也能够成为优秀员工。麦当劳、万豪(Marriott)等公司也都雇用有轻度到中度认知功能障碍的人,他们发现这些员工和其他正常员工的效率一样高。然而,在被诊断为智力障碍的适龄人员中,只有不到20%的人找到了工作,其中一半人的职业隶属于联邦政府资助项目。这些职业包括看门人、园丁、食品杂货店员、办公室接待员、收费员和快餐店厨师。

1990年的《美国残疾人法案》解决了数以千计工作歧视的诉讼和案件。不幸的是,这些合法的诉讼案却导致很多组织在雇用残疾员工时更加小心谨慎。这种害怕被诉讼的心理可以解释为什么过去10年残疾雇员的数量并没有增加。拉塞尔·雷登堡(Russell Redenbaugh)是美国民权法案委员会的一名成员,也是一名残疾人,他认为《美国残疾人法案》带来的结果是令人失望的。

对女性员工的歧视。女性仍然在职场中遭遇歧视(虽然这种歧视在缓慢减少),尤其是当她们去争取传统意义上属于男性的工作岗位时。歧视还反映在薪酬的性别差距上,在相同或者相似类型的工作上,女性依然平均赚的比男性少(Blau & Kahn, 2007)。

怀孕妇女还面临额外的歧视。在一项研究中,调查者发现,找工作的怀孕女性比未怀孕的女性遭受更多的敌意和歧视。而当怀孕女性应聘所谓的男性从事的工作岗位时,遭受的敌意水平较高,而应聘传统女性从事的岗位,例如女仆或幼教老师时,遭受的敌意水平较低(Hebl, King, Glick, Sungletary, & Kazama, 2007)。一项对男性和女性大学生以及全职员工的研究发现,企业在工作选拔中对已生育的女性存在偏见;和其他没有子女的女性求职者相比,已生育的女性被认为能力较低,对工作的投入程度也相对低(Heilman & Okimoto, 2008)。

基于性取向的歧视。男同性恋和女同性恋在公共机构和私人公司的招聘中都面临歧视。至今没有相关的联邦公权利立法保障他们在工作中不受歧视。然而,一些州已经把性取向囊括在受保护的合法权利中,越来越多的地方通过了禁止对同性恋工作歧视的法令。

一些美国公司已经实施反歧视政策来保护同性恋者。例如,美国电话电报公司(AT&T)、施乐公司(Xerox)、洛克希勒马丁公司(Lockheed)和李维·斯特劳斯公司(Levis Strauss)都支持他们的同性恋员工群体。福特(Ford)、大众汽车(General Motors)、克莱斯勒(Chrysler)等美国主要的汽车制造商,IBM、花旗集团(Citigroup)和当地的政府都给雇员中的同性恋者提供一定的附加福利。

对379名男同性恋和女同性恋的研究表明,当同性恋员工感受到工作环境对他们公开性取向的充分支持时,他们工作满意度会较高,焦虑情绪较低。在高支持性环境下的同性恋者体验着更为积极的同事关系、更低水平的工作歧视和更公平的上司对待(Griffith & Hebl, 2002)。

另一研究调查了534名男同性恋、女同性恋和双性恋员工,结果表明那些最害怕在工作环境里"出柜"的人有着较低水平的工作满意度和较高水平的由压力引起的身体不适。此外,那些认为上司和同事都支持自己的员工比未得到支持的员工在工作中有更少的恐惧和压力,并且他们更愿意告知他人自己的性取向(Ragins,Singh,& Cornwell,2007)。

如需了解更多的有关性取向的雇用多样性政策,请登录 www.gaybusinessworld.com 或者 www.hrc.org,后面的网址是人权运动的网址。

基于外表吸引力的歧视。按照当前的世俗标准,一些求职者被认为比其他人外表更出众,这会影响录用和晋升决策。这种判断被一些人叫做"美丽效应"。许多人认为,外表有吸引力的人会拥有更优秀的人格和社会特质,这种态度被一些工业与组织心理学家总结为"美丽的就是好的"偏见。外表具有吸引力的个体被认为更善于社交,更占优势,心理更健康。

在一项针对职场中外表吸引力的偏见效应的元分析中,研究者发现企业招聘者、人力资源经理和大学生一样,在做出录用决策时都容易受到应聘者外表吸引力的影响。这一研究也发现偏见效应在男性和女性求职者上都存在。然而,研究同时也说明,在过去几十年中外表吸引力的偏见效应在降低(Hosodo,Stone-Romero,& Coats,2003)。

应聘者的身高在选拔、录用和晋升时也可能成为优势。一项涉及 8 590 名实验参与者的元分析发现,身高和工作表现得分、能否成为领导者以及收入多少都显著相关。身高较高者在这三项上的结果都较好(Judge & Cable,2004)。

研究也发现,零售店店员会在细节上表现出对肥胖者的歧视。例如,与招呼正常体重的顾客相比,在招呼肥胖顾客时,销售员笑得更少,眼神交流更少,花更少的时间与其言语交流并且表现得不太礼貌(King,Shapiro,Hebl,Singletary,& Turner,2006)。

职位和工作分析

职位分析(job analysis)的目的是采用特定的术语描述员工在某项工作中要完成的一系列任务的性质。一个完整的职位分析包括使用的工具或设备、要进行的操作、所需的受教育程度和受培训水平、薪水和工作中的特殊要求如职业安全等信息。

许多工业与组织心理学家更愿意采用工作分析(work analysis)这一说法。工作分析关注可以在不同职位中通用的特定任务和技能。在当前的劳动力市场中,应聘者为了能够从事各种工作必须学会乃至掌握多种技能,21 世纪的应聘者不可能像上一代人那样将其职业生涯固定在一种程序性的重复工作中。

我们之前已经提到了职位和工作分析在雇员选拔中的重要性。一个公司只有明确知道一份工作需要什么样的人以及成功完成这项工作需要什么特质,才能在众多申请者中找到那个能够胜任工作的员工。

在组织生活中,职位和工作分析还有其他重要的用途。例如,在设计针对某一特殊工作的培训课程时,公司必须了解此项工作的性质和所需技能。如果不能详细描述胜任某项工作所需的能力,公司就不可能通过实施培训让员工成功从事这项工作。职位分析还可以用来设计工种和工作场所以提高员工工作效率。例如,职位分析能够揭示出一名机床操作人员每次往机器里装原材料时都要走 50 码才能到仓储货架取材料,因此重新设计工作区域能够减少时间和精力的浪费。此外,职位分析还能够揭示安全隐患和危险的操作程序。

工业与组织心理学家设计了一系列职位和工作分析的方法,其中一项方法综合了大量前人所做的分析——美国劳工部建立的职业信息网(O* NET)。这个数据库汇总了许多相关信息,它定义、分类、描述了各种各样的职业,提供相关的职业案例以及从事某一职位时所需的知识、技能和能力等分析结果。这一数据库经常更新,便宜且容易操作,在研究和应用领域都有很大影响。此外它在不同文化背景下也同样适用。有一项研究是在美国、新西兰、中国大陆和中国香港地区比较同一职位在 O* NET 上的描述,研究发现它们在胜任职位所需知识、技能和能力上的要求相差无几(Taylor, Kan Shi, & Borman, 2008)。总的来说,O* NET 为每个职位提供以下信息。

- 个人要求:从事一项工作所要求的技能和知识
- 个人特质:从事一项工作所需的能力、兴趣和价值观
- 经验要求:接受过培训和获得的证书水平以及工作经验
- 职位要求:工作活动和内容,包括工作涉及的生理、社会、组织的因素
- 劳动力市场:职业展望和工作的薪酬范围

表 3-1 给出的例子是 O* NET 上关于不同类型的工作任务要求的知识水平。表 3-2 是不同工作任务要求的可描述的、可量化的认知能力。想要了解更多关于 O* NET 及其详细描述的工作,请访问 www.online.onetcenter.org/。

职位和工作分析的其他技术还包括访谈、问卷、观察、活动记录和关键事件技术。

表 3-1　O* NET 工作描述和知识水平

分类和操作性定义	知　识　水　平	
行政/管理——掌握商业和组织中计划、合作和执行方面的原则及过程,包括战略制定、资源分配、人力建模、领导力技巧以及生产方法。	高——管理资产 1 000 万美元的公司	
	低——签订支付收据	
文员——掌握行政和文秘工作的程序和系统,例如文字处理、记录管理、表格设计以及其他办公程序和术语。	高——组织公司表格的储备系统	
	低——按照字母顺序归档	
销售/市场——掌握有关展示、改进和销售产品或服务的原则与方法,包括市场战略、产品展示、销售技术和销售控制系统。	高——为全国手机系统开发一项市场计划	
	低——在面包房销售蛋糕	
计算机/电子——掌握电路板、处理器、芯片、电脑硬件和应用、编程的软件知识。	高——创造扫描电脑病毒的软件	
	低——操作 VCR 看一卷录好的录像带	
工程/技术——掌握设备、工具和机械装置及其应用的知识。	高——设计环保高效的发动机	
	低——安装门锁	

表 3-2　O゛NET 特定工作能力的例子

能　　力	水　　平
语言	
口语理解——听到并且理解对方通过说字词或句子传达的信息和想法的能力	高——理解高等物理讲座 低——理解电视广告
书面理解——阅读并且理解呈现在书面的信息和想法的能力	高——理解有关修复导弹制导系统的书 低——理解高速公路上的标志
口语表达——能够用说的方式交流信息和想法让其他人理解的能力	高——向一年级的大学生解释遗传学上的高级原则 低——打电话取消报纸配送
书面表达——通过书写的方式交流信息和想法让其他人能够理解的能力	高——写一本高级电学练习册 低——写一个便签告知你的配偶从冰箱里拿出某样东西扔掉
数学	
数学推理——理解并组织问题,选择一种数学方法或者公式去解决这个问题的能力	高——解决模拟宇宙飞船月球登陆的数学题 低——解决当两个橙子 29 美分时,10 个橙子多少钱
数学运算——能够快速并且正确加减乘除数字的能力	高——在考虑速度、燃料、风向和高度的条件下用纸笔计算飞船的飞行速度 低——计算 2+7

　　访谈。职位和工作分析的访谈是指与了解该职位的人员(即所谓的专家)进行大量的面谈。这些专家包括从事这一职业的人、他们的上司、这一职位的专业培训师。职位分析人员还可以在访谈中加入问卷。接受访谈的人应该获悉访谈的目的和完整、诚实回答问题的重要性。工作分析人员应对访谈问题进行认真设计,注意内容和措辞,以尽可能地在访谈中获得更多的信息。

　　问卷。工作分析中会使用两种类型的问卷:非结构式问卷和结构式问卷。在非结构(开放式)问卷中,专家(工作人员、上司和专业培训师)用自己的语言描述工作的性质和需要完成的任务。当采用结构式问卷时,问卷基于有关工作任务、操作、工作条件的描述,要求被调查者对这些项目评分或者挑选出最能描述工作特性的项目。尽管如此,研究发现人们还是会在评定时不够认真仔细,这容易导致职位和工作分析准确性欠佳。

　　职位分析问卷(Position Analysis Questionnaire, PAQ)是一种广泛使用的工作分析方法,它囊括了特定工作行为和活动的 194 个职位因素。这些职位因素被归成工作行为的六大类:信息输入、脑力活动、工作输出、人际关系、职业内容、其他职业活动和环境。工作人员和上司需要针对每一因素在职业中的重要性进行评定。比起非结构式问卷,这种可量化的评定在信息提供上有明显的优势。和现在其他类型的调查问卷一样,职位分析问卷可以通过网上施测,也可以采用纸质版施测。

直接观察。第三种职位和工作分析的方法是对正在工作的员工进行直接观察。因为当人们意识到自己被观察时容易表现得与平常不同,所以职位分析者应该尽可能在观察对象无察觉的情况下进行观察。除此之外,工作分析者应该观察有代表性的样本,在工作日进行多次观察,以此排除疲劳等偶然因素造成的差异。

最典型的直接观察是采用电子监控(我们会在第5章讨论运用这一技术进行员工绩效评估)。例如,货运公司使用机载计算机去监控运营时间、故障停机时间和速度,有线电视公司也会通过记录每次电话服务的时间来监控维修人员。

工作日志法。工作人员和上司在一段时间内进行系统的活动记录,提供有关他们活动的详细书面记录。如果认真执行的话,这些记录能够揭示出其他方法难以获得的工作细节。

关键事件技术。关键事件技术(critical-incidents technique)基于决定工作成败的事件或行为。它的目标是让专家指出可以区分优秀员工与欠佳员工的行为表现。关键事件技术聚焦于影响工作结果的特定行为,一个关键事件起不到什么作用,但是成百个关键事件能够有效描述良好工作表现所需的特定行为(我们在第6章会提到关键事件也可以被用来区别员工是否需要再培训)。

职位分析是员工选拔过程中非常重要的部分。每个公司必须证明每项工作要求都是正当的,他们对应聘者的要求和从事这一职位的能力是直接相关的。如果企业随意设置招聘要求,会被认为是在歧视某类应聘人群和侵害个体的平等就业权。细致的职位和工作分析能够证明招聘的特定工作要求是合理的。例如,当一家公司因在看似相同职位上给予女性员工的薪水低于男性而被控告性别歧视时,为维护自己的权益,这家公司必须说明男性与女性从事的是不同的工作任务,并且男性从事的任务值得更高的报酬。此时,职位分析就能够提供所要求的信息。因此,企业对于职位分析非常重视,它对于评定就业机会和成功选拔人才都是不可或缺的。

接下去让我们了解一些目前常用的员工选拔技术:履历信息、面试、推荐信和评价中心。员工选拔中使用的心理测验则将在第4章里具体讨论。

履历信息

收集求职者的履历信息或过去经历是员工选拔中常用的技术。这项技术的基本原理是个人的特质和过去经历能够预测个体的工作行为和成功潜质。因为人的许多行为、价值、态度是始终如一的,所以未来的行为基于过去行为的这一基本假设是合理的。

申请表

你填写在公司申请表上的信息首先决定你是否适合所应聘的工作。现在已经很少有公司用标准的纸质表格,取而代之的是网络申请。

和很多公司一样,家得宝公司(Home Depot)利用自助服务系统要求应聘者在线完成申请表。在家得宝公司每年雇用的 40 000 名员工中，大部分是通过这个系统申请的。其他公司，包括百事达（Blockbuster）和塔吉特公司（Target），80％的雇用是通过自助服务系统完成的。一些公司甚至提供在线现实工作预览，用短片的形式展示这一职位的工作情况和公司需要怎样的员工。家得宝公司在应聘者填写申请表之前就告知一切有关的工作状况，例如要搬重物、非工作日要上班。

应聘者可能还需要回答一系列由工业与组织心理学家精心设计的判断题和多项选择题，这些题目能够测量应聘者的个性和伦理道德观。有些问题还会通过不同的表达形式反复出现。在求职者完成申请表的短短的几分钟后，商场经理就会获得一份用色彩标记的应聘者评分。绿色分数代表优秀，经理会在应聘者离开商场前对他进行面试。黄色分数说明勉强及格。而 30％的求职者会获得红色分数，这意味着他们将无法胜任工作。

然而，申请表也存在问题：应聘者是否如实填写了电子/纸质表格。应聘者填写的信息是否完整、真实？应聘者是否真的毕业于他/她所填写的大学？他/她是不是真的在上一份工作中管理了50 人？报告的年薪是如实的还是夸大了？不少求职者会提供令人误解或者带有欺骗性的信息，尤其是在填写他们上一份工作职位、薪水和学历

标准化申请表一般要求填写毕生经历、工作经历、特殊技能、兴趣、社区活动和职业目标。

等信息时。几年前，某重点大学新聘的足球教练在上任仅五天后就被解雇，原因就是他并没有像所声称的那样在本科期间获得三封足球邀请函，事实上他根本没有当过足球运动员。此外，虽然他在申请表上说他是研究生，但事实上他没有获得研究生学历。然而，他做足球教练已经有 20 多年了并且非常成功！在他接受这份新工作之前，没有人想去核实他申请表和履历调查表上的信息。

相似的情况也发生在企业界。博士伦公司（Bausch & Lomb）的 CEO 被发现谎称有MBA 学历。尽管他没有被解雇，但是他失去了 110 万美元的年终奖。维尔软件（Veritas Software）的财务总监因同样被发现谎称拥有 MBA 学历而被迫辞职。

很多公司试着联系应聘者之前的上司以及介绍信上的人，去确认应聘者个人信息的真实性。然而，许多公司不愿意提供相关的个人信息，因为害怕被应聘者以诽谤或造谣中伤为由控告从而陷入法律纠纷。许多用人单位只提供有限的事实信息，例如职位和工作时间，鲜有公司愿意提供绩效评估结果、离职原因或是否还会再雇用他，等等，一些有价值的信息。总之，核实应聘者在申请表上提供的信息非常困难。

新闻聚焦

找不到工作的原因(三):反复校对你的简历

校对你的简历,检查申请表上的回答,修正打印上的错误、拼写错误和不当的措辞,这些都很重要,因为你的简历是给面试官看的。接下去的例子是呈现给招聘官的简历、申请表和自荐信。你认为这些人会被录用吗?

"我在当销售员的那几年遇到了麻饭。"

"我是个急进的人。"

"我可以边听音悦边在截止日期前完成工作。"

"我对出鬼能够敏锐辨别。"

"请忽略简历上的错别字,因为拼写不是我的墙项。"

"客观来说:我想要获得一个让我能够充分展示狗通技能的工作岗位。"

"我和三个商业火伴有合作关系。"

而在自荐信上,一个找工作的人写着:"谢谢你考虑我,我希望能够近快收到你的回复。"

为了留下好印象,请考虑专业的简历书写服务机构例如 Pathfinder Writing 和 Career Services,网址为 www.pathfindercareers.com.

履历调查表

履历调查表(biodata inventory)是一份更加系统的申请表。确切地说,个人履历调查表比申请表长,并且能够展现出更多个人背景和经历的细节信息。这种深入的个人经历的探查基于这样一种观点:工作中的表现和个人的态度、偏好、价值观乃至过去一系列情境中的行为都有关。

联邦调查局(Federal Bureau of Investigation,FBI)使用包含 47 个项目的履历调查问卷选择特工。样题如下所示,应聘者需要从选项中选择出在工作中最能给他们带来自豪感的选项。求职者被警告必须如实作答,否则会影响最后的得分:

- 可以避免重大冲突
- 自我实现
- 和他人相处愉快
- 无论好坏,都能够提供许多新的点子
- 无论上级怎么要求都能很好完成工作

过去的经历、个人偏好和工作成就是否相关还有待进一步研究。验证履历调查问卷上项目有效性的方法和验证其他选拔技术的方法相似。每一项条目都必须和一个工作绩效的指标相关。之前有关履历调查表的研究都表明它有很强的预测价值。然而,和标准化的申请表一样,履历调查表也存在作伪的问题。一些应聘者会故意歪曲和渲染他们的工作和生活经历。如果企业告诫求职者他们的回答会在之后被审核,可能会减少作伪情况。在问卷中注明此问卷能够测谎或者计分系统会对不诚实者减分(如 FBI 问卷)也能减少作伪情况。

尽管履历被证明能够有效地预测工作成功,但是履历调查问卷并没有被广泛使用。一些经理声称他们没有时间、金钱以及专家去设计履历问卷。另外一些经理人对履历调查问卷的有效性存在质疑。在这些企业工作的、从事履历调查问卷研究的工业与组织心理学家似乎没有将履历调查问卷的价值很好地告知实际使用者。这种情况正说明了第 1 章里我们讨论过的"在工业组织中,研究还是应用的问题"这一现象。研究人员已经开发了成功的员工选拔技术——履历调查问卷——但是它在现实工作场所中却很少使用。心理学家需要提供可靠的数据去劝说人力资源经理使用这项技术去选拔优秀的员工。虽然履历调查问卷的设计和实施会花费一笔钱,但是从长期发展来看它能为企业省钱。

面试

面试是一项广泛使用的选拔技术,每一个雇主都想要在聘用雇员之前先见他一面。面试是一个双向的过程。它的目的是让公司去评价求职者是否适合这个职位,也可以帮助求职者确定这个公司和职位是否合适自己(前提是求职者能提出合适的问题询问公司)。研究表明,和其他招聘技术,例如个人简历和心理测验相比,求职者更加喜欢面试(Postuma,Morgeson,& Campion,2002)。

如果运用恰当,面试能够提供给雇主大量的信息,包括雇员的社交技巧、合作能力、团队协作能力、工作知识和工作技能。

留下好印象

你在面试中给面试官留下的印象有时候决定了企业是否聘用你。工业与组织心理学研究表明,比起工作经历、学历和课外活动,面试官的主观印象更加影响其对于应聘者的评估。个人特质例如吸引力、社交能力和自我宣传能力对于面试官的决定起着关键性作用。

当然,根据以往的经验,伪装自己也可以给对方留下好印象,即将最受欢迎的自己展现出来。工业与组织心理学家把这种技能叫做印象管理(impression management),并且提出了印象管理的两种具体方法:迎合讨好和自我宣传。迎合讨好是指做出让面试官喜欢你的行为,例如你可以称赞面试官的穿衣风格或者同意他的一些观点和态度。自我宣传策略是指宣扬自己的成就、人格特质和远大目标等等。比起迎合讨好,自我宣传策略被更加广泛地采用,并且这样做的人往往从面试官那里获得更高的评价(Ellis,West,& Campion,2002)。

心理学家还提出了另外一个概念——自我监控,即影响呈献给他人的形象。自我监控指人们观察、管理和控制自己在公共场合,例如面试时的形象。那些自我监控能力高的人能够呈现与所处社会环境最相符的形象。而自我监控能力低的人更加忠于自己,在所有情境下都呈现相同的形象。他们不会根据环境而改变自己的形象。

新闻聚焦

找不到工作的原因(四):你依然我行我素吗?

你会穿着浴衣去参加一场工作面试吗?面试的时候你会斜坐在椅子上把脚跷到面试官的桌子上吗?确实有人这么干过。下面是一些在面试中的不适当行为:

- 我知道为什么应聘者很长时间才回答我的问题了,他都开始打瞌睡了。
- 我在面试前把我的名片给了应聘者,但她很快折皱它并且把它扔进废纸箱里。
- 面试一开始很顺利,直到应聘者告诉我他/她的朋友经常穿我们公司生产的衣服。当时我就告诉他我们生产办公用品,不生产衣服。
- 她在面试前订了一个比萨,要求在面试时送到我的办公室。
- 没有征求我允许的情况下,他随意地点了一支烟,把火柴扔到地板上。他还不理解为什么他的行为让我生气。
- 我们要求求职者带上一份简历和两份介绍信来参加面试。但是她带着一份简历和两个朋友来面试。
- 应聘者刚回答了我的一小部分问题,就掏出手机给他的父母打电话告知面试进展很顺利。

就像我们预期的那样,高自我监控的人在工作场所表现更好。一项涉及3 000多人的136个研究的元分析发现,高自我监控的人比低自我监控的人更容易晋升和获得更高的评价(Day, Schleicher, Unckless, & Hiller, 2002)。同理,我们可以推测高自我监控的个体在面试中更可能获得高分而被录用。

在面试中还涉及一个问题,即提供虚假的答案来有意歪曲事实,也就是我们通常所说的"欺骗"。在一项对1 346名毕业大学生面试的研究中,调查者发现超过90%的毕业生承认对于面试官提出的问题他们有提供过虚假或者修饰过的回答(Levashina & Campion, 2007)。你觉得这个比率过高还是觉得它不够高?

非结构化面试

常用的面试类型有四种:标准/非结构化面试;模式化/结构化面试;情景面试;谜题面试。

非结构化面试(unstructured interview)和平常的交谈差不多。面试没有提前计划好的问题,也没有正式的结构,面试形式和问题都取决于面试官的判断。因此,不同的面试官即使对同一个人进行非结构化面试,也会产生不同的印象。因此,非结构化面试的一个缺点就是在评估求职者时缺少一致性。不同的面试官对应聘者的背景、经验和态度等存在不同的兴趣。面试官的评价主要基于其个人的主观意见而不是对应聘者客观的认定。

1929 年开展过一个针对这一问题的经典研究。实验要求 12 个面试官独立地评估 57 名应聘者是否适合销售职位(Hollingworth,1929)。尽管面试官都是非常有经验的销售经理,之前也面试过很多求职者,但是面试官的评估结果仍然存在很大分歧。一些求职者在某个面试官的评估排名表上名列前茅而在另外一位面试官的评估排名表上排在最后。如图 3-1 所示,你可以看到一个应聘者获得的评分最低少于 5 分而最高达到 55 分。这种信息基于不统一的考评标准,因此当然无法帮助经理做出雇用决定。非结构化面试除了缺乏一致性或信度,其预测效度也不高。

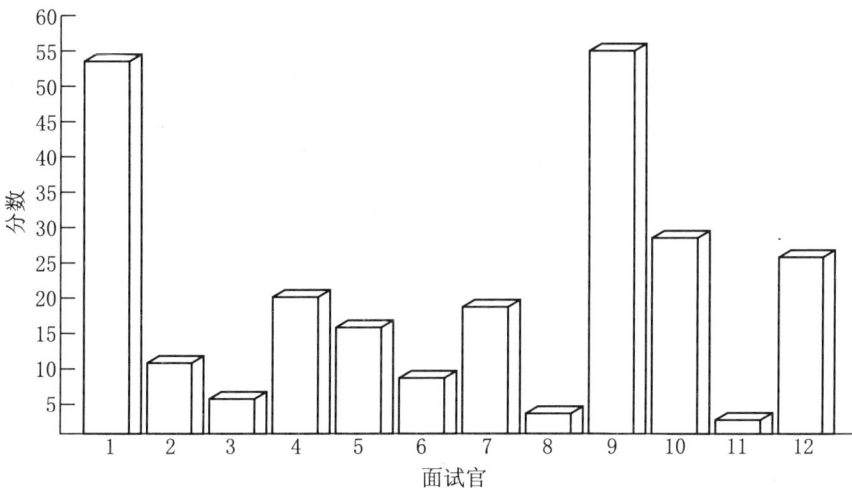

图 3-1 来自一个经典研究的数据:12 个面试官对同一名工作候选人打分情况

对面试官进行培训,告知问什么问题以及怎么问,这可以提高非结构面试的有效性。受过培训的面试官更不容易在面试中谈论与工作无关的事情。此外,他们能够更好地察觉应聘者的相关信息,而这些信息是判断是否雇用该员工的基础。

即使非结构化面试存在低信度和低效度问题,但它仍然在企业招聘中被广泛应用。

结构化面试

结构化面试(structured interview)使用事前决定好的问题列表来对每位应聘者提问。因此,面试过程是标准化的,评估结果不容易受到面试官偏见的影响。在结构化面试中,面试官会参照一张问题列表来提问,应聘者的回答也会被记录在相同的表格中。面试过程就像是精心制作的申请表,面试官根据应聘者的回答来完成这一表格。

下面是某公司在从大学毕业生中选拔管理岗位人才时采用的结构化面试中的典型问

题。因为这些问题涉及工作经历,因此他们针对的是毕业后有过至少一份工作的大学毕业生。

1. 在完成大学学业后,你的第一份工作是什么?

2. 在这份工作中你的最大成就是什么?

3. 你做得不够好的地方是什么? 哪些方面你认为自己需要接受进一步培训或发展?

4. 你从这份工作中学到了什么?

5. 这份工作中,你觉得最有挑战性的是什么?

6. 在未来的五年中,你最希望从事哪种工作?

因为所有求职者被问的问题顺序是一致的,因此比起非结构化面试的随机提问,通过这种方式比较不同求职者更加可靠。

结构化面试相比非结构化面试在预测效度上有很大的提高。研究表明,结构化面试和认知能力测试一样能够很好地预测工作成就。如果使用得当,结构化面试可以让雇用决策变得更加容易。

即使结构化面试已经被证实有很多优点,然而在工作场合仍然很少被使用。结构化面试的开发被认为是昂贵而耗时的,并且面试官不得不按照既定的脚本进行面试,这对他们的自治和独立是一种挑战——这又是一个被验证有效但不被广泛使用的选拔技术。这一事例也反映了一个问题:工业与组织心理学应该如何向企业经理人宣传并让其接受他们的研究成果。

情景面试

情景面试(situational interview)是应某些特殊工作的要求而发展起来的。面试问题不是考察个体一般的工作经历、个人特质和能力,而是考察其在胜任某项工作时需要的特定行为。这些行为由工作分析中的关键事件技术来决定。

开发情境面试的第一步是列举区分优秀员工与欠佳员工的关键事件,这些关键事件可以由掌握这项工作情况的上司来确定。上司决定评分基准,5分代表优秀员工应有的行为事件,3分代表着一般员工的行为表现,1分代表不合格员工的行为表现。这些相关的行为事件被改编成情境面试中的问题。这一评分基准使面试官可以对应聘者进行客观的计分。

一旦设计好了,情境面试很容易执行和进行解释。面试问题清晰且与工作行为直接相关,这也提高了求职者的动机,使其精确完整地回答问题。

情境面试广泛应用于选拔熟练/半熟练工厂职位、销售职位、一线监督职位。情境面试结果也被证实和之后的工作绩效呈正相关,甚至在一些事例中,它比结构面试更有效。而对于高层的领导职位,行为描述面试比情境面试更加有效,因为行为描述面试要求求职者从他过去的经验中叙述和他当前申请的工作相关的具体事件。

谜题面试

谜题面试，就像你从字面意思理解的那样，要求应聘者解决谜题，例如：为什么下水道的井盖是圆的？在没有工具的情况下你如何对飞机进行称重？早在 20 世纪 90 年代，微软公司就采用了这类问题，这种类型的面试问题能反映出求职者在批判性思维、创造力、思维灵活性和压力下的推理能力。这一技术开始被越来越多的公司使用，包括律师事务所、银行、保险公司、机场、广告公司和军队。尽管谜题面试被广泛使用，但很少有研究证明它的有效性。

一项研究询问了 76 名大学生以下难题。要注意的是，研究者并没有提供问题的答案（Honor，Wright，& Sablynski，2007）。

1. 你有一个容量为 3 夸脱的水桶和一个容量为 5 夸脱的水桶，以及很多水。如何精确地测量出 4 夸脱的水？

2. 在美国有多少加油站？请给出一个估计值并且描述你是如何得出这个估计值的。

3. 你有一桶三种颜色的糖果：红色、绿色、蓝色。请你闭上眼睛，伸进桶里抓一把糖果。请问如果要求你抓出的那把糖果中每样颜色必须有两颗糖果，那你一把最少需要抓多少颗糖果？

结果显示，被试在解决谜题中的能力和认知能力呈正相关。在这类问题中有较好表现的潜在求职者认为这些问题是公平的，因此对他们而言，采用这一技术招人的公司显得更有吸引力。

个人面谈可以说是员工选拔程序的必不可少的一部分。

网络面试

在网络面试中，第一步往往使用电脑软件进行初试。求职者需要回答一些固定的多项选择问题。应聘同一职位的求职者都要以相同的顺序回答相同的问题。在传统面对面的面试情境下，很多面试官不太愿意问敏感的私人问题，但是在网络面试中，如果处理得当，网络面试可以询问求职者一些敏感问题。大部分使用网络面试的人都报告自己在面试时更加放松,更加愿意诚实坦白地作答。

在塔吉特(Target)、梅西百货(Macy)、家得宝(Home Depot)等大型连锁商店,网络筛选是常规的面试方法。家得宝的店内自动服务系统提供求职者一小时内可完成的面试。公司的报告显示:在使用网络面试的第一年,员工离职率下降了11个百分点之多。这种方法对于经理来说也节省了时间,因为他们不再需要花时间面试应聘者和考虑打多少分,求职者只有通过网上筛选后才能进入面对面的面试。

面试官的判断

一些因素能影响面试官对应聘者的判断,例如先前信息、对比效应和面试官个人的偏见。通过对面试官的培训,这些因素的影响能够被减弱。

先前信息。面试官一般会掌握求职者的先前信息,例如招聘人员的评价、求职者的申请表、在线筛选的结果和心理测试的结果。这些先前信息会导致面试官在应聘者出现之前就对其产生喜欢或不喜欢的态度。例如,在初步筛选里表现好的求职者在面试时往往比表现不好的求职者获得更高的得分。

对比效应。面试官通常会见很多求职者。他们对于一个求职者的评价往往受前后对比影响,即将其和前一个求职者进行对比。例如,在面试完几个不太理想的候选人后,面试官对下一个人的评价要比他本身应得的评价来得好。而当前一位候选人表现很好时,后面同样水平的候选人会获得相对较低的评价。

这一对比趋势强调了应聘者面试顺序的重要性。如前所述,面试官对求职者的评价无法始终保持客观。面试官对于求职者的评价并不仅仅根据某一绝对原则或者求职者自己的特质,还会受到同一时间其他的求职者特质的影响。因此,选择合适员工的标准是频繁变化的。

面试官的偏见。影响面试官判断的另外一个因素是他的个人喜好。例如,男性有时认为女性不能胜任某些特定职位,男性和女性面试官都更加倾向于在所谓的传统女性职业(例如老师或护士)雇用女性,而在传统男性职业(如管理或工程雇用男性)雇用男性。相反,一些女性面试官在教师或心理咨询工作上也不愿意考虑男性。

虽然当今种族和民族的偏见不像前几代人那样强烈,但是它还是会影响面试官对求职者的评价。在一项大规模的问卷研究中,798名面试官面试了12 203名应聘者,没有证据显示招聘者和应聘者的种族、性别是否相同会影响评分(Sacco, Scheu, Ryan, & Schmitt, 2003)。然而,最近的一个研究是让富有经验的警官根据录像带里的面试内容对有晋升机会的警察进行评估,结果发现种族偏见对评估结果仍有显著影响。白人评估者给予要升职的白人候选人更高的评价,黑人评估者给予黑人候选人更高的评价(Buckley, Jackson, Bolino, Veres, & Field, 2007)。

面试官同样偏好那些展现出特定特质或能力的求职者。面试官也经常只因为应聘者展示了与自己相同的爱好(比如棒球)就雇用他们,但是实际上这些特征和工作完全无关。这种根据某一特质或特征就泛化至消极或积极评估整个人的现象叫做晕轮效应(halo effect)。无论什么时候,只要人们根据自己的意愿去判断他人时,这一效应就会影响决策过程。

虽然面试很难并且容易出错,但它仍然是商业、工业、教育行业和政府在每次选拔程序中必然实施的环节。它的隐患就是组织过分强调面试结果。然而,如果合理的使用面试并且和其他有效的选拔方法相结合,面试对组织和应聘者都有帮助。通过使用结构化和情景化技术,合理培训面试官,面试的预测效度将会得到大幅提高。

推荐信

曾经一度,员工选拔过程包括从了解应聘者背景、技能和工作历史的人(例如之前的老师、上司、同事和朋友)那里获得有关应聘者的信息,目的是检验他人对于应聘者的印象,核实应聘者报告的信息。然而,很多推荐信通常展现了有关应聘者的错误信息,撰写推荐信的人有时会故意用误导他人的方式来描述求职者,例如过去的上司想要表现得更好,所以只谈论下属优秀的一面;现在的雇主希望不理想的员工尽快离职,所以也会写热情洋溢的推荐信;教授们希望学生能够在大学就业中心朗读他们的推荐信,因此会努力积极地给学生写推荐信。

由于许多公司害怕法律诉讼,不再愿意提供任何关于先前员工的评价性信息,因此推荐信的有效性受到制约。例如,如果公司在前员工的解雇原因这个问题上提供错误的信息,那么应聘者就能以诽谤为由起诉公司。事实上,类似对美国公司的诉讼案件已数以千计,许多公司甚至拒绝帮助核实最基本的推荐信(Korkki, 2007)。

公司被建议除了雇用时间、岗位职称和最后工资以外,可以拒绝透露其他任何先前雇员的信息。如果一个公司想要称述被解雇的员工的工作绩效,那么它们应该持有客观的书面的绩效考核证据,注明日期、时间和地点,因为有一天法官和陪审团可能会详细检查他们在推荐信中涉及的信息。

即使从推荐信中能够获得的信息量和种类都很少,但是很多面试官仍然选择粗略地核实一下推荐信。然而,由于法律问题的复杂性,时至今日推荐信已经不经常使用了。

评价中心

评价中心(assessment center)是一项广泛使用的选拔方法,它让被考虑录用或者晋升的候选人处在一个模拟的工作情境中,由此观察和评估候选人在压力下的行为表现。这种方法最初叫做情境模拟测试(situational testing),是 20 世纪 20 年代德国军队发明的用来选拔高级军官的一种方法。在二战中,美国战略服务办公室(the Office of Strategic Services, OOS),即现在的中情局(Central Intelligence Agency, CIA)前身,将这项技术发展为选拔技术,此后它开始被美国心理学家广泛使用。

评价中心一般一次有6到12名候选人,他们将在几天内完成一系列实践工作,并接受面试官的评估。候选人被很多人面试,可能还会被要求参加智力和人格测试,但他们大部分时间是参与模拟真实情景的工作。而引出这些工作活动的主要技术是文件筐技术和无领导小组讨论。

新闻聚焦

推荐信:碰到危险员工该怎么办?

保罗·卡尔德(Paul Calder)在佛罗里达州坦帕市的好事达保险公司(Allstate Insurance Company)办公室工作,他时常表现得很古怪。他告诉人们他是外星人。他在电脑屏幕上打奇怪的词语但是不让他的上司看到。他因为女按摩师不愿意退钱给他而威胁说要杀死她。并且他会带枪来上班。

"我确信我这边有个精神病人,"他的上司说,"他是一个疯子。"

上司害怕解雇卡尔德,因为他认为这个员工会杀死他以及办公室的所有人,但是他又知道他必须想办法摆脱卡尔德。于是他编了一个公司要重组的消息来取消卡尔德的工作岗位,并且告诉卡尔德如果他辞职的话公司会向他提供解雇补偿金。当卡尔德选择辞职时,上司帮他写了平淡温和的推荐信,就像现在很多的推荐信一样。这封信里面说,卡尔德是由于组织重组而辞职,他的辞职"绝不是由于工作表现的问题"。

如果不这样,而是把员工的错误和过失写在信里,你和你的公司很容易惹上诽谤中伤等法律纠纷。在写推荐信时要小心谨慎,除了都知道的事实——工作岗位和雇用日期以外,不谈论有关先前员工的任何信息。

保罗·卡尔德在坦帕市的另外一家保险公司找到了新工作,但是他依然保持着奇怪的行为举止,因此被解雇了。几个月以后,他带着9毫米口径的手枪回到之前的办公室找到那些解雇他的人。他杀死了三名男性,射伤了两名女性,然后开车到邻近的清水镇自杀。

查尔斯·卡伦(Charles Cullen),一名44岁的男性护士,在11年中,换了9份不同的医院工作,杀死了40名病人。如果知道他曾经三次试图自杀、四次被送到心理机构、在急救中被怀疑杀死4个老人的话,没有医院会愿意录用他。他还被看到晚上在街区追着猫跑。

然而,他工作过的医院,包括解雇他的医院,由于害怕被控告诽谤罪而没有向他将来的雇主报告关于卡伦的负面消息。医院愿意提供的唯一的信息就是工作职务名称和雇用时间。结果,卡伦在很长一段时间内"逃脱了谋杀罪的控告"。

资料来源:Dougherry, L.(1995, August 8). Shooting victims' families can sue Allstate. *St Petersburg(FL) Times.*

文件筐技术

使用文件筐技术(in-basket technique)时,每一个求职者都会获得一个包含许多文件的文件筐,里面可能是书面文本也可能是电子文档。这一技术假设应聘者是一名经理,刚结束假期回到办公室,他的文件筐里有很多要处理的事情。求职者必须在规定的时间内处理完这些事情,以此证明他在工作中是如何解决问题的。在随后的面试中,求职者可以向面试官解释他为什么那样处理事情。

美国电话电报公司(AT&T)选拔员工时很大程度上依靠文件筐技术。每一个候选人都需要扮演经理的角色,在 3 个小时内完成 25 个项目(通过发 e-mail、发布行政命令、电话沟通等方式)。受过培训的评估者观察候选人是否系统地、依照优先顺序处理事情,是否会授权给下属,是否会被琐事所困。

无领导小组讨论

在无领导小组讨论(leaderless group discussion)中,求职者以小组的形式讨论实际商业问题,例如他们得到指令要求从很多下属中选出一名下属晋升。面试评估者可以由此观察每个候选人是如何进行人际互动的以及每个人展现出的领导力与交流能力。

在美国电话电报公司的无领导小组讨论中,6 个候选人组成一个小组,他们假设自己是公司的经理,必须在特定的时间内提出一个提高利润的计划。面试官提供公司和市场的相关信息,但是不指定小组领导者,也没有提出任何有关完成目标的规定。一般来说,一个候选人会承担领导者的角色,面试官会评估他的领导能力。对于其他组员,面试官会评估其在完成领导者指派的工作时表现出的合作性。

此外,有时候为了增加候选人的压力,面试官会告知生产成本和市场条件有变动,而问题解决方案中必须包含这种新的信息。有时候这一条件是在问题快要解决的时候才被告知给候选人。小组每个候选人由此会更强烈地感受到来自时间与评估者观察的压力。一些候选人会很生气,进而破坏团队凝聚力,这时每个人应对压力的能力就能体现出来了。

评价中心也包括演讲和角色扮演。在演讲中,求职者得到公司运营的一系列信息,例如新产品的发展或新的销售方案。他们必须组织这些材料并呈现给小组,这是一项典型的以执行职责为特色的任务。在角色扮演中,候选人在模拟工作情境中扮演经理的角色,考验他/她如何组织一场面试、解雇一名不合格的员工或者应对易怒的上司。

在评价中心过程中,公司可能会为了节约花费而使用电脑和录像机,面试官通过电脑提供的求职者信息、通过观看录像带中候选人的行为表现,做出更全面的评价。

评价中心的预测效度

尽管研究者不确定评价中心评估了员工的哪些特质或行为,但是他们发现这项技术在预测后续的工作胜任上很有效。这种有效性不仅存在于对经理和执行官等高级职位的评估,也适用于低级职位。例如,在以色列,585 名应聘警察的求职者接受了两天的评价中心活动,而在之后两年到四年内的在职评估表明评价中心的结果与培训表现、工作绩效高度相关。在评价中心中求职者表现出的水平能有效预测他日后是否胜任工作(Dayan, Kasten, & Fox, 2002)。

针对美国和荷兰的管理者的研究也获得了相似的结果:研究者发现,评价中心的表现和之后的工作表现、工作满意度、晋升和薪酬的提高都存在显著正相关(Jansen & Stoop, 2001;Waldman & Korbar, 2004)。一项对爱尔兰 137 名员工的研究发现,在评价中心中的表现能够预测员工个人特质是否与组织文化相一致。若存在一致性,员工和企业的雇用关系能维持长达 6 年(Garavan, 2007)。在一项对 26 个研究的元分析中,研究者发现评价中心中员工的表现和其上司给予的绩效评估分数存在显著正相关(Hermelin, Lievens, & Robertson, 2007)。另一个有关评价中心的元分析指出,评价中心技术最能够预测候选人四个方面的能力:解决问题的能力、影响他人的能力、组织和规划能力、高效沟通能力(Arthur, Day, McNelly, & Edens, 2003)。

一些研究证实,白人求职者和黑人求职者在评价中心任务中表现上的差异、领导力上的差异比认知能力测验上表现出来的差异要小(Goldstein, Yusko, & Nicolopoulos, 2001)。然而,另一项研究发现,相比西班牙裔或女性求职者,评价中心在评价黑人求职者上的反向影响更强(Dean, Roth, & Bobko, 2008),但是证据还不充分。一些工业与组织心理学家得出这样的结论:由于评价中心直接关注应聘者和工作相关任务中的表现,因此它是一项公平评估不同种族和民族求职者管理能力的有效方法。

性别和年龄的差异也会影响个体在评价中心的表现。在一项对英国军队 1 857 名军官候选人的研究中,女性在评价中心中某些项目的得分高于男性,例如开车、决策、口语能力和社交能力。作为领导者,女性在乐于助人、敏锐和友好性上的得分也更高(Anderson, Lievens, van Dam, & Born, 2006)。

一项对加拿大 371 名 21 岁到 57 岁的管理者的研究发现,在评价中心表现上,年长管理者的支配性和表现力(权威性、引人注目能力以及社交能力)得分远高于年轻管理者。在完成评价中心任务中,年长管理者明显比年轻管理者能使用更加成熟和有效的方式来展示这些特质(Krajewski, Goffin, Rothstein, & Johnston, 2007)。

员工对于评价中心的态度

一些工作候选人,尤其是那些表现不好的人,反对评价中心。很多人认为无论他们这些年在公司有多么好的记录,一旦他们在评价中心上获得低的评价就意味着他们事业的结束。一些候选人认为评价中心的成功更多的是依靠清晰的表达和良好的举止,而不是在管理任务中真正的能力。他们对评价中心的指责可能有一定的事实根据:人际能力在评价中心中很重要,个体主动且有影响力的参与活动会得到加分。然而,评价中心也会根据个体组织能力、决策能力和动机进行评分。

参加评价中心能够帮助候选人正确认识自己的人际交往能力和管理能力。那些表现好的人倾向于认为他们能够发展和完善自己的能力。那些表现不好的人倾向于认为自己不太可能得到晋升。

在一项对新录用的 189 名管理者的研究中,调查者发现,那些在评价中心项目上表现差的受训者更加不愿意主动打电话给指导老师寻求帮助。这一发现说明,评价中心对个体的消极评价使得本来最应该获得他人帮助的员工变得最不可能获得帮助（Abraham,Morrison, & Burnett, 2006）。

本章小结

员工对于工作的偏好会随着年龄发生变化。招聘员工的来源包括网上招聘、在职员工的内部推荐、招聘会和求职广告。现实工作预览提供关于工作岗位正面和负面的精确信息。

员工选拔项目需要组织实施工作分析、设立标准和合格线、招聘、实施选拔技术以及通过选拔结果与之后工作绩效之间的相关性来验证选拔技术的效度。

《平等就业权利法》要求在录用中要做到公平。选拔技术应该和工作相关并且将对弱势群体的负面影响降到最低。公司必须避免对有能力的强势群体成员的反向歧视,因此公平雇用对组织效率的影响是最小的。在招聘过程中不可歧视的对象包括少数民族、年长员工、女性、残疾人、同性恋者和外表缺乏吸引力的人。

职位分析是详细描述个体在一项工作中的所有任务。具体方法可以是利用 O*NET 上的工作分析表,也可以与和工作相关的员工访谈、观察员工在工作中的表现、督促员工记录系统的工作日志或者记录与优秀的工作表现相关的关键事件。根据收集回来的信息,就能够写出一份关于在选拔应聘者时企业需要寻找具有哪些特质的员工的工作说明书。

纸质或者网络申请表都提供与求职者能否胜任工作直接相关的信息。履历调查表在预测工作成就上很有效,它与心理测验在客观性和问题类型上类似。但许多公司因为害怕被控告而不愿意公开过去员工的信息,因此组织很难确定申请表上信息的准确性。

尽管在对员工选拔的研究中发现面对面的或者网络面试常常并不能获得令人满意的效果,但是很多公司仍然使用它。面试有效性最差的是非结构化面试。结构化面试是一种预测效度相对较好的方法,但是它太昂贵并且耗时,因而公司都很少使用。所有的面试都存在以下缺点:面试官不能发现工作候选人的优点,面试不能预测工作的胜任力,面试官评价标准存在主观性和个人偏见。情景面试中的面试问题都是基于工作分析的关键事件而发展起来的、与真实工作行为类似的问题,它可能是预测求职者能否胜任工作的最有效的面试类型。在谜题面试中,求职者被要求解决很难的题目以此来证明他们的关键思维能力和压力下的推理能力。面试官的判断会受到先前信息、对比效应、晕轮效应和个人偏见的影响。

推荐信是选拔过程的一部分。但是,它有很多局限性,例如推荐信往往过度夸奖候选人,雇用者为避免员工的法律诉讼而不愿意透露基本信息以外的真实信息。

在评价中心中,工作候选人解决模拟真实工作中的问题。通过使用文件筐、无领导小组讨论、演讲和角色扮演等方法,受过培训的面试官对求职者的人际交往技能、领导力和决策能力进行判断。评价中心技术对于培训项目成功与否和工作绩效得分来说是一个有效的预测指标。

关键术语

负面影响	文件筐	情景面试
评价中心	职位分析	情景模拟测试
履历调查表	无领导小组讨论	结构化面试
关键事件技术	现实工作预览	非结构化面试
晕轮效应	反向歧视	工作分析
印象管理	选拔比率	

复习题

1. 影响员工求职偏好的因素有哪些? 即求职者在工作中追求什么?

2. 与其他招聘途径相比,网络招聘的优势有哪些?

3. 为什么招聘者录取的新员工会对工作不满意?

4. 你喜欢在线申请工作和网络面试,还是更喜欢传统的面对面的交流方法? 为什么?

5. 什么是现实工作预览? 它对求职者和公司有什么好处?

6. 选拔比率如何影响招聘和录用决定?

7. 如何确定新的选拔程序的有效性或者说预测准确性?

8. 简述负面影响这一概念如何影响对弱势群体的录用?

9. 反向歧视如何影响对多数群体的录用?

10. 工作场合的种族多样性对招聘少数群体有什么影响?

11. 除了种族歧视以外,在工作中仍然存在的歧视类型有哪些? 应该如何减少歧视?

12. 描述工作分析的基本方法。

13. 区分职位分析和工作分析,并描述在实施分析时 O* NET 的作用。

14. 履历调查表的优缺点是什么? 为什么它们很少被使用?

15. 区分非结构化面试、结构化面试和情景面试。哪种方法最能预测能否胜任工作? 最频繁使用的是什么方法?

16. 描述谜题面试的特征和目的。你认为它是评价求职者是否适合职位的公平方法吗? 为什么?

17. 为什么窨井盖是圆的? 你觉得这一问题的回答能够让未来的雇主了解到些什么?

18. 印象管理有哪两种? 它们和自我监控有什么区别?

19. 情景面试中使用的问题是如何产生和发展的? 情景面试和行为描述面试有什么区别?

20. 哪些因素会影响面试官对于求职者的判断? 请给对比效应和晕轮效应下定义。

21. 在使用推荐信时面临的主要问题是什么? 如果你是个招聘者,你会如何应对这些问题?

22. 评价中心第一次在美国使用是什么时候? 它是出于什么目的而被设计出来的?

23. 描述两种主要的评价中心技术。

24. 评价中心对于所有水平的工作绩效都是有效的预测指标吗?

25. 为什么一些求职者反对评价中心的评估? 你对评价中心的评估怎么看? 你认为它能公平地评估求职者的能力吗?

第 4 章

心 理 测 验

如果你认为毕业后就不用再接受测验,那么你大错特错了。在毕业后的很多年里你都会持续接受测验,测验中的表现决定你的事业道路,甚至决定你的人生。你是否打算继续攻读心理学、法学或工商管理学硕士学位?研究所和专业学校都有入学认证测试。

你是否希望一毕业就找到一份全职工作?但是对于大多数公司,只有你在他们的工作申请测试上获得高分,他们才会雇用你。一旦你被录用,你还会参与培训中的测试和升职中的测试。即使是美国橄榄球联盟(National Football League,NFL)也会对候选球员进行心理测验,考察球员是否具有过度攻击性,是否容易在场内外制造麻烦。

心理测验在工作场所中的作用很大。工业与组织心理学家负责对心理测验进行设计、标准化和计分。对你而言,这些测验是非常重要且无法避免的,因此你应该对它们有所了解。

心理测验的特征

经过严格开发和研究的心理测验有一些特征,它们不同于报纸或网站上"你是一个好的配偶吗"或者"你的性感系数是多少"之类的测验。一个好的测验不仅是一系列与所测变量相关的问题,它还应该是标准化的、客观的、基于常模的、可靠的和可信的。

标准化

标准化(standardization)是指实施心理测验的条件和程序的一致性。如果人力资源部门想要就同一个测验比较许多求职者的表现,那么所有的求职者必须在相同的环境下接受测验。这也意味着在测验中,每一个求职者都应该处于相似的物理环境,读到或听到同样的指导语,并且完成测验的时间相同。

测验程序中的任何变化都可能会导致个别测验表现的变化。例如,如果在夏天测验房间中的空调坏了,那么此条件下的受测者可能没有在舒适条件下的受测者表现得好。如果一个缺乏经验的、粗心的施测者没有向一组求职者阐述完整的测验指导语,那么其实这组求职者和其他求职者的受测条件是不同的。

测验开发者设计合适的施测程序,而施测者有责任维持标准化的测验情境,因此施测培训至关重要。如果施测者未受过培训或者粗心大意,一个优秀的测验可能会变得无效。计算机技术有助于标准化施测,它能够保证每个受测者在相同的情境下接受同样的指导语。

客观性

客观性主要是针对测验结果的评分。为了使测验评分客观,计分过程必须摆脱主观判断和计分者的偏见,即无论谁负责测验计分,最终结果必须是一致的。

在你的大学生涯中,你都接受过客观和主观的测验。在客观测验(objective tests)(例如多项选择题和判断题)中,计分是机械的,不需要专门的培训或专业知识。只要提供附有正确答案的计分标准,一名人力资源部文员,或者一名心理学院的学生,或者一个计算机软件都能够精确计分。

对于主观测验(subjective tests)(例如论述题)而言,计分相对更困难,它的结果会受到评分者个人特点(如是否喜欢受测者)的影响。因此,为了公平平等地评估求职者,更应该采用客观测验。

测验常模

要解释心理测验的结果就要建立参照系或参照点,由此每个人的表现才能和其他人进行比较。测验常模就可以实现这一要求。测验常模(test norms)是指与受测者同质的一大群被试的测验得分分布。这一群体的分数就是所谓的标准化样本(standardization sample),参照标准化样本,可以得知一位求职者的某一能力在一群求职者中的相对位置。

假设,一个高中毕业生申请一份要求机械操纵技能的工作,并且在机械操纵技能测试上获得了 82 分。单独看这一分数,我们不知道他技能水平高低,但是如果将 82 分同测验常模(大群高中毕业生在这一测验上的成绩分布)进行比较,那么我们能够得出个体分数的意义。如果测验常模的平均数是 80,标准差是 10,我们很快可以知道,获得 82 分的求职者在机械技能上只是一般或中等水平。有了这一可比性信息,我们才能够很好地客观评估该求职者相较于其他受测的求职者能够胜任该工作的几率。

那些广泛使用的心理测验都有一系列针对不同性别、不同年龄层次、不同种族民族和不同教育水平的常模。全面的常模能够确保测验在任何招聘过程中都具有有效性。

信度

信度(reliability)指一项心理测验结果的一致性和稳定性。如果一群求职者在一周前接受认知能力测试并且平均分数为 100 分,一周后再进行这个测试而平均分为 72 分,那么一定有些地方出了问题,两次测验结果很不一致,那么这个测验是不可信的。经过一段时间后再次施测,测验分数上发生微小的变化是正常的,但是如果分数波动太大,那么说明测验或者计分方法出错了。

重测法、复本法和分半法是三种确定信度的方法。重测法(test-retest method)是要求同一批被试先后进行两次施测完成同一份问卷,然后求这两次得分的相关。相关系数(在这种情况下即信度系数)越接近完美的 +1.00(正相关),那么这个测验越可信。在实际选择用于选拔的测验中,该相关系数接近 +0.70 也能让人接受,但是理想上最好超过 +0.80。然而,重测法有一些局限性,比如让应聘者花时间去完成两次测试是不经济的,而且学习效应(记得测试题)和两次测验之间产生的学习/练习经验可能会导致第二次测验分数更高。

复本法(equivalent-forms method)也是采用重测的方法,但是不同于使用同一测题的重测法,复本法在第二次测验上使用形式相似的测题。复本法的缺点在于要设计两套独立而又等效的量表既困难又费钱。而在分半法(split-halves method)中,测试项目被分为两半,只需要施测一次,然后计算这两个部分得分的相关性。这种方法和前两种方法相比,耗时少,也只需施测一次,受测者没有机会学习或者回忆题目,分数也就不会受到影响。

新闻聚焦

对于这份工作来说你太优秀了?

鲍勃·乔丹(Bob Jordan)想要成为康乃狄克州新伦敦市的一名警官。他申请了这份工作,完成了温德利人事测验(Wonderlic Personnel Test),但是没有得到任何面试通知。他确定他通过了测试——问题好像都很简单。当他听说和他同时申请的其他人已经被录用时,他去警局询问到底他的申请哪里出了问题。他被告知是因为他不符合成功警官的要求。难道他在测验中表现太差了? 难道他的得分太低了以至于不适合接受培训?还是他太无能无法学会如何完成工作? 不,鲍勃的问题是他的得分太高了。

太高了? 他太优秀了? 是的。温德利人事测验的常模提供一系列工作最合适的分数范围。如果你的分数太低,常模认为你缺少胜任这项工作的能力。如果你的分数太高,说明你太聪明了,你会很快厌倦这份工作并且辞职。根据测验手册:"只是单纯的雇用获得最高分的人反而会弄巧成拙。"鲍勃·乔丹得分是6分,对于这项工作来说他的得分太高了,因此不合适。

与副警长交流之后得到了更多的信息:"鲍勃·乔丹就是我们想要筛选出去的那类人,警察的工作很平凡,我们不是每个晚上都要处理枪战。"

当乔丹感到他受到不公平对待后,他很生气地做了任何美国人都会做的事情——他起诉警局,声称他由于自己的智力水平而受到歧视,但是法官裁决由于警察局对待所有高智力水平的人都是一样的,因此警察局没有歧视他。法官也指出,虽然警局取消乔丹面试资格的这一做法可能是不明智的,但是乔丹没有失去平等就业对他的保护,他现在的工作是狱警。

资料来源:Allen, M.(1999, September 9). Help wanted: The not-too-high-Q standard. *New York Times*.

效度

对于心理测验或者其他选拔方法来说,效度(validity)是最重要的。也就是说,测验或者选拔方法必须证明它能够测量出要测量的东西。工业与组织心理学家会考虑几种不同的效度。

效标关联效度。假设一名为美国空军服务的工业与组织心理学家开发了测量雷达员操作熟练度的测验。如果这个测验能够测量在工作中表现良好所需的技能,那么这个测验就是有效的。确定效度的一种方法是计算测验分数与其他测量方法(如效标或者后续工作绩效)的相关。如果在雷达员熟练度测试上高分者在工作中表现好,而低分者在工作上表现不好,那么测验分数与工作绩效之间的效度系数很高,说明这一测验真实地测量了成为优秀雷达员所需的技能,能够预测员工之后的工作绩效。对于员工选拔测验来说,效度系数在+0.30 至+0.40 是可接受的。这种定义和建立效度的方法叫做效标关联效度(criterion-related validity)。它不涉及测验本身的特性和性质,而是涉及测验分数与之后工作绩效的关系。

两种建立效标关联效度的方法分别是预测效度和同时效度。预测效度(predictive validity)是用新测验对所有求职者施测,而且不管测验得分是多少,都雇用所有的求职者,工作一段时间后,通过产量指标或者上级评估等一些工作绩效的测量方式去评估员工,得到他们的工作绩效分数,再对测验分数与绩效分数进行相关分析,看该测验能在多大程度上预测工作的成功。多数企业管理层往往不愿意使用这种方法,因为肯定会有一部分被雇用的员工是低绩效的。

同时效度(concurrent validity)在管理层中更受欢迎。它是指对在职员工进行测验,计算其测验分数与工作绩效的相关性。这种方法的缺点是仅仅对在职员工施测,而低绩效的员工可能早就自动离职、被解雇、降职或转岗,大部分效度样本是优秀员工。通过同时效度的方法很难确定这个测验是否真正区分了高绩效和低绩效员工。

同时效度的另外一个问题是求职者与在职员工相比动机不同,因此在心理测验上的表现也会不同。比起对于自己的职位感到安全的在职员工,求职者可能有更高的动机想要在应聘测试中有好的表现。

在建立效标关联效度时常用的工作绩效标准是上级对员工目前工作进行打分。工作绩效评估中,打分是一种常用的方法(我们会在第 5 章讨论绩效评估)。

理性效度。工业与组织心理学家对理性效度(rational validity)同样感兴趣,理性效度和测验的性质、特点、内容相关,与后续工作绩效等测量结果无关。在一些雇用过程中,有些公司可能会因为规模太小无法承担高昂耗时的检验效度过程,或者由于目前的工作是个新职业,建立效标关联效度不可行,这时候就可以采用理性效度。例如在美国最初选拔飞行员时,没有工作绩效结果可以与测验分数进行相关研究。

两种建立测验理性效度的方法分别是内容效度和构念效度。在内容效度(content validity)方面,我们需要评估测验的项目,确保它们都是测验想要测量的知识技能的代表性样本。通过工作分析,即考察测验题目是否和工作中需要的能力相关,就能完成这一评估。例如,在文字处理工作中,关于文字处理软件的测验题目是和工作相关的,而有关音乐能力的测验题目是和工作无关的。在课堂上,如果教授告诉你们将对前三章内容进行测试,那么其他章节知识就不是内容效度考虑的范围。

构念效度(construct validity)力图找到测验想要测量的心理特质。我们怎么能够知道一套为了测量智力、动机或者情绪稳定性而发展起来的新测验是否真的测量了它要测的特质呢？获得构念效度的一种统计学方法就是比较新测验的分数与已有的测量相同特质的测验分数的相关程度。如果相关系数高，那么我们就可以说这个新测验测量了它要测的特质。

表面效度。表面效度(face validity)不是一个统计量，而是关于测试题目与工作要求的相关程度的主观印象。飞行员在接受机械或者航行的测验时不会感到奇怪，因为他们认为这些测验的题目和他们在工作中的表现直接相关。而当被问到他们是否喜欢自己的父母或者是否开灯睡觉时，他们在回答上会有所犹豫，因为这些问题虽然可能和情绪稳定性有关，但是好像和驾驶飞机无关。如果一个测验缺少表面效度，那么求职者可能不会认真对待它，这可能会导致他们的测验成绩降低。

最好的心理测验应该在他们的使用手册上写明效度研究结果。如果没有这一信息，人力资源或者人事经理在使用这一测验选拔员工时，会质疑测验是否确实测量了要测的特征和能力。虽然获得测验效度信息要花费很多，但是合理的效度考察程序会带来更多的收益。

效度概化①。工业与组织心理学家过去宣扬"情境特异性"原则，认为在每一个情境中，即在需要进行招聘的每个组织的每个工作岗位上，都应检验测验的效度。测验具有不同效度，也就是说某一测验在一家公司中用来选拔实验室技术人员是合适的，但在另一家公司不一定有效。因此，无论测验在其他相似的工作招聘中的效度有多高，只要没有确定测验在某一特定情境下的效度，就不能证明它在这一情景下可以有效选拔员工。

然而，效度概化(validity generalization)慢慢取代效度的情境特异性这种理念。基于之前效度研究的元分析，工业与组织心理学家得出这样一个结论：测验在一个情境中有效可能在另外的情境中也有效。换句话说，一旦在某一情境下确定了测验的效度，那么在其他情境下效度也是普遍存在的。

工业与组织心理学会(SIOP)支持效度概化的观点。美国国家科学院也认可这一观点，将其列入美国心理学会教育与心理测验标准之中。效度概化不仅在使用测验中被接受，在使用履历调查、评价中心、面试、诚信度测试等其他选拔方法中都被广泛接受。许多大型公司和政府机构都将效度概化的理念应用到它们的选拔项目中。

效度概化作为一种员工选拔技术，对心理测验具有重要的实践意义。组织已经意识到如果测验不再需要对每个职位的每个层级进行昂贵的效度检验程序，那么它们可以通过使用心理测验去提高选拔的效率，而且还省时省力。

公平雇用实践

公平雇用立法带来的结果之一就是为了证明某个测验是否带有歧视性，效度研究增多了。如果研究证明无论是什么种族，在测验中低于某一水平的求职者的工作表现都不好，那么说明这个测验在种族上是无歧视的。工业与组织心理学研究证实，高效度系数的测验和

---

① 译者注：效度概化又叫外部效度，即测验有效性的可推广性或可应用的广泛性。

低水平的负面影响显著相关。因此,就业机会均等委员会(EEOC)要求考察效标关联效度(检验工作绩效和测验成绩的相关性)和理性效度。

对一个群体有效的测验可能对另外的群体同样有效。研究证实,测验平均分上的种族差异性不仅可能是由于偏见,还有可能是由于受教育水平、社会地位、文化的差异性。在1994年的《华尔街日报》上,一群国际著名科学家提出了以下观点:

> 智力测验并没有对美国黑人或者美国本土其他说英语的人有文化偏见。事实上,智力测验分数对于任何种族和社会地位的所有美国人都能做出平等精确的预测。

新闻聚焦

你是如何失去工作的:你的个人博客告诉世界什么?

史黛西·施耐德(Stacy Snyder)今年25岁,是宾夕法尼亚大学米勒斯维尔分校(Pennsylvania's Millersville University)的大四学生,同时也是当地高中的一名实习教师。她工作表现很好,她也很喜欢她的工作,但是突然有一天她被解雇了,她被警告不能再进入教育系统,被吊销了教师资格证,这意味着她再也无法从事教师工作了。

她做了什么?抢劫银行、诱奸学生,还是被抓到使用违禁药物?不,她只是在博客上贴了自己的一张照片。这张照片是在最近的化妆舞会上拍的,史黛西戴着海盗的帽子,正在喝似乎是软饮料的饮品。一个人怎么会因为一张普通的无辜的照片而失去工作?不幸的是,尽管在照片上没有任何迹象表明她喝醉了,但是她在照片下面添加了"喝醉了的海盗"这个标题。学校教务看到这张照片,他们一致认为这是"不专业行为",会促使未成年人饮酒。她所在的大学也同意这一看法。

当你在网上留下一张数码照片,它就不再是秘密。雇主和未来的雇主都会例行公事地检查你的博客和社交网站上的所有信息。任何种类的信息,只要有人认为是恶心的、淫秽的、不合适的、暗示性的或者有其他不当,它就会影响你很多年,甚至导致你失业,影响你未来受聘的机会。"在网络上放点东西就像把它留在商场咖啡馆的桌子上",美国心理学会道德委员会的主管说,"任何人都能够看到。"因此,请牢记,一旦你的照片或者关于你的评论被发布,任何人在任何时候都会看到。

资料来源:Chamberlin, J.(2007). Too much information. *APA Grad Psych*, 5(2), 14—16; Stross, R.(2007, December 30). How to lose your job on your own time. *New York Times*.

美国心理学会科学事务委员会1996年的报告提出,认知能力测验对非裔美国人没有偏见。换句话说,测验不存在对弱势群体的歧视。此外,他们还用定量研究的数据反映了社会提出的存在"歧视"的真正原因。有关"在认知能力测验上,黑人的平均分数低于白人分数

15分或者一个标准差"的结论是对社会歧视的一种反映,并不是测验本身的歧视或偏见造成的(Roth, Bevier, Bobko, Switzer, & Tyler, 2001; Sackett, Borneman, & Connelly, 2008)。

然而,虽然已有很多关于测验效度的实证研究,但是社会上仍然有人认为它存在歧视而拒绝使用它。美国就业服务中心使用的一般能力倾向成套测验(General Aptitude Test Battery, GATB)就发生了这样的事情。GATB测量认知功能,也能评估手指的灵活性。有750多个效度研究证实GATB作为一种职业选拔用的筛选工具具有很高的效度。尽管来自少数群体的求职者的测评平均分更低,被雇用的机会更小,但是白人和少数群体的测验效度是相当的。

为避免长期使用GATB可能带来的不利影响,美国就业服务中心建立了种族常模(race norming)。少数民族求职者的分数将被调高,以获得平等的录用率。然而,这一举措不仅受到科学上的反对,更受到政策、社会和法律的强烈反对。1991年的《民权法案》提出禁止建立和使用种族常模,尤其是禁止任何形式的基于种族、肤色、宗教、性别和国籍的分数调整。

由于种族常模的不合法化,为补偿在认知能力测验上始终得分低的少数民族、追求平等录用率,分数归组(banding)技术被提出。举个简单的例子,公司的人力资源部总监查看求职者的测验得分并且决定分组,得分在91到100之间的求职者是第一组,81到90的是第二组,71到80的是第三组,以此类推。当然,分组宽度是能够改变的,也就是说,第一组也可以简单囊括所有81到100分的人。

为了使各种族的录用率平衡,第一组中所有求职者的能力都应被看做相同的,同组的求职者不能被差别对待。此外,组内选拔的顺序不根据测验分数,而是根据种族。因此,100分的人不一定比91分的人更有可能被选择;在同一组里,是否被雇用往往根据种族或者民族背景来决定。

可以想象得到,研究表明受益于分数归组的人倾向于认为这是一项平等的技术。今天,很多组织都在使用分数归组,但是它也受到广泛的争议,那些以选拔为目的发展和使用心理测验的人认为分数归组会产生很多情感上的主观判断(Aguinis, 2004; Campion, et al., 2001)。

由于就业机会均等委员会(EEOC)的政策和1990年《美国残疾人法案》,歧视残疾求职者和雇员的行为在这几年逐渐减少。许多心理测验专门为残疾人修订,并且获得实证效度研究的支持。

对于有视力障碍的人,测验问题会以口头表述、大字体或者盲文形式呈现,个体在完成测验时拥有更多的答题时间。盲人不需要回答有关颜色、形状和质地等的问题。听力残疾的求职者可以获得书面的指导语。

测验程序概述

对于选拔项目来说,最核心的是确定测验程序的基本步骤。首先是调查将要测量的工作的特性,完成工作和员工分析后,就能选择或者发展出能够测量与工作成功有关的能力和行为的合适测验。

工业与组织心理学家要从哪里找到合适的测验?他们能够使用已有的测验或者开发针对这个工作和公司的新测验。最好的测验需要包括信效度和测验常模在内的数据信息。心理测量年鉴提供额外的测验信息,可以在 www.unl.edu/buros 上查询到。《心理测量年鉴》最初于 1938 年出版,它提供近乎 4 000 个商业上可获得的测验的最新概况。

在决定是使用已出版的问卷还是开发新问卷时可以从几个角度来考虑,其中成本永远是重要的考虑因素。购买一个测验比编制一个测验花费少,尤其在只需选拔小部分员工时。时间也很重要。如果组织需要尽快找到合格员工,管理者就不愿意等一个测验被编制出来——这种情况就是我们在第 1 章中讨论过的工业与组织心理学中研究和应用最常见的冲突例子。一个工业与组织心理学家(他既是研究者又是实践者)写道,"在企业做决策的标准中,时间和金钱远比信效度更重要,实践者忙于不断地妥协,在企业允许他们所做的范围之内做最合适的事情"(Muchinsky,2004,p.176)。

如果一个组织决定自己开发针对某一特定工作的测验,监督这个项目的工业与组织心理学家会准备一系列合适的测验题目,然后建立测验效度,考察其是否测量了所要测量的东西。项目分析会计算个人在每个项目上的回答与总体测验回答上的相关性,得出每个项目能否有效区分整个测验上的高分者和低分者。一个最理想的有效测验题目应该是在整个测验上得分高的人能够正确回答、而得分低的人会回答错误的题目。只有相关系数很高的测验项目才能够被放到测验的最终版本里。

此外,必须确定每个项目的难度水平。如果测验问题总体都太容易,那么大多数人会获得高分,分数的分布范围会太狭窄,很难区分在所测特质或技能上高水平的人和低水平的人。如果一个测验的大部分项目太难,那么就会出现相反的情况,会很难区分能力极端低和能力中等的人。

建立效度要求确定效标,用效标与测验分数作相关分析。理想状态下,这个测验应该在大规模的求职者中实施并且不论测验分数多少都被雇用。在这一点上,测验的价值是未知的,因此根据测验结果去做出录用决定是没有意义的。当员工在岗位中长期工作发展出一些胜任能力后,他们的工作绩效才能被评估,才能将评分和测验分数进行比较。经济和时间上的限制往往会阻碍预测效度的建立。最常用的确定预测效度的方法是对在职员工进行测验。

一旦一个新测验被证实有令人满意的信效度,就要确定一条录取线。分数低于这个水平的人就不能被录用。录取分数一定程度上取决于可获得劳动力的多少。求职者越多,公司的选择余地越大。分数线越高,录用的求职者的质量越高。然而,由于淘汰率较高,公司必须在招聘和评估候选人上花费更多的金钱以从那些达到或者超过分数线的人中找出合适的人。当新录用员工质量的提高程度低于招聘和选拔的花费时,就会出现收益缩减的情况。

在建立分数线的过程中,通常会包括工作分析和效标关联效度分析,以此来决定工作表现的最低要求水平。一个最常用的技术是要求应聘者和上司评估一个合格的人回答正确每个项目时最低该有多少可能性。

心理测验的类型

心理测验可以根据两种方法分类：(1)如何构建和实施，(2)所测量的技能和能力。

个别测验和团体测验

一些心理测验可用于同时给一大群人施测。这些团体测验(group tests)可以同时给 20、200 或者 2 000 人施测。唯一的局限是施测房间的规模或者说计算机化测验的设备数目。

新闻聚焦

常识有多么众所周知？

如果你打算去研究生院攻读 MBA 学位，你可能会被要求参加研究生管理专业入学考试(Graduate Management Admission Test, GMAT)，这是自 1954 年来商学院招生部门一直使用的标准测验。这个耗时 4 小时的测验测量个体语言能力、数学能力和分析书写能力。它包括 41 道语言题、2 篇论文和 37 道数学问题。

这个测验是有效可靠的；众所周知它能预测学生在 MBA 课程中的成功。但是在预测数以千计的 MBA 学生中谁将会继续获得事业成功上，它就不太有效了。这个测验不能鉴定那些看上去懒散的学生会不会在他 27 岁的时候成为一家价值百万的新公司的 CEO，也不能区分出那些成绩都是 A 的学生会不会是永远停留在管理层中层的小管理者。

密歇根大学(University of Michigan)的商学院正在试着通过发展新的测验去改变这一状况，这个新测验可以聚焦于"实践智力"，换句话说就是所谓的常识。耶鲁大学(Yale University)的心理学家罗伯特·斯滕伯格(Robert Sternberg)负责开发这一测验，他认为传统的入学考试无法考察解决问题的能力和发展分析与创造的能力，而这两个能力恰恰能够促成职场成功。

商学院入学的实践智力测验向申请者展示了一系列现实的商业场景，包括财务报表、通讯稿、新闻文章和其他的市场信息。申请者需要通过回答一系列的问题去解决某个问题。测验的目的是评估申请者应对变化情境的能力、从错误判断中学习的能力和使用不充足的信息去解决问题的能力——这些问题是在经理这个职位上每天都要遇到的。

迄今为止，作为 GMAT 的补充测验，这个测验在预测个体在商学院里的成绩上被证明是有效的。测验分数越高，平均绩点就越高。比起 GMAT，这个测验结果的性别与种族差异更小。女性在实践能力测验上的得分显著高于男性，黑人的得分仅仅略低于白人。而在标准入学测验上，黑人学生得分普遍低于白人学生。

研究将会连续追踪一些开始工作的 MBA 班级的学生，通过计算他们的工作绩效和测验分数的相关性来判断测验的效度。

文献来源：Hedlund, J., Wilt, J., Nebel, K., Ashford, S., & Sternber, R.(2006). Assessing practical intelligence in business school admissions: A supplement to the Graduate Management Admissions Test. *Learning and Individual Differences*, 16, 101—127. Kuncel, N., Crede, M., & Thomas, L.(2007). A meta-analysis of the predictive validity of the Graduate Management Admissions Test(GMAT) and undergraduate grade point average(UGPA) for graduate student academic performance. *Academy of Management Learning and Education*, 6, 51—58.

个别测验成本高又耗时，因此通常被用于职业咨询和管理人员选拔。

个别测验(individual tests)在同一时间只能对一个人施测。因此，它的成本花费高于团体测验，公司招聘并不常用这种方法。这种方法经常用于选拔高级管理人员，并且更常用于就业指导和咨询以及病人病情诊断。

计算机自适应测验

计算机自适应测验(computerized adaptive tests)可用于大规模群体施测，求职者能够在计算机上进行测验。因为这种测验是为受测人员量身定做的，因此有时候也被叫做定制测验。

如果你接受一场纸笔形式的标准认知能力测验，你可能不得不回答那些对你智力范围进行取样的问题。有些问题太简单了，因为你的智力水平高于这些测量的水平，而有些问题又太难了，因为它们间的内容高于你的智力水平。为了完成这项测验，你必须花时间回答所有问题，即使是最简单的那些问题。

在计算机自适应测验中，你不需要浪费时间去回答低于你能力的问题。计算机程序会设定从一些难度中等的问题开始。如果你回答正确，程序会接下去问稍难的问题，如果你回答错误,程序则会给你稍简单的问题。

计算机自适应测验还有其他优点。在选拔的过程中测验可以随时进行;它不需要合格的施测者,也不需要安排好测验时间。因为在相对较短的时间里就能测量一系列的能力,因此不太会导致求职者兴趣和动机的减退。人力资源部门也能快速获得测验结果。

计算机也允许使用不同的测验项目类型。例如,在测量个体空间能力时,计算机自适应测验能采用在空间中移动的立体图像而不是传统的二维静止图像。问题也能够通过动态影像和立体声音的方式呈现。受测者可以使用标准化的键盘、操纵杆、鼠标或者轨迹球回答问题。此外,其优点还包括能够在世界范围内广泛使用,不需要重新打印就能快速更新测试题,能够立即获得测验得分以便更快速地判断应聘者是否合适该工作(Kersting, 2004a; Naglieri et al., 2004)。

计算机自适应测验比起纸笔测验要求更大的前期投资,但是从长期来说它更加经济。专家估计,美国国防部如果能够在士兵招募中实现招聘测验计算机化,每年将能节省 500 万美元。

对比同一个测验的纸笔形式的分数结果和计算机自适应测验的分数结果,发现几乎没有差异。在一项大规模的比较研究中,有 425 名电话客服中心的员工接受了一项有关个性与决策的纸笔测验。另外 2 544 名求职者也参加了同一个测验,其中的 2 356 名使用了与纸笔测验问题相同的网络版本。结果表明,纸笔形式和计算机形式的测验在结果平均分上无显著性差异(Ployhart, Weekley, Holtz, & Kemp, 2003)。

而计算机化测验日益凸显的一个问题是,很多测验能够在线获得并在任何计算机上进行。由于不是在受控制的环境(例如公司人力资源部门办公室或者考场)中进行,个体欺骗的可能性大大提高。例如,在一个智力测验中,求职者能够求助于其他资料或者让其他人来帮助他回答问题。

越来越多的零售商店会提供能够进行简单心理测验的现场站点或者公用亭对求职者进行测试。比较以这种方式受测的求职者和在网站接受测验的求职者的得分,发现两种方式的测验得分之间没有显著差异。当给予两种受测方式供选择时,大多数白种人、亚洲人和男性求职者都倾向于选择在线测验(Bobie & Brown, 2007)。

另外一个担忧是不同年龄和不同种族在接触与使用电脑能力上的差异性是否会给在线测验带来负面影响。这可能会导致一些研究者所谓的"数字鸿沟",也就是说拥有并且能够使用电脑的人比没有电脑、不会使用电脑的人具有优势。美国曾进行过一个大范围的民意调查,旨在获得民众对于信息技术和交流技术(例如,电脑、手机和短信)的使用和态度,结果显示,49%的美国人仅仅偶尔使用这些技术。15%的人报告他们从来不使用这些技术或者对使用这些技术不感兴趣。后者大部分是 65 岁左右或者更年长的低收入低受教育水平的女性。

速度测验和难度测验

速度测验和难度测验的差别在于所给予的测验时间。速度测验(speed tests)有固定的时间限制,时间一到,所有接受测验的人必须停止答题。难度测验(power tests)没有时间限制,允许求职者花很多时间去完成整个测验。难度测验题目通常比速度测验题目难。大规模的测验项目都会采用速度测验,以保证所有的测验试卷都可以在同一时间内收齐。

对于某些任务,速度是胜任工作的重要因素之一。一个针对计算机打字工作的测验只包含一些相对简单的问题。时间充足时,大多数人能够正确回答。打字或者文字处理最重要的预测因素是在规定时间内的工作质量:在这个例子中,就是数据录入的精确性和速度。难度测验无法很好地评估这项技能。

测验测量什么?

雇员选拔中,各种心理测验之间最广为熟知的区别是所测量的特质或者行为的不同。基本的测验分类有认知能力测验、兴趣测验、能力测验、动作技能测验、性格测验、诚信度测验和情境判断测验。

认知能力

认知能力测验(智力测验)由于能很有效地预测工作成功,因而在员工选拔中被广泛使用。在对数以千计服兵役者和普通工作者的研究中发现,认知能力测验能够很好地预测员工的培训表现和实际工作表现(Hough & Oswald, 2000; Schmidt & Hunter, 2004)。

在一项对 85 年之间几千项研究的元分析中,研究者比较了 19 个选拔技术的预测效度。他们发现认知能力测验在预测培训和实际工作中的优秀表现方面效度最高(Schmidt & Hunter, 1998)。另一项对英国各种工作岗位上超过 75 000 人的元分析进一步证实认知能力对工作与培训中的成功具有预测价值(Bertoa, Anderson, & Salgado, 2005)。

另一项元分析总结了针对比利时、法国、德国、爱尔兰、荷兰、波兰、西班牙、英国和斯堪的纳维亚国家的 12 个职业群体的研究。研究者发现,在研究涉及的国家和职业上,认知能力测验都能有效预测个体在培训项目和工作上的成功(Salgado, Anderson, Moscoso, Bertua, & Fruyt, 2003; Salgado et al., 2003)。

如果你想知道职业与学业成功所需的认知能力是否相同,那么工业与组织心理学家可以给你答案。一项对 163 个研究的元分析研究了 20 352 位接受米勒推理认知能力测验(Miller Analogies cognitive ability test)(该测验用于对毕业生和工商业中高级复杂工作岗位求职者进行选拔)的被试。调查者发现,学业成功要求的能力和职业成功要求的能力没有显著性差异(Kuncel, Hezlett, & Ones, 2004)。

认知能力测验上的表现和受教育水平有高正相关。在此类测验上得分高的人,高中毕业后更有可能获得升学机会。这也能够解释为什么企业往往对特定的工作设定受教育年限。如果一位求职者多接受了几年正式的学校教育,那么可以推测他有较好的认知能力

(Berry，Gruys，& Sackeet，2006)。

　　让我们来了解一些在工作中使用的主要测验。奥蒂斯心理能力自我管理测验(Otis Self-Administering Tests of Mental Ability)用来筛选应聘办公室职员、生产线工人和一线管理者的求职者。这一团体测验花很少的时间就能完成，但该测验对高智力人群的区分力不够，因而在筛选专业岗位或高级管理岗位求职者上不太有效。

　　温德利人事测验(Wonderlic Personnel Test)由测量一般心理能力的 50 个问题构成，是最常用于选拔、安置、晋升、再分配的测验。它适用于商业和工业上的 140 多个职业，例如空乘人员、银行行员、门店经理和工业工程师。因为这个测验的完成时间限制是 12 分钟，因此它是一个经济快速的筛选方法。测验测量的是理解指导语、解决工作相关问题、提出能够应用于新工作环境的想法的能力。测验常模是基于 450 000 多名雇员建立的。有计算机和手写计分两个版本。

　　温德利测验的得分和韦克斯勒成人智力测验(Wechsler Adult Intelligence Scale)的得分存在高度的正相关，后者是一个更长更复杂的个别测验。为促进企业服从 1990 年美国残疾人法案，该法案的雇用辅助材料中提供了这些测验的大字体版本、盲文版本和录音形式版本。自从 1937 年温德利测验被引进工作中后，全球已有一亿三千多万求职者做过该测验。在一项对计算机应用培训中心的大学生求职者的研究中，调查者发现计算机版测验的受测者和纸质版测验受测者在得分上没有显著性差异(Dembowski & Callans，2000)。对 1 277 个求职者的研究也报告了在测验成绩上没有显著的性别和种族差异(Buttigieg，2006)。

　　韦克斯勒成人智力量表修订版(Wechsler Adult Intelligence Scale-Revised，WAIS-R)是一个测验时间较长的(约 75 分钟)个别测验，主要用于招聘那些要求复杂心理评估的工作，例如高级管理人员。它的实施、评分和解释都要求施测者受过良好培训且富有临床经验。WAIS-R 包括如下 11 个分量表：言语分量表包括知识、数字广度、词汇、算术、理解力、相似性；操作分量表包括图画填充、图片排列、木块图、图形组合、数字符号。这样就可以获得测量认知能力的言语得分、操作得分和总体的 IQ 得分。该测验也可以使用计算机进行评分和解释。

兴趣

　　兴趣测验(interest tests)多用于职业咨询而非员工选拔上，它由有关日常活动的题目组成，要求求职者按照他们的偏好选择。它的基本原理是如果一个人展现出与工作优秀员工同样的兴趣和偏好，那么这个受测者更有可能在这份工作中获得满足。然而就算一个人在特定的职位上表现出很高的兴趣，也很难保证他/她拥有在这份工作上取得成就的能力。兴趣测验的评分反映的是个人的兴趣在多大程度上与工作优秀员工的兴趣相同。如果测验显示一个人对这个工作领域没兴趣，那么他成功的可能性受到限制。

新闻聚焦

你能够通过这个测试吗？"如果一辆火车以五分之一秒二十英尺的速度行驶……"

温德利人事测验(Wonderlic Personnel Test)在全球已被用来评估过多达一亿三千多万的求职者,你之前可能也做过这个测验。测验一共有50道题目(最高分50分),但是很少有人能答对所有题目。在美国,这个测验的平均分是21.6。很多职业会有一个分数线。例如,被认为适合从事企划专员或者销售经理的最低分数是28分,护士工作是26分,银行职员是23分,出纳是20分以及工厂工人是17分。下面列举了其中一些题目类型,同时附有正确答案,你可以计算一下自己的分数。

1. 假设前两句话是对的,那么最后一句话是错的、对的还是不确定?

这个男孩玩棒球

所有棒球队员都戴帽子

这个男孩戴帽子

2. 一沓纸卖21美分,那么4沓纸卖多少钱?

3. 以下列出的五对名字组合中有多少组合是相同的名字?

a. Nieman, K M.　　Neiman, K. M.

b. Thomas, G K.　　Thomas, C. K.

c. Hoff, J. P.　　　Hoff, J. P.

d. Pino, L. R.　　　Pina, L. R.

e. Warner, T. S.　　Wanner, T S.

4. "怨恨"和"预定"。这两个单词:

a. 意思相近

b. 意思相反

c. 意思不相近也不相反

5. 一辆火车以五分之一秒二十英尺的速度行驶。保持这个速度,在三秒内它能够行驶多远?

6. 当绳子卖每英尺0.1美元时,你有60美分能够买多少英尺的绳子?

7. 一年的第九个月是:

a. 十月　　　b. 一月　　　c. 六月　　　d. 九月　　　e. 五月

8. 以下数字中哪个数字最小?

a. 7　　　b. 8　　　c. 31　　　d. 33　　　e. 2

9. 在打印一份48 000字的文章时,印刷工决定采用两种大小的字体。当使用较大的字体时,一页可以打印1 800字,当使用较小的字体时,一页可以打印2 400字。而这篇文章要控制在 21 页内,则至少几页必须是较小的字体?

　10. 三个人进行合作并且决定盈利平等分成。X 投资了 9 000 美元,Y 投资了 7 000 美元,Z 投资了 4 000 美元。如果盈利是 4 800 美元,较之按投资比率分配,平分利润的话,X 少获得多少钱?

　11. 假设前两句话是对的,那么最后一句话是对的、错的还是不确定?

汤姆和贝丝打招呼。

贝丝和同恩打招呼。

汤姆没有和同恩打招呼。

　12. 当男孩 17 岁时,他姐姐的年龄是他的两倍。那么当他 23 岁时,他的姐姐几岁?

答案:

1. 对的	2. 84 美分	3. 一个	4. c
5. 300 英尺	6. 6 英尺	7. d	8. e
9. 17	10. 560 美元	11. 不确定	12. 40 岁

资料来源:Sample questions from *New York Times*, November 30, 2003.

　最常用的两个兴趣测验是斯特朗兴趣调查表(Strong Interest Inventory)和库德职业兴趣问卷(Kuder Occupational Interest Survey)。斯特朗兴趣调查表包含 291 个题目,是能够用计算机计分的团体测验,题目囊括职业、在校课程、课外活动、人的类型和工作偏好等方面,有"喜欢"、"不喜欢"、"中立"三级评分。这个量表可用于 200 多个职业、技术和专业工作,受测者会在以下 6 个方面按照兴趣由低到高排序:艺术的、传统的、社交的、现实的、研究的和娱乐的。此外,测验在性别上作了区分,即分别建立了男性常模和女性常模。对斯特朗兴趣调查表的研究证明个体的兴趣在很长的时间内保持稳定。

　库德职业兴趣问卷包含 100 个题目,每个题目有三个选项,求职者必须在三个选项中选择最喜欢的和最不喜欢的活动。这个测验能评定 100 多个职业。以下是典型的题目类型:

组1

参观美术陈列馆

在图书馆看书

参观博物馆

组2

收集手稿

收集硬币

收集蝴蝶标本

　这两个兴趣测验主要用于职业咨询,旨在尽可能为个体选择正确的职业类型。在人事选拔中使用兴趣测验存在的问题是求职者为了让自己看上去适合这份工作而会做出虚假回答。而当一个人为了职业咨询做兴趣测验,他可以根据测验结果去选择要接受的培训和工作领域,所以此时受测者答题时的诚信度会更高。

能力倾向

对于很多工作来说,能力倾向测验(aptitude tests)可以测量求职者的特殊技能。有时这种测验是为具体的职业专门设计的,也有一些能力测验能够测量一般的文字和机械能力。

贝纳特机械理解测验(Bennett Mechanical Comprehension)测量求职者物理原理或机械操作原理的应用能力,包含68道附带图片的问题(图4-1)。对于有阅读困难的人,该测验还提供录音的指导语。班尼特测验可以个别施测也可以团体施测,测验时间为30分钟。这个测验可在航空、建筑、化工、炼油、公共设施、玻璃制造、钢铁、造纸、三合板制造和矿业等行业使用。

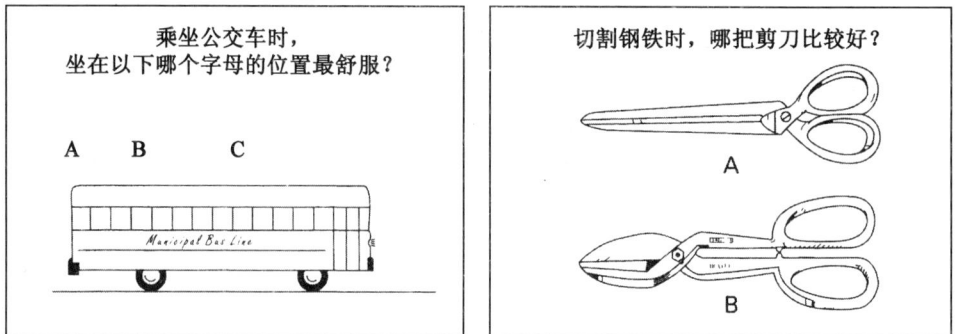

图4-1 班尼特机械理解测验的样题

人格

一些人格特征会影响工作满意度和工作表现。例如,共情和同理心对于咨询师是重要的特质,自主性和坚持性对于研究调查者至关重要,条理性和精密性是会计师所必需的。人格测验(personality tests)分数和几乎所有的职业成功都相关。人格测验分数的预测效度和评价中心、履历调查表的预测效度一样高(Test & Christiansen,2007)。

人格测验的具体技术分为自陈式人格测量和投射技术两种。自陈式人格测验(self-report personality inventory)包括处理特定情境、症状和情感的题目,要求求职者回答每个陈述句在多大程度上描述了他们或者他们多大程度上同意这个陈述句。自陈式人格测验的主要问题是受测者回答的诚信度。因为测验题目简单易懂,所以求职者经常能够总结出如何回答问题能使自己符合公司想要的特质。

性格测验的投射技术(projective techniques)呈现给求职者模棱两可的图像,如墨迹图片。求职者需要报告他在图片中看到了什么。这一测验的原理是人们为了了解呈现刺激的意义会用自己的想法、愿望和感情去诠释刺激。因为这些测验没有正确和错误答案,所以一般不存在被试欺骗隐瞒的情况。

最广为人知的投射测验是罗夏墨迹测验(Rorschach Inkblot),它展示给被试 10 幅标准化的墨迹图片,要求被试描述在每幅图片中看到的东西。在主题统觉测验(Thematic Apperception Test,TAT)中,被试被要求对 30 个有关人和情境的含糊图片作出反应。

投射测验耗时长,且必须个别施测。施测者必须经历完整的培训并且经验丰富。因为测验几乎没有客观评分点,因此测验结果的评分和解释很大程度上受主试主观偏见的影响。尽管有时在选拔经理主管人员时会采用投射测验,但是研究显示其效度较低。

自陈式人格测验。吉尔福特—齐默尔曼气质调查问卷(Guilford-Zimmerman Temperament Survey)是广泛使用的纸笔人格测验,包含 300 个陈述题,求职者需要回答"是"、"不确定"或"不是"。以下是三个样本题目:

- 你会带着饱满的热情开始一个新项目。
- 你经常精神不济。
- 大多数人用礼貌去掩饰实际存在的恶性竞争。

这个测验将人格划分为 10 种独立的特质。为了检查被试答题是否存在欺骗和敷衍,测验中有三个测谎分量表。

明尼苏达多项人格测验(Minnesota Multiphasic Personality Inventory,MMPI-2)是一个广泛用于员工选拔和临床诊断的人格测验,用于筛选那些要求申请者具有高水平心理适应力的工作,例如警察、消防员、航空指挥员和空乘人员。这个测验包括 567 个题目,需要回答"是"、"否"或"不确定"。

该测验题目包括生理和心理健康,政治和社会态度,教育、职业、家庭和婚姻因素;神经和精神上的行为倾向。计算一些题目的得分就能考察受测者在测验中是否存在欺骗、粗心回答或者误解了指导语。表 4-1 中是这个测验的样本题目。

表 4-1　明尼苏达多项人格测验的模拟题

回答"是"或"否"
有时我会感受到强烈的肠胃绞痛。
工作时我经常很紧张。
有时我感到一些东西在挤压我的头。
我希望能够再做一次我已做完的事情。
我曾经喜欢在体育教室里跳舞。
人们对我有错误观念让我很痛苦。
有时候在我头脑中会闪现可怕的事情。
在某处有些人想要打垮我。
有时我思考的速度太快我自己都无法跟上。
和他人讨论时,我轻易放弃我的观点。

2008 年,MMPI 的简版出版。先前的完整版需要 60 到 90 分钟才能完成,而简版仅 338 个问

题,在 35 到 40 分钟内能完成。MMPI 还有西班牙语版本,使用西班牙文化下常见的情境,因此它也成为西班牙企业广泛使用的人格测验(Butcher, Cabiya, Lucio, & Garroido, 2007)。

MMPI-2 这类流行的测验有一个问题:当人们应聘不同的公司,而这些公司又都使用同一种测试,那么求职者会多次接受该测验。在对核工业近 2 000 名员工的调查中发现,有 200 多人接受过 4 次以上的 MMPI 测验,102 人接受过 5 次,26 人接受过 6 次,有 3 人 7 次回答过完整的 567 道题。而重复测验会导致极端分数的减少,因为求职者每多做一次测验,他们就更善于应付测验。像 MMPI 等被招聘者广泛使用的心理测验都存在这一问题。

大五人格因素。自陈式人格测验的预测效度一般在低到中等的范围内。然而,研究发现自陈式测验在评估大五人格因素时存在很高的效度。表 4-2 中列出了这些基本的人格因素。

表 4-2　大五人格测验因素

因　素	描　　述
神经质	担忧的、不安全的、紧张的、高度紧迫的
外倾性	社交的、健谈的、爱娱乐的、深情的
开放性	新颖的、独立的、创造性的、勇敢的
宜人性	和蔼的、心地好的、信任的、有礼貌的
尽责性	细心的、可靠的、努力工作的、有组织性

大五人格因素最原始的测验是 NEO 人格问卷(NEO Personality Inventory)。NEO 是前三个因素:神经质(Neuroticism)、外倾性(Extraversion)和开放性(Openness)的首字母缩写。这个测验包含 240 个问题,耗时 40 分钟。最近有学者发展出另一个大五人格问卷——大五模型问卷(Five-Factor Model Questionnaire, FFMQ),用于评估工作中的人格(Gill & Hodgkinson, 2007)。

研究发现,大五人格中的两个因素——尽责性与外倾性——在预测工作表现方面很有效。尽责性是指负责可靠、组织计划、结果导向等特质。在管理者、销售人员、专家、执法、技能型和半技能型工作上,尽责性都被认为预测效度高。

外倾性是指善于社交、健谈、有雄心壮志、自信、有高度行动力等特质,它与销售人员、经理的绩效存在高度相关。在美国和日本开展的一项对近 4 000 名经理的研究中,研究者发现在这两种文化下,外倾性都对工作胜任有很高的预测性(Robie, Brown, & Bly, 2005)。外倾性与求职成功的相关性也高。外倾性和尽责性得分都高的大四学生比得分均低的学生更有可能在毕业后找到工作。一项对 1 886 名高层经理的调查发现,那些在宜人性、对经验的开放性和神经质上的高分者比低分者更有可能跳槽(Boudreau, Boswell, Judge, & Bretz, 2001)。

外向的人在销售工作中有好的表现。一项对 164 名电话销售代表的研究发现,那些外倾性上的高分者比低分者销售记录更好。外向的人更加追求地位,会在工作中展现更高的水平(Barrick, Stewart, & Piotrowski, 2002)。

在一项对 222 个领导力研究的元分析中,研究者发现外倾性和领导力的相关性最高,其次为尽责性和对经验的开放性,相关最小的因素是宜人性(Judge, Bono, Ilies, & Gerhardt, 2002)。一个对健康中心 131 名雇员和 167 名领导者的研究发现,外倾性和情绪稳定性能高度预测工作绩效(Judge & Erez, 2007)。

当一份工作需要团队合作时,宜人性和尽责性能有效预测高绩效。例如,一项对以 4 人为一个工作组、总计 79 人进行的研究发现,在宜人性和尽责性上得分高的员工能更好地完成任务、与队员和谐相处并且有效处理冲突(Neuman & Wright, 1999)。

由于尽责性和工作行为相关,所以很多学者研究它。例如,研究证明尽责性始终能预测工作表现。在尽责性上得分高的员工往往是有组织性的、严格的、纪律性强的、勤奋的、可靠的、有方法的和目的性强的。此外,尽责性上的高分员工比起低分员工更有可能全面细心地完成工作任务,主动解决问题,服从政策和专注于应对工作任务(Witt, Burke, Barrick, & Mount, 2002, p.164)。对各种职位上的 2 518 名员工的研究也发现,那些尽责性得分高的人工作绩效也高(Smithikrai, 2007)。

在一项对 1 673 名文员、销售员、生产工人和卡车司机的研究中,调查者发现比起尽责性得分高但宜人性得分低的人,那些在这两个因素上得分都高的人能从上司那里获得更高的评分(Witt, Burke, Barrick, & Mount, 2002)。一项对 491 名销售、技术支持、软件工程等职位的员工调查发现,尽责性和工作绩效高度正相关,但这种相关只存在于在社交技能上得分也高的员工中。那些在尽责性上得分高,但是在社交技能上得分低的人得到的评价较低(Witt & Ferris, 2003)。总之,尽责性是关键因素,社交技能只起辅助作用且不能充分弥补不勤奋的缺陷。

一项对英国 900 位经理的研究发现,尽责性和外倾性与领导的管理水平都存在正相关。那些在这两个因素上的高分者比低分者更容易晋升(Moutafi, Furnham, & Crump, 2007)。另外一项研究发现,企业家(那些创立并管理自己公司的人)在尽责性和对经验的开放性上比为一般企业中的经理得分高(Zhao & Seibert, 2006)。

同时,外倾性、情绪稳定性与个体的工作满意度、组织忠诚度都呈正相关,和工作倦怠、跳槽意愿呈负相关。尽责性"也许最能够预测个体的工作表现,但是外倾性和情绪稳定性对于理解一个人对工作的感受更重要"(Ozer & Benet-Martinez, 2006, p.412)。

其他研究也发现,跨国公司的驻外美国员工中,不论是新员工还是老员工,尽责性都能够高度有效预测其工作表现(Caligiuri, 2000)。有研究显示尽责性与一些因素存在负相关,低分能够有效预测酗酒、药物滥用和鲁莽驾驶等不良行为。在尽责性上,高分者比低分者更少出现这种行为(Sarchione, Cuttler, Muchinsky, & Nelson-Gray, 1998)。总之,我们有理由相信尽责性是员工需要展现的、雇主需要从求职者中寻找到的特质。

对于某些类型的工作来说,经验的开放性也能有效预测工作表现。在一项对欧洲公司里 166 名在日本参加过跨文化培训项目的经理的研究中,研究者发现那些在经验开放性上得分高的人能在培训中获得培训师更高的评价(Lievens, Harris, Van Keer, & Bisqueret, 2003)。开放性和工作中的创造力也有关。当149名上司被要求对其下属的创造力(例如,提出提高工作绩效的新想法)进行评分时,那些被评价为有创造力的员工在对经验的开放性上的分数显著高于被评价为创造力低的员工(George & Zhou, 2001)。

对经验的开放性和情绪稳定性是学习驾驶飞机的关键因素。一项对91名民用飞机驾驶学员的研究发现,对经验的开放性和情绪稳定性上得分高的学员比得分低的学员在学习必要技能上花费的时间更少(Herold, Davis, Fedor, & Parsons, 2002)。

研究者也开发了一些问卷去测量其他特定的人格特质,例如内倾性、自尊、社交能力、情绪成熟度和主动性。主动性(Proactivity)是指个体采取行动去尝试影响或者改变环境的倾向。积极主动性人格问卷包括17个题目,答题者需要报告他们同意或不同意的程度。以下是几个样本题目(Seibert, Kraimer, & Crant, 2001, p.874):

- 无论如何,只要我相信了我就会努力让事情实现。
- 看着我的梦想变为现实是最让我激动的事情。
- 我总是在寻找更好的做事方式。

主动性决定你在找工作时获得多大成功。一项对180名即将毕业的大四学生的研究发现,那些在主动性人格问卷上的高分者比低分者更有可能找到理想的工作(Brown, Cober, Kane, Levy, & Shalhoop, 2006)。一项历时两年的对180名全职员工的调查发现,那些两年前在主动性人格问卷上得分高的人,两年后其上司在创造性、事业主动性等因素上对他的评价更高。在整个研究过程中,这些因素和事业发展、工作满意度有着紧密的联系(Seibert, Kraimer, & Crant, 2001)。

另有一项研究也认为,员工在工作中越主动,其上级评价越高。那些在主动性上得分高的员工也倾向于在工作中建立更好的社会支持网络,这有助于他们在除本职工作以外也表现出主动性,提升工作满意度,从而也就会提高工作绩效(Thompson, 2005)。一项对282名英国电工的研究发现,增强工作自主性和同事的信任关系可以促进个体工作中的积极主动行为。工作自主性的程度越高,对同事信任度越高,个体行为的主动性就越高(Parker, Williams, & Turner, 2006)。

最后一个有关人格在工作中需要考虑的问题是随着时间变化的人格的预测价值。例如,你认为你18岁时的人格会影响你长大后的境遇吗?新西兰的研究者测量了910名18岁青少年的积极和消极情绪,使用攻击性、孤僻、高度紧张反应等词汇来描述消极情绪,8年后对同样的被试进行调查。那些在18岁时消极情绪性得分高的被试在事业上一般不太成功。他们从事威望低的工作,对自己的工作不满意,很难改善自己的经济条件。研究者指出,"孤僻、充满敌意的青少年常常被困在自我实现与堕落的循环中。他们的人格倾向带来不理想的工作,使得他们在进入成人世界时不能获得成功的转变"(Roberts, Capsi, & Moffitt, 2003, p.593)。那些18岁时积极情绪性得分高的人在26岁时报告了工作中的成功、幸福和富足的经济状况。他们从事的工作更具有挑战性,工作满意度更高。

诚信度

美国公司每年会因为员工偷窃、挪用公款和其他形式的不诚实行为损失上亿美元。

测谎仪(也就是所谓的谎言检测器)不再是检测员工偷窃行为的有效方法。更加有效的检测员工诚信度的方法是一种纸笔测验——诚信度测验(integrity tests)。工业与组织心理学家估计,每年有超过 1 500 万的员工和求职者接受诚信度测验。目前,约有 40 多种诚信度测试正在被使用。

诚信度测验有两种类型:(1)外显的诚信度测验,直接评估个体对于偷窃和其他不诚实行为的态度;(2)人格导向的诚信度测验,测量行为不良、冲动控制和尽责性。这两种测验都能够有效预测偷窃和缺席、滥用药物、装病、暴力等负面行为(Ones & Viswesvaran, 2007)。这些测验也能够预测上司评定的工作绩效(Berry, Sackeet, & Wieman, 2007;Rynes, Brown, & Colbert, 2002)。

研究证据表明,大部分诚信度测验是测量大五人格测验中的尽责性,这就能够解释为什么这些测验能够预测工作中的表现(Marcus, Lee, & Ashton, 2007)。

情境判断

情境判断测验(situational judgment tests)越来越流行。它由一系列与工作相关的情境构成,用于测试个体在工作中的判断力。求职者需要从问题选项中选择最好或者最坏的解决方法,或者对测验提供的一系列可能的情境反应的有效性进行评分。

监管实践测验(Supervisory Practices Tests)是常用的情境判断测验之一,用来评估候选人若处在监管职位上会如何为他人做决策。905 测验(Test 905)是美国人事管理局使用的一种情境判断测验,用来评估在一线监督工作的联邦公务员的人际交往技能和升职潜能。

一项总计超过 10 000 名被试的元分析研究发现,情境判断测验对很多岗位都有很好的预测效度,它的效度水平和评价中心、结构化面试、履历调查表相近。情境判断测验与认知能力测验(McDaniel, Morgeson, Finnegan, Campion, & Braverman, 2001)、大五人格测验高度相关(McDaniel, Hartman, Whetzel, & Grubb, 2007)。在一项对政府部门、运输公司和制造业的 823 名员工的调查中,研究者发现情境判断测验都能够有效预测工作绩效(Clevenger, Perceira, Wiechmann, Schmitt, & Harvey, 2001)。

使用心理测验存在的问题

使用心理测验存在两大类问题:循环使用的局限性和伦理隐私问题。

循环使用的局限性

滥用。有些人力资源经理为了多快好省完成员工选拔和公平雇用,会在没有完全掌握测验的情况下就不加选择或不恰当地使用心理测验,这是心理测验面临的难题。经理可能会使用新开发的、测验常模和信效度都未被证实的测验。即使有些研究已证明某测验不可靠,但是若招聘人员不知情,他们会一直使用这个测验。使用不当的测验不仅危害公司利益,也影响求职者的利益,求职者可能会因此失去被录用的机会。

拒绝合格的求职者。即使是最好的心理测验,它的效度都不是完美的,没有一个测验的效度系数能达到+1.00。因此,心理测验在预测工作成就上总会发生一些错误。有时候不合格的人会被录用,有时候能够胜任的求职者会被评估成不适合的人(这种类型的错误也会发生在其他选拔技术中)。在一项对应聘美国政府机构的754名求职者进行的研究中,调查者发现比起那些在选拔测验中成功的人,那些在选拔测验中失败的人更认为测验不公平(Schleicher, Venkataramani, Morgeson, & Campion, 2006)。

如果在选拔过程中使用具有较高预测效度的测验,那么"错误接受不合格者"等失误可以减少。所以,员工选拔不应该只基于单一技术,而是应该使用多种技术去考察和评估求职者的更多信息。

欺骗。使用员工选拔技术的组织必须敏锐察觉到个体可能存在的欺骗行为。在一项研究中,研究者将为配合心理研究而参与人格测验的1023名被试的测验结果与1135名求职者的人格测验结果相比较(前者没有造假的必要,而后者中的一部分人有理由在测验某些问题上隐瞒或者欺骗),结果发现两个群体的测验结果存在显著差异,因此研究者认为欺骗是存在的(Stark, Chernyshenko, Chan, Lee, & Drasgow, 2001)。一项最近的研究比较了求职者和非求职者的人格测验分数,发现求职者在外倾性、情绪稳定性、尽责性和开放性上的分数显著高于非求职者,这很有可能是因为求职者认为这些特质是雇主想在雇员身上寻找到的(Birkeland, Manson, Kisamore, Brannick, & Smith, 2006)。

研究者和实践者目前的观点是:工作选拔中的人格测验虽然存在欺骗问题,但是总的来说,它不会导致大问题。一些工业与组织心理学家提出,歪曲和掩盖的能力也是有效地适应工作中挑战和应对压力的社会能力,也是提升自己和发展自己事业的能力(Hogan, Barrett, & Hogan, 2007; Morgeson et al., 2007)。

无论人格测验中的欺骗到底反映了什么,欺骗情况好像都无法避免。请将你自己放到这样一个情景中:你急需一个工作,应聘销售职位,你需要完成以下测试:

- 我喜欢结识新朋友。　　　　　是____　否____
- 我能和大多数人很好相处。　　是____　否____
- 我觉得和人交谈很容易。　　　是____　否____

你很容易就能预期到公司希望销售员给出怎样的答案,你可能会隐瞒真实的自己,给公司留下另一个印象。虽然你可能会被录用,但是你并不具备这个工作要求的能力,你可能无法在工作中有所成就或获得满意感。长远来说,在测验中伪造回答无法真正掩盖你的缺陷,但是狂热的求职者很难认识到这一点。

重复接受选拔测验。一些求职者,尤其是应聘政府部门(从地方政府到联邦政府)的求职者,为了被录用,往往重复接受选拔测验以不断提高测验分数。个体不断接受认知能力测验等选拔测验能够提高分数,但这种情况不是应聘者变聪明了,只是他们更熟悉测验题目,并且随着测验次数的增加,求职者接受测验时的紧张度也会降低。

为了研究重复接受测验的影响,研究者分析了应聘执法机关的 1 515 名求职者的测验分数。该测验考察个体认知能力和口头表达能力。在被录用的人中,四成以上接受过两次及以上测验。研究者比较每个人第一次和第二次测验分数、第二次和第三次测验分数后,发现后一次分数均有显著提高。那些接受过两次及以上测验的人在培训项目中表现更好,退出的可能性更低。研究者将这一现象归纳为“坚持效应”:那些坚持加入培训的人(重复受测者)比起在一次测验后就加入培训的人有更强的表现动机(Hausknecht, Tyevor, & Farr, 2002, p.251)。

一项对 50 个研究、134 000 多名求职者的元分析验证了重复接受认知能力测验的价值。第二次接受测验后,个体分数会提高几乎四分之一个标准差,第三次测验后分数会再提高五分之一个标准差(Hausknecht, Halpert, DiPaolo, & Gerrard, 2007)。

伦理和隐私问题

伦理问题。美国心理学会(APA)关心心理学各方面的伦理问题,包括临床咨询、学校实验研究、教学和员工选拔中的伦理问题。它规定心理学家必须保护当事人的尊严、价值和福利。不幸的是,选拔中的心理测验有时无法遵守这一准则。美国心理学会已提出一些道德规范条例去维护心理测验的分配和使用。

1. *使用测验的人*:使用和解释心理测验的人必须了解心理测验学原理和心理测验解释的有效性与局限性。他们必须避免偏见,并且使用一个以上的评估工具,必须坚持标准化的施测程序,尽可能保证心理测验结果记录和计分的准确性。

2. *测验安全性*:真正的测验题目不应该出现在报纸杂志等任何公众媒体上。允许公布一些样本试题(和正式问题相似性的问题),但是不能公布测验中真实计分的项目。(因此,在这一章中我们涉及的例子都是样本试题。)测验只能出售给会保护测验使用的专业人士。

3. *测验解释*:只有有资格的人才能解释测验分数,不能将测验解释告知人力资源部门以外的人。只有当求职者以后的上级也参加过这类培训后,他才能得知测验结果。受测者有权利知道测验分数及其含义。

4. *测验出版*:在没有充分的支持测验开发者论点的研究时,测验不能被公布使用。测验手册必须包含充分的测验信息,例如信效度和常模数据。宣传某一测验时应该精确描述测验,不能夹杂情绪性或者劝说性暗示。

新闻聚焦

谁说问题具有相关性?

当希比·索洛卡(Sibi Soroka)申请加利福尼亚州塔吉特百货(Target Stores)的保安工作时,他不知道他会被询问宗教信仰或者性取向。当被问到这些内容时,他很不高兴。塔吉特百货使用明尼苏达多相人格测验(Minnesota Multiphasic Personality Inventory)和加利福尼亚心理测验(California Psychological Inventory)这两大众所周知的心理测验对求职者进行人格测验,索洛卡不得不完成这个心理筛选测验。

当索洛卡被问到是否相信来生有天堂和地狱时,索洛卡感到他的隐私被侵犯了。他还被问到是否被同性吸引或者做很多性方面的梦。他说,这些问题太私人了,他的宗教信仰和性行为与成为保安有关吗?因此,索洛卡起诉塔吉特百货。

初审时法官驳回了索洛卡提出的塔吉特百货在日后不得再使用这个人格测验的要求,认为超市这样筛选求职者是合理的。索洛卡向加利福尼亚州上诉法院(California Court of Appeals)上诉,最终胜诉。39页的宣判决定书中写道:除非公司能够证明心理筛选测验中有关宗教和性取向的问题直接和工作绩效相关,否则就是侵犯了求职者的隐私权。

这一裁定不是反对在招聘保安时使用心理测验,塔吉特百货在招聘情绪稳定的求职者上是有法律权利和理由进行人格测验,但是法庭反对公司询问求职者宗教和性取向问题,因为公司不能提供实证性的证据说明这种私人问题是合理的。

尽管塔吉特百货再次向加利福尼亚州最高法院(California Supreme Court)上诉,但是在得出判决之前,公司和索洛卡就庭外和解了。诉讼导致的法律费用、未透露的安置费和声名狼藉使得心理测验对这个公司来说变成了一项昂贵的选拔技术。

资料来源:Brown, D.C.(1993). Target Stores settle out of court in Soroka v. Dayton Hudson. *The Individual-Organizational Psychologist*, 31(2), 88—89; Jackson D.N., & Kovacheff J.D.(1993). Personality questionnaires in selection: Privacy issues in the Soroka case. *The Individual-Organizational Psychologist*, 30(4), 45—50.

隐私问题。心理测验备受争议的一个方面是题目会涉及私人私密问题。有人批评这种问题是对隐私的不必要侵犯。当组织要求个体提供可能和他应聘职位的工作表现不相关的信息时,个体自由就受到了侵犯。很少有人质疑公司是否有权利调查求职者的背景、受培训经历、能力和人格,但是如果公司询问私人问题,如性取向、宗教、政治信仰和健康等,求职者可以指控它是在无根据地侵犯个人隐私,这类诉讼已有过个体胜诉的先例。即使这些问题和工作绩效有关,但对于求职者应该在多大程度上向企业提供这些信息仍然有待商榷。

本章小结

心理测验必须达到以下标准:标准化、客观性、常模、信度和效度。标准化是指测验实施的过程和条件要具有一致性。客观性是指测验计分的准确性和一致性,不受评分者个性特征与观念的影响。测验常模是指与受测者同质的一群人的测验分数,常模可以作为个人分数的比较标准。信度是指回答的一致性,可以通过重测法、复本法和分半法来确定。效度指的是测验在多大程度上测量了它想要测量的东西。效标关联效度可由预测效度或同时效度决定。理性效度可由内容效度和构念效度确定。表面效度是指在受测者看来测验在多大程度上与测验目的相关。效度概化是指对一种职业有效的测验可能对另一种职业也有效,对一个种族群体有效的测验可能对另一个种族群体也有效。

公平雇用法禁止在测验中歧视求职者的种族、肤色、宗教、性别和国籍。如果一个有效的测验被证实对少数群体存在负面影响,那么该测验就是带有歧视性的。分数归组是为了实现对少数群体的雇用比率公平而对测验分数进行归组;分数归组是对少数群体认知能力测验分数偏低所进行的一种补偿。

为了建立一个测验项目,工业与组织心理学家要进行工作和员工分析,编制出合适的测验,对每一个测验题目进行项目分析,确定每个题目的难度水平,建立测验信效度和测验合格分数线。

根据心理测验编制和实施过程、所测量行为的不同,心理测验分为不同的类型,如个别测验和团体测验、计算机自适应测验、速度测验和难度测验。心理测验能够测量认知能力、兴趣、能力倾向、人格、诚信度和情境判断。认知能力测验和工作培训中的表现以及实际工作表现都存在高度相关。人格特质可以通过使用自陈式人格测验和投射技术来测量。大五人格因素,尤其是外倾性、尽责性、宜人性和对经验的开放性,能够有效预测工作成功。主动性与找到满意的工作和良好的工作表现都相关。诚信度测验被用来检测员工的不诚实性。诚信度测验有两类——外显的诚信度测验和人格取向的诚信度测验。情境判断测验在很多工作上都有很高的预测效度。

由于心理测验具有客观性和效度,因此它在员工选拔中有很大价值。心理测验的局限包括滥用、对求职者不公正的拒绝和求职者在回答问题时可能存在欺骗。伦理方面的问题包括对隐私的侵犯、测验问题与回答的保密性。

关键术语

能力测验	复本法	客观测验
分数归组	表面效度	人格测验
计算机自适应测验	团体测验	难度测验
同时效度	个别测验	预测效度
内容效度	诚信度测验	主动性
效标关联效度	兴趣测验	投射技术

种族常模 速度测验 测验常模

理性效度 分半法 重测法

信度 标准化 效度

自陈式人格测验 标准取样 效度概化

情境判断测验 主观测验

复习题

1. 为什么标准化和客观性在心理测验中如此重要？

2. 区分三种确定心理测验信度的方法。

3. 定义效标关联效度、理性效度和表面效度。

4. 你如何确定新开发的评估销售岗位求职者的心理测验的效标关联效度？

5. 效度概化是什么，它对于用于选拔的心理测验的实践意义是什么？

6. 种族常模仍在使用吗？为什么？

7. 描述分数归组的技术和目的。

8. 简述建立一个测验程序的步骤。

9. 计算机自适应测验程序在哪些方面优于纸笔测验程序？

10. 简述计算机化测验的问题和局限。

11. 速度测验和难度测验有什么不同？哪种方法最常用于大规模的测验？

12. 兴趣测验和能力测验有什么不同？请给每种测验举一个例子。

13. 认知能力测验多大程度上能预测培训和后续工作中的成功？对哪些职业，认知能力测试是不合适的、没有价值的？请举例。

14. 举一个投射测验。举一个自陈式人格测验。人事选拔中哪个测验更有用？为什么？

15. 什么是所谓的大五人格因素？你认为哪一个在预测工作绩效上最有效？

16. 对于哪一类工作，你会录用外倾性得分高的人？哪一类工作，你会录用尽责性得分高的人？

17. 什么是主动性？它和工作绩效有什么关系？

18. 诚信度测验被用来预测哪类工作行为？

19. 外显的诚信度测验和人格取向的诚信度测验有什么不同？

20. 情境判断测验测量工作绩效的哪些方面？这类测验的成绩和认知能力测验、大五人格测验的得分存在相关吗？

21. 讨论在招聘中使用心理测验的问题和局限。

22. 如果求职者多次接受同一项选拔测验，会有什么影响？一般来说，如果多次接受过测验的人被录用了，他/她在培训中的表现会如何？

第 5 章

绩 效 评 估

没有人能避免被他人评估。总是有某些人在某些时候对你某些方面的表现进行监督和评估。那些人可能是你的室友、同学、队友、朋友、恋人、配偶或老板。总之,总是有人会以各种正式或非正式的方式去评估你的行为和能力。

在职业生涯中,你的表现同样会被监督和评价,这就是所谓的绩效评估。评估的结果会在很大程度上决定你的工资等级、排名和所承担的责任。其实,绩效评估(performance appraisal)对你而言并不陌生。从上学的第一天开始,老师便通过随堂考试、小组论文、标准化测试和口头陈述等方式来评估你完成任务的质量和表现。本质上,这些方法与工作中的绩效评估方法是类似的。显而易见,它们都会对你的将来产生重要的影响。

虽然你可能不需要在公司里参加正式的考试,但工作中的绩效评估和大学中的测验一样重要。它的结果会决定你能否加薪、升职以及你所承担的工作责任的大小,从而影响到你的收入和生活水平,甚至你的自尊感、生活安全感和生活整体满意度。除此之外,绩效评估也决定着你能否保住自己的工作。从某种意义上来说,这种测验永远不会结束:一旦你被某个公司雇用,绩效评估便会一直存在。

请记住,无论对你个人还是公司来说,绩效评估都是有益的。上学时的随堂测验可以告诉自己目前在班级所处的位置和需要改进的地方,同样的,有效的绩效评估可以帮助你了解自己的能力以及在工作中所获得的成长。通过揭示你的优势和劣势,它可以在某些方面提高你的自信心,而在另一些方面激励你改进自己的表现。

雇用公平

就业机会均等委员会(Equal Employment Opportunity Commission,EEOC)的准则适用于录用、晋升、降职、调职、临时解雇、解雇和内退等一系列与职业决策有关的选择过程。所以,绩效评估必须要像测验等工具一样客观有效。如果雇主是通过正式评估面谈等较为客观的方式获得绩效评估结果从而做出人事决定的,他可以以更有效地避免被指责歧视员工。

种族和性别偏见。大多数的绩效评估是基于上司的评价,而这种主观化判断会受到个人因素和偏见的影响。种族和性别歧视普遍存在于工作分配、薪酬、晋升或其他人事决策中。一项囊括 92 个研究的元分析发现,白人员工的总体工作表现被认为比黑人员工好(Mckay & McDaniel,2006)。一项对 448 名高层管理者的研究表明,在晋升决策中,对女性的评估标准要比男性更严格,即在同等情况下,那些被提拔的女性必须比男性有更高的绩效评价。换句话说,为了得到晋升的机会,女性需要比男性工作得更卖力、表现得更出色才行。

年龄偏见。有关年龄歧视的证据表明,在自我发展、人际交往能力和总体工作表现方面,年长的员工比年轻的员工更容易获得较低的评价。对某跨国公司 185 名管理者和 290 名员工的调查发现,那些在年轻管理者手下工作的年长员工获得的绩效评价是最低的(Shore,Cleveland,& Goldberg,2003)。从第 3 章中我们已了解到,工作的专业性并不会随着年龄的增长而降低。因此,我们可以认为一些评估者在评估时,是基于对老员工工作能力的期望而不是他们实际的工作表现。

需要遵守的标准。简单来说,绩效评估就是让一个人去评价另一个人。一旦评估不当,被评价者在薪酬、晋升或者其他方面就会遭遇不公平待遇。为了保证雇用公平,企业必须在工作分析的基础上进行绩效评估,并对代表优秀工作表现的关键事件和行为进行详细描述。评估者应该聚焦于被评估者实际的工作表现而不是其人格特质,并且应该基于评估结果,为那些工作表现不佳的员工提供培训和咨询。

除此之外,评估者应该接受绩效评估培训以学习相关技能,包括如何进行评估以及如何观察工作中员工的表现。绩效评估相关的记录和支持性文件都需要被妥善整理和保存,以确保评估的准确性和客观性。如果将来有员工在法律纠纷中声称自己没有被公司公平对待,那么这些文件就可以为公司的立场提供证明。

为什么要进行绩效评估?

绩效评估的目的是准确而客观地测量员工在工作中的表现。评估结果会影响员工未来在公司的发展。除此之外,绩效评估也经常被用来验证某个选拔技术是否有效。因此,绩效评估的目的大致有以下两个方面:(1)在管理方面,用来辅助和指导人事决策,例如加薪、升职等。(2)在调研方面,用来验证一些选拔技术的有效性。下面我们将更详细地讨论绩效评估的目的。

绩效评估的目的

验证选拔标准。在第 3 章和第 4 章我们提到为了建立有效的员工选拔机制,必须将其和员工的工作绩效进行相关分析。无论工业与组织心理学家是倾向于心理测验法、访谈法、履历分析法还是其他选拔技术,只有通过了解运用某项技术选拔并雇用的员工在后续工作中的表现,才能检验这些技术的有效性。因此,绩效评估的一个重要作用就是验证选拔技术的有效性。

培训需求。一个全面的绩效评估会揭示出员工在某些知识、技能或者能力上的缺陷,企业可以在此基础上开展相关的培训来帮助员工进步。如果通过绩效评估发现全体或者一部分员工都存在某些方面的不足,企业就可能需要改进新员工的入职培训内容,同时对现有员工进行再培训来改变这一现状。通过对比培训前后员工的工作表现,绩效评估也可以用于检验培训的效果。

改善员工表现。绩效评估能够给员工提供关于他们工作能力以及所取得进展的反馈。工业与组织心理学家发现这类信息对于维持员工的士气十分重要。绩效评估的另外一个作用和再培训类似,即告诉员工通过改变哪些工作行为和态度可以提高工作效率。员工的不足不仅可以通过正式的培训,也可以通过他们的自我提高来得到改善。员工们有权利知道他们被期望达到的状态,包括他们在哪些方面做得好,在哪些方面仍需要完善。

薪酬、晋升和其他人事决策。大多数人认为,如果他们的表现高于平均水平,他们就应该得到奖励。比如,在大学里,公平即意味着在一门课的考试中,如果你的表现比其他人好,那么你就应该得到一个更好的分数。如果不论学业表现如何,每个同学都能得到相同的分数,那之后就不会再有用功读书的同学了。

在公司里,奖励包括加薪、获得更优厚的福利、升职或被调到发展机会更好的职位。为了保持员工的进取心和士气,这些奖励不应该基于领导的一时兴起或者个人偏见,而应该基于一个系统的员工价值评价体系。绩效评估能够为这些决策提供依据,并帮助企业发现哪些员工具有潜力并能为公司发展做出贡献。

对绩效评估的反对意见

并不是每个人都赞成正式的绩效评估。许多员工,特别是那些深受评估结果影响的人,对绩效评估没有什么好感。除此之外,绩效评估的反对者还包括工会和管理者。

工会。工会代表了美国大约11%的劳动力,其要求将工龄(工作的年限)而不是对员工能力的评估结果作为晋升的依据。但是,单纯的工龄并不等同于从事更高一级工作的能力。比如,一个员工在一家汽车车身制造公司工作了10年,他对生产流水线的一切都了如指掌。但是,除非这个公司有一个正式的、客观的评价体系来考察该员工的其他能力,如与人相处的能力、语言组织能力,抑或撰写管理报告的能力,否则就无法证明这个员工将会是一个好的管理者。

年长的员工是应该优先得到晋升的机会,但是他们必须同时拥有那个职位所要求的能力,不能仅仅依靠工龄就做出判断。绩效评估能够为此类决策提供可靠的依据。

员工。很少有人愿意接受测试或者评估,特别是当他们预期到结果不会很好的时候。很多人对于上级对自己工作能力的评价并没有自信。不论这个批评多么客观或者多么委婉,也很少有人喜欢被批评。正是因为我们中很多人不愿意被评估、不愿意被告知自己的缺点和不足,所以才造成我们对绩效评估抱有怀疑和敌对的态度。

新闻聚焦

给你的教授打分:严厉还是随和?

保罗·特劳特(Paul Trout)对他的绩效评估结果不满意。这个评估结果并不是他作为蒙大拿州立大学(Montana State University)的教授给学生的成绩,而是学生给他的评估结果。在每个学期结束的时候,全美所有大学的学生都有机会评价老师的表现。

老师是否关心学生?对讲课的主题是否彻底了解?是否富有激情而又清晰地阐述了书本的内容?是否按时且公平地对学生作业和试卷进行评分?当学生遇到问题时是

否能找到老师？这些只是学生评价教授的其中几个标准。评估的结果将会影响教授在大学里的发展，例如能否续签合同、晋升、加薪以及终身教职的获得。

在蒙大拿州立大学，只有那些在满分 4 分中拿到 3.6 分以上的教职人员才有资格加薪。"为了得到更高的分数，"特劳特教授说，"我必须努力让学生开心。"为了让学生高兴，他就不能要求太严格。他必须注意作业量、降低对学生表现的期望以及考试的评分标准。在这里，当一个严厉教授的代价是很大的。

有关学生给教授评分的相关研究表明，学生一向给标准高、课程要求严格的老师较低的评分。相反，那些以"让学生轻松通过考试"而闻名的老师总是能得到较高的分数。如此一来，此时的绩效评估不就仅仅等同于受欢迎程度测试了吗？

根据特劳特所说，"为了得到较高的分数，老师必须取悦学生，或者说至少不能得罪学生。即使只有少数几个学生因对较重的学习负担或低分不满而给某位老师打零分的话，也会对这位教师的评分结果产生很不好的影响。曾经就有不满老师的学生这么做过。"

你希望自己将来的工作也被这样评估吗？当这学期结束的时候，你又会给你的老师打几分呢？

资料来源：Trout P. (2000，March 24). Students give top teachers low marks. *St. Petersburg (FL) Times*；Munsey, C. (2007). Why your evaluation counts, *Gradpsych*, 5(2), 21.

主管。如果主管经历过考核内容不全面或者设计不良的绩效评估项目，那么他们有可能会对绩效评估的有效性存在质疑。有些主管不喜欢扮演评判者的角色，也不愿意承担影响下属未来发展的责任。这种想法会影响绩效评估的结果，即主管们倾向于给予员工比实际工作表现更高的评价。其他可能影响评估结果的因素包括某些主管不喜欢对员工做出不好的评价，或者缺乏正确进行评估后总结的技巧。

尽管存在以上这些对绩效评估的反对意见，但是绩效评估仍然是必要的。它的批评者忽略了某些形式的评估其实是无法避免的。员工的选拔、培训和其他的人事决策必须有一定的客观依据，而不是基于个人的偏好。因此，工作胜任水平的测量必须尽可能客观地反映出这份工作所需的品质和能力。

客观的绩效评估技术

工业与组织心理学家已经发展出一系列测量工作绩效的技术，但是具体运用哪种技术取决于被评估的工作类型。所选择的绩效评估方法必须反映出这个工作任务的本质和复杂性。例如，生产流水线上的工作和销售或高层管理工作所需的能力是不一样的。重复性的生产流水线工作相比银行经理的日常工作,能够更容易被客观地评估。

绩效评估的方法有两类:客观的和主观的。生产类工作更适合采用客观的绩效评估方法,而一些非生产类的、专业性的或者是管理类的工作,则更适合采用主观判断和定性的评估方法。

总体来说,生产类工作的绩效评估方法相对简单:基本上就是记录在一段给定时间内生产出产品的数量。因为记录产量很容易操作,所以这种方法在工厂里被广泛运用。但在生产实践中,产品的质量也是绩效评估要考虑的内容。所以对于生产类的工作,特别是对于非重复性的工作,绩效评估也并不简单。

产出评估

如果现在有两名员工同时从事打字员的工作,第一个人一分钟之内打了 70 个字,第二个人一分钟之内打了 55 个字,如果我们只把打字的数量作为评估工作表现的唯一指标,我们就会给第一个员工更高的评价。但是当我们检查他们工作的质量时,发现第一个员工平均一分钟内出现了 20 处错误,第二个员工一处错误也没有。如果将工作质量也加入绩效评估的标准中,那么第二个员工就应该得到更高的评价。

然而,仅仅完善评价标准是不够的,我们还需要考虑到其他一些可能会影响绩效评估结果的因素。例如也许那位出错多的员工是在一个大的、开放式的、人员拥挤又嘈杂的工作环境中工作,而另一位可能是在一个私人的办公室工作,几乎没有干扰因素。也有可能一位员工打的是一封简短常规的商务信件,而另一位打的是一份来自工程部的技术报告。所以,如果不考虑到他们的工作环境以及工作任务难度上的差异就对其进行绩效评估,显然也是不公平的。

另一个可能的影响因素就是工作年限的长短。总体来说,员工工作的时间越长,工作的效率就越高。如果两名员工其他方面都一样,但一位工龄只有 2 年,另一位有 20 年的工龄,让他们去从事同一项工作,绩效评估结果也显然会不同。

因此,在对生产类的工作进行绩效评估时,很多因素都需要被考虑在内。考虑的因素越全面,最终的评价就越客观。因为这些错综复杂的外在因素的干扰,最终可能会需要评估者进行主观判断。所以,即使是对于一个有实实在在生产成果的生产类工作来说,绩效评估也不可能做到完全客观。只有在评估重复性工作,比如生产流水线工作时,受主观评价的影响较少,只要对产出结果的质量和数量直接进行记录就可以了。

计算机化的绩效评估管理

对于从事打字、数据录入、保险、客服等工作的人来说,电脑是工作中常用的工具。很多公司利用电脑来监督员工的工作。员工每进行一次操作,例如按一次键盘,电脑就会自动计算并储存他们的工作行为,这些记录可以为绩效评估提供客观的指标。计算机可以记录单位时间内的按键次数、发生的错误次数、工作速度和员工工作中休息的次数及长度,这些所谓的

"电子上司"监控着使用电脑工作的员工的一切操作并且时时刻刻对他们进行绩效评估。

一些常规的生产类工作可以通过计算一段时间内生产出的产品数量进行评估。

计算机也会被用来评估通信行业员工的工作绩效，比如航空和酒店的预定机构。加利福尼亚州圣地亚哥的一家航空机构就对它的预定服务部门进行全程监控，记录电话的总时长、每次接待电话的时间和每次电话间隔时间的长短，并将实际的工作表现和公司的标准进行比较，那些时间上超过公司标准的员工就会得到较低的评价。

员工对于计算机化监控的态度。 如果你一天中所有工作的行为都被监视和记录，你会有什么感觉？会感到厌烦吗？但在实际工作中，我们惊讶地发现大多数员工对于计算机化的工作监控并不反感。相比其他绩效评估的方式，有些人更喜欢计算机化监控的方式。心理学家发现，一个人对于计算机化监控的态度取决于监控结果将被怎样运用到绩效评估中。当监控结果旨在帮助员工提高工作技能时（而并非是为了发现员工休息时间过长而谴责他们），大多数员工会对计算机化监控表现出积极态度。

因为这种评估方式是客观的，不是基于上级对员工的喜好程度，因此很多员工喜欢这种高科技的绩效评估方法。此外，员工们认为这种客观的评价方法为他们请求加薪和升职提供了证明。

压力和计算机化监控。 之前我们提到很多员工喜欢计算机化的监控，但同时问卷调查也发现，计算机化的监控会给员工带来压力。在整合结论存在分歧的研究时，我们需要注意的是，有些看似不同的研究结果，其本身不一定是相矛盾的。可以确定的是相比于其他较主观的评价手段，员工更喜欢计算机化的监控方式，但后者同时会给人带来压力感。当然，这种答案是正常的（类似如果在问卷中问大学生考试是否会给他们带来压力，他们的答案很可能是肯定的）。

单独监控个体的工作表现与监控整个团队的工作表现相比，前者会给个体带来更大的工作压力。因为对于后者来说，每一个员工的工作表现是和其他员工的表现一起综合被考察的。除此之外，现场研究和实验研究都表明，来自团队中相互合作的组员之间的社会支持可以减缓压力，所以在团队中工作的员工（即使是单独被监测）比单独工作的员工对于计算机化的监控感受压力更小。

一旦员工意识到自己的每一个有意或无意的动作都会被不间断地记录下来时，他们会倾向于更注重产出的数量而不是质量。因此，计算机化监控带来的压力可能会导致工作质量的下降，这对整体的工作表现和满意度都是不利的。

就像很多在工作环境发生的革命性改变一样，计算机化的监控也是一把双刃剑。它的优势是这样的技术可以提供及时、客观的反馈，减少评价者在绩效评估中的主观偏见，这对于确定培训需求、制定合理目标、提高生产力都有积极作用。但同时计算机化的监控侵犯了员工的隐私，可能会增加他们的压力，减少其对工作的满意度，从而导致员工追求产出的数量而牺牲工作的质量。

与工作有关的个人数据

另一个客观的绩效评估方法就是利用个人数据，比如缺勤率、过往薪酬、事故和提升率。通常这些个人信息可以从人力资源管理部门的资料中获得，这比评估工作成果要容易得多。虽然工业与组织心理学认为这些个人数据与员工的工作能力不太相关，但是这些数据可以用来区分表现好的和表现不好的员工。我们需要强调的是，这里我们提到的员工（employees）和工作者（workers）是不同的。

那些技术熟练、经验丰富，但缺勤过多、工作懈怠的机械操作工，可能在实际工作中也会有出色的表现。然而，他们仍会被认为是表现不好的员工，因为他们无法正常出勤，无法保证应有的效率。与工作有关的个人信息数据可以用于评估员工对于公司的价值，但是它不能作为替代绩效评估的方法。

新闻聚焦

电子黑箱：你的老板在监视你么？

计算机化的绩效监控已经运用到越来越多的工作中。这种监测一切又知晓一切的电子系统已经被用来监控生产线工人、快餐店员工、机器操作工、零售店柜员、销售人员、会计、人事经理和健康顾问等。

以前，联合包裹服务公司（United Parcel Service, UPS）的一名快递员一天的工作是这样的：早上快递员会从发货员那里拿到属于他递送路线的货物，然后开始单独的递送工作，直到全部递送结束。但现在不是这样了。如今，UPS 的快递员在工作时都会带上个人电脑。电脑屏幕上会出现工作任务，任务时间要求精确到分钟。当快递员完成一次配送之后，他都会将具体细节输入到电脑里，这一信息会立即传输到上级管理者那里。这样管理者在任何时候都能够知道每一位快递员在哪里，他是否在按计划进行工作。

员工在工作时间内无处可藏。UPS 的快递员和其他成千上万的工作者一样被"不眨眼的老板"监视着，这个"老板"每时每刻都在观察、记录和评估员工的工作表现。

长途运输卡车司机也是被电子监控的群体，他们曾经享受过很大的工作自由：他们驾驶着 18 个轮子的卡车在高速公路上疾驰，通过无线电波用卡车司机独特的语言相互打着招呼，没有人告诉他们下一步要做什么。然而，这样的日子一去不复返了。现在每一辆卡车都配有一台电脑，通过卫星连接和电子记录仪，老板可以监控到司机的行驶速度、刹车频率以及每次在休息站停靠的时间。有的系统还会在司机超过了规定的行驶速度或不恰当地换挡时发出警告提示。

一个从印第安纳州运送床垫到佛罗里达州的司机报告说，电脑监控可以帮助他随时了解自己的行驶位置，实时更新自己的行驶状态，而且在卡车遇到故障时他能够更容易地获得帮助。但是这也有个缺点："你知道总是有人在监视你。"

资料来源：In a nonstop economy, truckers keep rolling(1999，November 24). *New York Times*；Truckers face monitoring to make sure they rest(2000，February 26).

你如何评估一位纪录片导演的工作绩效？

主观的（判断性的）绩效评估技术

对于那些工作成果不必达到一定数量或无法数量化的工作来说，绩效评估更加困难。试想怎么去评估消防员的工作表现？计算他们一天扑灭几场火？怎么去评估脑外科医生的工作表现？通过计算他每周进行多少次手术？对于商务顾问来说，难道通过他每个月做了多少决定来评估他们？

对于橄榄球运动员，我们该怎么评估他们的表现呢？心理学家对美国职业橄榄球大联盟（National Football League，NFL）的 106 位球员进行研究，发现球员的工作在复杂程度上和普通的工作相比有所不同。比如，一个四分后卫，他必须迅速收集信息并且为自己以及团队中每个位置上的队员做决定。而外接员的工作就相对要简单一些，他们只要接收其他队员分配的任务，几乎不涉及信息加工的过程。这项研究表明，员工在进行复杂任务时，他们的工作表现会在很大程度上受到环境因素的影响，包括其他人的动作，而这些是他们无法控制的。这就意味着他们的工作表现很难像简单的工作那样用客观的方法进行评估（Stewart & Nandkeolyar，2007）。

因此，工业与组织心理学家必须找到合适的方法去评估员工工作的业绩，不是通过计算或者精确记录其产出，而是通过观察他们在一段时间内的工作行为且对其工作的质量进行判断。为了确定一位员工的工作是高效还是低效的，评估者必须先去询问熟悉被评估者和这项工作的人——通常是主管。但是有些时候，评估者也需要去询问被评估者的同事、下属，甚至是其本人。

书面陈述

尽管有些组织会运用那种简单表述员工绩效的书面短文来进行绩效评估，但多数公司采用的是数量化的等级评定。尽管这两者都是主观的，但书面陈述的方法更容易产生个人偏见。在描述一个员工的工作绩效时，上级书写的短文可能会模棱两可或者让人误解。有时这些不当的表述是无意的，但有时上级故意如此来避免给下属做出负面的评价。《哈佛商业评论》中的一篇文章列举出一些书面绩效考核中的常用语，并且注明了评价者可能要表达的意义。

- 胜任力素质非常出色（迄今为止没有犯过大的错误）
- 对待主管非常机智、得体（知道什么时候应该保持沉默）
- 思维敏捷（面对失误可以快速提供一个听起来可信的理由）
- 对细节非常在意（麻烦的吹毛求疵者）
- 稍微低于平均水平（愚蠢）
- 对公司异乎寻常地忠诚（没有其他公司需要他们）

为了降低模糊性和个人偏见，使主观的绩效评估更客观，越来越多的业绩评估技术被开发出来。

业绩评估技术

在日常情景中，我们会对接触过的人做出评价。我们会评价他们的外貌、聪明程度、个性、幽默感和运动技能。在这些非正式评价的基础上，我们会做出是否喜欢他们、是否雇用他们、是否要和他们成为朋友甚至结婚的决定。我们的判断有时也是错误的：朋友也有可能最后成为敌人，曾经的伴侣也可能会离婚。由于我们判断的过程是主观的、非标准化的，即我们很少通过相关的、有意义的标准来评价他人，因此存在判断的偏差。

相比之下，业绩评估(merit rating)的评价过程建立了与工作相关的标准，因此比较正式和具体。虽然评价者仍然可能把个人偏见带入评价过程中，但这并不是这个技术的问题。业绩评估是采用已建立的标准，来对工作绩效进行评价的较客观的方法。

评定法。绩效评定量表(rating scales)是使用最频繁的业绩评估技术。主管的任务就是确定工作者在多大程度上具备了工作所需要的相关素质。在对工作者表现进行观察的基础上，管理者会在例如图 5-1 中的量表上做出对工作者的工作质量评价。这个例子中的工作者被评价为在工作任务的熟练程度上表现得略高于平均水平。

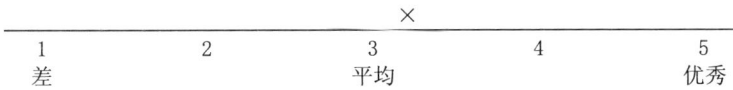

$$\overset{\times}{\underset{\begin{matrix}1 & 2 & 3 & 4 & 5\\ 差 & & 平均 & & 优秀\end{matrix}}{\rule{12cm}{0.4pt}}}$$

图 5-1　等级量表

一些公司会在特定的工作职责上对员工进行评价，同时也会涉及一些更宽泛的评价标准，例如合作能力、管理技能、时间管理、沟通能力、判断力、积极性和出勤率。除此之外，很多公司也会将现有员工的表现和过去对他们的评价进行比较，让主管评价员工的表现是进步了、退步了，还是从上次评估之后就一直没有变化。

主管们也有可能被要求标明员工的长处，并且解释可能会影响员工绩效的因素。一些公司还允许员工在评价表格中加入自己的书面评价。图 5-2 就是典型绩效评估表格的一部分。等级评估是绩效评估中很流行的一种方法，它有两个优点：(1)它们相对比较容易构造，(2)它们可以降低人为偏差。

但是想从根本上消除评估过程中的人为偏见是很困难的，评价者还是有可能会做出某些过度苛刻或者过分赞许的评价。一项对美国空军 104 名军官的研究表明，他们对简报陈述人的评价的高低与他们是否认识这些陈述人有关。他们会对先前认识的人给予更高的评价(Sotter，Moustafa，Burnett，& Michael，2007)。

排序法。在排序法(ranking technique)中，主管会基于某一特性、能力或者总体的工作熟练程度，按照从高到低或者从最好到最坏的顺序对工作者进行排序。评估(rating)和排序(ranking)在概念上是不同的：在排序过程中，每个员工会被拿来与同组或同部门的其他员工进行比较；而在评估中，每个员工是和他或她过去的工作表现或是和公司的标准进行比较。因此，排序不像评估，它不是对工作绩效的直接测量。

排序法的一个优点是它操作简单，不需要精细的表格或者复杂的指导语。它可以很快完成，容易被主管们采用。主管不需要就积极性或合作性等一些他们无法评价的素质去评估员工。但是，排序法也有不足之处。当有大量的员工需要被评价时，管理者要熟知每个人

姓名＿＿＿＿＿＿＿　职位＿＿＿＿＿＿＿　在职时间＿＿＿＿＿＿＿　日期＿＿＿＿＿
部门＿＿＿＿＿＿＿　场所＿＿＿＿＿＿＿　评价者(姓名/头衔)＿＿＿＿＿＿＿＿＿＿

评价类型:上半年　年度考核　其他＿＿＿＿＿＿　考核阶段的日期＿＿＿＿＿＿

指导语:请在合适的绩效水平处打✓,评估中可以从以下方面进行考虑:

绩效评估水平＿＿＿＿＿＿＿

值得表扬(C)绩效:多数时工作绩效超过了预期要求,并且在其他方面也能出色地完成工作任务。对分配的任务完成的结果都超过了"好"的标准。

好(G)绩效:工作绩效大致达到了职位要求,总体的表现令人满意。能在少量的指导和监督下完成任务,达到工作职责。

有待提高(NI)绩效:没有达到职位要求。工作缺少一致性,或者需要过多细致的指导。工作态度和出勤状况也影响其绩效。

不令人满意(U)绩效:工作表现未达到最低的要求,例如低于标准的绩效、能力不足、缺乏实践或者无法正常工作。若警告后绩效仍无提高,雇员可能会被解雇。

绩效评估的因素(如果需要可以附页)＿＿＿＿＿＿＿＿＿＿＿＿＿＿＿＿＿＿＿＿＿

具体的责任和职责＿＿＿＿＿＿＿	(C)	(G)	(NI)	(U)
1.				
2.				
3.				

绩效评估的因素(待续)——(NA)不留用　(S)满意　(NI)有待提高　(U)不满意

一般性的职责和要求＿＿＿＿＿＿＿	(NA)	(S)	(NI)	(U)
1. 合作性:在与上级和同伴共事的时候表现出兴趣和意愿的能力。				
2. 监督:指导、掌控和培训下属的能力,包括能在多大程度上帮助下属建立工作目标。				
3. 时间管理:有效组织时间的能力,包括优先选择、对问题的预判、对需要时间的估计和按期完成任务的能力。				
4. 沟通:和所有级别的雇员在进行口头和书面交流时,具有解释、说服他人和被他人理解的能力,例如是否理解了别人的观点,同时是否能认识到自己的行为会对他人产生影响。				
5. 判断和主动性:明确问题、合理解决问题和归因问题的能力,敢于承担责任。				
6. 出勤:出勤的次数和时间达到公司规定的标准。　　缺勤天数＿＿＿＿　迟到天数＿＿＿＿				

完成下列表格

主要优点＿＿＿＿＿＿＿＿＿＿＿＿＿＿＿＿＿＿＿＿＿＿＿＿＿＿＿＿＿＿＿＿＿＿＿＿

可发展的领域＿＿＿＿＿＿＿＿＿＿＿＿＿＿＿＿＿＿＿＿＿＿＿＿＿＿＿＿＿＿＿＿＿

建议＿＿＿＿＿＿＿＿＿＿＿＿＿＿＿＿＿＿＿＿＿＿＿＿＿＿＿＿＿＿＿＿＿＿＿＿＿
＿＿＿＿＿＿＿＿＿＿＿＿＿＿＿＿＿＿＿＿＿＿＿＿＿＿＿＿＿＿＿＿＿＿＿＿＿＿

总体绩效评估结果　　　　　值得赞扬　　　好　　　有待提高　　　不令人满意
最近一次绩效评估结果　无．　值得赞扬　　　好　　　有待提高　　　不令人满意
日期＿＿＿＿＿＿＿

评价人(姓名/头衔)＿＿＿＿＿＿＿＿＿＿＿＿＿＿＿＿＿＿＿＿＿＿＿＿＿＿＿＿＿
　　　　　　　　　请打印　　　　　　签名　　　　　　时间
审核人签名＿＿＿＿＿＿＿＿＿＿＿＿＿＿＿
　　　　　　　　　　　　　　时间
雇员签名＿＿＿＿＿＿＿＿＿＿＿＿＿＿＿
　　　　　　　　　　　　　时间

备注:如果有员工自己的评论,应该附在这张表后面

图 5-2　绩效评估表的一部分

的工作表现才能对他们的效率做出对比性评价。例如,如果一名上级有 50 至 100 名下属,那么对于这位管理者来说,根据每位下属的能力和业绩进行排序就是一项十分艰难而乏味的任务。另一个缺点是因为排序法的简易性导致它和评估相比无法提供很多评价性数据。例如工人们的长处和不足无法通过排序体现,也无法给工人提供有关他们工作完成的情况以及如何提高工作表现的反馈信息。

排序法的第三个缺点是:无法体现出被评价者的共同特征。比如对 10 名员工进行排序,管理者可能认为其中有 3 名员工的表现是一样出色的,也有 2 名员工的表现是同样糟糕的,但是由于排序法要求管理者对员工进行从高到低的排序,所以无法体现相同的工作绩效。即使 3 个人工作表现都一样好,但仍然只有一个可以得到最好的评价。这三个缺点让排序法成为一个不精细的绩效评估方法。只有当被评价者的数量比较少并且只需要相对排序信息时才会使用此方法。

配对比较法。配对比较法(paired-comparison technique)要求将工作者和同一团队的其他工作者一一进行比较。和排序法一样,结果都是对所有工作者进行排序,但是配对比较法每一次只需在两个人中间进行比较,因此更加可控和系统化。

如果需要评估多种特质,那么针对每一个特质都要进行一次两两比较。当所有的比较都做完后,基于员工在每个项目上的得分可以最终得到一个客观的排序表。如果一名主管采用这种技术对 6 名员工进行评估,因为每名员工都要和其余的每位员工一一进行比较,因此存在 15 种配对的可能性,这样就需要进行 15 次比较。下面是计算配对次数的公式(N 表示要被评估的员工数目):

$$N(N-1)/2$$

配对比较法优于排序法的一点是它的评价过程更加简单。评估者一次只要比较两名员工。另一个优点是这种方法可以让能力等同的人获得相同的名次。而缺点在于当要评估很多员工时,就需要进行大量的比较。例如一位有 60 名下属的主管,在评估其下属时就需要进行 1 770 次比较。如果这次的绩效评估要求从 5 个不同的特质和因素进行考核,那么需要进行比较的次数就是 1 770 次乘以 5。所以这项技术只能适用于比较小的群体或者仅需要对总体工作效率进行单一排序的情况。

强制分布法。强制分布法(forced-distribution technique)适用于评估人数较多的群体。主管根据事先确定好的等级分布将员工按照固定的比例进行等级评定。标准的分布如下:

优秀	10%
高于平均水平	20%
平均水平	40%
低于平均水平	20%
表现不良	10%

如果你的大学老师也是按照比例对同学进行评分,那么你一定对这种方法很熟悉。无

论分数是多少,班级中成绩前10％的同学拿到A,接下来的20％的同学得到B,依次类推,直到所有的分数都被归类到类似正态曲线的分布中。

强制分布法的一个缺点是迫使主管运用事先确定好的比率来分类,但这种分类往往不能公平体现特定群体的水平。比如,某一群体中所有员工的工作表现都高于平均水平甚至达到优秀水平,所有人都应该得到好的评价,但是如果运用强制分布法的话,只有30％的人可以得到高于平均水平的评价。

迫选法。我们前面讨论的业绩评估技术有一个共有的缺点,即评价者可以清楚地知道自己给予被评价者的评价是好还是不好。因此个人偏见、憎恶或喜好等都会对最后的评价结果产生影响。迫选法(forced-choice technique)可以防止评价者知道他们给予员工的评价是好的还是坏的。

迫选法会提供评价者几组描述性的陈述,让其在每组描述中选出最符合和最不符合被评估者的选项。每组中的短语从字面上看都是同样积极或消极的。比如,评价者被要求从下列成对的短语中选择出最能够描述下属的短语:

> 可信赖的
> 令人愉快的
> 仔细的
> 勤奋的

之后,评价者又被要求从下列成对的短语中选择出最不符合下属的一个短语:

> 骄傲自大的
> 没有兴趣做好工作
> 很难与人合作的
> 有马虎大意的工作习惯

当提供给评价者一定数量的短语时,他们很难分辨出哪些是描述符合工作需要的特质,哪些是不符合工作需要的特质。因此,他们很难刻意对被评价者做出好的或者不好的评价。

当工业与组织心理学家设计迫选评价量表的短语时,他们关注的是每个短语所表达的特质和工作取得成功的相关性。虽然每组陈述看起来都是积极或者消极的,但是它们能够将高效和相对低效的员工区分开来。

虽然迫选法降低了个人偏见的影响,并且控制了故意的失真,但是仍因一些缺点而不受一些评价者的欢迎。因为为了确定每个陈述语句的预测效度需要进行大量的研究,所以发展这个技术相比于发展其他业绩评估技术代价更大。它的指导语也可能很难理解,而且这种不断从很多相似的成对短语中选择一个最能够描述下属的任务非常单调和枯燥。

行为锚定评定量表(Behavioral Anchored Rating Scale,BARS)。采用行为锚定评定量表进行绩效评估是以对工作成败有关键作用的特定行为为依据,而不是以工作态度或沟通能力、合作性或基础知识等因素为依据。而这种特定行为可以通过第 3 章工作分析方法中提到的关键事件法来确定。

熟悉该工作的管理者可以观察员工的表现并记录下其工作行为,这些行为中一些代表优秀的工作表现,一些代表不好的工作表现,从而建立起一系列关键行为事件。这些基于实际工作行为的标准化行为可以作为评估员工工作的有效依据。

上司可以根据行为锚定评定量表上的项目客观评定员工是否在实际工作中表现出某种行为,或者员工表现出该行为的程度。表 5-3 是一个"超人"职位的虚拟行为锚定评定量表,当然肯定没有人会来申请这样一份工作。

表现程度					
绩　效	远高于 工作要求	超出工作 要求	达到工作 要求	有待提高	尚未达到 最低工作要求
工作质量	纵身便可 越过高楼	助跑后就能 越过高楼	冲刺时才能 越过房子	经常绊倒在 高楼之间	经常被 楼房绊倒
敏捷度	比子弹还快	和子弹 一样快	比子弹飞得 慢一点	通常 错误走火	拿枪时 伤到自己
主动性	比机车 还强壮	和大象 一样强壮	几乎和公牛 一样强壮	比公牛 差一点	只有看上 像公牛
适应性	可以在 水上走	厉害的 游泳选手	好的 踩水者	喜欢在 水中游玩	遇到紧急情况 可以过水
沟通能力	可以和 上帝交谈	可以和 天使交谈	可以和 自己说话	和自己争论	在争论中 常常失败

图 5-3　一个讽刺行为锚定评估技术的例子

行为锚定评估技术有效与否很大程度上取决于管理者的观察技巧,即他们是否能观察到那些决定工作成败的关键行为。如果关键事件行为列举得不全面,那么基于这些行为的绩效评估也将是有失偏颇的。在使用行为锚定评估技术的实际过程中,评估者可能会列出他们期望的行为,此时这个量表就成了期望行为量表(Behavioral Expectation Scale,BES)。无论是运用行为锚定评定量表还是期望行为量表进行绩效评估,都有一个好处,即它们都符合政府关于就业公平的规定,因为评估的关键事件都是源于实际的工作行为。

加拿大皇家骑警在评估员工时就运用行为锚定评定量表。一项对 6 571 名警察的研究发现,行为锚定评定量表可以区分出较成功和不成功的备选者,并且不受性别的影响(Catano,Darr,& Campell,2007)。

在目标管理中,经理和员工通过会面协商确定目标,并在之后对完成目标的程度进行讨论。

行为观察量表(Behavioral Observation Scale,BOS)。在运用行为观察量表进行绩效评估的过程中,评价者根据员工在关键事件上的行为表现对其进行评估。由此可见,行为观察量表和行为锚定评定量表有异曲同工之处。但不同的是,行为观察量表是观察一段给定时间内员工关键事件发生的*频率*,之后采用五分量表进行评估,再将每个关键事件上的得分相加,最后得出每个员工的总分。行为观察量表中的行为事件的开发方法和行为锚定量表的方法一样,即通过上级主管或者领域专家来确定。因此,行为观察量表也同样与良好的工作绩效所要求的行为密切相关,达到了公平雇用机会准则的要求。

目前,工业与组织心理学的研究者对行为锚定评估技术和行为观察评估技术优劣的比较仍没有定论。有的研究表明其中的某一个好些,但是其他的研究并没有证实这个发现。

目标管理 (Management by Objectives,MBO)

目标管理就是雇员和管理者对于一段给定的时间内所要完成的目标达成共识。目标管理不同于业绩评估侧重对员工能力和品质的考察,也不同于行为锚定评估和行为观察评估侧重对工作行为的关注,它注重的是结果,即员工在多大程度上完成了既定目标。其重点在于员工做了什么,而不是他们的主管怎么看他们或者他们的行为是怎样的。除此之外,目标管理还包括员工对自己的评价,而不仅仅是员工简单地被他人评价。

目标管理包含两个步骤:目标设定和绩效回顾。在目标设定阶段,员工会单独和主管见面,确定他们在下一次考核之前(往往是一年时间)应该努力达到的目标,还要讨论达成目标所需的方法。这些目标必须具有现实意义、具体并且尽可能客观。例如,告诉一个销售人员尽量多地卖出商品是不够的,而是需要设定一个固定的数量或者金额作为目标。

在绩效回顾阶段,员工会和主管讨论目标达成的程度。同样,这也是一个双方沟通的过程。这种绩效评估的依据是工作的结果,而不是考察类似主动性或者一般能力的特质。

目标管理中,为表示进步,每一次评估都要设定一个更高的目标,员工可能会因此感到有压力。而且主管可能没有办法接受今年的目标与去年一样,因此,这些目标可能会变得越来越不实际。另外,目标管理也不适合那些结果无法量化的工作。比如要求做研究的化学家今年比去年多实现5个科学突破是件很荒唐的事。尽管如此,目标管理符合公平雇用的准则,并且已经被证实在激励员工的动机和生产力方面很有效。

管理者的绩效评估

在考核管理人员时,我们会面临许多在考核一般雇员中不会遇到的问题。评估低中层管理者时可以采用业绩评估技术,但是除此之外还需要别的方法。奇怪的是,除非公司遇到了危机,否则高层管理者很少会被评估,他们很少得到关于自己工作表现的反馈,即使他们工作绩效差,在他们离职时也会得到一大笔离职补偿金。通过对高层管理者的深入访谈,研究者发现管理者的级别越高,对他们的绩效评估就越不系统和不具体。

评价技术

评价中心。评价中心(第3章提到过,它是一种员工选拔技术)是对管理者进行绩效评估的常用方法。管理者会参与一系列模拟的工作任务,比如管理活动、团体解决问题、无领导小组讨论、文件筐测验和访谈等。值得注意的是,评价中心并不对实际工作行为进行评估,而是对被评价者在大量类似实际工作的活动中的表现进行评价。作为绩效评估的一种手段,评价中心有较高的效度。

上级评价。评估管理人员时最常用的技术就是组织中的上级对其进行评定,此时很少使用标准化的评价表。通常情况下,上级会写出关于被评价者工作表现的几段话。当然,除了直接上级外,还可以附上更高级别管理者的评价意见。

同伴评定(peer rating)。同伴评定是在18纪40年代发展起来的,它要求处在同一级别的经理或主管互相评估对方的能力和工作表现。虽然同伴给予的评价往往会比由上级给予的评价要高,但研究者发现同伴评定和之后员工的晋升有正相关。即便如此,相比上级评估,同伴评定的内部信度还是较低(Viswesvaran, Schmidt, & Ones, 2003)。

管理者们对于同伴评定的态度基本是积极的。相对而言,当同伴评定不是用于晋升等决策而是用于促进职业发展或提升工作技能的时候,更受管理者欢迎。

自我评价(self ratings)。另一种评估管理者的方法是让他们自己对自己的能力和工作表现进行评价。它和我们之前提到的目标管理技术(MBO)相似。管理人员和他们的主管面对面讨论制定出绩效目标,这种绩效目标所针对的不是具体的生产指标,而是被评估者有待提高的技能或者有待改正的缺点。一段时间过后,管理者会和上级主管再次见面,讨论在这段时间内取得的进步。

自我评价的结果往往比上级给予的评价要高,即个体在对自己评估时更为仁慈。此外,自我评价更多集中在人际关系技巧上,而上级评价更加注重主动性和具体工作技能。如果自我评价者被告知他们对自己的评价结果将会和客观的标准进行对比,自我评价就会变得更加客观。

有研究者针对某一大型会计事务所的1 888名管理者开展调查,研究者对比了一年之间两次自我评价和下属评价的数据。结果发现,那些自己评价远高于下属对其评价的管理者在工作中表现出更多的进步,而那些自我评定低于下属评价的管理者倾向于在工作中退步。此研究表明,自我评价对于那些过高估计自己的人来说起到激励作用(Johnson & Ferstl,1999)。

在另一项研究中,一个州立执法机构的110名主管被要求接受两名以上的下属对其领导力进行评价。结果表明,收到评价反馈的管理者会降低他们的自我评定,而那些没有收到反馈的管理者不改变他们的自我评价。因此可知,下属评价的反馈会影响上级对自己领导能力的看法(Atwater,Waldman,Atwater,& Cartier,2000)。

下属评价。另一个对管理者进行绩效评估的方法就是下属评价,刚才提及的研究就采用了这一方法。这种技术也被称为向上反馈,类似于让学生评价他们的任课老师。

一项对252名银行管理者的研究表明,下属评价可以促使管理者提高工作绩效。在一个耗时5年的跟踪研究中,心理学家发现,比起那些一开始就获得高下属评价的管理者,初始阶段在下属评价上获得较低分数的管理者在之后会取得相对更大的进步。除此之外,获得下属评估反馈的管理者比那些没有获得下属反馈的管理者有更大的提高(Walker & Smither,1999)。

一项对某通讯公司454名管理者的研究发现,当下属评价的结果用于发展性目的而不是行政目的时,其结果更加可信。

新闻聚焦

给你的上司打分,你真的愿意署名么?

以前大约每6个月,你的上司会约你进行一次有关工作表现和进展的面谈,这就是所谓的绩效考核。你坐在那里忐忑不安地听上司告诉你哪里做错了以及如何进行改进,其实可能你内心也在想告诉上司你对他工作表现的看法。

现在,你可以这么做了。越来越多的公司开始要求员工进行向上反馈,也就是对其上司的工作绩效进行评估,这些评价会影响上司是否有晋升或者加薪的机会。回敬主管,让可憎的上司离职,这听起来很棒,不是吗?但是设想一下,如果你需要在上面署名,你的评价会因此而改变吗?大多数情况是会的,除非你已经联系好了新的工作。

为了验证这个假设,威斯康星大学(University of Wisconsin)的一名管理学教授让某保险公司的183名员工对他们的38位主管进行考核。这些员工都是自愿参加这个项目的,而且他们被告知主管不会对他们做出任何报复的行为。为了彻底打消这些员工的顾虑,研究者还提供给员工一个电话号码,员工遇到任何报复行为,都可以和人力资源部门的人取得联系。

在这项研究中,有一半的员工匿名对他们的上司进行评估,另外一半则需要在评价表上签上自己的名字。暴露自己的这一举动会对评价结果产生影响吗? 当然会! 事实也是如此。在评价表格上签名的员工给他们主管的评价要高于匿名评价的员工。所有的员工都表示如果可以匿名对他们的主管进行评价,他们将感到更加安心。

如果向上反馈不需要下属署名的话,它对于提高管理者的效率一定是一个有效的手段。

资料来源:Antonioni. D. (1994). The effect of feedback accountability on upward ratings. *Personal Psychology* 47. 349—356.

360 度反馈

对管理者进行绩效评估的另一种方法是将不同来源的评估信息整合成统一的评价。无论绩效评估信息的来源有多少,最后都统一被称为 360 度反馈(360-degree feedback)。它整合了考核过程的所有信息来源——上级、下属、同事和自己,甚至还包括和被评价者打过交道的客户。

多元化的反馈通过独特的视角能提供一些其他方法难以获得的关于被评估者的评价信息。比如,被评价者与其下属、同伴和上级之间,有着不同的相处经验和人际关系。此外,多元化的反馈可以减少各种形式的偏见,当评价者知道他们的评估结果会和其他人的评估结果相对比时,他们在评价过程中会更加客观。如果各方的评价都一致,那么绩效评估结果就更加可靠,由此做出的针对被评价者职业发展的决策就更加正确。除此之外,如果考核结果表现出高度一致,管理者就更易接受被指出的缺点,因为这些批评不仅来自他的上级。反之,当考核结果不一致时,管理者可能就会不太愿意接受批评并做出相应的改变。

在一项对某大型公共事业公司 1 883 名管理者的研究中,管理者们不仅要进行自我评价,同时还会被 2 773 名下属、12 779 名同伴和 3 049 名上级评价。结果表明,多元化来源的考核结果没有达成一致。自我评价是最不具有区分性的,和其他来源的评价也没有相关性(Facteau & Craig, 2001)。

有研究发现,自我评价较高的管理者相比于对自己评价不是很高的管理者,对 360 度反馈的认可度更低(Craig & Hannum, 2006)。另外,也有研究表明 360 度反馈技术在个人主义文化中更有效,因为个人主义文化相比于集体主义文化没有正式的社会分层(Shipper, Hoffman, & Rotondo, 2007)。

一项对某大型零售连锁机构和某公立学校长达 3 年的研究发现,一些领导者接受绩效评估反馈之后,在一段时间内其工作绩效会提高,他们下属的工作满意度和投入度也会提高；而对于那些评估后没有做出改进的领导，他们的下属就没有出现以上的变化（Atwater & Brett，2006；Atwater，Brett，& Charles，2007）。

虽然相比其他单个信息渠道的评估而言，360 度评估成本很高，但是这个方法正在越来越多地被运用。调查发现，几乎所有世界 500 强企业都采用 360 度评估。

绩效评估的误差来源

无论采用多么复杂的技术，绩效评估总是包括一个人对另一个人特点与表现方面的判断、评估以及评价。不可避免，偏见会影响个人的判断。常见的影响绩效考核的误差来源包括晕轮效应、常误或称系统误差、近因误差、不充分信息误差、中心化误差或称宽容评价误差、评价者的认知过程、评价者的性格、角色冲突和印象管理。

晕轮效应

晕轮效应（halo effect）指的是人们有基于一个人某个方面的特质对其所有行为和特征做出判断的倾向。例如，如果你看到一个人外貌很吸引人，你可能会倾向于认为这个人是友好的、招人喜欢的且容易相处的——这时就从一个特征泛化到了其他人格特质和能力。当一个主管根据品德评定表对一名员工打分，如果主管对其某一特质评分高，则他也倾向于在员工其他特质上给予高的评分。当员工在一两个项目上的得分较高，而其他的项目由于观察困难、不熟悉或者缺乏清晰定义而造成评定困难的时候，此类误差最容易发生。

基于个人偏见可以相互抵消的假设，控制晕轮效应的一个方法就是让多个人来评价一个员工。另一种方法就是让主管同时对所有下属的某个特质或者特征进行评价，而不是一次评价一个人的所有特质。当对多个员工的某一特质进行判断的时候，评价者就不太容易把对某一特质的评价延续到其他的特质上。

工业与组织心理学家的研究表明，晕轮效应带来的误差没有预期的那么严重。晕轮效应似乎不会影响到评价的整体质量，通常也不会被检测出来，并且在很多情况下可能只是错觉。当然，也有一些人确实在各个方面都很出色。在这类情况下，从一个品质特征泛化到其他品质并不是一个错误，而是对事实的反映。

其他误差来源

常误（系统误差）。常误（constant bias）作为绩效评估的一种误差来源，是由于评价者使用不同的评价标准或效标而产生的。有些评价者或者上级管理者相比于其他人对员工有着更高的期望。就像在大学里，有些教师评分很严格，他们对学生的期望更多，而有些老师则相反。常误的存在意味着某一上级给予的最高评价可能和另一个上级给予的最高评价的含义不同。在品德或能力的评价中，不同的教授给的同样的分数 A 有着不同的意义。

常误的影响可以通过要求主管按照正态分布的比例来评分而得以控制。但是，类似之前在强制分步法中提到的那样,这就意味着有些员工会得到不应得的评价。

近因误差。绩效评估通常是每 6 个月或者 12 个月进行一次。可以理解的是,评价者倾向基于员工最近的行为进行评价,往往不会考虑从上一次评估之后到此次评估的整个期间的工作表现。我们的记忆本来就是对最近发生的事情记得最清楚,但是近期的行为可能是不典型的,或者受到外界因素的影响。例如,有一个员工因为生病或者婚姻问题在考核前的几周内工作表现很差,那这会掩盖其之前出色的工作表现。又或一个员工意识到绩效考核要开始了,他或她可能在评价之前很努力地工作。以上两个例子中的近期工作绩效都不能代表该员工的总体工作绩效,评价结果可能过高或者过低。

减少近因误差(most-recent-performance error)的一种方法就是增加评估的频率。通过缩短两次考核之间的时间,上级管理者就不太容易忘记被评价者平时的工作行为。让上级管理者意识到这类错误发生的可能性也是减少此类误差的有效方法。

不充分信息误差。主管常常被要求在特定的时间间隔内完成对员工的评估,不管他们是否足够了解该员工以做到公平和准确。虽然让主管承认自己对下属缺乏充分的了解可能会被认为是个人的失职,但是,如果评估不是基于主管对员工行为的全面了解,那么最后的评估结果对于组织和员工的价值都不大。

一种减少不充分信息误差(inadequate information error)的方法就是让评价者意识到绩效评估的重要性以及在信息不完整情况下进行评价的危害。应该让主管们有权利拒绝评价那些他们不了解的员工,并且确保他们不会因此遭到责怪。

中心化误差(又称宽容评价误差)。有些评价者不愿意给出极端的分数。他们倾向于以宽容的心态给所有员工中等的评价。当员工数量较少时,通常会发现对他们的评价都集中在量表的中间区域,彼此之间的差距仅在一两分之间。如此,评估对应的能力范围就被局限了,而且由于评分过于接近,很难将表现好的员工和不好的员工区分开来。中心化误差(average rating error)导致评价结果无法反映现有员工之间的差异,不能给公司或者员工带来任何有用的信息。对于雇主的挑战就是如何将具有这一倾向的评价者识别出来,当有些人事决策是基于他们对下属的评价时,雇主也需要将这一因素考虑在内。

评估者的认知过程。评估者的认知或者思考过程是决定他们对于员工的判断是否有效的基础。能够对员工绩效评估产生影响的认知变量有四个:定型化/刻板印象、信念、人际情感和归因。

1. *定型化/刻板印象*。管理者在对员工进行评估的过程中所运用的类属结构会影响他们的评价。当评价者认为某个员工属于一个特定的类别,那么他或她对这位员工的回忆信息就会受这一类别固有特征的影响。例如,如果一个员工被认为是一个团队协作者,那么这就会在评价者的头脑中形成一种类别。对于这位员工工作表现的观察、解释和记忆就可能会基于典型的团队协作者被期望的行为表现,而不是其实际工作的行为。

2. *信念*。另一个可以影响绩效评估的相关认知变量就是评价者对于人性的信念。这些信念会让评价者在做评价时以自己对人性的一般看法为依据,而非员工的品行和行为。

例如,那些相信人本质上是好的、可以值得信赖的管理者比那些相信人本质上是恶的、心胸狭窄的管理者更容易给员工较高的评价。那些认为人是有差异的,并能够接受这些差异的管理者,与那些认为人们都是相似的管理者相比,更可能会做出不同的评价。

3. 人际情感。人际情感(interpersonal affect)指的是一个人对另一个人的感觉或者情感。通常来说,除了那些可以完全对下属保持公平和客观的评价者,评价者和被评价者之间的人际情感会影响上级对员工的评价。一般来说,与员工有积极情感联系的评价者比那些有消极情感联系的评价者倾向于给予员工的评分更高。简单来说,就是我们会对自己喜欢的人更加仁慈、宽容和慷慨。

4. 归因。归因(attribution)的概念源于社会心理学关于人们对他人进行印象管理的研究。在绩效评估中,一个人会对另一个人的能力和特质形成印象。评价者内心会对员工的行为进行归因。关于员工为什么会如此表现的想法会影响评价者做出的评估。例如,一个主管观察到两名员工经常看起来很疲惫。主管可能会对其中一个有小孩的员工表现出宽容和理解,但是对另一个喜欢聚会到深夜的员工表示出不理解。

归因也可能受到人际情感的影响。当管理者不喜欢被评价的员工(有负面情感)时,他们可能将其糟糕的工作表现归结到员工内在的原因,例如缺乏动力或者技能不足。换句话来说,对于不喜欢的员工,管理者倾向于相信糟糕的绩效是员工自己的错误。另一方面,如果他们喜欢的员工绩效表现不好,管理者可能会将其归结到外部因素,例如运气不佳、工作量太大或者机器有故障。

通过让主管花一段时间来从事所要评价的工作可以降低归因误差。这种经验可以让他们直观感受到影响工作绩效的外部因素,也可以使评价者认识到他们对于员工工作行为的认知和员工自我认知是不一样的。

评价者的人格。很明显,不仅是在工作环境中,甚至在生活的各个方面,我们的人格都会影响到我们对他人的判断和评价。例如,一个怀恨在心的或者有恶意的人对他人的看法和那些有同情心、怜悯心的人是不一样的。以自我监控的特征为例,从第3章我们可以知道自我监控指的是人们在公共场所中对自我形象的控制行为。高自我监控的人会以自己认为的与周围社会化情境最适宜的方式来表现自己,低自我监控的人会保持他们自我的本色,并在所有的情境中几乎都表现一致。

一项对来自政府部门、制造业或者服务业的 210 名有评价他人工作绩效经验的员工进行的研究发现,高自我监控的人比低自我监控的人明显倾向给予更加宽容和不精确的评价。研究者认为高自我监控的人可能是为了避免他人对自己的不满。无论如何,这个研究结果给我们提供了一个人格特质是怎样影响绩效评估过程的实例(Jawahar,2001)。

另一项研究涉及来自某保险公司的至少 500 对评价者和被评价者的配对组合,他们被要求对配对同伴进行评价。结果表明当组内两个人的尽责性人格特质得分都较高时,他们彼此间的评价会显著高于其他组配对同伴彼此的评价。在这个例子中,评价者和被评价者之间人格特质的相似程度影响了之后的评估(Antonioni & Park,2001)。

角色冲突。角色冲突(role conflict)指的是工作要求和主管本人的是非标准不一致或者相反的情况。有些时候,工作的性质要求主管对他们的标准做出妥协(第 12 章介绍了角色冲突是工作压力的一种来源)。那些在角色冲突方面得分较高的主管倾向于给出比实际水平更高的绩效评估结果,原因包括以下几个方面:作为一种控制工作情境的方法、避免由于给下属较低的评价而与之发生冲突的情况,或者作为一种获得下属感激和善意的手段。

不论什么原因,角色冲突和与之带来的压力可能会导致主管给予员工的评价比他们实际应得的要高。管理者可能会为了满足个人的需求或者应对组织压力而刻意提高员工绩效评估的结果。

印象管理。印象管理指的是我们刻意在他人面前展现出令人喜爱、积极的行为表现。我们通过管理自己的形象让他人喜欢我们、雇用我们以及给予我们优秀的绩效评估。迎合讨好和自我宣传是两种常用的印象管理方法(详见第 3 章)。另一种可以影响绩效评估的印象管理技术是政治技巧,即理解他人,并运用对他人的理解来影响他们,使其帮助我们实现目标。

一项对某政府机关和两家零售公司至少 350 名员工的研究发现,在政治技巧上得分很高的人更容易让他们的主管认为其没有通过奉承逢迎的方式去获取个人利益,而那些不太具备政治技巧的人会被认为仅仅是为了个人利益而去逢迎(Harris, Kacmar, Zivnuska, & Shaw, 2007; Treadway, Ferris, Duke, Adams, & Thatcher, 2007)。

一项对以色列 231 名员工和主管的研究表明,与较为宽松、非正式、官僚作风较少的组织相比,那些非常正式、权力集中、等级分明的组织中的员工(例如军队)通常更常用到印象管理技术(Dory & Zaidman, 2007)。

新闻聚焦

找不到工作的原因(五):请把那瓶杜松子酒留在家里

来自面试官:面试过程中的趣闻

- 一个年轻的女士戴着耳机就走进面试房间。她坐下后只拔出了左耳的耳塞。当面试官问她是否愿意将整个耳机都摘下来,她回答说,"不,像这样,我同时能听到你讲话和听音乐。"
- 一个申请者在面试过程中接听电话,然后转身问经理,"这个面试要多长时间? 我还要赶下一个面试。"
- 一个面试者被问到是否口渴。她回答是的,然后伸手拿了面试官桌上的玻璃杯,并说,"不用再给我拿杯子了,用这个就行。"
- 一个申请者在面试中询问可否在家工作,这样她每天中午就可以睡一个午觉。

- 一个文字录入类工作的申请者在打字测试失败后询问可否再重测一次。得知可以后，她要求再给她一段时间进行放松。她从她的包里掏出一瓶杜松子酒，喝了一口，然后宣布说她准备好了。
- 有些申请者把他们的狗也带来参加面试。曾经还有一个男性穿着女生的红鞋子来面试。

资料来源：Those cute red shoes? They are my wife's (2007, November) *Washingtonian*，pp.106—107.

改善绩效评估的方法

虽然绩效评估很容易产生偏差，但是我们依然要努力去获得更客观的评估结果。除了之前我们提到的那些减少误差来源的方法，给评价者提供培训和反馈、让下属参与评估过程也有利于降低误差、增加评估精确性和提高评价满意度。

培训。对评估者进行培训的目的包括两个方面：(1)让他们意识到人们的能力和技能通常是按照正态曲线分布的，所以要接受员工间的差异；(2)要提高他们确定员工行为标准的能力，即评估者要明确员工的标准绩效或者平均绩效水平。工业与组织心理学家认为，对评价者进行培训可以降低绩效评估中的误差，特别是宽容误差和晕轮效应。评价者越积极地参与培训，培训产生的效果就越好。让评价者参与小组讨论并就其向下属提供反馈的能力进行练习，比单纯让评价者参加有关评估过程的讲座要有效得多。

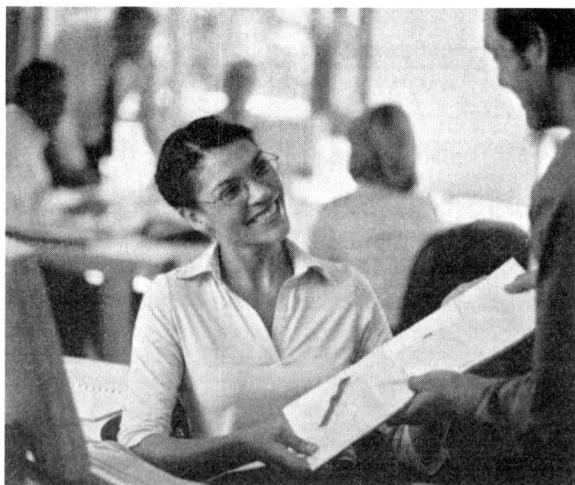

评估后访谈中积极的反馈可以改善绩效评估。

给评价者提供反馈。给评价者提供反馈也可以提高绩效评估的有效性。在一项经典研究中,某大型高科技公司的市场经理可以获知他们给予下属评价的反馈,包括各经理之间的评价存在哪些不同。在一年之后的绩效评估中,那些接受过反馈的市场经理与控制组中没有接受反馈的经理相比,前者倾向于给予下属更低的评价。实验组中超过 90％ 的经理报告说先前的反馈影响了他们的第二次评价。这项研究结果表明,反馈可以降低宽容评价误差(Davis & Mount,1984)。

下属参与。有研究证明让员工参与对自己的绩效评估可以改善绩效评估的效果。在绩效评估中给员工发言权可以显著提高他们对于组织绩效评估系统的满意度和接受度。员工参与也有利于提高人们关于评估过程公平性和有效性的认识,提高人们改进工作表现的动机。

评估后访谈

绩效评估的两个目标是:(1)为管理中的人事决策提供信息,(2)诊断员工的优缺点,为他们自我改善提供方法。为了实现第二个目标,管理者应该就工作绩效评估的结果以及建议和员工进行交流。

提供反馈。绩效评估后,主管会和员工进行访谈,这就是在给员工提供反馈。然而这类访谈容易使双方产生对抗、敌对状态,特别是当绩效评估中出现批评的时候。评估后访谈中出现的负面反馈可能会激怒员工,导致他们拒绝接受任何批评和建议。员工可能会通过刻意忽视评估的有效性、贬低工作的重要性或者批评主管来转移绩效评估中对他自己缺点的指责。

一项对 131 个研究的元分析表明,采用计算机访谈而非由主管进行访谈更容易被员工接受,也能更有效帮助员工提高工作表现。显而易见,避免面对面的访谈可以减弱员工和主管之间的敌对关系,提高员工对批评的接受程度(DeNisi & Kluger,2000)。

然而,对有些员工来说,无论这些反馈是如何呈现的,他们都难以接受。例如,一项对香港某大型国际银行 329 名出纳员的研究发现,银行出纳员对于绩效评估结果反馈的接受度取决于他们负面情感的水平。负面情绪较高的员工倾向于讥讽、不相信绩效评估,并念念不忘消极的工作经历。除此之外,在获得好评的银行出纳员中,那些在负面情绪上得分较低的员工工作满意度和组织忠诚感都更高。而那些虽然获得好评,但负性情绪得分较高的员工在满意度和责任感上都未出现增长(Lam,Yik,& Schaubroeck,2002)。

一项对 176 名管理者长达一年的研究表明,那些获得下属正面积极反馈的管理者比未获得正面反馈的管理者更有可能提高其工作绩效,而获得下属消极反馈的管理者的工作绩效会下降(Smither & Walker,2004)。

对批评的反应。评估后访谈的最初目的是激励员工提高自己的工作表现,但是事实上,这种期望可能过于理想化了。当遭遇批评时,有些员工会放大他们的错误,以此作为对批评的报复,例如工作迟到或者工作懈怠。如果员工在访谈中被告知他们要求帮助的次数过多,那么员工可能会停止在工作中请求帮助,这样反而导致其犯更多的错误。进而导致员工积极性和工作绩效下降。

期望每 6 个月或 12 个月一次的简短会议就能使员工改变是不现实的。除此之外,指望那些未经培训的主管有足够的洞察力和能力去发现员工工作绩效差的原因并提出改进方案也是不明智的。当然,如果公司可以频繁为员工提供绩效反馈,且运用比正式绩效访谈等更有力的方式,则会有助于员工改善自身的不良工作行为,提高工作能力。

改善评估后访谈。尽管评估后访谈存在着各种局限和问题,它仍然可以通过结构化来达到原先的目的。工业与组织心理学家发现了一些与评估后访谈是否成功有关的因素。例如,在如下的情况中,员工更容易对绩效后访谈感到满意,并能够按照主管的建议改善工作绩效。

1. 员工被允许参与到评估过程中。
2. 访谈者采用一种积极的、有建设性的和支持性的态度。
3. 访谈者在访谈中针对员工的具体工作问题,而不是员工的个性特质。
4. 员工和主管共同建立下一次绩效评估前需要达到的具体目标。
5. 员工在访谈中拥有质疑、挑战和反驳的机会,且不会遭到惩罚。
6. 将薪酬和等级的变动直接与绩效评估的标准挂钩。

绩效评估:一种糟糕的评价方法?

绩效评估可能是现代组织生活中最不受欢迎的内容之一。我们经常会听到如下的抱怨,"好吧,天啊,又要进行绩效评估了。我觉得我们最好还是做吧,但是我不知道做这个到底是为了什么?"一项对人力资源经理的调查发现,其中 90% 的经理对他们公司的绩效评估系统不满意。当被问及他们觉得应该做哪些改变时,很多人说他们希望不进行绩效评估,一些人表达出对绩效评估的高度不满,以至于他们不愿意用绩效评估这个词,而是改用"绩效管理"这个词(Toegel & Conger,2003)。

为什么大家对于绩效评估的评价这么差?我们在之前已经讨论了在评估过程中可能会产生个人偏见和其他误差,下面再列举一些原因。

来自主管的不良评价。想一下到底应该是哪些人对他人的绩效做出评价、观察或者评估。尽管很多研究都支持下属和同伴进行绩效评估能够带来很多好处,但在现实工作中,大部分绩效评定都是由经理和主管做的。绩效评估占用了他们本职工作以外的大量时间和精力。他们要花费很多的时间去观察下属,从而获得足够的信息作为评估的依据。此外,他们还需要花费额外的时间书写评估报告、填写评估表,甚至参加评价者培训项目。

在现实中,有些经理和管理者会抵制考核工作。只有当他们受到上级施压的时候才会去填写那些表格。因此,很多考核只是匆忙完成,既不全面也不系统。很多管理者不愿意评判他们的员工,不愿意负责员工绩效改善的工作,因此,即使下属表现不良,他们也不愿意给其较低的评价。

此外,当评估结果是负面的时候,管理者可能会故意延迟提供反馈,提高评价结果或者逃避负面的评估信息。有些主管会通过给员工高于实际工作表现的评估结果来减少双方可能产生的敌对情绪,减少负面评价带来的消极影响。

来自员工的不良评价。尽管大多数员工知道评估工作绩效是必要的,但他们仍然不喜欢绩效评估。他们担心绩效评估结果会对他们的职业生涯产生过大的影响,也担心某些管理者会利用评估去夸大那些与工作能力无关的个性冲突。员工往往不清楚他们以什么标准被评价或者在工作中他们被期望完成哪些事情。除此之外,员工可能会因为组织中本身就存在的问题或者工作结构中的问题而得到较低的评价。总之,员工可能会因为那些他们无法控制的事情而受到责怪。在很多组织中,绩效评估的结果无法帮助雇主做出晋升决定,也无法帮助员工提高工作技能,即无法达到发展绩效评估的主要目的。

当今组织中的绩效评估进行得大多不令人满意,这也就解释了为什么最终的评价结果与结果导向的工作绩效指标(如销量和输出数量)之间的相关性较低。即使如此,对于各级员工能力的评估仍是有必要的。现在面临的问题不在于是否要使用员工评估系统,而在于进行绩效评估最有效的方法是什么,而这一问题的答案还有待探讨。

本章小结

绩效评估可以检验员工选拔标准,决定员工培训的需求和成败,改进员工工作行为,影响晋升和加薪决策以及找出有晋升潜力的员工。为了达到就业雇用公平的标准,绩效评估必须建立在工作分析的基础上,注重工作行为而不是个人特质,而且必须与被评价者进行讨论与核对。工会反对绩效评估,而且认为资历才应该是人事决策的基础。员工不喜欢绩效评估,因为他们不喜欢被评价和批评。主管也不喜欢绩效评估,因为他们不愿意做出会影响下属职业生涯的评价。

绩效评估可能是客观的,也可能是主观判断的。客观的绩效评估包括对产品数量或质量的测量、计算机化的绩效检测以及失误、月薪、进步和出勤的数据。主观判断的评估方法往往是让上级评估员工从事某项工作的能力。评估方法有业绩评估技术,例如评定法、评定量表、排序法、配对比较法、强迫分布法和迫选法,总之是让一个人去判断另一个人的能力和特质。业绩评估技术中的行为锚定量表(BARS)和行为观察量表(BOS)基于与工作成败紧密相关的具体行为来评估绩效。这两项技术都符合就业雇用公平政策,可以降低评价的误差。目标管理(MBO)则是让管理者和员工双方共同设定并完成具体目标。

对于管理者绩效的评估可以通过评价中心或者其他的评估技术,例如上级评价、同伴评价、下属评价或者自我评定。360 度反馈技术是将各方面的评价统一成一个全面的评价,因此尤其受到企业欢迎。

评估过程中的评价者误差主要包括晕轮效应、近因误差、不充分信息误差、中心化误差、评价者的认知过程、评价者的个性、角色冲突和印象管理。有三个改进绩效评估的方法:为评价者提供更好的培训、给评价者提供反馈、让员工参与对自己的评价。

　　绩效评估的结果也必须和员工沟通,告知他们自己存在的优缺点。当然,在给予员工反馈信息的时候,访谈者必须要机智和小心,尤其是提供负面的批评信息时。如果处理不当就会引起员工的抵制心理,导致其工作绩效下降。反馈环节应该是非正式的、经常性的,并且关注于具体的目标。此外,员工也应该被允许自由地参与绩效评估的讨论。

关键术语

归因	晕轮效应	同伴评定
中心化误差	不充分信息误差	绩效评估
行为观察量表	人际效应	排序法
行为锚定评定量表	目标管理	角色冲突
常误(系统误差)	业绩评估	自我评价
迫选法	近因误差	360 度反馈
强制分布法	配对比较法	

复习题

　　1. 为什么绩效评估要遵循公平雇用机会原则?

　　2. 工业与组织心理学研究发现绩效评估中存在哪些种族、性别和年龄歧视?

　　3. 绩效评估的目的有哪些?

　　4. 为什么员工和管理者都反对绩效评估?

　　5. 当对生产类工作进行绩效评估时,除了产量以外,还应该考虑哪些因素? 为什么?

　　6. 计算机化绩效监控有哪些优势和劣势? 如果用这种方法评估你的工作,你将有怎样的感受?

　　7. 如果你是一名经理,需要定期对 23 名员工进行绩效评估,你最喜欢采用哪种业绩评估的方法? 哪种技术你不会采用? 为什么?

　　8. 简述排序法、配对比较法和迫选法的优缺点。

　　9. 如何建立一个行为锚定量表来评估员工?

　　10. 简述行为锚定量表和行为观察量表有哪些区别、哪种技术能够提供更准确的信息?

　　11. 如何使用目标管理技术进行绩效评估? 目标管理技术会如何影响员工的积极性和工作表现?

　　12. 如果你是一名经理,你会选择谁评价你的工作绩效? 你的上级、同伴、下属、你自己还是全部这些人? 请解释理由。

　　13. 简述由下属进行绩效评估的优缺点。

　　14. 分析有关 360 度反馈的研究结果。

15. 什么是晕轮效应？它是如何影响绩效评估结果的？

16. 请区分以下绩效评估的误差来源：常误、近因误差、宽容评价误差和角色冲突。

17. 评价者的认知过程和人格是如何影响他或她最终的评估结果的？

18. 简述会对绩效评估产生影响的印象管理技术。

19. 如何改进绩效评估和评估后的访谈？

20. 你认为需要对绩效评估的过程做出哪些改变，才能让员工和管理者更加接受它？

第6章

培训和发展

组织培训简介

占地面积达13万平方英尺的汉堡大学(Hamburger University)虽然连一个足球队也没有,却拥有30位高水平教学人员。坐落在伊利诺伊州芝加哥橡树溪地区的汉堡大学,是由麦当劳公司在40多年前创办的。从那时起,麦当劳公司共有65 000名餐厅经理毕业于这所大学。除此之外,每年有来自世界各地的员工以及特许经销商在这里接受培训,同时汉堡大学还提供包含25种语言的网上培训课程。在英国、日本、德国和澳大利亚等国家,麦当劳公司拥有10个培训中心。虽然培训的花费不菲,但是麦当劳公司的管理层认为,他们提供的培训正是公司成功的最主要原因之一。在美国,麦当劳的课程在大多数高校都可以置换到46个学分。在英国,接受过麦当劳公司培训的人相当于拿到了高中文凭(Hamburger University, 2008;Margulies, 2004;Wardell, 2008)。

培训是一项事业。一家制药公司的总裁说,"当我们看到在教育和培训上花费的费用时,我都怀疑我们究竟是在经营一家制药公司还是一所大学。"如今,成千上万的人正在他们的工作场所接受着各种形式的培训,从高中辍学生到大学毕业生,从长期失业人员到高级经理。有数据显示,每年雇主们在正式培训上的花费达550亿美元,在非正式培训指导上的花费达1 800亿美元。

一般初始的培训内容都是关于读写、算术等基本技能,之后才会给予专门的工作技能培训。摩托罗拉(Motorola)曾经为了适应全球竞争,决定将一个工厂转向生产手机,却发现该工厂有60%的工人在简单的算术和阅读理解方面存在困难。必须立即对这些工人进行补救性的培训,才能使他们从事新的工作。宝丽来(Polaroid)曾花费70万美元对1 000名雇员进行基础语言和算术培训。多米诺比萨(Dominos' Pizza)为了让员工能够读懂制作比萨面团的说明书,需要教授他们有关阅读和数学知识。

对于工业、政府和军队中的高新技术类工作而言,培训尤为重要。例如航空、通信以及基于互联网工业很大程度上都要依赖可重复编程的机器人、多功能的机械设备、计算机辅助设计以及生产设备。因此,这些公司需要接受过良好培训的技术人员去设计、操作以及维护这些复杂的设备。

就像第1章中提到的那样,当代社会的工作性质已经发生了变化。人们不可能一辈子只学习一项技术,只做一份工作。员工们必须认识到,他们一生不可能只从事一种职业,而是要选择多种职业,从中掌握一系列的技能并且不断进行提升。当代的职业生涯要求终生学习。这也就意味着相比老一辈员工,对于当代员工来说培训更加重要。

一个典型的培训计划。 让我们来看一个高水平组织培训计划的典型案例,该案例与西部电力公司(Western Electric Company)有关。西部电力公司建立了一所企业大学,即公司培训中心,来提供工程和管理方面的指导。该机构占地190英亩,拥有最先进的仪器设备、公寓式的住宿条件,并且能够为学员提供300多种课程。

新入职的工程师要参加两次为期六周的定向培训。第一次是在刚被雇用的前六个月里,第二次是在接下来的六个月里。工程师们可以在他们的专业领域选择进修不同的课程,这些课程可以帮助他们掌握最新的技术。主管们也可以选择进修相关课程来提升自己的专业技能以及管理能力。除此之外,该机构还为那些有升职潜力的人提供全方位的管理培训课程,内容涵盖:计划制定、部门关系沟通以及城市事务、工业与组织心理学等。

在美国,这种雄心勃勃的企业并不少见。像 IBM、施乐(Xerox)、通用电气(General Electric)以及安飞士租车公司(Avis Rent A Car)都建立了这样的培训中心。所以,如果在你刚入职的第一个月或者在你职业生涯的某个阶段,发现自己又坐在了教室里,请一定不要惊讶。

新员工发现他们又重新回到了教室,学习公司的政策和目标。

为残疾员工提供培训。很多公司为残疾员工提供特殊培训。麦当劳公司已经为超过9 000 名在视力、听力、四肢、学习或心理方面存在问题的员工提供培训,使他们能够在公司的快餐店里胜任相关工作。为了消除偏见且让所有员工都能够接受残疾员工,麦当劳不仅对残疾员工进行培训,同时还培训那些将与残疾员工一起工作的员工。在十多年的时间里,超过 90％的残疾员工完成了麦当劳的培训项目,成为有劳动力的员工。麦当劳公司相信,残疾人是一群未被充分使用的劳动力大军,公司立志培训他们做任何力所能及的事情。

培训和公平雇用实践。组织培训计划可能会对少数民族雇员产生不利影响。员工在培训中的表现通常被作为升职、调动或解雇的依据,但是任何影响人事决策的因素都存在歧视少数民族、女性、老人以及残疾人的风险。因此,培训计划必须遵守平等雇用的方针,而且所有培训结果在用于人事决策之前,必须确认培训项目与员工的实际工作绩效是相关联的。

组织培训的目标

制订培训计划的第一步是明确培训所要达到的目标。这些目标可以是具体的行为准则、工作中员工需要表现出的行为或者是提高工作效率所需的行为等。只有明确培训目标，才能确定培训内容。换句话说，我们首先需要明确，对于成功完成一项工作任务，哪些知识、技术和能力是必要的。

需求评估。 培训的目标应该从组织和员工的需求中产生。为了明确组织和组织内员工的目标、搞清楚什么样的培训可以帮助他们实现这一目标，我们需要进行需求评估(needs assessment)。需求评估可以帮助我们明确某项工作的具体内容以及完成这项工作所需的技能。

尽管实施需求评估十分重要，但是可能由于需求评估耗时太长且花费高昂，大多数公司并不选择这么做。对 397 个培训计划的元分析发现，只有 6% 的培训计划在制定之前进行了需求分析(Arthur，Bennett，Edens，& Bell，2003)。

当然在某些情况下，培训需求是显而易见的。比如，当一家公司实现了生产流程自动化，使得工作岗位减少了，公司就需要去培训那些因为岗位削减而下岗的员工去从事别的工作；当企业快速扩张而产生了新的工作职位时，也需要通过培训员工来填补这些新职位；事故发生率高的工作需要额外的安全培训；经常接到顾客不满意投诉意味着公司需要对员工进行人际关系处理技巧的培训。如果组织缺乏明确的培训需求迹象，此时管理者需要担负起责任，通过定期分析组织的运行状况，从中找出可以通过培训来提升的部分。

新闻聚焦

你确定你的员工识字吗？

辛迪·马里诺(Cindy Marano)负责在华盛顿特区的一个培训项目。据她回忆，要不是有一天她去吃午饭的时候忘了戴眼镜，她也不会注意到这件事情。由于那天她没有戴眼镜，看不清当地一家三明治店墙上的菜单，于是她就要求柜台后面的一位中年妇女读给她听。一开始，这位妇女假装没听见，之后就神情慌张、态度粗鲁。最后她叫了另外一位服务员来朗读菜单。马里诺说："突然，我就明白了：这位妇女不识字。"通过从事培训工作，马里诺了解到，有 4 000 万的美国人在读写方面存在障碍，但他们中的大多数都能在工作中掩饰自己不识字的事实，正如那个女服务员一样。

马里诺深知雇用文盲员工的代价高昂：它会降低生产率，每年给美国带来 2 250 亿美元的经济损失。科罗拉多州库尔斯酿酒公司(Colorado' Coors Brewing Company)的首席执行官皮特·库尔斯(Peter Coors)也深刻意识到这一点,他将员工的文盲现象看成是美国产业的危机。他努力加强公司对文盲现象的重视,并牵头建立了培训机构,用于教员工识字。

随着现在高技术工作越来越多,假装识字也就变得越发困难。库尔斯在公司建立计算机化存货控制系统时发现了文盲员工的存在。新系统要求铲车司机将信息输进电脑,但结果发现很多人无法完成这一工作。为什么呢? 因为他们当中的很多人不认识电脑键盘上的字母,或者看不懂存货清单上的货物编码。

即使技术要求低的公司也会因为员工不识字而蒙受损失。澳拜客牛排连锁餐厅(Outback Steakhouse chain)发现他们的一些厨师因为读不懂服务员的点菜单而错误地将低价位牛排当成了高价位牛排。澳拜客因此启动了一项培训计划来教员工某些单词的缩写,这样即使是刚学会认字的员工也能够完成工作而不至于犯高代价的错误。也有其他的餐厅或者快餐店在其电脑屏幕上用符号来代替原来的单词。

如果员工都识字,那公司的运转会更有效率,这对员工个人来说也是一件好事。34岁的莎伦·托马斯(Sharon Thomas)是一位住在华盛顿的高中辍学生,他靠福利生活了15年,但自从他识字以后,就在建筑行业找到了一份收入很好的工作。"我有许多障碍需要克服",托马斯说,"但是当我工作的时候,我感觉非常开心。我觉得这样的自己很棒。"

组织分析。组织分析可以告诉我们大致的培训需求,这些需求能在之后细分成为员工和工作小组的具体需求。总体组织分析的下一步是任务分析,用来确定具体的工作任务及完成这些任务需要的知识、技术和能力。员工个体分析可以确定哪些员工需要进行再培训以及进行何种培训。工作分析、关键事件分析、绩效评估以及自我评估等方法都可以用来完成这些评估。

工作分析是最常用来确定培训需求和培训目标的方法。通过工作分析能明确成功完成一项工作所需的人格特征以及一系列具体的操作流程。除此之外,工作分析还可以帮助企业了解新的培训项目在多大程度上提高了员工的工作绩效。

关键事件法关注员工在工作中最理想或最不理想的行为,记录下员工在工作中如何应对突发事件的信息。比如说,装配线工人如何处理坏掉的设备? 上级如何处理下级的纠纷? 管理者如何处理关于性骚扰的控诉? 关键事件法可以帮助培训主管注意到那些需要进行额外培训和指导的地方。

绩效评估是确定培训需求的现成信息。通过绩效评估,可以发现员工的不足之处,从而给出再培训的建议,弥补员工的缺点。自我评估基于以下的假设:即在工作中表现出色的员工最清楚完成此项工作所需的工作技能,也是最了解培训需求的人。

为组织培训配备的讲师

　　讲师的水平在很大程度上能够影响培训的效果。有些讲师能够理论联系实际,以一种充满激情的方法组织呈现学习材料,激发学员的学习兴趣。而有些讲师总是讲授同样内容,使人觉得失望、无聊、令人厌烦。不论讲师教授的是什么,最重要的并不是其在所教授的领域内具有的能力或专业知识,而是他教学的能力,即把信息以清晰、让人感兴趣的方式传递给学员的能力。

　　这样的原则同时适用于组织培训领域。我们经常可以看到,某些负责组织培训的讲师虽然拥有丰富的工作经验,但是他们却不能有效地将自己的技能传达给他人。解决这一问题的办法就是让那些在教学方法和工作技能方面都接受过专业培训的人来担任讲师。较大的公司会配备全职的培训人员来教授课程和工作技巧。

　　一项对 136 个研究共 7 000 名员工的元分析证实,讲师的教学风格以及教学方法极其重要。讲师的教学风格越轻松开放,与学员的互动越多,培训的效果就越好(Sitzmann, Brown, Casper, Ely, & Zimmerman, 2008)。

培训前的环境

　　组织培训前营造的环境包括主管或同事向员工直接或间接传达的决策或暗示,这能反映管理层对培训项目的重视程度。这些决策包括组织的政策、上级对培训的态度、能够用于培训的资源以及员工在需求评估中的参与程度等。暗示也会影响培训的有效性,因为它们能使员工间接了解到公司对培训的支持力度。

　　公司提供的培训机会越多,其员工就越能感觉到培训的重要性,越相信培训与其职业发展是息息相关的。当受训者知道他们的上级支持培训,知道他们培训后会有技能评估,并且事先了解到培训的真实内容,就会觉得培训是有价值的,进而会积极主动地参与培训。如果以上条件没有被满足,受训者在培训之前感觉组织对培训并不支持,那么培训可能在还没有实施之前就注定是无效的了。

　　除此之外,很多心理特质会影响员工在培训中学习的动力,以及他们能从培训中学到的知识的数量和性质。这些特质包括个人能力差异、培训前的期望、动机、工作投入度、控制点和自我效能。

　　个人能力差异。个体的学习能力可以通过认知能力测验、履历信息以及培训初期的表现(比如工作样本)进行预测。例如,工作样本或迷你课程这样的培训潜能测试,能有效预测一个人在接受完整培训课程时的表现。工作样本用于测量学习能力的步骤是,先给出一小段正式工作的技能说明,然后再对其进行工作绩效的测试。

　　培训前的期望。员工在培训前对于培训结果的期望会影响培训的有效性。一个对德国某呼叫中心84名员工的研究发现,培训过程中期望被满足的员工学到的东西远远比那些期望没有得到满足的员工要多得多(Rowold,2007)。

当培训没能满足受训者的期望时,受训者完成培训的可能性就会降低。即使这些不满意的受训者完成了培训,他们也有可能对工作不满意,对组织的承诺感降低,从而离职率变高。相反,培训期望被满足的受训者在培训之后会有更强的组织承诺、更高的自我效能感和成就动机。

动机。参加培训的员工学习的动机或者学习的欲望对于培训的成功非常重要。且不论受训者的能力如何,只有他们真正想学的时候才可能学好。任何职业都有这样一些成功人士,他们虽然能力不是很强但却对成功充满着渴望。

已有研究表明,受训者的动机越高,其在培训中学到的东西也越多。动机高的受训者更有可能完成培训并且把学到的东西应用到工作当中(Salas & Cannon-Bowers,2001)。管理者可以通过一些方式来提高受训者的培训动机,比如说让他们参与培训项目的制定,允许他们参与培训需求的分析,以及给予他们选择培训课程的权利。

工作投入度。工作投入度高的受训者,即那些自我认同感主要来自于工作的人,在培训中会表现出更强烈的学习动机。除此之外,是否拥有长期的职业规划也是一个影响因素。工作投入低,对职业发展兴趣也不大的员工很可能会因为他们的学习动机很低而浪费培训机会。更重要的是,工作投入低的员工通过培训提升工作绩效的可能性也很低。因此,在培训前提高某些员工的工作投入度非常必要。

控制点。另一个影响受训者动机的变量是控制点。内控型的员工相信工作表现以及与工作相关的奖励,比如加薪和升职都是在他们的控制之下的,都基于他们的表现、能力以及努力程度。外控型的员工则认为工作场所内外的事情都不是由他们控制的,而是取决于外部的因素,比如运气、机会以及老板是否喜欢他们。

一项关于控制点的元分析发现,内控上得分较高的员工在工作绩效、工作满意度、工作承诺以及工作动机上的得分也更高(Ng,Sorensen,& Eby,2006)。

内控型的员工在培训中具有更高的成就动机,因为他们相信掌握这些工作技能是在他们控制之中且在他们能力范围之内的事情。在培训中他们更愿意接受反馈,也更愿意采取行动来弥补自己的不足。此外,他们也会表现出更高的工作和职业投入度。

自我效能感。另一个影响员工培训动机的因素是自我效能感,即对自己能顺利完成任务的一种信念。自我效能感也可以被描述为我们在应对生活时的适应感、效率感以及胜任感。一项对25个国家19 120名被试的研究证明,不同文化中自我效能感以相似的方式存在着(Scholz,Dona,Sud,& Schwarzer,2002)。

有研究证实,自我效能感与学习动机存在相关关系,同时自我效能感也会影响到培训结果是否成功。几项关于自我效能感的元分析都表明,自我效能感能显著提高一个人工作和学习时的动机和行为表现(Bandura & Locke,2003)。反过来,培训也能影响自我效能感。某些培训可以提高自我效能感,比如行为塑造。有时候通过简单的话告诉受训者,"反复练习就可以提高他们正在学习的技能",就可以提升他们的自我效能感。

人们如何学习：从心理学角度分析

心理学家在学习领域做了很多研究。该领域已有成千上万的有关人类和动物在不同条件下学习的研究成果。这一部分我们将展开有关教学方法及学习材料性质的讨论。

主动学习。"熟"确实能生巧。想要更高效地学习，受训者必须积极地参与到学习的过程中去，而不能只是消极被动地接收信息。比如说，仅仅阅读操作起重机的说明书，或者观看别人操作的视频是不够的。培训应该给受训者提供，坐在操作舱里，实际去练习完成这一工作所需技能的机会。

想象一下，如果你仅仅通过听讲座或者背诵交通规则去学习如何开车，这也许会让你成为一个懂开车的人，但不会让你成为会开车的人。只有你真正坐在驾驶室里练习开车的时候，你才能真正学会开车这项技能。这同样也适用于学习课堂知识。听课的时候主动记笔记，在课本上标注重点难点，或者跟同学们讨论问题比被动地听课学到的东西要多得多。

集中学习和分散学习（分块学习）。有些东西在培训周期长、次数少的情况下，学习效果更好（集中学习）；而有些东西可能在培训周期较短但次数较多的情况下，学习效果更好（分散练习、分块练习）。一般情况下，分散学习比集中学习效果更好，尤其对于学习运动技能来说。

对任务简单的工作来说，分散学习中间配合短暂的休息会使学习效果更好；而对于复杂的任务来说，分散学习中间配有长时间休息会使学习的效果更好。

目前，关于语言学习方面的研究证据还不充分。集中学习也许更有效，但是在很大程度上也受到所需掌握任务的复杂程度以及学习材料性质的影响。简而言之，简单材料在集中练习的情况下学习效果更好，因为在学习中间不需要长时间的间隔来让受训者吸收材料的内容；而困难的材料就必须分成较小的单元，采用分散学习的方法。

整体学习和部分学习。整体学习和部分学习的概念跟学习材料内容的相对多少有关。培训内容可以分成几个小部分，每一部分单独学习，或者也可以把学习材料当作一个整体来学习。采用何种学习方法取决于学习材料的性质和复杂程度以及受训者的能力。智力高的受训者更有能力快速学习内容多的材料。对于接受能力比较慢的学习者，若将学习材料分成几个部分来学习，其学习效果比强迫他们整体学习要好得多。

一些技能很明显更适合整体学习。比如说学习开车，将开车这一整体技能分解成分散的技能来学习是无用的。你不应该分开且单独重复练习如下动作比如：系安全带、点火、松手刹、调整后视镜以及将挡位从停车挡调整为行驶挡。开车是由一系列相互依赖的动作组成，所以作为一个整体来练习效果更好。

有些任务一开始需要学习一些基础技能，这时部分学习的方法更有效。比如说，学钢琴的学生在学习一首新的曲子时，就会先分别进行左、右手练习。等他们达到一定的熟练程度以后，再合成一个整体进行练习。

训练迁移。组织培训通常发生在人造情境之中,而人造情境跟实际工作环境可能在很多方面都有所不同。我们需要尽可能缩小培训和实际工作情境之间的差异,进而确保培训的效果能够得到迁移,即保证员工在培训中掌握的技能可以应用到实际的工作中去。

为了解决这一问题,我们需要考虑:培训中提供的信息对于实际工作绩效来说是否相关且有意义? 培训中讲师的行为和态度与成功完成工作所要求的行为与态度之间是否有关系? 在培训环境中掌握的信息都能应用到生产环境或办公室中吗? 在很多情况下这些问题的答案都是否定的。

如果培训需求跟工作需求有紧密关系,积极的迁移就会发生,即培训中学到的材料能够帮助提高实际的工作绩效。培训情境跟工作环境越相似,迁移的程度就会越大。考虑到相似程度的重要性,越来越多的公司开始使用虚拟工作环境来进行培训。

如果培训环境和工作环境差异很大,消极迁移就会发生。在这种情况下,在培训中学到的技能会阻碍和干扰工作表现。为了降低这一影响,员工在工作前必须改造甚至忘掉在培训中学到的技能。一项针对尼泊尔299位经理、主管和员工的调查发现,70%以上的人将培训和实际工作之间的积极迁移作为评价一个培训项目是否有价值的最重要的标准(Subedi, 2006)。

培训后环境中的很多因素可以促进积极迁移。其中最重要的是,上级管理者支持和鼓励员工使用在培训中习得的行为和技能(Smith-Jentsch, Salas, & Brannick, 2001)。对葡萄牙一家食品销售公司182名员工进行的研究证实了管理者的支持对于积极迁移具有重要作用。除此之外,研究者还发现来自组织以及同事的支持也会有助于积极迁移,因为这些支持提高了员工的自我效能感(Velada, Caetano, Michek, Lyons, & Kavanagh, 2007)。

另外,是否有机会将培训中学到的技能应用到实际工作中也很重要;在培训结束之后不久进行后续讨论或评估也有助于积极迁移。另外一个影响因素就是组织的整体氛围:组织氛围越是支持培训,员工就越是有机会将培训中学到的技能应用到实际工作情境中。

一项有关在职培训有效性的研究涉及150名培训和组织发展人员,研究过程中培训者预期有三分之二的人会将培训中学到的东西直接应用于工作中。然而研究结果发现,一年之后只有三分之一的员工将他们在培训中学到的东西直接应用到了工作之中。由此我们可以推测,迁移的有效性似乎会随着时间而降低(Sake & Belcort, 2006)。

新闻聚焦

你可以带着 iPod 去上班

人们曾经在上班的时候,为了不让老板发现而把 iPod 藏起来。但是现在有很多公司都给员工配备 iPod,并且告知他们可以在上班的时候使用。实际上,有些公司甚至要求员工利用 iPod 下载并学习公司的培训课程。

加利福尼亚州的一家半导体制造商花费了 250 万美元,为其包括海外员工在内的 8 500 名员工购买了 iPod,这样他们就可以在线接受课程培训。田纳西州的一家快餐店给新员工分发的 iPod 里有教授如何给客人准备食物的教学音频,这样他们在厨房的时候就可以听着指示一步一步来做。

很多员工报告说他们在上班之余、上下班路上,甚至在健身的时候都在听培训材料。他们好像不想让老板看见他们在上班的时候听 iPod,以免被认为偷懒。

年轻的员工很高兴能有这样新潮的培训工具,但是对年纪超过 50 岁的员工来说,他们当中的很多人并不知道 iPod 是什么,也不知道该怎么使用,但是他们学得很快。唯一的抱怨来自那些被公司解雇或者提出辞职的员工,因为他们不得不归还 iPod。

资料来源:Athavaley, A.(2006, October 25). The Boss Puts the Ipod to Work. *Wall Street Journal*.

反馈。当人们清楚地知道自己的表现如何时,学习会变得更加容易。反馈(有时候又称"对结果的了解")可以让受训者了解到自己的水平。反馈对于维持学习动机也很重要,如果受训者在培训的过程中没有获得反馈,他们可能会持续学习或者实践一些不合适的行为或者不正确的工作技能。

为了达到最好的培训效果,员工一出现不合适的行为就必须为其提供反馈。假设员工学习了一系列错误的操作,如果马上告诉他,那么员工的错误行为会更容易得到更正。经常性的反馈有助于提高整体的培训效果。反馈越是明确详细,对培训的帮助就越大。

强化。如果人们在表现出某种行为之后能及时得到奖赏,那么该行为就很容易被快速掌握。这种奖赏或者说强化,可以有很多种形式——一个好的考试成绩、评比表上的一个五角星、领导拍拍肩膀的鼓励,或者成功完成培训之后的升职。通过建立强化程序,管理者不仅可以维持员工的动机,还可以有效地塑造员工的行为。

在商业和工业中最常用的强化物包括钱(比如加薪或者奖金)、社会认可(赞美或者认同),或者是对工作绩效的积极反馈。在对 72 个针对工作绩效的研究进行元分析后,研究者发现:钱能提高 23% 的绩效,社会认可能提高 17% 的绩效,反馈能提高 10% 的绩效(Stajkovic & Luthans, 2003)。这三种强化物都是强有力的塑造行为的工具,都能使员工更具生产力。

在员工出现了我们所期望的行为之后应该立即给予强化。行为跟强化之间间隔的时间越长,强化的效果就越差,因为时间长了员工可能就意识不到正确的行为和强化物之间的联系了。

在培训的早期阶段,每次员工出现了期望行为之后都应立刻给予强化。一旦一些行为已经学会,连续的强化就没有必要了。但是,间隔强化还是必要的。比如,在受训者每三次或每十次出现适当的行为时给予强化。

培训的类型

　　前面，我们已经介绍了受训者培训前的特质和其他一些会影响学习效果的心理因素。接下来我们将讨论具体的组织培训技术。每种技术都有自己的优缺点，选择哪种技术取决于培训的目标、受训者的能力以及培训的内容和性质。

在职培训

　　在职培训是一种古老而又被广泛应用的培训方法，它直接发生在受训者的工作岗位上。在一位有经验的操作者、管理者或受过培训的教员的指导下，又或者仅仅是听着 iPod 或类似装置的录音指导，受训者可以边工作边学习。他们可能被允许在车间操作设备，或者在销售部里帮助顾客解决问题，这让他们有机会边工作边熟练工作技能。

　　在职培训(on-the-job training)最主要的优势就是经济性，组织不需要另外建立、配备或者更新维护培训设施。如果由在职员工或者管理者来充当培训师，那么请专业教员的费用也省了。在职培训另一个明显的优势在于它使得积极迁移更容易发生。因为在职培训中，培训环境和工作环境是一模一样的，所以不用担心培训中的表现能否迁移到实际工作中去。从心理因素来说，在职培训为受训者提供了积极实践的机会。由于培训环境和实际工作环境相关很高，受训者的学习动机也很高。同时受训者还可以得到及时反馈。例如，好的表现会受到表扬，而不好的表现可能会生产出有缺陷的产品或者使得顾客不满意。

在职培训中，新员工在有经验的老员工或者主管的监督下进行技能练习。

　　但长远来看，在职培训的代价是高昂的。员工或者管理者必须从他们日常的工作中抽出时间来培训新员工，这会导致整体生产率的下降。此外，新员工工作节奏慢，还有可能因为缺乏经验而损坏设备或者破坏生产，这些都增加了额外的开销。在某些岗位上，允许未接受陪训的员工操作机器不仅会对他们自己有害,而且可能会对别的员工造成危险。一般而言,培训期间的员工的事故率明显高于有经验员工的事故率。

除此之外,公司用在职员工或者管理者来充当培训师并不能保证新员工接受到足够的培训。一个人可以很好地完成一项工作,或者他在这份工作上有着丰富的经验,并不意味着他就有能力将这项工作教会给别人。由于在职培训的随意性和不规范性,有时它的效用比管理者口头对受训者说"去开始做吧,有什么问题再来找我"强不了多少。

在职培训也被用于管理层。很多管理能力和执行力的培训与发展都是基于一些非正式或者非结构化的在职经历。实际上在提高管理能力方面,在职经历比任何正式的课堂指导都更加有效。

模拟培训

由于在职培训有可能会阻碍生产进程,很多公司倾向于模拟培训(vestibule training)。他们在一个独立的培训设施里建立模拟的工作环境(模拟的英文原意 vestibule 是指走廊或连接建筑物外门和主体建筑的门廊。在美国工业发展的早期,企业会在工厂入口处设立门厅学校,以便给新员工提供几个星期的入职培训。门厅在这个语境里是指培训就像入口或通道一样,是员工在真正工作之前必须经历的)。模拟培训使用和真正的工作一样的设备和操作程序,通过技能良好的教员,而不是有工作经验的员工或者管理者,来教新员工如何工作。

由于模拟培训的目的仅仅就是培训,受训者也就没有维持生产效率的压力,也不用担心会犯代价高昂或者令人尴尬的错误,亦不必担心损坏生产设备。他们可以专心学习成功完成工作所需的技能。

模拟培训的最大缺点就是花费大。公司必须配备培训设施,而且雇用一批教员。如果没有足够的新员工来充分使用这些培训设施,代价就更高昂。更重要的是,如果培训环境跟工作环境之间的关系不是那么密切,消极迁移就会发生,这么一来受训者在开始工作的时候还是需要非正式的在职指导。现今,企业普遍使用从生产线上淘汰下来的废弃机器进行培训,这使得上述问题变得更加严重。但是,如果模拟培训设计良好,配备好的教员以及精良的设备,那么模拟培训会是一种非常有效的培训方法。

学徒式培训

也许在已有记录中最早出现且现今仍在使用的一种培训方法就是学徒式培训(apprenticeship),它针对的是手工行业的技术人员,比如建筑业和制造业。这种培训方式适用于水管工、木匠、电工、油漆工,尤其适用于汽车修理工人。学徒式培训一般在教室或工作岗位上进行,它涉及行业的大量背景知识以及在专家指导下的实际操作。学徒式培训的持续时间通常是 4 到 6 年。标准的程序是这样的:受训者要承诺为公司工作一段时间,作为回报,公司要给受训者提供特定的培训和通常相当于熟练员工一半的薪水。学徒期满以后,受训者会被允许加入工会,获得工会的成员资格对于找工作来说是必需的。因此,行业和有组织的劳动者共同努力支撑学徒式培训,从而形成一条稳定的技术工人供应链。

近些年,学徒式培训在公共事业领域很流行。很多联邦政府、州政府和地方政府都采用学徒式培训培养市政和军事方面的蓝领工人,比如建筑维护工人、高速路维护工人、监狱教导员以及消防员。华盛顿特区的史密森学会(Smithsonian Institution)为木匠、电工和瓦匠提供了学徒培训计划,用来进行博物馆展台的搭建。

计算机辅助教学

计算机辅助教学(Computer-Assisted Instruction, CAI)有时又被称为计算机辅助培训(computer-based training, CBT),广泛应用于私营和公共机构中。在计算机辅助教学中,教学程序可充当老师,而且通常以 CD 光盘为载体。受训者使用计算机与培训材料互动。教学程序会自动记录下受训者的反应,并根据之前项目反应的结果的正确与否确定下一项目的难度。

计算机辅助教学应用最广的例子是教授电脑使用技能。当今很多人在日常工作中都要用到电脑,这就使得操作电脑的能力尤为重要。计算机辅助教学的另一个广泛应用的例子是航空公司针对飞行员的培训。航空公司通过软件生成图像和触摸式面板来模拟飞机驾驶舱的按钮、开关、仪表盘和信号灯。这样就降低了驾驶员和副驾驶员原先要在更昂贵的飞行模拟器上培训的花费。

通过计算机辅助教学,受训者可以积极地参与到学习的过程中去,并且可以按照自己的速度去学习。由受训者而不是培训者来决定学习的频率以及每次学习的时间。然而,自由选择也可能会使培训效果大打折扣,尤其是对于那些缺乏足够学习动机的受训者。一项对78 位自愿参与问题解决在线课程的技术员工的研究发现,有些员工跳过了一些学习环节,有些员工因为进行得太快从而不能很好地理解材料。课程结束后,研究者发现得分最低的受训者只学习了不到 70% 的课程,在本应花费 14 小时的课程中只花费了不到 6 小时的时间。在培训上花费时间最少的受训者的学习自我效能感很低,也就是说,他们没有足够的自信认为自己有能力完成课程的学习(Brown, 2001)。

然而,对于有能力且有成就动机的人来说,计算机辅助教学有很多优势。受训者对于他们的进步能够立刻得到反馈,技能掌握后也能得到及时的强化。计算机辅助教学比传统的讲座培训提供了更多个性化的指导。计算机就像是一位对某学科有着丰富知识的私人教练,而且永远不会不耐烦或生气,没有偏见也不会犯错。由于计算机辅助教学能够准确记录与分析每一个受训者的即时表现,这样培训者就能够花更多的时间去解决那些不常出现的问题。

对涉及 19 000 名被试的 96 项研究的元分析发现,在讲授事实、方法和过程的陈述性知识方面,网络教学的有效性比课堂教学的有效性提高了 19%。而在程序性知识(即关于工作中的操作步骤的知识)方面,两种教学方法的效果并没有什么不同。此外,员工对网络培训和教室培训这两种教学方法的满意度也没有差异（Sitzmann，Kraiger，Stewart，& Wisher，2006）。在另外一个有关计算机辅助教学的研究中，研究者发现虽然西班牙裔的实地工作者的受教育程度很低或者基本没有使用过电脑，但是他们在网络教学过程中都能学得很好，而且能将学到的知识应用在实际工作中（Anger et al.，2006）。

即使受训者的数量很少，也不会影响计算机辅助教学的使用，这样公司就不用等到受训者的人数足够组成一个班才安排培训。计算机辅助教学也可以同时对不同地域的人进行培训。研究表明这项技术显著缩短了培训时间，并保证了培训的积极迁移。

网络辅助培训

网络辅助培训包括因特网和局域网（公司内部网络）培训。这是一种远程培训，与传统培训不同，它能提供最新、最需要的培训。通过网络辅助培训，公司可以为所有员工提供培训，不管他们在公司还是在家里，哪怕是在旅行途中，员工也可以用笔记本电脑或手提电脑来参与培训。网络辅助培训可以为各种类型的培训提供课程，从信息技术到高级会计的认证课程，甚至包括 MBA 学位认证课程。

网络辅助培训与计算机辅助教学有着一样的优点：受训者可以积极参与，按照自己的情况安排学习进度，可以得到及时的反馈和强化，以及灵活安排自己学习的时间和地点。

与需要受训者集中到教室，按照预先规定的方式进行的传统培训相比，网络辅助培训可以节省 20％到 35％的花销，而且这种培训更便宜、更有效，能使更多的员工受益。

行为矫正

很多组织培训中应用了正强化来改变行为。公司首先进行绩效审计来确定哪些行为经过改造后能产生更高的工作绩效。然后引入正强化来奖励那些表现出组织期望的行为的员工，比如减少错误或者提高生产率。尽管惩罚和训斥也可以在短时间内消除不期望出现的行为，但是由于它们会造成员工的焦虑、敌意和愤怒，因此很少被使用。在提高员工生产效率和改善员工行为方面，提供正强化的方式非常有效。

金刚砂航空货运公司（Emery Air Freight）开发了一套经典的行为矫正（behavior modification）计划，要矫正的行为跟工作绩效有着直接关系。该公司绩效审计发现了两个方面的问题：(1)尽管员工认为他们在 90 分钟里回答了 90％的顾客电话问讯，但是实际上这个比例只有 30％；(2)尽管管理人员希望员工将 90％的工作时间投入在装载集装箱上面，但事实上员工只使用了 45％的工作时间进行打包和装载。因此，该公司行为矫正计划的目的是使员工对顾客的问讯反应更快以及尽可能地使用集装箱装载货物。

公司的管理者学会了很多用于员工身上的强化技巧，这些技巧包括对表现良好的员工给予微笑和颔首肯定，而经济奖励并不包含在内。表扬和认同被认为是提高员工工作绩效和促进行为积极改变的充分强化物。管理者被告知在员工一出现公司期望的行为时就立即给予强化，之后可以逐渐将连续强化转变为偶尔的或间歇的强化。

公司还要求员工将他们的工作完成情况详细记录下来,以便将他们的绩效跟公司的标准做比较。这个纪录能够为员工每日的进步提供反馈。

该公司估计,这项计划带来的生产力提高以及反应时间的提升会在三年时间里为公司节省 300 万美元,这笔钱远远超过了实行行为矫正计划所用的花销。

新闻聚焦

海岸到海岸之间的穿行:圣地亚哥到坦帕?

29 岁的摩根(Morgan Hezlep)在圣地亚哥一家设计健康软件的公司工作,此时的她决定要回到大学完成她的学士学习。因为她需要薪水维持生计,所以她不能辞掉工作回到学校一心读书,此外,她也很喜欢她的工作。不幸的是,她的公司要派她去波士顿跟一个客户一起开发一个新程序,而且这还是个长期的任务。

之后事情变得更复杂了。摩根不想搬去波士顿,所以公司答应她每周可以坐飞机往来两地。工作的问题解决了,但是她到哪里完成她的学士学位呢?在波士顿,她必须要全天工作,在圣地亚哥,当地也没有一所大学允许她只是周末去上课。

之后摩根得知靠近佛罗里达州坦帕市的圣里奥大学(Saint Leo University)提供计算机科学的在线学位项目。摩根可以利用在机场或者在飞机上的时间在线做她的功课。该学校的在线学位系统以 CD 光盘的形式给她提供一周 16 小时的课程学习,并要求她撰写论文。"我每周日离开圣地亚哥,"摩根说,"从周一工作到周四,然后周五的早晨飞回圣地亚哥的家里。我会在机场坐定之后,戴上耳机,插入光盘,开始学习。"

她花了两年的时间完成了这项学习。除了光盘里的学习资料,每周还有在线研讨会,跟教授以及其他学生在虚拟教室里讨论。有问题时,可以通过免费电话、传真或者电子邮件找到指导老师进行交流。每门课程开始时,校方都会通过邮件把教材寄给她。

在获得学位的同时,作为飞行常客的她还积累了 30 万英里的飞行里程,其中包括她去坦帕市参加毕业典礼的路程,那也是她唯一一次真正踏入校园。

她的新证书让她决定进入新的领域谋求发展。她报名参加了法学院的课程,开始在真正的学校环境里学习。摩根认为在线课程的经历明显改善了她的学习习惯。"通过在线学习,"她说,"我被迫养成了良好的学习习惯和时间管理技巧。我认为这段经历使我成了一名更有纪律性的学生。"

资料来源:Commuter school(2003, July 20). *St.Petersburg*(FL) *Times*.

轮岗制

轮岗制(job rotation)是一种非常流行的管理培训技术。通过让受训者体验不同岗位的工作,使他们可以接触到组织的方方面面。该技术经常被用于培训刚开始工作的大学毕业生。轮岗可以增进毕业生对组织各方面的认识。他们有机会见到并认识不同部门的高层管理人员,在工作的实际体验中可以学到很多东西,并将自己的知识、能力和兴趣发挥出来。

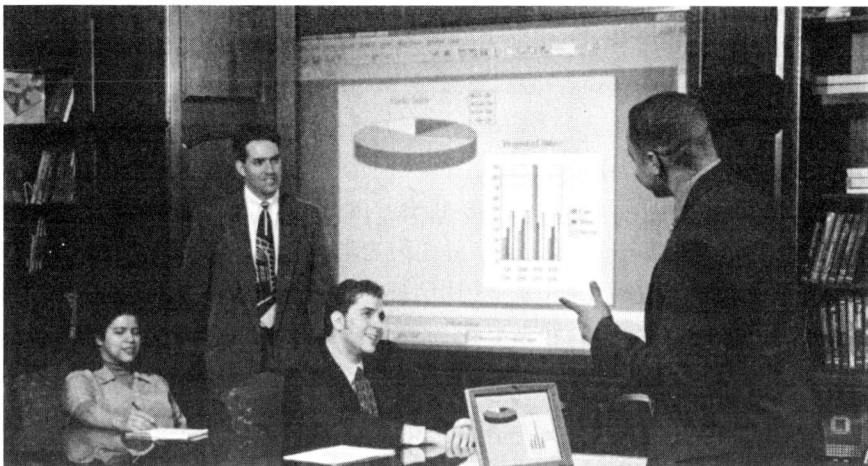

角色扮演为管理培训生提供了尝试更多管理行为的机会,并让他们可以从其他受训者和指导者那里得到相关的反馈。

轮岗时间很长,有时可能长达几年,员工从一个部门被调到另一个部门,或者从美国的某个工厂或办公室调到世界其他地区的工厂或办公室。这些变动可以让受训者在面对各种挑战的过程中提升自己的灵活性、适应性以及效能感。轮岗制也同样适用于技术性和半技术性工作,它可以提高工人不同方面的技能水平,同时也能减轻工人因多年从事同样的工作而带来的厌倦感。

轮岗制也有不足,其中包括频繁的变动,这会对员工的家庭生活以及员工配偶的工作发展带来不便。如果轮岗的周期太短,则没有充足的时间让受训者充分熟悉某个特定的工作。如果高层管理者只是更倾向于将管理培训生视为临时的办公助手,而不是需要被指导的管理团队接班人,受训者就很难有机会掌握要晋升到更高管理职位所必需的技能,这也违背了轮岗制的目的。

案例研究

案例研究(case studies)是由哈佛大学商学院(Harvard University School of Business)开发的一种方法,经常被用于对高层管理者的培训。在每一次开会之前,会先给受训者提供一些经理和高层管理者每天都会遇到的复杂问题或案例。要求受训者熟悉这些案例并查阅其他相关资料。当他们作为一个团队聚在一起的时候,每个成员都必须做好解读案例并给出解决方案的准备。通过听取不同人的意见,受训者可以学会从不同角度思考问题,并了解不同的解决方案。这些案例通常不存在正确答案,团队的领导者也不会给出答案,而是需要整个团队达成共识并解决问题。

案例研究方法的局限性在于最终提供的解决方案可能和工作的需求不相关。理论上对于某个问题的解决方法和组织在实际中的解决方法可能存在差异。因此由案例讨论得到的解决方法可能无法直接运用到实际工作中。

商业博弈

商业博弈(business games)试图模拟一种复杂的组织情境。它旨在锻炼受训者的问题解决和决策能力并提供实际运用这些技能的机会。由于不是现实情境,即使受训者采取的措施是错误的,也不会给组织带来损失或者让组织为难。

受训者以团队的形式进行竞争,每一个团队都代表一个虚拟的商业组织。每个团队都会得到有关这个组织的详细信息,包括财务、销售、广告、生产、人事以及存货方面的数据。每个团队必须自行组织起来并给各个成员分配工作与职责。当团队在处理公司事务的同时,指导者会对他们的推理过程和决策进行评估。团队也可能要处理一些额外的问题,这取决于他们最初的决定所带来的后果。

由于给受训者提供的商业问题太过真实,很多受训者都因此对他们的虚拟公司产生了情感承诺。在时间和竞争对手的压力下,他们能获得很多就现实问题做出决策的经验。对于受训者来说,商业博弈也让他们第一次接触到了那些管理者所面对的实际工作中的任务和压力。这种实际工作的预演会让有些受训者觉得也许另一份工作更适合自己。

文件筐培训

文件筐技术(in-basket technique)作为选拔员工的一种方法,我们在第 3 章讨论过。这种方法也可以被用来培训那些有可能成为管理者的人。每位受训者都会收到一叠材料,包括信件、备忘录、顾客的意见、雇员的要求,以及各种管理者在日常工作中需要经常处理的典型问题。受训者需要在一定时间内对每个项目进行处理。完成这些任务后,受训者会和培训师就所做的决定进行讨论并获得对结果的反馈。

角色扮演

角色扮演(role playing)要求受训者展示所扮演的角色在某个特定情境下他们所认为的任何合适的行为。例如,他们可能被要求想象自己是名主管,正在和下属讨论其糟糕的绩效评估结果。他们需要将这一情境在其他受训者和指导者前展现出来,后者会对他们的表现给予评价。第一次某个受训者可能扮演主管,第二次角色调换,让他再扮演下属。整个过程会被录像以便日后进行分析。很多人觉得在一群人面前表演很愚蠢或者很别扭,但是一旦开始这么做,大多数人都能找到这个角色的感觉,也能将自己的感情投入到情境中。

角色扮演是一个非常有价值的学习工具。它可以帮助受训者理解下属的观点,熟悉将来他们需要扮演的管理者的角色。从指导者和其他受训者那里,他们还可以获得实际经验和反馈。受训者可以练习与工作有关的行为,而且他们错误或不恰当的行为也不会影响实际工作中的人际关系。

行为模仿

管理培训中行为模仿(behavioral modeling)指的是让受训者以拥有出色工作绩效的人为榜样,模仿他们的工作行为。在培训人际能力和领导力方面,这是一个常用的培训技术。行为模仿的每个小组会有 6 到 12 名主管或者经理参与。每周会有 2 到 4 小时的课时,总共4 周。在每次培训的间隙,受训者会将其所学运用到实际工作中,并获得来自下属的反馈。

行为模仿的一般流程是,培训者首先用准备好的资料给大家做一个总体介绍,然后给受训者观看一段录像,录像中放映的是某些情境下经理或主管和下属打交道时应该表现出的合适行为,这些情景可以是跟下属讨论糟糕的工作绩效、过高的旷工率或者低迷的士气等。

接着,受训者要参与到行为排演之中,他们要练习所看过的榜样行为。此时,不是要求他们去表演一个角色,而是要求他们模仿在实际工作中可能会用到的行为,也就是榜样所展现的行为。培训者和其他受训者会给某一受训者所模仿的榜样行为的接近程度以及哪些行为表现得还有偏差提供反馈意见,这种社会强化可以提高受训者展现合适行为的信心。

由于经理和下属之间模拟的情景是基于实际工作情境的,所以通过行为模仿学习到的人际能力和领导能力可以直接运用到工作中。因此,行为模仿作为培训技术之一和工作的要求有着高度的相关,这样也就提高了受训者接受这项培训并加以运用的动机。

有关组织在使用行为模仿后的报告表明,这项技巧对于提高员工工作士气、提高与顾客间的沟通质量、增加销售量、降低缺勤率、提高管理技巧、提高产品的质量和数量以及降低员工对变革的抵触都很有效。

执行力训练

管理培训的另一种方法是一对一的培训,即让一位教练和经理一起努力,帮助这位经理提高某一方面的工作表现。公司的经理们不会演讲? 高官们使用网络不当? 绩效评估反映下属认为老板不会和人打交道? 如果你有以上问题,那就去找个教练吧!

执行力训练(executive training)是用来解决管理者的个人问题的。如果管理者的 360度评估反馈结果较差,最常用的解决方法就是执行力训练。因为仅仅只有反馈的话,不足以让管理者有动力去改变自己的行为,这时就需要教练的介入。教练能帮助管理者解读反馈并设计改善行为的策略。为了改变已有的不足,可能需要不止一次的指导。

1 202 名高级经理在进行了为期一年的执行力训练后,接受了 360 度的绩效评估。结果显示,接受了执行力训练的经理可以为他们的下属制定更详细的目标,并愿意向下属征求改进意见。接受过训练的经理获得的总体绩效评估分数也比控制组要高(Smither, London,

Flautt, Vargas, & Kucine, 2003)。大多数接受过训练的经理对于教练给予的意见都比较认同,也认为这样的经历对他们的事业发展是有价值的。

劳动力多元化培训

在第1章中我们提到了劳动力的性质在发生着变化,女性和少数民族的比重日益变大。为了帮助员工适应劳动力日趋多样化的工作环境,很多公司都设立了劳动力多样化培训(diversity training)项目,让人们正确处理那些可能导致歧视行为的个人偏见。通过讲座、观看录像、角色扮演和面对面的练习,员工能学习并体会到,作为女员工被老板性骚扰是什么感觉,或者作为西班牙裔员工从他的黑人老板那获得一个十分令人不满意的绩效评估是什么感觉。受训者被要求处理好自己在性别和种族方面的态度,并学会更加关心他人的利益和想法。

美国的公司每年在劳动力多元化培训上大约要花费100亿美元。劳动力多元化培训是否成功取决于以下几个因素:管理者的支持、强制性的参与和组织规模的大小。那些可以得到高层管理者的大力支持、劳动力多元化专家的技术支持且要求所有员工都必须参加的大企业的劳动力多元化培训最容易取得成功。但是,对参与者的培训后访谈表明,这种培训对于某些人来说会产生负面影响,也有人声讨说这种项目的开展只是因为政治上的要求。

一项涉及美国830个企业、长达31年的有关劳动力多元化培训项目的研究表明,强制性参与会降低工作场所的劳动力多样性。劳动力多元化培训的强制性参与使女性管理者的数量降低了7.5%,非裔女性的数量减少了10%,非裔男性的数量减少了12%。亚裔和西班牙裔的管理者数量也相应地减少了,所有这些都被认为是人为增加劳动力多元化培训而导致的负面效果。不过如果是员工自愿参与的话,这样的培训项目可能会有比较好的效果(Kalev, Dobbin, & Kelly, 2006;Vedantam, 2008)。

对一家全国连锁超市743个店面的6130名销售人员的研究发现,在劳动力多元化差的店铺中,黑人员工和白人员工之间每小时销售量的差异是最大的。而这种差异在鼓励劳动力多元化的环境中大大降低了(Mckay, Avery, & Morris, 2008)。

新闻聚焦

虚拟培训:怎么才能不撞毁一架价值上千万美元的飞机

这个场景你肯定在电影里看过,一架战斗机慢慢向上飞行,到达一架巨大的装满燃料的空中加油机的后下方。空中加油机从后面伸出来一根带有漏斗的吸管。战斗机飞行员操纵着飞机,保持每小时500公里速度的同时让战斗机油箱的接油嘴与那个小漏斗相连。这就是所谓的空中加油,一项艰难、精细、危险但是每个飞行员都必须学会的操作。

查理·霍华德少尉(Lt.Charlie Howard)是一位刚毕业的26岁的飞行员,正第一次尝试此项操作。他之前已经听过讲座、看过操作手册,也仔细观看了记录连接过程中飞行员视野的录像,可是当渐渐接近头顶的巨型飞机时,他还是感到了巨大的恐惧。只差20英尺了,他正慢慢地移动,突然,他的战斗机受到一阵强风的撞击,随着飞机被上升气流弹起来,他的身体倒向座位的一侧,查理疯狂地向前压操纵杆,但一切已经太迟了,风速远比他反应的速度要快,他的战斗机撞上了加油机的一侧。

轰的一声巨响在他的耳边响起,"你已经死了,查理,加油机上的所有人也死了。好吧,我们再试一次。"

查理·霍华德正在驾驶一架虚拟飞机,即飞行模拟器。通过佩戴一个头盔式的模拟器,他可以获得逼真的计算机模拟画面。刚刚的"撞机"唯一损害到的只是他的自尊心而已。现在他可以通过一次又一次的尝试以使自己的操作更加完美。只有这样他才能被允许在真正的飞机上尝试这个动作。

美国军队在飞行员、空中事故控制和坦克手的虚拟培训中投入了数百万美元,这样他们就可以在不伤害自身和他人以及不损坏昂贵器械的情况下学会完成自己的工作。现实模拟可以让研究者根据部队中不同兵种的要求改变培训模式。美国空军心理学家韦斯利(Wesley Regian)说过:"对于复杂的任务,人们可以先练习其中的某一部分,或者可以从简单任务开始模拟,例如把空中加油操作模拟中的风给去掉,等学员掌握了基本要领后再增加难度。"

在将来的某一天,霍华德少尉会在真正有风的情况下,在真正的飞机上完成加油的操作。多亏了工业与组织心理学家对模拟设备的研究,他到那时已经接受了很好的训练,他将会毫发无损地完成任务。

职业发展和规划

培训的目的是为了增加员工的知识储备,提高工作技巧,增进人际关系。大多数的培训都是强制性的,而且是针对某一特定的工作或者职业发展阶段,例如入门水平的工人、需要再培训的员工或者是职业发展中期的管理者。有些公司会为员工提供职业生涯发展的机会,员工完全可以自愿参与,而且这种职业生涯发展和规划需要员工终身的、主动的学习。

很多公司都成立了职业发展中心,比如通用电气(General Electric)、美国电话电报公司(AT&T)、美林公司(Merrill Lynch)、美国天合汽车集团(TRW)和施乐公司(Xerox)。这些中心提供了有关公司职业发展路径和机会的信息,也会为员工提供有关个人目标和组织目标是否一致的咨询和自我分析。很多公司会帮助员工进行职业规划,培养员工的人际关系技巧。公司也鼓励员工设定职业目标(例如,5年之后他们希望处在组织等级中的哪个特定位置)并定期对这些目标进行回顾。有些公司也会为员工设立学费返还计划,让他们可以重新回到大学或者研究院,更新与工作有关的技术或者学习新的技能。公司也鼓励员工参与各种内部培训课程。

迫使如今的工作场所发生这种改变的原因之一是"一个员工一辈子只做一份工作"这一观点的消失。取而代之的是,员工在职业生涯中会有很多机会主动或被动选择不同的职业,并持续完善和更新他们的个人技能。这种终身学习的需求提升了职业发展与规划的重要性。

一项长达 13 个月、对开展职业发展和学习活动的不同公司的 800 名员工的调查得到了如下结论(Maurer,Weiss,& Barbeite,2003):

- 员工早期职业发展活动的参与程度能比较好地预测员工现在和未来对于此类学习活动的参与程度。
- 高自我效能感可以使员工以更积极的态度对待职业发展中的机会,进而提高他们的参与性。
- 公司越是支持职业发展活动,员工就越相信他们的参与会给自己带来个人利益。
- 年长的员工较少受到组织对其参与职业发展活动的支持与鼓励,他们自己也觉得没有能力参与这样的活动。

除此之外,研究发现大部分员工之所以选择留在一家公司而不跳槽的原因是现在这家公司为其提供的职业晋升、发展和学习机会很有吸引力。

职业生涯自我管理

多年以来很多公司不断在经历合并、重组、裁员和业务外包,因此都没能力或不太愿意给员工提供职业发展和个人成长的机会,他们要求员工自己在职业生涯规划上承担更多的责任。职业生涯自我管理(career self-management)就是指可以经常收集相关信息,通过问题解决和决策,制定和修改自己的职业规划。目前有关职业生涯自我管理有效性的研究还较少。

有些组织通过提供培训帮助员工承担起技能更新和学习的责任。有人估计所有超过100 名员工的美国公司中有大约半数以上都会给他们的员工提供职业生涯自我管理培训。一个典型的培训包括三个阶段:

1. 评估职业态度、价值观、计划和目标;
2. 分析这些目标哪些是目前工作已经实现了的,哪些是没有实现的;
3. 讨论为实现目标和计划的职业策略,这些策略存在于工作中还是工作之外(这阶段包括更新技能、征求同事和上级的反馈、建立社交网络、对于新的工作机会保持灵活机动)。

新闻聚焦

遭遇中年职场危机该怎么办？接受再培训吧

现年55岁的盖理·赫尔曼（Gary Herman）是佛罗里达州坦帕市美国通用电话电子公司（GTE）数据服务部的一名系统分析员。他对他的未来很担心，因为他工作的领域科技发展得太迅速太彻底，以至于一个人的某一项技术在一两年内就会被淘汰。为了保持竞争力，他花费了大量的时间进行再学习。

"人们需要用新的知识武装自己"，他的老板詹姆斯·哈里斯（James Harris）说，"如果他们不这么做，他们可能会失去工作。要么前进，要么终止职业生涯，就这么简单。"

互联网技术的日益发展，给类似盖理·赫尔曼的员工带来了持续性的挑战。当他的老板给他提供了一个为期两个月的有关最新技术发展的课程后，盖理就在他全天的工作计划中加入了每天8小时的学习时间。他的老板并没有强制要求他参加这个课程，盖理知道是否要利用这个机会提高技术完全取决于他自己。但是他也知道如果在他下一次绩效评估时（其中包括一个关键能力的再评估）没有显示出他在管理自己职业发展方向上做出的努力，他将无法在自己所选择的GTE公司这条职业道路上继续发展，而且也会失去竞争力。

"在这个领域，你必须适应终身学习，"波士顿大学（Boston University）就业指导中心执行主任约翰·布亚诺（John Bonanno）说道，"很多你今天学习的东西将会在之后的两到三年内被淘汰。"

但不是所有人都有能力接受再培训。美国GTE公司的培训主管雷内（Rene Lutthans）发现有25%的员工在参加了类似的培训之后仍无法掌握新知识。"公司会尽量为这些人寻找新的职位，但是随着培训项目逐步结束，我们也不能保证他们都能被继续留用。"

如果你跟不上，你就会被淘汰。如果你自己都没办法管理你的职业生涯，没有人能帮你。

组织培训的评估

很多培训项目看起来很专业、很令人难忘，而且员工也似乎很喜欢。但是，这些培训项目的效果仍需要以系统化和量化的方式进行评估。评价培训是否有价值，需要对以下方面进行判断：（1）认知层面是否发生改变，比如学习到的知识量；（2）技能层面是否发生改变，比如生产出的产品数量和质量是否有提高；（3）感情层面是否发生改变，比如是否形成了积极的态度和动机。只有对培训的结果进行以上评估，组织才能知道他们投在培训上的时间和金钱是否真的有效。

员工是否学习到了他们工作所需的技能？产量、安全性和效率是否有所提高？沟通和领导能力是否得到了提升？员工们对于少数民族员工的态度改变了吗？为了回答这些问题，我们需要对同样工作上接受和未接受培训的员工进行对比。或者将培训前和培训后的员工与没有经过培训的控制组员工进行比较。只有通过这样的方法，组织才能确定现有的培训项目应该被修改、推广还是取消。

对397个关于培训的研究进行的一项元分析发现，组织培训总体上有中等偏上的积极效果（Arthur，Bennett，Edens，& Bell，2003）。一项针对某培训与发展机构150名成员的调查发现，这些培训专家认为大约一半的培训可以提高员工和组织的绩效（Kartz，2002）。

尽管如此大的投资可能付之东流，大多数组织也不愿对它们的培训项目进行系统化的评估。或者，它们宁可相信自己主观直觉性的证据，相信受训者确实学到了些东西。因此，很多组织并不清楚它们每年在培训上投入的几百万美元是否值得。随着越来越多的培训开始依靠电脑技术，无法确定培训有效性的代价将会越来越沉重。

除了花费，其他因素也会导致培训项目缺乏有效评估。很多培训组织者缺乏进行培训评估的能力。他们也可能过高地评估了自己设计或开展的培训项目的有效性。有些公司开展培训不是因为管理层相信培训的作用或者是期望它可以达到组织的某种目标，而仅仅是因为竞争对手在做培训。

很多培训项目的建立是因为大众媒体对某些新的技术和管理方法的作用进行了很多有趣的报道。其中的一个例子就是时间管理，即一种学会最有效地利用时间的方法。支持者认为时间管理可以提高员工的生产效率、满意度并减轻压力。越来越多的杂志、报刊和电视都在报道有关时间管理的成功事迹。于是，企业雇用了时间管理咨询师，用这一最新的、神奇的方法来培训员工，以消除工作场所内存在的弊病，但唯一的问题是时间管理根本不起作用！没有人知道有多少公司启动了这一昂贵的时间管理培训项目，即使在没有数据能证明其有效性的情况下却仍然维持着它的运转。

评估培训后的行为改变是一件困难的事情。如果一个工人只是操作一台简单的机器或者组装一个部件，那么对其培训目标的考核和对结果的评估就比较容易和直接。例如可以客观的判定和比较受过培训和没受过培训的工人之间，或者受过不同技术培训的工人之间，在每单位时间内生产的产品数量的差异。在这个例子中，我们可以较为直接地评估培训的有效性，但是如果涉及人际关系、问题解决和其他管理行为，培训有效性的评估就要困难得多了。

虽然缺乏数据的支持，但管理培训的表面效度仍然很高。这些培训很受大家欢迎，每个人都说它们是必需的，管理层也很支持。但是根本问题并没有解决：培训真的有用么？

培训师指出受过培训的人都陆续被提升到了更高的职位，以此来维护他们培训的有效性。但这不是一个充分的或者有效的评估培训成败的方法，因为在通常情况下只有最有能力和潜力的候选人才有资格参与管理培训项目。即使没有管理培训项目，这些候选人也是最有可能获得晋升的人。培训师也会吹嘘他们的学员有多喜欢这个培训项目。这很好，但是感觉或是其他主观的反应并不能代替研究去验证培训是否能产生更好的工作绩效。组织必须调动必要的资源去评估那些精心制作的培训发展项目。如果没有实证性的证据能证明培训的价值，那么继续支持这些活动是没有意义的。

组织培训中的很多问题给工业与组织心理学家带来了挑战：

- 确认执行日益复杂化的工作所需要的能力
- 为没有技术的工人提供工作机会
- 帮助主管们管理多元化的劳动力
- 因不断改变的经济、技术和政治力量而对员工进行再培训
- 帮助企业在国际市场中保持竞争力
- 为确定培训项目的有效性而进行必要的研究

本章小结

从一个人工作的第一天，到他工作生涯的每个阶段，从没有技能、连基础的数学和言语技巧都要学习的青少年到经验丰富的公司副总裁，培训和发展都在进行。公平雇用法规会影响培训项目，因为人员配置、晋升、留职、调遣都需要基于培训中的表现，所以培训也存在歧视的可能。

建立培训项目的第一步是确立培训目标，需要使用工作分析、关键事件、绩效评估和自我评估等方法对组织、工作任务和员工进行需求评估。培训人员需要充分了解培训主题，能够进行有效的交流，并具有人际交往的能力。

受训者培训前的特征会影响到他可以从培训项目中获益的多少。相关的影响因素包括个人能力间的差异、培训前的预期、动机、工作投入度、控制点和自我效能。学习过程中涉及的心理学因素也会影响培训效果，包括对材料的主动学习、集中或分散学习、整体或部分学习、培训迁移、反馈和强化。

在职培训中，受训者边工作边学习。模拟培训是在一个模拟的工作场所中进行。在学徒制中，学员在技能熟练的师傅指导下，接受课堂学习和工作实践。在计算机辅助培训中，受训者和呈现学习材料的电脑软件进行互动。网络培训通过网络或者公司内部的局域网提供教学。这就使学习不局限在上班的时间，学员可以选择任何时间、任何地点学习。在行为矫正中，当受训者表现出所期望的行为时，会得到强化或者奖励。

轮岗制可以让受训者接触到他们职位等级中的不同工作。案例研究要求参与管理培训的受训者分析、解释、讨论复杂的商业问题。商业博弈要求一组受训者在虚拟商业情境中进行互动。文件筐技术也是一种对现实的模拟，它要求受训者对信件、备忘录和其他办公室文件分别进行处理。在角色扮演中，受训者表演出员工和管理者之间的矛盾。在行为模仿中，受训者对成功管理者的行为进行模仿。执行力训练是为提高经理某一方面的工作表现而进行的一对一培训，这通常紧跟在 360 度绩效评估的糟糕结果之后。在劳动力多元化培训中，员工需要学会应对和处理种族主义和性别歧视。

职业发展和规划是提高个人工作技能和能力、促进个人发展的终身学习方法。通过自我分析、公司提供的咨询和培训项目，员工在各个职业生涯阶段都可以获得帮助。职业生涯自我管理指的是由员工自己而不是公司发起的技能提升和终身学习。

组织很少对它们的培训项目进行系统和量化的评估。很多培训项目之所以持续进行主要是基于对其有效性的主观信念,而不是基于培训之后实际行为发生改变的实证性证据。

关键术语

学徒制	案例研究	轮岗制
行为模仿	计算机辅助教学	需求评估
行为矫正	劳动力多元化培训	在职培训
商业博弈	执行力训练	角色扮演
职业生涯自我管理	文件筐技术	模拟培训

复习题

1. 什么是汉堡大学(Hamburger University)？在这个例子中,对工作中培训的本质和范围做了哪些阐述？

2. 需求评估的目的是什么？如何实施？

3. 决定培训需求和目标的最常用方法是什么？

4. 请描述如何运用绩效评估和工作分析为培训需求提供信息。

5. 培训前环境中的哪些因素可以影响员工对于培训价值的看法？

6. 讨论一下培训前员工对于培训的期望和动机对培训的影响。公司可以通过哪些途径提高受训者的动机？

7. 控制点和自我效能如何影响员工希望在培训中表现出色的动机？

8. 请描述主动学习、集中或分散学习、整体或部分学习的作用。

9. 如果让你教大家使用推土机或者电脑,你将如何开展此次培训？

10. 哪些因素会阻碍学员将培训中学习的东西运用到工作中？

11. 工作中有哪些强化物？它对于提高工作绩效有哪些重要作用？

12. 请描述模拟培训和在职培训的优缺点。

13. 和传统的培训相比,计算机辅助教学有哪些优点和缺点？

14. 请区分行为矫正和行为模仿。

15. 管理培训中如何运用案例研究、商业博弈和角色扮演？

16. 执行力训练和其他管理培训技巧有哪些不同？在有关高级经理接受指导的研究中,他们的行为在指导后的一年里发生了哪些变化？

17. 在哪些情况下劳动力多元化培训会导致管理职位中少数民族员工数量的下降？你如何解释这样的结果？

18. 什么因素会影响员工对于职业发展和规划培训的态度和参与性？

19. 进行职业生涯自我管理的原因是什么？

20. 对于员工培训的必要性、有效性、范围和价值你得到了哪些结论？

第3部分　组织心理学

　　组织心理学主要研究工作中的社会与心理现象。很少有人单独工作，多数人隶属于某个组织，例如流水线上的工人、公司某部门的员工。在组织内部，我们会发展出一些非正式群体，这些非正式群体会产生并强化不同于正式组织的行为准则、价值观和态度。同时，作为正式组织的公司也会通过心理气氛和文化来影响我们的工作情感。可见，组织的社会氛围和组织成员的心理特点是影响工作态度和行为的重要因素，而对它们之间关系的研究正是组织心理学家的工作重点。

　　领导（第7章）也是影响工作态度和行为的重要因素。组织心理学家主要研究领导风格、领导特征和领导责任在组织中的作用。

　　工作动机、工作满意度和工作投入（第8章）与员工需求以及组织对其需求的满足程度有关。员工对工作和组织目标的认同以及认同的本质是工作绩效和工作满意度的影响因素。

　　正式群体和非正式群体，以及它们的心理气氛界定了组织的结构（第9章）。组织风格包括参与式民主、对社会和技术变革的适应、新员工社会化、改善员工工作生活质量的努力等方面。

　　组织心理学直接影响你的职业生涯。它会影响你的工作动机、你最适合的领导风格、你所能展现的领导潜质以及你所在组织的结构等问题。这些方面决定了你的工作质量，进而改变着你对生活的总体满意度。

第 7 章

领　导

当代领导行为的有效性

你知道在新启动的商业投资项目和新成立的公司中,有近半数会在头两年失败或倒闭吗?你知道仅有三分之一的项目和公司能存活5年吗?大多数情况下,这种惨重的商业失败均可归因为一个问题,即领导不力。员工们对企业高层管理者的信心已大幅降低,仅有三分之一的员工相信公司领导层的判断。

总的来讲,调查显示当代企业的领导者并没有给人留下很好的印象。超过半数的经理或者高管时不时地表现出一定程度的能力欠缺。因此,也许包括你在内,可能有很多员工正在为不称职的领导工作,这对你的工作表现以及生活中待人接物的态度都会产生负面影响。领导力的欠缺也会对公司造成不利,比如工作效率降低、客户服务变差、工作习惯恶化、缺勤率和离职率升高。跟着一个糟糕的领导,员工非但不对组织做出承诺,工作和生活的满意度还会降低,同时也承受着更高水平的压力。

一项对700名来自各行各业职工的调查发现,31%的人抱怨主管有时对他们保持沉默、不闻不问;27%的人报告主管曾在同事或其他主管面前说自己坏话;23%的人甚至听说过主管让其他员工替自己背黑锅的情况(Ray,2006)。以上结果以及其他类似调查的结果均表明,当今的很多领导在工作中是不称职的。然而,当问及主管对自己的表现如何评价时,你猜他们怎么说?他们竟自我感觉良好!2007年《商业周刊》主持了一项调查,有2000名管理者参与其中,90%的管理者认为其领导力居于所在组织的前10%。

有些领导不但无能,还虐待员工。他们不是在其他同事面前羞辱、斥责下属,就是无中生有地责怪他们,有时甚至以降职或解雇相威胁。对中美两国民间和军队组织中领导虐待行为的研究表明,工作中遭到言语侵犯的员工会对上司产生愤怒和敌对情绪。他们拒绝接受上司的任何要求或安排,工作和生活的满意度较低,压力水平却很高,在组织中表现出反生产行为,甚至对同事和家人恶语相向(Ary,Chen,Sun,& Debrah,2007;Detert,Trevino,Burris,& Andiappan,2007;Hoobler & Brass,20006;Mitchell & Ambrose,2007;Tepper,Moss,Lockhart,& Carr,2007)。

被虐待的员工会产生不悦情绪,进而影响组织的生产效率。另一方面,有人对组织领导的信任水平进行了元分析,该分析综合了涉及27000名员工的106项研究,结果显示,报告高度信任的员工表现出更高的工作满意度、更积极的工作态度和更高的组织承诺(Dirk & Ferrin,2002)。

领导行为的有效性是工作中的一个决定性因素,它关系到员工的职业生涯发展和组织的成败(Kaiser,Hogan,& Craig,2008)。因此,组织非常重视中层和高层管理者的筛选、培养和后期支持,目的就是使他们的领导能力在工作中发挥最大的用处。

除了选择和培养领导者,工业与组织心理学家还大力开展对领导技巧的研究,其中包括成功领导者和不成功的领导者间品质与行为的区别,不同领导风格及其对下属的影响以及怎样才能使领导能力最大化。

科学管理

领导者的行为方式(执行领导行为时的具体做法)都是建立在对人性的某种假设基础之上的,他们总会有意无意地根据自己对人类行为的某种设想来管理下属。比如,对工作进行严格监督、时时确保员工各就各位的管理者,就与那些允许员工自由分配时间的领导者持有不同的人性观点。

20世纪早期,工头(直接管理生产线上的工人们,是最基层的领导者)直接从工人中筛选产生,很少经过正规的领导力培训。他们有权雇用或解雇工人、设置生产进度、制定薪酬标准,全权掌控工人们的生活。可对其权力行使过程中的监督却很少,没有工会、劳资关系部门、人力资源或人事监管部门,工人们也就没有什么机构可以维权。雇用工人时,他们总是优先考虑自己的亲戚朋友;工作管理中,他们为达到生产目标无所不用其极,独裁专制、言语攻击、人身恐吓……

一位叫弗雷德里克·泰勒(Frederick W. Taylor)的工程师提出了科学管理(scientific management)理念,当时颇为流行,旨在通过提高人机运作的速度和效率来增加生产。

科学管理简单地将人当作机器的延伸,却没有考虑到员工作为"人"所拥有的不同需求、能力和兴趣。它还认为,工人本性懒惰、不诚实、智力低下,当时心理学家们开展的关于美国人一般智力水平的研究更是强化了这一观点。心理学家戈达德(H. H. Goddard)强调说,低智商的人需要高智商的人来监督,"工人们的智商跟小孩子差不多,教导他们什么不该做、什么该做以及怎样做,都是理所应当的"(Goddard引用Broad & Wade, 1982, P.198)。因此,一个组织要想提高生产效率,就应该强制工人们听上司指令做事,按时完成生产进度安排。

新闻聚焦

当你遇到了一个糟糕的老板

你和朋友也许都碰到过像艾伦·布劳泽(Ellen Browser)这样的老板:她自大、恶毒、虐待员工,臭脾气一触即发,经常在同事面前训斥下属,责怪他们愚蠢无能,类似"罪状"数不胜数。反正不管你有多努力,工作多出色,总不能令她满意。

你开始讨厌上班,一走进办公室可能不是头疼就是胃疼。托她的福,工作的巨大压力让你失眠。你想尽快辞职,可在那之前,你还是要做一个郁郁寡欢的小员工,每个月除了薪水外其他什么都得不到。你每天告诫自己,就算薪水再高,也无法忍受像她这样的老板了。

若你真有这样一位老板,没事,很多人都有和你一样的烦恼。塔尔萨大学(University

of Tulsa)的心理学家罗伯特·霍根(Robert Hogan)说,多达70%的管理者可能存在领导力不足、剥削下属、独裁专制、暴躁易怒、信任缺失等各种各样的问题。他们不擅长做决策,可是又不愿授权下属。总之,这样的老板差劲透顶。

"糟糕领导"的例子真是不胜枚举。随便讲一个,当看到同事突发心脏病昏倒时,你想打电话叫救护车,可老板非说要等到休息时间再打,生怕影响了正常的作息制度,末了还补充一句:"反正人都已经死了,救护车早来晚来都一样。"还有个经典的例子,一位女员工由于流产没跟上工作进度,部门经理不仅没察觉到,还不相信她的话,非要医生开张书面证明。后来她想请丧假,部门经理又要她出示死亡证明。

在美国,约75%的员工认为工作中最糟糕的事情莫过于遇到一个不称职的老板,这也是工作压力的主要来源。员工们最经常抱怨的事儿就是上司们不仅不愿出面替自己维权,有时还虐待他们,把他们当傻子一样看待。

这么不够格的人怎么会当上领导的呢?霍根说这是因为大多数的公司总是提拔那些工作最出色的人当主管,而工作出色与领导能力并不那么相关,工作出色的人并不一定有良好的领导技巧和能力。霍根还说:"这些人最擅长的就是拍马屁,他们擅于交际,这就解释了他们为什么能当领导。"可谁都知道,仅靠社交能力就想当好一个领导,还差得远呢!

资料来源:A real piece of work:"Worst boss" contest lets employee vent(1997, October 16). *Washington Post*; Fishman, S.(2007, April 1). Boss science:The psychopathology of the modern American corporate leader, *New York Times Magazine*. Retrieved from nymag.com/guides/2007/officelife/30010/.

领导的人群关系理论

当下已很难再想象人们在科学管理理念下工作的场景了,因为大多数组织已将满足员工需求当作一种企业责任。受霍桑实验(见第1章)的影响,20世纪20至30年代产生的这个新理念被称作人群关系理论,该理论更关心员工自身而不仅仅是生产需求。

在霍桑实验中,领导风格被当作一个工作环境变量。以前在霍桑工厂,工人们经常遭到上司的不公处分,丢失部件、工作期间交谈甚至稍作休息都会遭到责骂。上司们像对待孩子一样对待工人,认为他们需要监督、催促和惩罚。实验对上司们进行了专门训练以改变其领导风格——工人们可以自行设定生产速度、可建立内部社交团体、工作期间允许交谈、提出的意见会被采纳,真正把他们当"人"看待,而不是某个大型生产机器中的传动齿轮。

X理论和Y理论

道格拉斯·麦格雷戈(Douglas McGregor)研究了上述两种领导模式,将科学管理概括为X理论(theory X),领导的人际关系方法概括为Y理论(McGregor, 1960;Heil, Bennis,

& Stephen，2000）。X 理论假设，多数人本性懒惰，不喜欢工作甚至尽可能地逃避工作，所以工作中必须对其加以强制、监督、训斥才能达到生产目标。另外，多数人胸无大志，不愿承担任何责任，甘受别人领导指挥。如果没有一个专横强势的领导，他们是不会工作的。X 理论与科学管理、经典组织架构科层制（bureaucracy）的假设一致。

Y 理论（theory Y）认为，大多数人希望从工作中获得内在的满意度和充实感，限制和惩罚并不是实现组织目标的唯一手段。再者，人本是勤奋的，富于创造性的，力图在工作中寻求挑战和责任。领导只有允许员工参与制定个人和组织目标并鼓励他们为之奋斗时，员工才能表现出最优秀的一面。Y 理论与人群关系理论、民主参与式组织架构的观点一致。该理论在管理中的一个应用就是绩效考核中采取的目标管理（management by objectives，MBO）措施（见第 5 章），即企业员工可以在很大程度上参与制定组织目标和个人发展目标。

麦格雷戈进行的理论区分获得了公认，那它们在工作中到底应用得如何呢？当代一位学者写道，X 理论仍然存在，即"认为工人通常是被动的、不能达到管理者的合理期望"，但他又补充说，"相比之下，麦格雷戈关于组织管理的人性化观点（Y 理论），却比以往任何时候都更频繁地被应用于实践"（Jacobs，2004，pp.293，295）。

领导理论

工业与组织心理学家坚信，有效的领导依赖于三个因素的相互作用：领导者的品质与行为、被领导者的特点以及领导情境。接下来我们将比较以下四种理论模型：权变理论、路径-目标理论、领导-成员交换理论和内隐领导理论。

权变理论

由弗莱德·费德勒（Fred Fiedler）提出的权变理论（contingency theory）（Fiedler，1978）认为，领导有效性是由领导者的品质特征及情境因素的交互作用决定的，领导者主要分为两个类型：员工导向型和任务导向型，不同类型的领导者对情境的控制程度决定了哪种领导类型会更有效。

领导者对情境的控制取决于三个维度上的条件：领导者与被领导者的关系、任务结构以及领导者的权力。具体地说，如果领导者被追随者接受和尊敬，任务高度结构化，且领导者有相当高的权力和权威，那么该领导就对情境有高度的控制，也可以说这个情境对他是有利的。例如，在军队中，与士兵们相处融洽的军官，总是能对情境实施有效控制和领导。

另一方面，如果某社交会所的会长既不受大家欢迎，又没有明确的组织发展目标，也没有要求会员出席或缴纳会费的权力，那么他就是个对环境控制力不足的领导，所处的情境也是对他不利的。根据权变理论，在非常有利和非常不利的情境中，任务导向型领导最有效；

在有利程度适中的情境中，员工导向型领导最有效。

权变理论的提出引发了一系列相关研究，其中一些确实验证了该理论。但鉴于大多数实验都是在实验室而非真实的工作情景下开展的，该理论的有效性还有待考证。不过，这几年已经涌现了很多针对该理论在理论和方法学上的探究（可参阅 Vroom & Jago，2007）。

路径-目标理论

路径-目标理论（path-goal theory）致力于研究什么样的领导行为才能使下属更好地完成目标。该理论认为，领导者可以依据特定目标的实现程度来制定薪酬奖励，从而增强下属的工作动机、工作满意度和绩效。也就是说，有效的领导者不仅能为下属指出个人和组织目标的道路，还可以提供达到目标的方法。

为了让被领导者能达到所期望的结果，领导者可以采取以下四种领导风格（House，1971；House & Mitchell，1974）：

- *指导型领导*：领导者准确地告知下属具体要做什么以及怎样做。
- *支持型领导*：领导者仅对下属的表现表示关心和支持。
- *参与型领导*：领导者允许下属参与到涉及下属工作的决策中来。
- *成就导向型领导*：领导者为下属设定有挑战性的目标并且看重结果。

追随者的个人特征和组织环境特征共同决定了哪种领导风格最有效，所以领导者应该视追随者的个人特征和具体组织环境的变化而灵活调整领导方式。比方说，低技能水平的员工在指导型领导下表现更好，高技能水平的员工需要的指导就少得多，所以支持型领导对于他们更合适。领导者只有在准确感知组织环境和下属能力水平的前提下，才能正确地选择最有效的领导风格。

虽然路径-目标理论的研究结果有时自相矛盾，但是工业与组织心理学家正不断地测试并完善它。

领导-成员交换理论

领导-成员交换理论（leader-member exchange）试图解释领导-成员关系（leader-member exchange，LMX）是怎样影响领导过程的（Graen & Schliemann，1978）。该理论的支持者们批判之前那些理论太看重一般性的领导风格和行为，却忽视了下属间的个体差异，该理论认为领导者与不同下属之间的关系（可称为二元关系）都是不一样的，都应该被单独考虑，因为领导者会用不同的方式对待不同的下属。

下属被分为两类：被上司评价为有能力、可靠又上进的"圈内雇员"，以及被认为能力欠缺、不可靠而又不求上进的"圈外雇员"。

领导行为同样也分为两种：建立在正式授权基础之上的监管式以及建立在劝导基础之上的领导式。上司会以监管的方式对待圈外雇员，分配给他们对能力和责任要求低的任务，与圈外成员之间几乎没有私交。

但是上司会采取领导型的方式对待圈内雇员,分给他们的重要任务既要求能力又要求责任,圈内成员和上司之间有私交,并对上司表示理解和支持。

真实工作情境下对不同管理层的研究结果普遍支持领导-成员交换理论,研究还证实上司可以通过训练表现出更多的领导式行为,从而改善领导成员之间的关系。如果领导接受了 LMX 训练,其下属明显表现出更高的工作满意度和绩效,以及更低的错误率。

对一家医疗中心和一家分销公司中领导-成员二元关系的研究发现,那些报告与上级有高 LMX 的员工认为自己与上级的交流更频繁,实际绩效也更好;而报告低 LMX 的员工倾向于认为自己与上司的交流更少,实际绩效也更差(Kacmar,Witt,Ziunuska,& Gully,2003;Yrle,Hartman,& Galle,2002)。

在中国开展的研究发现,高水平的 LMX 能激励员工去主动询问自己工作中的不足,因为他们觉得跟上司的关系足够牢固,所以不仅能承受上司的批评而且还可以主动询问(Chen,Lam,& Zhong,2007)。

在美国公司中的研究发现,高水平的 LMX 使员工无论在个人层面还是在团队层面都感觉到更多的授权,这似乎又带来了更高的工作满意度和更好的绩效(Chen,Kirkman,Kanfer,Allen,& Rosen,2007)。还有些研究证明,LMX 的水平越高,员工就会表现出更多的组织公民行为,即一种角色外的但是能从整体上提高组织绩效的个体行为(Ilies,Nahrgang,& Morgeson,2007)。

高水平的 LMX 被证明有利于改善员工对组织、客户以及顾客的态度(Tangirala,Green,& Ramanujam,2007)。进一步的研究发现,对于那些虚拟雇员来说,LMX 与工作满意度和绩效均存在正相关。该群体有至少四分之一的时间在远程办公,很少在办公室里,更没有机会与领导者直接接触,此时 LMX 就显得格外重要(Golden & Veiga,2008)。

有很多因素会影响 LMX。当组织中领导者和下属的性别一致或者彼此发展目标(即成就需要)相近时,他们就倾向于有较高水平的 LMX(Huang & Iun,2006;Vecchio & Brazil,2007)。个性特征也影响着 LMX。有这样一个研究结果,对于外倾性较高的员工来说,LMX 的水平与绩效不存在相关;相反,对于外倾性较低的员工来说,低水平的 LMX 对绩效有负面影响。于是,研究者得出结论,内倾性的员工在工作中更需要领导的精神支持(Bauer,Erdogan,Liden,& Wayne,2006)。

其他研究还显示,当领导者本身感受到更多的组织支持,即一种被称作"可感知的组织支持"(perceived organizational support,POS)时,他们也更倾向于支持自己的下属,此时 LMX 水平提高,员工的工作满意度和绩效也相应提高。也就是说,那些被自己上司支持的领导者会更倾向于支持员工,这种效应增强了领导-成员间的交换关系(Erdogan & Enders,2007;Shanock & Eisenberger,2006)。以上研究结果都是在真实的工作环境下得到的,这就是领导-成员交换理论在实用性方面的明显优势。

新闻聚焦

宁为副助理不做助理的助理……

设想你有一个这样的选择机会：要么职位不变加薪 2 000 美元，要么一个名为"经理"的新职位——但是工作内容不变，你会选择哪个？联机系统（On-line System）有限公司的总裁曾做过这样的尝试，他让公司的销售人员在"加薪 2 000 美元"和"用销售经理代替推销员这个职位名称"之间做出选择，几乎所有人都选择了后者。

他说："能让你留住员工的并非只有金钱，他们为什么能日复一日地回到这里上班呢？那是因为他们乐意在这里上班。他们为什么乐意呢？是因为一个稍微华丽点的职位名称会让他们觉得自己被尊重。"

员工们尤其喜欢带有诸如"经理"或"主管"这样字眼的能提升自我形象的职位。因为如果你是某某经理，未打通的电话自会有人打回来，客户也会以更快的速度回复你的电邮和传真，一起做事的时候再也用不着去等谁。所有这些便利都让员工觉得更富有成效。

进行校园招聘的企业意识到这个现象之后，都开始修饰招聘岗位的名称。他们将招聘"销售代理"改成招聘"管理层发展储备干部"。同一份工作，截然不同的名称，结果呢？——引来了很多很多的求职者。

在美国各大公司中的抽样中，给人自我膨胀感觉的职位名称包括以下几种：

- 首席责任官
- 首席发展官
- 首席学习官（负责培训）
- 首席啤酒师（任职于一家大型连锁酒店）【注：竟有多达 5 500 人应聘这个职位！】

没有哪个地方比政府官僚的头衔更华丽，看一看整个华盛顿特区里联邦政府官员头衔的数目吧：

副助理国务卿 484 个

荐任助理国务卿 148 个

助理国务卿助理 220 个

助理国务卿副助理 82 个

保罗·莱特（Paul Light）是布鲁金斯学会（Brookings Institution）的一名资深会员，他研究了这种现象，并称之为"职位名称潜变"。当提及自己的工作时，莱特说他想当参谋长，他开玩笑道，"除非哪天我有了个副参谋长，否则我就不是个真正的参谋长。"

资料来源：Please hold for the Deputy Deputy (1999, March 4). *New York Times*; Needleman, S. (2007, December 26). What's in a title? Ego stroking, chiefly, *Wall Street Journal*.

内隐领导理论

内隐领导理论(implicit leadership theory)是从被领导者的角度定义的,这种定义的出发点是每个人都会根据以前的经验在头脑中形成一个理想领导者的形象。如果新上司符合这个设想或概念,人们就倾向于认为他是一个优秀的领导者;反之,就会认为他很糟糕(Lord,Brown,& Freiburg,1999;Lord & Maher,1993)。

该理论认为,只要与被领导者心目中期待的形象一致,每个领导者都有可能被知觉为称职的领导,也就是说员工对领导行为的评价是相当主观的。至于拥有什么样的品质才算是称职,这并无客观标准。相反,只要能符合我们的预期,那他就算一个优秀的老板。

举个例子,假设工作经验告诉你,一个理想的领导者应该和蔼可亲,关心下属,而且能够采纳员工对于工作环境的意见,其实这样的领导更像是合作伙伴而不是上司。但当你发现新老板是个专制的官僚主义者时,你就很可能觉得他很糟糕;与此同时,某位同事却在这种领导风格下工作得如鱼得水。也许因为他本来就是喜欢别人指点而不喜欢参与决策的人,所以他才会觉得这个老板很出色。正如内隐领导理论所主张的,领导者的评判标准因人而异,优秀的领导者只存在于被领导者的观念里。

但这并不意味着,领导者不分场合地展现出各种特征和行为,却仍有员工认为他是优秀领导。事实上,人们所期望的领导行为是以在职场中能被接受的领导特质为前提的。英国曾对来自各行业的 939 名工作人员做了调查,此研究为测量内隐领导理论编制了一项纸笔测验,根据测量结果归纳出了与优秀领导者相关的四种特质以及与不良领导者相关的两种特质。四种良性特质分别是敏感性、智力、献身精神和活力,两种负性特质是专制和男性气质。这个结果适用于任何年龄、职业发展阶段以及工薪阶层的员工(Epitropaki & Martin,2004)。内隐领导理论在职场中并不是很常用,其实用性还有待确定。

领导风格

工业与组织心理学家还在领导风格方面以及不同领导风格在职场中对应的领导行为方面做了大量的研究。领导风格大致被分为:专制型和民主型、交易型和变革型以及魅力型。

专制型领导和民主型领导

工作场所的管理风格是一个从高专制型领导(authoritarian leadership)风格(领导全权决定,并告知下属具体要做什么)到高民主型领导(democratic leadership)风格(领导者和下属一起讨论问题,对于涉及工作的事情共同做决定)的连续体,中间又可以分为很多不同的等级。领导风格是否有效取决于实际情境、追随者的需求和个性特点。

高压力的工作通常需要敏捷的反应和高效应对,这种情况下只有专制型的领导才有可能使员工的生产力和工作满意度都保持在较高水平。究其原因,工业与组织心理学家认为,紧急的工作状况根本容不得人们去商量,下属们也都能意识到这一点,也愿意配合工作。例如,消防队员必须及时地回应火灾报警,并听从上级的安排行动,他们没有时间举行成员会议来讨论最佳的灭火方式。

对于工作压力巨大、需要快速决策和高效工作的警察而言,专制型领导
是非常必要的。很多情况下,他们并没有时间进行民主决策。

交易型领导和变革型领导

交易型领导(transactional leadership)会明确下属的需求,并在一定的绩效基础之上设法满足他们。秉承路径—目标理论,交易型领导应做到以下几点:设定目标,制定清晰明了的协议(明确对员工表现的期待以及奖励办法),并提供建设性的反馈,以使大家各司其职(Vera & Crossan, 2004, p.224)。

交易型领导重视提高公司日常办公和程序的效率,更加关注遵守现存的规则而不是改变公司的结构。因此,当公司已成功度过新公司必经的混乱阶段后,交易型领导就能非常有效地管理公司。他们主张设立规则,规范员工行为以帮助公司走向成熟,他们强调设立目标、提高运作效率和生产力的重要性。

变革型领导(transformational leadership)在行为方面有更大的自由,不受限于下属的意志。该类型的领导者致力于改变下属的需求和思维方式,反对领导行为必须和员工的期望保持一致的主张。

变革型领导使用目标定向和未来愿景激励下属。他们描绘出一幅未来公司文化的愿景,并将其传递给员工,激发员工能力的同时也给予一定的反馈建议。一项有近200名来自各行各业的管理者(包括从主管到总裁的各级管理人员)参加的研究发现,变革型领导在外倾性和宜人性方面的得分要高于非变革型领导(Judge & Bono, 2000)。对45项关于领导力研究的元分析表明,女性比男性更有可能成为变革型领导(Eagly, Johannesen-Schmidt, & Van Engen, 2003)。

就企业高管、高级军官、政府和高校中高层管理人员的研究发现,那些被下属认为是变革型领导的管理者的工作效率更高,与上司的关系更好,比起被下属认为是交易型领导的人来说,他们对组织的贡献也更大。员工们报告说,在变革型领导手底下他们工作得更努力,他们的工作绩效和工作满意度也更高(Bona & Anderson, 2005; Nemanich & Keller, 2007; Schaubroeck, Lam, & Cha, 2007)。

为变革型领导工作的人声称他们工作时更加乐观和热情,认为工作更具挑战性和重要性。就心理健康水平而言,他们也优于交易型领导的下属(Arnold, Turner, Barling, Kelloway, & Mckee, 2007; Bono, Foldes, Vinson, & Muros, 2007; Piccolo & Colquitt, 2006)。

变革型领导更能使员工保持对组织目标和组织变革的承诺,很多研究证实了这种说法(Colbert, Kristof-Brown, Bradley, & Barrick, 2008; Herold, Fedor, Caldwell, & Liu, 2008)。还有研究显示,变革型领导能够激发员工的权力感以及对领导和团队的认同感。他们会鼓励员工尝试那些非常规的想法和行动,因而能最大限度地开发员工潜质。变革型领导促使员工产生巨大的创造力,并使他们相信任务的重要性(Bass, Avolio, Jung, & Berson, 2003; Bono & Judge, 2003; Kark, Shamir, & Chen, 2003; Shin & Zhou, 2003)。变革型领导的巨大效能在美国、印度、西班牙、日本和中国等几个国家的很多公司中都得到很好的验证。

魅力型领导

通常情况下,变革型领导会展现出**魅力型领导**(charismatic leadership)的样子。他们精通所在领域的专业知识,积极上进,精力充沛并且敢于冒险,推陈出新。他们能够有效地使用手中的权力服务他人并取得信任,鼓励下属独立思考,提出问题,保持与下属开诚布公地交流,乐于表达对下属的认同,所以通常能激发员工的高绩效和积极的工作态度。

魅力型领导也会与下属共享愿景。他们不仅会为这一愿景亲自付诸行动,还会以一种强有力的交流风格,比如循循善诱的语调、丰富的面部表情、变换的沟通模式与下属们进行讨论。对荷兰某政府机构 115 名员工和 32 名经理的调查表明,魅力型领导和员工的归属感存在极高的相关(Den Hartog, De Hoogh, & Keegan, 2007)。

在对德国某手机公司的研究中,研究者对 25 名中层经理进行了为期一天半的培训项目,内容涵盖魅力型领导的行为方式、激励性演讲的准备方法及演讲技巧。培训还针对有关演讲内容和技巧给予了正反面的反馈。结果显示,经理们通过培训成为对员工更具激励性的领导(Frese, Beimel, & Schoenborn, 2003)。

魅力型领导是那些敢于创业、指导组织变革、鼓励员工努力生产的人。但他们并不完美,有时也会滥用权力,甚至有时可能只关注个人收益而忽略员工的需求。

权力的功能

行为层面上来讲,领导权力可分为两种,一种是领导管理下属的权力,一种是激励领导自身行动的权力。领导可能会因情境、下属的特点及本人个性特征的不同而使用不同的权力。

权力的种类

心理学家提出了 5 种领导权力(Yukl & Taber,1983),以下是前三种:

1. *奖赏权力*。奖赏权力是指通过控制给予他人奖赏或消除惩罚来影响他人的能力。

2. *强制权力*。通过解雇、暂停升职或加薪、分配不受欢迎的工作等手段,公司领导同样可以在其能力范围内对员工施以惩罚。

3. *法定权力*。法定权力来自于公司正式的权力架构。权力等级赋予公司领导指导并监督下属行为权力的同时,也规定了员工接受公司领导监督的义务。

这三种权力都源于领导和员工所属的正式组织,并由所在组织决定。下面两种新型的权力来自于领导者本身,来自于领导者在员工心中的个人魅力。

1. *参照权力*。参照权力指员工认同其领导者的程度,员工愿意将领导者的目标视为自己的目标并与领导者齐心协力的程度。

2. *专家权力*。专家权力是指在员工心中领导者所具有的能够达成团队目标的能力。如果员工们认可领导者的专业知识,他们就极有可能愿意配合、支持该领导。

权力的使用

众所周知,强制权力有时可能适得其反。主要依靠强制权力管理员工的领导与那些同时使用其他类型权力的领导相比,其领导力可能不那么有效。强制型领导的下属通常在工作满意度、工作效率及对公司忠诚度方面表现欠佳。研究表明,领导权力类型就其有效性而言依次是专家权力、法定权力和参照权力。

权力是如何激发领导者的呢?从中层经理到高级主管,人们无不表现出对权力的强烈渴望。有效的管理者通常比无效的管理者有较强的权力需求,但为一己私利而追求权力的人绝成不了最出色的管理者。相反,最高效的领导者对权力需求是以公司为导向的,并且是为公司目标服务的,所以他们在营造并维持良好工作氛围、增强士气、加强团队合作等方面往往比其他人更成功。

受个人权力需求驱使的管理者是在为自己服务而非为整个组织,他们虽然能够让员工保持忠诚,但这一忠诚也只是针对他们自己。他们固然比那些没有权力需求的管理者高效,但总归比不上以公司为导向的管理者们。

期望的功能

领导者对员工绩效的期望会影响绩效。例如,管理者期望值高的时候,下属倾向于有更高的绩效;反之,则绩效降低。

这种自我实现预言一开始是在学生中发现的。一次典型的实验课上,老师被提前告知部分学生潜力很大,另一部分则潜力很小,而事实上这种差异并不存在——就能力而言,这些学生都一样。正如实验设计一样,这两组的唯一差别就是老师的期望值。结果,所谓高潜力组的学生在智力测验中的分数明显高于另一组。那是因为,老师们在不经意间将自己的期望传达给了学生,从而影响了学生的学业成绩(Rosenthal & Jacobson,1968)。

这一期望效应也叫皮革马利翁效应(Pygmalion effect)。皮革马利翁是塞浦路斯(Cyprus)的国王,他爱上了一座名叫格拉斯特瑞(Galatea)的美丽女子雕像。为了回应皮革马利翁的祈祷,雕像活了,皮革马利翁的幻想变成了现实。

这种自我实现预言在工作场所中很常见。一项对各行业近 3 000 名员工参与的 17 项研究的元分析表明,皮革马利翁效应在军队中尤其明显。男性比女性有更强烈更普遍的自我实现预言。自我实现预言同时还常见于一些弱势员工中,无论他们的上司还是他们自己都将期望值降到很低,他们相应的绩效也就不尽人意(McNatt,2000)。对伊拉克 30 个班士兵的研究也证实了这一点,被女性长官认为自尊不足的女性新兵的表现也较差(Davidson & Eden,2000)。

同事间的期望值也可影响员工的表现。对中国台湾 166 名工程师、软件人员、物理学家、研究科学家、药剂师等的研究表明,当同事期待自己富于创造力时,他们也就会认为自己是有创造力的;反之,自我报告的创造性就会下降(Farmer,Tierney, & Kung-McIntyre,2003)。

有研究者调查了 584 名蓝领工人和 158 名白领员工,结果发现,一个富有创造力的领导者如果能不断鼓励下属加强自信,提高期望,那么下属就会认为自己是有创造力的。换句话说,领导者可以在下属中创造出一个自我实现预言,让他们觉得自己是有创造力的,从而提高实际创造性(Tierney & Farmer,2002)。

领导的功能

一个旨在确定领导功能的综合性研究项目区分了一系列不同的领导任务和行为,并将其归为两个维度:关怀维度(consideration structure)和定规维度(initiating structure)(Fleishman & Harris,1962)。

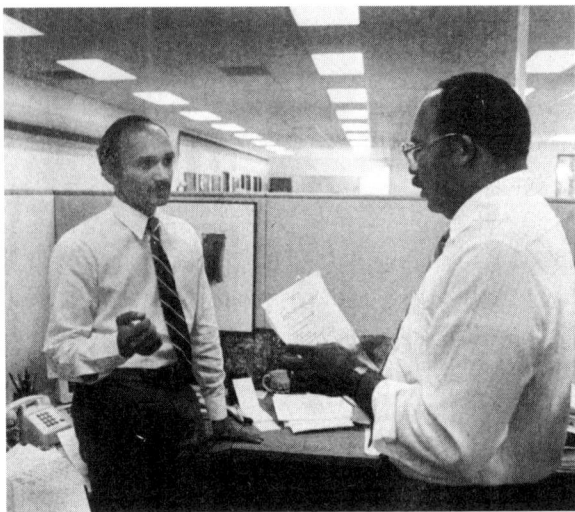

有效的管理者会在关怀行为(敏感察觉下属的需要)和
定规行为(提供能完成公司目标的框架)之间找到平衡

关怀维度

在关怀维度中,领导功能包括对下属情感的察觉及敏感度,这些功能与人群关系理论是一致的。高度关怀的领导者能够理解和接受员工作为个体所拥有的独特动机和需求。共情是成功领导者与员工相处的必备技能,对一般管理者来说,这无疑是一项重任。在保证生产和其他组织目标的同时,他们还必须有同情心和热情,并能理解员工的感受。

这种关怀行为对领导和组织都有极大的益处。对某信贷机构 115 名员工的调查发现,当管理者与员工之间出现分歧时,人们更倾向于信任那些平日里与员工开诚布公相处并且关怀员工的管理者,且不大倾向于将分歧归咎于他们。相比那些不信任自己上司的员工,信任上司的员工更愿意为公司做贡献,即便那是职责之外的事情(Korsgaard, Brodt, & Whitener, 2002)。

要注意关怀领导的功能与本章前面提到的一些领导风格是有共同点的,权变理论中的人员导向型领导、路径-目标理论中的参与型领导、领导-成员交换理论中的领导式领导都倾向于表现出高关怀维度。

定规维度

定规维度对应的领导功能大致是指传统意义上的领导任务——组织下属工作、分配工作任务并给予指导。有时,定规维度的要求也会与关怀维度发生冲突。为了完成工作(定规),经理必须给员工分配任务、规定做事方法、监督员工工作,以确定工作保质保量完成。

这种性质的工作可能需要独自决策,也没有时间和机会去考虑员工的感受。如果必须在一定的时间内高效完成一定量的工作,那么专制型的领导者可能显得更合适。能否始终如一地达到这些标准,决定了管理者的工作内容和企业的成败。因此,要想平衡关怀行为和定规行为也并非易事。

定规维度的领导与权变理论中的任务导向型领导、路径-目标理论中的指导型领导、常规决策理论中的独裁领导、领导-成员交换理论中的监督式领导是一致的。

尽管关怀维度和定规维度早在50年前就已经存在,近期的研究表明,直到现在它们依然能够很好地描述领导行为。对322项研究的元分析显示,关怀行为与领导绩效、团队绩效有显著的正相关,定规维度则与领导满意度、团队绩效存在相关。综合分析,这两个维度均与领导有效性、下属工作动机紧密相关(Judge,Piccolo,& Ilies,2004)。

新闻聚焦

公司的皮划艇比赛

一家日本公司和一家美国公司决定在密苏里河进行独木舟比赛。经过长时间的艰苦练习,双方均在比赛之前达到了最佳水平。但结果,日本队领先1英里,赢得了比赛。

美国公司失败后感到非常气馁、沮丧,公司管理层下定决心调查此次失败的原因。由资深管理人员组成的行为测评小组因此成立,除调查原因外,该小组还致力于提出相应的行动方案。

他们发现日本队有8人划船,1人掌舵,而美国队有8人掌舵,1人划船。美国公司斥巨资聘请咨询公司为他们提出解决方案,咨询公司认为美国队有太多的人掌舵,而划船的人太少。

为防止第二年再次输给日本,美国公司对赛艇队进行了重新改组,新的管理结构包括4名掌舵经理,3个掌舵管理员以及1名掌舵助理兼联系人。为了鼓励划艇的那个人,公司还颁布了新的绩效体系。该体系被称为"质量第一划船队项目",赋予划船者充分的人员和任务支配权。公司还给划船者提供免费的钢笔和T恤。在各种会议、宴会中,此项目拉开了帷幕。

结果第二年,日本队以2英里领先,再次打败了美国队。

美国公司因为此次差强人意的表现解雇了划船者,冻结了开发新型独木舟的基金,卖掉了船桨,取消了购买新设备的投资计划。相反,他们重重奖赏了表现极好的掌舵人员,剩下的钱就作为奖金分配给了高级管理人员。

资料来源:由 Mary Salo 提供的一则网络故事,但具体网站未知。

成功领导者的特征

　　组织中管理者所处的层级不同,对于成功所要求的特征也不尽相同。汽车制造企业中CEO与生产线主管的职能不同,自然能力要求也不同。通常情况下,在公司的职位越高,关怀行为越少,定规行为越多。因为通常只和少数几个下属互动,高级经理需要的人际关系技巧比普通主管少。每个一线主管可能需要管理100多名员工,而公司副总可能只与几名部门经理打交道。因此,不同级别的领导有着不同的角色、特征,也面临不同的工作问题。

汽车制造企业的一线主管正与下属讨论问题,倾听下属的抱怨

一线主管

　　针对一线主管,工业与组织心理学家研究发现,训练出的最高产的团队主管往往有以下几种品质:

- 高效的主管奉行以人为中心的原则。与不成功的主管相比,他们的关怀行为表现较好。
- 高效的主管都乐于助人。与其他主管相比,他们更愿意帮助下属,面对上司批评时也更愿意为下属说情。
- 高效的主管都很民主。他们经常与员工交谈以了解员工想法,鼓励员工参与,不像其他主管那么独断专行。
- 高效的主管处事灵活。只要不与公司目标相悖,他们允许员工以自己的方式完成工作。其他主管则直接规定工作完成的方式,以防节外生枝。
- 高效的主管视自己为教练而非管理者。他们强调工作质量,提供明确建议并且给予及时回馈。

经理和高管

位于企业高层的经理和高管很少会有关怀行为,更多的是定规行为。换句话说,他们更多的是以任务为导向而不是以员工为导向。成功的高管有很多其他共同特征,在这里我们将讨论大学教育经历、人格特征、权力以及公司指导者等影响因素,还有失败高管的特征。

大学教育经历和智力水平。对于高管来说,大学教育与事业成功存在正相关。有大学教育背景的员工比那些没上过大学的员工升职更快,职位也更高。大学成绩与评价中心技术得出的管理潜力以及之后在公司里的职位均呈正相关,大学成绩更好的员工晋升的可能性更大、首次升职的时间更早、职位也更高。而所上大学的质量好坏并不太能预测以后的工作表现。

能预测员工发展潜力和升迁机会更有效的指标是大学所学专业。大学专业为人文学科和社会科学的员工表现更优秀、绩效评估更好、升职更快且职位更高;商业管理专业的员工次之;数学、科学和工程设计等位居第三。人文学科和社会学科专业的员工在决策方面表现优异,解决问题时能独辟蹊径,智力水平较高,善于与人沟通并且富有上进心。与数学、科学和工程类专业员工相比,前两类专业的学生在社交技巧、领导能力、语言沟通能力和灵活性方面都表现更好。

多年来,人们一直认为智力水平和领导力有很大相关,即一般领导者比其下属聪明。然而,最近的研究并不支持这一观点。其实,领导力和智力水平并没有太大的联系,换句话说,一个人的智力水平不怎么能预测他的领导能力(参见,例如,Fiedler, 2002; Judge, Colbert, & Illies, 2004)。

人格。人格的许多方面,尤其是大五人格理论中的五项人格,与工作绩效息息相关。心理学家通过研究 17 位大型公司的高管发现,人格特征是顶层管理者取得成功的重要因素之一。对于 CEO 的管理班子而言,尽责性维度与工作的控制感有关;神经质维度影响团队凝聚力和头脑灵活性;宜人性则与 CEO 对凝聚力的感知有关;外倾性与领导的主导地位有关;开放性则与团队的冒险精神有关(Peterson, Smith, Martorana, & Owens, 2003)。

与美国的大多数调查结果不同,大五人格并不能很好地预测中国员工的绩效。例如,在中国管理层中,与美国刚好相反,外倾性与领导力水平呈负相关,但它有力地支持了文化差异影响成功领导者特征的猜想(Shao & Webber, 2006)。

对某银行在中国香港和美国办事处中 571 名出纳员的研究发现,当管理人员和下属的性格特征相似时,他们之间更有可能建立良好的信任关系和承诺。也就是说,性格的相似性有利于高水平领导—成员关系的形成(Schaubroeck & Lam, 2002)。

权力的作用。权力,往往是那些成功高管不断努力的重要动力。在一项经典的研究中,心理学家大卫·麦克利兰(David McClelland)提出了领导动力理论(LMP),还私下里将其称作"帝国建造"。高 LMP 的高管往往更高效,他们对权力需求大,对团体的依赖少,自控能力也很强。与其说想赢得别人的尊敬,不如说他们更愿意影响别人(McClelland,1975)。

研究发现,LMP 可以很好地预测非技术领域中管理人员的成功,他们成就需要(表现好的需要)的大小也能很好地预测其所在职位的成功。再者,高 LMP 的管理人员更加渴望威望和地位。

指导者。指导者既是教练也是咨询师,他们能够给年轻的员工提供建议和支持。在公司内能得到指导者帮助的员工通常更有可能获得晋升和加薪。对 43 项研究进行元分析证实了职业指导的巨大作用,这种指导通过榜样示范、意见咨询、友谊培养等方式来帮助员工解决工作、心理、社会等方方面面的问题。得到指导者支持的员工能更加积极地对待工作和组织,获得加薪和晋升的机会也比较大(Allen,Eby,& Lentz,2006;Henslin,Vanderwalle,Latham,2006)。

对美国一些组织的研究表明,指导的质量和效果可以通过适当的训练得到改善,当然,如果指导者与被指导者能一起参加培训,效果更佳(Allen,Eby,& Lentz,2006;Heslin,Vanderwalle,& Latham,2006)。

失败的管理者。对于一个管理者来说,了解失败者的特征与了解成功者的特征同样重要。这种失败通常被称为"脱轨",就像火车意外地脱离轨道一般。

有很多管理者,他们明明拥有领导潜质,却被辞退或选择提前退休,真正的原因是其人格因素。据领导评价,他们缺乏关怀行为。失败的管理者通常反应迟钝、态度傲慢、不合群,对待下属态度粗鲁、颐指气使,总把个人利益放在公司利益之上。

一位工业与组织心理学家将失败管理者思想上的错误和谬论分为以下 5 类(Sternberg,2003):

- *乐天主义*:过于相信自己的能力,认为自己有能力完成任何事情
- *自我中心主义*:认为自己是唯一重要的,瞧不起下属
- *全知谬论*:认为自己无所不知,认识不到自己知识有限
- *无所不能*:认为自己权力很大,有权做任何事情
- *无懈可击*:认为自己足够智慧,能随心所欲地做事而不被发现。即使被发现,也认为自己很重要不会受到惩罚

领导者遭遇的压力和问题

一线主管

正如管理人员的特征会因管理级别而异,他们所面对的压力和问题也随级别不同而不同。某种程度上,一线主管的工作比公司高管的工作还要难,但在管理技巧方面的正式培训却很少,或者可能根本没有什么培训。任命一线主管时也不会像任命其他高级别管理人员

那么精挑细选。通常情况下,公司直接任命业务能力最好的员工为主管,而不考虑他是否有管理才能。

新提拔的主管会面临服从上级指令和保持下级忠诚的两难选择。获得晋升前,他们被下属们接受和认可,分享着共同的态度和价值观,下班后同事之间有社交生活。工作团队给予的认同感和归属感使他们在情感上觉得很安全。

但是提升为主管后,与同事、朋友之间的关系就不像以前那般融洽。即便还想成为团队的一部分,但关系变了,之前的同事会用新的方式对待他们,慢慢地他们失去了这种同事认同和团队归属感带来的情感安全。

一线主管需要在员工和经理之间进行上传下达,同时还要权衡二者的利益冲突。要让下属保持一种忠诚与合作的态度,他们就必须把双方的需求和决定呈现给对方,在员工和经理之间起到缓冲的作用,为双方公开交流提供一个平台。实际上,如果想要保住这份工作,主管就应该更多照顾上司的需求。

员工参与决策制度的流行使一线主管的工作难上加难。如果不得不下放权力,他们将会失去仅有的一点点自主权。自我管理工作团队(self-managing work teams)是对一线主管监督权和自主管理权的又一威胁。在该团队中,主管们不是下放权力而是下放传统意义上的责任,让自己看起来更像是个资源顾问。如果团队的效率达不到期望值,受到责备的肯定是一线主管。但如果团队工作优异,上层领导人则会归功于员工。

对美国一家大型酒店连锁集团中 102 个管理小组(每组都由一名主管和至少两名员工组成)的调查发现,领导授权(比如用例证、教练、对团队表达关爱以及允许团队参与决策等方式进行领导)与团队整体的高绩效相关。一线主管对下属授予的权力越多,团队就倾向有更高的绩效(Srivastava,Bartol,Locke,2006)。

工作场所电脑技术的应用也给一线主管的工作增加了难度。如果电脑哪个地方出了问题,一线主管要负责维修,可是他们对电脑技术往往一无所知。除此之外计算机可以监控产品的质量和数量,为高级主管提供员工绩效、产出、办公或生产过程其他方面的资料,也就是说,高管可以在一线主管不知情的情况下实施监督。

经理和高管

部门经理与公司 CEO 面对的压力有所不同,尽管他们享有丰厚薪资和福利,但也经常满腹牢骚。最常抱怨的当属对公司政策没有发言权,只能按部就班地执行决策。中层管理者们也经常对于执行政策过程中出现的权力有限、资源短缺等情况非常不满。他们既要努力工作获得上司认可,又要为自己的意见和项目争取支持,还要为争取公司高层为数不多的几个职位拼尽全力,到头来也是烦恼多多。

中层管理人员到 40 岁左右时会开始跟不上时代潮流,他们的不满情绪会愈积愈多。再者,他们在事业上都已达到了所谓的"高原期",不大可能再提升。种种情况常会导致中年危机的发生,经理们知觉到了年轻人的威胁,他们想通过调整文化观念、重塑职业目标来改变自己,但是工作效率、创造力和工作动机的减退使他们虽然人还在公司上班,但实际上可能已不再有价值。

员工参与决策的制度也会使中层管理者备感压力。在涉及自身工作的决策中经理们往往没有发言权,相比之下,就连流水线工人和办公室职员都有了参与决策和工作设计的权力。参与的民主化改革极大地影响了他们管理下属的方式。领导权下放降低了威信、地位和权力,应民主化的要求,包括专用停车场、公司餐厅和独立办公室等方面的福利也被取消了。

高管面临的更为常见的压力源是组织要求的时间和精力越来越多。企业高管们一周要工作 60—80 个小时,晚上或周末将工作带回家也已不是什么新鲜事儿。随着智能手机、寻呼机和手提电脑的普及,远程办公已成为现实,脱离工作也就越来越不可能了。他们照顾家人的时间越来越少,工作—家庭冲突也由此产生。

高管的潜在回报,比如权力、金钱、地位、挑战和自我成就感等无疑是巨大的,同时这对他们的要求也非常严格。但作为公司高管,这些会给他们的生活带来不少好处。中层管理人员可能算不上是一个幸福团体,但高管们却有着很高的工作满意度。调查发现,即使经济上早已经独立,顶层管理者依然愿意坚守在自己的岗位上,为的就是金钱之外的满足。

管理中的人群多样化问题

多年来,女性在管理职位上一直得不到应有的尊重,如今她们虽然有机会进入企业高层,但这个过程还存在很多阻力。另外,薪资方面,女性也比同级男性的报酬少。有证据显示,无论哪个年龄阶段的职业女性,都不会主动跟雇主协商或要求提高薪酬,而更倾向于接受雇主已提供的薪酬标准,不管是高了还是低了。

对 37 名应届毕业硕士研究生的调查发现,57% 应聘管理职位的男性会要求雇主加薪,而只有 7% 的女性会这样做。起薪方面,那些主动要求加薪的研究生比没有要求加薪的人平均高出 4 500 美元。另一项针对 38 名即将找工作的在校学生的调查也揭示了几项性别差异。当问及他们是否认为自己有权要求加薪或者至少获得与其他人同等待遇时,70% 的男性认为自己有权利要求加薪,而 70% 的女性则认为自己有权获得同等待遇。在后续的采访中,85% 的男性认为,员工有责任确保企业支付的薪酬与创造价值相符,只有 17% 的女性同意这种观点。大多数女性认为公司给她们的薪酬是多少,她们的工作价值就是多少(Ellin, 2004)。

被公司雇用后,女性还会面临很多工作上的问题。对 69 位女性中高层管理者与 69 位同级男性的对比发现,女性比男性面临更多的晋升困难,她们觉得自己与公司文化格格不入或者被排斥在内部非正式的社交网络之外。好的工作任务一般不会分给女性,当某个升迁要求调动地理位置时,男性肯定是首选。她们必须比男性同事付出更多的努力,以更高的标准要求自己,即便如此,女性员工仍很难与高层管理者形成指导关系,高层管理者也不大认可她们的成果(Lyness & Thompson，2000)。

一个常见的性别刻板印象的例子就是：公司常将那些要求共情、敏感等所谓女性特征的职位分给女员工，那些要求竞争、野心和自制力等所谓男性特征的一线职位分给男员工，而生产销售这样的一线业务正是通向公司高管职位的垫脚石。再者，当女性取得成功时，男性上司会将此归功于幸运或者其他外部条件，而不是个人能力。而当男性取得成功时，上司会认为这归功于他们的个人能力。

在领导行为方面，人们对管理者的评价也存在性别差异。例如，当男女员工都表现出相同的积极态度时，女性会被认为是"爱出风头"。男性经理们希望自己的女性员工保持自信，但也只能容忍一定程度的自信。他们期望女性员工勇于冒险但不能把事情搞砸，坚强而有志气但不能过于"男性化"，敢于承担责任的同时还不能固执己见。换句话说，人们期望女性能比男性优秀，却从未想过给女性更好的甚至相同的待遇。级别越高，管理者所具有的这种传统观念越强烈。

在一项职场性别刻板印象的研究中，95 名男性管理者和 56 名女性管理者参与其中，实验要求每个人估计职场中男女管理者的比例并说出彼此更擅长的领导方式。分析表明，他们相信男性更有可能下放权力、鼓励下属、给下属出主意或者帮助解决问题等，女性则更擅长指导、奖赏和支持下属(Martell & Desmet，2001)。

一家名为"催化剂"(Catalyst)的专门研究职业女性的组织做过一项名为"做就完蛋，不做也完蛋"的调查，调查对象是美国和其他几个欧洲公司的 1 231 名高管。结果发现，人们认为那些拥有关注人际关系、重视他人观点等女性化特征的女性高管成不了一个优秀的领导者，而那些具有咄咄逼人、雄心勃勃等典型男性化特征的女性高管又太强悍，没有女人味。也就是说，相同的特点放到男性身上就是气宇非凡、能力出众，放到女性身上就是自我失控、人品差、能力不足(Belkin，2007)。

后来的研究表明，这些刻板印象正慢慢发生着变化。例如，在对多家企业的 620 名男性经理研究中，他们认为，与 15 年前相比，现在的女性管理者更具领导风范。他们还说自己更能接受，也更愿意与那些有着男性行事风格的女性员工共事。与此同时，对 688 名未来的领导者，即在校大学生的调查显示，他们仍受传统偏见的影响，认为女性管理者拥有的成功特质太少(Duehr & Bono，2006)。

身处管理职位的女性所获得的工作满意度高于普通女员工，女性高管的工作满意度高于中低层女性管理者。尽管大多数女性认为她们受到了歧视，比男性付出的努力更多，可工作满意度却并未因此而消失。影响男女管理者工作满意度的因素有所不同。对 400 对匹配的男性和女性经理的调查发现，男性倾向于因地位感到满足，例如那些能证实他们权威的因素；而女性倾向于从社会情感上获得满意感，例如那些能带来温暖和敏感的有利于人际关系发展的因素(Eddleston，Veiga，& Powell，2006)。

对女性管理者的研究得出了出人意料的结论：尽管女性的晋升机会少，但她们得到的上司指导和帮助与男性一样多。对男性和女性管理者的多次比较均显示，女性很少有正式培训和在职发展（比如那些备受关注、富有挑战性的任务）的机会，就连获得的上司鼓励也比男性少得多。

由于缺少晋升和自我成长的机会，一些女性管理者受挫后决定离开公司自主创业。比较男性和女性离职的原因可以看出，女性更有可能会离职，因为她们认为职场对她们的要求太苛刻。女性创业一般集中于几个职业领域，包括零售业、教育和个人服务业等。但作为企业家，女性能够和男性一样成功。

如果你想了解更多职业女性所面临的特殊问题以及近来取得的进展，请登录 www.catalystwoman.org/或者美国劳工部妇女局的官网。通过妇女局的官网，你可以查阅相关出版物、数据资料、政府倡议书和一些关于在非传统职业任职的女性的信息，该网站还有一个时事通讯栏。另外一个可能用得着的网站就是美国国家女性主管协会的官网 www.nafe.com

新闻聚焦

我们已取得了长足进展：二战期间雇用女性的经验分享

二战期间（1941—1945），美国许多组织首次决定雇用大量女性来完成"男人的活儿"，因为男人们都参战了。许多管理策略随之而来，人们觉得有必要去帮助那些"小妞儿们"（当时人们对于女性的昵称）适应工作，毕竟她们除了家务什么工作也没做过。毋庸置疑，当时的老板都是男的。

- 经验告诉大家，健壮（微胖）的女性比那些瘦弱的姐妹儿脾气好，工作效率也更高。
- 把工作日安排得满满的，让她们闲不下来，这样她们就没有时间干涉管理或阻碍工作进程。对于具体明确的任务，她们也可以做得很优秀，但却缺乏工作主动性。
- 给她们充足的休息时间。管理人员必须考虑到女员工的特殊心理，如果能允许她们保持整洁的发型、涂鲜亮的口红、多次洗手，她们将会更有自信，工作效率更高。
- 下达指令或是批评她们的时候，要老练圆滑。女人很敏感，不像男人一样可以很容易忘掉训斥的话。永远不要讥笑哪个女孩，否则将会打击她的积极性，降低工作效率。
- 在工作服方面要准备多种多样的尺码，确保每个女孩都能找到合适的工作服。当然也不能为了哄她们开心，而过分要求精致的尺寸。

值得高兴的是，自从这几点建议公布之后我们已经取得了长足进展。

尽管有越来越多的少数民族人种进入管理岗位，但他们依然面临着刻板印象、偏见、特殊障碍和挑战等问题。拿身处经理职位的女性来说，黑人和其他少数民族人种女经理都会遭到玻璃天花板效应的影响，这严重阻碍了她们晋升管理高层的进程。少数民族人种管理者中大多数是黑人，西班牙裔或亚裔美国人相对较少，所以大部分关于少数民族人种管理岗位的人力调研也都涉及黑人。

通常,黑人必须比白人付出更多的努力才能得到认可,绩效评估标准更严格。在他们眼里,白人讨厌与黑人共事,觉得黑人能力低下,雇用和提拔黑人也只是为了达到就业机会平等的要求。如果黑人公开地反对白人的种族态度,那么他们与上级、同事、下属之间的日常交流就会变得不愉快,大多少数民族人种管理者便带着这种沮丧辞职了。康宁玻璃(Corning Glass)公司发现黑人经理的离职率是白人的三倍。孟山都化学公司(Monsanto Chemical)报告说,黑人经理辞职的主要原因是与上级不和、缺乏归属感以及工作没有挑战性。

美国劳工统计局数据表明,在工作类型和薪水方面,少数民族人种女性比白人女性以及少数民族人种男性的机会都少。在对30家公司的1 735名亚裔、西班牙裔和黑人女性的调查中,一半以上的女性员工认为自己曾经受到歧视。据她们报告,尽管大部分美国公司均已制定相关政策来鼓励和提高种族多样性,却没能消除工作中微妙的种族主义和性别歧视。种族多样性计划实际上是没有效果的,近5年该类女性的工作机会并没有增加。

被调查的女性中有近35%认为种族多样性政策确实创造了一个更友好的环境,但只有25%的女性认为这些政策给她们提供了更宽广的职业发展道路。当少数民族人种女性被问及职业发展最大的阻碍时,她们的回答大多是缺少指导者,难以与同事建立私交。

当黑人经理与白人经理能力相当时,如果被提拔的是黑人,矛盾就产生了。通常,那些没被晋升的人的反应是:黑人是由于种族原因才得到那份工作的,这种态度可能会导致敌对关系的产生。另一方面,对于黑人管理者来说,想要与其他少数民族人种的员工友好相处,也不是件易事。西班牙裔和亚裔美国人通常认为黑人享有优待,这种臆想往往会造成问题:当黑人管理者对下属进行绩效评估时,各少数民族人种的员工都期望黑人管理者能相比白人管理者对自己更仁慈些。黑人员工也希望能得到黑人管理者的特殊照顾,这会给黑人管理者造成很大的压力。只要员工察觉到黑人管理者对别人有任何偏袒,新的敌对关系就会产生,这会影响到整个工作团队的绩效。

对107家宾馆中的2 000名员工的调查发现,与其他种族群体相比,黑人员工对黑人经理的不满情绪更多,他们对公司表达的承诺更少,而且辞职意愿更强烈(Simons, Friedman, Lie, & Parks, 2007)。对某大型零售公司5 000名经理的调查显示,与那些觉得公司种族多样性不良的黑人管理者相比,知觉种族多样性环境良好的人更不愿辞职。另外,对763名员工的调查表明,黑人上司的黑人下属比白人上司的黑人下属受到的种族歧视少(Avery, McKay, & Wilson, 2008)。

对美国军队2 883对领导-下属二元体的调查表明,在雇用关系的初始阶段,下属对上司都是满意的。但是,如果他们来自不同种族,这种满意度就会逐渐降低。白人下属对非白人上司的不满最为严重(Wecchio & Bullis, 2001)。

劳动力多元化培训旨在减少工作中的偏见和歧视,力图通过教育,使所有员工能在相处时照顾到其他种族群体的需要、价值观和顾虑。但正如第6章所言,这种培训通常没什么效果。

本章小结

由于领导无效,半数新成立的公司会在两年内倒闭,该现象也证实了"公司的决策有一半是错的"这一调查结果。领导能力欠缺、虐待员工都会导致绩效变差、组织承诺降低、工作满意度降低、工作压力水平升高。

只关注生产的科学管理理念在 20 世纪 20 至 30 年代被人际关系管理方法取代,该方法注重保证生产的同时尽力满足员工的自身发展需求。麦克格雷戈的 X 理论认为人本不喜欢工作,所以需要专制型、强制型和惩罚型的领导来管理工作。而 Y 理论认为人们是创造性的、勤奋的、有责任感的,当领导允许他们参与决策时,他们就会达到最佳状态。

权变理论表明领导的有效性取决于领导者自身性格特点与管理情境之间的相互作用。路径-目标理论强调领导行为要促进下属完成目标。领导-成员交换理论则考虑到了领导者对待下属的方式,领导-成员交换(LMX)与工作满意度、绩效和领导的授权程度存在正相关。内隐领导理论从下属不同工作经历、不同领导角色认知的角度来定义领导。

专制型领导和民主型领导的不同点在于他们赋予员工决策权的程度不同。交易型领导则将精力集中在建立组织日常的工作内容和模式,并严格按照既定的规则办事以期提高工作效率。变革型领导通过自己的魅力、智力激发和关怀来激励下属,重新引导下属行为。五种不同类型的领导权力分别是奖赏权力、强制权力、法定权力、参照权力和专家权力。

通过皮革马利翁效应,领导者的期望能够以自我实现预言的方式影响下属行为。领导行为可以分为两维:关怀维度和定规维度。关怀行为关注的是下属的感受,定规行为关注的是完成组织生产目标。

领导特征随着领导层次的不同而不同,层次越高,需要的关怀行为越少、定规行为越多。成功的一线主管以员工为导向,为下属提供支持,对公司和下属忠诚,实行民主式的监督方式。而成功高管需要更多的是决策权力和专业技能,并非人际关系技巧。那些在公司内有指导者的人更有可能得到加薪、晋升,会以更积极的态度对待工作。人格因素例如大五人格,与成功的管理紧密相关。管理失败更多的是由于人格因素而非工作表现。失败的高管通常持有很多思想谬论,例如乐天主义、自我中心主义、全知谬论、无所不能、无懈可击等错误思想。

领导所面临的问题也因管理层级而异。一线主管可能不太擅长监督技巧,面临着组织命令和下属需求的两难选择。参与式管理、自我管理工作团队和电脑科技使他们产生压力。参与式管理使中层管理者的权威降低,让他们觉得自己在事业中期被淘汰了。高管们虽然工作时间长,但与那些更低层管理者相比,其工作满意度仍然较高。

女性管理者依然比男性管理者的薪酬低,也不愿意向上级要求加薪。女性依然因性别刻板印象受到歧视,但在下属心中,女性管理者却和男性管理者一样优秀。黑人管理者面临着相似的刻板印象和种族歧视问题,与白人和其他少数民族人种的下属相处可能没那么容易。

关键术语

专制型领导	内隐领导理论	科学管理
科层制	定规维度的领导功能	自我管理工作团队
魅力型领导	领导-成员交换理论	X 理论/Y 理论
关怀维度的领导功能	路径-目标理论	变革型领导
权变理论	皮革马利翁效应	交易型领导
民主型领导		

复习题

1. 不称职的领导者和虐待员工领导者是怎样影响组织和员工的?

2. 区分科学管理和人际关系管理方法。

3. X 理论和 Y 理论对人性的总体假设分别是什么? 根据这两个理论,什么样的领导者才是最合适的?

4. 描述一下科学管理和 X 理论的相似性。

5. 在权变理论中,怎样判断一个情景是否对领导有利?

6. 根据路径-目标理论,哪四种领导模式能够促进员工目标的实现?

7. 描述·下在领导-员工交换理论中所谈到的两种员工类型和两种领导类型。

8. 高 LMX 对于员工有什么影响? 那低 LMX 呢?

9. 内隐领导理论与其他领导理论有什么区别?

10. 区分专制型领导和民主型领导、交易型领导与变革型领导。

11. 在一个尖端科技公司的成立初期,什么类型领导最有效?

12. 什么是变革型领导? 变革型领导对员工有什么影响?

13. 定义奖赏权力、强制权力和法定权力,它们与参照权力和专家权力有什么区别?

14. 哪种类型的领导权力是最有效的? 你为什么这样认为?

15. 如果要设计一个实验来验证皮革马利翁效应,你将怎样设计?

16. 高关怀维度的领导者与高定规维度的领导者相比,有什么不同?

17. 具备什么品质才能被视作一个成功的一线主管?

18. 一线主管在工作中面临着哪些不同于高管的问题?

19. 大学经历和性格是如何影响经理和高管取得成功的?

20. 列举一下失败的高管所抱有的错误想法。

21. 相对于男性,女性管理者在工作中面临着哪些特殊的问题?

22. 平等就业机会条例是怎样使少数种族的员工受益的? 又给他们带来了怎样的问题?

第8章

激励、工作满意度和工作投入

如果你问人们为什么要工作，他们可能会觉得很奇怪，实际上这并不奇怪。很多人别无选择，必须为了生存而工作；有的人则比较幸运，做着自己热爱的工作；有的人除了薪水外还能从工作中获得许多其他东西。那么，是什么激励人们把工作做好，并且竭尽所能力争做到最好呢？组织该如何做才能使员工提高生产率，增强满意度、工作投入和组织承诺呢？现在，激励问题是组织面临的主要问题之一。

雇主已经竭尽全力将工业与组织心理学中的发现用于招募、选拔和培训员工，并且提供有效的领导。但是如果员工没有得到最大的激励，那么这些努力对工作质量的提高都无济于事。

基于两个原因，激励问题的研究对你来说都非常重要：首先，作为消费者的你经常会成为对工作不满意的员工的受害者，他们生产不合格的商品或不恰当地处理你的请求。其次，在你开始工作到退休大约 40 到 45 年的时间中，你会把清醒时候的三分之一到一半的时间花费在工作上，这么漫长的时间足以让你感觉沮丧、不满和不愉快，尤其是这些不良情绪将会扩散到你的家庭和社会生活中，甚至影响到你的身心健康。

心理学家对激励、工作满意度、工作投入和组织承诺进行了研究，并提出了各种理论来解释员工激励，即为什么人们在工作中会表现出特定的行为。这些理论中有的强调工作场所的影响，有的则聚焦于人格特点。这些理论已经激发了大量的研究，根据研究已形成了一些改进工作行为的方法。这样你可以选择不同的方法，提高你对工作和生活的满意度与充实感。

内容型激励理论

内容激励理论强调工作本身的重要性以及工作给员工带来的挑战性、成长机会和责任感，这些理论涉及激励的内容，即何种需要会激励和指导人们的行为。下一节将介绍的过程理论则不直接聚焦工作本身，而是涉及工作中决策的制定和选择的认知过程。

以下我们介绍四种内容型理论：成就动机理论、需要层次理论、激励-保健（双因素）理论和工作-特征理论。

成就动机理论

成就需要或成就动机（achievement motivation）是成功者的特性，他们渴望完成工作并把工作做好，实际上，许多人希望能把事情做到最好，而不仅仅是商界领袖。当达成目标时，拥有高成就动机的人会获得很大的满意感，并激励他们无论在什么工作中都能成为佼佼者。

从 20 世纪 50 年代早期开始，大卫·麦克利兰（David McClelland）和他的同事们就对成就动机理论进行了透彻的研究（Atkinson & Feather, 1966；McClelland, Atkinson, Clarks, & Lowell, 1953）。他们在多个国家进行的调查显示，无论文化是否有差异，成功的管理者一致表现出较高的成就动机。例如，在当时还是社会主义社会的波兰，对成就的关注程度就几乎和美国一样高。麦克利兰得出结论:组织和社会的经济增长与员工和公民的成就需要水平相关(McClelland,1961)。

麦克利兰的研究指出了拥有较高成就需要的人所具有的三个主要特质:

1. 他们喜欢需要承担解决问题责任的工作环境。

2. 他们倾向于预估风险,并且设定适中的能够达到的目标。

3. 他们需要持续的认可和有关工作进展的反馈,从而知道自己做得怎么样。

成就动机高的人因激励而表现卓越,他们通过努力工作达成目标从而获得满意感。

已有研究表明:管理者的成就动机和公司的利润有很高的正相关;与低成就动机的管理者相比,高成就动机的管理者更尊重下属,更容易接受下属的新想法,并且更易接受下属参与管理;中高级管理人员的成就需要与他们今后的职位晋升呈正相关;而且不论男性企业家还是女性企业家,他们的成就需要都显著高于普通员工。

对以色列和英格兰846名高新技术产业员工的研究表明,成就需要和工作绩效呈显著正相关。成就动机越高,员工的工作绩效越高(Baruch,2004)。

此外,研究提出两种能够满足成就需要的目标类型:掌握型和表现型。掌握型目标是指通过获得知识和技能来发展能力从而达到自我满足;表现型目标指通过比别人(例如,在同一种情境中的合作者)有更好的表现来展示自己的能力。两种目标的达成都依赖于个体竭尽全力的努力。对荷兰600多名大学生的研究发现,三分之二的人倾向于掌握知识和技能而不是达到表现型目标,换句话说,比起向人们展示他们优于别人,大学生更倾向于选择达到自我满足(Van Yperen,2006)。

对荷兰一家能源公司170名员工的研究发现,掌握型目标导向员工的工作效率高于表现型目标导向的员工,而且,前者和他们的主管能够建立较高质量的领导-成员交换关系,也就是说,持有掌握型目标导向的员工的工作满意度和内部动机都较高。相反,具有表现型目标导向的员工不能很好地和主管建立领导-成员交换关系,相应地,工作满意度和内部动机都比较低(Janssen & Van Yperen,2004)。

在中国台湾地区,一项包含200名信息系统员工的调查项目描绘了成就动机的三个维度:坚持不懈、竞争能力和任务控制的难度,它们在高新技术工作中是非常重要的,都有助于满足成就需要。

总之,成就动机理论对一些员工的动机提供了可信的解释,并且在工作场所中得到广泛的应用。

需要层次理论

亚伯拉罕·马斯洛(Abraham Maslow)根据重要性把人类需要分为不同的层次,从而提出了需要层次理论(needs hierarchy theory)(Maslow,1970)。需要层次理论认为人们总是希望得到他们没有得到的东西,这样,已经得到满足的需要对人类行为就不再有任何激励作用,新的需要就出现并取而代之。一旦人们的低层次需要得到了满足,他们就会关注更高层次的需要。需要层次从低到高的顺序如下:

- *生理需要*:最基本的人类需要,包括食物、空气 、水、睡眠、性驱力和性活动。
- *安全需要*:居住场所、心理安全和稳定的需要。
- *归属和爱的需要*:爱、情感、友谊和隶属感,包括和他人交往以及被他人接受的社会需要。
- *自尊的需要*:自我尊重以及得到他人的钦佩、尊重的需要。
- *自我实现的需要*:成就感的需要,发挥潜能、展现能力的需要。

这些需要应该按照呈现的顺序依次得到满足,处于饥饿或是对自身安全充满恐惧的人没有时间去尝试满足自尊或是自我实现的需要。在经济困难时期,工作稀缺,许多人迫于生计很难满足高层次的需要,例如自我实现。然而,一旦人们有了足够的物质和经济保障,他们会受到激励去满足较高层次的需要。

在工作中,归属需要是非常重要的激励因素,通过和同事的交往,员工可以形成自己的社会支持网络,获得归属感。买房子、买豪车可以满足自尊的需要,增加成就感;从工作中得到的奖励,诸如老板的表扬、晋升、宽敞明亮的办公室、私人停车位等也可以满足自尊的需要。通过给员工提供成长和承担责任的机会,使他们能充分发挥自己的能力,可以满足员工自我实现的需要;不论薪水多高,常规而乏味的工作绝不会满足员工自我实现的需要。

马斯洛的理论缺少实验支持,缺乏效度和适用性,它的复杂性使得人们很难对其进行实证。尽管如此,管理者和执行者都很乐于接受自我实现的概念,他们都把这一高层次需要作为一种潜在的激励因素。

激励-保健（双因素）理论

弗雷德里克·赫茨伯格（Frederick Herzberg）提出了激励-保健（双因素）理论(motivator-hygiene "two-factor" theory),这一理论涉及动机和工作满意度,激发了大量的研究,并且引领组织重新定义工作的执行形式以提高员工的工作动机(Herzberg, 1966; 1974)。

根据赫茨伯格的理论,有两类因素:产生工作满意的激励因素和产生工作不满意的保健因素。激励因素（较高的需要）激励员工在工作中有好的表现,它主要指工作本身的内在因素,包括个体工作任务的性质,员工所担负责任和获得进步的大小,获得成就、认可的程度,事业的发展和成长机会等。激励因素和马斯洛的自我实现的需要相似,可以通过具有激励性、挑战性、吸引力的工作来满足,如果符合这些条件会产生工作满意。然而,当这些条件不能被满足,比如,工作不具有挑战性的时候也不一定会导致工作不满意。

工作不满意是由保健因素（较低的需要）导致的,保健这个词和健康的维持与提升有关系。保健因素和工作的外在因素,即工作环境相关,包括公司政策、行政管理、人际关系、工作条件、薪资和福利等。当保健因素不能得到满足时,就会导致工作不满意。但是,保健因素的满足也并不一定导致工作满意。保健因素和马斯洛的生理需要、安全需要和归属需要相似,马斯洛和赫茨伯格都认为只有满足了低级需要才能激发起更高一级的需要。

对英国3 200多名员工的调查发现,像金钱和赏识等因素（保健因素）并不是激励的首要来源。和赫茨伯格的理论一致,激励因素对员工的工作表现更为重要(Bassett-Jones & Lloyd, 2005)。

赫茨伯格的理论主要关注工作的内在因素,并将其作为激励员工的因素。如果激励因素能激发员工努力工作,形成对工作的积极态度,为什么不重新设计工作,使之尽可能最大化地满足员工的激励需要? 这就是工作丰富化(job enrichment),通过扩展工作内容使员工在计划、执行和评估工作中承担更多的责任,从而提供满足他们激励需要的机会。赫茨伯格提出以下方法来使工作丰富化:

1. 解除某些对员工的管理控制,增加他们对工作的义务感和责任感,也就是增加员工的自主性、权威性和自由。

2. 如果有可能,组建完整的或者自然的工作小组,例如,允许员工们组成一个完整的工作单位,而不仅仅把员工当成某工作单位的组成部分。这种政策会使员工认为自己的工作在整个组织流程中是有意义的。

3.直接持续地向员工提供生产活动和工作表现的反馈,而非通过其监管者提供。

4.鼓励员工承担新的、有挑战性的工作,成为特定任务或操作的专家。

以上建议的目标都是一致的:有助于员工的个人成长、成就满足和承担责任的需要,使员工有被赏识感等。恰当的工作丰富化并不仅仅是让员工做额外的工作,而是扩展完成任务的知识和技能。

工作-特征理论

哪一种具体的工作特征可以被丰富化? 工作丰富化运动使两位心理学家提出这样一个问题。基于对与工作满意度及其维持有关的工作因素的客观测量,理查德·哈克曼(J. Richard Hackman)和奥尔德姆(G.R.Oldman)提出了工作-特征理论(job-characteristics theory)(Hackman & Oldham, 1976; 1980)。大量证据表明,特定的工作特点会影响对员工工作的态度和行为,但是这些工作特点并不是以相同的方式影响员工的。例如,一项研究记录了人们对成长需要的个体差异,结果发现成长需要较高的个体受到工作特点变化的影响大于成长需要较低的个体。而且这些工作特点的变化看起来并不直接影响员工的态度和行为,而是受到员工的认知过程(对变化的感知)的过滤。

当员工在工作中表现比较好的时候,某些工作特点能使员工体验到积极的情绪状态,这些特点会激励员工继续有良好的表现,以期好的表现带给自己好的感觉。员工表现良好的动机强度取决于员工成长和发展需要的强度,需要越强烈,员工越会重视由好的工作表现带来的积极情绪体验。因此,工作-特征理论认为如果员工开始就具有强烈的成长需要,特定的工作特征将会产生特定的心理状态,从而产生更高的动机、更好的表现、更高的满意度。

哈克曼和奥尔德姆认为核心的工作特征应该包括以下几点:

1. *技能多样性*:员工在工作中使用多种技能和能力的程度,工作越具有挑战性就越有意义。

2. *任务完整性*:一个完整的工作,也就是,它是否包括完整的工作程序或者完成一个产品的全过程,而不只是在生产线上完成一个产品的一部分。

3. *任务重要性*:工作对同事或者消费者的生活和幸福感的重要性,例如,飞机修理工比邮局的员工以一种更重要的方式在影响着更多人的生活。

4. *自主性*:在安排和组织工作时员工所具有的独立性。

5. *反馈*:员工获得的关于他们工作效率和质量的反馈信息的数量。

可以仿照赫茨伯格先前的提议重新设计工作,使以上的工作特征最大化:

- 把小的精细的工作组成大的工作单元,从而提高技能多样性和任务完整性。
- 把众多任务安排成自然的、有意义的工作单元,使员工对完整的工作单元承担责任,从而提高工作完整性和重要性。

- 赋予员工与顾客或是最终使用者直接接触的权利,从而增加技能多样性、自主性和反馈。
- 增强员工的自主性、责任感和对任务的控制,以增加技能多样性、任务明确性、工作重要性和自主性。
- 安排员工有规律地了解他们在工作中的表现,以增加反馈。

哈克曼和奥尔德姆设计了工作诊断调查表(Job Diagnostic Survey,JDS)来测量工作-特征理论的三个方面:(1)员工对工作特征的感知,(2)员工成长需要的水平,(3)员工的工作满意度。工作诊断调查表是由描述不同的工作特征的短语组成的自陈式量表,要求被试评估这些短语所描述的他们工作特征的精确度。该调查表经修订后,虽然只使用了一些积极的词语,但是它比原始版本的效度更高。

工作-特征理论激发了大量的研究,基于此理论提出的工作丰富化也得到了更多的支持。研究表明增加一些工作的挑战性、复杂性和责任感,可以提高员工的满意度、自我效能感和动机。

可以看到,内容激励理论有相同的核心或者说是中心概念,它们关注工作扩大化、丰富化或工作再设计,使员工具有更强的责任感。它们重视成长、自我实现、个人成就的机会,并且通过增加工作中的义务感、挑战性、控制感和自主性的程度来提高工作动机。扩大工作的范围可以提高个人满意度,也可以增加员工在工作中表现良好的动机。枯燥乏味和常规的工作会使人变得愚昧,降低工作满意度和工作动机,当你申请下一份工作时一定要把这些牢记于心。

过程型激励理论

过程理论主要关注认知过程,认知过程是决策的一部分。我们将会提到三种过程理论:效价-工具-期望理论、公平理论和目标设置理论。

效价-工具-期望理论

效价-工具-期望理论(valence-instrumentality-expectancy theory)起源于维克多·弗鲁姆(Victor Vroom),他认为,人们期望特定的行为会产生特定的结果并且会根据他们感知到的这种期望来做选择(Vroom, 1964)。在工作场所,员工会选择产生最多的薪酬或利润的表现水平,如果他们期望自己的努力产生积极的结果,比如晋升或者是加薪,或者这些结果会成为实现其他期望的工具,他们将会得到激励去努力工作。

对不同的个体来说奖赏的心理价值或效价是不同的,换句话说,个人对结果的重要性的感知决定了奖赏作为激励物的力量。高工资和不断增加的责任感对一些人来说具有正效价,危险的工作环境对大多数人来说具有负效价。虽然结果可能不会像个体期望的那样令人满意,但是决定个体是否会努力工作来获得想要结果的却是期望的水平,而非真实的结果。

效价-工具-期望理论三个方面的关系如下:

1. 员工必须明确他们是否期望特定的工作行为,比如按时上班、遵守安全规则或提高生产率等是否会产生特定的结果(*期望*)。

2. 员工必须决定上述结果是否会产生其他结果,例如是否保持较好的出勤率会得到红利(*工具*)。

3. 员工必须衡量这些随后的结果是否有足够的价值来激励他们产生特定的行为方式(*效价*)。

回想一下你在学校的经历,如果你认为在某门专业课上得到高分很重要,那么这个结果对你来说具有高效价,如果你并不是很关心你的其他课程的得分,那对你来说在其他课程上获得高分具有低效价。如果你想你的专业课获得高分,你可能会形成这样一种期望:上课、努力学习、做得超出最低要求将会有助于你达成目标。做这种计算对于我们来说并不难,事实上,我们可能并没有意识到它激励着我们,并指导我们如何工作。

效价-工具-期望理论已经得到了大量研究的支持,看起来似乎它和人们的经历很相符,属于生活常识。我们越是期望得到奖赏,认为它有足够的价值,我们越会为了它而努力工作。

公平理论

亚当斯(J.Stacy Adams)提出了公平理论(equity theory),他的主要观点是动机受到我们在工作中感知到的受公平对待的程度的影响(Adams,1965)。他提出,无论是在办公室、商店、工厂还是教室等任何一种工作场所,我们都会权衡我们的付出(为工作付出的努力)和所得(从工作中得到的报酬),我们可能会有意无意地计算所得和付出的比率,并将其与自己所认为的情况相当的同事进行比较。如果我们认为我们得到的比其他人少,由此产生的紧张或不公平感将会激励我们采取行动,以达到公平的状态。如果我们认为我们和其他人的奖赏和付出的比例相同,就会有公平感。

其他心理学家对公平理论进行了扩展,提出了对感知到的公平或不公平情境的三种行为反应模式(Huseman, Hatfield, & Miles, 1987;O'Neil & Mone, 1998),分别为:仁慈型、公正型和接受型。面对相同水平的奖赏,不同类型的人的动机、工作满意度和工作表现不同。

仁慈型的人是利他的,他们得到的奖赏低于同事也不会不满意,而奖赏大于或等于同事时,会有羞愧感。公正型的人(公平理论描述的那类人)认为每个人应该得到平等的奖赏。当获得的奖赏少时他们感到忧虑,当获得的奖赏多时他们感到羞愧。接受型认为他们得到的任何东西都是应得的,只有超额奖赏才会使他们满足,奖赏不足或者获得平等奖赏只会令其沮丧。

新闻聚焦

职业道德：听听瑞普金的故事

1995年9月8日，卡尔·瑞普金二世(Cal Ripken, Jr.)创造了历史，在为巴尔的摩金莺队效劳打棒球联盟赛的每一次中，他都保持出勤，共2131次。自此，从没人能打破这一纪录。

此前，卢·贾里格(Lou Gehrig)保持着连续出勤次数最多的纪录，当瑞普金打破这一纪录时，他的42000名粉丝在肯顿码体育场的金莺球场进行狂欢庆祝。美国总统见证了这一历史性的时刻并且表扬了他的纪律性、果断性和持久性。当他把瑞普金称为"职业道德模范"时，一位电视台记者记录了当时人们的兴奋状态。

职业道德是广为人知的概念，对美国人来说，它已经成了几代人的指导规则和生活方式。它推动并激励人们像卡尔·瑞普金那样尽自己最大的努力工作、按时上班、及时出勤。如果你对推动19世纪和20世纪三大产业高速发展和经济繁荣的动因感到好奇，那就好好研究一下职业道德吧。

职业道德并不总是如此盛行，有一段时间人们找不到好好工作的动机，甚至根本就不想工作。对于古希腊人和罗马人来说工作没有什么高贵的，它是上帝用来残害心灵摧毁美好一天的诅咒，早期的犹太人对此深信不疑。说工作是不可避免的灾难也罢，说它可以推动社会进步，拯救罪孽也罢，但是它确实是来自上帝的惩罚。

早期的基督徒都会美化工作，认为与不幸的人分享自己的工作成果是在侍奉上帝。拥有财富才能去做慈善，工作变得圣洁，没有罪恶了。

但是最终是16世纪法国新教徒的领导人约翰·卡尔文(John Calvin)最先提出了职业道德。他宣称工作仅仅是用来娱乐上帝的，但是为了达到这个目的，工作必须讲求方法，有纪律性。"不是休闲和享受，只是增加上帝光环的活动。"

对卡尔文和其他一些重新定义工作道德的新教徒来说，工作是忠诚的象征，财富也是。只要你并不享受这些财富，赚很多钱也是没关系的，你也没有必要感到羞愧。保守的清教徒们辛辛苦苦为自己的利益工作，这成为后世人们努力工作并认为工作是有道德的动机所在。它也驱动人们每天都尽自己最大的努力把工作做好，并且参加每一项活动。

资料来源：Todd. R. (1996, January). All Work, no ethic. Worth Magazine, pp.78—84 & Sherer, S, J(1995, Fall). What happened to the work ethic? College Park Magazine, pp.18—22；Robinson, 2007.

直观地看，这一理论是正确的，如果我们认为和其他人相比我们得到了平等的待遇，和我们的期望相一致，我们将受到激励从而维持我们的工作表现水平。相反，如果我们认为我们得到了不平等的待遇,我们将会通过降低我们的工作表现水平来减少不公平感。考虑一下棒球运动员的例子(无论室内的还是室外的),作为自由职业球员,如果在第一季度任意给他们减薪或者不发薪水,在接下来的赛季中他们很可能表现出较低的水平;如果他们认为他们的收益(薪水)太少,他们可能会减少他们的投入(平均成功率和打点的记录)。

并不是所有的研究都支持公平理论,但是一些研究表明员工的不平等感和不断增长的抱怨、缺勤、失误及倦怠的水平有关。

目标设置理论

埃德温·洛克(Edwin Locke)提出了目标设置理论(goal-setting theory),该理论具有像常识一样的感染力,并且和工作场所息息相关。洛克认为员工的工作动机取决于其达到特定目标的愿望(Locke, 1968; Locke & Latham, 1990)。目标表明了将来我们在特定的时间想做什么,例如,我们可能把我们的目标设定为光荣毕业或是达到最高销售纪录,抑或年内能加薪买新房。

设置具体且有挑战性的目标可以激发和指导行为,激励人们以更有效的方式来执行任务。已有研究表明有目标的员工比没有目标的员工表现更好。具体性目标比总体性目标激发性更强,挑战性目标比简单目标更有激发性。然而,在达成目标过程中,虽然较难的目标会激发更高的动机,但也有可能会以其他行为为代价,例如减少帮助其他同事,这种行为可能会对整个组织的有效性产生潜在的不良影响。此外,从对动机和行为表现的影响来看,太困难的或超出能力范围的目标比没有目标要更糟糕。

目标设置理论的一个重要方面就是个体对目标的承诺,也就是一个人决定达成目标的决心的强度。共有三类因素影响目标承诺:外在因素、交互因素、内在因素。影响个人承诺的外在因素有权威、同伴影响和外在奖励。研究表明顺从权威人物(比如老板)的指令是较高的目标承诺的诱因。当权威人物在场、提供支持、给予信任的时候目标承诺增加。同伴群体的压力和类似加薪等的外在奖励都会增强目标承诺。

影响目标承诺的交互因素包括竞争和目标设定的参与,这些因素能诱导出更高的工作目标和为实现目标表现出的努力行为。促进目标承诺的内部认知因素包括自我奖赏和对成功的期望。当成功的期望降低时,个体对目标的承诺就会减少。

其他一些个人及情景因素也和高目标承诺有关,这些因素包括成就需要、耐受力、进取心和竞争力(即 A 型行为)、达成高难度目标的成功率、高自尊和内控制点。此外,对 65 个研究的元分析发现,正如目标设置理论所描述的那样,大五人格因素中的两个特征和表现动机有关,高宜人性、低神经质得分的被试通过目标设置能被诱导出高水平的动机(Judge & Ilies, 2002)。

许多研究支持目标设置理论,研究发现设定目标会使员工的绩效不断增加。总体而言,相比复杂任务,对简单任务来说目标设置的激励效果更好。这些效果会使组织、工作和任务相互影响,目标设置理论是员工激励理论中最具实用性的理论之一(Latham & Locke,

2007；Latham，2004；Locke & Latham，2002)。

　　过程型理论关注员工的内部因素和加工过程，而不像内容型理论那样关注工作本身的特点，过程型理论关注员工对工作的认知、对付出-收益的计算及随后的决策。在不同的时间和地点，我们可以通过对获得最大收益的期望(VIE 理论)、对我们的奖赏相对于同事的公平性(公平理论)的感知、设定具有挑战性目标(目标设置理论)或者是这三种理论的综合作用来激励员工表现出最高的工作水平。过程型理论的共同点是对工作情景的感知将会决定在特定情境下我们受到的激励程度。

　　20 世纪 90 年代以来，人们对工作激励理论的兴趣已经从发展新的理论延伸到对已有理论进行扩展、实证检验和在工作场所中的运用。发表在顶级行为科学杂志上的纯理论性文章的数量日益减少，而实证研究类的文章与日俱增(Steers，Mowday，& Shapiro，2004)，这是否就意味着工作激励的理论内容不再是工业与组织心理学的关注点了呢？不是的，尽管这里描述的理论有一些局限性，但是在描述员工某些方面的动机时大多数理论还是非常有意义的。从这些理论中产生的多样性的想法，正在被测试并应用到工作场合中，这也展现出了研究员工动机多样性所取得的进步(Locke & Latham，2004)。

工作满意度：工作中的生活质量

　　工作满意度(job satisfaction)指员工对工作积极或消极的情感和态度。它是工业与组织心理学中研究最多的自变量，它取决于和工作有关的许多因素，从分到的停车位到工作负荷到员工从日常的任务中获得的自我实现感(Pearson，2008)。一项对阿拉巴马州 1 114 名警官的研究发现了许多和工作满意度相关的因素：对社会做出贡献的机会、合适的薪资、冒险性、趣味性、工作中的自主性、同伴的尊重和工作安全(Carlan，2007)。个人因素也会影响工作满意度：年龄、健康、工作经历、情绪稳定性、社会地位、娱乐活动、家庭和其他社会关系。动机和期望及其在工作中能够得到满足的程度也会影响我们对工作的态度。另外，已有研究表明除了基本的工作要求外，员工对他们的工作角色投入的多少也会影响其态度(Harrison，Newman，& Roth，2006)。

　　即使员工退休以后，工作满意度也会影响心理健康。一项对美国 2 000 多人的长达 8 年之久的调查表明，那些报告工作满意度比较低的人在退休后心理幸福感有所提高，那些报告工作满意度比较高的人在退休前后心理幸福感都比较高(Wang，2007)。

　　变换工作会影响员工对工作的态度和满意度。对 2 522 名高管的调查表明，刚换工作的时候工作满意度会在瞬间提高(所谓的蜜月效应)，但是一两年后就会降低(所谓的宿醉效应)(Boswell，Boudreau，& Tichy，2005)。

　　对一些员工来说，对工作的满意度是一种稳定持久的人格特质，是独立于工作本身的特点。工作地位、工资、工作条件和目标的改变对这些人的工作满意度影响甚微。他们对幸福(满意)或是不幸福(不满意)的个人追求不会随着时间和环境的改变有很大变化。研究者调

流水工作线上的员工的工作满意度很低，常规的重复性的
工作很难给予他们成长和发展的机会。

查了一个消费者服务组织的 5 000 多名员工，发现工作绩效最高的（通过主管的评定）员工在工作满意度和心理幸福感上的得分也是最高的（Wright，Cronpanzano，& Bonett，2007）。

基于双生子研究，工业与组织心理学家提出，工作满意感可能包含遗传的成分。换句话说，这些感觉可能更多地受到基因的影响而不是工作环境特点的影响。然而，总体上来讲，有些人对生活和工作的满意度就是高于其他人，对工作持有积极态度的人更有可能对他们个人和家庭的生活持积极情感。

人们普遍认为生活满意度和工作满意度是正相关的，但是哪个是因哪个是果，或者这两个都受到第三个变量的影响？研究表明，从短期来看工作满意度和生活满意度之间是正相关的，也就是，它们之间相互影响，但是随着时间的推移，生活满意度对工作满意度的影响显著加强，这就意味着生活满意度可能是两者中更具有影响力的因素。然而，这并不是说提高工作满意度的尝试是无益的，它们两个之间是相互关联的，工作满意度仍然对生活满意度有影响。

工作满意度的测量

测量员工态度的最常用方法就是匿名问卷法，典型的发放方式是通过公司的电子邮件网络系统。因为是志愿参与，并不是所有的员工都会去做问卷，所以没有办法知道哪个员工做了，哪个没有，或者是那些没能完成问卷的和已经完成的员工的不同之处，如果优秀员工的问卷完成数高于非优秀员工，那么结果可能会不同。

两个比较流行的工作态度调查表是工作描述指标量表（Job Descriptive Index，JDI）和明尼苏达满意度量表（Minnesota Satisfaction Questionnaire，MSQ）。工作描述指标量表可以测量工作的五个方面：收入、晋升、管理、工作的本质和同事的特点，在 15 分钟内可以完成，并且有多种语言的版本。明尼苏达满意度量表是等级量表，可以测量满意度和不满意度的不同水平，从"非常满意"到"非常不满意"，它覆盖了 20 个工作因素，包括晋升、酬劳、独立性、社会地位和工作条件等。完成明尼苏达满意度量表需要 30 分钟，简版的只需要 10 分钟就可以完成，这些量表都具有较高的结构效度。

工作满意度调查数据

每年盖洛普民意调查（Gallup Poll）组织都会从美国的员工中抽取一些有代表性的样本，问他们以下问题：整体而言，你对你正从事的工作满意还是不满意？

结果基本上都是一致的，被问到的员工中只有 10％ 至 13％ 的人不满意他们的工作。也就是说大多数人对工作是很满意的。然而，当问到有关工作满意度的更具体的问题时，结果却不同了。例如，当问工厂的员工他们是否愿意变换工作时，尽管很多人宣称他们喜欢自己现在的工作，但是会有好多人回答愿意。当人们说他们满意时通常是指没有不满意。因此，工业与组织心理学家处理工作满意度的数据时，必须注意上述类似的问题。

一些有关工作满意度的研究会抽取全国性的代表样本，另一些则调查特定的群体，例如某个工厂的员工，或者是调查工作满意度的具体方面。随着职业类型的不同工作满意度会有所不同，例如，流水线上的员工对工作的满意度明显低于办公室员工，政府机关的管理者对工作的满意度明显低于私营工商业的管理者。

在美国《财富》杂志所列出的 100 个最好的公司里工作的员工报告了较高水平的工作满意度，并且随着时间的推移倾向于保持稳定。调查也表明，这些员工对公司的积极态度和公司的财务业绩存在高度相关。员工们看起来越满意，组织的经济状况就越好（Fulmer, Gerhart, & Scott, 2003）。要了解更多关于 100 强公司以及评选方法的信息，请访问 http://www.greatplacetoowork.com。

表 8-1　10 个最令人满意的和 10 个最不令人满意的工作

最令人满意的工作	最不令人满意的工作
牧师	体力劳动者（建筑业除外）
消防员	服装销售人员
理疗师	手工包装工或包装人员
作家	食品填表人
特殊教育教师	屋顶工
教师	出纳员
教育管理	家具/家居销售
画家或雕刻家	酒保
心理学家	货物搬运工或者物料操作员
电厂工程师	餐厅服务员

　　表 8-1 以等级顺序呈现了 10 个最令人满意和 10 个最不令人满意的工作,此结果是基于对全美 27 000 名青年员工的调查得出的(Bryner,2007)。

个人特质和工作满意度

　　许多工作特征和工作场所的特点影响工作满意度,通过工作再设计、改变工作环境和管理,可以提高工作满意度和工作效率。通过工作再设计满足员工的成就需要、自我实现和个人成长的机会最大化;通过工作丰富化来增加员工的动力需求、核心工作特质和责任感。而和工作满意度相关的个人特点则包括年龄、性别、种族、认知能力、工作经历、技能的运用、工作认同、组织公正、人格、工作应对和职级。

　　年龄。总体而言,随着年龄的增加工作满意度会提高,最年轻员工的工作满意度最低,这个规则既存在于蓝领和白领员工中,也存在于男性和女性员工之中。一项对 234 名会计师的研究发现,婴儿潮时期出生的人(1946—1964)比那些后来出生的人(70 后或者 80 后)在工作满意度上的得分高(Westerman & Yamamora,2007)。许多年轻人因为觉得第一份工作没有挑战性和责任感而不满意,为什么对第一份工作的典型反应通常是失望,但是工作满意度却倾向于随着年龄的增加而提高呢? 人们提出了三个可能的解释:

　　1. 在工作满意度调查中,持有强烈不满情绪的年轻员工很可能会频繁缺勤或跳槽,以至于他们未被包含在调查中,这就意味着研究的员工样本的年龄越大,包含的不满意的人可能就越少。

　　2. 随着年龄的增长一些员工会产生辞职的想法,他们会放弃从工作中追求自我实现和挑战,转而从其他地方寻求满足感,因此,他们倾向于较少报告对工作的不满意。

　　3. 一些年长的员工在工作中有较多的机会获得满足感,达到自我实现,年龄和阅历的增加会使信心、能力、自尊和责任感与日俱增。这些感觉会使人获得强烈的成就感,换句话说,年长员工的工作可能会比年轻员工的工作好。

　　性别。男性和女性的工作满意度存在差异的研究证据不一致且存有争议。心理学家并未发现工作满意度性别差异的明确模式。或许不是性别本身和工作满意度相关,而是其他受性别影响的因素。例如,同样的工作,女性的工资会比男性少,她们晋升的机会也比较少,许多女性认为要得到相同的报酬,她们要比男性工作更努力,做得更出色,显然,这些因素可以影响一个人的满意度。

　　种族。大体来说,在有工作的前提下,白种人比有色人种的工作满意度高。然而,尽管黑人和少数族裔中有大量正在崛起的中产阶级,仍然有许多想要工作的人却没有工作,或者受到非法雇用或者失去信心而放弃求职。一些拥有全职工作的人也受到限制,只能做那些工资低、晋升和自我实现机会很少的工作。这样,对许多人来说最关心的不是工作满意度而是找到一份工资比较体面的工作。

　　认知能力。认知因素并不是工作满意度的显著决定因素,但是当关系到人们选择的工作类型时它可能会非常重要。对于很多工作,有一系列的智力因素与高业绩和高满意度相关,太聪明的人可能认为工作挑战性不足,从而感到枯燥和不满意,当一个人的工作相对于其智力水平来说没有足够的挑战性时,他们对工作的不满意感将会增加。

受教育水平有时和智力因素相关。一些研究表明,教育水平和工作满意度有较低的负相关。一个人受到的正规教育水平越高,越有可能对工作不满意。一种解释是受过较好教育的人期望比较高,并且相信工作应该提供更多的责任感和自我实现机会,而许多工作不能满足这些期望。大学毕业的人比大学肄业生工作满意度更高,这些发现可能和一些比较高的职位仅向毕业生开放的因素有关。

工作经历。在雇用的开始阶段,新员工倾向于满意他们的工作。这一阶段是对技能与能力的激发和挑战,并且新工作可能看起来比较具有吸引力。但如果员工得不到关于他们进步和成就的反馈,他们的满意感就会消退。工作几年后,气馁是非常普遍的,这通常是由于在公司晋升太慢所造成的。

员工工作数年后,工作满意度会增加,此后也会平稳地提高。工作满意度和工作经历的关系与满意度和年龄的关系相似,它们是不同名称下的同一种现象。

技能的应用。人们经常抱怨他们的技能在工作中得不到发挥,不能将大学时学的知识运用于实践,工科毕业生尤为突出。调查发现,工程技术人员对工作环境存在诸多不满,诸如工资、工作条件、主管和晋升的机会。另一些研究也表明,如果人们有机会在工作中充分发挥他们的能力,他们的满意度会提升,当工作环境或同事的行为影响自己的工作质量时,工作满意度将会下降。

人职匹配。人职匹配(job congruence)是指一份工作的要求和员工所具有的能力之间的匹配程度。一致性越高,一个人的技能、特质和工作要求越接近,工作满意度就越高。相反,工作要求和个人的技能匹配度比较低时,工作满意度会降低。

组织公正。组织公正是指员工感知到的被所在的公司公平对待的程度。当员工认为他们遭到不公平的对待(组织公平性缺失的感知)时,他们的工作绩效、工作满意度和组织承诺都有可能降低。在这种情形下,员工可能会报告较高水平的压力,他们更有可能禀诉冤屈,或是寻找其他的工作。在较大的组织或具有高度独裁主义文化的公司工作的员工,在工作场所可能对组织公正性具有较少的意见,但是,他们可能通过降低生产率和工作业绩来报复组织(Cohen-Charash & Mueller, 2007;Cropanzano, Bowen, & Gilliland, 2007)。

已经有相当多的研究表明,参与决策的制定有助于增加组织公正感,从而可以提升工作满意度和组织承诺(Mayer, Nishii, Schneider, & Goldstein, 2007;Wiesenfeld, Swann, Brockner, & Bartel, 2007)。

人格。研究显示,那些在工作中更满意的人适应性和情绪稳定性更好。尽管这个关系看起来很明确,但是因果顺序并不明确,谁先产生? 情绪稳定性还是工作满意? 情绪不稳定或是工作不满意? 情绪的不稳定可以引起对生活各个领域的不满,而持久的工作不满可能导致情绪失调。对数千名员工的元分析研究表明,大体上,幸福或情感上的满足在前,幸福感高的员工,其工作满意度比幸福感较低的员工工作满意度高,前者也具有较高的业绩水平和较高的收入(Boehm & Lyubomirsky, 2008)。

和工作满意度相关的两个人格因素是疏离感和内外控倾向,疏离感低且内控型的员工更可能有高的工作满意度、工作投入度和组织承诺。对 135 个关于工作满意度研究的元分析证实了内控型和工作满意的正相关。研究也发现,高自尊、高自我效能感和低神经质与高工作满意度之间存在显著相关(Judge & Bono, 2001)。

A 型人格的两个维度和工作满意度相关,追求成就(努力工作和认真对待工作的程度)和工作满意度、工作绩效存在正相关。冲动性/机动性(不宽容、生气、攻击和时间紧迫感)和工作满意度存在负相关,冲动性得分越高,工作满意度越低。

社会和制度信任是指员工坚信个人和组织是平等的,并可以相互帮助和信赖的信念。高社会和制度信任员工的工作满意度最高。高尽责性和积极情绪(和大五人格因素模型中的外倾性一致)、低消极情绪(和大五模型中的神经质一致)员工的工作满意度也比较高(Brief & Weiss, 2002;Ilies & Judge, 2003;Judge, Heller, & Mount, 2002)。

一项纵向研究的调查者让 384 名成年员工自我评估自尊、自我效能感、控制点和神经质。此前,这些员工在童年期已就相同的指标进行过测量。自尊和自我效能感得分高、神经质得分低、内控型的个体在成年中期的工作满意度显著高于得分方向相反的个体。也即,儿童时期测量的这些人格因素和 30 年后测量的工作满意度之间有直接的关系(Judge, Bono, & Locke, 2000)。

工作可控性。基于本章对激励理论的描述,你可能会预测那些对工作职务有较高控制感的人会受到更多的激励,在工作中表现良好,并且有较高的工作满意感。事实上,在英格兰客服中心对 412 名员工的研究支持了这个预测。研究发现,在工作控制量表上得分比较高的个体,一年以后其心理健康水平、工作业绩水平和工作满意度都比工作控制水平较低的员工高(Bond & Bunce, 2003)。

失业会导致焦虑,这种焦虑可能会延续到找到新工作之后。

在一项对日本 3 125 名员工长达 9 年的研究中,调查者发现那些工作控制感较低者的自杀风险呈四倍增长。对加拿大 2 221 名员工的研究发现,人们把高工作控制和低压力水平、较高的身体健康联系在一起(Smith, Frank, Bondy, & Mustard, 2008;Tsutsumi et al., 2007)。

职级。员工在工作中的职级或地位越高,工作满意度越高。高管们比基层管理人员有更积极的工作态度和情感,而后者也比其下属有更高的满意度。职级越高,满足激励需要的机会就越多,并且高职级的工作会更有自主性、挑战性和责任感。随着组织职级的递增,马斯洛的自尊和自我实现需要的满意度也在增加。

工作满意度因工作种类不同而有差异,企业家、技术人员、教授和管理者更有可能报告较高的工作满意度,制造业、服务业、批发业和零售业员工的工作满意度最低。

失业的影响

若员工没有工作,工作满意度也就无从谈起,工业与组织心理学家证实了这一明显的观点,失业或被解雇对员工本身及其家庭来讲都是很有压力的。在日本,人们认为解雇非常具有创伤性,人们把它叫做 kubi kiri,意思是"断头"。解雇可能导致愧疚感、怨恨、沮丧、对未来的焦虑以及身体疾病、酒精滥用、毒品滥用、离婚、虐待配偶和孩子,甚至产生自杀欲望等。

同样是失业,职级较高的员工似乎更难以接受,而职级较低的员工看起来更能适应。行政人员、管理者和专业人员失业后会变得更有攻击性和自我批判性。失业最典型的影响就是引起生活方式、期望、目标和价值观的显著改变,违反以前坚守的和雇主之间的心理契约,不再相信这种非明文规定的协议,即如果我努力工作并对组织忠诚,作为回报,组织会保证给予工作保障、加薪和晋升。一些失业的人会有背叛感。对 756 名失业员工的研究发现,超过两年的自我控制感缺失非常具有伤害性,有时它会导致慢性疾病,并且削弱情绪功能(Price, Choi, & Vinokur, 2002)。另一些研究则发现,在 50 岁以后失业的人,中风和心脏病发作的风险是同年龄有工作的人的两倍(Gallo et al., 2006)。

管理者坦白告诉员工被解雇的真实原因可以减少对被解雇者的消极影响。被告知原因的员工更有可能认为裁员是公平的、继续给予公司积极的评价并且没有控诉不合法终止雇用关系的意向。找到新工作会抵消失业产生的消极影响,然而,如果新工作与之前的工作存在联系,情况就有所不同了。对 100 名员工的研究发现,那些对新工作不满的人会继续承受从先前的工作中被解雇所带来的消极体验(Kinicki, Prussia, & McKee-Ryan, 2000)。

组织大规模裁员时,未被裁掉的员工也会受到影响,他们经常担心自己会成为下一批被裁掉的人。美国劳工部的一个报告指出,一半的裁员幸存者报告了工作压力的增加、工作士气的降低和工作承诺的降低。而且,60％的人认为工作负荷更大了,因为虽然员工少了但是剩下的员工还必须要完成生产目标,自从朋友和同事被解雇后,裁员幸存者认为他们对组织的承诺感降低了(Shah, 2000)。

对一家正在经历重大重组的公司的283名员工的研究表明,他们的职业安全感(来自对被解雇的担心)和组织承诺的降低、压力水平的增加都和健康问题相关。工作投入较高的员工比投入较低的员工更容易出现健康问题,压力也更大(Probst,2000)。另一个对美国1 000名60岁以下员工的研究指出,那些有工作不稳定感的人报告健康问题的可能性是工作稳定的员工的两倍。有工作不稳定感的黑人的抑郁程度是白人的4倍(Swanbrow,2006)。

对芬兰1 297名员工的研究中,调查者报告说那些担心被裁员的员工工作动机和幸福感更低,压力更大。即使是裁员的谣言也足以引起压力的增加(Kalimo, Taris, & Schaufeli, 2003)。对50个样本中28 000名员工的元分析指出职业安全感和健康问题、对雇主的态度和换工作的意图高度相关(Sverke, Hellgren, & Naswall, 2002)。

工作满意度和工作行为

许多因素会影响工作满意度,下面我们将介绍工作满意度会影响我们工作的哪些方面。

生产率。大量研究表明工作满意度和工作绩效之间有强的、显著的相关:工作满意度越高,工作绩效越高(Judge, Thoresen, Bono, & Patton, 2001)。有研究调查了一个连锁餐厅的4 467名员工、143名经理和9 903名顾客,结果表明,员工满意度不仅影响顾客的满意度还影响餐厅的收益,当员工的满意度较高时,顾客的满意度也会较高,进而在餐厅消费更多(Koys, 2001)。

大多数工作满意度调查聚焦在员工个体身上,但是工业与组织心理学家也考虑到对工作满意度的团体测量,也就是诸如工作团队、科室或部门等完整业务单位的满意度水平。对包括36个公司的7 939个业务团队的元分析表明,在团体水平上,员工的满意度与顾客的满意度和忠诚度、员工的生产率以及安全性具有正相关,较高的团体满意度和员工离职率的降低也有关系(Harter, Schmidt, & Hayes, 2002)。

亲社会和反生产行为。高工作满意感和亲社会行为(prosocial behavior)相关,这里的亲社会行为包括直接对领导、同事和顾客表现出来的有益于组织的行为,大量的研究把亲社会行为与高业绩和高生产率联系起来(Grant, 2008)。

这是否就意味着低工作满意度和反社会行为及可能阻碍组织目标达成的反工作行为相关呢?消极的员工行为可能会阻碍生产工作,例如产出废品、糟糕的服务、破坏性的流言、盗窃、设备的损坏等,员工把这些行为看成是报复组织的一种方式,这种报复感源于真实或感知到的不公平。

对30岁以上员工的一些研究表明,工作不满意度和反生产行为有正相关。这并不是说年长的员工比年轻的员工有更多的消极行为,年龄低于30岁的员工的消极行为频率也很高。研究只能说明年长员工的反生产行为和工作不满意度相关。

旷工。旷工是比较普遍的,而且需要组织付出昂贵的代价。在美国随便某天都大约有20%的人缺勤,每年由于旷工会消耗企业300多亿美元。

新闻聚焦

成绩下滑？你的错还是父母的错？

你擅长评估你父母的情绪吗，当他们对某件事情感到忧虑和难过时你能感觉到吗？心理学家的研究发现当父母对工作保障担忧时，10 到 17 岁的孩子能够敏锐觉察到。例如，当孩子认为父亲为工作状况而不安时，孩子会改变对家庭作业的态度，他们的成绩很可能会下降，然而，这个影响仅仅和父亲的工作有关，当母亲对工作感到不安时，孩子似乎没有受到什么影响。

在加拿大的皇后大学（Queen's University），心理学家调查了大学生的状况。尽管他们都不和父母住在一起，不能每天都见到父母或者父母交谈，他们也能注意到父母的工作焦虑和工作不安感吗？如果会，他们自己的工作，也就是学业成绩会受到影响吗？

这个实验的被试是 120 名 21 岁以下的大学生，实验者用问卷调查他们对父母的职业保障水平的感知，父母也会完成一份对职业保障水平的感知，例如："我不确定我的工作能持续多长时间。"

结果表明，虽然这些大学生并没有天天和父母接触，但是他们对父母关于工作的感觉还是非常敏感的。就像对较小的孩子的研究中发现的那样，当父母的职业保障性降低时大学生的学业成绩也会下降。而且，由父亲带来的影响高于母亲带来的影响。

在另一项对新加坡 250 名大学生的研究中，心理学家发现父母的职业安全感会影响处在大学阶段的孩子。父母害怕失业而产生的对经济的担忧会让他们的孩子产生财政担忧，从而导致孩子努力寻求经济奖赏来克服这种不适感，这是对父母的经济担忧的最直接反应。

如果你已经为人父母，记住不论你正在被解雇还是害怕被解雇都会对你的孩子造成影响。如果你是一个大学生，在你打电话问父母的工作情况或是要钱之前一定要三思。

资料来源：Barling, J., Zacharatos, A., & Hepburn, C.G.(1999). Parents' job insecurity affects children's academic performance through cognitive difficulties. *Journal of Applied Psychology*, 84, 437—444; Lim, V., & Sng, Q.(2006). Does parental job insecurity matter? Money anxiety, money motives, and work motivation. *Journal of Applied Psychology*, 91, 1078—1087.

长久以来，旷工一直困扰着工业组织。19 世纪 40 年代，威尔士的纺织厂的旷工率接近 20%，每个月发薪日之后长达两周内，旷工率经常能达到 35%。在整个 19 世纪的英国，员工们经常在周一旷工，他们把这天叫做"神圣周一"，以便能从周末的烂醉中苏醒。工厂主会对工人罚款或解雇许多工人，但是那对出勤率的保证并没有什么作用。

许多工厂的缺勤率数据来源于自我报告。设想你正在完成一个有关你工作表现的问卷,其中一个问题是问在过去的一年里,你有多少天没有去工作,你会如实回答吗? 你会少报告你缺勤的次数吗? 当实际是 10 天时,你会企图说你只有 2 天缺勤吗? 对不同群体员工的研究一致表明,人们普遍会少报缺勤数,平均每年少报 4 天,经理们也会少报他们的员工的缺勤率。大约 90％的员工宣称他们的出勤率高于平均出勤率,很明显,很多员工没有如实报告他们的缺勤率。

如果自我报告的缺勤率数据不准确,那么为什么不用公司的人事记录来作为真实的缺勤率现状指标? 理论上讲这是一个好主意,但是实际上不然。许多公司不会以任何一种系统的方式来记录出勤率,对于管理者和工程师、科学家之类的专业人员的出勤率记录更是少之又少。所以当你看关于缺勤率的研究并且了解到那些数据来自于自我报告时,请记住旷工的实际数量会更高。

毫无疑问,一个组织的病假政策越宽容,其缺勤率越高。如果公司不要求医师的生病证明,旷工率也比较高。在制造业中,工资水平较高的员工的旷工率更高,员工赚的钱越多,他们越有可能感到需要休息。做常规工作的员工比从事有趣且有挑战性的工作的员工的旷工率高。

在澳大利亚一项对员工的调查中,研究者发现那些认为组织未能履行义务的员工比那些比较满意组织政策的员工更喜欢请假,这些义务包括:工作安全感、晋升机会和加薪(Deery, Iverson, & Walsh, 2006)。

由不同国家的缺勤率不同,我们可以推测不同国家的社会价值可能会影响出勤率。日本和瑞士的旷工率比较低,因为他们的员工把出勤看成是一种责任;而意大利对工作的社会态度比较宽容,公司会雇用比实际需要的多 15％的员工,以确保每天都有足够的员工维持公司正常的运营。

如果公司的政策得不到履行,公司将会形成一种纵容缺勤的氛围。如果人们认为管理者是仁慈的且不关心缺勤问题,某些员工就会利用这一点而经常缺勤。经济状况也会影响旷工率,整体而言,当公司处于裁员期时,旷工率会降低;而当整体的雇用率比较高,员工具有较高的工作安全感时,旷工现象就会增加,并且年轻员工比年长员工更有可能擅自离开岗位。

个人因素也会影响旷工行为。例如,对澳大利亚一家汽车制造厂 362 名蓝领的研究发现,在积极情感(包括高活动水平、热情、社交性和外倾性等特点)中得分较高的员工的旷工率显著低于得分较低的员工(Iverson & Deery, 2001)。对英格兰 323 名医疗服务员工的调查表明与工作相关的心理压力和抑郁都与旷工率存在显著相关,那些报告工作压力高的员工比工作压力低的员工旷工率也更高(Hardy, Woods, & Wall, 2003)。

种族差异、身体特点也和出勤有关。当黑人雇员认为组织不重视工作场所的多元化时,他们的缺勤率就比白人更高(Avery, McKay, Wilson, & Tonidandel, 2007)。对超重员工的调查发现,肥胖的女性比非肥胖者更容易旷工。肥胖的男性的体重和工作类型有关:从事销售业和专业工作的肥胖者比肥胖的办公室员工和领导们更容易旷工(Cawley, Rizzo, &

Haas，2007）。

研究也表明,公司对出勤记录较好的员工进行奖励和酬谢可以降低旷工率。一个服装厂创办了一项活动,奖赏每月、每个季度和每年旷工率低的员工,例如,在公告板上为一个月内没有旷工的员工的名字旁边贴一个金星;在较长的时间里出勤情况都比较好的技术工人可以获得金项链、袖珍式折刀等奖励。在这些活动影响下,缺勤率明显低于以前的水平,并且员工们对这种激励系统的满意度很高(Markham，Scott，& McKee，2002）。

离职。离职对组织来说也代价很高。每次有人辞职时,必须招募、选拔、培训一个替代者并且要给他时间积累经验。例如,对 262 家汉堡王快餐店(Burger King fast-food restaurant)的研究清晰地表明,高离职率会导致低销售量和低利润(Kacmar，Andrew，VanRooy，Steilberg，& Cerrone，2006),高离职率和工作不满意的相关显著。已有研究表明,对工作各个方面的不满,如低工资和差的领导,会导致员工产生离职意向和行为。

组织承诺和离职有很强的相关,对工作和公司的承诺越高,员工越不可能放弃工作。年龄看起来并不是影响离职的因素,离职在失业率比较低、工作机会比较多的时代比高失业率和工作机会较少的时代高。当人们觉得经济形势良好且经济处于增长期的时候,他们很容易想到换工作以期望提高工作满意度。对 86 个研究的元分析发现,在大五人格的情绪稳定性上得分较低的员工的辞职意图显著高于得分较高的员工(Zimmerman，2008）。

需要较高创造力的工作的挑战性、复杂性和自主性较高,而组织的控制和监管水平比较低。对 2 200 名员工的调查表明,从事高创造性和高挑战性工作的员工比其他员工有更高的工作满意度更高或更低的离职倾向(Shalley，Gilson，& Blum，2000）。对 20 多个大型公司的性别和种族差异的研究发现,女性辞职的频率高于男性,少数族裔中也是如此,并且黑人、西班牙人和亚洲人的辞职频率高于白人(Hom，Roberson，& Ellis，2008）。

旷工和离职之间有一个关键性的不同,旷工几乎总是对组织具有损害性的,离职并不一定会这样,有时是不符合公司要求的员工离开公司。工业与组织心理学家区分了功能性离职和非功能性离职,前者指表现不好的员工离职,后者指表现好的员工离职。

此外,被动离职又会怎么样呢,比如缩小规模,解雇一些人作为削减公司成本的方法?这种解雇不仅对那些失去工作的员工具有伤害性,同时也对还留在公司继续工作的员工造成影响。对一个全国金融服务公司的 31 个工作团队的研究表明,被动离职对继续留任员工的工作业绩和生产率都有显著影响,也就是,裁员和组织的生产率水平相关。

工作满意度和薪酬的关系

大量研究已经表明薪酬和工作满意度之间存在正相关,薪酬也会影响工作和组织的绩效。例如,对加利福尼亚 333 家医院的研究发现,医院中工资较高的员工(包括所有医师和非医师)会给病人更好的护理,给医院带来更高的财务业绩(Brown，Sturman，& Simmering，2003）。

薪酬公平性感知

个人对薪酬的公平感比实际获得的薪酬更重要。调查发现,当两个人条件差不多时,如果有一方的工资比他实际应得的高,就会使另一方产生不满,后者会认为他们之所得比应得的少;如果员工的工资高于其他同事,这些员工可能会对他们的薪酬有更高的满意度。你可以把这个当作本章前面讨论的公平理论在现实生活中的一个例子。

对 203 个横贯 35 年的研究的元分析揭示了薪酬满意度和工作绩效之间有强烈的正相关,工资满意度高者比工资满意度低者的工作绩效高(Williams,McDaniel,& Nguyen,2006)。

很多人基于他们认为可以接受的工资最低值、应得薪资以及同事得到的薪资形成自己的比较标准,也就是对工资的满意度取决于自己的标准和实际得到的工资之间的差异。对美国和比利时 362 名员工的研究发现,如果员工认为同事的工资高于自己认为的水平,他们对自己工资的满意度会降低(Harris,Anseel,& Lievens,2008)。

当然,在美国,某些群体几乎毫无工资平等可言,不论是真实的还是感知到的。大体而言,在同样或相似的工作中女性的工资少于男性,许多少数族裔的工资低于白人。而且,你可能会认为家族公司中由家族成员担任的 CEO 薪资高于非家族成员的 CEO。然而,对 253 个家族公司进行的一个长达 4 年的研究显示,家族成员 CEO 的工资和福利都低于非家族成员 CEO(Gomez-Mejia,Larraza-Kintana,& Makri,2003)。

绩效工资

绩效工资(merit pay),就是在组织中那些工作绩效较好的员工比那些生产率低的员工的工资高,这个薪资体系在理论上是无可挑剔的,但是真正执行起来却有些困难。工业与组织心理学家研究了绩效工资制度下影响加薪幅度的多种因素。在决定是否给员工加薪时,经理们所重视的重要行为有很大的分歧:一个部门的员工可能因为某些行为得到可观的加薪,但是这些行为可能不被另外的部门重视;得到大幅度加薪的主管比加薪较少的主管更倾向于建议给他的下属较多的加薪。

加薪也与主管对下属的专业知识和支持的依赖程度以及这种依赖是否会构成威胁有关。例如,低自尊的主管可能为希望得到下属的赞美和积极反馈而给他们大幅度的加薪;有的主管害怕如果下属拿不到足够的薪水,他们可能会不再支持自己,或是通过降低生产率使主管难堪。

也有证据表明并不是所有得到绩效工资的人都会积极地看待这件事。为了探索绩效工资的影响,调查者历时 8 个月,研究了医院中从门卫到医生等各层级的 1 700 名员工,研究发现相比积极情感得分高的员工,加薪对低积极情感得分者的动机和工作绩效的影响更大。换句话说,那些更内向的、悲观的、较少活力的员工认为由高工作绩效带来的高工资更有价值。或许,他们比那些不受工作环境条件约束的积极情感较高的人更需要由绩效工资的提高带来的认可和赞赏(Shaw,Duffy,Mitra,Lockhart,& Bowler,2003)。

文化差异也曾经被引入绩效工资的影响因素中。在 37 个国家对 28 000 多名员工的大规模调查发现,作为激励物,绩效工资在贫穷的国家比在富有的国家更有效(Van De Vliert,Van Yperen, & Thierry, 2008)。

新闻聚焦

薪资待遇对女性来说是不公平的,对男性也一样

当帕蒂·兰德斯(Patti Landers)获得在其家乡华盛顿州西雅图的波音公司(Boeing Company)做工程师的机会时,她非常高兴。在波音公司工作是他们家族的传统,她的父亲、兄弟和丈夫都在波音公司从事飞机制造的工作,很多年前,她的祖父母也在那里工作过。这份工作看起来蛮好的,但当帕蒂把自己的薪酬和家里男性的薪酬比较后才发现根本不是那么回事——她发现他们之间的工资差额很大,她有上当受骗的感觉,所以在 2000 年她和另外 37 位女性就遭遇性别歧视为由对公司提起了诉讼。

波音公司否定了相同工作下,女性工资低于男性的指控。但是《商业周刊》得到的 12 000 多份波音公司的文件表明,波音做过一些内部研究证实了这一点,即同样的工作,男性的工资高于女性。然而波音仍然不承认,继续打官司,尽管公司的绝密文件已经证实他们清楚工资不平等已长达 10 年之久。

这样的公司政策已经不是什么新鲜事了,当做同样或相似的工作时,很多组织支付给女性的工资都会少于男性。比较新奇的是,一个研究表明,当工作群体主要由女性构成时,该群体的管理者(无论男女)的工资会少于那些主要由男性构成的工作群体的管理者。

对 512 个公司的 2 178 个管理者的研究表明,在 40% 到 50% 都是女性的工作团队中,团队管理者的收入普遍低于男性占多数的工作团队的管理者,管理者的工资随着女性员工的百分比的增加而降低。研究者认为如果团队大多数是由女性组成的,工资对团队里的男性来说也是不公平的。

帕蒂·兰德斯提出性别歧视诉讼 8 年后,波音答应支付 7 250 万美元来平息这件事情,远远多于之前少付给女员工的钱。

资料来源:Holmes, S.(April 26, 2004). A new black eye for Boeing: Internal documents suggests years of serious compensation gaps for women. *Business Week*, pp.90—92; Ostroff, C., & Atwater, L(2003). Does whom you work with matter? Effects of referent group gender and age composition on managers' compensation. *Journal of Applied Psychology*, 88, 725—740; usatoday.com, Feburary 26, 2008.

计件工资激励系统

计件工资激励系统(wage-incentive systems)是为生产工人制定的基本薪酬计划,通过对生产工作的时间和动作分析可以确定在给定时间内一个工作单元的平均产量或标准产量。计件工资激励系统是基于这个比例得到的。理论上,它对高工作绩效提供了一种激励,单位产量越高,工资越高,但是在实践中并没有那么有效。员工们都有他们自己的标准,即使提供激励他们也不会生产得更多,相反,他们会铺开工作完全占满所有的时间。研究表明,很多工人更倾向选择计时工资制。

工作投入和组织承诺

与激励和工作满意度密切相关的是工作投入,即一个人对工作的心理认同度。通常,一个人对工作的认同或投入度越高,工作满意度越高。工作投入和几个个人及组织因素有关。

个人因素

和工作投入相关的个人因素包括年龄、成长需要和对传统工作道德规范的信念。年长者会对工作的投入度更高些,或许是因为他们承担的工作责任更大,挑战性更强,有更多机会满足成长需要,他们也更相信努力工作的价值观。年轻的员工,尤其是刚起步的员工,认为工作没有激励性和挑战性。

成长需要在工作投入中是非常重要的,和工作投入最相关的工作特点是激励、自主性、多样性、任务完整性、反馈和参与,这些特点都能满足个人的成长需要。

工作的社会因素可以影响工作投入度,在群体或团队中工作的员工,其工作投入度高于独自工作的员工;参与决策和工作投入度有关,也是员工支持组织目标程度的反映;工作中的成功感和成就感可以加强员工工作投入水平。

工作投入和工作绩效之间的关系还没有明确,投入度较高的员工更满意他们的工作,而且更成功,其离职率和旷工率比低工作投入度的员工低,然而,心理学家并不确信高的工作投入和高绩效相关。

另一个与动机、工作满意度相关的变量是组织承诺,即对组织的心理认同或依恋程度,组织承诺有以下的成分:

- 接受组织的价值观和目标
- 为组织付出努力的意愿
- 有强烈的愿望留在组织中

组织承诺也与个人和组织因素有关。在公司中工作两年以上且有较高成就需要的年长员工可能有较高的组织承诺。对包括 3 630 名员工的 27 个独立研究进行元分析表明,员工被公司雇用的时间越久,组织承诺和工作绩效之间的关系越强。研究者建议对新员工采取措施增加其组织承诺可以产生较好的工作绩效(Wright & Bonett,2002)。科学家和工程师的组织承诺似乎低于其他职业群体。此外,政府雇员的组织承诺低于私营企业的员工,而且他们的工作满意度也比较低。

工作满意度和工作条件相关。对一些员工来说,工作场所的运动设施会促进对工作的积极态度的形成。

组织因素

和组织承诺有关的组织因素包括工作丰富性、自主性、使用技能的机会和对工作群体的积极态度,组织承诺受到员工感知到的组织对他们的承诺度的影响,员工期望他们努力工作可以达到组织的目标从而获得相应的奖赏,如果员工感觉到的组织的承诺越多,他们的期望就越高。

对746名某所大学雇员的研究表明,高组织承诺者比低组织承诺者会更多地投入到由某公司赞助的工作质量提升项目中(Neubert & Cady, 2001)。感知到的组织支持与组织承诺、勤奋、创新管理、工作绩效以及出勤率都有正相关。组织承诺与从主管及同事那里得到的支持数量、对主管的满意度之间有正相关(Bishop & Scott, 2000; Liden, Wayne, & Sparrowe, 2000)。

已有研究证实组织公正和组织承诺之间有正相关,相信自己能被公平对待的员工对组织的承诺感高于那些认为不能得到公平对待的员工(Simons & Roberson, 2003)。

性别似乎也和组织承诺有关,在一个工作群体中女性越多,男性的承诺感越低,然而,对女性来说,结果相反,在一个工作群体中,男性越多,女性的组织承诺感越高。

承诺的类型

工业与组织心理学家界定了三种类型的组织承诺:情感或态度承诺、行为或持续承诺、规范承诺(Esnape & Redman，2003；Merye & Allen，1991)。我们一直在讨论的*情感承诺*，就是员工对组织的认同，内化它的价值观和态度以及顺应其需求。对 333 名零售业雇员长达两年和对另外 226 名员工长达三年的调查表明，情感承诺和感知到的组织支持高度相关(Rhoades，Eisenberger，& Armeli，2001)。这表明组织支持感是形成情感承诺的首要因素。

在对 70 多个研究的回顾和元分析中，研究者发现组织支持感和情感承诺有强的正相关(Rhoades & Eisenberger，2002)。对 211 名员工以及这些员工的主管的配对研究中发现，主管支持和赞赏与组织支持感相关，进而与组织承诺相关(Wayne，Shore，Bommer，& Tetrick，2002)。对 493 名零售销售员的研究也表明，主管支持对于提升组织支持感非常重要，同时高组织支持感和离职率的降低有强相关 (Eisenberger，Stingchamber，Vandenberghe，Socharski，& Rhoades，2002)。

另一个对 413 名邮递员的研究发现，组织支持感与情感承诺相互影响，即两者相互促进。员工越觉得公司关心、支持他们的需求，他们就越认同公司，并会内化公司的价值观和态度，反之亦然(Eisenberger，Armeli，Rexwinkel，Lynch，& Rhoades，2001)。

在美国和法国进行的几项研究表明情感承诺和员工的情绪及工作绩效高度正相关(Herrbach，2006；Hunter & Thatcher，2007；Luchak & Gellatly，2007)。

对组织的*行为承诺*源于一些次要因素，比如养老金计划和资历，一旦员工辞职，这些就会中止，谈不上个人对组织目标和价值的认同。研究表明，情感承诺和工作绩效正相关，而行为承诺和工作绩效负相关。

*规范承诺*是员工对雇主持有的责任感，当员工得到诸如报销进修费用或获得特殊技能训练等利益时，就会产生规范承诺。

组织公民行为

组织公民行为(organizational citizenship behavior，OCB)意味着付出额外的努力，超出工作的最低要求，它包括以下行为：承担额外的任务、在工作中主动帮助他人、跟上所在领域或职业的发展 、即使没人监督也遵守公司的规则、提升和保护组织、对组织有积极的态度并包容工作中的一些不便(Bolino & Turnley，2003，p.60)。

组织公民行为可以确保组织成功，组织中的好公民是组织的模范雇员。对保险代理公司、造纸厂和快餐连锁店等许多组织的研究表明组织公民行为越高，员工工作效率越高、提供的服务越好，这些都和较高的顾客满意度以及较高的公司利润有关(Bergeron，2007；Koys，2001；Wals & Niehoff，2000)。

研究发现组织公民行为与诸多因素相关。例如，对美国员工的研究表明高组织公民行为与和同事的友谊、强烈的同情感、高的工作满意度以及情感承诺有关系(Bowler & Brass，2006；Joireman，Kamdar，Daniels，& Duell，2006；Payne & Webber，2006)。对来自 33 个国家的 116 000 个经理和团队成员的大规模研究发现，支持性领导促进工作团队中的组织公民行为(Euwema，Wendt，& Van Emmerik，2007)。对美国银行1 000名员工的调查也发现类似的结果，调查证实了从主管那里得到支持在形成组织公民行为中的重要性(Dineen，Lewicki，& Tomlinson，2006)。

其他的一些研究表明，组织公民行为得分高的个体在尽责性、外倾性、乐观性和利他性上的得分也高，他们也具有团队精神。对加拿大149名护士的研究中，调查者发现了影响组织公民行为的一个认知成分：组织中的好公民行为是建立在对如何从展示组织公民行为来获取利益的深思熟虑和理性计算之上的(Lee & Allen，2002)。实质上，他们似乎在说，"如果在工作中我以这种方式做事对我来说有什么好处？"但这是人们几乎在任何情境中都会问的一个问题吗？包括在工作中、在教室里或在评估自己与他人的关系时？对此，你怎么认为呢？

本章小结

内容激励理论主要涉及影响行为的内部需要，过程理论集中于决策时的认知过程。成就动机理论假定不管你从事什么工作都希望尽力完成并且做到最好。需要层次理论提出了五种需要(生理、安全、归属、自尊和自我实现)，高一层次需要凸显之前必须先满足前一个需要。激励-保健因素理论提出了激励因素(工作的本质和成就、责任的水平)和保健因素(工作环境方面，诸如薪酬和管理)，该理论的一个副产物就是工作丰富化，即重新设计工作以期最大地满足激励因素所涉及的需要。工作-特征理论是建立在成长需要的个体差异之上的，这个理论表明员工对工作特点的感知影响动机。

效价-工具-期望(VIE)理论描述了对奖赏的期望感知会产生特定的行为，公平理论涉及收益和投入的比例以及这个比例和其他同事相比的公平性。目标设置理论认为激励取决于个人达成特定目标的意图。

工作满意度可以通过问卷法和访谈法进行测量，它与生活满意度相互影响。工作满意度随着年龄、工作经历和职业水平的增加而增加。工作满意度的性别差异问题尚未达成一致的观点。如果一份工作有足够的挑战性，工作满意度似乎不受认知能力的影响。其他影响工作满意度的因素包括人职匹配、组织公正、技能的使用、人格和控制等。失去工作可能会对自尊和健康造成损害，大量的裁员也会影响裁员的幸存者。

研究表明工作满意度和工作绩效之间有显著的关系，工作满意度越高，绩效越高。这种关系在个人身上及工作团队中都成立。工作满意会导致亲社会行为，工作不满意会产生阻碍组织目标实现的反生产行为；年轻员工更容易旷工，并且组织的病假制度比较宽松时容易产生旷工行为，低工作地位以及高工资的工作会产生高旷工率，低积极情感、高压力和沮丧都会引起旷工。离职与低工作投入、低组织承诺、少的晋升机会、对工资和上司的不满密切关联。在功能性离职中，表现较差的人会辞职，非功能性离职时，表现较好的会辞职。

研究表明薪酬和工作满意度之间存在正相关。影响薪酬满意度的一个重要因素是对薪酬的公平性及其与工作绩效的关系的感知。计件工资激励系统下的蓝领员工和绩效工资体制的经理们都对薪酬不满意。如果感觉到不公平,绩效工资的激励作用会降低,因为一些人认为他们真正的能力没有得到足够的奖赏。

工作投入(对工作的心理认同的强度)和工作满意度相关,以下因素影响工作投入:个人特点,比如年龄、成长需要、工作道德信念;工作特点,比如挑战性和参与工作的机会;组织承诺和工作满意度也有关系,并且年长的员工和成就动机较高的员工的组织承诺度较高。此外,其他一些变量也会影响组织承诺:工作丰富化、自主性、组织支持感、组织公正和对工作群体的积极态度。组织承诺可分为情感承诺、行为承诺和规范承诺。

组织公民行为指做的比工作要求的更多,这些行为可以产生较高的工作绩效,并且可能受到人格、支持性领导和自我服务决策的影响。

关键术语

成就动机理论	人职匹配	需要层次理论
公平理论	工作满意度	亲社会行为
目标设置理论	绩效工资	效价-工具-期望理论
工作-特征理论	激励-保健(双因素)理论	计件工资激励系统

复习题

1. 解释内容激励理论和过程激励理论的不同,这些理论之间有什么相同点?

2. 哪两种类型的目标可以满足成就需要?

3. 描述一下高成就动机者的特点。

4. 马斯洛的需要层次理论包括哪些需要? 哪些需要可以在工作中得到满足?

5. 描述一下辨别激励因素和保健因素是怎么影响工作满意度的?

6. 怎样使汽车组装线上的员工的工作丰富化?

7. 激励-保健因素理论和工作-特征理论有哪些不同点、哪些相同点?

8. 举例说明作为一个学生,效价-工具-期望理论如何应用在你的学业中?

9. 根据公平理论,对公平感或不公平感的三种反应方式是什么? 哪一种方式最符合你?

10. 如何将目标设置理论应用到工作中? 举例说明它是怎么样起作用的。

11. 工业组织心理学家是如何测量工作满意度的? 哪些个人特点会影响工作满意度的水平?

12. 描述被解雇的一些影响,失业是如何影响那些没有被解雇的员工的?

13. 什么是亲社会行为,它和工作满意度有什么关系?

14. 对员工本身和工作团队而言,工作满意度和工作绩效之间分别是什么关系?

15. 为什么对旷工进行研究是非常困难的?

16. 什么样的组织政策可以助长旷工率?

17. 辨别功能性离职和非功能性离职。

18. 绩效工资系统和计件工资激励系统有什么不同,这些方法分别存在什么问题?

19. 解释工作投入和组织承诺之间的不同。

20. 哪些个人因素和组织因素可以影响组织承诺?

21. 描述组织承诺的三种类型。

22. 什么是组织公民行为,哪些因素可以影响组织公民行为?

23. 举两个例子说明组织公民行为,解释一下你认为是什么激励了这种行为?

第9章

组织的构建

我们所有人都在某种形式的组织框架中生活和工作,组织为员工提供了书面和非书面的、正式和非正式的行为规则。你在一个叫做"家庭"的组织中成长。在家庭"运转"中,你的父母设立了特定的家庭文化——什么样的态度、价值观和行为是被接受的,这些让你的家庭成为与你朋友和熟人的家庭不同的一个非常独特的组织。

或许你家街对面那家人的家庭文化是正统的宗教信仰,他们家族对家庭成员的行为有异乎寻常的严格要求。然而,你隔壁的家庭有着更为中庸的信仰,或者以较为放任的方式教养子女。这两个家庭都在以不同的组织风格运行着。他们基于特定的期望、需求和价值观建立了一套组织结构,希望所有的家庭成员都遵守。

大学的班级也能明显体现各种不同的组织风格。某位教授可能比较严格,甚至是独裁专制的,他不允许同学们对他的授课提出质疑或要求。另一位教授可能以更加民主的方式进行教学,他会邀请同学参与课程内容与要求的制定过程。

从军队和行政机构中死板的、等级分明的科层制,到能够激发较多员工投入的、开放的参与式组织风格,我们可以看到,工作场合的组织风格多种多样。科层制规定员工该做什么和该如何做,基本不允许员工行为有所偏离。而现代的组织风格试图将工作场合变得更加人性化,这为传统的科层制带来了一定的改变。越来越多的组织将员工视为公司中必不可少的成员,并在长期的计划和决策中听取他们的意见。这种组织风格的转变从根本上改变了工作的组织和执行方式,同时也提高了许多员工的工作质量。

组织心理学家通过研究这些变化趋势来确定其对于员工的满意度和行为的影响。在第7章和第8章中,我们阐述了领导风格和员工的动机如何影响工作满意度、工作绩效和组织效率。在这一章中,我们将讨论组织因素的影响。

过去的科层制组织

科层制和参与式方式代表着组织风格的两个极端。人们倾向于看到科层制(bureaucracy)的缺点,例如臃肿低效的结构、头重脚轻而又繁多的管理层级以及淹没创造力的数不清的公文。日常工作和生活中,只要你与这种类型的组织打交道就会发现,以上的这些看法很有道理。然而,科层制的组织风格其实也曾像现代的参与式风格一样具有革新性,也被认为是出于人本主义精神的考虑。它在提高工作生活质量的需求下应运而生,并且在一段时间内实起到了作用。

科层制的出现一开始是社会抗议运动的一部分,它纠正了工业革命之初组织中的不公平、偏袒和残酷等情况。在当时,公司所有者和管理者就是公司建立者本人,他们完全控制着雇用关系。员工任由管理者任性妄为地、带有偏见歧视和命令式的摆布。

为了改正这种组织对员工的虐待,德国社会学家马克斯·韦伯(Max Weber, 1864—1920)提出了一种能够消除社会和个体不公平的新组织风格(Weber, 1947)——科层制。它是围绕非个人的、无偏见的准则建立起来的一种理性、正式的结构,是一种能够像机器一样高效运转的有序、可预测的系统，不受工厂主偏见的影响。工人们不是凭借他们的社会阶层或者老板是否喜欢来获得晋升机会，而是凭借自己的工作能力得到提拔。因此，相比于更早的组织系统，科层制是一次社会进步，在那一时期使得工作场所更加人性化。

在组织结构图顶端的高层主管与底层员工没有接触，
因此他们很少了解底层员工的工作环境和个人利益取向。

在韦伯发表关于科层制的观点之前，美国就开始应用科层制。科层制最著名的象征——组织结构图在19世纪50年代就产生了。丹尼尔·麦卡勒姆（Daniel McCallum）是纽约 & 伊利铁路（New York & Erie Railroad）的车间主任，他当时为公司制定了一份结构图并要求所有的工人遵守（Chandler，1988）。麦卡勒姆的这种以书面形式用一个等级式结构表达所有员工的职位和身份的想法很快流行起来，被大多数美国公司所采用。因此，当韦伯正式推行科层制的运行规则时，其实他所描述的组织风格在美国早已被广泛接受。

像组织结构图描述的那样，韦伯关于科层制的想法将组织去中心化，拆分成几个运营部门。在一种固定的等级控制结构中，各部门以一种固定的等级控制结构相联系着。这种基于科学管理方法的劳动分工理念简化了工作，并使得工作更加专门化。每个运营部门的责任或者权力都是通过等级结构由上至下进行授权的，信息也是以同样的通道从上至下传达。这种安排有效地切断了员工与组织中其他等级和部门的联系。

组织结构图看起来很好，它使得管理者感觉员工都处于自己合适的岗位、组织也运转顺畅。然而，那些纸上简洁的线条和框格并不总是能反映出日常工作的运行。在组织中还存在着组织——没有在结构图中表现出来的非正式工人社交团体的复合体，它会影响最专制的组织结构中最严格的规则。通常,这些非正式团体和人际网络使得一个组织的工作运转顺利(或不顺利)。

另外,科层制还存在其他问题。科层制的管理者容易忽视人的需求和价值。科层制的经理们将员工视为结构图中的无生命、无情感的框格,员工就像工作中使用的机器一样可以相互替换。科层制否认人类的动机,例如个人成长和承担责任的需求、自我实现和参与决策的动机。

科层制中的员工没有个体身份,对于他们的工作或影响到他们工作生活质量的组织政策也没有控制能力。对于科层制来说,理想的员工是易驯服、消极被动、依赖和单纯的。他们被认为没有能力自己做决策的,因此会有人为他们好,替他们做决策。由于他们在工作中的所有信息都不得不通过自己的直接领导传递,员工与更高的管理者被隔离开,无法就公司运营中关系到他们工作和健康的问题提出建议。在这种情况下,员工工作满意度、工作绩效和组织忠诚度的测量得分都较低。

科层制不仅压抑员工的话语权,而且对于组织自身也是有害的。科层制在阻止员工个人成长的同时,也使得组织的成长机会最小化,部分原因是因为信息的向上传递受到了阻碍。科层制变得死板,一成不变,无法快速良好地适应当今工作场所中不断变化的社会环境和技术革新。虽然科层制最初充满革新热情和人性化关怀,但它已经无法满足人的需求和时代变化。

高卷入管理和员工参与

对于科层制的批评主要是针对它把员工视为易驯服、消极被动和依赖的个体。而参与式组织风格对于人类的本性有着不同的观点,我们在第 7 章中介绍的麦格雷戈(Douglas Mcgregor)提出的 Y 理论总结了这一点。X 理论对人类本性的描述和科层制的死板规定一样,都是抑制个体动机和成长潜力的。它认为员工无法主动工作,因此他们需要严格的领导。这种传统的、低卷入度的组织方式使员工埋头工作,中层管理者控制他们,只有高层管理者能参与战略、计划的制定和进行长期的领导。

相反的,Y 理论认为员工有为他们的工作承担责任的动机。在这种观点下,人有高水平的创造力、忠诚度和个人成长需求。Y 理论和其他一些支持参与方式的激励概念都提倡组织降低员工的附属感,发挥员工的潜力。工作和组织必须在设计和结构上更加灵活,必须允许员工一起来决定怎样将任务完成得最好。为了增加挑战和责任,工作应该更加丰富。领导应该减少独裁作风,更多听取员工的声音。各级的员工都应该参加决策。因此,组织也必须变得更加灵活,能够对员工的需求和社会、技术、经济环境做出相应的改变。

这种高卷入管理风格建立在以下关于人、参与和绩效的三个假设之上:

1. *人的关系*。人们应该被公平对待,并受到尊重。人们希望参与决策,当被允许参与时,他们会更好地接受改变,并且提升对组织的满意度和忠诚度。

2. *人力资源*。人是珍贵的资源,因为他们拥有知识和想法。人们参与决策时会产生解决组织问题的更优方案。组织必须促进员工的个人发展,因为这会使得他们对企业更有价值。

3. *高卷入度*。要相信人们有能力发展出所需要的知识和技能,以做出与他们的工作管理相关的重要决定。当人们被允许做出这样的决定时,将会提高组织绩效。

高卷入管理所激发的工作行为已经被简单地贴上了"做主"的标签。"做主"在这个语境中是指员工能够参与决定他们的工作方式,继而通过灵活地改变工作方法来实施这些决策。大量研究表明员工参与决策与高工作满意度、高绩效和低离职率相关(Combs, Liu, Hall, & Ketchen, 2006;Pereira & Osburn, 2007;Zatzick & Iverson, 2006)。

英国一项面向数千工人的全国性调查结果显示,高卷入管理和更高的薪水正相关(Froth & Millward, 2004)。一项针对大型美国零售企业中215个工作组的2 755名员工的研究表明,"主人翁心理"产生于强调自主决定、参与式管理和赏识的公司氛围。这种主人翁心理与员工对组织的积极态度和组织的利润增加相关(Wagner, Parker, & Christiansen, 2003)。

高卷入管理要求员工积极参与各个等级的决策和政策制定,促进员工个人成长和个人实现,并且提升组织效率。这些组织风格的变化在各种工作生活质量项目中得到了体现。

新闻聚焦

注意! 员工正在接管组织

员工正在担负起越来越多的责任,做着之前只有他们的老板才能够做的决定,这种情况随处可见。工作范围得到了扩大、延伸和丰富:员工们被授予更多的权力,也就是说,员工有了掌管事务和按照自己的方式工作的权力。

举个大型百货公司的例子。一位售货员听到某位顾客向同伴抱怨她三周前买的一套衣服现在打折了。她真希望自己等到打折便宜了才买。机灵的售货员请教了顾客的姓名,并把差价补给了她。售货员自己做了决定,没有请求领导的允许,甚至都没有通知自己的领导! 因为他被授予了做这种决定的权力。

诺德斯特姆公司(Nordstrom)是一家顾客和员工满意度都很高的百货公司,它会向新员工发布如下规则:

规则一:在任何情况下使用你自己良好的判断力。

没有其他规则了。

规则要求员工使用他们良好的判断力,这表明决定权和责任都掌握在员工手中,而不是领导手中。这在工作场所是个十足的革命。

威斯康辛州的一家商业印刷公司鼓励自己的印刷机操作员自己做决定。一位集团发言人解释道:"就像每个律师都是合伙人,自己独立开展业务一样,我认为每个印刷工人也能经营自己的出版社。我更加喜欢 50 个人独立思考,而不是我一个人高高在上地说'我们就要这样做。'"

在康柏电脑公司(Compaq Computers),新电脑由三人小组来进行组装和测试。每个员工都有能力完成不同任务并应对挑战。从前,电脑在装配线上完成,每个员工重复地完成一个小任务。在新的系统中,每个工人的完成量增加了 50%。利润得到提升,员工对工作的满意感也得到了提升。他们感到自己是重要的——事实上他们确实是重要的。员工正在接管组织!

全面质量管理

全面质量管理(Total quality management, TQM)一般指的就是我们之前描述的参与性管理。这些项目的特点为在已经延伸的、丰富化的和扩大化的工作职责中提高员工卷入度、责任感和决策参与度。他们坚持 Y 理论的领导方式,即员工的想法和决定在组织的有效运转中起着至关重要的作用。全面质量管理的总体目标是通过改善员工的工作生活质量来提高工作的质量。因此,全面质量管理项目有时被称为工作生活质量计划(quality-of-work-life (QWL) programs)。这些项目将领导的本质从 X 理论转变到 Y 理论,提高员工动机、工作满意度、工作投入度和组织忠诚度,在实践中这些项目多数取得了巨大的成功(见 www.managementhelp.org/quality/tqm/tqm.htm)。

在高层管理者和全美汽车工人联合会(United Auto Workers union, UAW)的支持下,通用汽车(GM)实施了一个雄心勃勃的工作生活质量计划。公司和工会的官员同意建立一个劳动管理委员会来评估工作生活质量方案,这标志着这一项目的开始。所有方案都必须考虑外部因素(工作的物质环境)和内部因素(员工卷入感和满意度)。由工业与组织心理学家、管理者和员工组成的小组被赋予权力去扩大工作职责、重新设计生产设备以及修改原有低卷入度的科层制组织结构。

项目开始于通用汽车位于加州费利蒙的组装工厂,此工厂之前由于组装的车辆质量低下而被迫关闭。此前那里的旷工率曾经达到 20%,上班期间的酗酒和非法药物滥用行为非常普遍,超过 800 名员工表示过对公司的不满。三年后,通用汽车和丰田汽车合资成立了新联合汽车制造公司(New United Motors Manufacturing Incorporated, NUMMI),该工厂重新开工,并实行参与管理(www.nummi.com)。

新联合汽车制造公司(NUMMI)的员工 4—6 人组成一组,在每周的工作中完成多种多样的任务。汽车虽然还是在传统装配线上完成组装,但是员工在各个工作中进行轮岗,掌握流程中新的技能。没有领导来告诉他们该做什么,他们自己解决生产问题,自主设计方法提高生产力。人为的身份等级障碍被消除。工人和管理者在同一个食堂用餐,都要在参与团

在工作生活质量项目中，员工小组定期开会讨论生产力和员工卷入度的问题。

体训练后才开始一天的工作。先前在老的通用汽车工厂里工作的员工大多数喜欢这种高卷入度参与式组织风格，生产的车辆质量也有了大幅提高。

受到新联合汽车制造公司（NUMMI）成功的鼓舞，通用汽车在田纳西州斯普林希尔的土星汽车工厂（Saturn Motors plant）推行了参与式管理方法。工人们十多人组成一个小组，工作中的主要决定均由自己做出，包括新员工的招聘。像预留车位这样的领导特权被消除了。公司鼓励所有等级之间的相互沟通，不需要事先通过领导或者工会代表的批准。该工厂旷工率不到1％，与日本汽车工厂的旷工率相差无几，而其他美国汽车工厂的旷工率是其10倍以上。所有开展工作生活质量项目的通用汽车工厂的生产力都有所提高。福特和克莱斯勒也开始实施类似的项目，工人的生产力也得到了提高。

促使汽车工业和其他经济产业出现这些进步的主要因素是员工投入度和参与度的提高。管理者们已经看到倾听员工声音确实会有回报。

成功还是失败？

虽然有很多关于成功的工作生活质量项目的报告，有些项目却失败了。例如，在推行工作生活质量项目的沃尔沃工厂里，小组的方式建造汽车已有数十年之久，虽然生产力低于标准的组装工厂，但是参与使得汽车质量显著提高、离职率和旷工率均有所下降。

二十多年前，沃尔沃在一家瑞典的汽车装配工厂中扩展了员工参与的概念。员工小组不是仅仅组装汽车的一个部分然后送到下一个小组继续组装，而是需要组装一辆整车。结果惨不忍睹。在这个工厂需要50个小时才能组装好一辆汽车，而在其他每个小组仅负责组装汽车一个部分的工厂则只需要37个小时。在比利时使用传统装配线的沃尔沃工厂中，组装一部汽车需要25个小时。因为瑞典工厂的很多员工没有意识到这种重新设计的工作所带来的要求,旷工率也很高。另外,为了使员工获得组装一整辆车所需要的技能而进行的培训也比预计的要长。

其他工作生活质量项目失败的原因是员工没有参与决策的愿望,也没有把决定何种工作方式当作分内事。一些员工喜欢,或者说需要更多的直接领导。不仅如此,当管理者不愿与员工一起工作、共享权力和权威,而是仍然试着控制自己下属时,工作生活质量项目也注定会失败。当工作生活质量项目得不到高管的大力拥护和认同,领导和工会代表又把项目看作是对自己权力的威胁时,这些项目失败的几率就会很高。经理和主管们必须放弃他们曾经用来指挥和控制下属的一些权力和权威。他们必须学着放权,并自愿做指导者、教练、导师和资源提供者。许多管理者觉得很难适应这一转变。

现代工作场所的两个特征——多样性和临时工的增加,也可能会抑制工作生活质量项目的积极作用。虽然整体劳动人口在逐渐变得更加多样化,一些组织仍然由绝大部分白人男性主导,女性和少数民族员工被排挤在非正式社交网络之外。占主流的白人男性员工通过这些社交网络渠道交流工作相关的信息,获得和提供社会支持,而员工中的少数群体就缺少参与决策和重新建构其工作的机会。另外,组织中的固定全职员工会将临时性员工(例如临时工、合同工或远程网络员工)排斥在参与性项目之外,这也不利于工作生活质量项目发挥作用。

自我管理工作团队

自我管理工作团队(self-managing work teams)允许成员自行管理、控制和监督工作的所有方面,从招募、雇用和培训新员工到决定何时休息等。这种自治工作小组在如今的商业和工业中已经变得非常流行。

早期对第一个自我管理工作团队的分析揭示出以下几点行为特征:

● 员工为自己的工作成果承担个人责任和义务。
● 员工监控自己的绩效,在他们对任务的完成和满足组织要求程度方面寻求反馈。
● 员工管理自己的绩效,并在必要时采取矫正行为来提高他们和其他团队成员的绩效。
● 当员工没有资源完成工作时,会向组织寻求指导、帮助和资源。
● 员工帮助自己团队的成员和其他团队的成员来提高绩效,提升整个组织的生产力。

自我管理工作团队需要员工有更高水平的成熟度和责任感,这在领导管理型的团队中是不需要的。自我管理工作团队也需要组织提供关于生产目标的清晰指导,也需要支持性专员提供技术专业知识和足够的物质资源。在一些情况下,工程师和会计师也加入到自我管理工作团队中,帮助团队应对整个流程中遇到的各种问题。实质上,团队就像一个大型组织中的微型企业。

自我管理工作团队同时也依赖于管理者的成熟度和责任感,管理者必须乐意将权力授予下属。实际上,管理者的支持是决定这些团队效率的最重要变量。管理性支持的程度也能够很好地预测员工的满意度。

现代组织邀请员工参与决策。（由福特汽车公司提供）

*自我管理*这个术语不是特别准确,因为这些团队都需要一个外部团队领导(一个团队之外的员工)作为工作团队和组织间的中间人、联络人和缓冲区。针对财富500强公司的19位外部团队领导和38位团队成员的深度关键事件访谈显示,成功的外部团队领导展现出两种行为:聚焦于组织的和聚焦于团队的(Druskat & Wheeler, 2003)。聚焦于组织的行为是指对组织管理的需求、价值观和所关注事物的高度的社会和政治敏锐性。领导必须要让团队成员觉察到这些需求、价值观等,并且对它们做出反应。聚焦于团队的行为是指在团队成员之间建立信任,并且要显示出对他们的尊重、关心和在意。因此,某些类型的领导方式对于一个自我管理工作团队的高效运转而言是必须的,而放任自流的模式是无效的。

许多研究显示,自我管理工作团队在生产力、工作质量、离职率和工作满意感方面有积极效应(Morgeson, Johnson, Campion, Medsker, & Mumford, 2006; Zhang, Hempel, Ham, & Tiosvold, 2007)。然而,要注意的是,自我管理工作团队也存在问题。从传统的科层制管理转换到自我管理是很难的,并且耗时耗财,而且许多组织低估了所需要的投资。它们尤其会低估所需要的培训和会议商讨时间,并且对自我管理工作团队充满不切实际的期望,认为会在很短时间内迅速增产。对自我管理工作团队的监控和检查也会抑制它们最初对于这一做法的热情。

虚拟自我管理工作团队

虚拟自我管理工作团队的成员可能在地理上分离的办公室或者在家办公,为同一家公司的不同部门工作,甚至为不同公司的同一个项目工作。他们可能很少在现实中会面,仅通过电子联系方式来完成一个特定的任务。他们的工作成果通过桌面电视会议系统(Desktop Videoconferencing System, DVCS)等信息系统传递。

通过电子邮件和其他方式的远程通信,DVCS重塑了现实团队会议的面对面互动和动态效果。安装在电脑显示器上的摄像头让所有团队成员可以看到彼此,使得他们的语言因为有了面部表情和动作的补充而更加生动。这样就为团队成员的话语和观点添加了重要的语境元素。

虚拟工作团队能够提高生产力、工作满意度、工作投入度和组织或团队忠诚度。团队成员必须管理自己的项目并评估自己的表现。

管理者必须控制信息交流的方式,并把团队成员保持在"圈内"。成员的出席必须是强制性的,从而使得每个成员都有机会参与。

在一项针对33个组织中54个成功的虚拟团队的研究中,研究者发现他们的团队领导始终表现出一些特定的行为和实践,这些是失败的团队领导所没有的。成功的团队领导频繁使用信息技术,组织虚拟会议,积极监控团队进度并且确保团队成员的独立贡献能得到组织的认可,以此来建立和保持团队成员的信任(Malhotra, Majchrzak, & Rosen, 2007)。

新闻聚焦

更短的工作时间？如果大家都想早点回家怎么办？

你知道吗？哈曼汽车制造（Harman Automotive）是工业与组织心理学历史上最著名的汽车后视镜工厂，因为它位于田纳西州波利瓦市的工厂是第一个员工授权的现实实验场。在那里，员工被授予掌控自己工作的权力。早于四分之一个世纪之前，这次大胆的冒险就已经开始了，并且在当时取得了惊人的成功，因此在当时，每当三大汽车厂商要在工作场合做类似的改革时都会前去效仿它。

无数的企业董事长、基金会高管和大学学者都到工厂车间亲眼见证这一奇迹，以至于工人们很快就受不了了。他们整日忙于组织参观，几乎没有时间制造后视镜。他们决定将参观者限制到每周一组。

然后一切都出了问题。工人们决定他们只要达到每天的生产配额之后就可以回家，经理们同意了。他们称之为"挣得的空闲"。当然。这对于装配工和打磨工来说还不错，因为以小组工作的他们半天之内就可以完成工作。但是操作大型金属铸造机器的工人不乐意了，因为他们必须全职在岗密切注意机器的运行。

因此过了不久，所有人都要求每天工作更短的时间。有些经理调整了规定，允许工人们早点回家，而有些经理则拒绝了这一要求。很多员工为了能够在上午就完成工作而在质量上偷工减料，这样大部分的时间就都可以用来休息。一些工人设计出了底部向内突出的货运纸箱，这样很容易就让纸箱装满镜子，而实际上镜子的数量并不够。带薪休息的诱惑力实在太大了。

一个员工说："这规则把我们变成了小偷。"一个帮助设计此系统的哈佛教授叹息道："我们当时太理想化了。"

工厂中，士气一落千丈，生产的质量和数量直线下降，旷工率和离职率居高不下。然而，这里的工作很容易吸引求职者。所有人都听说了在这个工厂工作半天就可以拿到一天工资。新员工的第一个问题都是："我什么时候可以回家？"

1996 年的一天，每个人都早早地回家了。哈曼汽车被迫关闭。

组织变革

我们之前讨论的员工参与项目需要组织风格方面的彻底变革。然而，科层制组织本质上就是抵制改变的。当组织开始在结构上实施变革时，往往会遇到员工的敌意、生产减慢、罢工、离职率和旷工率升高等问题。一般情况下，无论是涉及新设备、工作日程、作业流程和办公室布局安排的改变，还是员工职位调动的变革，在一开始都会受到抵制。

　　一些组织能够在员工和管理者们的支持和配合下变革。影响变革是否会被积极接受的最重要因素就是变革提出和实施的方式。如果变革是以专制的方式强加于员工,没有对员工进行解释说明,员工也没有机会参与,那么员工很可能做出消极的反应。然而,如果管理者对于即将开始的变革的性质、实施的原因、员工和管理者可能得到的利益等做出解释,那么员工们就可能会做出积极的反应并接受变革。正如预期的那样,领导-成员交换(LMX)程度越高,员工对于组织变革的接受程度越高(Furst & Cable, 2008)。

　　针对130位公共住房系统雇员的研究表明,员工从管理者那里获得信息的量和他们在计划过程中的参与度会正向影响员工自己对于变革的接受程度。最不愿接受变革的员工工作满意感会更低,更倾向于离职,并且更容易由于工作方面的事情而被激怒(Wanberg & Banas, 2000)。

　　同样的结果在以下研究中也被证实。两家公共事业公司都实施大型变革,旨在降低成本、提供更快的顾客服务。这种变革会导致许多工作方式的改变,员工以指导委员会员工代表的形式参与到变革的过程中,与公司管理层紧密联系。在变革规划时、实施前以及实施过程中,一百多名员工都接受了问卷调查。结果发现,员工对于管理者的信任在多次调查中不断增加。研究者表示,信任的增加是由于员工相信自己被给予了足够的机会参与变革的计划,并且管理者也对计划做了详尽的解释和辩解(Korsgaard, Sapienza, & Schweiger, 2002)。

　　在另一个组织变革的例子中,企业的并购导致了裁员。调查数据显示,对于未被裁员的工人来说,来自同事的社会支持是最重要的应对资源。另一个发现是,在组织变革初期,也就是关于裁员的谣言四起却没有开始实施时,员工感知到的对自己工作任期的控制感降低。当裁员开始发生时,员工感知到的控制感有所提升(Fugate, Kinicki, & Scheck, 2002)。

　　对265名护士的一项研究也表明了组织承诺在接受变革中起到的重要作用。调查结果显示,在影响员工对组织变革的支持方面,情感承诺和规范承诺比行为承诺更加重要(Herscovitch & Meyer, 2002)。一项对25家公司553名员工的研究发现,自我效能感是影响员工接受组织变革的一个主要因素。员工越是相信自己有能力适应改变,就会越坚定地拥护变革(Herold, Fedor, & Caldwell, 2007)。

　　员工参与变革计划和实施的积极作用是持久性的,还是当研究者一离开办公室或者工厂就会消失呢?为了研究这个问题,两位工业与组织心理学家访问了一家4年多之前经历过彻底变革的工厂,当时这家工厂从集权的科层制转变为灵活、创新、参与性的民主制。这次变革由公司董事长(一位心理学家)指导,所有工人共同参与,并且成功地提升了公司利润、生产效率和员工满意感。进行这项经典研究的心理学家们发现4年之后变革效果仍显而易见,有些效果甚至比变革过程中和刚结束的那段时期更明显,员工工作满意感上升的同时,他们对保持生产力水平的关心同样上升(Seashore & Bowers, 1970)。在引入方式恰当的情况下,工作流程或者整个组织氛围方面的变革会产生长期的积极效果。

组织发展（OD）

　　工业与组织心理学家集中了大量的精力研究整体组织变革的问题和实施计划变革的系统性方法。这被称为组织发展（organizational development, OD），涉及的技术方法有敏感性训练、角色扮演、小组讨论、工作丰富化，还有调查反馈和团队建设。

　　在调查反馈技术中，组织周期性地调查员工的情绪和态度，然后将调查结果传递给整个组织的员工、管理者和工作小组。调查的目的是向更高层管理者提供反馈，为员工在问卷中反映的现象和问题做出解释，并提出改善方案。许多组织任务都是由小型工作小组或团队完成的，例如团队建设技术。为了增强一个团队的士气和解决问题的能力，组织发展顾问（被称为变革代理人，change agents）与团队一起努力提高团队自信、凝聚力和工作效率。

　　外部顾问，或称变革代理人，往往比内部管理者更能够客观地审视一个组织的结构、职能和文化。变革代理人的第一项任务是诊断：用问卷和访谈来确定组织的问题和需求。变革推动者评估优势和劣势，制定策略以解决问题和应对未来变化。然而，他们必须谨慎，防止在不许员工参与的情况下引入变革。

　　这种战略（或称为介入）的实施要从总经理开始。除非获得管理层的支持，否则一个组织变革的成功几率是很小的。具体的介入技术方法要视问题的本质和组织氛围而定。组织发展过程是灵活的，可以适应情境的需求。大体上说，无论使用何种具体的技术方法，组织发展的过程能够帮助典型的科层制组织从刻板性和例行公事中解脱出来，这样就为更多的响应能力和开放参与提供了环境。

　　许多公共和私人组织已将组织发展技术运用起来了。虽然研究结果错综复杂，但确实有一些研究发现了生产力的明显提高。工作满意度似乎是与组织发展负相关的，然而这可能是由于发展的重点是放在提高生产力上，而不是完全为员工考虑。

新员工的社会化

　　由于各个等级的新员工的加入，组织不断经历着改变。新员工有不同水平的能力、动机和做好工作的欲望。他们自身的需求和价值观会对组织产生影响。与此同时，组织的文化也对新员工产生影响。员工除了学习必须的职业技能之外还要学习其他事情，他们必须学着在组织等级中找到自己的角色，学习公司的价值观，学习被工作团队所接受的行为。

　　这种学习和适应的过程被称作社会化（socialization），这与"成人礼"类似，社会成员通过它步入生命的新阶段。能够成功应对这个适应过程的员工一般来说会更加幸福和高效。

　　一个组织的不成功的社会化，即随意无计划地介绍公司政策和业务，会破坏严格的员工选拔系统的成果。一个组织可能招聘和雇用了合格的员工，接着就由于不充分的接待而在最初阶段就失去了他们。不当的社会化会使新员工产生挫败感、焦虑和不满，进而导致员工产生较低的工作投入度、组织忠诚度，较低的动机和生产力，甚至导致员工被解雇或主动辞职。

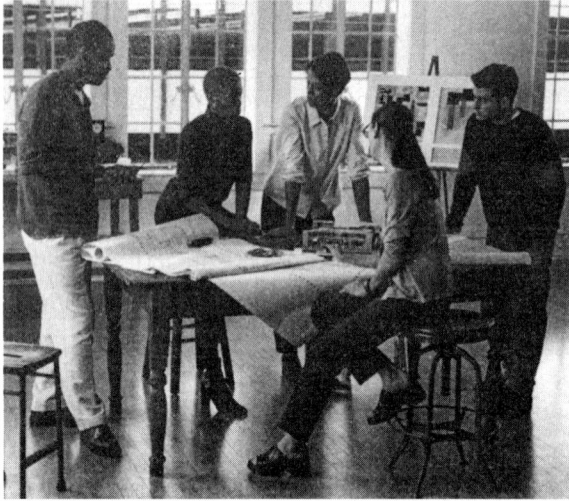

现有员工与新员工之间的积极互动应该成为公司社会化项目的一部分。

另一方面，许多研究显示新员工的成功社会化与工作满意感、工作绩效、组织认同和承诺以及低离职意向正相关（Ashforth, Sluss, & Saks, 2007；Klein & Weaver, 2000；Saks, Uggersle, & Fassina, 2007）。

社会化还涉及一些组织战略。理想状态下，组织应该向新员工提供有挑战性的工作，这样他们会得到成长和发展的机会，掌握技能，获得自信与成功经验，与上级积极互动并获得反馈，并与有较高士气和对组织态度积极的同事积极互动。

一项针对 154 名新入职的会计的研究发现，将早期社会化与上级（而不仅仅与自己的同事）链接能更好地帮助员工习得工作和社会角色、建立组织忠诚度（Morrison, 2002）。有一项长期研究针对 101 名新员工进行，在他们大学毕业时进行了问卷调查，并分别在毕业六个月和两年后进行了追踪调查。结果显示，当新员工从经验丰富的同事那里获得积极社会支持，并将其作为榜样时，他们会倾向于将雇主的价值观内化（Cable & Parsons, 2001）。

虽然制度化的社会化策略在向新员工介绍组织方面是有效的，但大多数新员工在这个社会化过程中并不是被动学习。许多员工是非常积极主动地、充满热情地搜寻他们认为有助于自己适应工作环境的信息。在一项对 118 名新员工入职的最初三个月的研究中，研究者发现有较高的外倾性、对新经验有较高的开放性的新员工比那些在这些人格特质上表现较低的新员工展示出了更多的主动社会化行为。外倾的员工更倾向于采取措施与他人建立关系，并从同事和经理那里获得反馈（Wanberg & Kammeyer-Mueller, 2000）。

一项对 70 名高科技项目团队新员工的研究发现，自我效能感高的新员工对自己完成新工作的出色程度有更高的期望。此研究还显示，当获得了早期成功经验、拥有挑战性目标和工作中的积极学习榜样时，新员工对绩效的期望会提高（Chen & Klimoski, 2003）。一项包含 70 个针对新员工的研究样本的元分析发现,自我效能感高的员工更可能获得成功的社会化经验(Bauer, Bodner, Erdogan, Truxillo, & Tucker, 2007)。

当新员工与老员工有更多的互动时,社会化会出现得更快。互动可以是提问、喝茶聊天等非正式交谈,也可以是辅导和绩效评估等正式活动。然而,一些证据表明社会化项目不应该依靠那些被新员工替代的将离开的老员工。将要离开的员工可能会教给继任者已有的并且可能是低效率的技术方法,这将不利于创新。

在一项对一个大型咨询公司 261 名新员工的研究中,研究者将两个提供相同信息的项目的效力进行了对比,一个是基于社交、现场导向的项目,另一个是自己主导、基于电脑导向的项目。结果清晰地显示基于电脑的方法阻碍了员工适应新组织(Wesson & Gogus, 2005)。

工业与组织心理学家确定了两个与社会化相关的因素:**角色模糊**(role ambiguity)(员工的工作角色没有良好的结构和定义)和**角色冲突**(role conflict)(工作要求和员工个人标准存在差异)。高度的角色模糊和角色冲突与低工作满意感、对上级的低满意感、低组织忠诚度和高流失率相关。为了解决角色模糊和角色冲突的问题,许多新员工自己行动,从同事和上级那里获得关于工作和组织的信息。

工作改变导致的再社会化

本章引用的大部分研究对象是刚刚开始第一份全职工作的大学应届毕业生。但是如今,大部分人可能会在自己的职业生涯中多次换工作。在你的职业生涯中,可能每次加入一个新组织,都体验到新的社会化经历(或叫再社会化)。人们通常认为先前拥有一次或者多次工作经历会使得下一份工作的社会化更简单。同样,人们可能认为之前有过工作经验的员工,其工作绩效、工作满意度和组织忠诚度也会更高,因为他们有适应不同组织的经验。然而,研究结果并不总是支持这种期望。有时科学研究并不一定支持常识和直觉,这显示了严谨的工业与组织研究的重要性。

那些被原公司派到别的工作地点的员工的情况又如何呢? 他们也需要再社会化吗? 是的,因为组织的每个单位都有不同的价值观、期待和可接受的行为。通常,对于调任者没有正式的社会化程序,但是存在非正式的过程,员工从同事和上级那里寻求反馈来检验自己在新情境中的工作行为是否达到标准。

组织文化

每个组织都有自己的文化,这就是为什么新员工在加入团体时要进行再社会化的一个重要原因。就像一个国家有自己的文化特征,它的信仰和风俗等区别于其他国家——组织也有自己的文化特征。**组织文化**(organizational culture)是信仰、期待和价值观的综合模式,其中有些是有意识的,有些是无意识的,这些模式影响组织所有成员的行为。

一个组织的文化会受到它所属的产业类型的影响,比如在相同产业中的不同公司可能会拥有共同的组织文化。例如,炼钢厂之间有着相同的文化特征,这些特征有别于出版社、保险公司、医院、网络公司或者电影制片厂的文化特征,因为不同产业有着不同的市场情况、竞争环境和客户期待。例如,社会对于电力公司和家具厂的服务有着不同的期待。对于电力公司,社会更多的要求持续的、不间断的服务。一个公司的不同部门,例如研究、开发和市场,也会发展出可能不同于主导组织文化的独特亚文化。研究显示,典型的科层制,即更加死板、正式和等级分明的组织,相比其他公司有更加强硬、定义更明确的文化(Dickson, Resick, & Hanges, 2006)。

有些工业与组织心理学家不区分组织文化和组织氛围两个术语,声称这两个概念本质上是相似的。而有些则认为氛围是文化的表面表现。组织氛围是当人们观察组织运行方式时所觉察到的,然而组织文化与更深层的问题相关,是组织运行风格的成因。

回顾我们对于参与式管理项目的描述,组织文化会影响一家公司的效益。例如,有着高卷入度和高参与度文化的公司总是会胜过不提倡员工参与和卷入的公司。

个人-组织匹配

工业与组织心理学家将个人-组织匹配(person-organization fit)定义为员工价值观和组织价值观的一致程度。这种一致性可以通过招聘选拔和社会化的程序得到最大化。

当新员工在价值观方面与上级达成一致时,个人-组织匹配程度可能得到提高。一项对68家总部设在荷兰的欧洲公司154名新员工和101名上级的研究证明了这一点。高一致性与低离职意愿相关。员工和上级的价值观之间的高不一致与员工低组织忠诚度相关(Van Vianen, 2000)。

另一个相关变量是人格。个人-组织匹配不仅要求相似的价值观,也要求相似的人格。大部分组织在向管理者逐渐灌输特有的人格方面都是比较类似的。这里涉及一个自我选择因素:让求职者感到舒服的组织结构、任务和工作态度的公司一般对其有吸引力。试着想象一家高科技公司,员工都是二十多岁的人,他们穿着随意,长期弯腰驼背待在电脑前,并且带着宠物狗去上班。再想象一下一个大型投资银行,员工身着深色正装,在讲究的办公室中,静默无声地进行着自己的工作。人格的差异非常明显!

个人-组织匹配的程度会影响一个人在组织中的影响力,但是影响力也会随着个体的人格和工作团队性质的变化而变化。例如,外向者在一个团队导向的组织中更加有影响力。有较高尽责性的领导在员工各自独立完成技术任务的组织中更有影响力(Anderson, Spataro, & Flynn, 2008)。

一些组织心理学家提倡改变典型的员工选拔方式。他们认为除了评估求职者的知识、技能和能力是否适合一个特定工作之外,公司应该评估这些求职者的人格是否能与组织的文化和个性相容。

工会

作为组织生活的一方面,工会的存在与否会影响一个公司的文化,在工会中员工们集体合作来保护和提升自己的利益。工会成员在组织文化中形成一种亚文化。工会的成员身份有助于提高工作满意度和生产力,并且很大程度上影响员工对工作和雇主的态度。

针对来自美国和澳大利亚的 3 500 多名工会成员的研究表明,最可能参加和支持工会的员工是那些对组织决策机制不满意的员工。他们也可能对绩效评估系统有所不满,并且认为公司在实施政策时有欠公平。他们认为工会有助于建立公平和安全的工作环境以及提高薪资福利(Buttigieg, Deery, & Iverson, 2007;Tetrick, Shore, McClurg, & Vandenberg, 2007)。

新工会成员的社会化类似于加入任何新组织时的适应过程。工会不仅提供正式的制度化的社会化,也提供非正式的个体社会化。正式的机制包括适应导向的讲座和训练项目。非正式机制涉及与同事一起参加工会会议,被介绍给工会代表,或者由工会帮助解决工作问题。在一项对新加坡 322 名工会成员的研究中,研究者发现通过社会化机制建立起的对工会的忠诚是强大的激励力量,这种忠诚会使得成员的行为旨在提升工会和其他工会成员的利益(Tan & Aryee, 2002)。

新闻聚焦

先生,给我一份薯条!

Foodmaker 是 Jack-in-the-Box 快餐连锁的母公司,当汤姆·怀特(Tom White)刚被 Foodmaker 聘为副总裁时,他整整两个月没有做任何符合自己职位等级的事情。刚进公司的最初阶段他从底层开始做起,去学习公司的文化。他做着炸薯条、翻汉堡的活,参加被称为"入职"的社会化项目。

另外,有一位导师向他展示 Foodmaker 的做事方式,并且近距离地对他进行监视,确保他能够适应这一组织。经过了 8 周的工作,他在亲身经历后对公司经营情况的了解比许多高管 8 年了解得都多,然后他才正式开始自己的新工作。

他说:"这大概是第一次,我在接受新职位的第一天就知道我的职责以及如何在组织中开展工作。如果没有入职项目,我很可能会比现在需要多 6 个月到 1 年的时间去适应新工作。"

企业顾问报告说,很少有公司会在新高管任职前提供这种熟悉组织文化的机会,而这一情况导致了高清除率,即高达半数的新高管在 3 年内离职或被解雇。

在一项对近期更换工作的 46 名高管的调查中,三分之一的高管表示他们需要长达 1 年的时间来适应新公司。他们都认为最难的是适应一个公司的文化。一位人力资源总监将组织文化描述为"一个决定你在工作中成功或失败的框架"。

资料来源:Sweeney, P. (1999, February 14), Teaching new hires to feel at home. *New York Times*.

一项对美国薪资标准的研究显示,参加工会的员工比非工会员工薪水高出33%。除了更高的薪水以外,工会成员身份还会带来更好更安全的工作环境、工作保障和附加的福利——这些都有助于满足马斯洛提出的低层次需求。工会成员身份也能够满足地位、归属和自尊这些高层次需求,并且可以提供权力感,因为工会员工拥有一个重要的谈判砝码:威胁罢工。相比公司,一些员工对工会表现出更高的忠诚度。

工会最初抵制工作生活质量项目,因为他们害怕公司的这种努力会影响员工对工会的忠诚度。但当更多的员工,尤其是工会成员参加并支持工作生活质量项目后,这种抵制有所减退。

有组织的工会目前面临着会员数量下降的危机。1945年,第二次世界大战末期,35%以上的美国工人属于工会。2007年,这一数字下降到12.1%,即使如此,美国依然还有1570万工会成员。男性比女性更倾向于参加工会;黑人员工比白人、亚裔或西班牙裔员工更倾向于参加工会。几乎40%的政府员工属于工会,而私企则不到10%。更多关于从工会立场看当前工作场所问题的信息,请访问美国劳工总会与产业劳工组织(American Federation of Labor and Congress of Industrial Organizations,简称 AFL-CIO)的网站 www.aflcio.org。

申诉程序

影响员工态度和行为的工会活动之一是申诉程序。申诉程序在工会合同中有详细说明,它建立了解决员工投诉的正规机制。员工申诉的数量和焦点可以作为工作满意度的指标,并且可以对工作场所的问题根源进行精确定位。申诉程序向员工提供了一个向上与管理者沟通交流的途径,一种得到认可的发泄挫折感的方式,而不是让员工以怠工、罢工或者破坏的方式来表达不满。因此,申诉程序对员工和管理者来说都是有益的。

申诉的数量随着工作性质的不同而变化。不熟练的员工在不舒适的环境中进行单调重复的流水线工作容易导致高申诉率。社会因素也很重要。有高凝聚力的工作团队比缺乏团结意识的团队更加倾向于提出申诉。不体贴的一线管理者比体贴的管理者更容易成为申诉的目标。大体上讲,当申诉结果有利于员工时,员工会认为申诉程序是公平公正的,工作满意度会随之上升。当申诉结果有利于管理者时,员工—管理者关系通常会恶化。

非正式群体：组织中的组织

每个组织中都会有非正式群体。这些群体对于员工态度、行为和生产力有着巨大的影响。员工以非正式的途径聚到一起建立和传播一套规范和价值观,形成组织大文化之下的一个亚文化。这些非正式群体不会在组织结构图上出现,并且不受管理者的控制,因此通常管理者并不会觉察到它们的存在。

非正式群体决定了新员工怎样认识管理风格等组织文化。这些群体可以通过鼓励员工配合公司政策和程序来为组织效劳,可以通过妨碍生产力和管理目标来对组织产生不利影响。

非正式工作团队的成员往往有着类似的背景和兴趣,
可能会自己决定所能接受的生产力标准,其标准可能和管理者设置的标准不同。

经典的霍桑实验

霍桑实验提供了非正式群体的实证性证据。在西部电气公司(Western Electric Company)的一个电话库接线房中,研究者历时 6 个月观察有 14 名员工的团队。观察者发现这个团队有自己的行为标准和生产标准。这些员工有许多相同的兴趣爱好,他们互相戏弄,行为粗野但是感情友好,乐意在工作上互相帮助。他们重视互相接纳和相互之间的友谊,并展示出类似家庭的很多特点。他们会避免做出任何团队其他成员可能不同意的事情。

在生产力方面,团队决定一天的合理、安全的产量。管理者设定了一个标准,并设定了达到或超过每日生产水平的薪资激励(一个员工可以通过更快地工作来赚更多的钱)。但是如果这个团队设定的标准低于公司的水平,那么员工们会认为如果他们达到或者超过了管理者的要求,公司就会提高标准并且强迫他们更努力的工作。因此,这个非正式工作团队自己设定了一个可以悠闲且容易完成的生产目标;他们自愿放弃赚更多钱的机会。员工们向观察者承认他们有能力提高产量,但是这样做就会违反团队的规范。团队中的员工认为团队接纳比额外的钱更加重要。

社会惰化

非正式群体的另一个效应是社会惰化(social loafing)现象,即人们在群体中工作时没有像单独工作时那样努力。社会惰化的一种解释是,人们认为自己会被群体所掩盖,他们放慢工作进度也不会被发现。而且,根据以往的经验,人们更倾向于认为团队中的其他人会偷懒,自己不妨也这样做。

当员工认为他们的上级了解他们作为个体是否努力工作时,社会惰化就不太可能出现。当员工们认为他们个人的努力并没有被上级所承认时,社会惰化更有可能出现。相比女性,男性更加容易产生社会惰化。东方文化(更加集体主义和团队导向的文化)中的员工比来自更加个人主义的西方文化的员工更多出现社会惰化。

在以下情况下员工可能出现社会惰化:

- 当他们的个体产出得不到评估时
- 当工作任务没有意义,或者不涉及个人时
- 当与陌生人一起工作时
- 当他们期待同事能够在任务中表现出色时
- 当他们的工作团队凝聚力较小时

群体凝聚力

非正式群体在各类组织中都存在。他们的特点表现在人与人之间长期的互动;频繁的互动对于**群体凝聚力**(group cohesiveness)以及共同利益的发展是必要的。群体必须有中心,例如同一个部门的员工共用一个工作场所。群体不能太大,否则个人独特感以及人与人的直接沟通就会消失。

我们大多数人需要友谊和归属感,非正式工作群体可以满足这些需要。群体同时可以提供很多信息,例如工作流程是什么,怎样的日产出是可接受的。群体的亲密感也会影响员工对于组织问题的认知。例如,在工作群体中建立了紧密人际关系的员工倾向于用与群体类似的方式解读组织事件。而在凝聚力较低的群体中,员工倾向于以各自不同的方式解读组织事件。

群体规范和标准影响组织和个人生活的方方面面。群体能够影响个人的政治和种族态度、穿着风格,甚至去哪里吃饭或者度假。因为群体的成员资格能满足个体很多需求,所以员工努力争取被群体所接受。除了刚加入群体的新成员,群体中很少有人会表现出偏离群体规范的行为。

非正式群体倾向于吸引和保留有着类似人格特征的人,并表现出一致的情感或者感情基调。因此,群体中的成员对工作拥有相似的情绪和情感。群体的情感基调会影响群体的工作绩效。消极情感和低水平的互助行为相关,员工可能会表现出粗鲁和不合作的行为。积极情感与低旷工率相关。

积极情感同时与对组织的奉献精神和组织公民行为正向相关,即帮助同事,保护组织,提出建设性建议,发展个人技能和传播善意。当群体较小,并且成员工作的物理位置较近时,群体中的积极情感可能会更强。在这种情况下,员工个人的情绪会长期受到群体的集体情绪的影响。

　　群体凝聚力越强,群体对个体成员的影响力就越大,同时成员顺从群体的压力也越大。有一些因素会影响群体凝聚力。例如,当群体变大时,群体成员之间频繁接触的机会减少,凝聚力就会下降。大群体通常会分裂成为亚群体或者竞争群体。背景、利益和生活方式的多样性也会降低群体凝聚力。

　　工作条件同样重要。在基于个体而非团队的工资激励系统中,员工个体间的竞争会降低亲密感。团体奖鼓励团队合作,每个人都为了同一个目标工作,因此也能加强群体凝聚力。

　　外部压力和威胁会影响群体凝聚力。就像一个国家的公民在外部攻击之下通常会抛弃个体或地区差异而选择合作,当面对一个不公平的上级或者不受欢迎的政策时工作群体也会如此。一项对 64 个研究的元分析得出了群体凝聚力的三个成分:人际吸引力、任务忠诚度和群体自豪感。研究者发现高群体凝聚力和高工作绩效之间存在很强的正向相关(Beal,Cohen, Burke, & McLendon, 2003)。一项对 447 名加拿大军队雇员的研究同样显示高群体凝聚力与高工作绩效、高满意度和低压力的相关(Ahronson & Cameron, 2007)。

技术变革和组织结构

　　计算机辅助生产和办公设备的广泛使用改变了日常的工作方式,影响了正式和非正式的组织结构(O'Kane, Palmer, & Hargie, 2007)。计算机技术的产生,对组织内基本单位间的协调和整合提出新的要求,这就需要新的管理等级制度发展起来。例如,在一个营运计算机化的工厂,设计部员工被重组,重组之后他们需要向市场部门汇报工作,而之前他们与市场部门没有直接联系。这种改变对于协调客户需求(市场)和开发新产品(设计)是必须的。

工作场所的正规化

　　计算机技术对工作流程的正规性要求更严格。向计算机文件中输入数据的规则必须是精确的,不允许员工存在随意性或偏差。这些正规的流程降低了在工作中体现个性的机会。计算机同时改变了决策权的来源(虽然改变的方向通常并不明晰)。实际上,在办公室或者制造厂实现自动化有时会导致决策更加中心化,即将决策限制在组织结构图中少数的几个等级。而另一些情况是,自动化导致去中心化,给予处在视频显示终端的工人更大的决策权。对于一些工作来说,计算机操作者可能比自己的上级对设备的性能更加了解。权力从上级向员工的转移会破坏传统的工作关系,降低管理者对自己需要管理的工作的理解。

虚拟会议

　　计算机同样正在改变公司的决策会议流程。一些组织召开虚拟会议,通过电脑进行互动,而非要求员工围着一张桌子去讨论问题。参与者同时并且匿名地表达自己的想法,评价他人的工作。来自像酒店、银行、塑胶公司、飞机制造商等各种组织的例证表明虚拟会议更短并且压力更小。领导能够坚持原定议程,因为员工在亲自出席会议时会有离题或者浪费时间的行为,在电脑前开会则不会。

这种电子化的头脑风暴通常会包括一个多达 12 人的小组,每位参与者都要提出尽可能多的想法,避免批评别人的想法,试着去整合和发展其他小组成员的想法。这样就消除了面对面小组头脑风暴中的两个问题:(1)表达时有冲突,即不能在同一时间由多位成员表达想法;(2)评价时有顾虑,即一些成员由于害怕被当众批评或者尴尬而不愿表达自己的想法。电子化头脑风暴的软件包使得虚拟小组的成员在任何时刻都能够不被打断地输入自己的想法,并且在这一过程中保持匿名。这种小组会议比传统的面对面小组产出更多的想法,并且由于接受到其他小组成员的想法,想法常常有更高的质量(Dennis & Williams, 2005; DeRosa, Smith, & Hantula, 2007; Kerr & Tindale, 2004)。

群体凝聚力的降低

电脑瓦解了组织中沟通和管理的传统模式,为组织的非正式结构带来改变。例如,在一些公司中,工人们的工作场所彼此相邻,员工们可以自由、方便地交流工作和个人问题。当这些工作自动化以后,员工们通常被隔离开,阻碍了人和人的交谈和社交。

人际互动机会的减少会降低群体的凝聚力。即使员工们可以通过电脑进行非正式交流,但这种方式缺少面对面接触能提供的亲密性和私密性。这同时也使得一些非言语线索消失,例如语调、面部表情、手势和其他类型的像文字一样可以提供丰富信息的肢体语言。另外,许多公司例行公事地监视内部电子邮件系统中的信息,这会阻止员工使用邮件进行个人和社交互动,而互动恰恰是维持群体凝聚力所必须的。

除了降低群体凝聚力之外,工作中电脑的使用还导致员工在工作和生活中不断增加的孤立感。同事们相互咨询问题也不会离开自己的隔间,不再是走到隔壁办公室或穿过大厅直接询问,使得有意义的私下接触消失。员工们在网上聊天,而不是在茶水间谈话。甚至在午餐休息时间,越来越多的员工急忙回到自己的电脑前,而不去找同事聊天。一项对 1 000 名员工的调查表明,14％的人会在自己的桌上独自用餐,为的是可以在闲暇时间保持登录状态(Fichenscher, 2000)。

曾经,员工们在非正式集会上分享自己的想法,或在自发的会议上产生新想法并进行交流,这些情况都在减少,人们建立现实社交网络和获得社会支持的机会越来越少。这种情况对于数百万在家工作的员工来说尤为突出。这些远程工作者通常整个工作日都只通过电子化的方式与他人交流。

针对通过网络而非面对面工作的员工的调查表明,比起只通过电子化方式交流的人,他们更加信任与自己有面对面互动的人。面对面沟通的人会花时间相互了解,通过家庭和其他个人(非工作)的传统话题的交谈,可以为双方信任和友谊的建立奠定基础。只通过电子邮件、短信或者视频会议与他人互动和亲自出面是不同的,前者的这种电子化的关系更缺乏个人化和人性化。

电子化通信方式本质上是去个人化,会影响商业谈判。不能信任只在网络上交流的谈判方,这种不信任会阻碍谈判的进程。在针对跨国银行业者的调查中,研究者发现,银行业者认为当面临重要的谈判时,比起仅仅通过网络交流,通过电话交流是建立良好个人和工作关系的更真实和有益的方式(Bargh & McKenna,2004)。

网络的过度使用

电子化通信带来的另一个问题是在网络上进行非工作相关活动的时间量的变化。调查显示这种被称为网络懈怠的现象在工作场所非常普遍,平均每个员工每天发出和收到多达100 封电子邮件。另外,员工会花费多达 20% 的工作时间去网络购物、网上支付账单、浏览网页、登录色情网站或者社交网站。越是年轻且受过高教育的员工似乎在网络懈怠上会花费更长的时间(Heller,2007;Phillips & Reddie,2007)。

心理学家认为过度的网络使用会导致成瘾。网络研究中心调查了 18 000 名网络使用者,发现近 6% 符合强迫性网络使用的标准——与定义强迫性赌博的特征类似(DeAngelis,2000)。这些人特别沉迷于聊天室、色情网站、网络购物和电子邮件。其中三分之一的人声称定期登录网络是逃避和转换心情的一种方式。要获得更多关于网络成瘾的信息,请登录网络成瘾中心(Center for Online Addiction)网站 www.netaddiction.com。

随后的研究表明,14% 的美国人声称他们无法连续几天不使用网络,12% 的人声称他们花费在网上的时间往往比自己原先计划的要长。被调查者中,近 9% 的人报告他们试图向其雇主、家庭和朋友隐藏自己非工作相关的网络使用,8% 的人表示他们使用网络来逃避问题和消极情绪(Brandt,2006;Payne,2006)。中国、韩国、泰国和越南的政府都出台了法律来控制青少年过度使用网络的现象。中国还为被诊断为网络成瘾的人建立了治疗中心(Cha,2007)。

电子监控

监控员工电脑使用情况这一行为会破坏雇员—雇主关系,对整个组织产生破坏作用。员工会把自己的领导视为总是暗中监视自己行为的监察人。为了调查电子窥探在工作场所中的普遍性,美国管理协会(American Management Association)调查了 300 多家大型美国公司。他们发现对员工的电子监视行为增长迅速,超过半数的美国公司曾以工作中网络使用不当为由解雇过员工,其中大约 84% 是由于浏览色情和其他不合适的网站。由于电子邮件滥用而被解雇的员工中,64% 是由于违反公司政策,62% 是由于在电子邮件中使用了冒犯性的或者不恰当的语言,22% 是由于违反了保密原则。

新闻聚焦

强迫性多任务者？你的笔记本电脑对你的看法

查尔斯（Charles Lax）总是在线，无论在哪里或在做什么。当这位44岁的企业家从波士顿飞往洛杉矶参加一个关于远程通信的会议时，他并不是真正全身心地在那里。他只有一部分的心思放在这场他花费了2 000美元去参加的报告上。他同时在使用笔记本电脑上网、使用移动设备（兼备电话、传呼、网络功能）收发邮件。即使是报告正在进行中他也不能离开他的电子设备专心听报告。如果他离开了那些设备，他就面临着自己最害怕的情况：无聊。

"专注在一件事情上很难，"他说。"我想我是有问题了。"

他确实出问题了。研究这种固执的多任务行为（要求自己一直在线，总是连接网络）的专家给这种问题贴了一个标签，以便让它显得更加正式。他们将这种行为称作在线强迫症（online compulsive disorder），或者OCD。你在教室或者工作场所一定遇到过OCD人群。他们可能坐在会议室或者大讲堂里，使用手持设备向同处一室的人发信息，或者在自己桌前同时使用两部电话，或者在网上看自己孩子的足球比赛或浏览新闻。

研究OCD的心理学家发现这些人注意广度较短，当被安排了长期的项目或者任务时就会感到沮丧，面对不断更新的信息感到精力充沛，并且对于查看语音信箱、电子邮件或者接电话所带来的刺激有生理性的渴望。更有甚者同时做着这三件事情。这意味着他们比那些喜欢一件一件做事情的人更有效率吗？密歇根大学（University of Michigan）心理学教授大卫·梅尔（David Meyer）认为并非如此。他的研究表明，当多任务者尝试同一时间做两件以上事情时其实他的效率在降低。研究发现在两件事情间来回转换会比同一时间只做一件事情多花费50％的时间，但是如果一个时间内只做一件事情，那么OCD人群无法获得所需要的兴奋感和愉快感。

"那是种即时满足，"Lax告诉一位电话访谈者。"我在等待的时候（例如在排队的时候）使用它。能够实时的发送电子邮件是如此的……"他停顿了一下，"你能稍等一下吗？另一部电话在响。"

资料来源：Richtel, M.(2003, July 6). The lure of data. *New York Times*.

接受调查的公司中三分之二对网络连接进行例行的监视，并且使用软件屏蔽不恰当的网站。近一半的公司监控网络内容、按键次数和使用键盘时间，43％的公司存储和检查员工的电脑数据，10％的公司监视社交网站使用。

在另一项对1 000名网络使用者的调查中，结果显示10％的人认为由于自己在浏览网页上花费了过多的时间而使工作受到影响。另外13％的人认为方便的网络连接是他们无法专心于工作的原因（Fickenscher, 2000）。

新闻聚焦

网络懈怠：老大哥在监视着你

如今在工作时上网是要小心谨慎的。你的网络言语可能会让你丢掉工作。这是迈克尔·史密斯(Michael Smyth)的惨痛教训，他曾经是一名销售经理，直到有一天他在给自己的老板发信息称老板的上级是"背后捅刀的畜生"后被解雇。史密斯认为自己的邮件是个人隐私，就像发送一封正常的信件一样。但情况并非如此，一位同事发现了这封邮件的打印件，并交给了那位"背后捅刀的畜生"，史密斯立即被解雇。他起诉公司不合法解雇，辩解称自己的通信是隐私，但是法官驳回了他的诉讼请求。

法官裁定，虽然史密斯的信息清楚地显示只是发送给一个人，但当使用公司网络时他就已经丧失了任何隐私权。公司的一位律师指出每当员工连接网络时屏幕上都会出现警告，提醒他们邮件可能会被公司网络上的任何人拦截并阅读。

所以在公司上网时说话要谨慎。你不知道谁可能在监视你的邮件。浏览网页时也要谨慎，这也可能让你惹来麻烦。

安德鲁·奎恩(Andrew Quinn)是一家加拿大公司负责监控的系统经理，他会查看员工接收和发送的所有电子邮件和浏览的每个网页。"看看这个人，"他告诉一位记者，"他在使用邮件发送笑话，已经发了一个小时了！"你认为这表示他的工作效率如何呢？

《纽约时报》曾因为员工发送和接收下流信息而开除了在弗吉尼亚办公室工作的 23 名员工。施乐公司(Xerox)解雇了 40 名员工，因为记录显示他们每天用多达 8 小时的时间浏览色情网站。还有一些员工滥用自己的工作时间处理个人事务，股票交易、计划出游、购物和玩电脑游戏。这种所谓的网络懈怠可能会为公司网络带来灾难，造成数小时的故障停机，并需要花费成千上万资金去维修。这种情况非常严重，以至于有时企业不得不采用像电话这种低端设备来办公。

资料来源：Guernsey, L.(1999, December 16). The Web: New ticket to a pink slip. *New York Times*; You've got inappropriate mal(2000, April 15). *New York Times*; Seglin, J.L.(1999, July 18). You've got mail: you're being watched. *New York Times*.

尽管如此，其他研究表明员工即使知道自己的电脑使用受到监视，也不会减少使用电脑进行非工作活动(Everton, Mastrangelo, & Jolton, 2003)。或许他们已经是强迫性网络使用者，就像赌徒或酒精成瘾者，即使在有不良后果产生的情况下也会继续自己的成瘾行为。与没有被雇主监控的员工相比，网络使用被检控的员工同时报告了更高水平的抑郁、紧张和焦虑，以及更低的生产力(Rosen, 2000)。

一些员工，尤其是就职于餐饮服务业和卫生保健业的人，在任何地方都没有隐私，包括在卫生间。皂液器和水龙头上的传感器会判断员工是否遵守基本的卫生要求去洗手。一位雇主说:"如果一位员工没有洗手,他的徽章会开始闪烁,一个黑色标记会立刻被输入他在主电脑上的文件中。"另外,多达35%的大型公司安装了监控摄像机,作为安全设施防止员工或者顾客偷盗,或者为了监控员工工作绩效。

在一项对370名暑期打工的高中和大学生的研究中,研究者询问他们对于监控摄像机监视自己工作的感受。被提前告知有监控摄像机的人认为这是公平的,并且认为自己受到了雇主更多的重视。那些没有被提前告知有监控摄像机的人认为这是不公平的,并且感觉自己受到雇主的轻视(Hovorka-Mead, Ross, Whipple, & Renchin, 2002)。

被通过任何手段任何方式监视的员工常常会抱怨他们的隐私和尊严受到了侵害。而雇主辩称他们只是要确保员工确实是在工作。

本章小结

组织心理学家研究组织氛围、风格和它们影响员工的方式。经典的组织风格被称为科层制,旨在建立理性的结构、固定行事规则和权力分布,消除主观性和个人偏见。但科层制忽视人的需求,并且不能适应现代社会和技术的变革。全面质量管理(TQM)是一种更加现代的管理风格,它是一种高卷入度的参与式方法,关注于员工的智力、情感和动机特征。员工参与组织所有水平的决策。全面质量管理重建了工作和管理要求,以此来增加员工参与度、投入度和责任感。在自我管理工作团队中,团队通过一个外部团队领导来控制工作的方方面面,团队领导是团队和组织之间的缓冲。虚拟自我管理团队通过电子技术相连,它的成员可能永远不会在会议室面对面开会。

员工和管理者可能会抵制工作方法、设备或者政策方面的变革。如果员工被允许参与变革的决策,他们会更加可能支持变革。组织发展(OD)涉及引入大范围变革的技术。这个过程由变革代理人执行,他的工作是诊断问题、设计合适的策略并且实施干预。

新员工会经历一个社会化的适应阶段。一个社会化项目应该包括有挑战性的工作、恰当的培训和反馈、体贴的上级、高士气和高组织忠诚度的同事以及合适的新人训练。再社会化发生于员工加入一个新组织的时候。

组织文化是信仰、价值观和期望的组合,它会指导组织成员的行为。个人-组织匹配指的是员工的人格和价值观与组织的文化和价值观的一致性。

工会中的成员身份会影响工作满意度和生产力,并且可以通过工资、工作保障和福利津贴来满足低水平需求。成员身份同时可以促进归属感、自尊、地位和权力需求的满足。

非正式工作团队存在于管理者的控制范围之外,但能够影响员工的态度和行为。在生产力和员工-管理者关系等方面,非正式工作团队会根据自己的准则行事。社会惰化指当人们在群体中工作时没有单独工作时那么努力。**群体凝聚力**指一个群体的亲密程度。群体凝聚力越大,工作绩效和工作满意度越高。

电脑的使用将权力从上级的手中转移到员工手中,进而带来了组织结构上的改变。如今会议可以在网络上召开(virtual meetings),这可能降低群体凝聚力和增加社会孤立。网络懈怠涉及在工作中因私人目的对电子邮件和网络的过度使用。电子监控会降低员工对组织的信任。

关键术语

科层制	社会惰化	全面质量管理
个人-组织匹配	群体凝聚力	组织发展
自我管理工作团队	社会化	角色冲突
变革代理人	组织文化	
工作生活质量计划	角色模糊	

复习题

1. 列出你所属于的正式和非正式组织,例如家庭、学习小组、兼职工作、社会组织和聊天室。这些组织是如何影响你的思想和行为的?

2. 为什么科层制组织风格的发展被认为是工作场所中一场革命性和人性化的变革?

3. 从个体员工和组织的角度描述科层制存在的问题和缺点。

4. 麦格雷戈的Y理论是如何描述员工的? 它和X理论对员工的描述有哪些不同?

5. 如果你的公司雇用了两名经理和50名员工生产山地车,你怎样把它转化为高卷入管理系统?

6. 全面质量管理(TMQ)项目的要求和优势有哪些? 为什么一些项目会失败?

7. 既然自我管理工作团队的设计初衷是自主运转,为什么还需要外部团队领导,他们需要做些什么呢?

8. 当团队的成员在不同的地点办公时,自我管理工作团队是如何运转的?

9. 哪些因素会影响员工对重大组织变革的接受方式?

10. 描述组织发展所涉及的流程。变革代理人担任着怎样的角色?

11. 组织可以通过哪些方式帮助新员工社会化?

12. 新员工不成功的社会化会带来哪些后果?

13. 定义角色模糊和角色冲突。它们与社会化有什么关系?

14. 定义组织文化,并举一个例子说明它是如何影响工作满意度和绩效的。

15. 工会的会员身份为员工提供了哪些好处?

16. 工会的申诉程序为工人和员工带来哪些好处?

17. 哪些组织的情况可能会导致社会惰化? 当人们独自工作而不是在群体中工作的时候,社会惰化会出现吗?

18. 描述群体凝聚力的三个组成成分。

19. 哪一种群体可能会出现更大的群体凝聚力,大型群体还是小型群体? 为什么?

20. 电脑技术是怎样影响工作流程、会议召开和头脑风暴过程?

21. 记录你每天由于非工作或学习目的使用电子邮件或网络所花费的时间。你是一个网络活动的过度使用者吗？网络的使用对你的生活质量是有益还是有害呢？

22. 工作场所的电子监控有多广泛？举例说明它是如何实施的。

23. 如果你得知自己的雇主正在监视你的电脑使用情况，你将会如何反应？这会改变你的行为吗？如果会，会怎样改变你呢？你认为你的雇主有权力监视你在工作中的网络使用情况吗？

第4部分　工作场所的特质

　　我们已经讨论了一些工作场所中社会因素与心理因素的影响。组织结构、领导风格与员工动机都会对工作效率和工作满意度产生影响。现在,我们转而介绍工作场所中更为切实的方面——物理特征、工作时间、安全保障以及对生理和情绪健康的关注等。

　　第10章分析了包括照明、噪声、温度、颜色和音乐等因素在内的物理工作环境。工作时间、工作计划以及诸如疲劳、单调、性骚扰等因素也在讨论范围内。第11章涵盖了工作中的事故、暴力、酗酒和药物滥用等四个问题。心理学家帮助人们分析工作环境中出现这些事故和暴力事件的原因,并为其找到预防途径。酗酒或是对违禁药物成瘾既是某个人的悲剧,同时也会给人事部门带来麻烦。为帮助处于这种困境中的员工,心理学家为他们设计了有效的援助计划。第12章讨论了包括家庭与工作之间矛盾在内的各种源于物理和心理环境因素的压力。心理学家已经找到了一些在工作和生活中预防及应对这些压力的方法。

第 10 章

工 作 环 境

物理工作环境

环视四周,你是在寝室还是咖啡馆?阅览室抑或办公室?你所处的环境怎样?是安静舒适,还是嘈杂无比?是温暖的、吸引人的,还是清冷单调的?上面所述的只是诸多决定员工工作效率的环境因素中的几个方面。无论我们在做什么工作——学习、修理机器还是设计应用软件,我们所处的环境往往会对我们的技能、动机还有满意度等产生影响。

组织可以招聘和选拔最优秀的员工,全面培训他们,为其提供卓越的领导者和最理想的组织氛围以使他们的工作表现能够达到最好。但如果员工所处的工作环境不舒适,那么生产率就会受损。不理想的工作环境会使生产率降低,更会削弱工作满意度,导致员工出错率和事故率增加,旷工率和人员流动率也会提高。

当工作场所布置得更舒适或工作时间更具弹性时,员工的生产率通常会提高,至少短期内会如此。但是在解释员工这些工作表现的变化时应谨慎。确切地说,究竟是什么导致了更高的生产率?是物理因素方面的改变,譬如新型空调系统、更明亮的照明或者更好的隔音措施?还是一些微妙的心理学因素,例如,员工对于实行这些改变的管理部门有着积极的态度?

尽管不论是什么原因,这些结果都会对公司有益,但是管理部门仍需对每一次生产率或满意度的改善做出准确解释。假设这种改善是源于员工对公司将他们视为人而非只是机器上的齿轮而感到高兴的事实。如果的确如此,那么公司将希望了解是否有其他途径可以提高员工满意度和生产率,而无需涉及昂贵的费用来改善物理工作环境。

在很多产业中,人们在极其恶劣的环境下进行极限作业。同时,现实中又存在很多在装备优良、装修奢侈的环境下员工表现不佳、士气不高的例子。物理工作环境改变的效果可能会受到员工如何看待、接受以及适应这些变化的影响。因此,工作场所的物理特性必须结合复杂的心理因素加以考虑。

新闻聚焦

在抱怨你的工作吗?也许是拙劣的工作场所设计使然

你认为办公室人员抱怨最多的是什么?工作场所中哪一个因素会令他们最感烦扰?或许你们未曾想到,根据国际设施管理协会(International Facility Management Association, IFMA)的数据,在办公室中最常听到的抱怨与温度有关——办公室实在是太冷了。那么排名第二的呢?办公室太热了!

下面是其他八项办公室人员最常抱怨的因素:

- 糟糕的清洁服务

- 缺少会议场所
- 存储空间不足
- 室内空气差
- 缺乏私密性
- 停车位不充足
- 电脑设备问题
- 过多的噪声

在你的工作或学习场所中是否也存在上述这些问题呢?

工作场地

物理工作环境包括众多因素,从停车场的大小和办公楼的位置到工作区的自然光照明和噪声音量。停车场车位不足或停车场离办公楼太远都可能令员工不悦以致他们还未到达工作地点之前就会产生消极态度。

工作场所所在的地理位置,是在大城市的闹市区还是在较偏僻的郊区,同样可以影响员工对工作的满意度。例如,郊区的办公场所往往远离商店、餐馆以及其他一些城市公共服务设施。调查显示,单身未婚的员工通常热衷于在城市中生活与工作,已婚人士则倾向于将更安静的郊区作为首选之地来工作以及抚养他们的后代。

许多组织提供各种生活福利设施以吸引和留住敬业的员工。一些公司甚至将自身建设为度假胜地,设有现场 SPA、健身房、托儿所、商店、银行、诊所以及高档餐馆。例如,谷歌就免费为他们的员工提供顶级美食。位于佛罗里达的尼尔森公司(Nielsen Company)有着著名的五星级自助餐厅,透过餐厅宏大的透明玻璃幕墙可以看到外面的野生自然保护区,在那里生活的野生鳄鱼往往能使来自北方的访客惊喜不已。同时在每月的"家庭友好日"上,公司都会为员工的小孩奉上热狗和比萨大餐(Rexrode, 2007)。

为什么这些机构会在那些曾被认为奢侈浪费的方面花钱? 在佛罗里达州坦帕市装修豪华的花旗公司(Citicorp)办公室里,一位员工这样说:"你投入了如此多的生命在工作上,能够享受到像健身中心或托儿所等配套设施就太好了。对我而言,这构筑了我的忠诚。"而忠诚的员工较少会离职、请假或怠工。

办公室与工作场所设计

一旦走进工作场所,员工们可能就会发现一些令人不满或者使人有挫败感的物理特征。其中之一便是那些存在于玻璃墙、固定窗建筑物中的通风、取暖以及空调系统。建筑物的阳面经常会令人热得不舒服,而同时阴面又太寒冷。其他令人不满的来源还包括高层建筑中慢吞吞的电梯、公司食堂里食物的质量以及简陋的卫生间等。

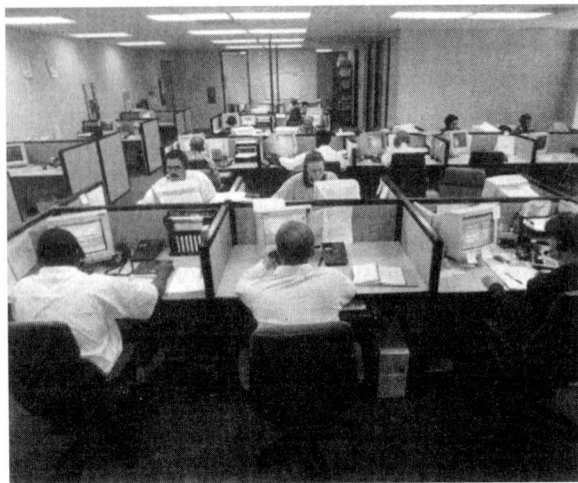

景观式办公室里没有从地面到顶棚的分界线。
小隔间的设计可以增进交流,加强工作的流动,但也会比较吵闹,令人分心。

办公室的大小和设计与员工满意度和生产率息息相关,而办公室之间的布局往往会影响那些依靠自发相遇(spontaneous encounter)以获取和交换信息的管理者的行为。他们之间的办公室越临近,在工作日中会面的次数就越多。物理上的隔离,例如将办公室置于不同楼层,会减少交流沟通的次数。

在一些来自韩国的研究中,研究者发现,当员工们有更大的自由改造自己的办公桌和办公空间,以及更容易进入公司会议室时,他们的工作满意度以及表现出的团队凝聚力就越高(Lee & Brand, 2005)。一项来自美国的研究同样显示,办公室员工对于工作场所布局的满意度与他们在工作时的高效率以及与同事共事时的合作行为息息相关(Robertson & Huang, 2006)。

办公楼的大小可以影响工作中的人际关系。办公楼越小,员工之间的人际关系越亲近。在一些很大的办公楼中,员工几乎没有交流,人际关系也更倾向于形式化和冷淡。所有这些因素,没有一个涉及实际的工作任务,却都能够降低生产效率。一个不受欢迎的位置、拙劣的设计或是不方便的布局会降低员工士气并使其滋生负面情绪。

对那些并不是因为缺乏能力而是因为无法进入工作场所而不能从事工作的残疾人而言,工作场所的位置和设计尤为重要。楼梯陡峭、出入口狭窄、洗手间不合适等都可能妨碍他们的就业机会。1973年颁布的《康复法令》和1990年颁布的《美国残疾人法令》要求移除建筑障碍,建筑物的所有部分都必须能让坐轮椅的人通过、进入。

遵从法律意味着重新修缮物理设施,例如自动门、活动梯和电梯、扶手、拓宽的门口与通道,以及放置到更低处的墙式电话和对讲机。调查显示,60%的这些设施修建费用低于100美元,90%低于1 000美元。也有许多残疾员工其实并不需要办公场所的任何物理改变。

IBM 公司雇用残疾员工已超过 40 年，他们在重新设计工作环境以向这些员工提供工作机会方面起到了领先的作用。

环境心理学：景观式办公室与小隔间

环境心理学（environmental psychology）主要研究人们与其所处的物理环境之间的联系。综合建筑学和心理学，环境心理学家关注自然和人工环境及其对人们行为的影响。例如，对办公室设计与布局的研究就已聚焦于部门间与部门内的交流、组与组之间工作任务的流动、管理者与下属的关系以及工作团队的凝聚力等。

环境心理学的早期研究成果之一便是景观式办公室。与私密、孤立的传统办公室不同，景观式办公室是一个巨大的开放式空间，没有从地板延伸至天花板的墙壁将空间分隔成一个个单间。所有员工，从普通职员到管理层人员，都分组进入小隔间，组成各个职能单元。小隔间之间仅以盆栽、隔板或隔断、橱柜或书柜相隔开。

景观式办公室被认为是便于交流与工作流动的，而且它们的建造和维护费用并不高。其开放式的特征应能加强组群的凝聚力，并会减少管理者与员工之间的心理隔阂。目前对员工反应的相关研究已揭示出此类办公室既有利也有弊。员工报告，景观式办公室令人愉快，并能促进社会交往。管理者报告，它能增进交流与沟通。但同时也有人抱怨缺乏私密性、噪声大、难以集中注意力。因为小隔间通常只被低矮的分隔物隔开，工作区往往缺乏个性化修饰，例如照片、盆栽、标贴或纪念品，而这些东西能带来个性化体验及舒适感。

在一项有关小隔间办公室员工的调查中，被调查对象来自美国和加拿大，共 779 名，研究结果显示，那些对于自己工作环境满意的员工也更有可能对自己整个的工作状况表示满意。这项研究进一步强化了物理环境对员工健康与效率的重要性（Veitch, Charles, Farley, & Newsham, 2007）。一项来自土耳其的研究同样显示，在小隔间中工作时，那些坐在窗边能够沐浴到自然光和享受窗外美景的员工明显比那些不靠窗的员工更加认可工作环境。此外，当隔间被 1.4 米（4 英尺 7 英寸）的隔断分隔时，与较低的隔断相比，员工对其所处的空间表示出较强的满意度。同时，这项研究还显示：对于小隔间办公，男性比女性表现出更强的满意度（Yildirim, Akalin-Baskaya, & Celebi, 2007）。

尽管景观式办公室存在一些问题，但是许多组织已经在建设它们上面投入了相当的资金，并且也不愿意再花钱将其恢复成传统的私密性较强的办公室。目前对于员工人数众多、工作站中高度计算机化的公司而言，景观式办公室已经成为一种标准样式。

随着房地产价格上涨，组织试图将更多的员工压缩至更小的空间中。普通办公室的尺寸和私人工作站正稳步缩小。一些经常出差的员工不再拥有固定的工作区域而只有临时空间。例如，多数时间在客户单位进行上门咨询指导的顾问在回自己工作单位前会电话预订一个小隔间，由于这与预定旅馆房间并没有太大差别，因此它又被称为"旅馆式办公"或"免费选址"。

美国第一资本金融公司（Capital One）——总部设立在弗吉尼亚州首府里士满的一家大

型银行机构,率先于 2005 年为其员工启动了"旅馆式办公"计划。这一计划大受欢迎,以至于在短短两年之内就有 1 600 名员工选择放弃他们自己固定的办公桌。当他们需要办公时,仅需把笔记本电脑插入公司内空的转接站即可。其余时间他们就在家工作或出差。实施类似计划的公司还包括 IBM、美国运通公司(American Express)、微软及太阳微系统公司(Sun Microsystems)等知名企业。

新闻聚焦

有人能在呆伯特风格(Dilbert-Style)的小隔间中完成工作吗?

你能完成每天的日常工作任务吗? 或许在小隔间式办公室里你很难做到,正如知名漫画角色呆伯特(Dilbert)日常表现的那样。小隔间的设计者和管理者一直坚持认为,开放的空间,仅用低矮的隔墙围绕私人工作站,这样可以使想法能够自由地在人们之间传播。但是如果把这种想法告诉给那些整日处于这种环境下的员工,他们很有可能会告诉你因为周边各种与自己工作无关的活动和交谈严重影响了他们,以致他们很难集中注意力在自己的工作上。长期工作在小隔间中的员工会向那些愿意倾听的人抱怨他们工作时不得不听到别人的家庭纠纷、健康问题、经济问题,甚至还有别人家小狗昨天干的趣事。有些人明确表示在家甚至更能高效地工作——办公室或许更适合社交。

苏·维德曼(Sue Weidermann),一位来自纽约水牛城的管理顾问发现,在一家大型法律事务所中,在小隔间里工作的员工平均每天有 16 次会被噪声、视觉干扰,还有想聊天的同事打断工作,而这些干扰因素没有一个与工作有关。而那些确实与工作有关的"暂停"平均每天仅仅只有 5 次。维德曼女士还发现,每一次被别人打断后,员工平均需要花费 2.9 分钟才能重新回到工作上来,这就意味着每个工作日中差不多有一个小时的时间要用在重新将注意力聚焦在工作上。

凯斯·希林(Kathi Heering)曾经在一家银行工作,但她发现在小隔间中难以集中注意力。她恳求老板将隔墙加高几英寸以防止员工们倚在隔墙上聊天,但是未能得到他的同意。老板声称这些隔墙能够"加强沟通"。遗憾的是,这些"沟通"与工作无关。现在凯斯在家工作,享受着那份在办公室中不曾拥有的奢侈——门。每当她的家庭成员或狗干扰她工作时,她只需关上门即可。

资料来源:Laboring to work at work(2004,May,8). *Wall Street Journal*.

照明

除了研究工作场所设计的一般问题,工业组织心理学家还对诸如照明、噪声和温度等具体环境因素进行了广泛研究。工作环境的这些方面类似于赫兹伯格提出的保健需要。研究发现,所有这些环境因素都对工作满意度有影响。

长时间在光线不足的条件下阅读或进行精细操作会损害视力。研究证实,光照不足是导致忧虑的来源之一。高眩光、暗淡的灯泡以及缺乏自然光照都会对工作绩效产生消极影响。

强度。强度或亮度水平是与照明联系最为普遍的因素。最佳亮度水平会随任务特点及员工年龄而发生变化。在同样任务上要想达到同样令人满意的工作绩效,与年轻的员工相比,年长者通常需要亮度水平较高的照明。对于涉及小部件的精细操作,例如电子装配,往往需要比装瓶厂的装配线更明亮的光。照明工程师推荐了适用于包括办公楼在内的不同工作场所最低限度的照明水平(参见表 10-1)。

照明分布。照明中的另一重要因素是工作区内光线的分布。理想情况是,光线均匀地分布在整个视野内。由于眼睛的自发运动,当工作站里的照明强度比其周围环境高出很多时往往会导致视疲劳。一个人从亮处看向暗处时,他的瞳孔便会放大,重新注视亮处瞳孔又会缩小。瞳孔这种持续不断的反应就会导致视疲劳。当你坐在桌前,除了桌上的灯之外还应在头顶上方布置间接照明,这样就可以使灯光均匀地分布于整个房间。同样,当你在看电视或注视电脑屏幕时,房间里若有其他灯光,眼睛的疲劳程度也将有所减轻。

所有光被反射而形成的间接照明可以使光线均匀地遍布工作区。这样,没有光直接刺激眼睛。相反,安装在天花板各个不同地方的灯泡提供直接照明,这使得灯光容易集中或聚焦于特定区域,导致光斑和眩光。

眩光。眩光会降低视觉效率,引起视疲劳。眩光源于超过眼睛适应水平的高亮度的光线。这可能来自于光源,也可能来自于反射表面。眩光可以在短短 20 分钟内导致精细作业错误增加。它可以模糊视线,就像你夜晚开车时迎面遇到一辆开着远光灯的汽车时的情况。计算机的视频显示终端也会存在眩光问题。

有许多方法可以减少或消除眩光。可以将极亮的光源遮挡或屏蔽在视野之外,可以给工人提供护目镜或遮光眼罩,反射性强或光滑的表面可以涂上灰暗的粗糙涂层。

表 10-1　办公室工作场所中照明水平的推荐值

类　型	推荐照明水平的范围(单位:英尺烛光*)
普通办公室和私人办公室	56—70
会计、记账、制图	120—150
会议室	10—70
走廊、电梯、自动扶梯、楼梯	16—20
大厅、接待区	10—30
洗手间	24—30

* 1 英尺烛光的照明水平(指距离标准烛光一英尺远的一平方英尺平面上接受的光通量)大约是一盏 100 瓦的灯泡夜晚在距你头顶 10 英尺的位置上产生的亮度。

资料来源:Commonwealth of Pennsylvania Lighting Recommendations. www.pacode.com/secure/data/034/chapter27/chap27toc.html.

自然光。人们偏好自然光（全光谱）而非人工照明，其中肯定存在着一种心理因素。研究表明，不管工作区里的人工照明是否充足，在无窗的办公室中工作的人接受不到自然光照，他们会对窗户表现出强烈的渴望。绝大多数员工想看到室外景色，而且他们相信与人工照明相比，自然光对他们的眼睛会更好。人们也有可能会对一定数量的全光谱或自然光存在着生理上的需要。多个欧洲国家已颁布法律，要求雇主确保所有员工都可以在他们的工作区内看到自然光。

噪声

噪声在现代生活中时常受到抱怨。噪声使我们易怒和紧张，它妨碍睡眠，并能造成听觉损失等生理后果。已有许多档案记载表明，噪声会对诸如铆接工、锅炉制造修理工、飞机技工和铸造业工人以及纺织工人等造成职业性危害。有些企业每年要面临几百万美元的员工听力损害索赔。

在一些企业工厂里，高强噪声能导致听力损失。

美国国家职业安全与健康研究所（National Institute for Occupational Safety and Health, NIOSH）报告称，有 30 000 000 美国人长期暴露于噪声环境里，该研究所还估计至少有 20％ 的雇员所处的工作环境会危及他们的听力。例如，超过 90％ 的矿工在 50 岁之前就会出现听力损失,而至少有 75% 的农民因为长期与高噪声的农场机器为伴以至于不得不忍受听力损伤的痛苦。美国国家听力保护协会的一位前主席曾宣称,听力损失是工作环境中最常发生的问题之一。

测量噪声的基本单位是分贝(db),它用于测量主观的或知觉到的声音强度。0 分贝是听力的阈限,是大多数人可以听到的最微弱的声音。表 10-2 列出了常见情况下的分贝值。声音强度过大会对听力造成危害。工人若长期置身于 85 分贝以上的工作环境,那么就会导致一定的听力损失。若置身于超过 120 分贝的环境则会导致暂时性耳聋。短时暴露于超过 130 分贝的环境中会导致永久性失聪。美国政府已为产业工人限定了最高声强水平:在 90 分贝的环境中每天不超过 8 小时,100 分贝下不超过 2 小时,110 分贝下限定 30 分钟。

表 10-2　常见声音的分贝值

噪声源	分贝值
呼吸	10
5 英尺外的低语	30
安静的办公室	40
3 英尺外的交谈	70
城市交通	80
厨房电器	95
普通工厂	100
割草机	110
婴儿哭叫声	110
嘈杂的餐馆	110
3 英尺外的气锤	120
电子摇滚乐队	140
喷气式飞机起飞	150

当人们置身于声强介于 95 至 110 分贝的环境时,血管会收缩,心率会改变,眼睛瞳孔也会放大。血管的收缩会在噪声停止后持续一段时间,而在这段时间里,仍会改变机体内血液供应的状况。持续不断的高强度噪声通常与应激、高血压及情绪健康受损等相关联。

一项有 40 名女文员参与的研究表明,在典型的开放式办公室的噪声环境中earch 3 小时即可测量到与精神压力有关的生理指标的变化。噪声同样也会降低员工的工作动机强度(Evans & Johnson,2000)。在以色列,一组研究人员在四年期间持续跟踪研究高噪声水平对血压的影响。他们发现,与从事简单工作的员工相比,从事繁复工作的员工血压增长更为显著(Melamed,Fried,& Froom,2001)。

噪声妨碍沟通。如果办公室的背景噪声较低(50 至 60 分贝),那么两人相距 5 英尺交谈时也不用提高声音。随着背景噪声水平的提高,员工必须说话再大声些或离开他们的座位走近些才能听清楚。普通工厂的声强水平往往迫使工人和管理者必须大喊着进行交谈,这可能会使重要的信息在传递中丢失。

颜色

颜色对家庭、办公室和工厂的益处一直被夸大着。有些人指出某些颜色可以增强生产率，减少事故并能提高员工士气。但这些说法并未得到有力的实证支持，特定颜色与生产率、疲劳或工作满意度之间的关系并没有确证。

然而，颜色在工作场所中确实发挥着一定的作用。颜色可以令工作环境更宜人，还可以在安全方面起到良好的作用。许多生产厂家会使用颜色来作为编码的方式。消防设施用红色，危险区用黄色，急救站用绿色。颜色编码使得这些区域极易辨识。颜色可以防止视疲劳，因为颜色的反射特性各不相同。与深色的墙面相比，白墙反射的光更多。因此，恰当使用颜色可以使工作间或办公室看起来更亮或更暗。颜色同样能够带来不同的大小错觉。一间漆成深色的房间看上去比实际上小，而浅色的墙则给人以宽敞和开放的感觉。

在美国海军潜艇上，遍布全部四个甲板的 24 个三叉弹道管被涂成橙红色。这种管子的颜色在船的一头比另一头深，因而造成深度错觉。这使得原本狭窄的船舱看上去比实际宽敞。"田纳西"号美国潜水艇(USS Tennessee)艇长告诉采访者："这是心理学家为我们刻意设计的。"

室内装潢师宣称蓝色和绿色是冷色而红色和橙色是暖色。有趣的证据显示，这些颜色影响着我们对温度的知觉。举个例子来看，一间办公室开始由土褐色被改涂为亮蓝色，冬天来临时，员工们抱怨太冷了，尽管当时办公室内的温度与以往冬天是一样的。温度调高了 5 ℃，抱怨依旧。而当办公室被改涂成暖色后，员工们又说他们太热了。温度调低 5 ℃，与之前相同，这时抱怨停止了。

如果工作区昏暗，那么重新粉刷可能会提高员工士气。新刷的任何颜色都能使员工对环境的感觉变好。但是关于颜色对员工行为的确切影响，目前仍无定论。

音乐

音乐在工作中的应用与工作本身一样悠久。工人们有边工作边唱歌的习惯，即使在工业革命时期嘈杂的工厂里也是如此。19 世纪末 20 世纪初，噪声低的行业，例如烟草制造业，鼓励员工边工作边唱歌。一些公司甚至雇用音乐家为工人们演奏，到了 20 世纪 30 年代，许多机构还有自己的乐队和演唱团。

许多人声称音乐能够影响生产率和士气。员工听着音乐工作，应该会更快乐、更高效。有些公司在工作时播放录制好的音乐，结果发现与上述预期一致，但是这类研究通常缺乏科学的控制，不够严谨。早期关于音乐的研究表明，大多数员工对工作时间内可以享受音乐的提议表示赞同，并相信那会使他们更高效。研究结果表明音乐的效用部分取决于工作的类型。在相当简单且具有重复性的装配线工作中，引入音乐会小幅地提高生产率。工人们认为这类工作非常单调，不足以使他们投入全部注意力。因此，音乐可以为他们提供一个注意的焦点,占据一些脑力,从而有助于使工作日过得更快、更有趣。而对于那些要求较高的工作,由于工作的复杂性要求更多地集中注意力,因此没有证据表明音乐能够促进生产率的提高。

在工厂、办公室、走廊、电梯以及会客室播放的背景音乐大多由 1934 年成立的莫扎克公司(Muzak)提供。该公司估计其背景音乐在 12 个国家超过 25 万个公司里有 1 亿名听众。它的数据库里曲目超过 100 万个,并为诸如 Gap、Old Navy、Harry Winston 等知名品牌和公司提供定制化的流行摇滚乐节目。另外一家音乐供应商,PlayNetwork 公司提供的音乐,你在星巴克和星期五餐厅里都可以听得到。莫扎克风格的音乐旨在给人以精神鼓舞,从而使工作环境更富人性化。他们为每一类企业甚至每一个工作日都创作了不同的节目。音乐的节奏与员工情绪和能量水平的变化相协调,上午 10 点钟和下午 3 点钟左右更富激情。然而,仍有批评者认为这类音乐太乏味,甚至是一种噪声污染。

新闻聚焦

在你的生活中增添一些红色

如果你在正餐后感觉到发困或者反胃,也许这与你吃了或喝了什么并无关系,而是和你所在餐厅的颜色有关。这是来自一位油漆承包商的建议,他在《油漆商》(*Paint Dealer*)杂志中写道:米色的墙会使人的消化道产生胀气并且蠕动缓慢。那么你是否应该将餐厅粉刷成蓝色呢?答案是否定的,这也不是一个好主意。室内装潢师认为蓝色会对食欲产生抑制作用。在蓝色的餐厅中进餐能使你体重下降。那么红色呢?不错的主意!根据上述室内装潢师的说法,红色能够增强你的食欲、心率、热情及能量。

于是乎,出现了各种各样但有时又相互矛盾的说法,它们讲正确的颜色将能改善或破坏你的生活。这是一则油漆厂商所做的广告:

冷色调,如蓝色和绿色,能使你的头脑、身体和心灵得到冷静和安慰。难怪我们都会涌向海洋和山林以重新焕发感官的活力。这些蓝底的色调最好被用到那些你希望获得平静和安宁的房间里。而暖色调,像红色、橙色和黄色,则传达着一种无与伦比的能量与激情。将这些高能量的色彩运用到那些需要活力和动力的房间,例如厨房、儿童活动室或健身房里。如此,你就会发现你的生活会更有质量和意义,它变成了一个充满色彩和氛围的感官盛宴!

你相信这些吗?或者还是认为这仅仅是油漆商促销的一种手段呢?

温度与湿度

绝大多数人都曾体验过温度和湿度对士气、效率以及身体状况的影响。有些人在寒冷的天气里更愉快、更具活力,而其他一些人更偏爱较热的天气。有些人在雨天觉得情绪低落,而其他一些人可能根本不会在意。绝大多数人都在控制了温度和湿度的环境中工作,但是建筑业、造船业及其他行业的工人却常常置身于极端的温度下。

还记得办公室员工对工作环境抱怨最多的是办公室太冷了吗?而且受到抱怨次多的就是工作场所太热了。但是当员工们试图调高或调低他们工作场所的温度时,也许他们会发现调温器实际上是虚设的——它们仅仅用来提供一种可控的假象。员工们相信改动调温器能够确实如愿地改变自身冷热感受,即使这些举动实际上并不能改变什么,但是还是能让员工们感到满意。

研究显示在户外或工厂中没有空调的环境下(例如,仓库或者汽车修理厂),超高的温度似乎对人们的脑力工作没有显著影响,但是确实会使艰巨的体力任务绩效降低。甚至为了维持生产率,工人们不得不在这种困难的环境条件下花上更多的精力以保证生产。通常,他们需要更频繁的休息。动机也是一个影响因素。高动机的工人在极端温度下比低动机的工人能更好地维持生产率。

研究表明:自动化办公设备对空调系统也有影响。单独一台计算机终端并不会产生太多热量,但当数十台计算机终端、打印机、传真机在同一区域内工作时,热量和静电水平就会上升。同时,较干燥的空气也会引起戴隐形眼镜的员工抱怨眼睛过敏。

工作时间表

工作环境中一个关键的部分是我们在工作中花费时间的数量。目前还没有标准、通用的时间表。美国实行的 40 小时周工作制并不是其他国家的规范。美国人花在工作上的时间比其他工业化国家更多。美国的员工比日本的员工每年多工作近两周时间,比挪威的员工每年多工作 14 周。美国人不仅工作时间多,他们的年休假时间也较少。一项由美国艾派迪公司(Expedia)对 1 000 名员工进行的调查结果显示:12% 的被调查者没有打算享受任何假期。从平均水平上看,美国人每年能有 16 天的假期,但是他们往往只享受其中的 14 天。接下来,比较一下其他国家的休假政策:意大利 42 天,法国 37 天,德国 35 天,英国 28 天以及日本 25 天。

假期显然对人们有好处。一项涉及 221 名德国员工的研究表明,假期间有关身体健康与精力不够的抱怨大大减少。但是这些有利的影响在回到工作后两周内就会消失(Fritz & Sonnentag, 2006)。

通常,管理者比普通员工的工作时间要长,但他们同时也得到了更好的报酬。一项针对 47 名男性管理者的研究发现,他们平均每周工作 56.4 小时,而且其中有 28.6% 的人工作时间甚至超过 61 小时。那些投入工作时间最多的人要比工作较少的人获得更好的报酬,前者平均年薪可达 204 993 美元,而后者只有 162 285 美元。那些工作时间更长的人也同时表现出更高的工作满意度和投入度。但是这同时会导致与家人疏远,造成工作与家庭之间的严重冲突(Brett & Stroh，2003)。

尽管目前美国人仍然保持着长时间工作的传统，但是他们也的确采取了一些与前人不同的工作时间制度。传统的所有职员必须同时上下班的每周 5 天、40 小时工作制正逐步被长期兼职、一周 4 天工作制、弹性工作制以及轮班工作制等替代。

工作时间

美国在某段时期里，人们每天工作 10 小时，每周工作 6 天。而 5 天、40 小时周工作制是在 1938 年颁布《公平劳动标准法案》后成为规范的。美国成为第一个正式确立 5 天、40 小时周工作制的国家，但这并不一定是最有效的工作时间表。工人们将它作为标准接受，但是实际上在过去他们也将 60 小时以及后来的 48 小时作为标准。

名义工时(Nominal work hours)（规定的员工上班时间）与实际工时（员工用于工作职责上的时间）之间存在着区别。二者很难一致。有研究显示，员工花在实际工作任务上的时间不超过工作周的一半。浪费的时间有些被公司算在正常的休息时间内，但绝大多数并没有被准许，而且往往不是组织能够控制的。员工到达工作场所后，可能要过很长时间才开始工作。他们可能会查看邮件、发信息、浏览网页或是削铅笔（无论需要与否）。在整个工作日内员工可能会拜访同事，拖长午餐时间或在咖啡机前磨蹭。管理者在等待会议开始或电话结束时也会浪费时间，他们也会占用工作时间收发私人电子邮件。

名义工时和实际工时之间已被证明存在着一种有趣的关系。当名义（规定的）工时增加时，实际工时会减少。换句话说，工作日或工作周越长，工人的生产率越低。甚至工作动机强的人也是如此。二战初期的英国，爱国热情到达顶点，供给和设备严重不足，国家正为生存而战。政府将国防军工厂的周工作时由 56 小时延长至 69.5 小时。起初，生产率提高了 10%，但它很快又比先前降低了 12%。增加名义工时的其他结果还包括：缺勤率提高、事故更频繁。名义工时为 69.5 小时的每周，实际工时只有 51 小时。而在较短的 56 小时工作周里，实际工时则达到 53 小时。一项由美国劳动统计局在二战期间进行的研究表明：许多美国公司在战时采用一周 7 天工作制，其产量并不比一周 6 天工作制高。7 天中有 1 天是浪费的。

名义工时和实际工时的这种关系同样适用于员工在正常工作日之外被付以高额报酬而加班的情况。许多额外的加班时间效益并不高，因为人们往往为适应更长的工作日而放慢工作节奏。如果规定工时增加生产率反而会降低，那么如果工作日缩短生产率会提高吗？有研究表明会，而另一些研究则表明减少名义工时并不会影响实际工时。有一个具有历史意义的个案，在 20 世纪 30 年代"大萧条"时代，美国一家制造厂每周减少了 9 个多小时的名义工时，然而每周实际工时却只减少了 5 小时。而另一家工厂周工作时减少了 10.5 小时，每小时的生产率提高了 21%。

在瑞典进行的一项针对白领员工的调查研究发现，加班会导致员工睡眠不足和更多的疲劳感(Dahlgren，Kecklund，& Akerstedt，2006)。

长期兼职工作

兼职或半工是非常规工作时间制度中被最广泛应用的形式。有超过 25％的美国劳动力从事着兼职工作。与全职就业相比,兼职就业发展得更为迅速,尤其是在服务业和零售业中。通过雇用兼职,组织降低了留用全职员工的成本(这需要支付较高的工资和福利),并能提高工作时间安排的灵活性。

管理层意识到全职并不意味着每一位员工都在真正地为组织全天候地工作着。甚至有许多工作,例如写作和独立研究,可能在兼职情况下也能取得令人满意的表现。而一些更低级别的装配线工作或文秘工作也可由两个人来承担,每人工作时间各半。

美国卫生和公众服务部(U.S.Department of Health and Human Services,HHS)调查发现,兼职员工的主管强烈支持这种兼职就业形式。在马萨诸塞州,与全职员工相比,每周工作 20 小时的兼职福利个案工作者员工流动率更低,接触的个案量也更多。威斯康星州政府部门也发现,长期兼职社工、律师和调研员的实际工时其实并不比全职员工少,甚至更多。

兼职形式对家庭负担重的人和行动不便的残疾人具有很强的吸引力。绝大多数兼职人员是女性,她们往往从事较低等的工作,而且比全职员工收入低。一项大规模研究调查了 794 名杂货店员工、200 名医务人员以及 243 名零售业员工,结果发现,与被组织强行安排为兼职的员工相比,主动选择兼职的员工具有更强的工作满意度、更好的工作表现以及更强的组织忠诚度(Holton, Lee, & Tidd, 2002)。

一些工作要求员工在每个工作班次开始和结束时都要打卡计时。

一周四天工作制

另一种显著改变周工作制的方法是将它缩短至 4 天,通常是 4 天里每天工作 10 小时(一周 40 小时)或 4 天里每天工作 9 小时(一周 36 小时且不减薪)。工会领导、管理顾问以及许多试行一周四天工作制的公司对此都极为热心。通常主动提出缩短工作周的并不是员工,而是管理层,管理层之所以这样做主要是基于以下考虑:他们希望通过缩短工作周能提高工人的生产率和效率;将较短工作周制度作为一项激励措施用于员工招聘;以降低许多组织中都会出现的周一和周五极高的缺勤率现象。

管理者和员工对一周四天工作制的评价基本上都是肯定的。他们提及的积极方面主要有工作满意度和生产率提高了,缺勤率降低了,工作时间安排更容易了。一项在全美范围开展的盖洛普民意调查支持了人们对一周四天工作制的诉求。在被调查者中,约有 45% 的男性表示想要一周四天工作制,不外出工作的女性反对和支持一周 4 天工作制的比率为二比一,而外出工作的女性明显更喜欢一周四天工作制的提议。

弹性工作时间表

另一种非常规工作时间表允许员工在工作日中自己决定什么时候开始工作以及什么时候结束工作。20 世纪 60 年代,德国许多公司试行灵活的弹性工时(flextime)制度以应对交通高峰期的道路拥堵状况。在这种制度下,工作日被分为 4 段,其中两段时间是硬性规定的工作时间,而另两段时间可自行选择(参见图 10-1)。

在这个例子中,员工可以在早上 7:30 到 9:00 间的任何时候开始工作,并同样可以在下午 4:00 到 5:30 间的任何时间离开。硬性规定的工作时间是上午的 9:00 至午休,和午饭后至下午 4:00。因此,员工在一个工作日里最少应工作 6.5 小时。而加上自行选择的工作时间后,他们每天最多可以工作 9.5 小时。每一位员工工作多长时间可根据公司的实际需要分别制定。

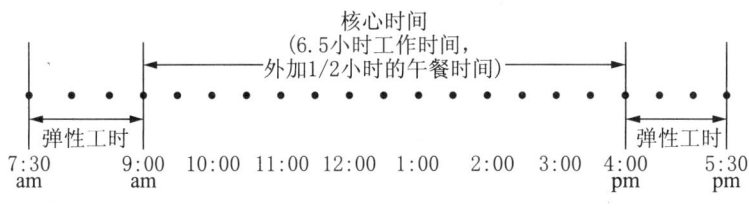

图 10-1　典型的弹性工作时间表示例

弹性工作制有许多益处。工厂和办公场所周围高峰时间的交通拥堵状况能够得以缓解。由于员工花在上下班路上的时间和精力更少,因此他们在工作中往往会更放松,工作满意度也会提高,并且更能迅速进入工作状态。在弹性工作制下,许多员工的工作习惯只需做极小的调整。停车位、通勤时间表以及家庭生活等固定的需要往往使得他们的工作计划在很大程度上仍然会延续实施弹性工作制之前的时间表。然而,员工确信可以选择什么时候到达和离开能够提高他们的个人自由度。已有研究发现,弹性工作制确实能降低缺勤率,提高生产率,并能改善员工对工作和工作时间表的满意度。

灵活的工作时间尤其适用于诸如研发、文秘、数据录入,以及轻工制造业、重工制造业等工作。而对于一些装配线和轮班工作的操作,由于工作团队间彼此依赖,弹性时间制难以有效实施。总体来看,弹性工作制是一种公平、合理、低成本的非常规工作时间表,广受雇主及员工们的欢迎。

由美国家庭与工作协会(Families and Work Institute)开展的一系列调研一致显示,那些享受着弹性工作时间制度的员工比那些不曾享受过这项制度的员工离职率更低,在工作时也更加高效。研究结果还显示,72%的未享受弹性工作制的低薪员工,在他们需要花费时间照料孩子或处理家庭事务时,会打电话到公司去请病假。而在弹性工作时间制度下,他们可能就无需以生病为借口来处理这些私事了(www.familiesandwork.org)。

间隔休息

从霍桑研究开始,管理层就已经意识到安排间隔休息的重要性,其有利效果已经得到充分的证明,但是准许间隔休息还有一个更加显著的原因。为什么?因为无论公司是否批准,员工们都需要休息。如果无论如何时间都会被用掉,那么组织此时倒不如表现出仁慈,将间隔休息时段作为额外福利赠予员工。

实行了间隔休息制度后,未经许可的休息会减少,虽然它们并没有完全消失。实行间隔休息的其他好处还包括能提高员工的士气和生产率,并能减少疲劳和工作厌烦。这也是能很好地说明减少名义工时能使效率提高的又一力证。

许多工作是重复性劳动,并且体力要求高;应该给工人正式的休息时间以减轻厌烦和疲劳。

从事重体力劳动的工人需要间隔性休息,因为肌肉持续使用会疲劳并且效率会降低。间隔性的休息也能减少手和手腕重复活动所造成的伤害。对于需久坐不动的工作或脑力劳动,稍事休息能提供一种刺激的改变。它使倦意消逝并能为思考其他事情或与同事交流提供机会。休息也会使员工对管理层产生更积极的态度。施行间隔休息制度时,员工们往往会认为这是管理部门对他们作为个体所表现出的一种关怀。

针对数据录入员和电脑操作员的研究显示,那些报告工作中有较高水平疲劳感和厌烦感的员工往往需要更长时间的休息。而且,心理学家们也已发现,就计算机操作人员而言,与不做任何运动锻炼的相比,在间隔休息时做一些伸展运动,尤其是锻炼胳膊及肩膀等部位,能改善其此后的工作效率(Jett & George, 2003)。

在加拿大开展的一项有关数据录入员的研究显示,每 20 分钟一次的 30 秒短暂休息能够有效缓解背部、肩部及前臂肌肉的不适感,其效果远远优于当员工们想到要休息才做短暂休息或者根本不去休息等情况。有规律地安排间隔休息,不会使生产率水平产生衰退(McLean, Tingley, Scott, & Rickards, 2001)。

对荷兰与德国 800 名工人进行的研究结果显示,那些对危险的工作控制权很低且缺少组织支持的工人,最迫切需要复原与恢复。对休息时间的高需求与较高的疲劳程度及较低的心理健康水平有关联(Sonnentag & Zijlstra, 2006)。

而更长时间的休息——工作日期间的下班后时间,则是另一些研究的主题。对德国 147 名工人进行的研究结果显示,那些认为自己已从前一天的工作中得到良好恢复的工人,在第二天的工作中会更加投入。那些在工作中体验到更多压力的工人往往需要更多时间才能从工作的疲劳中复原(Sonnentag, 2003)。

新闻聚焦

弹性工作制下的新式母亲

艾米·斯通(Amey Stone)是《商业周刊在线》的财经作家,同时也是两个孩子的母亲。她的工作虽然繁忙但是她可以选择什么时候工作。"我的工作时间由我自己做主",她这样写道,"我认为只要我能够做好我的工作而且编辑们也能随时联系上我,其实他们并不真正在乎从早上 9 点到下午 5 点我人究竟在哪儿。我猜绝大多数时间,他们宁愿不知道。比如我有时在周三下午 2 点就离开了办公室,也曾有过在周四午夜后才发工作电子邮件的经历。"她绝大多数时间在家工作,以平衡工作与家庭的需要。对于那些工作时间被限定死,周一到周五每天必须从早 9 点工作到下午 5 点的人来说,她的工作时间显得极为奇特。

"我能灵活调整我的工作时间,这样我就不会错过我女儿的医生预约、舞蹈演出以及下午临时的出游。但是我同时还能拥有专职薪水、职位以及继续升职的可能。"

然而,有时她也会面临艰难的抉择。"不利的一面是我不得不同时为很多人做很多事。当然,我不可能每天每时都能同时做好母亲和员工这两个角色。有时这两个角色之间会产生激烈的冲突,难以调和。更糟的是,我应承担的其他角色——体贴的妻子、忠诚的朋友、孝顺的女儿,有时竟没有足够的时间去做好。但事实是如果我不努力工作,我就更不可能处理好这一切。所以对我来说,以弹性工作制的方式去做专职工作能够给予我自由、经济保障以及成就感,而这一切对我处理好各种事务而言非常重要。"

这种工作方式对她管用,你觉得如何呢?

资料来源:Stone, A.(2005, May 4). One mom's solution: Flextime. Retrieved from *Business Week Online*.

轮班工作

许多行业昼夜不间断地运作。电力和天然气供应部门、运输业、钢铁、汽车装配、医疗服务以及电信业的职工一般都能三班轮换工作,通常是从早上 7:00 到下午 3:00;下午 3:00 到晚上 11:00;晚上 11:00 到早上 7:00。有的公司分派工人上某个固定的班,也有公司会每周、每月轮换上班时间。值晚班或通宵工作的员工通常会因为工作时间不便而获得额外补助。大约 25% 的蓝领和白领从事轮班工作。

轮班工作会对工作绩效产生怎样的影响呢? 研究表明,工人们夜班时的生产率低于白班。此外,夜班工人也更容易出错,并且更易引发较严重的事故。美国和俄罗斯的核电厂事故都发生在夜班时间。宾夕法尼亚的一座核电厂因控制室里值夜班的工人被发现在工作时间睡觉而被核管理委员会查封了。

英国某项研究调查了 1 867 名石油工人后得出结论,采取轮班工作制的员工相较那些在标准工作日正常时间工作的员工,报告工作时压力水平更高、暴露在不利及有风险的工作环境的机会更多、对工作的控制感更少、从上级得到的社会支持更少,并且工作中会出现更强的冲突(Parkes, 2003)。

打破正常的睡眠—觉醒周期会对人的生理和心理造成一些不良后果。人类形成并维持着一种昼夜节律,身体活动有规律地每日循环,在一个 24 小时周期内和下一个 24 小时内保持一致。当这一节律被打乱,身体就会出现急剧变化并且难以成眠。影响睡眠是夜班人员最主要的抱怨,也就是说,他们由于日光及家庭的日常生活等原因而无法在大白天睡觉。并且家庭生活受影响,像购物等日常活动也变得难以安排。夜班工人和变动轮班工作的工人报告胃病、睡眠障碍、心血管疾病、婚姻问题以及易怒等问题的发生率很高。澳大利亚一项针对护士的研究显示,夜班期间短短 30 分钟的小睡休息能够降低工作中的困倦,并能有效提高反应速度及反应时,而这两项指标对于医疗护理而言意义重大(Smith, Kilby, Jorgensen, & Douglas, 2007)。

与变动轮班制相比,固定轮班制所带来的问题要少些,即使是在固定夜班的情况下也是如此。长期上某一固定班次的工人较易调整并能形成新的昼夜节律。而变动轮班工作的工人只要轮班时间表有所变动,就不得不去重新适应,在这种情况下,身体还没能适应一个时间表,紧接着又被迫去开始执行另一个时间计划。

也有其他一些方法可以缓解与轮换工作相关的诸多问题。当必须实行变动轮班制时,从一个班次换到另一个班次的频率应尽可能低一些——例如,每个月轮换而不是每周。另一种能使班次轮换变得容易些的方法是延长改换班次之间的时间。较长的过渡期会使改变不那么突然,并能允许员工在开始新班次之前得到休息。由于夜班对于员工而言最辛苦,而且对于雇主而言生产率最低,因此可以将其缩短,从而缓解压力。

一个可能会影响我们许多人的潜在有害的轮班工作形式是商用航班飞行员不规律的工作时间表。他们常常从夜班飞行换到白天飞行,然后再换回去,在不规律的间歇时间里睡觉,正常的身体节律被打乱。对工作时间超长且没有规律(例如,持续工作 10—24 小时)的民用和军用飞机飞行员及乘务员的研究证实了昼夜节律严重失调的有害影响。他们报告相当疲劳,工作之后睡眠质量差,在飞机驾驶舱中未经许可的小睡时间累计多达两小时。对飞机飞行记录仪(所谓的黑匣子)的结果分析显示:飞行员操作的偏差与其主观疲劳感呈正相关。

致力于 NASA 疲劳对策项目(NASA' Fatigue Countermeasures Program)研究的心理学家发现,允许飞行员在长途飞行低工作负荷作业期间间隔性休息 40 分钟能使其警觉性明显提高。那些在研究期间未经允许休息的乘务员实际上也进行小睡休息,尽管绝大多数人并没有意识到这一点。

若想了解更多英文版及西班牙语版与睡眠和警觉有关的问题(包括时差反应、失眠症、轮班工作、咖啡因的效用等),可登录美国国家睡眠基金会(National Sleep Foundation)的网站:www.sleepfoundation.org。同时你也可以参加"美国睡眠状况"(Sleep in American)公众意见调查。

新闻聚焦

上班时睡着了? 这对你有益!

也许过去你会因为工作时打盹或者睡着而被炒鱿鱼,但现在越来越多的公司反而鼓励员工进行这项"违纪行为"。2008 年进行的一项全国调查显示,全美 34% 的公司允许员工在额定休息时间内小憩,更有 16% 的公司为员工提供休息室并且鼓励员工在他们犯困时去睡个懒觉。为什么现在的公司会鼓励员工在工作时间打盹儿呢? 答案就在于,当员工小睡片刻后,他们会更有精神,工作起来也会更加高效。

研究睡眠的专家指出,无论我们前一晚的睡眠有多香甜,绝大多数人在下午的早些时候仍会犯困,而且,这和中午午餐时是否吃了太多东西无关。而一个犯困的员工不仅效率低下,产量低,而且更有可能在工作中犯错甚至引发事故。

更糟糕的是,我们中的很多人在晚上也根本就没有睡够! 这就使得我们第二天工作开始时往往也是懒懒散散的。美国国家睡眠基金会(National Sleep Foundation)的一项研究表明,64%的美国人没有达到睡眠组织所提倡的每天 8 小时的睡眠时间,更有 32%的人表示自己每晚的睡眠时间少于 6 小时。这种普遍的缺觉现象会大大地影响人们的工作表现。

上述研究还发现,61%的人报告晚上糟糕的睡眠会削弱他们的决策能力,亦有 37%的人认为糟糕的睡眠导致他们不能以最佳状态进行工作。因此解决这一问题显而易见的对策就是让员工在工作时间补觉——让员工花短暂的时间打会盹儿以恢复精力与效率。

目前,美国国家睡眠基金会的这项研究正潜移默化地改变着许多公司的企业文化。它还有一个响亮的口号:想提高产量? 先打个盹儿吧!

资料来源:Korkki, P.(2007, August, 19). The yawn after lunch is perfectly normal. *New York Times*;Flora, C.(2008, February, 4). Nap your way to the top. Retrieved from *Psychology Today Online*.

心理与社会问题

工作环境中的其他重要因素涉及工作的性质及其对员工的影响。工作带给你的是满足感和成就感,还是会令你疲劳、厌烦甚至生病? 工作设计会影响工作动机与满意度。已有一些工作生活质量计划在提高员工士气和动机上获得了成功,然而设计过于简单以至于在智力、成就感或注意力上对员工要求很低的工作往往会导致厌烦、疲劳、低效。

工作简化

简单化、分化及重复性的工作会影响心理和生理健康。例如,与那些工作内容重复性较低的工人相比,装配线上的工人会更多地抱怨身体健康不佳,并且会更经常造访公司的医务部门。心理学家还指出,在严格的固定工作时间表下从事此类工作的人要比从事相同工作但工作时间较灵活的人更加焦虑、抑郁、易怒。简单化工作及重复性工作能导致认知功能的衰退,而认知功能衰退原本是与年龄衰老有关的。而且从事这类工作的人往往更容易健忘、无定向感。

对涉及 219 625 名员工的 259 项研究的一个元分析结果显示,简化工作会使管理者对员工的工作绩效做出较低的评级,并会导致员工较低的工作满意度。而在工作中为员工提供更多自主权则会导致较好的工作表现、较高的工作满意度及较低的疲劳水平(Humphrey, Nahrgang, & Morgeson, 2007)。

工作简化(Job Simplification)的历史可以追溯到 20 世纪初大批量生产系统兴起之时。

如果相对昂贵的一些消费品,例如小汽车,要以低成本的方式生产出足够数量以满足消费者需求的话,那么老式的生产方式,例如以手工方式一部分一部分地完成,将不得不发生改变。大批量生产要求产品统一并且标准化,这样一来零部件之间就可以方便地进行相互替换。大批量生产还要求细分工作任务。无论是从经济上考虑还是从技术的角度看,一个人完成整个产品的生产已不再具可行性。工作需谨慎地加以细分,以使每个工人仅仅完成成品中的一小部分。最理想的目标是将每一个制造过程都细分至最简单的元素,以使不熟练或半熟练的员工都可以操作。

工作简化使每一部件的生产成本降至最低,从而为工厂和消费者带来巨大的经济效益。当亨利·福特(Henry Ford)创建了汽车装配线后,他就能以先前买不起汽车的人能够承受的价格出售汽车了。其他消费商品也是如此。你现在所坐的由工厂批量生产出来的座椅要比一名熟练木匠手工生产出来的一把椅子价格便宜得多。工作简化还有一个额外的好处:工厂无需再依赖技术娴熟的手艺,无需依靠那些需要多年学徒历练而成、期望高薪水以及思想独立的工人。典型的装配线可以雇用没什么技能并可以被迅速培训上岗的工人。这种工序使得工人更加顺从并更容易管理。由于他们缺乏具有市场竞争力的技能,他们明白自己可以很轻易地被替代。和他们生产出来的零部件一样,工人们也可以很方便地相互替换。

不可否认,工作简化刺激了美国经济。工作岗位增加了,人们有更多钱去购买丰富的消费品。人们购买得越多,工厂就建得越多,相应地,这也意味着会有更多的工作岗位。新产品生产出来,还需要另外一些公司进行宣传、销售、提供服务。如果生产方式仍局限于手工制作,那么这种经济增长是不可能发生的。

装配线工人为他们在工业发展中的角色付出了代价。工人们离成品越远,他们对于工作意义和价值的体验和感受就会越少。将木材制成桌子的木匠能够感受到成功的骄傲与满足感,能够体验到工作对技能和想象力的挑战。而日复一日、年复一年地操纵机器将保险杠装上汽车的工作则几乎不能带来任何挑战性和满足感。工人已沦为机器的一个附属品,他们仅仅是按下按钮、推动杠杆,或观察是否有东西出错。这种工作缺乏意义,并很快变得令人沮丧和单调。不久工人就会变得漠然,士气降低,并且生产的数量和质量都会下降。

工作简化同样会影响白领和管理层的工作,因为计算机使得许多办公室变成了电子化的装配线。在白领工作中,工作内容正日益被不断地细分和简化。这样一来,办公室职员培训起来更便宜,而且更容易被替代了。

我们在第 9 章中提到过如何通过增加、丰富、拓展工作内容以让员工承担更多的责任和挑战。之前讨论过的工作生活质量计划也提供了一些实际的例子来说明如何使工作复杂化而不是简单化。无论是对员工还是雇主,拓展工作内容都有明显的益处。

厌烦与单调

工作细分和简化所导致的两个不可避免的后果是厌烦与单调,它们是心理工作环境的重要成分。厌烦来源于持续进行重复而无趣的活动,并且会导致焦躁不安,不满以及兴趣和精力的耗尽。然而,令某人感到厌烦的工作可能会使另外一个人感到兴奋。例如,尽管绝大多数人觉得装配线工作是单调的,但是仍有一些人并不这样认为。而且有一些从事看起来具有挑战性工作的人同样会报告感到厌烦。与此相关的因素是动机。对无错录入有着高强度动机的数据录入员比缺乏这种动机的录入员更不容易感到厌烦。

减轻厌烦的一个显而易见的方法是拓展工作的范围,使其更加复杂、更富刺激性和挑战性。管理层还可以通过改变工作时间表及工作场所的物理及社会条件以减轻厌烦。关注噪声的消除、照明和宜人的环境能有助于对抗重复性和单调工作的消极影响。融洽的非正式工作组以及能改变活动内容的间隔休息对此也会有帮助。在间隔休息或午休时间中从事的活动内容改变越大,工作厌烦所造成的破坏性就越小(Mann,2007)。

身体疲劳

心理学家描述了两类疲劳:心理疲劳与生理疲劳,其中前者与厌烦类似;而后者主要由于过度使用肌肉造成。这两类疲劳都能导致工作表现差,并会引发差错、事故以及缺勤。长期或重体力劳动会导致显著的生理改变。工作中需要搬举和拽拉重物的人普遍会出现心血管、新陈代谢减弱和肌肉疲劳的症状,而且保持原生产率水平的能力也会降低。

心理或主观疲劳更难以估计,但是它对员工的伤害并不少。当我们极度疲劳时,我们都会体验到紧张、敏感易怒和虚弱,而且我们还可能发现往往难以集中精力、连贯思考或有效工作。

心理疲劳的员工往往发现自己难以集中精力、连贯思考及有效工作。

在工作中进行的研究显示,生产率水平与自我报告的疲劳感之间存在关联。当员工自我报告疲劳感强时,其生产率往往有即刻下降的表现。在绝大多数体力要求高的工作中,员工报告他们在工作刚开始时、临近午休前以及工作日结束时感到最疲劳。由此可见,疲劳感并不是在工作过程中逐渐增强的,而是在整个工作时间段里时而出现时而消失。这就意味着除体力劳动外的其他因素(例如,动机等)会影响疲劳感。工人通常在轮班结束离开工作岗位时感到精疲力竭,但是在回到家、预期会有一些令人愉快的活动时便会发现疲劳感消失了。

一项有近 29 000 名员工参加的大型调查研究也证实了身体疲劳与生产率之间有密切关联。整整有 38% 的被调查者报告,他们在接受此调查前的两周内曾经历过疲劳、精力下降以及睡眠质量差等状况。此外,调查结果亦显示:与男性相比,女性体验到的疲劳水平更高;小于 50 岁的年轻员工体验到的疲劳水平更高；与黑人相比，白人员工报告有更高的疲劳感（Ricci，Chee，Lorandeau，& Berger，2007）。

在荷兰进行的一项有 322 名高校职工及 555 名护士参加的研究中，研究者发现，随着工作要求的增加，较强的工作控制感能有效减少疲劳。此外，随着工作要求的增加，疲劳感会导致工作满意度下降（Van Yperen & Hagedoorn，2003；Van Yperen & Janssen，2002）。

在日本及澳大利亚进行的研究发现：如果每月的工作时间被控制在 260 小时以内，而且如果员工认为他们有高质量的组织支持时，疲劳会减轻（Nagashima et al.，2007；Samaha，Lai，Samaha，& Wyndham，2007）。

对生理疲劳的研究表明，当工作节奏更舒缓时，工人能承担更多的体力劳动量。重体力工作速度过快会迅速耗尽身体能量，以至于工人必须在剩下的工作期间以更慢的节奏工作。就像长跑者，他们自己定节奏以确保不会在到达终点前就耗尽所有能量。

休息对重体力劳动的工作是必须的，且应在疲劳产生之前进行。在休息之前越疲劳，所需的恢复时间就越长。有一些工作需要更频繁的休息。休息期间应能够完全放松，而并不仅仅只是停止工作。相比于办公室职员，体力劳动者往往更能从享受一顿合意的自助餐及在舒适的休息室里放松等休息中获益。

种族侵扰与性别侵扰

工作场所中另一个影响生产率、工作满意度及精神健康和身体健康的社会心理因素是发生在工作中的侵扰，无论它是基于种族、民族、性别或其他人格特征。侵扰可能来源于同事或上级，也可能是企业文化的一部分。

种族侵扰。 在一个典型的工作场所里，其人员构成就像许多国家的人口组成一样，正日益多元化。随着企业雇用更多不同种族和民族的员工，侵扰也在增加。种族侵扰是一个很显著的应激源。它在工作中可能表现为对一个人所属种族或民族的诋毁以及贬损的言论，并且还有可能会将此人排斥在工作小组或社交活动以外。

一项对 575 名西班牙裔男性和女性的研究证实在工作中确实存在种族侵扰。言语上的诋毁、贬损的言论以及冒犯性的种族笑话比基于种族原因而企图排斥人的行为更为普遍。而那些被当做言语骚扰对象的人报告心理健康感降低（Schneider，Hitlan，& Radhakrishnan，2000）。在工作中说西班牙语的西班牙裔工人比在工作中说英语的西班牙裔工人报告受到更多排斥、侵扰以及歧视（Bergman，Watrous-Rodriguez，& Chalkley，2008）。

性骚扰与性别侵扰 企业里不同职位的女员工都可能会在工作中面临侵扰，范围从挑逗的言辞和猥亵的笑话到恐吓失业和身体攻击。但性骚扰与性别侵扰有一定区别。性骚扰包括令人讨厌的性注意和性胁迫；而性别侵扰则是指那些对女性表示出无礼、敌意和卑劣态度的行为。因此，性别侵扰不一定包含有性骚扰行为。性别侵扰是针对所有女性的，而性骚扰的目标则仅仅指向特定的女性。报告性骚扰事件及询问应对方法，可拨打免费电话 1-800-522-0925，这是由一家职业女性权益保护组织设立的免费热线，他们还有一个官方网站,网址是：www.9to5.org,他们主要关注经济平等、侵扰以及平衡工作与家庭的公共政策等热点议题。

在许多工作场所都会出现性别侵扰和性骚扰,一些著名的企业还为此付出了昂贵而又不体面的诉讼费：雪佛龙公司(Chevron)向 4 名控诉性骚扰后仍受到进一步侵扰的女员工支付了 2 200 000 美元的赔偿费；三菱公司(Mitsubishi)则被勒令支付 3 400 万美元给控诉其伊利诺斯工厂没有回应她们性骚扰投诉的数百名女员工。

对备案在平等就业机会委员会(Equal Employment Opportunity Commission,EEOC)的侵扰投诉案件进行总结回顾,结果发现,有一些类型的公司因为它们漠视侵扰投诉而往往容易成为诉讼的目标。这主要包括家庭自营型企业、没有人力资源部门或人事部门的小公司、位于农村的工厂以及所谓的男性主导行业,例如建筑业等。在低水平工作中较年轻的女性、单身或离异女性以及在男性占主导的环境中工作的女性比不在男性主导的企业中工作的中年或已婚女性报告受到更多的侵扰。

研究表明,少数民族的女性在工作中更容易受到侵扰。而无论什么种族,那些被视作违背女性传统形象的女员工(例如,做事独断、咄咄逼人,或以所谓男性化方法行事的女性),会比那些行为举止被认为非常具有女性化特征的女员工更易受到性骚扰(Berdahl,2007;Berdahl & Moore,2006)。另外,在男员工喜欢酗酒的工作场所中,会发生更频繁的性骚扰事件(Bacharach,Bamberger,& McKinney,2007)。

报告性骚扰的发生率会受调查问题措辞的影响。一项包含 55 个样本的元分析(由86 578 个回答者构成)发现有两种不同的方法测量性骚扰事件的发生率。*直接询问调查*(*Direct query survey*)需要回答者定义哪些行为构成了性骚扰并且让他们自由地叙述他们所经历的事情。而*行为经历调查*(*Behavioral experiences survey*)则向回答者提供一张由专家定义的构成性骚扰行为的事件列表,接着让他们勾选那些与自身情况相符的经历和行为。这两种不同的方法在报告性骚扰的发生率上表现出了显著差异。那些在直接询问法下回答调查的女性报告性骚扰发生率大约在 35％左右,而那些在行为经历法下回答调查的女性报告性骚扰发生率却大约能到 62％左右(Ilies,Hauserman,Schwochau,& Stibal,2003)。这些发现再次证实,对于一个调查,在评估并运用其结果前,如何实施以及以何种形式表达问题非常重要。

上述元分析也比较了在学界、私营部门、政府以及军队这四个工作环境中性骚扰的发生率。无论采用的是以上哪种调查形式,在军事机构中的性骚扰发生率都是最高的。在军队中报告受到性侵扰的女性比其他任何工作环境都高。而报告性骚扰发生率最低的是学术界。

来自美军各分支机构的 22 372 名女性的调查数据显示,她们中有 4％的人报告曾被其他军事机构人员强奸或强奸未遂。那些军衔、地位和权力较低的女兵是最容易受到这类身体侵犯的受害者(Harned,Ormerod,Palmieri,Collinsworth,& Reed,2002)。

一项关于不同性别界定性骚扰的差异性的元分析包含了 62 个研究。女性认为属于潜在性骚扰行为的范围比男性更加广泛。举例来说,89％的女性认为两性接触是一种侵扰;然而在男性中仅有 59％的人这么认为。男性明显更认同的是,女性与他身体接触表示的是一种赞美;而女性则更容易认为,男性与其身体接触是一种威胁和骚扰(Rotundo, Nguyen, & Sackett, 2001)。因此,对于哪些行为确实应该被认定为性骚扰仍存有争议。另外我们还需牢记一点:并不是所有工作中发生的性骚扰事件都被报告出来了。

在一项对新西兰 315 名男警官与 262 名女警官的研究中,研究者发现,相较于男性,性骚扰对女性而言显然是一个更明显的心理困扰来源。研究者还指出,性骚扰对那些从事传统男性化职业(例如警察)的女性来说危害更大,因为在这些行业里,性骚扰的行为会使女性觉得"她们需要通过更好的表现以在组织内获得承认和认可。而高水平表现的要求也就相应地与心理困扰联系在一起了"。

与种族侵扰一样,性别侵扰除了会引发身体不适(肠胃不适、头痛、体重下降)外,也可导致心理问题(恐惧、沮丧、焦虑及丧失自尊)。它同样也会对工作满意度和生产率产生消极影响。许多研究都将侵扰与低工作满意度和高压力联系在一起(Willness, Steel, & Lee, 2007)。一项对 11 521 名美国女军人的研究表明,性骚扰会使离职率显著增加。那些受到过性骚扰的人比没受到过性骚扰的人更容易离职(Sims, Drasgow, & Fitzgerald, 2005)。

性骚扰甚至会影响那些自身并没有被直接骚扰到的员工。在一项对 1 702 名大学员工展开的研究中,研究者发现,不论是男性还是女性员工,仅仅在工作中目睹了性骚扰事件的发生就会导致较低的心理健康水平、较低的组织承诺感及工作满意度,并且还会导致员工离职意图增强(Miner-Rubino & Cortina, 2007)。

相关研究显示,工作中发生的绝大多数性骚扰事件往往会因为受害者害怕被报复而不被报告出来,而这种害怕也并非空穴来风。一项对美国海陆空三军 6 417 名男军人和女军人的研究表明,那些向上级报告遭遇性骚扰事件的职员将会面临导致更大心理困扰及更低工作满意度的报复性行为。并且实施性骚扰的人军衔越高,越不容易受到组织的处罚或惩治(Bergman, Langhout, Palmieri, Cortina, & Fitzgerald, 2002)。另一项在土耳其进行的对 622 名女护士的研究显示,在工作中曾受过性骚扰的人中(几乎全是受到男医生的骚扰),有 80％的受害者因为害怕被报复而没有向医院管理部门报告(Celik & Celik, 2007)。

工作场所中除了同事和上级可能会实施性骚扰之外,还有来自公司主顾或客户的性骚扰。一项对 3 839 名女职员进行的调查研究发现,这类来自客户的性骚扰会使员工的工作满意度及组织承诺感降低,而且会增加压力及拒绝与此类客户往来的倾向,而这无论对员工个人还是对公司而言都会造成消极的反响(Gettman & Gelfand, 2007)。

尽管目前对性别侵扰及性骚扰的宣传与关注在持续上升,但它们仍是存在于工作场所中很严重的一个问题。旨在让员工更加在意和认识他人感受的一些培训计划收效甚微。而对已经发生了的性骚扰事件做出迅速和严厉惩罚的强劲的组织文化虽能有效减少性骚扰事件的发生,但却无法彻底消除这一问题。一个能勇于承担责任的领导班子也是十分重要的。一项对 2 749 名男军人与女军人的研究显示,认为领导会对杜绝性骚扰行为做出诚意努力的女军人明显会比那些认为领导会姑息性骚扰行为的女军人更愿意报告性骚扰事件。另外，认为领导对于性骚扰事件处理更有诚意的女军人会对提起诉讼的程序更满意，并且对组织会有更高的承诺感(Offermann & Malamut, 2002)。

想要了解关于性骚扰的最新新闻或是想要找到更多相关的网站链接，请登录美国全国妇女组织(National Organization for Women, NOW)的官方网站，网址是：www.now.org/issues/harass。这个网站不仅描述近期发生的案例，同时也报道对抗性骚扰的措施和手段。想要看联邦政府出台的应对性骚扰的相关政策，以及如何通过恰当的途径提出就业歧视诉讼的链接，请登录网站：www.eeoc.gov/facts/fs-sex.html。

远程办公：实际工作场所在家中

归功于个人电脑、电信和传真机的发展，如今许多员工在家里工作。远程办公的潮流——工作的分散化——已对数百家美国公司产生了影响，这些公司遍布人寿保险、数据处理、金融服务、航班及酒店预订以及邮购买卖等行业。据美国人事管理办公室估计，美国有45 000 000名员工在远程办公，这其中也包括兼职的在内。在远程办公者中，40岁出头的男性占了65％。远程办公对有日托、家眷照顾问题及有残疾的员工而言尤其具有吸引力。

在家办公的员工呈增长趋势，这一选择对那些有日托需要的人尤其具有吸引力。

规定远程办公的公司列举了这一措施带来的一系列益处：生产率增加，办公室管理费用开支降低，而且员工缺勤率无疑会减少。与在办公室工作相比，在家工作可能受干扰更小，而且人们也有可能会更好地集中精力做事。远程办公的人可以在天气糟糕的情况下或是觉得不舒服时工作，而在办公室工作的员工在这些情况下则可能会犹豫是否去上班。对IBM

公司远程办公的员工与公司内办公的员工进行的比较研究发现：远程办公与高生产率、高工作满意度相关，并能提升员工的心理健康水平。IBM 这种灵活的远程工作制度运作得如此成功，以至于公司 330 000 名员工中有 40％ 的人选择了不在办公室工作，而是在家或在行程中工作(Cooney，2007)。

通常，在家工作的女员工比在家工作的男员工更高产，但他们都对不用花时间在通勤的路上而感到高兴。他们享受可以在传统的办公时间之外计划工作，并报告更少分心、工作环境更舒适。在瑞典进行的一项对 26 名受过高等教育的白领工作者的研究发现，不论男女，员工在办公室中工作时的血压都要显著高于在家工作时。这一发现带来的启示是，对这些员工而言，在家工作相较于在办公室工作所带来的压力较小(Lundberg & Lindfors，2002)。

据洛杉矶市的官员估计，他们制定的涉及 2 600 名工人的远程办公计划能增加生产率、降低缺勤、节约加班工资、缩小办公室空间，在这些项目上每年能节省 1 100 万美元。他们宣称，该计划还节省了 140 万个小时的通勤时间，并因此减少了 7 500 吨汽车排放的一氧化碳等废气。美国电话电报公司(AT & T)对 1 005 名在家工作的职员进行民意调查，发现有 80％ 的人认为他们比在公司办公室工作时的工作效率更高。此外，有 61％ 的人表示他们会更少生病，而 79％ 的人很高兴工作时有机会穿便装。在其他公司进行的调查发现，除了花费在不产生业绩的社交方面的工作时间显著减少外，远程办公还使得生产率增长高达30％。而且远程办公也并不会影响员工的升迁机会。

一项对 10 000 名美国工作者的调查发现，73％ 的远程工作者对他们的雇主很满意，而在公司办公室上班的工作者中仅有 64％ 的人对老板表示满意(Coombes，2008)。在一项涉及近 13 000 名员工的 46 项研究的元分析中，研究者发现，远程办公与员工更强的自主感、与上级更积极融洽的关系、更高的绩效评定、更高的工作满意度相关。同时，也会使员工压力降低、离职意向下降。尽管如此，远程办公似乎也会导致一个负面影响，即它会使同事之间的关系变差，而这也并不意外，因为远程办公者花费在办公室人际交往上的时间少得可怜(Gajendran & Harrison，2007)。一项对埃及信息技术工人的调查研究显示，基本上，支持远程工作的人远远多于反对的人(Abdel-Wahab，2007)。

然而，并不是每一个人都喜欢在家工作。其中一些人不仅仅是因为不愿错过社会交往的机会，更是因为在没有监督管理的情况下他们可能无法有序地开展工作。有些夫妻反对在家工作时配偶也在家，而且孩子们也会导致额外的注意力分散。一些管理者认为，如果下属不在面前，他们将失去对下属实施监管的权力。同时工会也担心其成员们若不在一起工作会导致忠诚度下降。

为了应对远程办公的员工可能会出现的这种孤立感，有些公司已开始进行一些计划，以使远程办公者之间及其与办公室职员间建立并保持联系。IBM 就已建立起所谓的"流动中心"，在那里远程办公者能够与其他员工一起工作。IBM 俱乐部也鼓励远程办公者通过公司组织的远离传统工作场所的一些社交性外出活动去结交同事。

一些远程办公者感到在家工作比他们在传统办公室中有更强的工作压力。而另有一些人则表示,在家办公,他们总也没有下班的时候。当电话、传真或电子邮件在工作时间外呼叫他们时,他们不得不去做出回应。基于上述种种原因,有近 20% 的远程办公计划宣告失败。另一导致此类计划失败的原因是,一些远程办公者未能获得他们应从雇主那里得到的技术支持。虽然远程办公存在着这样或那样的麻烦,许多员工仍喜欢在家办公。人力资源管理者们已将其视为 21 世纪最重要的工作场所发展趋势之一。

本章小结

物理工作环境包括诸如工厂或办公室建筑的位置、停车设施、取暖和空调系统、电梯、托儿设施、自助餐厅及休息室等因素。环境心理学关注这些工作场所特征对员工行为和态度的影响。在景观式办公室中,员工们以功能性单位进行分组,而且没有"从地面到顶棚"的分界线。

工作空间的照明设计必须考虑照明分布和眩光。工作区的噪声会导致耳聋及肌肉紧张增加、高血压等生理后果。颜色是一种有用的编码设计,它能够创造出各种不同的大小及温度错觉,并能提高工作场所的美观。一些员工喜欢工作时听音乐,但研究表明,这对生产率并没有影响。目前已根据不同类型的工作场所而设定了最佳温度和湿度的范围。工作场所的舒适度同样也有赖于湿度水平及空气循环的状况。

工作环境的时间特征包括工作时间的数量及如何安排这些时间。许多规定的工作时间都被浪费在了未被许可的休息上。当名义工时减少时,生产率往往会提高。兼职就业提供了兼顾职业、家庭、教育、休闲及其他爱好的机会,并可能导致更高的生产率。一周四天工作制似乎能带来更低的缺勤及更高的士气,但对生产率影响不大。弹性工作制广受员工欢迎,并能提高生产率及工作满意度。无论官方是否批准,休息都会发生。对于体力劳动者来说,休息,让肌肉放松是必须的。而对于工作中需要久坐的职员而言,间隔休息能够改变工作节奏,并有助于缓解厌烦。轮班工作打破了身体的昼夜节律并会导致一些社交性困难和心理问题。通常,夜班工作时生产率更低,发生严重事故和差错的几率更高。

工作环境的社会—心理方面涉及工作内容的设计及其对员工的影响。工作简化使得许多工作变得没有挑战性,以至于令人感到厌烦,并会导致心理和生理疲劳,从而降低生产率和工作满意度。重复性、单调的工作同样令人感到疲劳。缓解厌烦的措施有拓展工作范围、改善工作条件、安排间隔休息等。种族侵扰与性别侵扰也经常会在工作场所发生。这些侵扰会对受害者产生不良的身体和情绪影响,同时也降低他们的工作满意度和生产率。

电脑和电信技术的发展已使许多不同类型的员工在家工作成为可能。远程办公与较高的生产率、较低的缺勤率以及节省公司的办公室空间等相关。

关键术语

环境心理学	弹性工时
工作简化	名义工时

复习题

1. 为什么很难解释物理工作环境的改变是导致生产率提高的原因？

2. 办公室职员对工作环境主要的抱怨有哪些？

3. 办公室的大小和设计以及办公楼的大小在哪些方面影响了生产率以及同事间工作关系的性质？

4. 请描述景观式办公室的利与弊。

5. 1 英尺烛光的照明水平是多少？为什么工作站的照明强度远远超出其背景环境是一种糟糕的设计？

6. 多少分贝的声音会造成永久性耳聋？暴露于高噪声环境下还会造成哪些生理后果？

7. 在工作场所中不同颜色的应用在哪些方面能起到有效的帮助作用？

8. 请描述工作场所中上班时提供音乐播放的历史。工作时播放音乐会使哪些类型的工作生产率有所提高？

9. 在工作中处于极端高温下会有怎样的后果？为什么有些公司会在办公室里放置假的温度调节器？

10. 名义工时与实际工时有什么区别？

11. 在二战期间，一些公司增加名义工时会对实际工时造成怎样的影响？

12. 长期兼职工作、一周四天工作制以及弹性工作制分别会给员工和雇主带来怎样的益处？

13. 如果你所从事的工作需要轮班，你会选择什么样的轮班时间表？并请解释选择的理由。

14. 工作简化始于什么时间？包括哪些内容？它是如何使美国经济发展受益的？

15. 工作简化与工作中的厌烦和单调感有关联吗？如果有，请做出解释。

16. 如果你在汽车装配厂工作，你会如何消减工作中的厌烦和疲劳？那如果你是在一个大家都使用电脑进行工作的办公室里呢，又会采取怎样一些措施？

17. 说明种族侵扰、性骚扰与性别侵扰的区别。

18. 性骚扰对受害的女员工及目击此事件的同事有怎样的影响？

19. 研究表明在哪类工作环境中性骚扰事件发生得最为频繁？

20. 为什么绝大多数的性骚扰事件并没有被报告出来？哪些因素能降低工作中性骚扰事件的发生？

21. 为什么一些员工不喜欢远程办公？

22. 如果是你的话，你更倾向于远程办公还是在办公室/工厂里上班？为什么？

第 11 章

雇员安全与健康问题

有的工作致命或者致病,有的工作事故发生率很高。商店、办公室和工厂都有可能存在危险。每年都有超过 5 000 人死于工作事故。据不完全统计,每年发生事故的致残人数约超过 400 万。美国劳工统计局(U.S.Bureau of Labor Statistics)的调查显示,公司为隐瞒不良安全记录,至少发生 10 起事故后才愿意报告一例致残工伤事故。工伤赔偿的金钱代价对雇员自身和公司乃至整个国家来说都是巨大的。因工伤所延误的工作进程、养伤期间照付的薪水、医疗支出和员工的赔偿要求会导致数十亿美元的损失。

在某些类型的工作中,员工的健康可能因暴露在含有毒化学品的工作环境中而受到威胁。一般而言,这些不良工作条件所引发或加剧的疾病,不会像事故那样突然致死或致残,但它们会使成千上万的员工遭受精神和经济损失,并折损寿命。

虽然事故是工作中的第一杀手,谋杀次之,但对女性来说,谋杀却是最主要的因素,占了女性工作死亡的 42%。蓄意的暴力行为所造成的伤害正变得越来越普遍。

本章将集中关注上述问题以及工作场所其他方面的健康和安全问题,讨论工业与组织心理学家所了解的工作中的事故、暴力以及组织处理这些问题的对策。同时,我们也会谈到酗酒和药物滥用,二者都对雇员健康、安全和工作绩效有不良影响。除此之外,我们将考察电脑的使用给人们造成的健康问题。需要更多的信息,请登录美国心理学会工作、压力和健康事务所(Work, Stress and Healthy Office of the American Association)网站 www.apa.org/pi/work 和职业健康心理学会(Society for Occupational Healthy Psychology)网站 sohp.psy.uconn.edu/Index.html。

与工作相关的健康问题

和事故发生率一样令人震惊的是与工作相关的疾病所造成的损失。这些疾病不像事故类的创伤性伤害那样突然,它们一般都是潜伏着的,发展得很慢,几年时间以后才会出现躯体症状,例如,煤矿工人由于长期吸入煤尘,会得一种叫做黑肺病的特殊呼吸道疾病。化工厂的员工暴露在危害健康的环境中,且人们不清楚到底有多危险,每天多达 1 000 万员工就这样暴露在尚未设立安全标准的化学品前。美国环保局(Environmental Protection Agency, EPA)已经确认了 16 000 多种经常在工作场所使用的有毒化学物质,其中约有 150 种是神经毒素,它们会对人类大脑和神经系统造成损伤。

矿工、磨坊工和船厂工,在工作中会经常接触石棉,他们患肺癌的几率是常人的 7 倍;纺织工人由于经常吸入棉尘而面临感染褐肺病的风险;医药技术人员经常暴露在危险的辐射中;办公室白领则面临着室内污染物的潜在威胁。

国际空间站工作的宇航员会报告他们有恶心、头疼等各种症状,究其原因,与空间站内的化学气体以及不断累积的二氧化碳有关。伊利诺斯州芝加哥市的英国石油阿莫科研究中心(BP Amoco research center)的化学家们曾一度患上一种很少见的脑癌,其发病率是一般人群发病率的 8 倍,究其原因,与他们工作中常用到的两种化学药剂有关。美国哮喘学会

(American Academy of Asthma)估计美国大约15％的哮喘病患者都是由于在工作中接触了乳胶、镍、铬和汞等化学品,职业性哮喘已经成为最常见的与工作相关的呼吸系统疾病。

记录显示,纺织业和干洗业工人中,女性与工作相关的癌症发病率正在以令人担忧的速度增长;护士和医药技术人员的乳腺癌发病率一直在上升,因为她们的工作需要经常与X射线和化疗药剂打交道;肿瘤科护士和化工业女工的自然流产率要比普通女性高。

表11-1列出了一些工作中经常使用的有毒化学品、它们对健康的影响以及受其危害的工作类型。

一般引用的事故数据都不包括员工上下班途中的意外死伤。尽管男性只占劳动力总数的一半多一点,但因工伤亡的员工里90％以上都是男性。原因是显而易见的:在建筑和重工业领域工作的绝大部分是男性,而这种工作场所发生的事故会产生极其严重的后果。长途货运司机中大部分是男性,而每年长途货运司机的死亡人数占了所有工作死亡人数的20％。很明显,某些工作确实比其他工作危险,这也意味着某些员工在工作中面临着更大的伤亡风险。

表 11-1　有毒物质和工作疾病

潜在危险	潜在疾病	受威胁的工种
砷	肺癌、淋巴癌	冶炼工人、化学家、炼油工人、杀虫剂制造工和杀虫剂喷洒工
石棉	白肺病(石棉沉滞症)、肺癌和间皮癌、其他器官的癌症	矿工、磨工、纺织工、保温工和船厂工
苯	白血病、再生障碍性贫血	石化和炼油工人、染料使用者、蒸馏工、油漆工、鞋匠
双氯甲醚	肺癌	化工工人
煤尘	黑肺病	煤矿工人
棉尘	褐肺病(棉尘肺)、慢性支气管炎、肺气肿	纺织工人
铅	肾病、贫血、中枢神经系统损伤、不育、婴儿先天畸形	金属磨工、铅冶炼工、铅蓄电池生产工人
放射物	甲状腺癌、肺癌、骨癌、白血病、生殖系统缺陷(自然流产、基因缺陷)	医药技术人员、铀矿工人、核能和原子能工人
聚氯乙烯化合物	肝癌、脑癌	塑料厂工人

1970年,美国国会通过了《职业安全和健康法案》(Occupational Safety and Health Act),在劳工部(Department of Labor)下成立了职业安全与健康局(Occupational Safety and Health Administration, OSHA)。职业安全与健康局的宗旨是通过开发和执行联邦安全标准,资助有关工作场所事故和疾病原因与预防的研究,确保工作环境的安全。然而,尽管职业安全与健康局已经取得了一些进展,但由于缺少资助,导致它很难执行命令来改善工作环境。职业安全与健康局成立至今已经四十多年了,但安全检查员数量仍然非常少,以至于每

家公司要平均每 84 年才会被造访一次。

很多工作并不危险,但它们却会带来很大的痛苦和不适。在荷兰进行的一项对 800 多名雇员的问卷研究中,研究者发现:长时间坐着办公会导致腰痛;长时间站立工作会导致腿痛、胸痛以及腰痛;重复性的动作则会导致胳膊、胸部和背部的疼痛(Roelen, Schreuder, Koopmans, & Groothoff, 2008)。

事故统计存在的问题

统计本身不会撒谎,但有时候会有人根据自己的利益需要利用统计曲解事实,并以数据来支撑自己歪曲的观点。事故统计经常遇到这种情况。尽管听起来非常荒唐,然而事故统计最大的问题却在于界定什么情况下事故才真的是一场事故。

一场事故要多严重才能被组织认定为真的是一场事故呢? 设想一下,一位面包店工人失手掉下一袋 100 磅重的糖,这算是--场事故吗? 严格意义上讲,是的。然而,公司是否把它列为一场事故取决于它所造成的后果,而不是这个行为本身。如果装糖的袋子没破,糖没撒到设备上,而且也没有人受伤,那这个事件就不会被记录为一场事故。但假设这个袋子砸在工人的脚上并造成脚部骨折,这算是一场事故吗? 其实也未必。很多公司不会把它算作一场事故,尽管这名工人受伤了而且需要治疗。这名工人可能一段时间内无法走路,但如果公司给他提供能够坐着进行的工作,一直到他的脚痊愈,那这名工人就不会因伤误工。这样,虽然这场事故引发了工伤,但它不会被列入事故统计中,公司的安全记录也不会有变动。在这个例子中,对事故的定义取决于受伤的工人是否因伤误工。

新闻聚焦

在"生病"的大楼里工作会让你生病

很多人在隔绝了新鲜空气的密闭环境里工作。他们打不开窗户(很多建筑的窗户被设计为打不开的),只能呼吸到经过过滤的制冷或制热后的空气。现代办公楼里的制冷或制热系统的运作成本可能并不高,但后果却可能很危险。我们吸入的东西很可能会让我们生病。

根据世界卫生组织(World Health Organization)的调查,这些人造环境带来的生理疾病包括眼、耳和喉部不适,鼻腔粘膜干燥,皮炎,疲劳,头疼,恶心以及眩晕。请看下列几个实例。在加利福尼亚州旧金山市一栋封闭的办公楼里,250 名员工中的绝大多数人在该建筑刚启用后的一段时间里,抱怨自己开始头疼、鼻炎、皮肤过敏或有其他不适。调整该建筑的空气过滤系统,让更多的新鲜空气流通进来以后,这些症状便消失了。在另一栋新办公楼里,员工经常在下午感到瞌睡、头晕,特别是天气炎热的时候,问题的根源在于楼顶,那里熔化后的沥青释放出的有毒气体进入空调系统,散布在了整栋建筑里。除此之外,细菌感染也会经通风设备和空调系统传播。

在佛罗里达州,有一栋价值3 700万美元、10层高的综合办公楼,在里面工作的成百上千的员工相继出现了哮喘症状,这栋建筑不得不被废弃。专家表示,施工缺陷、错误安装的空调系统、漏水的屋顶以及乙烯化合物材质的墙纸共同构成了这样一个霉菌和其他污染物滋生的环境。

封闭的建筑里含有大量无法被新鲜空气驱散或稀释的化学品。各种溶剂、粘合剂、清洁剂、防火材料、涂料添加剂、隔音设备中的甲醛、地毯、墙纸以及窗帘中的化学品等都可能是有毒的。复印机会产生臭氧,引发头疼和上呼吸道感染;无碳复印纸中的溶剂也很危险。头疼、眼睛不适和神经失调则与长期接触电子设备有关。眼睛损伤、健忘、甲状腺功能失调以及白血病都与有害的微波和其他辐射有关。或许有的建筑里应该贴出这样的警示:"警告! 工作在此可能有害健康!"想了解更多有关建筑综合症的信息,请登录www.epa.gov/iaq/pubs/sbs.html。

几年前,一家大型的美国肉类公司由于隐瞒了1 000多次工伤而被罚了将近300万美元;一位华盛顿记者调查到的铁路事故统计数字与官方报告的不一致——美国铁路公司(Amtrak)报告共发生了25场火车事故,造成494次工伤,而该记者却发现共有1 338次工伤。公司并没有记录所有工伤,而仅仅记录了导致离职的工伤。美国劳工统计局据此推断,与工作相关的事故被严重瞒报了。

不完全的事故报告加大了事故原因和事故预防研究的难度。工商业领域提供的事故统计仅包含了所有发生事故的一小部分,而且几乎没有提及事故发生的原因。由于他们仅关心那些导致误工的事故,所以事故数据描述的整体安全形势也是不精确的。

组织都喜欢夸耀自己拥有良好的安全记录,因为这样表明公司是个关爱下属的雇主,尽其所能地为员工提供安全的工作环境。为了维持良好的安全记录以及令人满意的公共形象,公司可能会采取一些极端方法,比如封闭式调查、不完全的事故记录以及彻底扭曲事实。然而有时候正是雇员自己扭曲了事实:有些员工由于害怕别人把自己当成粗心或容易出事的人而选择隐瞒小的事故;或者当某些事故是由于没有按照既定的程序操作或者没能及时启动保险装置而造成时,员工会因害怕受到纪律处分而选择隐瞒。

很多国家会少报或隐瞒工作事故。在日本,员工会因面子问题而隐瞒工伤。为了避免丢脸,日本的员工甚至会隐瞒重大的工伤比如骨折,或者他们会坚持声称自己是在家里受伤的。管理者也会协同员工一起隐瞒工伤,否则他们可能被认为在工作中玩忽职守。

另一个与事故统计有关的问题在于研究者们如何收集数据。比如在丹麦进行的一项研究要求工人用日志记录每天工作中发生的事故。28天以后,要求他们写下过去这一个月所发生的事故总数。结果两套数据结果不一致,即使是同一员工报告自己发生的事故。在后续的报告中(回顾性分析),工人只大概列出了他们在日志中记录的所有事故的三分之一。

研究者认为，他们完全忘掉了其余的事故（Anderson & Mikkelsen，2008）。

事故发生的原因

不管事故发生在工作场所、高速路上还是在家里，人因失误是大多数事故的原因。然而，工作环境的条件以及工作任务的特性也是导致事故发生的因素。

工作场所因素

影响雇员安全的工作场所因素包括行业类型、工时、照明、温度、设备设计、保险装置以及工作压力。

行业类型。事故发生的频率和严重程度会因行业类型的不同而不同。轧钢厂发生事故的几率就比银行高。越是需要员工付诸体力的工作，事故率就越高。同时，压力大和劳累的工作也会导致更多的事故。

内容：危险的工作环境比如天然气钻探工厂必须是经过设计的，使得安全控制系统可以很容易被开启。

有的行业事故发生频率高,严重程度大,如建筑业、高速公路运输业、农业和矿业;有的行业事故发生频率低,但严重程度大,如仓库业、航空业、自动化生产行业和通信行业。水泥和钢铁公司很少发生事故,但是一旦发生,后果会非常严重;电力公司的事故发生率也很低,但一旦发生,高电压造成的后果也很严重。批发和零售行业倒是经常发生事故,但造成员工无法工作的情况却很少。

即使是停车场这样的工作场所也很危险。美国劳工统计局在9年的时间里收集的数据显示,每年都有超过200名雇员死在停车场。其中36%死于他杀,11%死于自杀,其余的则死于各种各样的其他因素(Fayard, 2008)。

表11-2列出了一些高风险行业的事故统计数据。

表11-2 工商行业工作致死几率

行 业	每100 000名员工所受的致命伤害次数
农 业	29.6
矿 业	27.8
交通运输业	16.3
建筑业	10.8
公用事业	6.2
批发行业	4.8
专业和商务服务	3.1
制造业	2.7
政府机构	2.3
金融业	1.2

资料来源:U.S.Bureau of Labor Statistics, 2007. Retrieved from www.stats.bls.gov/IIF/home.htm.

工时。 工时越长,事故发生率越高,这样一个假设听起来好像很合理,但已有研究并没有为该观点提供确切的证据。恰恰相反,轮班制工作似乎更容易发生事故。一般来说,尽管夜班发生的事故通常更严重,但白班的事故发生频率却更高,夜班事故发生率低可能与照明水平有关,夜间提供的人工照明比白天的自然光线环境更有利于工作。

研究发现,美国工人相信他们夜班出事受伤的几率远低于白班出事受伤的几率,特别是当他们感受到了公司所营造的注重安全的气氛以后(Huang, Chen, Dearmond, Cigularov, & Chen, 2007)。另一些研究则发现,受过工伤的员工在上夜班的时候(伤愈回岗后)却面临更大的被解雇或无法全职工作的风险(Dembe, Delbos, Erickson, & Banks, 2007)。

照明。 良好的照明可以减少事故的发生。保险业的统计显示,照明不良约是四分之一工业事故的根本原因。黄昏时分,夜晚照明还未开启的时候,如果继续进行生产活动,则很容易发生事故;黄昏时分也是最容易发生车祸的时段。照明条件与工业事故发生率之间的关系已得到了明确证实,在照明条件差的地方使用警报管理可以有效地解决事故发生率高的问题。

温度。 对工厂工人的研究显示,当工作场所的温度稳定在20℃—21℃时,事故发生率最低，而当环境温度发生变化时，不管是变冷还是变热，事故发生率都会显著提高。对矿工而言，高温环境下(29 ℃)的事故发生频率是低温环境下(接近 17 ℃)的 3 倍，高温带来的不适似乎使工人变得更粗心。与年轻员工相比，年长的员工更容易受极端气候的影响，也更容易在高温下发生事故。

设备设计。另一个与事故相关的物理因素是工作中所使用的工具、设备和机器的设计情况。比如，如果工程师把机器的停止按钮设计在难以触及的位置，那对于紧急情况下需要立刻停止机器运行的工人来说，后果是不堪设想的。位置不当的开关和控制设备，设计不足的系统故障警示灯，以及难以读数的仪表盘都会导致事故的发生。

工程心理学家一直努力使操作设备所需的能力与操作员的能力相匹配(详见第 13 章)。他们在工作场所和设备安全方面所做的工作卓有成效，特别是在改善累积创伤障碍和像腕管综合征之类的重复运动性损伤方面。这些伤害都是由连续重复的手部和腕部运动造成的，这种工作模式也同时会对员工的肩部和背部产生影响。重复运动性损伤在使用电脑的办公室白领和某些行业的工厂工人中十分常见。减少重复性运动损伤的有效措施包括重新设计键盘、提供能保持正确坐姿的桌椅以及允许暂停工作进行适当休息。

累积创伤障碍经常发生在便利店收银员身上，他们使用电子扫描仪时需要频繁的、重复性的腕部运动。每件商品都必须在电子扫描仪上方或前面经过，才能录入它的价格。对收银员来说，最适当的工作设计是让他们站着，并能使用两个手腕交替工作，把工作量分配到两个手腕上，这样就减少了只使用一只手所带来的伤害。下次你排队结账的时候注意观察一下，物品经过扫描仪时，收银员用了一只手还是两只手。

保险装置。机器安全性设计的另一个重要方面是开发内置的保险装置和其他预防事故的措施。保险装置的功能是让员工的手远离机器中快速运转的部分或者在紧急情况下让机器自动切断电源，而且保险装置不应干扰机器的正常运转。

个人防护装置，如防毒面具、防碎镜片制成的护目镜、钢头鞋、护耳器和加垫手套，可以保护从事危险工作的员工。然而，很多情况下，没人愿意用这些防护装置。出现这种现象的原因有时很实际，比如，员工不愿用会干扰自己工作的防护装置：防毒面具会阻碍员工之间的交流；戴着加厚手套去按控制面板上的按钮会很困难。

不愿使用防护装置的另一个原因在于它会给员工带来不舒适感。戴着防毒面具在高温下作业的员工发现，当防毒面具贴到脸上的时候会刺激他们的皮肤。在一家汽车安全玻璃厂的调查显示，只有 30% 的人认为防毒面具戴起来还算舒适。很明显，员工是否使用那些能保护自己不受伤害但会引起不适的防护装置，舒适感是重要的影响因素。

工作压力。严格遵守生产计划或时间表所带来的压力可能也会引发事故。员工经常会担心因未能遵守原定计划而遭受纪律处分或免职。当员工因感到环境不安全而关闭生产线或切断电源时，这一行为会给公司带来很大的经济损失，而对此负责的员工或管理者可能会因此而受到惩罚。

客机飞行员为了安全起见拒绝在恶劣天气下或机翼结冰时飞行，会导致乘客错过转机航班,并且还得对降低了公司的准点记录负责。如果其他飞行员看到他们的同事因为类似的行为而遭受惩罚,他们会感受到巨大的压力,从而忽略恶劣天气的影响,按时起飞。

人的因素

适当关注设备的设计和工作场所的物理及社会环境可以帮助降低事故发生的频率和严重性。不过总体来说,人的因素才是更应该考虑的重要因素。以下这些人的因素都会导致事故的发生,如酒精和药物滥用、认知能力、健康状况、疲劳、工作经验、工作不安全感、年龄以及人格特质。

酒精和药物滥用。 很多雇员会在工作中喝酒或者使用非法药物。有嗜酒或药物使用问题的雇员要比其他雇员更容易卷入事故当中。即使在非工作时间喝酒也会导致工作时间发生事故。对 380 000 多名通用航空公司飞行员的研究显示,有酒后驾驶(driving while intoxicated,DWI)问题的飞行员在飞行过程中发生相关事故的概率是无此问题的飞行员的 3.5 倍(McFadden,2002)。

认知能力。 智力水平低的员工比智力水平高的员工更容易发生事故,这样一个假设看似很有道理,然而,相关研究并没有完全支持这一观点。有些研究发现,与认知能力有关的只是那些工作中不可能出现事故的行为,比如那些需要判断和决策的行为;而那些容易发生事故的行为,如重复性的体力劳动,实则与认知能力相关甚少。

新闻聚焦

工作中的压力/工作外的饮酒

所有人都明白酒后驾驶是件不明智的事情,但开完车以后喝点酒应该没问题了吧?错!至少加利福尼亚州旧金山市城市铁路系统(Municipal Railway System,Muni)的巴士司机、拖车司机或缆车司机,开完车以后也是不允许喝酒的。

对旧金山市铁路系统 1 836 名员工进行的一项长达 5 年的研究发现:司机在工作之余喝的酒越多,就越容易在工作时发生事故或遭受重伤。那些报告自己每周下班后喝酒超过 10 次的人更可能为受工伤向公司索赔。同时,下班后饮酒的量与工作压力直接相关:压力越大,饮酒量越大。因为这是他们释放压力的方式。

对旧金山市城市铁路系统而言,上述情形造成的代价是昂贵的。与员工工作之余喝酒相关的工作索赔每年让公司损失超过 25 万美元,这个数字作为工作之余喝酒的代价太大了。对公司来说,这个数字也是发现和监管有严重工作压力员工的充分理由,公司可以为这些员工提供咨询和喝酒之外的应对压力的方法。

资料来源:Drinking after work could affect job(2002,September 22). *St.Petersburg (FL) Times.*

健康。工业与组织心理学家已经证实健康和事故之间存在相关。人们怀疑健康状况不好或者经常生病的员工更容易发生事故,然而,有生理缺陷的员工(总体来说身体健康或者身体机能能够胜任工作)发生事故的概率却和正常员工没有差异。通常有生理缺陷的员工更加追求工作的效率和安全性。与事故相关的唯一生理特性是视觉:一般来说,视力好的员工比视力差的员工发生的事故少。

疲劳。疲劳会导致生产率下降,事故率上升。在标准的 8 小时工作日期间,生产率的上升总是伴随着事故率的下降。据报告,在很多重工业领域的 10 小时工作日期间,换班前 2 小时事故发生率会急剧上升,这大概是与疲劳有关。

疲劳驾驶是导致高速公路事故的原因之一,高速公路事故是工业与组织心理学家研究的一个主题,因为那是公共汽车司机和卡车司机的工作场所。至少 10% 的车辆相撞事故都与驾驶中因疲劳而睡着的公共汽车和卡车司机有关。疲劳驾驶也是 25% 的单车事故的原因。

工作经验。员工工作时间越短,事故发生频率越高。工作几个月之后,事故发生率通常都会下降,并且随着工作经验的增多会持续降低。这一发现来自一项对 171 名消防员进行的长达 12 年的研究。工作经验更丰富的消防员比工作经验相对较少的消防员发生事故的频率和严重性都更低(Liao, Arvey, Butler, & Nutting, 2001)。不过,事故和工作经验之间的关系并不总是那么明确。虽然绝大多数研究发现有工作经验的员工更不容易发生事故,但这些发现有可能受到自我选择的影响:出过很多工作事故的员工可能都被解雇、转岗或者自己辞职去寻求安全性高的工作了。因此,我们不能确切地认为,更多的工作经验本身会降低事故发生率。在有些情况下,有工作经验的员工之所以事故发生率低是因为那些事故发生率高的员工都离开原本的工作岗位了。

工作投入、授权和自主权。对 2 000 多家公司 14 466 名员工进行的研究发现,工作投入度高的员工,即工作自主性和责任感越高的员工,工作满意度也越高(第 8 章讨论的问题)。研究者同时也发现了高工作满意度与安全意识之间的正相关。因此,他们认为高的工作投入会降低事故发生率(Barling, Kelloway, & Iverson, 2003)。

对化工厂 24 个工作小组的 531 名员工的研究发现,觉得自己被授权(对工作有更大的权力和自主权)的工作小组的安全记录显著好于其他小组的安全记录。被授权的工作小组会比未被授权的小组更频繁地进行安全检查和其他与安全有关的行为(Hechanova-Alampay & Beehr, 2001)。

同样,在澳大利亚进行的一项对 161 名工厂工人的研究发现,工作自主权高的工人在 18 个月内的安全记录显著好于工作自主权低的工人(Parker, Axtell, & Turner, 2001)。

工作不安全感。一项对一家企业食品加工车间 237 名工人(这家工厂已经解雇了一些员工)的研究发现,自称对工作和自己在公司的未来有不安全感的员工,其安全操作和遵守安全政策的动机较弱,这种对安全的忽视反过来使得这些缺乏安全感的员工更容易发生事故和工伤。

年龄。年龄与事故的关系和经验与事故的关系类似,因为年龄和工作经验之间有着很明显的相关。其他与年龄有交互作用的因素包括生理健康和对待工作的态度。整体健康水平,以及特定的身体机能如视觉和听觉,会随着年龄的增长而退化。但是,年长的员工却拥有更多的工作知识和更娴熟的技术。虽然他们的反应较慢,手眼协调性不太好,但年长员工一般都能更全面地理解工作要求,他们对待安全的态度也更认真。然而,一旦年长员工发生事故,他们为受伤和耽误工时付出的代价也越大。

人格特质。人们普遍认为事故频发者都有一些区别于事故低发者的特殊人格特质,研究却并不支持这一观点,尽管有些研究发现事故频发者具有诸如神经质、敌对、焦虑、社会适应不良以及宿命感等人格特质。对219名普通生产工人和263名美军机械工的研究发现,尽责性得分低的人在日常工作中更容易犯认知错误,从而导致事故发生(Wallace & Vodanovich,2003)。对事故研究的元分析显示,宜人性得分低的人更容易在工作中发生事故(Clarke & Robertson,2008)。但是,任何人格变量与事故频率之间的相关都不强,因此没理由认为事故频发者有着区别于其他人的人格模式。

一时的情绪状态也可能导致事故的发生。当个体对自己的配偶或老板不满,或者被钱的问题所困扰时,他很有可能因无法专心工作而容易发生事故。这一观点得到了研究的证实。该研究调查了127名过去5年发生过交通事故的美军士兵和273名未发生过交通事故的士兵,发现这两种人的区别很明显:发生过事故的人都称自己在事故之前有过情绪波动。涉及情绪压力事件的范围很广,离婚、生病甚至在车里被乘客打搅都有可能引起情绪波动(Legree,Heffner,Psotka,Medsker,& Martin,2003)。

一项对243名护工的研究显示,那些家庭与工作出现冲突的员工较之那些很少或没有冲突的员工,更不愿意遵守安全规定(Cullen & Hammer,2007)。

事故倾向

事故倾向(accident proneness)理论认为,某些人更容易发生事故;此外,该理论假定大部分事故都是由相同的少数几个人引起或牵连的;该理论还假定有事故倾向的人在任何情境下都有可能发生事故。检验这个理论最有效的方法是比较同一个人在不同时期的事故记录,检验在某段时间发生过事故的人是否在其他时间也会发生事故。然而,这类研究得到的相关很低,这表明一个人过去的事故记录并不是他未来发生事故的有效预测因素。

新闻聚焦

虽然只是一场比赛,但你仍然可能受伤

棒球运动员经常发生事故。有些很严重,有些微不足道。有些事故源于队员自己做了蠢事,有的所谓"事故"则是故意的:让对方队员受伤,从而让自己球队赢得比赛,或者这样做仅仅因为感觉良好。

一项对美国职业棒球联盟比赛发生的27 667次HPB(击球手被投球手打到)事件分

析得到了有趣的发现,过去 25 年间,HPB 事件增多了,这类事件一般发生在下列情况下:

- 击球手比投球手的水平高
- 投球手所在的队要输了
- 上一个击球手打出了全垒打
- 投球手的队友在上一局被对方投球手打到了
- 击球手是拉丁美洲人
- 投球手来自南部联盟

这些所谓的工作事故听起来像是巧合吗? 或者只是简单的运气不好或随机事件?

然而,跟大家一样,棒球运动员也会做蠢事。某个运动员因为鞋带系得太紧,得了脚癣而上了负伤者名单;还有一个人由于把辣椒酱抹到了眼里而不得不在观众席里度过比赛;一个家伙把手指伸进空调里想看看它为什么不工作了,而事实上空调正在工作,结果他的手被切得很惨;还有一个运动员穿袜子的时候拉伤了背;也有人因为打了饮水机一拳而造成手指脱臼;还有人熨衣服的时候造成胸部烫伤,因为他把衣服穿在身上熨!

生活中总有事情发生,有时候人们受伤并不总是有原因的。但话说回来,有时候确实是有原因的。

资料来源:Timmerman, T.(2007)"It was a tough pitch": Personal, situational, and target influences on hit-by-pitch events across time. *Journal of applied psychology*, 92, 876—884; True baseball injuries: Retrieved from www.funny2.com/baseball.htm.

在一项经典研究中,一名心理学家重新审核了最初支持事故倾向理论的事故数据(De-Reamer, 1980)。根据原始数据,30 000 人的驾驶记录调查结果显示,不到 4% 的人在 6 年时间发生的事故占了总事故数的 36%,因此,只有一小部分司机发生了很多的事故,如果可以禁止这些人驾车,那事故率将降低三分之一以上。重新分析这些数据,通过比较前 3 年和后 3 年的事故记录发现,不同期间发生事故的司机是不同的:那些在前 3 年被认定为安全驾驶员的人在后 3 年造成的事故占总事故的 96%,这样的结果对事故倾向理论的打击是致命的。近期试图对事故倾向理论的测量和验证研究也均以失败告终(As, 2001;Haight, 2001)。

尽管有证据表明,有的员工在特定行业确实有发生更多事故的倾向,该理论却再也不像以前那样具有公信力了。事故倾向理论可能受到工作情境的限制,无法推广到所有情境中,从而限制了它的预测价值。

事故预防

组织可以采取多种举措来保护雇员,减少工作场所事故的发生。这些措施包括正确报告事故,注意工作场所设计,进行安全培训,确保管理层的支持和宣传安全政策。

事故报告

事故预防项目不见得比事故报告的效果好。所有事故,不管后果如何,都应该接受详细的调查和记录。一份全面的事故报告应当包含以下条目:

- 事故发生的确切时间和地点
- 工作的类型和这份工作的雇员数量
- 事故受害者的特征
- 事故的性质和已知或可能的原因
- 事故的后果,比如人员伤亡情况以及工厂、设备和其他用品的损坏情况

新闻聚焦

别往后看——后面车上的司机可能睡着了

有一个让人胆寒的想法,下次你在州际高速公路上开车的时候,看看那些在你周围快速行驶的 40 吨重 18 个轮子的卡车,然后想象一下:78% 的卡车司机有睡眠障碍,这种障碍叫做阻塞性睡眠呼吸暂停症,它会让睡着的人随时停止呼吸并在短时间内苏醒。有这种睡眠障碍的人晚上能醒几百次,而自己却不知道。接着第二天就会犯困。

"如果有人晚上睡觉每两三分钟醒一次的话,"斯坦福大学睡眠研究中心主任,心理学家威廉·德门特(William Dement)说,"那意味着他睡得非常少或者根本没睡着。"然后这个人第二天爬进卡车驾驶室,以高达每小时 80 英里的速度开车,并试着在 10 或 12 小时之内保持清醒。怪不得疲劳是卡车发生事故的首要因素,四分之三的卡车司机有这种睡眠障碍。

每年高速公路上因司机睡着而导致事故的死亡人数高达 1 500。这个数字意味着虽然卡车事故只占全国高速公路事故的 3%,但它造成的死亡人数占总死亡数的 13%。

也许你会担心自己是否也得了阻塞性睡眠呼吸暂停症,不用担心,普通人得这种病的发病率只有卡车司机的三分之一。原因可能是他们不规律的工作和睡眠模式——长途司机可能要半夜工作,睡两个小时,然后接着开车。其他因素可能是缺少有规律的运动和肥胖倾向。

这种呼吸暂停症是可以治疗的,但首先你得知道自己是否得了这种病。绝大多数卡车司机不知道自己有这种病。他们可能纳闷为什么自己白天会那么累,但他们会很自然地不理这个问题,喝杯咖啡,继续开车。这就是他们的工作。

资料来源:Gavzer, B.(1999, May 16). Is the long haul too long? *Parade Magazine*; Park, A., et al.(2006). Impaired performance in commercial drivers, *American Journal of Respiratory and Critical Care Medicine*, 174, 446—454.

工作环境

虽然大多数事故都是由人因失误造成的,但工作场所的物理环境却是造成事故发生的潜在因素。工作场所的光线必须适合工作,环境温度必须维持在令人舒适的水平,工作区域应当整洁有序。很多事故是由工作区域不整洁造成的。地上的油污、脚下的电线、过道或楼梯间堆放的设备都有可能造成严重的事故,而这种事故其实是很容易预防的。急救工具、灭火器具和其他保险装置应该安装在工作区域里最容易拿到的地方,并且漆上醒目的颜色。

很难拿到或需要花很大力气才能操作的控制器,以及非常复杂、容易让人误读的显示器,都属于设计缺陷,很容易造成事故。紧急控制装置必须触手可及而且操作必须简单。

工程心理学家对安全装置的设计提出了两点通用准则。首先,在保证安全装置正常运作的前提下才能运转机器,比如,除非护手盘到位,否则电锯无法运转。其次,安全装置不能干扰生产,或者导致员工须花费更大的力气才能保证相同的生产效率。

对航空和核工业的大规模分析发现,一半以上的事故源于工作环境的不良设计(Kinnersley & Roelen, 2007)。

新闻聚焦

青少年更容易在工作中发生事故吗? 小伙子们是不是更容易出事?

你上学期间做过兼职吗? 很有可能做过,而且有可能你在高中的时候就有校外兼职工作经历了。美国高中 75% 的高年级学生有工作,而且将近一半的学生每周工作 20 小时以上。研究却显示,16—19 岁的青少年是发生工作事故风险最高的人群。

纽约布法罗市成瘾研究机构(Research Institute on Addiction)的心理学迈克尔(Michael Frone)想知道为何会有如此现象,又是什么让高中和大学年龄段的人与事故和工伤联系到了一起。他从药物滥用着手开始他的研究(从他的工作岗位来说,这并不奇怪)。他调查了 319 名青少年,发现在工作中吸大麻、喝酒精饮料与事故和受伤的发生呈正相关。

不过他也发现了其他导致事故发生的原因。其中一条就是员工是小伙子。没错,男性青少年相比女性青少年有更多的工伤。高事故发生率也与繁重的工作量、枯燥的工作、不良的身体健康状况以及消极情绪有关。十八九岁的年纪已经过得很不容易了,而他们在工作中的处境好像更危险。

资料来源:Frone, M. (1998). Predictors of work injuries among employed adolescents. *Journal of Applied Psychology*, 83, 565—576.

安全培训

　　大多数组织的安全培训项目将时间花在事故预防上。培训会指出工作场所的危险之处以及以往发生事故的原因以及后果。培训会告诉员工安全的操作流程以及急救装备的位置。定期的培训可以保持员工的安全工作意识。当公司的事故率上升时,可能就意味着有必要对员工进行再培训了。有经验的员工也可能变得漫不经心,因此,需要通过课程进修来改良他们的工作习惯。总体来说,定期进行安全培训的公司事故率很低,误工时间也很少,这样省下来的钱可以轻松填补培训项目的花费。

　　研究者在一家电子制造厂进行了一项基于计算机的安全培训项目的有效性研究,他们发现与 44 岁以上的员工相比,44 岁以下的员工在安全知识测验中的表现更好。而且,当培训材料中包含图片和音频而不仅仅只有文字时,两个年龄段的人表现得一样好。研究者也指出,现在大多数安全培训项目是在网上进行的(Wallen & Mulloy, 2006)。

　　如需了解更多与工作有关的健康和安全问题,请访问职业安全与健康局(OSHA)网站(www.osha.gov)和国家职业安全与健康研究所(National Institute for Occupational Safety and Health)网站(www.cdc.gov/niosh/)。

管理层的支持

　　在任何成功的安全培训项目中,管理者都扮演着重要角色。鉴于他们与员工之间的紧密联系,他们必须对不安全的工作环境和行为保持警惕。管理者是提醒员工保持安全的生产习惯、安置和维护设备以及在工作环境和组织中营造安全气氛的最佳人选。他们也可以对何时进行再培训提出建议。如果管理者都不坚决要求员工严守安全工作流程,那任何培训都达不到最佳效果。通过举例和说明,管理者可以维持雇员安全工作和事故预防的积极性。

　　对英国一家公司的远洋钻井平台上 703 名员工进行的研究显示,管理者对工作安全有显著影响。管理者对下属表现出越多的关爱,员工越会注意与安全相关的问题(Mearns & Reader, 2008)。

　　对以色列一家维修中心 381 名员工和 36 名管理者的研究发现,通过培训管理者可以改善安全工作行为。研究者在 8 周内给管理者反馈与安全有关的资料,这种培训大大提升了管理者的安全意识,从而大大降低了员工的事故率。同时,该培训也增加了员工对安全设备的使用(Zohar, 2002)。

　　其他研究证实了管理者在营造合适的安全工作氛围方面所发挥的重要作用。对美军 127 个运输小组的研究显示:高质量的领导-成员交换关系(LMXs)会产生更加注重安全行为的积极的安全氛围,低质量的领导-成员交换关系则不会有助于提高安全意识(Hofmann, Morgeson, & Gerras, 2003)。

　　对加拿大不同行业进行的研究也证实了领导强调安全工作行为的重要性。研究显示,变革型领导能提升工作的安全氛围,减少工伤(Barling, Loughlin, & Kelloway, 2002;

Kelloway，Mullen，& Francis，2006）。

如果管理者的上层领导不关心安全问题，那就别指望管理者会有安全意识。如果上层管理者能够容忍草率的安全报告，甚至对安全问题持中立态度，那将非常不利于公司整体对安全问题的关注。高层领导对安全问题的积极关注是良好组织氛围的重要组成部分。各级领导一定要向他们的下属表明，安全是每个人的责任。

内容：像面具这样的防护装备应当使用方便，且不妨碍生产工作。

对澳大利亚的 10 个制造业和矿业公司 1 590 名员工的研究显示，管理者改善工作安全态度与安全工作行为显著相关（Griffin & Neal，2000）。对以色列 53 个工作组的 534 名生产工人的研究发现，直属领导营造的小组安全氛围会对工伤的发生率产生显著影响。小组成员感受到的安全氛围越好，事故率就越低（Zohan，2002）。

对 136 名生产工人的研究显示，公司上下浓厚的安全氛围能够降低工作不安全感对遵守安全工作条例产生的不良影响。研究者暗示，那些注重生产率（甚至可能以安全为代价）的公司向员工传递的信息是：要想保住工作，高生产率是最佳途径；而那些提供安全工作环境的公司向员工传递的信息却是：要想保住工作，遵守安全条例才是最关键的（Probst，2004）。

对澳大利亚和美国 10 000 多名不同行业员工的研究证实，良好的组织安全氛围对提升工作安全、降低事故发生率非常重要（Huang，Chen，Dearmond，Cigularov，& Chen，2007；Neal & Griffin，2006；Wallace，Popp，& Mondore，2006）。

一项对在美国医院工作的 1 127 名护士的研究发现：积极安全的氛围可以帮助护士减少用错量和用错药之类的错误，从而减少发生对病人健康造成不利影响的意外事故。良好的安全措施还可以减少护士的腰背伤，提升护士的工作满意度（Hofmann & Mark，2006）。

在澳大利亚进行的一项对工作中需要经常开车的员工的研究发现,当得知他们的领导很重视安全以后,他们安全驾驶的动机变得更强了(Newnam, Griffin, & Mason, 2008)。

所以,当今工业与组织的研究表明,各级管理层必须营造和强化安全的工作氛围,才能把事故和工伤降到最低。

安全宣传和评比

为了激励员工遵从学过的安全工作习惯,许多组织会进行安全宣传和推广活动,如海报、宣传册、"无事故日"图表以及奖品诱人的安全竞赛等。

海报和宣传册。海报是常用的宣传手段,但效果取决于海报内容,例如绘有碾碎的尸体这种可怕场面的海报("别这么做,否则这就是下场")的效果就非常差。恐惧导向的呼吁会引发员工对公司和信息的厌恶和愤怒。最有效的安全宣传海报应该强调的是积极的内容,比如"此区域内请戴好安全帽"或"请抓住扶手"。

警告标志和海报应当尽可能地显眼,并放在员工能看到的地方。为达到最佳效果,应使用大号、加粗、对比度高的字体。合理运用的颜色、醒目的界限、易识别的符号和灯光也是必要的。工业与组织心理学家建议海报和警示标志的设计应符合以下标准:

- 信号词,警告信息应含有与危险等级相符的标志或关键词,如危险、警告或小心。
- 危险说明,警告信息应当清楚告知危险物是什么。
- 后果,警告信息应当清楚告知不遵守警告的结果。
- 指示,警告信息应告诉员工什么可以做,什么不可以做,以避免危险发生。

图 11-1 的例子就符合上述标准。

警告	(信息词)
地下有输气管道	(危险说明)
可能引发爆炸和火灾	(后果)
请勿挖掘	(指示)

图 11-1 有效的警示海报

不管发放范围多广,安全说明和安全条例的宣传册在激励安全工作行为方面的效果相对较弱,保证所有的员工人手一本宣传册很容易做到,让员工认真阅读却很难。

安全竞赛。安全竞赛能够有效保持员工对事故预防的兴趣。有的竞赛是个人赛,员工在一段时间内不发生任何工作事故便可得到奖励;其他竞赛则是团体赛,以工作组或部门为单位,它们之间相互竞争,看哪一方的事故少。这样的竞赛更能让员工意识到安全工作的重要性,从而减少事故的发生,但这样的效果在竞赛结束以后持续不了多长时间。解决这个问题的办法之一是不停地进行竞赛,频繁地变换奖励内容以保持员工的兴趣。安全竞赛的明显缺点在于它会让员工、主管和经理们对事故报告的精确性打折扣。

家庭办公安全。随着远程办公雇员的增多，家庭办公的安全性已成为备受关注的问题。在家办公的员工报告称自己存在与使用电脑有关的不舒适感，以及由椅子设计缺陷、键盘和显示器位置不合适造成的颈部、背部、肩部和手臂的疼痛。其他的危险因素包括过载的电源插座、不良的照明、孩子扔在地上的玩具以及暴露的电线。

安全专家提出，在家办公发生的事故都没有上报公司，因为他们不想失去在家办公的机会。职业安全与健康局已经提出了家庭办公环境的安全问题：员工在家办公时受伤，雇主应该负责吗？还是这份安全责任在于选择在家办公的员工自己？

工作场所暴力

谋杀是所有员工工作中死亡的第二杀手，却是女性员工工作中死亡的第一杀手。每年有两百多万员工遭到身体袭击或者受到袭击的威胁。办公室、商店和工厂都是危险的地方。这种现象在全世界范围内都发生着，从和平中的芬兰到战火中的伊拉克无一例外。比如，在伊拉克进行的一项对 116 名护士的研究发现，49 人（超过 40%）在他们工作的医院遭受过身体袭击（Abuairub，Khalifa，& Habbib，2007）；在芬兰进行的研究则发现，过去几十年间，工作场所暴力行为显著增多，而相比之下，其他日常生活中的暴力数量没有变化。绝大多数针对女性的工作场所暴力行为来自她们的男性同事（Heiskanen，2007）。

你肯定知道这样的故事：一个刚被解雇、心怀不满的前雇员，拿着枪回到他工作过的办公室、商店或工厂，射杀、射伤前同事或刚解雇他的老板。由于在邮局发生的类似事件被公开报道，因此，"去邮局"（Going postal）已经成为描述这种现象的通用短语。而实际上，与其他很多行业的员工相比，邮局员工较少受到此类伤害。

从多个角度看待这种现象是很重要的。你不必担心坐在隔壁的人正虎视眈眈地看着你。虽然精神失常的员工确实会对他人进行疯狂的杀戮，但四分之三的工作场所死亡不是随机的、报复性的谋杀，而是蓄意谋杀。暴力行为的受害者往往是出租车司机、便利店职员、披萨外卖司机、市中心的小型杂货店老板和酒类商店老板。前雇员或同事犯罪大约占工作场所谋杀的三分之一。女性员工在面对工作场所暴力时特别脆弱，许多女性员工的男朋友或丈夫选择在她们的工作场所行凶。有些公司会为被同事侮辱和跟踪的女性员工提供保护。要想了解更多的关于如何鉴别和预防工作场所暴力的信息，请登录 www.osha.gov/SLTC/workplaceviolence。

工作场所暴力的水平。工业与组织心理学家描述了不同水平的工作场所暴力行为。其中，程度最轻的是不礼貌，包括对他人表现不尊重和傲慢，或丑化其他人和其他群体。不礼貌行为不包含肉体上的暴力行为，但它会给工作环境造成不愉快和紧张的气氛。对近 2 000 名公共部门员工的研究发现，71% 的人声称自己在过去五年内至少遇到过一次不礼貌行为，其中，三分之一是由组织中掌权的人唆使的。女性员工比男性员工更容易遭受不礼貌行为，这种行为会降低员工的工作满意度，增加其心理困扰，并产生工作退缩心理（Cortina，

Magley，& Langhout，2001；Lim，Cortina，& Magley，2008）。

另一种程度的工作场所暴力是不守规矩，包括以下攻击性和侵犯性行为：
- 恐吓或欺负其他员工
- 拳打脚踢、乱扔东西或毁坏物品
- 大声说脏话
- 挫败时表现出不耐烦的情绪和行为
- 损坏公司财产

以上所有行为都不包括谋杀或身体攻击，但是这种不守规矩的行为会造成暴力气氛，有时候也是暴力行为的重要先兆。

员工在工作场所受欺负在很多民族和文化背景下都会发生，而且会对受害者造成不良后果。在法国进行的一项对7 000多名男性和女性员工的调查发现，员工被他人欺负，或仅仅是看到别人被欺负，均会产生抑郁症状（Niedhammer，David，& Degioanni，2006）。对土耳其877名白领的研究发现，超过一半（55%）的人在工作中受过欺负；有47%的人看到过欺负人的行为。大多数情况下，欺负人的一方都是受害者的上级领导。大多数举报欺凌行为并想阻止这种行为的人都因为得不到组织的支持而感到失望，而这又会增加受欺负员工的焦虑感、抑郁和压力（Bilgel，Aytac，& Bayram，2006）。

在挪威进行的工作场所欺负行为的研究发现，受害者在情绪不稳定性上的得分比其他人高（Giaso，Matthiesen，Nielsen，& Einaren，2007）。不过这个发现存在一个很有意思的疑问：受害者是由于他们情绪不稳定而被人欺负；还是由于被欺负，情绪才变得不稳定了？

有关工作场所暴力的研究。 一些工作场所暴力的研究者试图界定那些容易产生破坏行为的人的特征，见表11-3。对300名成年员工的电话调查显示，酗酒与暴力行为呈正相关。大量饮酒也与成为暴力行为的受害者呈正相关（McFarlin，Fals-Stewart，Major，& Justice，2000）。

其他与工作场所暴力有关的因素包括工作场所的位置。对250家不同行业的工厂进行研究发现，发生最严重暴力行为的工厂都处在犯罪率高的社区。社区的犯罪率越低，处在该社区的工厂的暴力行为也越少（Dietz，Robinson，Folger，& Schultz，2003）。研究还发现，工作环境压力越大，工作场所暴力越容易发生（Bowling & Beehr，2006）。

表 11-3　有暴力倾向的员工的特征

- 30到50岁之间的男性
- 酒精或药物滥用者
- 过去有暴力行为、严重精神问题和强迫行为
- 过去有过创伤、被虐待和被忽视的经历
- 缺乏社交的孤独者
- 工作认同感强烈的人
- 有羞愧和耻辱感的人

　　另一个与工作场所暴力有关的因素是模仿行为。对一家健康护理机构 149 名员工的研究发现,那些目睹同事有攻击行为,或自己是攻击行为的受害者的个体,更倾向于在工作中表现出攻击行为(Glomb & Liao, 2003)。

　　对在不同组织工作的 489 名 30 多岁男性员工的研究显示,认为自己是受害者的员工非常容易产生攻击行为,有酒精滥用史或者在其他情境中表现出反社会行为的人更倾向于认定自己为受害者(Jokin, Arvey, & McGue, 2001)。一项对 141 名政府工作人员的类似研究中发现,如果施暴者在组织中的地位比受害者高,则受害者采取报复行为的可能性较低;如果施暴者的地位比受害者低,则受害者采取报复行为的可能性较高(Aquino, Tripp, & Bies, 2001)。

　　另有一些关注工作场所暴力预测因素的研究探讨了个体差异的影响。对两家公司 115 名员工的研究发现,易怒特质(一个稳定的人格特质,有该特质的个体在任何情况下都易愤怒)与工作场所的攻击行为有着直接联系。易怒特质水平越高者,越容易在工作场所发生攻击行为(Douglas & Martinko, 2001)。对 57 项研究的元分析证实易怒特质是预测工作场所暴力行为的重要因素(Hershcovis et al., 2007)。

　　研究者还证实了其他导致工作场所暴力的因素,例如,认知能力测验得分低、宜人性、成就需要以及自我报告工作不满意感得分高和存在不良情绪(Diefendorff & Mehta, 2007; Dilchert, Ones, Davis, & Rostow, 2007; Mount, Ilies, & Johnson, 2006)。一项对 930 名新西兰成人员工进行的长达 23 年的研究显示,在儿童和青少年时期就有问题行为的人,长大以后更倾向于在工作中发生暴力行为。此外,18 岁时在宜人性和尽责性测验上得分低者,更容易产生工作场所暴力行为(Roberts, Harms, Caspi, & Moffitt, 2007)。

　　应对工作场所暴力的方法。理想情况下,公司不愿意雇用有暴力倾向的人,然而现有的选拔技术还达不到这种精确程度。即使人力资源总监或人事经理用选拔技术确认了某些员工具有暴力倾向,也不代表这些人都会在将来的工作中出现暴力行为。事实上,除非他们遭遇了突发的逆境(比如,遭受差的绩效评估或受到谴责或被解雇),否则他们永远不会产生哪怕一点点让人不愉快的行为。

　　工业与组织心理学家推荐了一些积极的策略用以处理工作场所暴力行为,例如:培训管理者识别有潜在暴力倾向的员工;给困难员工提供咨询服务;教管理者使用委婉的方式向员工传达诸如纪律处分和解雇这样的坏消息。职业安全与健康局提出了很多减少工作场所暴力的切实有效的建议,包括安装金属探测器、警报系统,提供更多的照明、监控系统和防弹玻璃。此外,职业安全与健康局还建议雇用更多的保安。

　　组织支持也有利于减少工作场所暴力。对加拿大 255 名护工的研究中,研究者调查了两类组织支持:工具性支持,即直接帮助需要帮助的员工;信息性支持,即向员工提供能帮助他们应对侵害问题的信息。结果显示两种组织支持都有利于缓解员工经历工作场所暴力以后的不良心理状况。工具性支持比信息性支持的效果更好,因为工具支持同时减少了工作场所暴力行为导致的生理健康问题和不良影响(Schat & Kelloway, 2003)。

工作场所酗酒

据了解,美国有1 400多万人酗酒,实际数字甚至可能更高。美国公共卫生服务机构认为酗酒与心脏病和癌症一样是威胁健康的重要因素。酗酒是一种病,其特征是不能控制饮酒量,饮酒一旦开始,便无法遏制地喝到喝醉为止。医学上,酗酒是一种成瘾机制,是病理性的药物依赖,会危害健康,扰乱正常的生理机能。

据估计,美国有高达10%的职工酗酒,每年给其雇主造成超过1 000亿美元的损失。这些损失来自于职工的旷工、拖延、失误、事故、低生产力和低效率,也包括公司之前培训这些职工所投入的金钱和时间成本等方面。尽管酗酒毫无疑问是一个严重问题,然而人们对于员工酗酒的严重程度却意见不一。治疗师、咨询师以及康复计划主管都声称酗酒很严重,而且他们是可以解决员工酗酒问题的。不过因为他们是以此来谋生的,所以很可能夸大了酗酒问题。

在组织的不同层级都有酗酒的员工。国家酒精滥用与酒精中毒研究所(National Institute on Alcohol Abuse and Alcoholism,NIAAA)的报告显示,超过70%的已知酗酒者为专职人员、半专职人员和管理人员;超过半数的酗酒职工接受过高等教育;酗酒高发年龄段为35—55岁。

研究者在英国研究了不同工种的422名员工,发现负面情绪与酒精摄入量呈正相关,消极情绪水平越高,酒精摄入量越多(Jones, O'Connor, Connor, McMillan, & Ferguson, 2007)。一项对1 481名纽约市消防员的研究显示,消防员工作中涉及危机事件会产生压力,压力水平越高,饮酒量越多(Bacharach, Bamberger, & Doveh, 2008)。

1988年的《工作场所杜绝毒品法案》(Drug Free Workplace Act)要求持有资金25 000美元及以上的用人单位需要与联邦政府签订合同来共同预防工作中的药物滥用。法案要求用人单位必须告知员工:禁止在工作场所中持有、贩卖或使用酒精或违禁药品。如果员工被认定沾染酒精或毒品,用人单位须对其进行纪律处分,如强制治疗、无薪停职和免职等。

对工作绩效的影响

酗酒者通常认为喝酒不会影响他们的工作,而且没有人能够察觉他们的工作表现是否有所不同。事实并非如此,过度饮酒带来的绩效下降几乎马上就能显现出来。但是在初级阶段,只有有经验的观察者才能看得出来。

尽管行为上的改变是渐进的,但持续饮酒几年以后,员工的工作表现和效率将会严重下降,其主管和同事也能很明显地觉察出来。酗酒员工行为表现的下降路径如图11-2所示。工作表现变化的标志包括旷工过多、午饭时间延长、撒谎、失误和低生产率。在中期出现的总体变化不可忽略,这段期间,酗酒者经常会收到主管的警告,并且不会再被列入晋升名单中。

行为	恶化过程中的关键点	明显迹象
早期 • 喝酒减压 • 酒精耐受性增强 • 短暂性记忆缺失 • 为喝酒行为而撒谎	90%　老板批评　主管评价	出勤：迟到(午饭后)、早退、旷工，一般行为：同事抱怨、对真实或想象的批评过度反应、抱怨感觉不舒服、撒谎，工作绩效：逾期、注意力不集中或决策失误导致错误、工作效率下降
中期 • 偷偷地喝酒 • 为喝酒而内疚 • 喝醉后肌肉震颤 • 对事物失去兴趣	75%　家庭问题　升职失败　经济问题，比如薪水扣押　老板警告	出勤：为不明确的小病或不充分的理由经常请假，一般行为：说话不算数、开始避免社交、跟同事借钱、夸大工作成就、经常出院、经常在工作中/外受小伤、不明原因的恨愤，工作绩效：总体恶化、工作时快时慢、注意力分散，不集中
中后期 • 避开问题讨论 • 无法自控 • 忽视进食 • 喜欢独自喝酒	50%　典型危机　沾惹法律问题　惩罚性的经委处分　严重的家庭问题——分居	出勤：经常请假，有时连续几天请假、午饭后回不到工作岗位，一般行为：浮夸，奢侈或好斗、家庭问题影响到工作、明显的道德感丧失，经济问题：薪水被扣押、住院频率增加、拒绝问题讨论、沾染法律问题，工作绩效：远低于预期工作绩效
晚期 • 相信其他活动会与喝酒冲突	25%　严重经济问题　老板的最终警告　最强掩饰区　被解雇　住院治疗	出勤：无法预测的长时间缺勤，一般行为：工作时喝酒、完全靠不住、不停地住院、可见地生理性恶化，更糟的经济问题、严重的家庭问题以及/或者离婚，工作绩效：绩效表现起伏不均以及总体不胜任

酒精成瘾的年份　　　　7　　　　11　　　　14

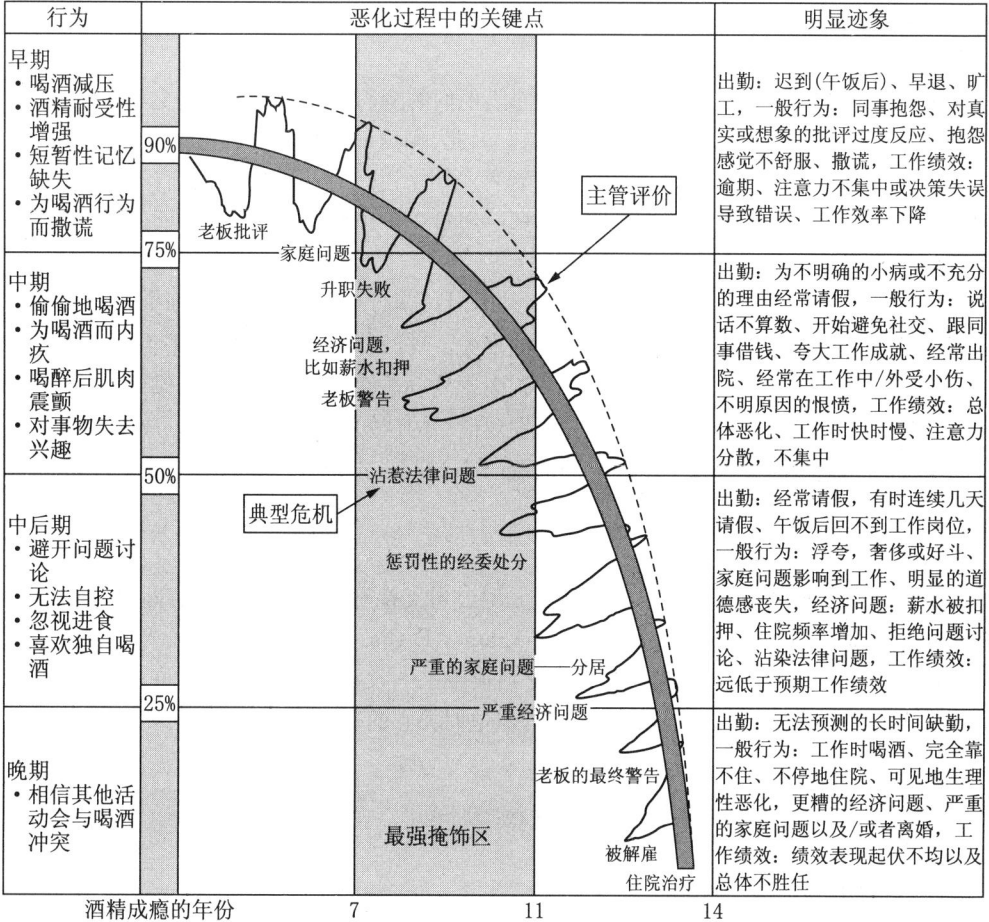

图 11-2　酗酒者的行为和工作绩效随时间的变化而恶化

（资料来源：A. Carding，"Booze and business," Administrative Management，1967，30，21. Copyright Doyle Lindley，Bechtel Corporation. Reproduced by permission）

　　正如行为表现曲线所示，酗酒者的一切都在走下坡路——事业、家庭生活、名誉以及经济稳定性。讽刺的是，每一项危机都由过度饮酒而起并成为继续饮酒的理由。除非酗酒者意识到问题并接受帮助，否则这样的恶性循环最终会导致事业失败、入狱、入院甚至早亡。当员工的主管持续忽视过度饮酒的问题，错误地相信自己的做法是宽容且有益的时候，问题只会变得越来越严重。早期干预对于酗酒者的恢复才是至关重要的。

酗酒的管理者

　　任何存在酗酒员工的公司都是不幸的，当酗酒员工是一名管理者时，公司的损失可能会更大。组织因为酗酒问题而失去的管理者，是投入了大量培训、付了高薪、给了额外福利的人,是一个承担重大责任的人,一个其判断力和决策力对组织成败有着重要影响的人。

酗酒的管理者比下级员工更擅长长期隐瞒他们的酗酒问题。他们可能会利用愿意为自己掩盖问题的下属,来隐瞒自己的酗酒问题。因此,酗酒的管理者比在会计室、仓库和作业流水线上的员工更能避开人们的察觉。对酗酒主管来说还有一项便利:他们不像普通员工那样容易被解雇。尽管管理部门能够意识到一线员工的酗酒问题,却不愿承认隔壁办公室主管的酗酒问题。

谈判是高层领导和管理者普遍使用的技巧,对谈判过程进行的实验室研究显示,受到酒精影响的谈判者会因失误给公司带来巨大的损失。醉酒(血液中的酒精水平为0.05)的谈判者,相比清醒的谈判者而言,会在谈判的过程中更具攻击性。喝过酒的人更倾向于在谈判过程中侮辱、误导和恐吓对方。此外,研究还发现他们的认知受损,这导致他们决策错误,关注无关紧要的问题从而误解或忽略问题的关键(Schweitzer & Kerr, 2000)。

康复计划

许多联邦政府官员和一半以上的美国大型公司支持酒精康复计划。实际上,他们实行的是员工帮助计划(employee assistance programs, EAPs),在该计划中每投入1美元,通过降低旷工率、医保花费以及提升工作效率之后所带来的收益高达20美元。许多员工帮助计划会为各种不同的雇员问题提供咨询服务,但他们关心的主要问题是酒精和药物滥用。

新闻聚焦

你的领导酗酒并隐瞒吗?

布莱恩(Brian)不好惹。布莱恩早期的朋友和同事以前经常这样说这个当时只有20多岁的客户经理。他们过去也经常说,布莱恩有时候喝酒会过量。但他们不知道布莱恩大多数时间都在喝酒。"我第二天起床后会吸毒,以解决头疼问题。"一次宿醉后,布莱恩这样承认道。

虽然喝很多酒,但像大多数领导一样,布莱恩有好几层保护措施,从而可以对他的同事和上司隐瞒自己的喝酒问题。他自己安排自己的工作时间和行程,经常出差,不在办公室(这样他喝酒就不会被同事看到),而且他有一名支持员工,这名员工会做很多本应由布莱恩做的事情。而且,即使他的下属们怀疑他酗酒,他们也害怕因越级告发布莱恩的行为而遭到他的报复。

像很多酗酒者一样,布莱恩从不承认他有酗酒问题。一个专门为酗酒管理者做咨询的心理学家这样写道:"他们的工作正是他们否认自己酗酒的理由,"实际上,"我不可能是个酗酒的人,因为我掌管着工作中的一切。"最后,并不是布莱恩的上司告诉他必须接受戒酒治疗,而是他的妻子在离开他之前告诫他的。妻子的离开引起了他的重视,他接受了一家戒酒中心的帮助,经受住了戒断综合征,在之后的 22 年里再没喝过酒。他创出了一番新事业,他的妻子也回到了他的身边。但是布莱恩从来没忘记他从前的样子。他现在经常参加支持小组的会议,时刻警惕那些会导致他喝酒的各种压力。而且他总喜欢提到一个令他欣慰的想法:"即使是现在最坏的一天,也比当时我酗酒的时候要好。"

资料来源:Olsen. P.(2003,May 25),Detoured but not stopped by alcohol. *New York Times*.

由于雇员都不希望丢掉工作,所以雇主可以借此提高酗酒雇员接受戒酒治疗的动机。和酒精依赖者打交道的心理学家和医生都认为,与配偶或可能早死的威胁相比,害怕丢掉工作更能成为人们寻求戒酒治疗的原因。对酗酒者而言,保住工作可能是他们不承认自己有酗酒问题的最后筹码。当这个筹码岌岌可危时,他们寻求并接受帮助的欲望就非常强了。

根据国家戒酒委员会(National Council on Alcoholism)的建议,大多数戒酒计划包含以下三步:

1. *对经理和主管进行培训*。让管理者知道酗酒不是道德或伦理问题而是医学问题,是一种可以治疗的疾病。

2. *对酗酒员工进行早期检测*。培训管理者,从而可以发现员工酗酒的症状及其导致的行为和绩效的变化。及时发现可提高酗酒员工康复的几率。

3. *转介需要接受帮助的酗酒员工*。有的公司依赖内部的医生和心理学家指导酗酒员工戒酒。另有一些公司则把酗酒员工转介到外面的治疗机构。绝大多数公司在工作的时间里向酗酒员工提供治疗,并且在他们治疗期间照付工资。

如果组织里有同事是匿名戒酒会的会员,那么治疗方案会特别有效。该组织处理酗酒问题的成功率非常高,因为当事人能直接了解治疗效果。虽然不明显,但也有证据表明,康复之后的酗酒员工会变成更好的员工。他们的工作绩效不会受到之前酗酒的影响,并且会更加努力工作,因为他们知道这是他们最后的机会。不过,即使康复之后的酗酒员工的工作绩效没有提高,至少组织也保住了一个有经验的员工,否则这个员工就流失了。

需要资料、研究项目和其他资源的信息,请登录国家酒精滥用研究所和国家酗酒健康协会(National Institute on Alcohol Abuse and Alcoholism of the National Institute of Health)网站 www.niaaa.nih.gov。

药物滥用

工作中使用毒品是非常严重的问题。大麻是被使用最多的毒品,但据报告也有人在工作场合使用其他毒品,比如安非他命、鸦片、可卡因、苯环己哌啶和摇头丸。除此之外,一些处方药物比如镇静剂、镇痛剂和兴奋剂也有被滥用的情况。数据显示,每 10 个现有及潜在的员工当中就有 1 人曾经用过或将会使用毒品。国家毒品滥用研究所(National Institute of Drug Abuse)的报告显示,在 18—25 岁的年轻员工中,使用非法药物的现象更为普遍。研究显示,超过 14% 的员工在工作中使用违禁药品。吸毒的人当中,男性多于女性,吸毒率最高的行业是酒店业(17.4%)和建筑业(15.1%)。

看一下员工药物滥用方面的最新发现(Frone,2006;Office of Applied Studies,Substance Abuse and Mental Health Services Administration,U.S.Department of Health and Human Services,2007)。

- 11.3% 大麻
- 4.9% 精神治疗药
- 1.0% 可卡因
- 0.7% 冰毒
- 0.3% 海洛因
- 0.3% 奥斯康定

虽然药物使用者在组织不同层级都有,但情况最严重的是技术工人和半技术工人,最轻的是管理者和专业人员。处方药过度使用情况最多的是中老年员工。所有行业都有药物滥用者:一家核能公司的保安因吸毒被抓。美国海军发现,某航空母舰上的大多数员工经常吸食大麻。一家石油公司得知,在墨西哥湾远洋钻井平台上工作的员工经常受毒品的影响。

对美国 2 790 名员工的调查显示,工作场所药物滥用与工作负荷有关。相比酒精,毒品更有可能被用来应对工作压力。原因可能在于,毒品很难被察觉,不如酗酒员工呼吸出来的酒精味明显。

从对生产和效率的不良影响来看,毒品比酒精更严重。吸毒员工的潜在危险性更大,因为他们可能为解决自己吸毒的资金问题而试图向别的员工兜售毒品。

对工作绩效的影响

吸毒对工作的影响因毒品类型的不同而不同。但是总的来说,刚开始吸毒的人在行为上会有很大的改变。他们会忽略自己的外表、个人卫生和穿着。有的人开始戴深色眼镜,会经常发脾气,经常借钱。吸毒者也很可能表现出如决策失误、反应迟钝、动作迟缓、瞳孔扩张或收缩以及眼睛布满血丝等症状,甚至在极端的情况下,他们的胳膊或者身体的其他部位会有针眼。这些行为改变都会影响工作绩效。

除此之外,人们发现吸毒者的事故发生率是普通人的 4 倍,旷工率是普通人的 3 倍,医疗诉求是普通人的 3 倍,赔偿诉求是普通人的 5 倍。相比普通人,他们总是迟到,工作满意度也更低。

研究者对 470 名 25 岁左右的成人进行了问卷调查,然后又在他们 30 岁出头的时候重新调查了一次。研究发现,早期使用毒品的情况可以很好地预测后期的毒品使用行为,也就是说,20 多岁时吸毒的人会在他们 30 岁的时候继续吸毒。持续吸毒的行为导致他们工作不稳定、满意度低以及遵守社会规范的意愿降低。不过,那些早期在戒毒过程中有社会支持的人在第二次调查中吸毒的几率降低了。同时,相比早期没有得到社会支持的人,他们的工作满意度也更高(Galait, Newcomb, & Carmona, 2001)。

如果工作场所里有东西可偷的话,使用毒品可导致员工偷窃行为的增多。因此,吸毒的员工很可能成为对组织来说毫无价值的员工,他们对组织来说是种负担,而且会对公司的士气和其他员工的安全造成威胁。在建筑和运输这样的危险行业中,吸毒和酗酒一样会危害公共安全。支持利用药物滥用测试进行员工筛选的人提出,公共安全是实行强制毒品检测的最好理由。公众有权指望公车、火车或飞机的驾驶员们的判断能力和反应时间不受毒品影响。

美国劳工部(U.S. Department of Labor)的报告显示,与大公司(拥有超过 500 名员工)相比,小公司(拥有不到 24 名员工)更容易受员工吸毒的影响。在已知的吸毒者中,只有 13% 的人就职于大公司,高达 44% 的人就职于小公司。对这个现象比较现实的解释是,小公司可能不具备检测和处理毒品的程序,因此,在小公司工作的吸毒者不容易被抓住。除此之外,小公司因受毒品影响的职员犯错(比如,25 名员工当中的 1 名)而带给公司的经济损失和潜在的危险性,相比大公司 1 000 名员工中的 1 人所犯的错要大得多。

药物滥用者审查计划和政策

下次去应聘时,你很有可能被要求接受毒品检测。许多进行毒品检测的公司会拒绝雇用检测结果呈阳性的应聘者。毒品检测是雇员选拔的标准组成部分,而且相比你在其他选拔程序上的表现,毒品检测的结果会被优先考虑。

毒品检测。为了尽可能保证毒品检测程序的公平性,心理学家提出了以下指导方针:

1. 组织应当对雇员发表声明,阐述其关于毒品滥用和检测的政策。

2. 如果员工都是工会成员,那么公司的毒品政策和检测程序应当经过与工会的商讨之后才可以实施,拒绝与工会讨论的雇主会面临用工行为不当的指控。

3. 毒品检测程序应适用于所有员工,任何群体不应例外。

4. 在职员工只能在有记录表明他们存在工作障碍或其他可能原因的迹象时,才应接受检测。

5. 在毒品检测开始之前,应告知员工要检测哪种毒品、测验的类型和拒绝检测的后果。

6. 如果检测结果呈阳性,应再进行一次检测加以确认。

7. 检测结果应保密。

研究者对 1 484 名全职或兼职员工进行的电话调查显示,在检测的前一个月吸食过大麻的人,相比没有吸食大麻的人,更倾向于认为毒品检测是不公平的。研究者还发现,在危险行业(工作出问题会导致公众、同事和其他员工受伤)工作的人,更倾向于相信公司的毒品检测是公平的(Paronto, Truxillo, Bauer, & Leo, 2002)。

毒品检测一直备受争议。有人认为毒品检测用不合理的搜查侵犯了员工的隐私、机密和安全。受此原因影响，有的组织不愿意施行大规模的毒品检测，取而代之的是，将危险岗位上的吸毒员工调配到不危险的工作岗位上。

距上次事故已过去1天

1

吸毒员工很容易在工作中发生事故

安全第一！

（经 Partnership for a Drug-Free America 同意转载）

毒品检测的效度也存在问题。疾病控制与预防中心（Centers for Disease Control & Prevention, CDC）的报告显示，大规模的毒品检测，特别是便宜又简单的检测，会使人误以为检测样本中的毒品存在率高达三分之二。这么高的虚报率意味着会有大量求职者和员工被误认为是吸毒者。检测准确性的不足可归咎于：读数错误、实验室差错和员工的欺骗；尿液或血液样本中的其他物质会以假乱真让人以为是毒品；受测者用过罂粟籽会被误以为吸食过鸦片；服用过像康泰克这样的非处方咳嗽感冒药和艾德威尔、普林这样的止疼药会被误以为吸食过大麻；在某些南美国家饮食中经常会用到的一种草药茶会使可卡因的检测结果呈阳性；此外，实验室技术人员也会不小心把检测样本搞混。美军曾经发现，一批 60 000 名士兵的一半尿液样本由于处理不小心而导致检测结果完全不可信。

接受毒品检测的人可能会用不吸毒的人的尿液样本代替自己的，或在样本中掺杂漂白剂掩盖毒品的痕迹，以此欺骗测试系统。出于这个原因，很多雇主要求员工在他人的监视下小便，这又让很多人感到被冒犯了。

应对员工吸毒的方法。很多组织应对员工吸毒采取的第一步是清楚直接地告知员工和求职者关于毒品使用、毒品检测的政策以及违反政策的后果。第二步是对所有求职者进行筛选，不仅仅使用毒品检测，也要注意求职者的工作经历、犯罪记录、开除军籍的历史和毒品上瘾的生理迹象等。

第三步也是最重要的一步,是检测员工在工作中是否有吸食和贩卖毒品的行为。有的公司会雇用吸过毒的人到组织的不同岗位检测吸毒者。还有的公司会雇用私家侦探扮作员工的样子。有的雇主会使用缉毒犬从工作场所和公司停车场内员工的车子里检测毒品。

很多公司都会区别对待偶尔吸食软性毒品的人、烈性毒品上瘾的人以及毒贩子。如果偶尔吸毒的员工工作绩效良好,而且愿意接受帮助,公司一般都会为其安排治疗项目;如果吸毒员工拒绝接受帮助,那他们很有可能被解雇;而毒贩子一般会被捕。

那些戒毒成功并重新回到工作岗位的员工,他们的旷工率、事故率、病假以及健康索赔率都会降低。一般而言,员工帮助计划的成功率高达 80%,这里所说的成功是指员工接受治疗一年以后没有再吸毒而且保持着令人满意的工作表现。一旦吸毒者丢掉了工作,他们的康复率就只有 5%左右了,这意味着员工在职期间接受毒品检测和治疗是很重要的。

对 260 个城市的政府工作人员的研究显示,团体培训有益于在员工帮助计划中得到认可和建立信任。针对戒毒的团体培训能显著提高员工在培训计划结束 6 个月以内再次寻求帮助的意愿(Bennett & Lehman,2001)。想了解更多的关于工作场所毒品滥用的信息,请访问国家药物滥用研究所(National Institute on Drug Abuse)网站 www.nida.nih.gov。

电脑使用和身体健康问题

报告显示,背部疼痛、身体疲劳和视力障碍很容易发生在一些使用电脑的员工身上,而如果改善工作场所的设计和照明条件,这些问题通常能够得到缓解。加利福尼亚州旧金山市政府通过法律来管制工作场所中显示器的合理使用,以此来减缓视觉疲劳、肌肉疲劳和重复性运动损伤。这项法律所遵循的指导方针由工程心理学家提出,即:(1)必须给员工提供舒适的椅子和充足的照明;(2)计算机必须配备可分离的键盘和可调节的显示屏。此外,必须给从事作息不规律工作的员工每两小时预留 15 分钟的休息时间。

腕管综合征(carpal tunnel syndrome)是一种发生在腕部的重复运动性障碍,已经折磨了很多岗位上的员工数十年。任何需要重复相同或相似动作的工作都会导致这种痛苦且后果严重的神经损伤。曾经主要是蓝领工人如切肉工人、木匠、手提钻工人和流水线工人才有的腕管综合征并未受到重视或关注,但随着计算机时代的来临,白领员工如新闻记者和编辑开始出现以手部刺痛、前臂麻刺痛以及手指麻木为特征的症状,腕管综合征从此开始受到关注。媒体工作人员开始感到疼痛,他们开始写文章描述这种新发现的状况,心理学家和医学研究者开始研究腕管综合征,美国职业安全与健康局(OSHA)也开始重视起来。更多关于腕管综合征的信息请访问国家神经障碍与中风研究所(National Institute of Neurological Disorders and Strokes)网站:www.ninds.nih.gov/disorders/carpal_tunnel/carpal_tunnel.htm。

需要重复用力的工作损伤影响着全世界各行各业数百万的劳动者。在一项对 936 名英国客户服务热线中心员工的研究中,研究者发现:需要频繁高负荷地重复手臂动作的员工比体力活较少的员工患有更严重的上身、下背以及手臂疼痛。研究者还发现,每小时休息 10 分钟能够显著减轻这些症状(Sprigg, Stride, Wall, Holman, & Smith, 2007)。

在挪威,参与调查的 8 594 名工人中,就有高达 60% 的人声称自己有诸如背部、肩部、下背和手臂的疼痛以及全身疲劳的健康问题。所有调查都把他们不适的原因归结为工作中各种各样的体能要求(Mehlum, Kjuus, Veiersted, & Wergeland, 2006)。

制造电脑芯片的员工还面临其他健康问题。他们的工作存在潜在的危险,因为他们暴露在含砷、氰化物、酸和其他有害溶剂的环境中。一些工人声称他们有头痛和精力不集中的症状,并且担心自己长期的身体状况,然而研究至今既未能确认也没能驳斥这些控告。不过,一些公司如美国电话电报公司已经采取了一些预防措施,将制造电脑芯片的孕妇转移到其他岗位。其他公司也会告知员工所从事工作的危害性,并提供转岗机会。

研究显示,一周使用电脑超过 20 个小时的孕妇比在其他办公室的孕妇的流产率更高。对动物的研究发现,由显示器发出的低频、脉冲、电磁辐射能导致动物流产和先天缺陷。然而,关于人类是否受此影响的证据尚不确凿。

心理学家指出,流水线上的电脑操作员所处的压力情境而非显示屏所发出的辐射可能会导致健康问题。对几种职业的孕妇的研究发现:办公室员工的流产率高于管理和专业岗位的员工,而两者使用计算机的时间相当,原因可能是从事管理和专业岗位的女员工压力较小,满意度较高。对几个国家怀孕女工进行的研究没有明显的证据证明高流产率或先天缺陷率与工作中使用电脑相关。

这种对健康的关注加剧了工作中的歧视问题。一些公司以所谓保护性排斥(protective exclusion)的名义阻止育龄女性从事某些工作(如电脑芯片生产),因为他们担心会因与工作有关的流产、先天缺陷或其他健康问题引来诉讼问题。某些公司会强制要求女性求职者提供尿检报告,甚至在没有获得知情同意权的情况下,来检验其是否怀孕。在任何情况下,女员工若因此政策而未被雇用,即可以声明遭遇性别歧视。

1991 年,美国最高法院(U.S. Supreme Court)以性别歧视为由,废止保护性排斥的施行,规定用人单位不得排斥女性在可能伤害发育中的胎儿的有毒环境中工作。在法庭受理这项案件之前,被告 Johnson Controls 电池制造厂一直拒绝雇用育龄女性(除非她们提供不育证明)在薪水高但废气中含铅的流水线上工作。一些女性宁愿通过外科手术绝育也不愿被调换到工资低的岗位。而有意思的是,公司的生育保护政策从来都不针对男性,尽管男性的精子会有畸形的危险,而这种畸形也会导致生育缺陷。

电脑会发射其他形式的辐射,包括 X 光、红外线、磁场和电场。这些辐射所造成的长期影响还未得到确认。

本章小结

很多工作场所可能对健康有害。工厂、矿井、炼油厂、车间以及现代办公大楼中的有害物质会给成千上万的员工带来健康问题,甚至死亡。职业安全与健康局的宗旨是通过强制实行联邦工业安全标准,保护员工不受工伤,保证其健康不受影响。事故研究存在的一个问题是组织会为了保持良好的安全记录,对事故进行不完全记录,从而扭曲真实数据。

影响员工安全的工作场所因素包括行业类型、工作安排、照明、温度和设备设计。下列人因因素也会导致事故的发生:酒精和药物滥用、健康状况、疲劳、工作经验、工作不安全感、年龄、工作投入度以及人格变量比如尽责性。支持事故倾向(accident proneness)理论的研究很少。

为了预防事故,组织应该对事故进行完全的记录和分析,考虑工作和工作环境的设计,为安全工作实践提供管理支持,提供安全培训,倡导浓厚的安全气氛,并举办安全宣传活动。

工作场所暴力现象正在增长。像不文明、愤怒、欺负和不友好这样的行为威胁着各个层级的员工。与工作场所暴力有关的因素包括社区的暴力水平、成为工作场所暴力的对象或受害者以及易怒的心理特质。最有可能产生暴力行为的人是有药物滥用、精神障碍史,或者在童年和青春期时有过行为问题的 30 到 50 岁的男性。

工作中酗酒与拖延、旷工、低生产率和情绪问题有关。组织试图通过员工帮助计划(employee assistance programs, EAPs)以及培训管理者寻找员工的酗酒迹象来帮助酗酒员工。工作场所药物滥用在组织的各个层级都存在。一般而言,组织对待吸毒的员工比对待酗酒的员工更严厉。在雇员招聘过程中使用毒品检测是很普遍的,虽然检测结果可能不准确,而且可能侵犯受测者的隐私。长期使用电脑会导致腕管综合征和其他重复性劳损,这些损伤都可以通过安排休息时间来缓解。

关键术语

事故倾向　　　　　　　　　保护性排斥
员工帮助计划(EAPs)　　　腕管综合征

复习题

1. 工作场所可以从哪些方面影响你的健康? 请举几个具体的实例说明。

2. 描述设计不良建筑综合征的症状和原因。

3. 为什么界定工作场所事故为事故很难?

4. 什么样的工作场所物理环境会导致事故发生?

5. 设备设计和保险装置的设计如何降低工作场所事故的发生?

6. 解释下列因素是如何导致工作场所事故的:酒精和药物滥用、健康状况、年龄和工作经验、组织安全氛围和工作不安全感。

7. 在工作场所事故中,人格因素和工作投入度起到什么作用?

8. 对员工来说最危险的三个行业是什么? 最安全的三个行业又是什么?

9. 讨论安全培训和管理支持在减少工作场所事故方面的作用。

10. 描述如何设计一张用来警告员工远离高压线的海报。

11. 描述工作场所暴力的不同水平。指出不同水平的工作场所暴力的相对发生率和一些工作场所暴力的总体后果。

12. 描述可能实施工作场所暴力行为的员工的背景、社会特点和人格特质。

13. 什么人最有可能成为工作场所暴力或欺负行为的受害者？

14. 解释"易怒"这个人格特质，并描述它是如何与工作场所暴力联系的。

15. 描述可能与酗酒相关的人格、背景和与工作有关的因素。

16. 为什么相比底层的酗酒员工，酗酒的领导者更难被察觉？

17. 描述国家戒酒委员会应对工作场合酗酒的三步走措施。

18. 影响工作场所毒品滥用的因素是什么？员工吸毒的后果是什么？

19. 讨论支持和反对工作场所毒品检测的理由。如果雇主把是否接受毒品检测作为一项雇用你的条件，你认为是否公平？

20. 雇主如何区别对待酗酒者和吸毒者？为什么？

21. 长期使用电脑如何影响到健康问题？如何在工作中减少这样的潜在问题？

第 12 章

工 作 压 力

职业健康心理学

在第11章中,我们介绍了工作对员工身体健康的影响。每年,不计其数的员工因工作事故、工作场所暴力、工厂的有毒化学物质、办公室封闭且压抑的环境而患病甚至死亡。另外一个危险因素——压力(stress),也影响着数百万员工的生活,然而这种影响却是以一种悄无声息、不易察觉的方式进行着。劣质办公椅、有毒气体等是影响健康、生产效率以及士气的物理因素;压力是一种心理因素,它影响人们的身心健康和工作能力。

由工作压力引起的疾病正在全球员工中蔓延。美国心理学会曾在网上发起一项调查,1 848人参与其中,74%的人认为工作是压力的首要来源,而上一年的比例只有59%。一半以上的人想过辞职,因为压力严重影响了工作效率。这份调查还显示,高压力水平的员工比低压力水平的员工请假时间长(Anderson,2008;Holland,2008)。

高达50%的就医者所报告的不适都是压力日积月累的结果。很大一部分身体疾病可能都是身心不适,也就是说,诸如压力等的情感因素可以导致身体疾病或至少与之相关,这类疾病包括高血压、溃疡、结肠炎、关节炎、皮肤病、过敏、头痛、颈椎及后背疼痛和癌症等。压力与传染病的增加相关,或许与免疫系统的衰退也有一定关系。

随着电子设备的便携化,员工总是和他们的办公室连接着。
持续的工作引起的应力,可能会降低工作效率,并且导致身体不适。

对于雇主来说,工作压力的代价很大,表现为生产效率降低、员工的动力减弱、生产中的错误率与意外事故增加。压力与强烈的离职意向、日益增加的反生产行为有关,反生产行为包括偷盗、吸毒、酗酒等。工作压力导致医疗保险费用激增,据估计,每年仅心脏病和溃疡这两种疾病就耗费大约4.5亿美元。算一算,压力给公司造成的损失比意外事故还严重。再者,至少五分之一因工牺牲的人患有某种形式的心脏病。英国曾做过一份研究,历时12年,调查了 10 000 多名政府工作者。调查者发现,处于慢性工作压力状态的人,其罹患冠心病的风险比没有压力的人高 68%。相比于快退休的人群来说,工作压力与心脏病的相关更常发生在 50 岁以下的人群中(Chandola et al.,2008)。

英国一份调查中,受访者超过 100 万人,一半以上的人报告了长时间工作压力所导致的身体疾病。英国心理学家总结道,英国 60% 的工作事故是由工作压力引起的(Cartwright,2000)。

其他研究表明,承受高水平压力的员工所花费的医疗费用更多。一项调查中,14 位大学员工每天在网上写下自己的压力事件,历时一个学期。结果显示,工作压力与日俱增。单一的工作压力的影响相对较小,但随着压力事件逐渐累积,这种影响就会越来越大。而且当压力水平升高时,员工的工作满足度和工作动力都会随之降低(Fuller et al.,2003)。

加拿大曾做过一份关于 24 000 名工人的调查,调查者发现工作压力与消极情绪之间存在明显的正相关,工作压力越大,人就会感觉越沮丧(Blackmore, et al.,2007)。对 630 名马来西亚和巴基斯坦工人的调查表明,高工作压力会导致绩效降低、缺勤率升高和辞职意向增强(Jamal,2007)。即使心理治疗师本人也有不同程度的工作压力。美国与韩国开展过关于治疗师压力状况的调查,他们比普通人的压力水平高(Kim,2007)。

压力影响着各行各业、各个阶层的员工。工作中我们无法避免压力,就如读大学时不能避免压力一样。压力达到一定的水平之后可能会影响我们的正常工作,进而影响日常生活的方方面面。

工作压力的影响越来越严重,职业健康心理学(occupational health psychology)作为一全新的研究领域应运而生。对职业健康及员工福利的关注可以追溯到早期的工业心理学实践。曾在哈佛大学执教的德国心理学家芒斯特伯格(Hugo Munsterberg)参与创立了工业心理学,主要研究工作事故和员工安全等方面。一战期间(1914—1918),英国政府建立了工业疲劳研究委员会(Industrial Fatigue Research Board),目的在于研究体力劳动者效率低下的问题。从此,一系列研究围绕员工健康展开。

1990 年,心理学家约翰森·雷蒙德(Jonathan Raymond)提出了"职业健康心理学"这一概念。后来美国管理学会(Academy of Management)在组织行为分会成立了健康与福祉专题组(Health and Well-being Focus Group)。同样,美国心理学会(APA)和国家职业安全与健康研究院(National Institute for Occupational Safety and Health, NIOSH)也创建了相关项目来支持职业健康心理学的发展。相关的国际会议陆续召开,各大高等院校纷纷建立了毕业生计划,《职业健康心理学杂志》(Journal of Occupational Health Psychology)随之问世。

职业健康心理学的目标是研究并消除压力对员工健康和安全的有害影响,本章讨论的大部分调查成果是该领域研究的一部分。想了解更多关于职业健康心理学的信息,请登录国家职业安全与健康研究院(NIOSH)的官网 www.cdc.gov/niosh;想了解关于压力的一般资料,可以查阅美国工作压力协会(American Institute of Stress)的官网 www.stress, org、工作压力网络(Job Stress Network)的官网 www.workhealth.org 以及社会流行病学研究中心
(Center for Social Epidemiology)的主页。

新闻聚焦

战地记者——是喜是悲？

　　我们知道，士兵在战争期间或者战后很长一段时间都会处于高压力状态，那么在电视上或因特网上频频出现的那些战地记者呢？他们总是穿着防弹衣，戴着头盔，勇敢地穿梭于战场，将有关战争的消息带给我们。根据多伦多大学的心理学家安东尼·范斯坦(Anthony Feinstein)的观点，战地记者也处于高强度的压力状态。范斯坦采访过140名战地记者，他们来自六家主要的新闻机构，都负责过几次战争新闻采访工作。当把他们与同一机构中没参与过战争采访的其他107名记者相比时，范斯坦发现了两者间的巨大差异。

　　战地记者亲眼目睹过战争事件，身心受创，正常身体机能有时也会受到影响。较之没有战地经历的记者，他们承受高强度的抑郁情绪及创伤后应激障碍(posttraumatic stress disorder, PTSD)。PTSD通常持续多年，战地记者会出现一系列社会及情绪问题，包括战争场景重现、反复的梦魇、情绪暴躁、注意力难以集中等。另外，退伍回到家后很难再适应以前的生活，他们不愿意与老朋友聊天除非对方有同样的战争经历，他们也很难与其他人保持长久的友谊，一些人甚至在酒精中寻求慰藉。

　　然而，此次调查中的战地记者都声称对PTSD了解甚少。他们没有意识到自己的症状是典型的应激反应，只知道自己不对劲并且深受那段经历的影响，对病症却一无所知。

　　资料来源：Feinstein, A. (2001). A hazardous profession：War, journalists, and the psychopathology. *American Journal of Psychiatry*, 159(9), 1570—1579; Goode, A. (2002, September 17). War horrors take a toll on reporters at the front. *New York Times*.

压力对心理的影响

　　一些学生每次考前都会处于压力状态，当差点被一辆闯了红灯的车撞到时，或者在漆黑的街道感觉有个模糊的影子跟在身后时，也都会产生压力，诸如此类的事情让人们感到焦虑、紧张、恐惧。压力是个体对过度的而且通常是不愉快的刺激以及环境中的危险事件的生理和心理反应。

处于压力状态时,人会产生明显的生理变化。肾上腺释放出来的肾上腺激素会使全身的身体机能加速,血压升高、心率加快、血糖浓度升高。血液循环的加快为大脑和肌肉带来了额外的能量,使人更加强壮、更易对外界的威胁做出灵敏的反应。压力情境使各种身体机能高于正常水平,并驱使人去调动这种资源。这就是所谓的"战斗-逃跑",这种能量促使有机体(人类或其他动物)对压力情境做出战斗(可能是攻击者或者掠夺者的反应)或者设法摆脱的反应。

围绕"战斗-逃跑"现象展开的研究大都以男性为被试,直到最近有了一些研究女性压力反应的数据,这才证实了女性压力反应不同于男性的这一说法。研究者将女性对压力的反应归纳为"照顾-结友"。照顾是指开展一些可以保护自己以及后代免于压力的活动,结友是指发展一些有利于对抗压力的社会团体或社交网络(Taylor, et al., 2000)。尽管对压力的反应行为存在性别差异,但无论是男性还是女性都会因压力产生一些心理变化(见前面章节)。

身心疾病

除了极少职业如警察、消防员和前线战士等会使员工直接暴露于危险事件中,大部分工作都不会遭遇极度紧急的状况。从本质上来讲,多数人在职场中所承受的压力是心理或情绪方面的,例如与老板争吵、感觉受到不公平待遇或是担心升职等问题,也就是我们日常生活中所说的意见不合或权利侵犯。对个体来说,这些是压力指数较低的压力源,但日积月累就会对身体产生危害。每有新的压力出现,人们都会产生相应的生理反应,进而消耗身体能量。在工作场合,如果压力源频繁出现,身体便会长期处于高度生理唤醒和警觉状态,生理疾病及身心障碍就会接踵而至。

身心障碍并不是臆想的,它会损坏特定的组织和器官。尽管来自心理及情绪因素,但它们确实可以造成器质性损伤,这种疾病又会成为新的压力源。当身体健康状况衰退时,抵抗力减弱,机体能量锐减,工作动力和绩效肯定降低。对 300 多篇关于压力的研究报告进行大规模的元分析发现,诸如对裁员的担忧、对失业的恐惧等慢性压力源都会影响人的免疫系统,免疫系统受到压制,有机体变得脆弱,对压力的抵抗力又会减弱(Segerstrom & Miller, 2004)。

并不是所有的员工都遭受同一种压力的困扰。就拿航空管理员的工作来讲,这份工作压力很大,他们要时刻保持警惕,时刻跟踪飞机的速度,监视不同地点将要起飞或降落的飞机。他们工作繁忙、任务艰巨而又要求严格,每天承担着成千上万条生命的重担。对航空管理员的调查证实,该职业的巨大压力确实会对心理造成一定程度的影响。当他们部门管理的飞机数量增加时,他们的冠状动脉收缩、血压升高。航空管理员高血压病发率高达同龄人 3 倍,这似乎可以成为压力带来致命后果的典型例子。于是我们就会猜想,航空管理员心脏病、中风以及其他压力疾病的发病率是不是也远远高于其他职业呢?事实并非如此,在某些方面,他们甚至比一般人健康,尽管一些航空管理员呈现某种疾病或早逝趋势,但多数人丝毫未受影响。

工作满意度与控制感

为什么会有这样的区别？为什么工作压力没有以同一种方式影响所有的航空管理人员呢？这种差距源于对所从事职业的满意程度，那些对自己工作满意的人受压力影响较小，而不满意的人则在多方面受到困扰。

一份针对 1 886 名美国商务经理的调查区分了两种类型的日常工作压力（Cavanaugh，Boswell，Roehling，& Boudreau，2000）：

1. *挑战性压力*，包括时间紧迫感以及能让人感觉到充实和成就的高度责任感

2. *阻断性压力*，包括极端的工作要求及限制条件（例如繁文缛节、上司的不支持、工作环境不安全等）等阻碍目标实现的因素

因此，并非所有压力都是有害的。挑战性压力催人奋进、提高工作满意度，阻断性压力则会使人情绪低落、导致满意度降低。尽管这两种类型的压力都会带来心理变化，但只有阻断性压力才会对身体健康产生有害影响。这种分类也就解释了为什么一些人从事高压力工作例如航空管理员的同时，也能保持良好的身体状况。

还有一个高压力职业——公司管理人员。许多人认为管理人员承受着巨大压力，因此他们的心脏病发病率才会高于普通人群，然而研究结果并不支持这一观点。高层管理者心脏病发病率比中层管理者低 40%，而后者通常被认为所处工作环境的压力更小。高管受工作压力影响相对较小的主要原因是，他们对工作有更多的自主权和控制权，这种控制感能有效降低压力敏感性。控制权低的人更容易受压力影响。美国一项涵盖 3 504 名员工的调查显示，那些对工作有较高控制感与自主权的人对工作和生活的满意度较高（Thompson & Prottas，2005）。

在英国，对 97 名政府工作人员的研究发现，重新改组员工工作以提供更多的选择机会和控制权能明显提高自我报告的心理健康水平和绩效，并降低病假率，这种效果可持续一年之久（Bond & Bunce，2001）。比较中美两国的员工发现，缺乏自主权与控制感对于美国员工来讲是压力的主要来源，但对于中国员工并非如此。这就告诫我们，文化差异是工作压力的一个重要影响因素（Liu，Spector，& Shi，2007）。

压力反应中的个体差异

要想深入调查工作压力的来源，就一定得考虑到员工的个人因素，因为压力对每个员工的影响是不一样的。一个压力源也许可以彻底毁掉某个员工的健康，却对其他同事毫发无伤。

我们之前提到，有两个因素有助于减轻压力敏感性：一个是较高的工作满意度，另一个是对工作的高控制感。当然还有其他因素，与压力应对过程相关的一个因素就是社会支持，即家庭和社会关系网络。当一个人独处或者封闭自己的感情时，他就比那些有着强大社会

关系网的人更容易受到压力的影响。家人的支持能弥补工作上产生的负面情绪，能够增强自尊和自信，能提升自我价值感，工作上的支持诸如一个高凝聚力的工作团体、与上司的融洽关系等都能降低压力的负面影响。对英国 61 名护士和 32 名会计的研究证实，无论是在白天工作还是晚上下班回到家，来自同事、上司等的社会支持系统不良都和心脏病发病率提高有关(Evans & Steptoe, 2001)。

一般说来，社会支持系统水平越低，健康风险越大。研究发现，工作日期间，任何社会支持网络的变动都会影响血压。对不同职业中男女被试血压的研究表明，当社会支持网络不良时，血压升高；当社会支持网络良好时，血压降低。德国一项涵盖 500 多名市政厅员工的研究中，低组织承诺（员工对所在组织的工作卷入及情感依附程度）的员工比高组织承诺的员工更容易受到工作压力相关因素的影响(Schmidt, 2007)。

身体总体的健康状况与压力敏感性有关，健康状况欠佳的人比健康状况良好的人受到更多高工作环境压力带来的不良影响。体育锻炼能改善一个人的总体幸福感，许多公司为员工提供了体育器材，目的就是降低压力敏感性。

工作能力也多多少少影响我们的抗压能力，高级技工通常比普通员工感知到较少的压力。也许在大学的时候你就已经注意到了这个现象，勉强跟上讲课进度的同学总是比其他人更紧张于考试。

人格因素

人格因素与压力的忍耐力相关。导致压力敏感性个体差异的人格因素有：坚韧性、大五人格、自我效能感、控制点、组织自尊、自制力以及负性情感。

新闻聚焦

出差：商旅达人所面临的危险

最近又乘飞机了吧？那你就应该知道航空旅行变得有多压抑了：航班不是延误就是取消，安检前总有长龙般的队伍，过道里和座位上也总是那么拥堵。如果你偶尔坐飞机去度假或者放假回家都会感觉压抑的话，想想那些需要经常出差的工作人员吧，他们又该怎么想呢？有些员工一年出差上百次，一星期就跑好几个城市：星期一在纽约开会，星期二在丹佛开会，星期三在德国做讲演。听起来很爽？绝对一点都不爽——除非你们公司有架公务机。大多数人没这待遇，差旅也成了一大压力源。

凯悦酒店(Hyatt Hotels)调查了一些商务旅客，结果发现，如果不是为了事业的长足发展，三分之一的人想要放弃差旅工作，超过半数的人不会接受这样一个需要经常出差的工作机会。对于那些有家的人来说就更不方便了，远离家人、不能跟孩子们一起参加活动等都让他们很苦恼。

其他调查显示,多达 50% 的商务旅客觉得航班延误是一大压力源,30% 的人因长时间等待托运的行李而感到烦恼。对希尔顿连锁酒店(Hilton Hotel)消费者的问卷调查发现,尽管有奢华便利的住所,一半以上的人还是担心航班、睡不好觉。

商务旅客所面临的另一个问题是,没有了家人的照顾而经常生病。可口可乐公司曾调查过很多国际商务旅客,最常见的身体不适是痢疾,其次是感冒及其他由飞机上的封闭空气引起的呼吸系统疾病。一半的差旅达人觉得自己在生活中有点反应过激,四分之一的人比以前爱喝酒了。世界银行指出,那些需要经常出差的员工的医疗费用比其他人多出 80%,差旅达人也经常因不安和急性压力反应等寻求心理援助。就连他们的配偶也受到了影响——保险索赔金额是那些不常出差的员工配偶的两倍。

显然,做一名差旅达人是有风险的。

资料来源:DeFrank, R.S., Knonpaske, R., & Ivancevich, J.M. (2000). Executive travel stress: Perils of the road warrior. *Academy of Management Executive*, 14(2), 58—71; Sharkey, J. (2000, January 12). Business travel. New York Times; Tugend, A. (2004, May 25). All stressed out and everywhere to go. *Now York Times*.

高坚韧性(hardiness)的人持有的乐观态度本身就有一种抗压力的作用。他们认为自己能很好地掌控生活、能影响身边的人和事,他们工作投入、积极参加感兴趣的活动,觉得变化既让人兴奋又充满挑战,并不会把它当作一种威胁。

我们用一套由 20 道题目组成的量表评估坚韧性,得出了三个维度:控制、承诺和挑战(Kobasa, 1979；1982)。在高压情境下,坚韧性高的人比坚韧性低的人报告更少的身体不适。例如,88 名失业(高压力事件)的成年人中,坚韧性高的人比坚韧性低的人会更多地使用一系列诸如问题解决、积极就业评估等应对策略(Crowly, Hayslip, & Hobdy, 2003)。对美海军陆战队的 1 571 名新兵的调查发现,为期 13 周的基础训练结束后,此前坚韧性得分较高的新兵报告的压力反应明显比其他人少(Vogt, Rizvi, Shipherd, & Resick, 2008)。因此我们得出结论,坚韧性也许能通过改变人们对生活事件的评价来降低压力的不良影响。

澳大利亚开展的一项研究中,某大型百货商场有 211 名管理者参与了调查。结果显示,大五人格理论中的五项人格因素中,外倾性、神经质与压力反应有关,高外倾性、低神经质的管理者最不容易遭受压力的影响(Grant & Langan-Fox, 2007)。

自我效能感是指一个人对自己能够顺利完成某件事的信心,是一个人对自己处理各种生活需求时有效性和胜任感的评价。高自我效能感的人比低自我效能感的人较少受到压力的影响。例如,一项实验中,研究者使 2 293 名美陆军官兵长时间超负荷工作,目的是引起他们心理和生理上的压力,结果显示,高自我效能感的士兵更能积极地应对工作压力(Jex, Bliese, Buzzell, & Primeau, 2001)。

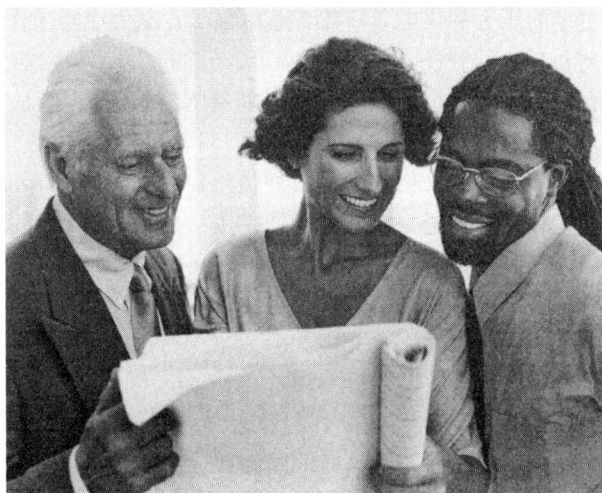

高坚韧性人格特质的人也许能够更好的抵抗压力。他们更加致力于工作，
相信能够控制他们生活中的事件，并且认为改变是令人兴奋且富有挑战性的。

　　对美国 226 名银行柜员的调查显示，高自我效能感的柜员比低自我效能感的人更能有效地掌控工作、具有更好的抗压能力（Schaubroeck，Lam，& Xie，2000）。虽然某些低自我效能感的柜员也能很好地掌控工作，但还是很容易受压力的影响。所以，研究人员得出结论，压力承受力的决定性因素是自我效能感，之后对某调研公司 217 名员工的研究也验证了这个结论（Schaubroeck，Jones，& Xie，2001）。

　　内、外控制点（locus of control）的人面对压力时，也有不同的反应。高内控的人认为他们能够左右生活，高外控的人认为生活是由他人或者运气控制的。对德国 361 名护士的研究发现，高外控的护士比高内控的护士报告更多的工作压力和工作倦怠（Schmitz，Neumann，& Oppermann，2000）。

　　与自我效能感相似，自尊也是指人们对自身的评价，在职场中这个概念就相应变成了组织自尊（organization-based self-esteem，OBSE）。高组织自尊的员工有较高的自我胜任感，而且倾向于认为自己在组织中是举足轻重的、不可替代的、有价值的。研究显示，低组织自尊的员工比高组织自尊的员工对压力更敏感，更易受到角色冲突（一种主要的工作压力源）和上下级不良关系的影响，甚至还倾向于用消极的方式处理压力。对来自不同国家的 171 名网民的在线调查发现，面临紧急邮件时，低组织自尊的人会产生更多的压力反应（Hair，Renaud，& Ramsay，2007）。

　　自制力是我们每个人或多或少都有的一种人格特征。高自制力的人倾向于约束行为、压制欲望和情感，生怕它们会妨碍自己"干正事"。假如你是一个自制力很强的人，老板或老师一旦把任务交给了你，你就会不遗余力地去完成，而不是无限制地推迟或把时间浪费在电子游戏和杂志上。对德国 551 名政府员工的调查显示，相对于自制力弱的人来说，自制力强的人在工作中报告更多的压力和焦虑。研究者还区分了自制力中与工作压力紧密相关的两个成分——冲动抑制和分心抑制(Schmidt & Neubach,2007)。然而,自制力也是成功路上必不可少的武器。自制力弱的人也许能或多或少避免压力的影响,但是如果你没有足够的自制力来完成工作,想升职也是不可能的。

最后一个影响压力敏感性的人格特征是负性情感(negative affectivity)。负性情感与大五人格中的神经质存在相关。无论是在工作还是在生活的各个方面,负性情感高的人都容易知觉到压力和不满,他们纠结于生活中不好的一面、在意失败和自身不足。有些研究根据自陈测验的结果证明:负性情感高的人感受到更高水平的压力,但是其他的实验结果并没有证明该结论(Spector,Chen,& O'Connell,2000)。

职业类型

压力水平随着职业的变化而变化。根据不同职业所带来的压力水平,美国国家职业安全与健康研究所(NIOSH)给130种职业做了排序,其中压力水平最高的是:工地工人、秘

施工工作压力较大不仅仅是因为面临着身体危险,还有外部的因素,比如完成期限。

书、临床实验室技术员、护士、一线主管、餐馆服务员、机械工人、农场工人和矿工,中等压力水平的职业是:警官、消防员、电脑程序员、牙科技师、电工、水管工、社会服务人员、话务员和城市公交车司机。美国国家职业安全与健康研究所还把大学教授列为压力水平最低的职业之一。总体而言,办事员和蓝领工人比领导者和专业人士都承受着更高水平的压力,主要是因为他们很少有机会参与决策、也不能控制工作环境。

性别差异

一直以来,女性就报告比男性更高的压力水平。女性比男性更多报告头疼、不安、抑郁、睡眠障碍、饮食障碍等症状,更经常以抽烟、酗酒、吸毒等方式来应对工作压力,在高压力水平下工作的女性比其他女性更容易自然流产或月经周期缩短。在美国和西班牙所做的研究显示,性别差异也有其积极的一面,女性比男性更有可能求助于社会支持网络(Gonzalez-Morales, Peiro, Rodriguez, & Greenglass, 2006；Nelson & Burke, 2000)。

家庭主妇也承受了相当高水平的压力。为了满足家庭需要、实现"贤妻良母"的愿望,你一刻不停地劳作、生活满意度降低,一种失控感油然而生,再加上外出求职的矛盾心情,这些都导致了家庭主妇的高水平压力。很多家庭主妇报告不快乐,那是因为生活对她们的要求比职场中的要求更多。

工作-家庭平衡

虽然男性和女性均报告说很难在工作和家庭之间取得平衡,但是女性往往面临更多的困难。研究证实,很多国家存在工作-家庭冲突(Lu, Kao, Chang, Wu, & Cooper, 2008；Song, Foo, & Uy, 2008；Yang, Chen, Choi, & Zou, 2000)。有两项大规模研究涵盖了三种文化:西方文化(美国、加拿大、澳大利亚、英国、新西兰)、东方文化(中国)和拉丁文化(阿根廷、巴西、哥伦比亚、厄瓜尔多、墨西哥、秘鲁、乌拉圭),调查了来自 20 个国家的近 8 000 名管理者,结果显示,工作—家庭冲突的强度从一种文化到另一种文化不等。

新闻聚焦

做汉堡? 定当争分夺秒

试着把这句话说快一点:"你好! 请问您需要什么?"再来一遍,再快一点:"嘿请点餐。"想想你所承受的压力! 把这句话说快一点,能多快就多快,一遍接着一遍,一天说上几百遍。老板生怕你说慢了,正拿着秒表计时呢,这就是真实发生在 Wendy's 的一幕。Wendy's 是一家快餐连锁,正向世界上配餐速度最快的快餐店进军。

Wendy's 的经理盯着钟表说道,"每一秒都有商机在流失"。他很高兴,自己快餐店的配餐速度比平均水平快 8 秒。对 25 家快餐店的调查发现,从顾客把车停在菜单展板的那一刻起到拿着食物离开售货窗口,平均用时 203.6 秒。但 Wendy's 能把时间缩减到 150.3 秒,这比麦当劳节省了 16 秒,比汉堡王节省了 21 秒。但还是不够快,因为每节省 6 秒,销售额就会增加 1%。如果一个快餐店能在此过程中节省 10% 的时间,那么销售额每年将提高 50 000 多美元。

如果还没完成任务定时器就响了,就说明你落后了。如果不能在 1 分钟内完成接受订单、找零、递送食物的整个过程,那你就太慢了。如果不能以 7 秒每个的速度连着做 300 个汉堡,劝你还是别在厨房干了。一刻千金,老板在时刻提醒你呢!

资料来源:Fasteer food(2000,May 19). *St.Peterburg(FL) Times*.

相比于集体主义的东方文化和拉丁文化,在追求个人主义的西方文化中,管理者的工作时间与工作—家庭冲突强度有更显著的相关。研究者解释道,"西方人认为加班意味着剥夺跟家人在一起的时间,他们会因此感觉内疚,经历更高水平的工作—家庭压力"。而东方文化和拉丁文化中的人们相对可以接受加班,因为大多数情况来说,挣钱养家糊口对于他们才是更重要的事情(Spector et al,2004,p.135)。

针对美国某家禽加工厂中 276 名拉丁裔移民的研究也得到了类似的结果,工作条件太差(聒噪的声音、高速的生产线、为保证生产不断施加的压力)会导致工人压力水平升高,但几乎没有任何工作—家庭冲突(Crzywacz et al,2007)。

很明显,力求工作—家庭平衡所带来的压力,与工作类型、工作条件并无直接关联,而且管理层和非管理层员工都受到一定的影响。一份研究中,75 名大学职工被要求每天在网上做调查问卷,为期两周。结果表明,无论在家还是在工作场所,面对工作—家庭冲突时他们最主要的情感反应是内疚与敌意(Judge,Ilies,& Scott,2006)。针对冰岛 18 366 名工人的调查发现,工作—家庭冲突是蓝领工人请假增多的主要原因,白领中却不存在这样的问题(Vaananen et al,2008)。

如今,只要孩子超过 6 岁,60% 以上的母亲会选择外出工作。她们同时承担着两份全职工作:一份在办公室、商店或工厂,另一份在家里。父亲们或许能帮点忙,但家庭生活的主要责任还是扛在母亲的肩上。传统意义上说,一旦孩子病了,首先喊的是母亲;一旦年迈父母需要照料,首先需要调整工作安排的还是妈妈们。

根据一份对"财富"500 强中美国某公司 513 名员工的调查,工作时间越长,员工因工作—家庭冲突引起的不良情绪越强烈,报告的压力水平越高。加班的员工更倾向与工作形成认同,他们认为是因为自己没有能按时完成日常任务,老板才希望加班的(Major,Klein,& Ehrart,2002)。

之后,一份针对 106 名大学员工为期两周的日常邮件问卷调查证实,工作时间越长,工作—家庭冲突就越多。此外,据报告,雇员对工作量的主观意识(对自我工作付出的评价)也影响工作—家庭冲突的强度,由工作超负荷引起的厌烦情绪或类似的负面情感会影响家庭生活。工作压力水平越高,雇员越有可能逃避家庭生活(Ilies et al,2007)。

男性和女性都报告说存在家庭和工作需求的冲突,但是女性的冲突更大一些。

正如人们所料,由于照顾子女、配偶以及料理家务是女性的另一份工作,工作—家庭失衡给她们带来的影响更严重。对 623 名员工的调查发现,在家庭琐事方面,女性平均每周比男性多花 7 小时的时间。另外,男性每周获得的私人时间比女性多 2 小时(Rothbard & Edwards,2003)。

尽管职业女性会遭遇更严重的工作—家庭冲突,总体来说,她们比全职太太的身体状况、心理状态好得多,也不大容易罹患心血管疾病。对女性高层管理者来说,这种身心健康优势最为明显(Nelson & Burke,2000)。另外,对于 50 岁以上的职业女性,工作—家庭冲突的影响逐渐消失——孩子们都长大离开了家。家中的孩子越多这种影响越明显,如果当女性还承担着照料父母的责任时,身心健康状况更是雪上加霜(Nelson, Whelan-berry, & Hamilton,2007;Premeaux, Adkins, & Mossholder,2007)。

工作—家庭冲突时的组织援助

随着对工作—家庭冲突研究的深入,越来越多的数据揭示了其负面影响,组织也相应研究了不同的解决方法。比如,在工作场所提供日托设施来帮助那些有小孩的员工,其他的方法包括缩短工作时间、开展弹性工作制、提供远程工作机会等(见 Ford, Heinen, & Langka-mer,2007;Golden,2006;Golden, Veiga, & Simsek,2006;Valcour,2007)。

新闻聚焦

平衡工作与家庭：工作压力永无止境

苏珊是新泽西州巴斯金里奇的美国电话电报公司（AT&T）的经理，无论是否上班，她都遭受着工作超负荷带来的压力。虽然下午5点半就下班，可工作远没有结束，相反，一天中最困难的时刻才刚刚开始。即使正在开会她也得5点准时离开，一分一秒都不能差。"匆匆忙忙地离开办公室，跟疯了一样"，她抱怨道，"压力太大了。"她必须先去托儿所接4岁的儿子，然后在高峰期开车穿过小镇去接上课外辅导的女儿。如果没有及时赶到，等待她的将是焦躁的孩子、苦恼的老师（很有可能来不及接自己的孩子），还有一笔迟到费。

紧接着，她急速刹车从杂货店迅速买好晚餐、冲回家把狗放出来遛遛、做晚餐、看着孩子不让他们打闹、照顾丈夫（丈夫基本上不帮忙）、看着孩子做作业、洗衣服等等。

直到孩子们去睡觉，苏珊此时已经工作12个小时了，难怪她会精疲力竭、压力过高。而苏珊绝非个例。即使有时候丈夫帮着照顾孩子、料理家务，可主要责任还是在妻子身上。如果你是单亲妈妈，那情况就更糟了。

她们是如何熬过来的？时间精力从哪来？有一位社会学者研究了300名在职母亲，说："偷来的。"为了能陪陪孩子，这些母亲常常缩短自己的睡眠时间和私人时间。如今，与全职太太相比，在职女性平均每周少睡6小时，自我活动时间少了12小时。一位女性说，"没有时间去培养兴趣爱好，也没空社交了，都不记得上一次出去是几时了。"拥有一切——家庭和工作，同时也意味着拥有压力。

资料来源：Kelly, A.L., (1999, June 13). For employed moms, the pinnacle of stress comes after work ends. *New York Times*；Working moms don't shirk times with kids. (2000, March 28). *St.Peterburg (FL) Times*.

弹性工作制和支持性的领导氛围有利于减少工作—家庭冲突，令雇员感觉自己更好地平衡了工作及家庭需求，进而降低了矛盾带来的压力、提高满意度。

另外一种企业援助就是产假，1993年美国家庭医疗休假法案规定了长达12周的产假。但过去的事实表明，身处管理高层和拥有高薪、高技术的女性会因产假而受到不公待遇，产假越长，后续的晋升和加薪机会越少、绩效评估越差。

那些力图通过援助来解决工作—家庭冲突的企业也会获得经济效益。据对"财富"500强中231家公司的研究，提供此方面援助的公司股票呈上涨趋势，股东收到的利润比其他公司高（Athur, 2003）。但是，股票上涨也可能是由媒体对这些援助公司的宣传造成的，或是还有其他什么原因。正如第2章提到的，相关并不等同于因果。

新闻聚焦

生活真不公平：付出的少，得到的却一样多

　　就因为某些员工要带孩子看牙医，或者看孩子比赛，老板就允许提前下班，这样对没有孩子的员工公平吗？仅给有孩子的人提供弹性工作时间，却拒绝其他人的要求，这不公平！难道只有那些没孩子的员工才应该加班吗？

　　越来越多没有孩子的员工在担忧公平问题。针对那些所谓的为缓解工作—家庭冲突而对在职父母提供特殊援助的企业规定，有人发出了反对声。如今丁克家庭比以往任何时候都多，很多人认为自己被利用甚至被剥削了——他们比有小孩的同事得到的利益要少。

　　有些员工以有孩子为理由就应该得到眷顾吗？以照顾孩子身心疲惫以致影响工作效率为理由就可以得到额外补贴吗？你怎么看？

　　资料来源：Brown, P.(2007, October 13). The revolt of the childless. *New York Times*.

工作环境中的压力源

　　工作环境中的许多方面都能产生压力，其中包括工作超负荷、工作负荷不足、组织变革、角色冲突、角色模糊以及工作倦怠。

工作超负荷与工作负荷不足

　　心理学家用工作超负荷(work overload)这个词来形容我们平常所讲的工作过度现象，并将其分为数量超负荷和质量超负荷两类。

　　数量超负荷是指时间有限，但工作量太大。显然，这也是个压力源，数量超负荷容易引发冠心病等压力关联疾病。但关键还是看员工是否有权掌控工作进度，一般来说，控制权越小就越容易产生压力。质量超负荷就是工作难度过高，员工没有足够的能力去完成工作而产生压力的现象。即使那些非常有能力的员工，也常会陷入这种手足无措的局面。

　　关于英国某会计公司94名员工的调查表明，工作超负荷与主观报告的心理压力、工作倦怠和工作—家庭冲突有直接关系(Harvey, Kelloway, & Duncan-Leiper, 2003)。加拿大241名受访者称，工作要求越高用来体育锻炼的时间越少(Payne, Jones, & Harris, 2002)。就像工作压力与心血管疾病的关系一样，工作要求与体育锻炼也呈负相关。

　　相反，工作负荷不足(work underload)是指工作过于简单、工作量太少而显得缺乏挑战性，这种情况同样会产生压力。对63名管弦乐队成员的调查发现，这些音乐家同时面对着

工作超负荷和工作负荷不足两种情况，即工作有时过难、有时又不具挑战性（Parasuraman & Purohit，2000）。相关调查还表示，工作负荷不足会导致单调感和无聊感（压力源之一）增加、工作满意度降低。

所以，工作缺乏挑战绝非益事，一定程度的压力使工作显得振奋人心、具有吸引力。作为员工，你需要找到自己的最佳状态，在这个状态下你既能保持健康的身体又能避免工作超负荷或负荷不足所带来的极端后果。

组织变革

组织的变革也会带来压力。越是认为变革激动人心、富于挑战而非威胁的员工，越不容易受到压力的不良影响。压力源自于人们对变革的不同看法，而不是变革本身。很多人抵触变革，更喜欢熟悉的事物，因为在熟悉的环境中一个人能知道接下来会发生什么。对澳大利亚 375 名雇员的研究证实，组织变革会直接导致不安情绪，进而转变为员工对工作的不满甚至辞职意愿（Rafferty & Griffin，2006）。

说到工作场所的频繁变化，就拿上下级关系来举例。积极的上下级关系一旦建立，双方都会因懂得彼此的期许而感到惬意，此时的氛围是安全的、可预料的。但当上司离任面对新老板时，员工无从知晓其容忍度、期许值、绩效评估标准。改进工作程序、参加培训课程、引进新设施等工作环境的变化也很容易引起压力反应。再者，公司合并后员工会担心工作稳定性、新上司喜好和新公司制度，从而产生不安情绪。

对于老员工来讲，年轻员工或者不同种族背景员工的到来容易产生压力，他们担心不同的工作态度、习惯和文化价值可能带来冲突。当企业文化变化比如企业要求鼓励下属参与决策时，高层管理者会知觉到压力。

角色模糊与角色冲突

员工角色也可能成为一大压力源。当工作内容和职责范围未被成功构建或定义不明时，角色模糊（role ambiguity）便产生了，员工并不清楚工作期许，甚至不知该做些什么。这种压力在新员工身上比较常见。明确定位和扩大社交能有效地降低角色模糊。对 35 000 名员工的 169 项调查进行元分析，结果表明角色模糊是导致绩效降低的主要压力源之一（Gilboa，Shirom，Fried，& Cooper，2008）。

工业与组织心理学家提出了角色模糊的三个组成成分：

1. 职能标准模糊：对于绩效的评价标准不确定。
2. 工作方法模糊：对于成功完成工作的方法或程序不确定。
3. 工作安排模糊：对工作的时间分配以及先后顺序不确定。

管理者都想改善角色模糊，但就大部分工作而言，建立并实施一个统一的评判标准和执行程序绝非易事。

对同一员工提出不同工作要求，或者工作要求与员工价值观和期待相矛盾时，角色冲突

(role conflict)便产生了。比如,公司要求管理者在鼓励下属参与决策的同时又要保证生产,而以提高生产为目标时权威型领导方式最有效,需要下放权力时民主型领导最合适,矛盾的要求让他们无从选择。

如果工作要求与员工道德底线相抵触,比如销售人员被要求售卖次品或危险品时,角色冲突随之而来,纵然可以选择辞职,但为了不触动失业这一大压力源,他们宁愿忍气吞声。

领导不利、技术革新以及其他压力源

上司和经理可能是下属的主要压力源之一,领导不利可以引发压力,例如上司不支持下属或禁止下属参与决策。

职业发展的问题,例如未能得到期待的晋升等,同样会导致压力。如果员工的职业前景不能得到满足,他会觉得非常沮丧。与此同时,过度提拔同样会引发压力,员工感到自己的能力不足以应付所处位置,就会导致质量超负荷。对很多员工来说,绩效评估本身就是个压力源,对低绩效的担心容易引起压力。没有人喜欢将自己与别人做比较,一个很低的绩效更是会给职业生涯带来巨大的影响。

对下属的责任会给管理者带来压力。例行评估绩效以做出加薪、晋升或裁员的决定,为下属提供鼓励和物质奖励,控制每日工作产出等都能带来压力。相比那些不用监督下属的会计,管理者更容易由压力而产生健康问题。

电脑虽然在工作中必不可少,但不得不承认它的确是种压力源。对瑞典 18 至 24 岁员工的调查表明,尽管知道使用电脑有好处,他们还是很担心。这些员工声称,电脑提高生活质量的同时也带来了压力——信息超载、与他人的私人联系减少,还要求人们必须对电邮及网络信息迅速做出回应(Gustafsson, Delive, Edlund, & Hagberg, 2003)。对澳大利亚 26 名网络用户的调查表明,断网和网速过慢都引起了心理压力的症状,包括心率上升、由皮肤电测出的情感稳定性减弱等(Trimmel, Meixner-Pendleton, & Haring, 2003)。

当上司或同事处在压力情绪中(即所谓的压力携带者)时,本无压力的员工可能会受到影响。人们表现出来的焦虑情绪也很容易影响他人。对 109 名不同职业女性的调查发现,办公室人际关系不和谐能引起压力进而影响人的情绪状态,工作场合外的人际矛盾就没有那么明显的作用了(Strobel & Zautra, 2002)。

非人为的工作环境因素也是常见的压力源。恶劣天气、灯光过暗、轮班、室内污染等都能产生压力。流水线工作会因其重复、单调、嘈杂、缺乏挑战性和控制感等引起压力。同理,单调的电脑监控工作也会带来压力。每天像机器一样从事整理邮件和打字工作的人也遭受着高水平的压力,他们缺勤率升高、绩效降低、身心疲惫。键盘的自动监控功能让人觉得老板一刻不停地在监视自己,更是恶化了这种压力。

工作倦怠

在本章前面,我们讲述了压力导致的一些长期生理疾病,它们是由于长时间暴露于压力

情境下产生的,同时还伴随着长期心理压力反应,其中包括紧张、抑郁、易怒、焦虑、低自尊、愤恨、心理疲惫和神经质等。高工作压力可能导致虐待配偶和孩子、工作中表现攻击性行为,比如过度攻击和怠工。其他影响还包括倦怠和某些工作狂症状。

工作超负荷带来的压力可能引发倦怠(burnout),其症状包括对工作无精打采、毫无兴趣。正如对 64 名消防员的调查所显示的,他们极易感觉到情感耗竭。调查还发现情感耗竭与绩效低下紧密相关,这些正是倦怠的表现(Halbesleben & Bowler, 2007)。倦怠员工悲观、抑郁、易怒并感到无聊,对工作环境包括同事在内都很挑剔,对他人的建议表现出消极的态度。他们的工作质量下降,但数量不一定减少。

这些倦怠员工开始变得思想刻板,做事因懒得去想别的方法而变得墨守陈规,有时也会影响同事及下属的情绪和工作效率。工作倦怠恶化表现为精神不振、自尊下降、效率降低、工作投入减弱、工作压力加强、员工流动频繁以及明显的社交疏离。工作表现不良变得引人注目,最终导致绩效评估变差(Cropanzano, Rupp, & Byrne, 2003;deCroon, Sluiter, Blonk, Broersen, & Frings-Dresen, 2004;Van der Ploeg, Dorreteijn, & Kleber, 2003)。

对芬兰 3 000 多名员工的调查发现,生理疾病包括男患者的心脏病以及女患者的肌骨骼疾病和倦怠有很大关系(Honkonen et al, 2006)。

工作倦怠的三个维度如下:

1. 情感耗竭。由于过多的心理和情感需求,尤其是工作超负荷和不现实的期望而产生的被掏空的感觉。

2. 去人格化。感觉到冷漠,不合群,对他人越来越不关心。

3. 个人成就感降低。感觉到个人的行动和努力都是一种浪费,不具有任何价值。

Maslach 工作倦怠调查普适量表(Maslach Burnout Inventory General Survey,简称 MBI-GS)就是用来测量这个状况的(Maslach & Jackson, 1986),它分为四部分:情感枯竭、去人格化、个人成就感降低以及个人卷入。研究表明这个分类标准的信效度都很高。在各种工作岗位上,高倦怠都被证明与耗竭和工作超负荷相关。以下就是 Maslach 倦怠分类中的一些例子,你身边有这种状况的人吗?

- 我感到被工作掏空了。
- 工作结束的时候我感到精力被用光了。
- 我站在了崩溃悬崖的边缘。
- 我担心工作使我变得冷酷。

年龄与倦怠存在高相关,倦怠是职业生涯早期的典型症状,40 岁前更易出现。女性并不比男性更易倦怠,但婚姻状态与之有交互作用。单身或离婚女性比已婚女性更容易经历情感耗竭。情感耗竭又常常是缺少提升机会引起的。倦怠常见于那些高组织承诺的员工,他们除平时努力工作外,还会带工作回家甚至周末在公司加班。

其他和倦怠有关的因素有:时间紧迫感、严重的角色冲突和角色模糊、缺乏上司的社会支持。澳大利亚的调查表明,倦怠的症状易引起高工作—家庭冲突和低工作满意度

(Thompson，Brough，& Schmidt，2006)。对德国工业、服务业(老师或护士)和运输业(飞机控制员)员工的调查发现,工作超负荷和工作资源缺乏与精力耗竭和工作脱离相关显著(Demerouti，Bakker，Nachreiner，& Schaufeli，2001)。

在以色列开展的一项调查访问了 1 010 名警官,他们的工作涉及处理恐怖袭击案件(恐怖袭击可谓高风险境况,可视为工作倦怠的原因之一)。调查显示,受访者的压力源包括薪酬过低、待遇不公、工作超负荷以及工作资源匮乏等,而那些工作上的潜在危险诸如因公牺牲、严重受伤等虽一度被认为是工作倦怠的主要来源,但事实上与工作倦怠的相关性还不及前面的那些因素(Malach-Pines & Keinan，2007)。

在德国进行的另一项研究调查了 591 名人员,其中包括乘务员、旅行社工作人员和鞋店售货员。结果表明,疲于整日与消费者打交道才是这个人群工作压力与工作倦怠的主要来源。与消费者相关的四个社会压力源可以概括为:对产品的过高预期、语言冲突、不良情绪以及需求不明确,这些因素都导致角色模糊(Dormann & Zapf，2004)。

造成工作倦怠的另一因素则是待遇不公,该现象在对 466 名大学工作人员的调查中表现得尤为突出(参见 Maslach & Leiter，2008)。

一项对各大公司的 40 位经理以及其他临床、管理等行业的 125 名人员的研究显示,工作倦怠与决策权存在负相关。当员工在涉及自身的工作方面没有决策权时,倦怠就出现了。因此说,员工对工作的掌握权越少,工作倦怠对他们造成的影响就越大(Posig & Kickul，2003)。在瑞典对医护人员所做的一项调查同样显示,严格的工作要求、决策权的剥夺都会引起工作倦怠,类似原因还有上级主管的支持不够(Peterson，Demerouti，Bergstron，Asberg，& Nygren，2008)。

某些人格因素也与工作倦怠相关。一项研究调查了 296 名急诊护士,结果,大五人格类型的测试中,低神经质的人比高神经质的人更容易产生工作倦怠。高外倾性和宜人性的护士较少遭遇工作倦怠,主要是因为这类性格能使他们很好地融入社交活动,比如与同事探讨工作压力等,社交给他们带来了社会支持。相比之下,相对内向的护士却没有这种社会支持(Zellars & Perrewe，2001)。低坚韧性、高外控性、低自尊的人罹患工作倦怠的可能性更大。

工作倦怠对人们产生的影响也是不尽相同的。有些人会因此没有安全感,生活得一塌糊涂,觉得只有工作才能得到认可和尊重。他们努力工作,为公司取得一些举足轻重的业绩,与此同时,他们赢得了尊重,获得了物质奖励,证明了自己的价值。而长期超负荷工作的结果就是压力与日俱增,体质日趋衰退,并伴有各种身心问题。

工作狂

遭受工作倦怠的员工有时也被称为工作狂(workaholics),即痴迷于工作的人。然而,并不是所有的工作狂都业绩突出,有些人就承受着焦虑和不安全感。健康的工作狂是真正热爱工作并引以为豪的。对他们而言,工作并不是筋疲力竭的非健康压迫,而是为生活提供了一种健康、充实、持续的动力。这样的工作狂能够快乐地融入自己所喜欢的工作中去。他们很少去度假,因为感觉没有必要逃离工作。然而也正是由于这种工作热忱,他们成为其他员工的压力源。

据心理学家估计,约5%的员工是工作狂,且其中绝大部分对现状很满意。健康的工作狂一般都有一个和睦的家庭,他们在工作上灵活主动,接受的任务也与知识水平、技巧才能相符。而缺乏这些品质的工作狂则不怎么满意自己的工作,易患工作倦怠,倾向受到压力的负面影响。这就是健康和非健康工作狂的重要区别。健康工作狂或者说工作爱好者们非常热衷于自己的工作,能积极地投入工作并以此获得快感,所以称他们为工作上瘾者就不太合适了。工业与组织心理学家给这些真正的工作爱好者们设计了一个新称号——高敬业度(job engagement)者(Maslach,Schaufeli,& Leiter,2001)。

敬业度是依据工作倦怠的三个维度(情感耗竭、去人格化、个人成就感降低)来定义的,高敬业度的员工一般拥有充沛的精力、积极的投入和较高的效率。他们能精力充足、信心十足地投入到工作中,很少感觉到疲倦,即便遇到困难也能坚持到底,他们热爱自己的工作并为之骄傲。工作是生活的焦点和重心,他们不乐意也不允许自己脱离工作。正是工作带来了成就感,带来了挑战,也带来了充实感。

在荷兰进行的一项调查显示,敬业度和享受工作快感是促成员工幸福感的主要因素(Schaufeli,Taris,& Van Rhenen,2008)。对挪威工人进行的另一项调查得到了相似的结果,高自我效能感和高外倾性与工作愉悦感和敬业度相关(Burke,Matthiesen,& Pallesen,2006)。

你不妨可以到工作狂匿名(Workaholic Anonymous)网站(www.workaholics autonomous.org/)做一项测试,看看你对工作的痴迷是否正常。

压力管理方案

不论是组织还是个体,都可以主动地管理工作压力。对于组织而言,压力管理包括改善周围环境、提供相应的企业员工帮助计划(EAPs)。对于个体而言,可以进行放松训练、生物反馈或者行为矫正。

组织方案

管理周围环境。现代组织生活的一大压力源就是变革,所以组织应该提供足够的支持来保证员工适应变化。允许员工参与决定如何改变工作实践、组织结构,可以减少或防止工作压力,帮助员工接受改变、表达看法、倾诉不满。

对员工授权。对美国2 048名工人开展的调查发现,"掌控自身工作"这一信念可以大大地减少工作压力对员工的负面影响,在工作中受到较少制约、拥有很高决策权的员工压力较少(Ettner & Grzywacz,2001)。组织可以通过充实、扩大、拓展工作范围等提供给员工更多的任务以及更大的决策权,来提高员工的自我控制感。

明确分工。为减少角色模糊造成的工作压力,管理者应该明确对员工的期望及相应的员工职责。

提供社会支持。社会支持网络可以降低个体对压力的敏感性。对 211 名交警的调查发现,从领导和家庭中得到的支持越多,他们就越不会经历工作倦怠(Baruch-Feldman, Brondolo, Ben-Dayan, & Schwartz, 2002)。组织可以通过促进团队合作来提高社会支持,通过培训促使主管对下级表示更多的认同和关心。

允许员工带宠物工作。越来越多的公司允许员工带宠物(通常是狗)上班。对 193 名被允许带宠物上班的员工的调查发现,携带宠物去工作的员工比那些没有携带的员工承受的压力要小(Wells & Perrine, 2001)。

制定压力管理计划。企业员工帮助计划囊括了有关缓解压力的内部咨询服务,通常是教个人压力控制技巧,如放松、生物反馈、认知重构等。研究发现,该活动能够有效降低高压力引起的生理唤醒。已掌握认知行为减压技巧的员工报告的神经紧张和睡眠障碍更少,且能很好地处理工作压力。

在荷兰,对参加压力管理项目的 130 名员工进行的调查发现,EAP 不仅能够大幅减少焦虑和心理困扰,还能提高自信,效果长达 6 个月之久。接受了两天压力管理训练之后,普通的社会工作者或其他员工在缓解他人压力方面,已经可以与接受过高等训练的临床心理学家相媲美了(de Jong & Emmerlkamp, 2000)。对 36 项组织压力管理项目进行元分析表明,放松训练是最常用的对抗压力的方法(Richardson & Rothstein, 2008)。

有这样一项研究,它将现实的心理辅导和基于电脑的压力管理项目做了比较。若接受辅导后立即测量员工的压力水平则发现,这两种方法都展现了明显的效果。但是,由于时间和软件技术等原因,电脑压力管理组的很多被试没能继续参加这个项目。心理辅导组的被试却坚持了下来,而且降压效果持续了相当长的时间(Eisen, Allen, Bollash, & Pescatello, 2008)。

提供健康计划。为了推进员工健康工作的发展,80% 以上的组织已建立了员工健康计划,该计划的主要目的在于鼓励员工改变或调整不良生活方式来保持健康的生活方式。员工生理和心理健康水平提高了,相应的压力敏感性就会降低。尽管类似的项目由公司赞助,但保持健康生活方式的行动(例如,锻炼、合理膳食、戒烟)仍落在员工肩上。对涉及 7 700 名员工的 17 项调查的元分析发现,公司提供健康福利项目不仅能够降低压力水平,还能够提高员工对公司的满意度、降低缺勤率(Parks & Steelman, 2008)。

个人方案

某些个人减压技巧可以由企业员工帮助计划或压力管理项目统一传授,其他的技巧只能因人而异了,如有人进行身体锻炼对抗压力。锻炼可以提高忍耐力,降低冠心病的发生率,释放多余能量、缓解焦虑,许多公司也会在办公场所提供健身项目和锻炼器材。其他的个人减压技巧还包括放松训练和生物反馈。

新闻聚焦

给自己放假——别再往公司打电话！

假期能够让人从繁忙的工作中停下来歇一歇，能重新自我调整以避免工作压力、工作超负荷以及工作倦怠，但美国员工似乎并没有给自己足够的假期。欧洲人享受的年均假期比美国人长得多。与法国或德国员工相比，美国人享受的带薪假期越来越少，很多人甚至都不去好好享受这种权利。一家在线旅游服务公司艾派迪(Expedia)对 2 019 名成年人所做的调查显示，每年至少有 30％的员工放弃了带薪假期的机会。在美国，且不说放假总时间一年比一年短，每个全职人员每年都会放弃平均 3 天的假期。

艾派迪的调查还显示，即使那些选择休假的人员当中也会有 32％的人带着工作前往，他们定期收发邮件，查看语音信箱，所以依然携带着工作压力。基于这种现象，关注员工工作倦怠的公司像无线电器材公司(Radio Shack)，正试图通过引入"无罪恶感假期"项目来引导员工改变度假方式。该计划中有一个简单规定，即度假期间不要做任何与公司有关的事情。还有公司主张所有层级的员工都应好好享受休假，而不是累积时间以获得额外收入。

但是强迫的假期是否是缓解压力、防止工作倦怠的最好方式呢？以色列特拉维夫大学(Tel Aviv University)的管理学教授多夫·伊甸(Dov Eden)对几千名员工度假前后的相关情况进行了调查，结果并不令人十分满意。休假带来的益处仅持续了三个星期。职工很快便恢复到了度假前的压力水平，就好像没度假一样。事实上，很多人从没暂停过手中的工作。伊甸说，"使用手机或是在泳池边收发邮件，这不能算度假，人们受到了电子绳索的严重束缚。"

阿林顿市德克萨斯大学(University of Texas)组织行为学教授詹姆斯·奎克(James Quick)发现，当人们过完周末于周一恢复工作时，心脏病的发病率会上升。他认为，休假越长，患病风险就越大。如此看来，什么才是正确的选择呢？工作或许很有压力，但是度假同样不利于健康。

资料来源：Galant, D.(2000, July 12). Now for the hard part: It's over. *New York Time*；Yahoo Financial News, June 6, 2004；Retrived from www.bjz.yahoo.com；Rosenbloom, S.(2006, August 10). Please don't make me go on vacation. *New York Times*；Burning our? Try Logging off(2007, November 30)，Science Daily. Retrieved from www.sciencedaily.com/news/health_medicine/ workplace_health/.

放松训练。早在 20 世纪 30 年代，放松训练(relaxation training)就作为一种减压方式得到大力推广。接受训练者将注意力逐一集中到身体的某一部分，系统地紧张和放松肌肉。通过集中注意放松时的感觉，就能达到更进一步的放松。心理学家就这一基本技巧还提出了较为精确的改进。自生训练中,参与者通过设想自己的四肢发暖并且有沉重感,从而实现放松。在冥想活动中,参与者会集中精力进行有规律的深呼吸,同时不断地重复某个短语或声音。放松-反馈方法则结合了这两种技巧的优点。平静反射技术能够帮助有机体更加迅速地达到放松状态。这些方法还可以与肌肉紧张度反馈、放松训练前后的血压测量结合使用。

生物反馈。生物反馈(biofeedback)是一种非常受欢迎的压力处理方法,它包括对诸如心率、血压、肌肉张力等生理过程的电子监测,这些测量数据转化成闪光灯标或哔哔声等信号,以反馈身体各项体征的运行情况。

通过生物反馈方法,人们可以学着去控制身体内部状态。例如,心率一旦到达放松状态,检测器上的灯就会亮起来。通过练习,你可以尝试维持之前的心率而让灯一直亮着。生物反馈的生理机制暂不明确,但是只要经过多次反馈,你就可以控制心率,时间一长就不需要信号灯的反馈了。

生物反馈还可以用于控制肌肉张力、血压、体温、脑电波以及胃酸分泌等,通过控制压力引起的生理反应可以降低相关疾病的发病率。

本章小结

职业健康心理学主要研究工作压力的影响。压力会降低生产率,增加缺勤率和人员流动率,造成身体不适。长时间的压力还可能引起各种身心疾病,如心脏病、肠胃痛、关节炎、皮肤病、过敏反应、头痛以及癌症等。高工作满意度、控制感、自主权、社会支持、健康的体魄、工作技能和某些个性特征等,都有利于降低工作压力。

高坚韧性的人认为他们能够控制生活事件,能够为公司做贡献,视变革为一种激励,因此不太容易受到压力的影响。同样,自我效能高、内控型、自尊心强、负性情感低的人也不大可能经历压力。

压力的可能原因包括工作-家庭冲突、工作超负荷、工作负荷不足、组织变革、**角色模糊**、角色冲突、电脑技术、与高压力者的接触以及工作场所的设备条件不良等。压力所造成的不良影响可能是长期的,如身心失调,也有可能是对健康、行为、绩效的短期影响。

工作倦怠与长时间的工作过度、时间紧迫感、高角色冲突和角色模糊、社会支持缺失密切相关,它会导致员工生产效率下降、身心俱疲、易怒、焦虑甚至想要逃离社会。大五人格理论中神经质维度得分高的人更易遭遇工作倦怠。受工作倦怠影响的员工又称作非健康型工作狂,出于强烈的不安全感和空虚感,他们不得不努力工作。健康型工作狂是指那些高工作投入的人,他们能从工作中获得成就感,不会受到工作倦怠的影响

应对工作压力,公司可以从以下几方面努力:改善工作环境,明确员工角色,减少工作超负荷和负荷不足的情况,提供社会支持,建立压力管理体制和健身项目等。个体为降低压力水平,可以进行身体锻炼、放松训练及生物反馈。

关键术语

生物反馈	负性情感	角色冲突
工作倦怠	职业健康心理学	压力
坚韧性	组织自尊（OBSE）	工作超负荷
敬业度	放松训练	工作负荷不足
控制点	角色模糊	工作狂

复习题

1. 如何辨别一个人是否面临着压力？请描述一些由压力引起的心理和生理障碍。

2. 请描述职业健康心理学的发展过程及其产生目的。

3. 压力会造成什么样的生理变化？

4. 请解释日常琐事的累积效应如何影响身体健康。

5. 哪些与工作有关的因素可以有效阻止工作压力的负面影响？

6. 与中层管理人员相比，为什么航空管理员和高级主管受压力影响较小？

7. 社会支持、身体健康状况以及工作胜任能力是怎样影响一个人的压力敏感性的？

8. 在压力反应方面，坚韧性、内外控倾向以及负性情感是怎样引起个体差异的？

9. 什么是自我效能感？它是如何影响压力反应和处理压力的能力的？

10. 什么是组织自尊？它如何影响一个人处理工作压力的方式？

11. 哪些职业压力水平较高？哪些较低？

12. 通常情况下，女性比男性面临更多的工作—家庭冲突，为什么？

13. 在东西方和拉丁文化中，工作—家庭冲突有什么不同？是什么造成了这些不同？

14. 在降低工作—家庭冲突影响方面，组织是如何做的？

15. 请解释质量超负荷与数量超负荷之间的区别。

16. 为什么工作负荷不足会产生与工作高负荷同样的压力？

17. 请分别解释组织变革、角色模糊、角色冲突是如何引起压力的。

18. 你认为，电脑在职场中的普及是否增加了工作压力？若是，为什么？

19. 在你看来，工作和日常生活中电脑、手机以及其他电子产品普及使生活变得更加紧张了还是相对轻松了呢？为什么？

20. 工作倦怠的主要原因和成分是什么？哪些人格特征与工作倦怠相关？

21. 试定义敬业度。它与工作狂热有哪些不同？高敬业度的人有哪些特点？

22. 针对工作压力，组织都采取了哪些措施？

23. 你是如何应对生活压力的？

第 5 部分　工程心理学

　　工程心理学家参与的工作是设计舒适、安全和高效的生活及工作环境。从可调性办公座椅、电脑屏幕上数据显示的亮度到汽车或手机的操控,工程心理学家致力于使工作不再那么繁重,员工能够更加高效。第 13 章描述了工程心理学家们的贡献,他们确保所设计的工具、设备、工作区域以及日常生活的其他方方面面能够与员工的能力与需要协调一致。

第 13 章

工程心理学

工程心理学的发展

先前我们已经从各个方面讨论了工业与组织心理学家就达成"提高员工生产效率、产量和工作满意度"等组织目标所做出的努力与贡献。我们已探讨了如何招聘、选拔、培训、管理和有效激励那些具有卓越才能的员工，也描述了能使工作生活质量及工作环境达到最优化的技术手段。但是目前对于一个重要因素我们只是做了简单的提及，而它与上述讨论过的其他问题一样对组织目标的实现具有重要的影响力，那就是：人们工作时使用的机器设备以及完成任务所需的工作空间的设计。

机器、工具、设备和工作环境一定要与使用它们的工人协调相容。我们可以把这种关系考虑成一种协同作业，人与机器只有共同发挥各自的功能才能完成任务，单独作业将无法实现目标。要使人与机器在人机系统中都能平稳顺利地工作，两者就必须要协调相容，这样他们才能够利用彼此的力量并在需要的时候弥补对方的不足。

新闻聚焦

第一问：你相信人还是相信机器？

2002年7月1日晚11点40分，两架飞机在德国南部的上空相撞。除非它们中的一架或两架能迅速做出躲避动作，否则就会在很短的时间内相撞，而这可能比我们阅读完这段文字所需的时间还要短。在相撞的两架飞机中，其中一架是载有两位乘务员的喷气式货机，而另一架是来自俄罗斯的包机，包机上有71位乘客，里面有43个孩子。这两架飞机都配备有自动化防撞系统，这一系统能迅速发现临近的灾难并能及时触发驾驶舱内的警报，而这些可听可见的警报能为飞行员提供紧急情况下的指令。

喷气式货机上的自动化系统告诉飞行员要降低飞行高度，飞行员迅速完成了这一动作指令。而俄罗斯飞机上一个相似的系统告诉飞行员要升高飞行高度，但他犹豫了，他首先与空中交通管制人员取得联系，试图向他询问更多指示。

此时有两个空中交通管制人员在值夜班，但其中一人在休息，而另一人则正在尽力追踪他所负责的区域内的五架飞机。他们也有一个自动化警报系统，如果处于正常状态，该系统也能为他们提供那两架飞机快要相撞的信息。但是，当时它却由于日常维护而被关闭了，并且没有任何替代系统。

当俄罗斯飞机上的飞行员报告说驾驶舱里响起了警报时，控制台的人员告诉他降低飞行高度，而这恰恰和警报系统告诉他的相反。现在，飞行员手里握着70条人命，而且他还必须要在互相矛盾的两条指令中做出选择：是升高还是降低？他到底是相信人，即那位空中交通管制人员，还是相信机器持续发出的警报？他最终选择了相信人。这是个错误的决定。一分钟后,两架飞机不幸相撞,两架飞机上的人全部遇难。

对这起悲剧还有些后续报道。事故发生约一年半之后,2004 年 2 月 26 日,在该空中交通管制人员位于瑞士苏黎世附近的家门口,有人敲门,他去开门,却遭到刺杀。而刺杀者正是飞机事故的间接受害者,他的妻子和两个孩子在撞机事件中丧生。三年后,又有四名瑞士空中交通管制系统的员工因此事被认定有失职罪,其中三人被判缓刑,另一人被罚款。在这起悲剧中,机器做了它该做的事,但是人自己却犯了错误。

资料来源:Johnson, G.(2002, July 14). To err is human. *New York Times*; Revenge suspected as motive for killing of air controller(2004, February, 26). *Chechen Times*. Retrieved from www.chechentimes.net/; Silence for slain air controller(2004, March, 5). BBC News, World Edition. Retrieved from www.news.bbc.co.uk; Four guilty over Swiss air crash(2007, April, 9). BBC News, World Edition. Retrieved from www.news.bbc.uk.

操作者与机器的匹配是工程心理学(engineering psychology)研究的内容,工程心理学也被称作人因学或人类工程学。英国心理学家使用"工效学"(*ergonomics*)一词来表示,该词来源于希腊语"*ergon*"和"*nomos*",其中,"*ergon*"的意思是工作,而"*nomos*"的意思是自然规律。与工程师合作,工程心理学家运用心理学知识来阐述有关工作的自然规律。因此,工程心理学是一门为人类设计机器设备并规划有效操作机器的人类行为的科学。

直到 20 世纪 40 年代,设计机器、设备和工业厂房完全是工程师的职责。他们基于力学、电子学、空间及体积大小等考虑做出设计决策,而很少关注操作这些机器的工人。机器被认为是一个恒定的因素,无法根据操作者的需求进行改变,只有操作者去适应机器。无论设备多么令人不适、使人疲劳或不安全,作为人机系统中唯一的可变部分,操作者都需调整自身,努力适应情境以适合机器的要求。

通过时间—动作分析研究,简化作业步骤以使工人适应机器,这是工程心理学出现的先兆。然而,这种方法忽略了操作者的需求,因此有待改变。机器正日益变得复杂,这就对操作者的速度、技术和注意力提出了更高的要求,而这些要求可能会超出人们的监控能力。

军事需求推动工程心理学的发展。第二次世界大战中研发出的武器对人的能力提出了更高的要求,不仅是对肌肉的力量要求,而且还体现在感知、理解、判断和决策能力等方面。例如,一架尖端战斗机的驾驶员必须在极短的时间里对危险情境做出响应,确定行动进程,并最终采取适当的反应。雷达和声纳的操作者也需要有很高的技术水平。总体来看,这些战时设备的运转是良好的,但是错误的发生也很频繁。最精密的炸弹瞄准器并未带来最准确的轰炸,盟友的军舰和飞机被误认并被击毁,鲸鱼也会被误认作潜水艇。尽管机器看上去运行良好,但很明显人机系统,即人与机器的交互却不是那么好。

正是这种战时需要刺激了工程心理学的发展,正如同第一次世界大战中军队甄别选拔人员的需要导致了大规模心理测验的发展。当局意识到,要想使整个系统有效运转,就必须在设计机器时将人的能力与局限性考虑在内。心理学家、生理学家及医师很快就开始与工程师一道设计飞机座舱、潜水艇、坦克驾驶室及军服部件。

在这些早期的工作中,有一个典型例子是关于如何设计人机系统以更好地保障美国飞行员的安全。那时,不同型号飞机的驾驶舱中还没有统一标准的显示系统和控制系统。一个过去常常驾驶某一种飞机的飞行员若突然被安排去驾驶另一种飞机,他将面对一套不同的显控系统。新飞机上抱起轮子的操纵杆的位置可能正好和原来飞机上操作襟翼的操纵杆位置相同。试想一下开一辆刹车和油门位置倒置的汽车。遇到紧急情况时,你可能要去踩住你所认为的刹车,但实际上你踩到的却是油门。

飞机上控制装置的操作也没有一致的方法。在同一座舱内,有的控制装置向上拨表示开启,而有的控制装置则是向下拨表示开启。不同的控制装置都采用同样的按钮,并且常常很紧密地排列在一起,以至于飞行员很难仅仅通过触摸来对它们进行辨别。当人们意识到这些问题后就对它们进行了修正,但是仍然有许多飞行员丧生,其根本原因在于机器的设计未能很好地从飞行员的参照点出发。

当用于工作和享受的机器设备变得越来越复杂,设计时忽视人的因素也会酿成其他事故。1979年,一场灾难性的事故发生在宾夕法尼亚州三里岛的核电站。这个事故发生在夜班时间,那时值班人员放松了警惕,但是事故发生的部分原因还是由于设计缺少对工作人员需求的关注。在核电站的控制室里,设备仪表和控制装置离得太远了。当操作者从一个仪表的显示中发现了危险信号时,他必须要跑到屋子的另一端去操作控制装置以排除障碍,这样一来就浪费了宝贵的时间。为了防止此类事故再度发生,美国核能管理委员会(Nuclear Regulatory Commission)命令,改进核电站的控制室时一定要考虑操作人员的能力及局限性。

有66%的飞机事故,其原因可追究到驾驶员的责任,为了应对这些由于人的差错造成的飞机事故,美国国家交通安全委员会(National Transportation Safety Board)招入了工程心理学家。他们的工作是调查飞行员和机组人员的疲劳状况、轮班工作时间表、健康问题、应激以及设备的设计,所有这些方面都可能引发事故。

许多人因学研究旨在使汽车更加安全。研究的变量包括汽车和摩托车的前灯亮度;刹车灯的位置、颜色及亮度;控制装置和显示器面板的布局。1985年以来,美国的汽车就要求必须要在后窗上安装刹车灯。这一要求的提出是人因学研究的成果。对8 000辆汽车的研究表明,把刹车灯安装在高处可使汽车追尾事故减少50%。

人因学专家的工作对我们生活中的其他方面也有影响。他们一直在研究如何使牌照和交通标志在夜间更容易辨识、更醒目。他们研究酒精对司机行为的影响,还进行关于司机反应时的研究,以发现他们是如何知觉和理解危险情境并做出反应决策的。

工程心理学家解决的另一个问题是车窗上的染色膜或遮光膜对能见度的影响。研究结果发现,如果后窗有覆膜,倒车时通过后窗发现行人或其他车辆的机会就会明显减少。在一些情况下,有覆膜的窗户只能滤过一半的可见光,这一发现使许多州基于安全考虑而限制使用遮光膜。年长的司机受覆膜窗户的影响要大于年轻司机。有研究表明,与 20 岁至 29 岁的司机相比,60 岁至 69 岁的司机对光的对比灵敏度有显著的下降(LaMotte, Ridder, Yeung, & DeLand, 2000)。

工程心理学家的研究表明,对所有年龄段的司机而言,开车时使用手机发短信或通话会影响反应时并导致更高的事故风险。这类相关的研究结果促使州政府开始限制手机的使用。

为工效学的需求而设计。工程心理学家也帮助设计其他多种产品,包括牙科和外科器械、照相机、牙刷及汽车座椅。他们曾参与为邮差重新设计邮袋,为什么呢? 超过 20% 的邮差报告有骨骼肌肉方面的疾病,例如腰痛,而这主要是由于吊在肩膀上的邮袋所致,而带有腰带的双肩邮袋已被证明能够减少肌肉疲劳。

在美国、欧洲及亚洲国家发展最好的人因学项目是在汽车、电子和食品工业领域,当然也包括为不同的公司设计工作站。下列这些公司在应用人因学研究成果进行工作场所设计和产品研发方面表现非常活跃:通用汽车(General Motors)、戴姆勒-奔驰(Daimler Benz)、萨博(SAAB)、沃尔沃(Volvo)、IBM 及其他一些计算机生产商。

通过分析应用工效学研究成果给公司带来的经济效益发现,人因学干预措施所带来的净利润可高达 1% 到 12%。这些经济收益基本上都是在干预措施实施后不到一年的时间内就逐步显现。例如,某家汽车公司引进了高置刹车灯,这使得每辆车的成本提高了 10 美元。而这一不太大的投资所带来的年利润估计可达 434 000 000 美元,这些利润主要来自于安装高置刹车灯后追尾事故降低 50% 而减少的汽车维修费用(Stanton & Baber, 2003)。

因为工程心理学是一门交叉学科,所以它的研究者具有各不相同的学科背景就不足为奇了。美国人因工程学会(Human Factors and Ergonomics Society, HFES)会员主要包括心理学家和工程师,但同时也包括医学、社会学、人类学、计算机科学以及其他行为科学和物理科学方面的专业人士。在过去的 10 年里,从事工程心理学研究的心理学硕士人数大量增长。工程心理学的发展仍然非常有活力,其研究也被拓展到多种组织类型。

新闻聚焦

工程心理学真的是个热门职业

近些年来,社会对工程心理学家的需求日渐增多,并且越来越多的学生对这个领域产生了兴趣,不仅仅因为就业机会,更如某位研究生所言:"工程心理学的宗旨是尽力让生活更美好。"为某汽车公司开发出一款新的 GPS 之后,这位心理学家感到非常自豪,因为她的工作使司机更安全了。她说:"这是一种发表论文所无法体验到的完全不同的满足感。"

现在对工程心理学家的需求如此之大,主要原因是就企业家而言,他们已经意识到心理学家能帮他们设计出更棒的产品,而顾客和用户能更简便、更愉悦、更安全地使用这些产品。相应地,这就意味着公司能卖出更多。"人们也已开始渐渐理解对心理学专家的需求,他们能对产品和系统的使用情况进行评估并给出建议。仅仅依靠工程师已无法解释系统内人机交互的所有原理,因为他们对人这一子系统其实并不太熟悉。"

工程心理学家的薪水也反映出社会对他们的需求。在私企中,工程心理学硕士毕业生的平均年薪已超过90 000美元,而博士毕业生每年平均能赚111 000美元。拥有博士头衔的顾问年薪通常都能达到180 000美元。而且从事这一工作额外的收益是它能影响人们的日常生活,由此带来的成就感只有少数职业才能体会得到。

想要了解人因学这一领域更多的知识,可以浏览美国人因工程学会的官方网站,网址是 www.hfes.org/web 以及美国心理学会第21分会(应用实验心理学和工程心理学),网址是 www.apa.org/divisions/div21。

资料来源:Packard, E.(2007). Postgrad growth area: Engineering psychology. *Grad-psych*, 5(2), 34—36.

时间–动作研究

时间–动作研究(time-and-motion study)是重新设计工具以及重塑工人工作方法的一项早期尝试。它始于三位先驱者的研究,而这三位研究的中心都是如何使体力劳动者能更加高效地工作。

第一个系统地对具体工作任务绩效进行研究的尝试是1898年弗瑞德瑞克·泰勒(Frederick W. Taylor)的工作。泰勒是科学管理学派的创始人,当时应美国一家大型钢铁制造商的要求,对"铲"这一动作的规律进行探究。他观察发现工人们使用的铁铲有许多不同的形状和大小,使用这些不同的铲,工人能铲动从3.5磅到38磅重量不一的材料。通过对铲负重量的实验研究,泰勒确定了一种最有效的铲,该铲能铲起21.5磅重物,工人使用它劳动时效率最高,高于或低于这个负重量都会导致日总产量下降。泰勒还建议铲不同的材料时应使用不同大小的铁铲,例如,重的铁矿石应使用小铲,而轻一些的煤灰则应使用大一些的铁铲。这些变化听起来或许细小琐碎,可是泰勒的这一研究一年就能为公司节约78 000多美元,这在当时是一笔很可观的数目。应用铁铲研究的上述成果,140名工人能完成原先500名工人才能完成的工作量。为了奖励生产效率的提高,公司为工人们涨了60%的工资(Taylor, 1911)。

泰勒的研究第一次实证性地说明了劳动工具与工人效率之间的关系。接下来要介绍的两位先驱是工程师弗兰克·吉尔布雷斯(Frank Gilbreth)和心理学家莉莲·吉尔布雷斯

(Lillian Gilbreth),他们对时间-动作研究的推动作用巨大无比。泰勒主要关注工具设计和工资激励系统,而吉尔布雷斯夫妇更感兴趣的是工作方法和原理,他们的目标是剔除所有不必要的动作(Gilbreth,1911)。

弗兰克·吉尔布雷斯在 17 岁成为一名砌砖工人时,第一天上班时他就发现工人在砌砖过程中有许多不必要的动作。于是他想重新设计砌砖动作,以使其更快更简单。在不到一年的时间里,他就成了工作速度最快的砌砖工人,接着他又说服同伴也尝试使用这种方法,结果整个团队的工作效率有了显著提升,能够完成更多工作量而又不至于过度疲劳。

吉尔布雷斯设计了一个可以升降的施工架,这使得工人总能够在适当的高度上完成工作任务。他通过对砌砖过程中手及手臂运动的分析,将它们改进为最有效的一组动作,最终工人 1 个小时可以砌 350 块砖,而不再是以前的 120 块。这种产量的增加不是通过让工人工作更快来达到,而是通过减少工作中动作的数量来实现,原来砌一块砖需要 18 个动作,而现在只需 4.5 个动作即可。

吉尔布雷斯夫妇也使用时间-动作经济原则来组织管理他们的家务和个人生活。他们细察每项活动,以确定其中是否存在无效动作。例如,弗兰克·吉尔布雷斯扣汗衫扣子时总会从下往上扣,因为这样能比从上往下扣少用 4 秒钟时间。他刮胡子时常常使用两把刷子,一手拿一把往脸上涂剃须膏,这样可以节省 17 秒。他也曾尝试同时使用两把剃须刀来刮胡子,但这样节省下来的时间还不够他事后用来处理被刮破的伤口。吉尔布雷斯夫妇为他们12 个孩子安排活动时间的方法在畅销书和电影《一打儿更便宜》(*Cheaper by the Dozen*)中有详细的描述。想要了解更多关于泰勒的生平和研究工作,请浏览 www.netmba.com/mgmt/scientific/。要想了解更多关于吉尔布雷斯夫妇的情况,请浏览 gilbrethnetwork.tripod.com/bio.html 和 www.webster.edu/~woolflm/gilbreth2.html。

时间-动作工程师(有时也被称作效率专家)将吉尔布雷斯夫妇的技术应用于许多不同的工作,目标就是减少完成工作所需的动作数量。大家所熟知的手术室里护士将手术工具递入医生手中的程序就是时间-动作分析的结果。在这之前,医生都是自己去取手术工具的,这大大增加了手术时间。

下次看到联合包裹服务公司(United Parcel Service)的卡车停下来进行递送工作时,观察下那些司机的行为动作。其中每一个动作都是根据时间—动作分析的指示来完成的,这样可以确保快速的递送。司机在他的左胳膊下夹着包裹,右脚先迈出汽车,行走速度是每秒 3 英尺,并用牙齿咬着卡车的钥匙。所有不必要的和无用的动作都被剔除了,这种程序可以使司机在不增加额外劳动和压力的前提下将工作做得更快、更高效。

时间-动作研究最重要的意义在于它对常规作业、重复性工作的贡献。在典型的动作分析中,工人的动作会被录像记录下来,并通过分析,改变或剔除那些低效和无用的动作(这一技术已被运动心理学家和教练应用到分析运动员的表现上)。

新闻聚焦

你也许是高效的，但莉莲·吉尔布雷斯(Lillian Gilbreth)做得更好

莉莲·摩勒认为自己长得太平庸了，以至于没有人愿意和她结婚，于是她决定要拥有一份事业。一个22岁的女孩在1900年的时候有这样的想法是不受欢迎的。她从加州大学伯克利分校(University of California at Berkeley)毕业那年，在毕业典礼上作为代表发言，这是该校历史上第一个在毕业典礼上发言的女生。后来她继续留在伯克利大学攻读英语文学专业，同时辅修心理学课程。1904年，她的计划被打乱了，因为她遇到了一个英俊、充满魅力而且富有的男人，他拥有一家建筑公司。

弗兰克·吉尔布雷斯比莉莲大10岁，住在波士顿，而莉莲和她的朋友们去欧洲时曾在那里逗留过。当她们从欧洲回来时，弗兰克拿着花在码头等她。不久前，他已经去加利福尼亚拜访了莉莲的父母，还定好了结婚日期。弗兰克不仅想要一个妻子、孩子以及快乐的家庭生活，同时他也需要一个工作伙伴。在他的强烈要求下，莉莲把她的主修专业改为心理学。从布朗大学(Brown University)研究院毕业后，她开始和弗兰克一起在建筑工地工作，爬梯子，穿过高耸入云的钢铁大梁。她是一个毫不畏惧的人，而且学习能力很强，不久莉莲就能帮着弗兰克做决策以使建筑工作变得更高效。后来，她鼓励弗兰克放弃建筑业，去做管理顾问，这样，他们就可以把自己对工作绩效以及效率的想法应用到更加广阔的工作领域中。

但是那个时代对女性从事这类工作还存有偏见和限制，1911年发生的一件事使莉莲清楚地认识到了这一点。那年，莉莲和弗兰克写了一本书——《动作研究》(Motion Study)，但出版商拒绝把她的名字列入合著者，声称加入一个女性作者会降低此书的可信性。一年后，他们出第二本书时，同样的事情又发生了。1914年，莉莲获得了心理学博士学位，她希望将毕业论文出书，但是出版商仍不允许她使用自己的名字，坚持认为精明的企业家是不可能去买一本女人写的管理心理学。结果最终书的扉页上列出的作者是 L.M.Gilbreth。

二十年后，正当他们的咨询公司事业发展蒸蒸日上，12个孩子也需要养育照顾之时，莉莲·吉尔布雷斯却失去了丈夫。她试图担负起丈夫的工作，但是绝大多数与他们合作多年的公司主管却决定不再与她合作。他们可以容忍她作为妻子辅助丈夫成就事业，却不希望与她独自支撑的公司继续合作。

既然她已不能再继续她和弗兰克创立的事业，不能再把时间-动作研究应用到工作场所中去，她决定教其他人进行时间-动作分析。她组织了一个工业管理研习班，吸引了来自世界各地的学员。这些培训班和学员受训后的工作质量提高了她的声誉，最终，企业和工业组织都开始征求她的意见。

多年后，莉莲·吉尔布雷斯获得了极大的成功，拥有很强的影响力。她被授予多个

名誉学位,接受了许多委员会的邀约,还赢得了男性占统治地位的工程业界的赞誉。一位商界领袖称她为"世界上最伟大的女工程师"。在介绍她和弗兰克如何运用时间-动作原理来养育 12 个孩子的电影《一打儿更便宜》1950 年问世后,她和弗兰克的名气就更大了。(由斯蒂夫·马丁(Steve Martin)主演,翻拍的电影《一打儿更便宜》已于 2003 年上映)

莉莲·吉尔布雷斯直至 1972 年逝世前仍在科学管理领域从事工作,当时她已经 90 多岁了。她把她的想法应用于解决各种问题。下次当你打开冰箱时,注意一下冰箱门内侧的架子,那就是她的主意。你家的垃圾桶可以用脚踏板打开吗? 那也是她的主意。莉莲·吉尔布雷斯的贡献在于她将时间-动作经济原理应用得如此广泛,以至于不仅涉及家庭的日常事务,还遍及工厂、商场及办公室,她使每个人的工作都变得更加简单轻松了。描写她的另一本传记的发行,使得莉莲·吉尔布雷斯即使是在 21 世纪仍然拥有着不可动摇的影响力和知名度(Lancaster, 2004)。

资料来源:Kelly, R.M., & Kelly, V.P.(1990). Lillian Moller Gilbreth(1878—1972). In A.N.O'Connell & N.F.Russo(Eds.), *Women in psychology*: *A bio-bibliographic sourcebook*(pp.117—124). New York: Greenwood Press: Lancaster, J.(2004). *Making time*: *Lillian Moller Gilbreth*: *A life beyond "Cheaper by the dozen."* Boston: Northeastern University Press.

高效工作的准则

基于多年研究,心理学家总结出了高效工作的准则。其中旨在提高手工劳作简易度、速度和准确性的原则主要包括以下六个方面:

1. 应使工人伸手取工具、物料或操作机器的距离最短。

2. 双手应同时开始并完成动作。动作应尽可能左右对称进行。当左手伸向左边取物时,右手应伸向右边进行取物。

3. 除非在规定的休息时间里,否则手不应闲下来。

4. 不应用手去做那些用身体其他部分,尤其是腿和脚可以完成的工作。可以经常使用脚踏式设计,这样能将手从许多操作中解放出来。

5. 只要有可能,我们都应使用机械装置(例如,夹钳)而不是用手拿工作物资。

6. 工作台或工作桌应足够高,以使工作人员站着或坐在高脚凳上时都能进行工作。交替姿势能减轻疲劳。

你或许觉得这些简化工作的原则会被人们热情接受。毕竟,公司可以从中获得更大的效益,而员工工作起来也会更轻松。尽管管理层总体上对时间—动作研究的成效是满意的,但是工人和工会却一直持怀疑甚至敌视态度。他们认为,时间—动作研究的唯一理由是迫使员工更快的进行工作,这会导致收入降低和失业,因为维持同样生产水平所需的工人减少了。这些担心其实也是有根据的。来自工人的其他一些抱怨还包括工作简单化所造成的厌烦,缺乏挑战性和责任,工作动机降低,而最终这都将体现为生产率下降。

时间—动作分析最适用于那些常规性的工作任务,例如流水线工作。当操作、设备和功能更加复杂,必须考虑人与机器之间的总体关系时,就需要一种更加精密的人机互动方法。

人机系统

在人机系统(person-machine system)中,人与机器共同工作以完成任务,二者缺一不可。人推着割草机工作就构成了一个人机系统,一个人开着车或玩电子游戏就是更加复杂的人机系统。而大型客机和负责对其进行不同操作的专家组则是更为精密的人机系统。空中交通控制网络包含了大量独立的人机系统,其中每一个都是整体有机的组成部分。如果某一部分出了故障,不论是人还是机器,它都将会对系统的其他所有部分造成影响。

飞机座舱是一个复杂的人机系统。显示器呈现有关机器当前状况的信息,
飞行工程师对这些信息进行加工并通过操作适当的控制装置以发起行动。

在所有的人机系统中,操作者都是通过显示器来获取有关机器目前状况的信息。基于这些信息,操作者使用控制装置来操作设备,采取行动(参见图 13-1)。设想一下,你正以恒定的速度在高速公路上驾车行驶,接收到来自时速表(一个显示器)的信息,对其进行心理加工后确定你开得太快了,超过了限速。这时,通过放松油门这一控制行动,可以使燃油自动喷射系统减少供给发动机的油量,于是汽车减速。而速度下降又会显示在时速表上,从而类似的过程继续下去。

　　司机也从外部环境中获取信息,例如,告知限速发生变化的标志或有辆开得很慢的车堵住了车道等。司机对这些信息进行加工并给机器下达改变速度的指令。作为机器状态发生变化的证明,新的速度被显示在时速表上。即便是最精密复杂的人机系统,原理也是相同的。而这一完整的系统正是工程心理学家工作的出发点。

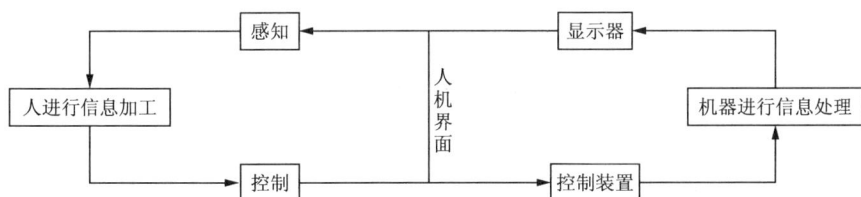

图 13-1　人机系统

改编自:"Human Factors in the Workplace" by W. C. Howell, 1991. In M. D. Dunnette and L. M. Hough(Eds.), *Handbook of Industrial and Organizational Psychology*, 2nd ed., vol. 2, p. 214. Palo Alto, CA: Consulting Psychologists Press.

　　随着操作者介入的主动性和持续性程度不同,人机系统也呈现出多样性。如果是驾驶飞机或是在一个繁忙的机场进行交通控制,那么绝大多数时间里,操作者都是必要的。即使飞机是自动驾驶的,机组人员也要随时准备处理应急事件。在其他一些人机系统中,人在交互过程中的影响就没这么大。许多大规模生产过程,例如石油提炼等,都是高度自动化的。一些产品和部件也可以完全由工业机器人组装。尽管这些自动化的设备可以自行运作,但它们无法设计、制造或维修自己,不能自己给自己换电灯泡。即使人并不直接或连续地操作机器设备,也仍是这种自动化制造系统中重要的组成部分。

　　自动化使得工程心理学家的任务更加复杂化。负责监控自动化设备的工人发现这样的工作任务比实际去操作机器的工作更易使人疲劳和厌烦。工程心理学家必须设计出能使工人保持警觉的监控设备,这样,他们才能及时发现错误和故障,并做出快速、适当的反应。

　　总的来说,不管工人在与机器交互的过程中投入程度有多高,人机系统的要求和界定是相同的。还没有人能够发明出一种能设计、制造和维修其他机器的机器人。对人机系统而言,人仍然是至关重要的。

功能分配

　　设计人机系统的最初步骤是要确定操作者和机器之间的劳动分配。为此,必须仔细分析系统运行的每一个步骤或过程,以便确定其特征:执行过程所需的速度、准确性及频率,还有工作所造成的压力等。这些信息被评估之后,工程心理学家接下去就可以将系统的需要与人和机器的能力进行匹配。作为系统的组成部分,人与机器都有各自的优势与局限。

心理学家、生理学家及医生的研究已提供了大量关于人的优势与缺陷的信息,揭示了人在哪些功能上优于机器,又在哪些功能上劣于机器。通常,机器在完成下列功能时要优于人:

- 机器能够检测超出人类感知能力的刺激,例如雷达波长和紫外线光。
- 只要相关刺激被预先输入程序,机器就能可靠地长时间执行监控任务。
- 机器能够进行大量快速而精确的计算。
- 机器能够高度准确地储存并提取大量信息。
- 机器能够持续且快速施加高强度的物理作用力。
- 只要提供适当的维护,机器就能很好地执行重复性活动且不会出现绩效衰退。

当然,机器并非是完美的,它们也有一些缺陷和局限:

- 机器的灵活性较差。即使是最精密的电脑也只能做程序设计好了的事情。当系统要求有适应环境变化的能力时,机器就处于劣势了。
- 机器不能从错误中进行学习,也无法基于以往的经验修正自己的行为。任何操作中的改变都必须要植入到系统中去,或由操作者来发起。
- 机器不能即兴行事。它们不能推演或检验未经程序设定的其他备选方案。

早在20世纪30年代,许多实业家,例如托马斯·华生(Thomas Watson),IBM的创始人,就开始通过让机器代替工人去完成那些更适合机器的工作来大幅改变工作的性质。正如华生所言:"机器用来干活,人类用来思考。"(Boff,2006,p.391)当越来越多的机器变得自动化,工人们尽可能地远离系统而让机器同时既干活又思考已成为一种趋势。

自动化: 减轻人的工作

一些工程师认为,他们应当尽量把人机系统中的每一个功能实现自动化,将操作者降至一种次要的位置。然而,完全自动化的系统是会失败的,而且有时还会带来灾难性的后果。就拿现代公共客运系统来说,在一些地铁线上,司机既不负责控制列车速度,也不负责让列车在到站时停车。这些功能都是由电脑控制的。

在一项对佛罗里达州迈阿密捷运地铁系统的研究中发现,有10%的情况下,列车未能到点停站,这就迫使司机不得不按下紧急按钮来快速制动,尽管这样,还是常常会出现列车超过站点的情况。但如果没有司机干预,火车将继续自动驶入下一站,这样就把乘客送到了错误的地方。在这一系统中,司机的作用已被降低至监控者的角色,只是在机器出现故障时他才进行一些操作。司机们表示,只有这么少的事做很难使他们保持警觉。这种工作很无聊、缺乏挑战性和责任感,也几乎不需要使用什么专业技术。当操作者变得越来越依赖电脑控制的设备时,在遇到紧急情况时他们就会缺乏做出关键判断的能力。无论受过多么完善的训练,如果工作技能得不到使用和锻炼,那么这些技能就会退化。

新闻聚焦

第二问：你相信 GPS 还是相信你自己？

如果坐在车里的朋友告诉你往湖里开能正确到达目的地，你会照做吗？相信你很有可能不会。但假设你很信任的一个工具——GPS，这个系统过去总能给你很多好的建议，如果它告诉你要驶离公路，下到一条脏兮兮的小路上径直往看得见的一片湖里开去，你会照做吗？你会忽略你亲眼看到的湖而将车开到水里去吗？有人就曾经这么干过，而且掉到水里被救出来以后，他们唯一的解释就是 GPS 告诉他们在那儿转弯，于是就照做了。

还有个例子，是关于就职于加利福尼亚硅谷一家高科技公司的一位 32 岁员工的。在一次出差去纽约的旅途中，他根据 GPS 的指示把租来的车开上了铁轨。他并不是要穿过铁轨，而是就沿着铁轨一直开了下去，一路上颠簸而行，直到他发现（你也猜得到）迎面驶来的火车。在汽车被撞得粉碎之前他跳出了汽车，当警察问起他为何把车开在铁轨上时，他的理由是 GPS 告诉他往那个方向开的。

类似的事情还发生在一个 20 岁的英国学生身上。他告诉警察说："我完全信任卫星导航系统，但它却让我开上了正有高速火车驶来的铁轨上。"而另一位英国司机则试图以接近 80 英里/小时的时速在高速公路上做 U 形急转弯，因为 GPS 告诉他要在那儿突然转弯才能到达酒店。

西雅图的一位公交车司机没有注意到多个大型的警示标志，上面写着前面隧道只容许高度在 9 英尺以下的车辆通行。他已经开了有一段时间的这辆公交车大约有 12 英尺高。但自动导航系统却告诉他径直穿过前面这个隧道。结果这辆车从前到后的车顶全部毁坏，并导致车上五名高中垒球队队员受伤。

越来越多的司机忽视高速公路上的状况及警示标志，不相信自己眼睛所看到的东西。或者他们已经不去看了，因为他们相信机器的指引能够比他们自己做得更好。也许机器正在取代人们之前用来评估信息然后做出决定的"思考"功能。当下次机器告诉你做什么事之前，请仔细想想上面这些例子吧。

资料来源：想了解更多的例子，请用 Google 搜索"GPS caused accidents"，但请不要在开车的时候这么做。

同样的问题在航空业也存在。就拿欧洲制造的"空中客车"和美国制造的"波音 777"背后不同的设计理念来说吧。"空中客车"主要由电脑操作控制，这就限制了飞行员的驾机行为。总的来说，"空中客车"的飞行员是不能凌驾于电脑之上进行控制的。而在波音飞机上，飞行员却能在任何时候取消或凌驾于电脑操作之上，亲自去操控。即便是这样，如今所有的大型客机都配备着高效的飞行电脑系统、导航设备和自动飞行驾驶装置，因此，驾驶员的大多数时间用在监控信息显示器上,而不是主动控制和驾驶飞机。结果,飞行员会很容易变得疲劳和分心。美国联邦航空管理局(Federal Aviation Administration)官方已就飞行员的基本驾驶技能因过多依赖自动化而退化的状况表示出了担忧。换句话讲,现代飞机中有太多的功能被分配给了机器子系统,而人的工作显得不足。

英国的一个工程心理学家团队研究指出,"尽管许多飞行员一致认为现代飞机更容易驾驶,但更仔细的检验却表明,飞行员的工作负荷只是有所变化而非降低。如今飞行员必须要执行更多的监控任务。这意味着他们更有可能要花费更多的时间……与自动化机器发生交互,而不是集中精力在基本的飞机驾驶任务上"(Baxter, Besnard, & Riley, 2007, p.418)。

在对美国大航空公司 30 位飞行员进行的一项调查中,研究者发现,自动化系统越来越倾向于只与其他机器部分进行交互,在不与飞行员互动的情况下它也会做决定并启动行动。在飞行模拟器里进行的实验测试结果表明,在时间压力下,飞行员往往无法在第一时间觉察到飞行系统启动了一个不恰当的控制动作,而这可能会对飞机造成有害的后果。在关键的决策情境里,人机系统中的人被忽视了(Olson & Sarter, 2001)。

想了解更多关于工程心理学各方面的内容,请浏览 www.ergonomics.ucla.edu 以及 www.ergonomics.org.uk/(人类工效学学会的主页)。

工作空间及工具的设计

作为不良工作空间设计会带来有害影响的一个反面典型,美军的 M-1 艾布拉姆斯坦克(M-1 Abrams tank)的设计存在很多问题。作为士兵的工作场所,坦克内部的设计能够影响工作绩效——在此是指坦克手的作战效率。M-1 坦克没有依据工程心理学的研究进行设计,因此没能充分考虑到操作人员的需求与能力。对这种坦克进行检测时,在参加测试的 29 名驾驶员中,有 27 名产生了严重的颈部和背部疼痛,以致需要治疗。而且,驾驶员也无法看清离坦克 9 码远的前方地面,这就使得坦克难以躲避障碍物,也很难跨越壕沟。

当引擎和炮塔鼓风机工作时,有一半以上的坦克炮手、填弹手和驾驶员报告他们无法听清彼此的声音,难以交流,因为机器的噪声实在太大了。所有的操作人员都报告工作站里存在着能见度问题。当驾驶员和坦克指挥官打开舱口行驶时,他们发现坦克前面的挡板设计得实在太糟,无法挡住坦克开过时翻起的石块、尘土和泥浆。很明显,M-1 坦克的设计者没考虑人的因素,没能很好地为操作人员着想。

不论是为电子零件装配工设计工作台,为报纸广告撰稿人设计显示屏,还是为司机设计机车驾驶室,有效设计操作者的工作空间都会涉及以下这些被时间-动作研究和工程心理学研究证实的原则:

1. 工人所需的所有材料、工具和物料都应该按照使用顺序进行摆放,这样工人的动作

We don't buy just any seats. We design them.

GM begins with detailed studies of the human body. Biomedical research. The kind of comprehensive investigation of anatomy da Vinci undertook in the 1500s.

As a leader in the field of Human Factors Engineering, we design interiors scientifically to minimize the possible distractions from your driving.

It may take us two years and countless clay models to arrive at a more comfortable, durable seat for new GM cars and trucks. But we think it's worth it.

And we believe old Leonardo would have thought so, too.

We believe in taking the extra time, giving the extra effort and paying attention to every detail. That's what it takes to provide the quality that leads more people to buy GM cars and trucks than any other kind. And why GM owners are the most loyal on the road.

That's the GM commitment to excellence.

工程心理学家帮助各种工作场所设计物件（经通用汽车公司许可转载）

轨迹才会连续。知道每一个部件或工具固定放在某个地方既能节省时间，也能避免因寻找物件而导致的烦恼。

2. 工具应被安放在方便取用的位置上。例如，对于一个需要重复使用螺丝刀的工作，就应该使用螺旋弹簧将螺丝刀悬挂在工作区的上方。当需要工具时，工人就可以不用看，直接伸手，将它拉下来就可以使用了。

3. 所有部件和工具都应放在可方便够到的距离以内（大约28英寸）。对工人而言，经常变换姿势去够超出正常工作区域范围的东西很容易引起疲劳。

良好的工作空间设计例子，请看图13-2，图中显示的是雷达操作员或发电厂监控人员的工作站。工人通常坐在装有指示灯、表盘和开关的控制面板或控制台前。这种工作包括监视和控制复杂设备的运行。监控台的设计应能使操作者看清并毋需离开椅子或采取非正常的姿势就能拿到成功完成工作所必须的所有物件。

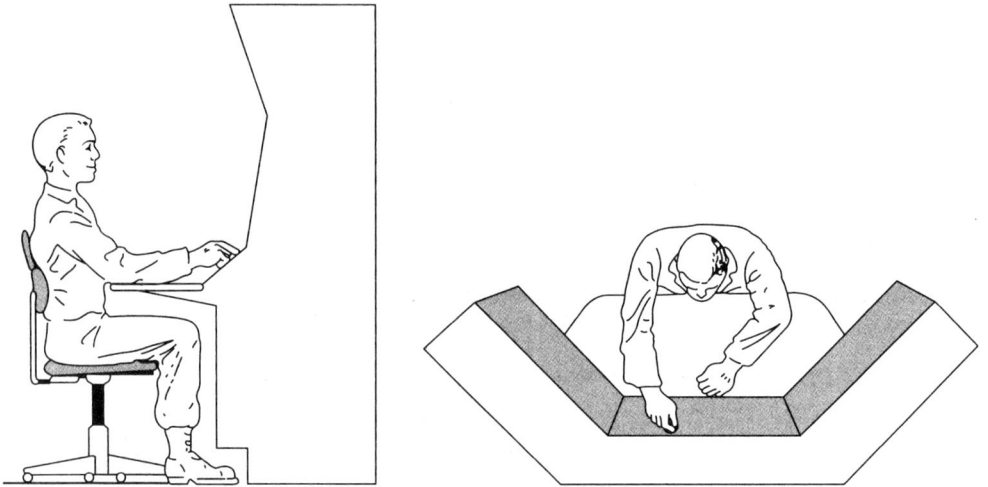

图 13-2　监控台的作业布局

资料来源：Kroemer, K., Kroemer, H., & Kroemer-Elbert, K. Ergonomics: how to design for ease and efficiency, 2nd ed., Upper Saddle River, NJ: Prentice Hall, 2000, p.384.

工作空间设计的另一个重要考虑因素是经常重复使用的手动工具的大小和形状。应用工程心理学原理能使即使很基本的工具也得到改善，例如锤子，可以使它们用起来更容易、更安全、更省力。手动工具应该设计成工人使用它时毋需弯曲腕关节，当手腕保持伸直时，手就更不容易受伤。从人因学立场出发设计好用工具的一项基本原则就是使工具弯曲，而不是让人的手腕弯曲，就像图13-3中钳子的设计那样。工人在完成绝大多数任务时，使用弯柄的钳子要比用直柄的钳子更快（Duke, Mirka, & Sommerich, 2004）。

手动工具若设计得当，将能增强生产效率、满意度及身体健康。相反，工作时弯着手腕持续地使用工具将会导致神经损伤，例如，重复性动作会导致腕管综合征。腕管综合征发病时会很痛,并令人虚弱无力。这种病在花大量时间弹钢琴、做编织或玩电子游戏的人群中也很普遍。这个发现也许会影响你对兴趣爱好的选择。

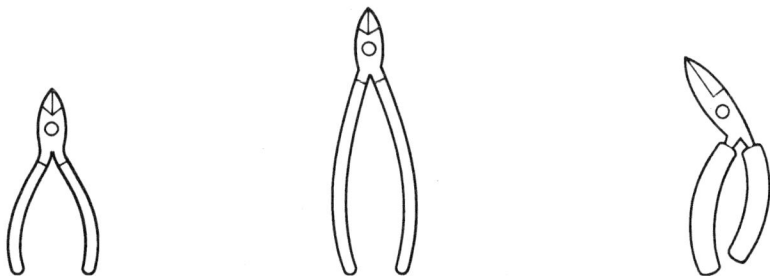

应避免设计太短的手柄,否则会挤压到手掌,而手掌非常柔软、容易受伤。

应避免设计太窄的手柄,否则手上很小的一些区域里会聚集过大的压力。

工具和工作的设计应能令操作者在作业时保持手腕是直的。只有这样,手才会更加有力且不易受伤。

图 13-3　人因学原理在钳子设计上的应用

资料来源:"Ergonomics," 1986, Personnel Journal, 65(6), p.99.

在一项对市政办公楼里 87 名文员的研究中,研究者探讨了应用人因学原理重新设计工作站所起到的成效。基于人因学的改善主要体现在以下四个地方:座椅、键盘、重新安排电脑位置及调整电脑显示屏。具体的变化包括:新椅子和新椅垫、靠背、腕垫以及电脑屏幕保护罩等。绝大多数的改变很简单而且花费也不多,然而它们给工作者带来的益处却是显著的,他们背部的疼痛有所缓解,对工作空间的设计及其高效性也更加满意了。

有时工作场所的一些变化会遭到工作者的排斥或忽视,即便这些变化已表明能为工作带来便利或能使工作不再那么繁重。例如,瑞典的四家公司引进了一批新工作台,这些台子能够根据工作者的要求随意调节高度,这样人们就能改变工作姿势,或站或坐,从而能够减轻颈部、背部及肩部肌肉的压力。在 165 位接受调查和访谈的工作者中,绝大多数人认为新工作台的引进是对工作环境的一种改善,并且对在工作日里能够随意调整工作姿势表达了感激和欣喜。然而,尽管他们表示喜欢这种变化,但超过 60％的人每月最多仅调整一次工作台高度。仅有 20％的人每天都调整。因此,并不是所有工作空间设计中的改变都能实现它们使工作更简便更轻松的预期目标(Wilks, Mortimer, & Nylen, 2006)。

人体测量学

工程心理学的一个分支叫做人体测量学(human anthropometry),它关注人体生理结构的测量。目前通过对大量从事各种不同活动的典型人口样本的测量已收集到完整的一些人体尺寸数据集。具体的数据包括身高(站姿和坐姿)、肩宽、背高、胸厚、手长、足长、膝盖角度等(参见图 13-4)。这些尺寸数据被用于工作区域的设计,例如正常可达距离和最大可达距离、工具和工作台的高度及布置、座位的大小及形状、视频显示终端的视角等。

随着劳动力日趋全球化,设计高效的工作站必须考虑所谓的"人体平均尺寸",而且不同

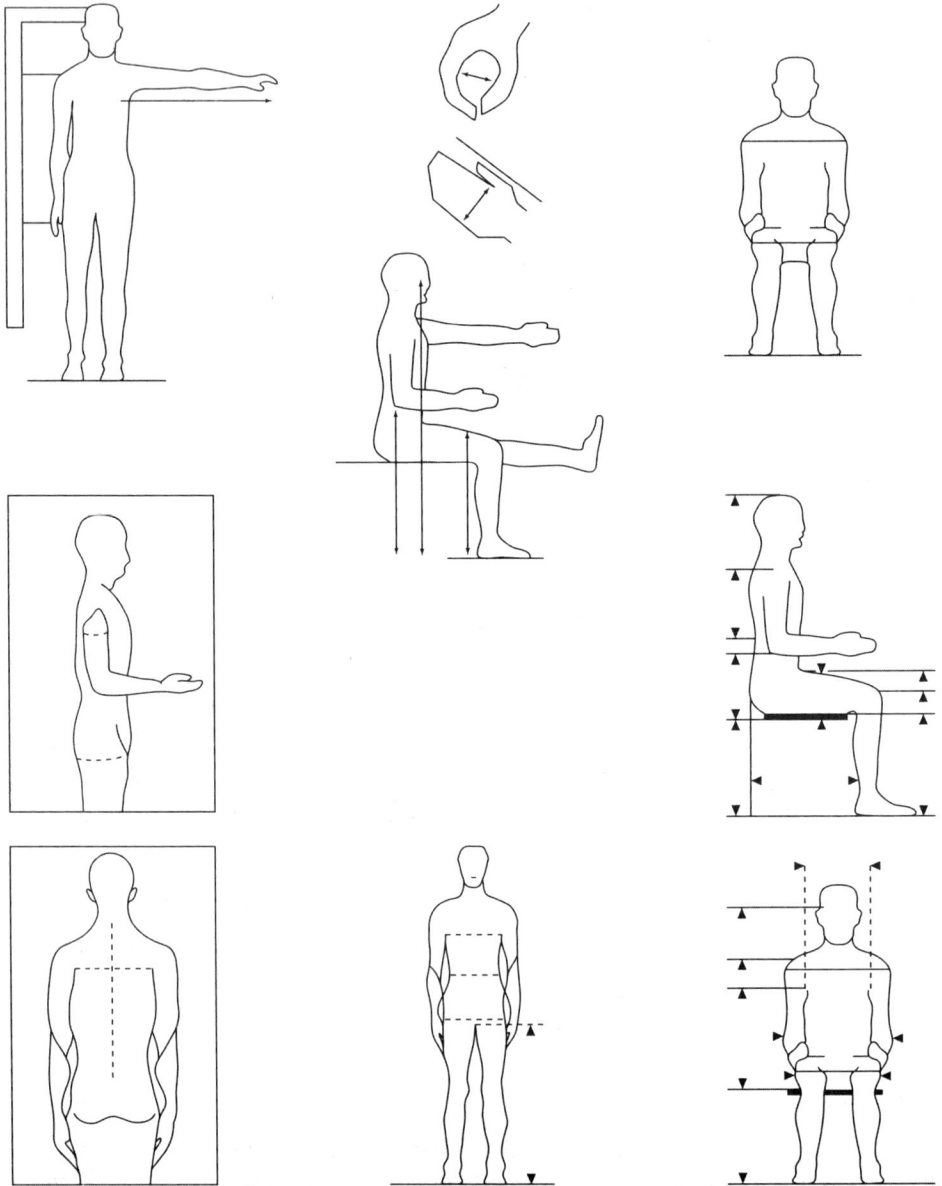

图 13-4 采集身体尺寸(人体测量学数据)时的典型姿势

资料来源:Bridger, R.S. Introduction to ergonomics, 2nd ed., London & New York: Taylor & Francis, 2003, p.64.

文化下的工人其人体尺寸会有差异。这已在下述研究中得到证实,该研究比较了代表亚洲人的中国工人和代表白种人的德国工人之间在人体尺寸上的差别。与德国人相比,中国人通常躯干较长,腿较短,同时头较大、上肢较长。因此,设计相同的工作站、工效学椅子、工具及制服将无法同时适用于这两组人(Shan & Bohn, 2003)。在另一项研究中也得出了类似的结论,该研究对 400 名印度农业地区的女劳工进行了人体尺寸测量。将这些数据与来自美国、英国、中国、埃及、日本、韩国、墨西哥及中国台湾地区的女性人体测量数据进行比较后发现,在所有的 76 个人体尺寸上,印度女性均小于其他国家的女性。这些差异就意味着为普通工人设计的农业工具,例如简单的手镰等,对于印度工人而言就会显得太大、不便利,不利于他们安全、高效地工作。

数百万计的人在办公桌或工作台上工作,如果他们的座椅设计不合理的话,将会导致背部和颈部的疼痛及疲劳,并相应地降低生产效率。关于工作场所中座椅的设计,目前已进行了较为全面的研究并且发展出了适用于各种各样工作的设计指导原则。例如,对苏格兰 80 位公交车司机进行的一项研究中,心理学家发现,司机在驾驶汽车时有 60% 的时间其背部处于挺直状态,且没有良好的支撑。超过半数的司机报告有腰痛病。心理学家总结道,司机座椅的靠背设计得很糟糕,需要改造以给背部提供更好的支持(Okunribido, Shimbles, Magnusson, & Pope, 2007)。对加拿大 30 位在计算机工作站工作的员工进行的一项研究同样发现,员工座椅对背部的支持不力。增加腰垫顶着腰部就能极大地减少对脊椎的压力。结果,员工报告舒适度增强了(Carcone & Keir, 2007)。

影响就坐舒适度的另一因素更多地与人而非座椅有关。你也许已经注意到椅子正变得更大更宽,因为我们的身体也是如此!除了值得注意的一个例外——飞机上的座椅外,其他座椅都已变得更加宽敞。想想体育馆、电影院和地铁里的座椅。穿越华盛顿州普吉特海湾的渡轮过去可以用 18 英寸宽的座位搭载 250 名乘客,后来由于不得不加宽座椅,所以现在每艘船只能搭载 230 人。甚至汽车上小孩的座椅对它们要保护的孩子而言,也已变得太小。在巴尔的摩的约翰霍普金斯医院进行的一项研究发现,有超过 25 万的 6 岁以下儿童超重,这使得他们无法安全地就坐于汽车座椅内。在这些孩子中,绝大多数在 3 岁前就已达到了肥胖水平(Nordquist, 2006)。

想从另外一个角度看看那些设计糟糕的产品,从地图到牙刷,各式各样的设计都有,请登录 www.baddesigns.com/index.shtml。

显示器:信息呈现

在人机系统中,操作者通过生理感觉从机器中获取信息。例如,在开车时,你可以通过视觉显示器(时速表、温度指示器、油表)和听觉显示器(蜂鸣声会警示你要系好安全带或拔下车钥匙)来获取机器运行状态的信息。此外,不那么正式的另一种方式是通过触觉通道来获取信息,例如运转不顺的发动机会使车体颤动。

空中交通控制塔里的视觉显示器呈现信息的方式有文字、符号及图表。

有关人机系统设计中信息显示问题最早的考虑之一便是选择最有效的通讯方式。视觉显示是最常使用的,它更适用于下述情况:

- 信文长,难懂,而且抽象。
- 环境过于嘈杂,不宜采用听觉方式传送信文。
- 听觉通道超载。
- 信文包含着许多不同种类的信息,而且还必须要同时显示。

而在下列情况下,听觉显示则更为有效:

- 信息短,简单明了。
- 信文内容紧急,听觉信号通常比视觉信号更容易吸引人的注意力。
- 环境太暗或是由于其他原因,不允许发生视觉上的交流。
- 操作者的工作要求他要移动位置。耳朵能够接收来自各个方向的信息,而眼睛就必须要盯着显示屏才能获取信息。

视觉显示器

视觉显示中经常犯的一个错误是提供的信息输入超过了操作者运行系统之所需。例如,绝大多数司机不需要转速计来显示发动机每分钟的转数。尽管这一无用的信息存在于小客车上并不会造成很大的问题,但是在飞机上,有大量重要信息需要显示,任何无用的输入都会给信息显示增加问题,并有可能使飞行员感到困惑。工程心理学家必须要问:这一信息对于系统操作而言是必要的吗? 如果没有它系统也能够运行,那我们就应该让繁忙的操作者少面对一项。如果这一信息对设备的操作至关重要,那怎样才是最有效的显示方式? 人机系统中经常使用的三类视觉显示器分别是:定量视觉显示器、定性视觉显示器及核读显示器。

定量显示器。定量视觉显示器(quantitative visual displays)呈现一个精确的数值。在处理诸如速度、高度或温度等信息时,操作者必须要知道有关系统状态的精确数值。例如,飞行员必须知道飞行高度是不是计划要求的 10 500 英尺。不采用精确显示而只是粗略表达会导致飞机误入其他飞机的航道或在有雾时撞到山上去。

视觉显示定量信息有两种基本方法:模拟显示和数字显示。模拟显示,正如你在许多闹钟和示速器上看到的一样,包含着一个数字范围和一个箭头或指针来指示时间或汽车的行驶速度。钟表上的数字从 1 到 12,示速器上的数字可能会从 0 到 130 英里/每小时。而数字显示器,就像你在手机、数字录像机、微波炉及许多其他电子设备上看到的一样,只显示当前相关的数值。例如,钟表可能只显示 3:45 或示速器上只显示 60。

虽然与其他显示方式相比,数字显示器能被更快读取,也较少出错,但它并不适用于所有场合。如果要显示的信息是快速连续变化着的,那一个数字或许就不能维持足够长的显示时间来让操作者进行读取和加工。当了解变化的方向或速率很重要时,数字显示器也不合适。例如,要了解发动机温度是在上升还是在下降,或温度上升得是快还是慢。

定性显示器。当不必读取精确数值时,定性视觉显示器(qualitative visual displays)是适用的。例如,绝大多数司机并不需要知道精确的汽车发动机温度,他们需要知道的只是温度是否处于安全操作的范围之内。操作者对于人机系统中的许多成分仅仅只是需要知道它们是否在正常范围内运行,随着时间的推移数值是在增加还是在减少。典型的定性显示如图 13-5 所示。运行状态的范围通常用颜色来进行编码,危险或高温的部分用红色,安全的部分用绿色。这种显示可以使操作者对系统状态做出快速准确的确认,并能减少操作者必须要接收的技术信息量。

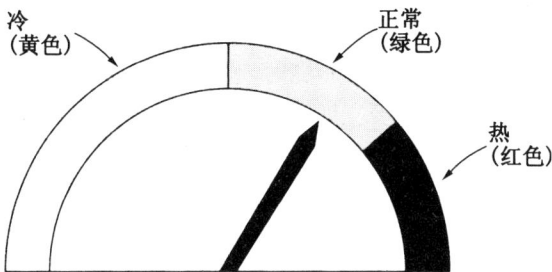

图 13-5　定性视觉显示示例
改编自:*Human Factors in Engineering and Design* (p.76) by E.J.McCormick, 1976, New York: McGraw-Hill.

当必须经常检查多个定性显示器时,一致的模式会令它们更容易被准确读取,如图 13-6 所示。有规律地放置仪表以使它们的正常运行区域始终朝向同一方向,就会使查看显示并检测出异常读数变得更加容易。而无固定模式的显示器排列则会迫使操作者分别读取每一个仪表。有特定模式的显示器被广泛用于飞机驾驶舱、发电站的控制室及自动化制造厂等。

核读显示器。核读式视觉显示器(check reading visual displays)是最简单的一种视觉显示方式。它们告知操作者有关系统的开关状态、安全或不安全、运行是否正常等。就拿汽车里的发动机温度表来说,只要一盏警报灯就足以向你表明是否还可以继续安全驾驶,或者应当停下来,因为发动机处在超温的危险中。这种显示方式有时也被称之为"行/不行"(go/no go),系统要么处于运转状态(行),要么就是没有运转。

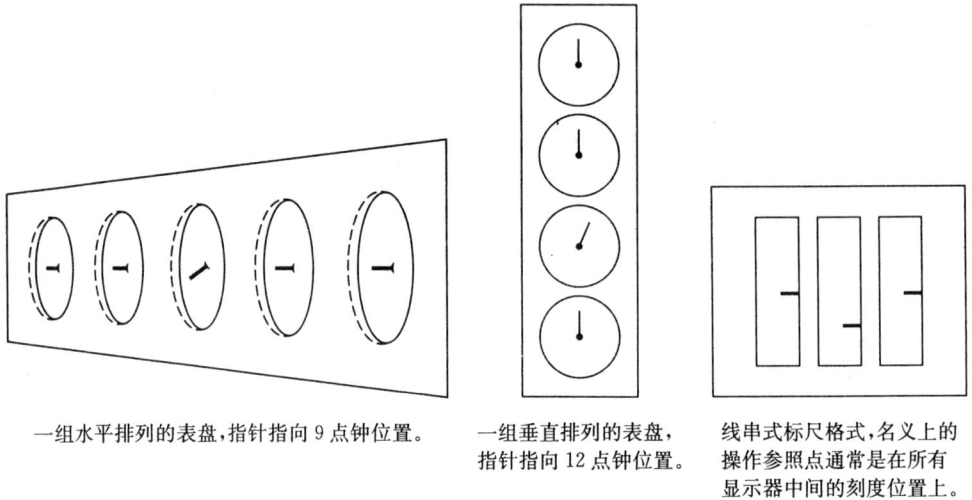

一组水平排列的表盘,指针指向9点钟位置。

一组垂直排列的表盘,指针指向12点钟位置。

线串式标尺格式,名义上的操作参照点通常是在所有显示器中间的刻度位置上。

图 13-6　有特定模式的方便快速读数的仪表显示器的指针排列方式

资料来源:Kroemer, K., Kroemer, H., & Kroemer-Elbert, K. *Ergonomics: How to design for ease and efficiency*, 2nd ed., Upper Saddle River, NJ: Prentice Hall, 2000, p.491.

最常见的核读式显示是警报灯。灯不亮时,表示系统运行状况可靠;而当灯亮起时,就说明系统运行不良已经严重到了需要立即采取矫正性行动的程度。警报灯设计中要考虑的诸多问题之一是亮度。在显示面板上有多个光源时,警报灯的亮度至少应是背景亮度的两倍,这样才能有效吸引操作者的注意。警报灯的位置也很重要,它们应被安置在操作者视野范围的中心。警报灯如果离操作台中心太远,那么当操作者把注意集中在位置更靠中间的显示器和控制装置上时,就很难注意到它。并且,闪烁的灯比一直亮着的警告灯能更快吸引注意力。

如今,视觉显示器已不仅仅包括我们所熟悉的各类灯、仪表及计量仪,大量信息会以文字、符号及图表的形式呈现在显示屏上。飞机及空中交通控制雷达显示屏上使用的电子飞行信息系统结合使用线条、数字及图像符号等形式来呈现精确的位置信息。在飞机驾驶舱的显示器中加入颜色编码能够降低机组人员读取和加工信息的错误及反应时。

在威尔士进行的一项实验研究中,要求98名大学生在电脑屏幕上搜索和辨认不同的标志、符号及图标。研究者发现,相比于简单图案,被试需要花较长时间才能对复杂的图案做出反应。并且在下午 2 点至 3 点之间,被试完成任务的速度较慢,而这段时间也正是交通事故发生频率增加的一个时间段。因此,尽管从总体上看,改变视觉显示的设计能够改善识别的质量并缩短反应时,但在一天当中确实有一些时间段里操作者的工作效率会降低,不管工作场所的环境状况如何(McDougall, Tyrer, & Folkard, 2006)。

并非所有视觉显示器都具有如此高的技术含量。例如,每天数百万计的人进出商店、工厂和办公楼都在使用很常见的推/拉门标志。一些门需要推开,而另一些门则需要拉开。为了找出呈现这些基本信息的最佳视觉显示方式,以方便使用者能够准确地按照指示行事,研究者进行了一项有 60 名被试参加的实验室研究和 1 100 名被试参加的现场研究。其中测试了 11 种不同类型的标志。结果发现,最有效的标志(那些能够被快速识别并能引发最强遵从行为的标志)是结合图画(画上有一只手和一个箭头)与文字说明(水平方向上写着"推"或"拉")的标志(如图 13-7 所示)。即使是很简单的视觉显示也可以通过工程心理学的研究得到改善。

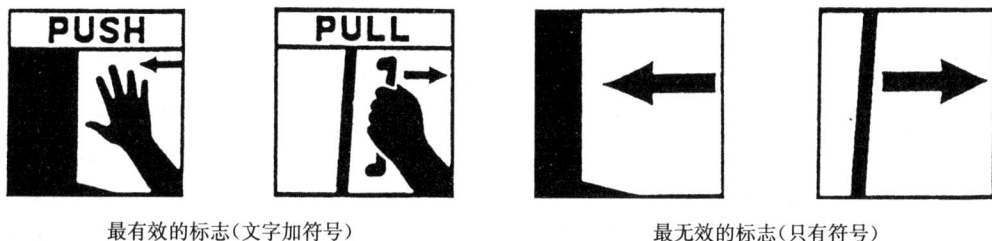

最有效的标志(文字加符号)　　　　　　　最无效的标志(只有符号)

图 13-7　最有效和最无效的推拉门标志

改编自:Kline, T.J.B. & Beitel, G.A. "Assessment of push/pull door signs: A laboratory and a field study." *Human Factors*, 1994, 36, 688.

工程心理学家已研究了不同身材尺寸的人是如何接近并打开门,如何推或拉门上的把手。一项对 2 400 次人-门互动的研究显示,身体较矮小及体重较轻的人会使用较大的力量去推或拉门。研究者还发现,绝大多数人推门时手放在门的中央与边缘之间的地方,但普遍都更靠近中间而不是门把手在的地方。这些发现能给门把手的安置及推/拉标志位置的确定提供参考依据(Chang & Drury, 2007)。

听觉显示器

听觉显示器(auditory displays)比视觉显示器更能引起人的注意,原因如下:

- 我们的耳朵一直敞开着,但眼睛却不是。
- 我们能从各个方向获取听觉信息。
- 我们的视觉通道经常会出现资源容量耗尽的情况。

通常,喇叭、哨子和汽笛比铃声、蜂鸣器、人的声音更能引起注意。但无论听觉警报听起来有多响或多有效,评判它是否够好的标准还是要看操作者对它的反应如何。回忆下在本章开头飞机事故案例里提到的那位俄罗斯航空公司的飞行员,他最终选择了不去相信听觉告警系统的指令。

忽视警报系统并不罕见,人们经常不能对其做出恰当的反应。例如,在对加拿大每日监控核电站运行状况的员工进行的一项长期研究中,研究者发现,超过 50% 的警报并不能为操作者提供有用或有意义的信息以便操作者采取一些矫正性行动,这些所谓的"公害警报"(nuisance alarms)会给原本就关键且要求严苛的工作带来更多混乱与困惑(Mumaw, Roth, Vicente, & Burns, 2000)。一项对 24 个外科手术案例中受过良好训练的注册护理麻醉师的研究发现:有接近一半的来自医疗设备的听觉警报被忽略,针对这些警报他们并没有做出任何矫正性行动,因为毋需去做。外科手术团队已意识到这些警告大概就是公害警报了(Seagull & Sanderson, 2001)。

也有研究针对火警系统的设计,绝大多数人的家里和工作场所里有此类系统。研究者发现,在人们熟睡时,通常使用的高频率的"嘟嘟"声明显比语音报警或较低频率的信号效果要差。改变火警系统听觉信号的类型将能挽救许多人的性命。有数据显示,睡觉时未能听到警报声而死于火灾的人数是火灾时人醒着时的 3 倍(Bruck & Ball, 2007)。

有时,即使是设计很仔细的人机系统也不能像预想的那样工作,因为操作者破坏了系统执行功能的环境。1987 年 5 月 17 日晚,在波斯湾值勤的美国海军护卫舰斯达克(Stark)号上,一个雷达操作员正监控着一个追踪附近所有雷达信号的复杂系统。该系统有视觉和听觉告警装置,如果检测到敌方的雷达,告警装置就会警示操作人员。系统设计者认为,通过视觉显示与听觉显示两种方式,操作者就一定不会漏失警报了。如果操作者没有在看视觉显示屏,那么听觉信号,即急促的"嘟嘟"声肯定能被注意到。

然而,当那晚检测到敌方雷达时,视觉警报信号在显示屏上闪现,而操作者却在看别处,因此没能看到警报,而且听觉信号也没有响起来。听觉警报器早已被操作员或是上一班值勤的操作员拔掉了,因为他认为这东西很烦人。由于船是在敌军的领地上,所以警报会经常响起,操作者认为它既讨厌又无用。

听觉警报失效,而视觉警报又没有被看到,因此,一架伊拉克喷气式战斗机向斯达克号发射了一枚导弹,导致 37 名美国船员死亡。在这个例子中,人机系统里的设备部分运行状态可靠,但是操作者的表现就不让人满意了。

听觉信号能够传送复杂信息。例子之一便是在船上通过使用声纳来发现水下物体。一种高频声音从船底部发送出去并在水里传播,当它碰到一个足够大的物体时,信号返回船体并能发出经常在老电影里听到的那种"砰砰"声。解释返回声音所传达的信息含义难度很高,需要经过大量训练才能学会辨别声音的各种特征。对于声纳信号,如果被检测到的物体正在远离船只,那么返回声音的频率会比发送出去的声音的频率低。如果物体是移向船只的,那么返回声音的频率会较高。

人类能够通过听觉接受和解释大量信息。我们能对正式的信号通讯过程(警报号角、汽笛和蜂鸣器)做出反应,同时也能对非正式的一些线索做出反应(汽车发动机不能点火或者丢失了文件的电脑发出"嘟嘟"声)。

新闻聚焦

杰克:虚拟的设备测试员

《纽约时报》的一位记者这样写道:"在 15 年的工作生涯中,杰克曾被困在煤矿下,被迫抬起和搬运那些会伤害他背部的重物。而且当他怀孕时——是的,就是在他怀孕时,将其塞进车里,看看他坐进车里后合不合适,能不能够到脚踏板。然而杰克从不抱怨,因为他是一个软件,是一个能代表多种不同形式的人的虚拟现实表征。杰克可以走路,绕开障碍物,能够到东西并举起物品。但是如果他无法执行一项任务,那么这时人物的图像就会显示出有问题存在的信号,有时表现为在电脑屏幕上他身体的某一部分会改变颜色。杰克一副逆来顺受的样子,于是我们便会停止对他的要求。"

戴上虚拟现实头盔,真实的人,像汽车、飞机座舱或工作站的设计者,就可以通过杰克的眼睛看到他作为一个司机、飞行员、工人或办公室管理者的工作情况。这样,工程心理学家或人因学工程师就能够在实物实际建成之前看到它们的工作状态。例如,他们或许可以为下列一些问题找到答案:在跑车里伸手去切换收音机频道时,是否会意外地将挂挡装置推到空挡里?农民开着经过重新设计过的拖拉机时,能否清楚地看到后面耕地的犁耙?当约翰·迪尔(John Deere)公司得知杰克无法从新拖拉机的驾驶室里看到那些犁耙的刀刃时,在这个阶段就改变设计没什么大不了的。但是如果拖拉机已经通过流水线生产出来了,再重新设计的话就会代价高昂。

好在在线杰克从来不会失败,而且他从不会疲劳或发脾气,也从不会迟到或因为流感而生病在家,他只需花费 25 000 美元。在当今市场上,杰克可谓物美价廉。

资料来源:Jack is put through the wringer so you won't be(2000, May 11). *New York Times.*

触觉显示器

全世界的人每天都会通过肤觉进行触觉交流。有视觉缺陷的人用他们的五指触摸光滑表面上突起的点来阅读盲文,这已被证实是一个快速而有效的接收信息的方法。熟练掌握盲文阅读的人每分钟可以阅读多达 200 个字。

关于使用动态的或有变化的触觉显示器作为显示信息的方法,工程心理学家已经做了大量的研究。其中有一种有效的技术涉及皮肤表面的振动。当振动刺激以不同的持续时间和强度作用于胸部的不同位置时,被试要学着去理解和记住相应的许多不同的感觉。尽管这项距今已有 50 多年的早期研究在当时就已表现出了开发有效触觉显示器的极大希望,但是目前对这一课题的研究关注和发展仍然相对比较落后。

不管怎样,在 21 世纪初,心理学家们宣告他们将重新开始关注并研发触觉显示器以使其能够有效应用于工作场所、战场以及人们的日常生活(参见 Jones & Sarter, 2008;Simonite, 2007)。目前他们已为司机及其他视觉通道可能会出现超负荷状态的工人研制出了一些有良好发展前景的设备来向皮肤,尤其是手呈现各式各样的信息(Spence & Gallace, 2007)。

其中有一种装备叫做振动背心(vibrating vest),它能在人背部的皮肤上"写下"信息。起初它是为了能让警察、消防员及士兵能在无线电或其他听觉、视觉通讯方式都不能使用的情况下进行交流而设计的。例如,在着火的大楼里,消防员的无线电通讯设施可能会发生功能障碍,而烟雾也会遮挡视线。而这种振动背心可以直接用带子系在背上,穿在衣服底下。背心上藏着 16 个小的振动马达与无线收发器相连接。在对振动背心的实验测试中,被试能够学会对多达 15 条的不同命令做出反应,而每一条命令都与背部某一区域上的振动相关联。目前已经为人的双手也开发出了类似的装备,并已被证明当手忙于操控机器时仍能高效地接收信息。随着视觉和听觉显示器在某些工作环境中变得越来越庞杂,可以使用触觉显示器来作为额外的通讯工具。

控制装置:采取行动

在人机系统中,一旦操作者从显示器中获取信息并对这些信息进行了心理加工,那么他们接下来就要对机器做出一些控制动作。他们通过一些装置,例如开关、按钮、操纵杆、曲柄、方向盘、鼠标、游戏杆、追踪球和脚踏板等来传达操作决定。工程心理学家分析每项任务的性质以确定它是否涉及诸如开灯或启动其他某些系统成分之类的活动。任务是否涉及微调,例如从众多频率中选择一个收音机频道?是否需要频繁快速地重新调整控制装置,或是一次性设置就已足够?操作者完成这项任务必须施加多大力量?如果必须在低温下才能启动控制装置,那么戴手套是否会干扰正常的操作?如果必须在低水平照明条件下启动控制装置,那么只通过形状是否就能很容易地识别它呢?

控制装置的设计准则。对于那种要求控制装置有两个离散设置的任务,例如"开"和"关",手按钮或足按钮是适用的;对于需要四个或更多离散设置的任务,一组手指按钮或旋转选择开关会更好;对于需要做连续设置的任务,旋钮或曲柄则是最佳选择;而对电脑显示屏上的元素进行选择时,可采用鼠标、光笔或触摸板等。图 13-8 列举了一组常见的控制装置及其适用的操作。此外,控制装置的设计还应满足以下两个标准:

1. *控制装置的设计应与人体特征相匹配。*尽管可以用头或肘来启动一些控制装置,但是绝大多数控制装置需要使用手和脚来操作。工程心理学家建议,不要给手或脚分配过多的任务。手在操作控制装置时更加精准,而脚能够施加较大的力量。

2. *控制装置的设计应与任务相兼容。*操作动作应与它所产生的运动效果相一致。例如,将飞机的操纵杆拉到右面会把飞机也拉向右边,控制动作与机器的反应应该是相似的。

要想降低飞机襟翼或着陆架,相应的控制装置也应向下拉。通常,我们向右旋转旋钮(顺时针方向)就可以打开机器,绝大多数人很难适应那些向左旋转才可以打开机器的旋钮。

用于传送离散信息

用于传送传统的连续信息

用于传送光标定位信息

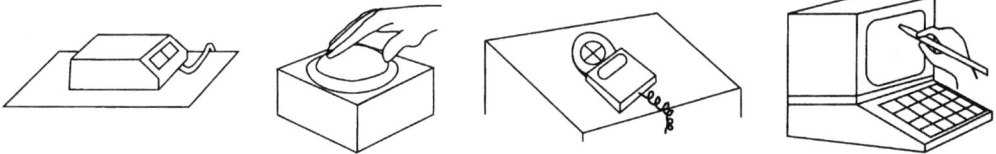

图 13-8　控制装置和它们能最佳传送的信息类型

资料来自:Sanders, M.S. & McCormick, E.J. *Human factors in engineering and design*, 6th ed., p.261. New York: McGraw-Hill, 1987. Copyright 1987, McGraw-Hill Book Co. Used with permission.

组合相关的控制装置。在任何可能的地方,工程心理学家都会将那些执行相似或相关操作的控制装置组合在一起。例如,简单的收音机一般有三个控制功能,分别是开/关、音量和频道选择,然而却只有两个控制装置。开/关和音量控制执行的是相关功能,可以组合到一起以减少操作者分开操作的动作数量,并节省控制面板上的空间。

控制装置的识别。应对控制装置进行清楚的标记或编码以确保它们能被快速准确地识别。汽车制造商是通过使用代表控制装置功能的形象符号来对控制面板进行编码的(例如,一个微缩版的雨刮代表着挡风玻璃雨刮器开关)。在拥挤的设备控制面板上,容易识别的控制装置能使启动错误控制装置的出错几率降至最小。

形状编码(shape coding)指以容易识别的不同形状来设计控制台或控制面板上的各个

旋钮（如图 13-9 所示）。这样既便于对控制装置进行快速准确的视觉识别，同时也便于在光线很暗的条件下或眼睛必须要集中在其他地方时通过触觉来识别。有时控制装置的形状就象征着它的功能。美国空军飞机上着陆襟翼的控制装置看上去正像是一个着陆襟翼，而着陆架的控制装置看上去就像是一个轮胎。每一个控制装置在外观和触觉上都是独特的，并且对其功能也能很快理解。将所有飞机上的控制装置进行标准化能减少飞行员出错的机会。

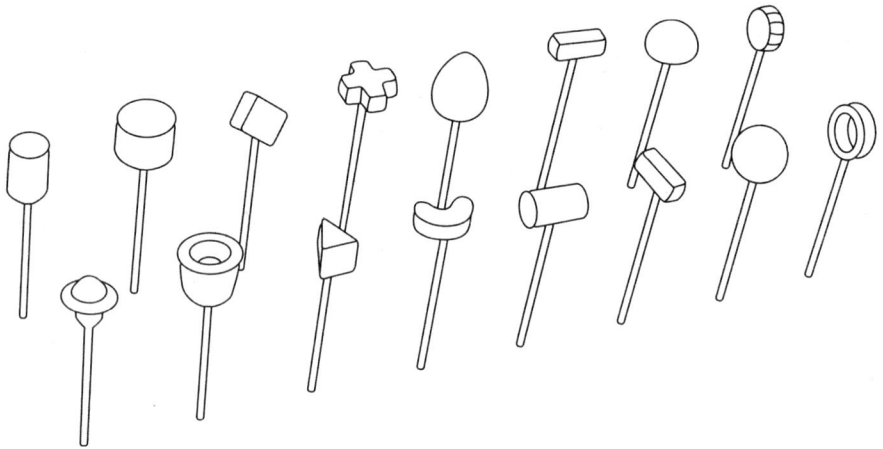

图 13-9　推荐使用的手柄形状编码方式

资料来源：Woodson, W., Tillman, B., & Tillman, P. *Human factors design handbook*, 2nd ed., New York: McGraw-Hill, 1992, p.439.

控制装置的安置。一旦选择好控制装置的类型和形状后，工程心理学家就要确定它们在控制面板上的位置。在这一过程中，他们要考虑控制装置与信息显示间的关系。确定控制装置位置的首要一点是一致性或统一性。例如，我们预期汽车上油门会被安置在刹车的右边，"Enter"键会被安置在键盘的右边。控制装置布局的标准化程度越高，人们在使用不同型号但属于同一系统的控制装置进行工作时就会更容易，也更安全。这听起来似乎是常识，但是工程心理学的这一研究被广泛接纳，对飞机上的设备控制面板进行统一的标准化设计仍用了很多年时间才得以实现。如今，这一基本设计原则在许多消费品生产中仍然没有得到应有的重视。

就炉灶而言，通常其表面会有四个灶头，在控制面板上有四个旋钮分别控制它们。然而，控制旋钮和灶头之间的对应关系却缺乏一致性。一项对 49 个电子炉和燃气灶的研究发现存在着 6 种不同的旋钮-灶头操作联系。尽管在炉灶设计中缺乏标准化，其后果并不会像飞机设计中缺乏标准化那样严重，但它仍然会导致烧伤或其他意外。使用燃气灶时，当你操作旋钮开启炉灶就会立即得到反馈，但使用电子炉时，你可能会以为灶头还是冷的而去触摸它，但结果却发现它已经被点着了。

在全球化市场中，某一国家制造的产品可能会销往其他许多国家。人因学工程师必须意识到文化差异可能会影响到产品的使用,例如信息显示与控制装置之间的联系。举例来说,在操作一个4灶头的炉灶时,来自中国台湾地区的被试与来自美国的被试表现出了对不同灶头-控制器关联的偏好。在操作同一个灶头时,中国台湾地区被试不自觉地会去选择与美国被试不同的旋钮。这很有可能反映出了一定的文化差异性,中国台湾地区的人阅读汉字是竖读,并且是从右往左读,而讲英语的美国人则从水平方向上进行阅读,而且自左向右。因此,使用控制装置的所谓很自然的方式在这两种不同文化下存在着差异。

那些与应急功能相关的控制装置必须置于操作者的正常视线之内,以使它们能与其他控制装置区分开。操作者应能快速触及和操作这些应急控制装置,并且应使用盖子或遮挡板将它们保护起来,以防偶发启动。

当显示器在功能上与控制装置密切相连时,例如,必须通过转动旋钮才能设置仪表时,就应尽可能地将它们安置得近一些。根据功能将显示器及控制装置进行分组是可取的,例如,在飞机座舱内,涉及发动机运行的显示器及控制装置被分为一组。当操作顺序始终如一时,显示器与控制装置还可以根据使用顺序进行分组。

医疗中的人因学

我们先前曾指出,作为人因工程学的先导,时间—动作研究是如何彻底改变医院手术室里的操作程序的。以前是医生自己去寻找并伸手抓取每一个工具,而现在则由护士直接将每一样手术工具递到医生手里。这一改变使得手术过程更加高效、快捷和安全,因为它消除了医生选错和用错工具的可能性。现代医疗技术已变得更加复杂,越来越多的医疗程序变成了自动化操作。医疗专家,无论是外科大夫、护士或是技师都得监控机器的运行。

例如,有一种所谓的"智能静脉注射泵",能自动停止为病人输液,也就是说,当到达危险水平时,它能停止为病人继续输入化学药品、麻醉剂或营养液。这类设备必须要为每一位病人准确地进行设置并且应定期进行检查。主治医师必须要像驾驶舱里的飞行员一样,如果危险来临了,他应能觉察出警告信号。药物的条形码制度已确立并被广泛使用,这能有效防止给病人错误的处方药或错误的药物剂量。不过同样,必须要有人监控系统的运行以确保它能正常运行。

美国食品和药物管理局(U.S.Food and Drug Administration, FDA)要求医疗技术的开发者应论证在新医疗技术和给药系统的设计中已有效运用了工程心理学的原则。这一要求确保了人因学专家更大的参与价值(参见,例如,Alvarado & Cao, 2004;Martin, Norris, Murphy, & Crowe, 2008;Salas, Baker, King, & Battles, 2006)。工程心理学家们目前正在积极参与创新设计机器人手术、虚拟病人,甚至是护士的鞋子。

在机器人手术中,外科医生通过计算机控制台进行操作并且监视着显示屏,显示屏上呈现着诸如病人关键的健康指标、实时X光照片和超声波照片以及手术工具正在操作的器官或躯体部分等信息。外科医生为病人做检查以及操作手术工具都是间接进行的。他们在控制面板上的动作被电脑转化成手术刀或其他工具精确无颤的运动。机器人手术已被例行用于诸如全膝关节置换术、前列腺切除术以及心内直视手术等。研究表明，机器人手术切口更小、创伤性更小、动作也更精准。此外，机器人手术还有助于外科医生免于手术中长久站立而导致的疲劳，也不必为防止 X 光照射而穿很重的防护铅背心（Feder，2008）。

工程心理学家参与的另一项医疗创新工作是"虚拟病人"，即一个由电脑控制的逼真的机器假人。它常被用于训练医学院的学生。"快来帮帮我！"假人对学生说："我感觉不舒服。"学生们用课堂上学到的诊断方法和治疗过程来医治假人进行练习，并不会对真实病人产生任何危害。可以对虚拟病人进行编程以使其呈现出各式各样的症状和病情，其中有些还是需要应急措施的。一段训练结束后，电脑屏幕会及时显示出对该学生表现的评估。虚拟病人也已被用于牙科学生的训练中，如果学生钻牙时太靠近敏感的神经，由程序设定的假人就会大叫："把我弄疼了！"

在中国台湾地区，研究护士脚痛及腿疼病因的工程心理学家发现，工作期间当护士穿着弹力袜、踩着足弓处有良好支撑的，有合适高度鞋跟和鞋底的鞋子时，她们的疼痛会明显得到缓解。除了能减少脚痛及腿疼，这些衣着上的变化同样也能减轻腰痛，这些改变能以相对较小的代价显著改善工作者的效率、警觉性以及身体舒适度（Chiu & Wang，2007）。

日常生活中的人因学

工效学的研究成果在日常生活中的许多领域里都有所体现。例如，远程通信及信息处理技术也就是无线信息技术，也许你的车里面就有，比如 GPS 导航系统、卫星广播或内置无线电话等。自动碰撞通知系统，例如安吉星（OnStar），它能实时跟踪汽车的位置并且当安全气囊爆开时会向当局报警。很快，在你的车里还能使用到电子邮件，能接入无线网络、蓝牙支持及内置的掌上电脑等。然而，这些设备带来的一个很明显的问题就是它们会让你分心，并导致事故。工程心理学家们正在致力于确定导致分心的缘由及程度以及如何使操作者有能力来很好地去应对这些问题。

开车时使用手机是造成事故的一个主要原因，但绝大多数政府的司法部门并不要求在交通事故报告中写出使用手机的情况。如果司机在开车时使用手机，那他发生撞车事故的概率是不用手机时的 4 倍（Strayer，2006）。一项针对日本司机的研究表明，发生事故最主要的原因是开车时接电话，第二大原因是开车时打电话，第三大原因是开车时正与对方通话。使用手提电话和免提电话之间没有什么显著性差异，在这两种情况下，引起注意力分散的机制是类似的（Green，2003）。

关于在城市交通中开车时使用 GPS 导航系统的研究显示，司机们通过触摸屏找到目的地的入口平均用时 3.4 秒，平均每次看显示屏以核对位置的时间是 1.32 秒。该项研究的研究人员建议，能够通过语音启动而非手动操作就能获取目的地的信息将能简化司机的工作任务，并能减少司机把注意力集中在显示屏上的时间（Chiang，Brooks，& Weir，2004）。

研究人员对实际行驶在路上的汽车以及实验室逼真的驾驶模拟器里的听觉告警系统都进行了研究,结果发现,当离前车距离很近时听觉告警系统发出警报会令司机与前车保持较远的距离,因此能减少 50％的汽车追尾事故(Ben-Yaacov, Maltz, & Shinar, 2002;Lee, McGehee, Brown, & Reyes, 2002)。

一些人因学研究已开始关注电话的语音菜单系统。在一项对 114 名 18 岁至 60 多岁的被试的研究中,研究者发现,相比于年轻人,年长者更难找到他们想要的菜单选项。但是当给已录好的口语指导配上相应的图解时,年长者恰当选择菜单选项的表现就会有显著改善(Sharit, Czaja, Nair, & Lee, 2003)。

学校教室里的桌椅也已成为人因学研究的对象。对 414 名 6 岁至 18 岁的希腊学生进行的人体测量结果表明,学校里的桌椅设备设计糟糕,学生使用起来不舒服。椅子太高,椅面太深,而且桌子也太宽以至于绝大多数学生难以够到。这种情况会导致不舒服且不自然的坐姿,并会导致弯腰驼背,给脊椎和背部造成过度压力(Gouvali & Boudolos, 2006;Pana-giotopoulou, Christoulas, Papanckolaou, & Mandroukas, 2004)。这些发现支持了在密歇根州进行的一项类似研究,该研究发现 80％的学生(年龄介于 11 岁至 14 岁)椅子太高,椅面过深,桌子也太高。关注这些年龄阶段学生的人体测量数据将能预防不适和危害。

你有注意到在头等舱的乘客经常享受皮革座位而其余的乘客只能坐布料包裹的椅子吗?如果你飞长途的话,你会嫉妒在头等舱的乘客吗?其实你不必嫉妒他们。德国进行的一项研究表明,布料椅套更舒适,因为布料透气而皮革不透气。坐在皮革椅子上的人更容易出汗(Bartels, 2003)。

据美国联邦航空局(FAA)报告,飞机在着陆过程中由于过于靠近跑道上的其他飞机而导致相撞的事故现已增加到了平均每天都要发生一起。为了防止这些所谓的"入侵"事故,联邦航空局赞助了一个飞机场跑道设计大赛。一个由工程心理学研究生组成的团队的设计赢得了此次比赛:他们提出在跑道周围布置便宜的无线传感器,标出跑道,这样如果有其他飞机或物体在跑道上时它们就能直接给飞行员提供即时的警报。而在现在的系统下,是空中交通管制员先要留意任何可能的障碍物,然后才会通知飞行员。新的设计如果实现的话,将会节约很多时间,因为跳过了空中交通管制员这一环节而直接向飞行员提供信息(听觉警报)(Packard, 2007)。

那么食品服务行业呢?工效学研究者也一直在此领域开展工作。例如,有研究表明,如果将冰淇淋保存在不低于零下 14 摄氏度的地方,那么冰淇淋店的店员舀冰淇淋这种重复性工作给身体造成的压力将会减少。如果勺子的边缘每月至少打磨一次的话,舀冰淇淋的难度也会减轻一些。此外,如果在勺子里封装好防冻液,那么舀冰淇淋的工作也能简便些。然而,到目前为止,设计者们仍未能找到有效防止防冻液漏到冰淇淋中的方法,而如果不能有效防止泄漏的话,那么这一做法肯定是不好的(Dempsey, McGorry, Cotnam, & Braun, 2000)。

在中国,工效学研究者发现,餐馆厨师在烹调时一直用锅铲来翻炒食物会导致腕管综合征及其他一些上肢损伤病症。他们测试了不同柄长的锅铲并对铲柄和锅铲平面的角度进行了多种变换。结果发现,这两个因素均会显著地影响厨师手腕的转动、弯曲及角度。手腕保持得越直,它所承受的压力就越小。研究者发现,最好的锅铲应能使手腕的弯曲程度降至最低,铲柄长 25 厘米且有 25 度的升力角是最好的。有了满足这些尺寸要求的工具,餐馆厨师就能烹饪出更多的美食,而且也能减轻工作对身体造成的损伤和疼痛(Wu & Hsieh, 2002)。

工程心理学家们类似的许多研究发现也被常规地用于交通运输、家具设计、厨房用具、家庭工作环境以及其他消费产品中,这样就能使用户感到更加舒适和高效,同时也能将长期使用工具所带来的不适降至最低。

新闻聚焦

为老年人设计汽车:假设我们是老人

穿上老人装(Third-Age Suit)不容易,而一旦穿上它以后,走来走去和做些正常的事也变得不再容易。老人装上的护目镜的镜片是发黄的且经过特殊打磨;脖子上的支架限制住了头部以至于难以转动;背部、肩部和腰部周围都加有厚厚的垫子;支撑物也限制住了双手、手腕及肘部的活动;塑料手套减少了触觉的灵敏度;环绕在脚踝、膝盖和双脚上的约束装置限制了行动的方便性。

埃罗·兰苏(Eero Laansoo)是福特汽车公司(Ford Motor Company)的一位设计师,才 35 岁。有一次,他穿上了老人装,进到车里去尝试开车。但是他带着那么多限制和约束将如何驾车呢? 这正是此次尝试的要点所在:向那些还是二三十岁的汽车设计师们展示老年人开车时会是怎样的情形。

当我们渐渐老去,我们会变重,变得不灵活,会为关节硬化、视力衰退感到烦恼。转动旋钮会变得很费力,捏着门把手向上拉或是尽力扭过头去看身后或身旁的车时也是如此费力。这就是为什么福特公司在工程心理学家的指导下替换了一些平镶在外部的门把手,将一些型号的汽车座椅变得更舒适更高,这样就能方便老年司机进出汽车。福特公司的工程师也正在开发一种盲点传感器,它能使有视力缺陷的司机知道在他看不到的地方是否还有别的车,这样就不用费力扭动着身子四处看了。

福特公司的老人装给波音公司(Boeing Company)留下了深刻的印象,后者也制造了一个类似的装置以帮助工程师在配置 787 客机内部相关设施时将老年乘客的需求放在心上。正如一位年轻的波音公司工程师说的那样:"我们在为日益老去的我们自己设计飞机。我们不会马上变得衰老不堪,但我们的行动的确会越来越慢,身体也会越来越不那么强壮。并且会有更多像我们这样的人存在。我们必须面对这一切。"用工程心理学的眼光去适当关注我们日常生活中使用的物品会令我们大家的生活都变得很方便。

资料来源:Heller, J.(2006, February 26). New designs cater to needs of older drivers. St.Petersburg Times.

人因学与计算机

数百万计的人在工作及日常生活中会使用电脑。当电脑终端和电脑配套家具设计中忽略了人因工程学因素时，就会给使用者造成身体劳累、不适、视疲劳甚至视力障碍。工程心理学家已发现，绝大多数员工抱怨视力障碍并不是因为电脑终端本身，而是由于设备元件和工作站的设计。被认为具有潜在危害性的设备因素包括：屏幕尺寸、屏幕上字符闪烁的程度以及字符出现的速率。

此外，工作场所的照明水平和眩光也能导致视疲劳。防眩外罩和挡板有助于减轻问题。可以减弱工作区域里的总体照明水平，将墙涂成较深的颜色。可以采用间接照明来取代荧光顶灯。所有这些改变都能增强电脑使用者的视觉舒适性。

有证据显示，人们在电脑屏幕上进行阅读时要比在纸上阅读慢。目前有研究正致力于从屏幕显示的一些具体因素及用户特征，例如使用电脑终端的时间长短，来解释这一现象。工业与组织心理学家们提出较慢的阅读速度可能与屏幕上图像的质量有关（大小、类型风格、清晰度以及与背景的对比度）。

许多人对纸上阅读内容的理解要优于屏幕阅读。这在一项对 113 名大学生的研究中有所体现，在该研究中要求被试阅读两篇杂志文章并回答问题。其中一组在纸上阅读，而另一组则是在电脑上进行阅读。结果发现，与电脑阅读相比，纸上阅读的被试中，有更多的人报告文章内容有趣、令人信服，并且也表现出对文章内容有较高的理解水平（Greenman，2000）。

电脑使用者抱怨手腕、手、肩部、颈部及背部等处疲劳和疼痛，所有这些都与缺乏人体工程学方面的考虑有关。例如，与电脑配套的桌椅等设施经常都设计得很糟，对那些需要长时间坐着工作的人而言是不利的。椅子最好应具可调性，能使电脑操作者根据他们的身高、体重和姿势来调节椅子。不时变换姿势能减少疲劳，而使用可调性的椅子就能较容易地实现这一点。具有可调性的分体式电脑桌能将键盘和显示屏等部件放置在不同高度上，这也能有助于提高使用者的舒适度。以经验丰富的打字员为被试，对水平放置的标准键盘和可调整性键盘进行的比较研究发现，就引发肌肉骨骼痛这项指标而言，两个设计并无区别。然而，与不使用腕垫的人相比，使用手腕护垫的人表示他们的肘部和前臂更少会感到疼痛。

许多人在用鼠标时都会无意识地去动中指。在对 100 名研究生进行的研究中，研究者们发现，48％的被试在拖动鼠标时会悬起他们的中指，而 23％的被试会在移动鼠标时伸展中指。这些下意识的动作对完成任务没有任何帮助，但确实会促成人们更多地报告前臂、手腕及手等多处感到疼痛（Lee, McLoone, & Dennerlein, 2008）。

研究者们已就计算机和工作区域的设计进行了大量的人因学研究。图 13-10 列举了设计计算机工作站时广为接受的一些参考值。例如，研究结果表明，电脑键盘向下倾斜 15 度角能够减少使用者颈部和肩部的不适。如果把显示器摆得太高或太低,太靠右或太靠左,而不是摆在使用者的正前方的话,就会导致颈部及腰部的疼痛。注视屏幕的角度对姿势有显著影响,17度左右的视角下,使用者能够对背部、颈部及肩部做出最佳姿势调整(Psihogjos,Sommerich,Mirka,& Moon,2001;Srmoneau & Marklin,2001;Sommerich,Joines,& Psihogios,2001;Szeto & Sham,2008)。

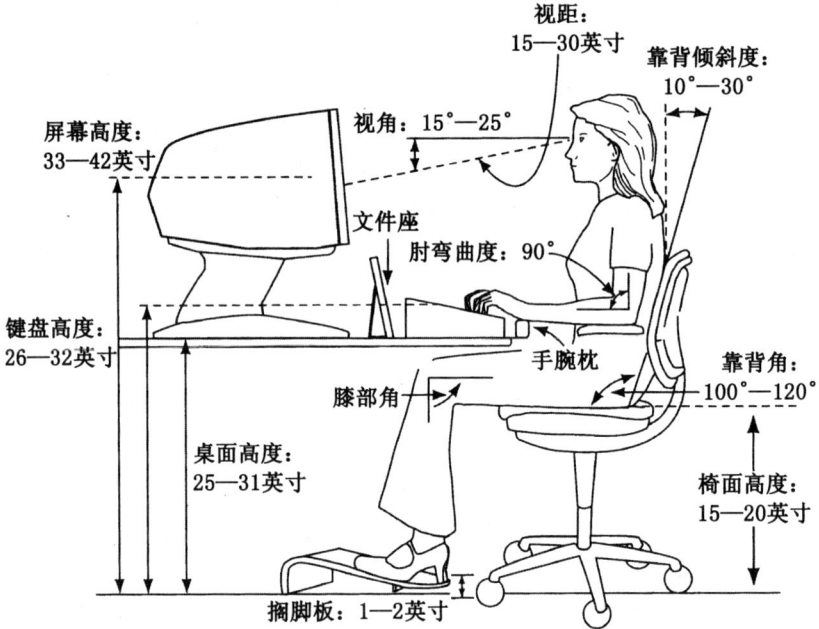

图 13-10　设计计算机工作站的参考值

资料来源:Sanders,M.S. & McCormick,E.J. *Human factors in engineering and design*,6th ed.,p.358. New York:McGraw-Hill,1987. Copyright 1987,McGraw-Hill Book Co.Used with permission.

有一些研究对标准鼠标及其他类型的控制装置进行了比较。标准鼠标往往需要手腕和前臂做大幅度移动。在瑞典进行的研究指出,与标准鼠标相比,形如玩电子游戏时使用的操纵杆的虚拟鼠标操作起来更舒适、也更高效(Gustafsson & Hagberg,2003)。使用虚拟鼠标时,手能够保持垂直的姿势围绕在操纵杆四周,而拇指能够操作点击按钮。这样的话,手腕和前臂的肌肉就不会受到劳损了。

伊士曼柯达公司(Eastman Kodak Company)的工效学小组设计了一份调查问卷用来确定员工在平时与电脑的接触中存在的各类问题。其目标是从员工那里收集信息,以重新设计工作站来减轻他们的疲劳、压力和神经肌肉损伤。所以请坐在你的计算机前,对表 13-1 中的问题回答"是"或"否",然后看一下结果。如果你回答的所有答案都是"是",那么恭喜你! 你现在工作得很舒适而且没有遇到与操作计算机相关的身体问题。但如果所有问题你都回答"否",那么你的工作场所就需要重新做一些调整了。

表 13-1　关于工作站设计的工效学调查问卷

请对下述问题做出"是"或"否"的回答。

1. 你在看电脑屏幕时头部能不向前倾或往后仰吗？
2. 你的双眼能平视电脑屏幕吗？
3. 你的稿件夹是紧挨在屏幕旁边并且在离你眼睛相同的高度和距离上吗？
4. 你能不身体前倾或耸肩耸背就能很容易地看到工作内容吗？
5. 有没有对屏幕对比度和亮度水平进行有利于眼睛舒适性的正确设置？
6. 屏幕上没有出现那些由周遭环境引起的眩光、反光或是白斑等现象？
7. 你能在拿起电话时不歪着脖子或耸着肩吗？
8. 当你在桌子上工作或使用键盘时，肘部弯曲度是否能保持在 90 度左右？
9. 工作时手腕能否保持是直的？
10. 工作区内没有会划伤手腕或前臂的锋利边角？
11. 你能无需使劲伸长手臂就能够着常用物品（例如，鼠标、文件夹、咖啡杯或钢笔）吗？
12. 你完全坐进椅子里去时膝盖背部不会有压迫感？
13. 椅子是否对你的腰部提供了良好的支撑？
14. 脚是否实在地踩在了地上或是有搁脚板等良好的支撑？
15. 你在工作日期间会进行一些小休息吗？站起身来，舒展下身体，并眺望远方？

资料来源：Eastern Kodak Company（2004）. *Kodak's Ergonomic Design for People at Work*（2nd ed.）. New York：Wiley，p.131.

新闻聚焦

那些巧克力碎屑饼干对你的笔记本电脑有好处吗？

　　每天都在发生这样的事。你正趴在电脑上，专心致志地上网或发电子邮件，然后，你把食物掉到了键盘上。可能是巧克力饼干的碎屑、匹萨、奶酪卷，或者更槽，比如咖啡或汽水流到里面去了。这些工作场所里的高科技奇迹，所谓设计和工程学上的壮举，竟能被一杯健怡可乐给完全毁掉。这不是开玩笑！随着越来越多的人呆在办公桌前吃午餐或是将笔记本带到自助餐厅里去，这已变成了一个严重的问题。

　　所有这些食物和饮料都会将灵敏的电子器件给搞砸。在芝加哥的 ExecuSpace 公司里，当一位妇女把冰镇茶溅到数字电话上时，她毁掉了这个价值 1 000 美元的电话。带有糖的黏稠液体是最糟糕的。它们会堵住按键和按钮，阻碍启动，还会招引小虫子。芝加哥一位以消灭有害动物为职业的人曾说过："我们在办公室的小隔间里发现了越来越多的蟑螂、老鼠和蚂蚁。"他的生意明显地越发兴旺了。为了解决这个日益严重的问题，位于美国德克萨斯州达拉斯市的阿默斯特—迈瑞特国际公司（Amherst-Merritt International Company）在推销一种简单的塑料保护套，名曰"安全皮肤"，可以把这些东西挡在键盘外面。

在对英国电脑使用者进行的一项调查中发现,46％的被调查者称一个月只擦洗一次键盘,10％的人称他们从不擦洗键盘,还有20％的人说他们从不擦洗鼠标。一位微生物学家在检查了伦敦一家办公室里的33只键盘后发现,其中有4只键盘,里面藏着的细菌比普通马桶座圈上的还要多。

但是假设损坏已经酿成,是不是已经太晚了,无法挽救,无法清除掉所有令人讨厌的细菌了呢? 来自捷威(Gateway)公司的一位职员建议:"把键盘拿到淋浴喷头下面(当然是在不插电的情况下),用温水好好冲一遍,再倒过来晾它个两星期,它或许还可以重新工作,但是可能性微乎其微。"

资料来源:Desk dining may be hazardous to office's health(2000,April,18). *St.Petersburg*(*FL*) *Times*;Goldsmith,B.(2008,May,2). Computer keyboards can be dirtier than a toilet. Retrieved from www.news.yahoo.com.

人因学与机器人

机器人的使用已经引起了许多工作环境的显著改变。电脑影响着所有各级组织的工作,而机器人主要改变的是制造业工作的实质。受其影响最大的是机修工、装配工、焊接工、油漆工、流水线工人以及其他半熟练和不熟练的产业工人。美国企业里使用的机器人许多都在汽车工业领域从事着焊接和上漆工作。工业机器人的另一用途是在家用电器的制造中,例如冰箱和洗碗机等。机器人对于那些需要暴露在有害化学物质下的工作很有价值,例如给火箭助推器喷涂环氧树脂等。机器人同时也做一些精细的、需要熟练技术的工作,例如装配电脑零件、承担核电站的维护工作。微型机器人能在核电站一大捆管道的缝隙里爬行以检查管道是否有破裂或损坏以及进行必要的维修。

机器人在执行常规工作和重复性任务时一贯是优于人的。给其恰当地设计好程序后,机器人就能在较短的时间里生产出更多质量更好的产品。一家机车组装厂报告,8名不熟练工和他们的机器人组成的团队一天就能生产出一个机车架。而先前,生产一个机车架需要68个技术娴熟的机械师干16天才能完成。

当零件或产品在传送带或流水线上快速移动时,工业机器人在发现次品方面也比人更有优势。一些机器人被用于检验水果,它们能准确检测水果的颜色、形状及碰伤等情况。另有一些机器人被用来检验铝板或钢板,它们能够准确无误地检查出板材外观上和厚度上的瑕疵和缺陷。机器人在艰苦的条件(例如,极强的噪声和极端温度)下工作表现却不会变差。通常,一个机器人的花费是一个普通产业工人成本的1/3,而且机器人一天可以工作24小时,一周工作7天,不会疲劳也不会出错。

除了能将员工从危险的、不舒适的工作环境中解放出来以外,工业机器人的优势在很大程度上体现在管理方面。许多工人害怕丢掉工作,被机器取代,或担心不得不改变自己的工作习惯以配合机器人的节奏。就拿通用汽车(General Motors)在新泽西州的一家组装厂来说,为了实现生产设备的现代化,管理部门安装了 200 多台工业机器人来进行焊接、上漆和密封车窗等工作。结果,劳动力减少了 26%,一线的主管也减少了 42%。然而,用于维护这些机器人的技术娴熟的电工、机械师和木工的数量却增加了 80%!对这些熟练工人进行访谈的结果显示,他们面临着更大的挑战和责任,也有机会提高自己的技术水平。而留下来的生产工人则报告,他们的责任降低了,进行工作所需的技能也减少了,他们感到自己变成了机器的附属品。

因此,当工作场所引进了机器人后,员工的工作必然会发生改变。在一个自动化工厂里,员工之间很有可能会隔着更远的物理距离,从而降低社会联系和团体凝聚力。一些工人感受到来自机器的威胁,于是暗中进行破坏。在一家俄罗斯工厂里,工厂老板不得不在机器周围竖立起金属屏障以防愤怒的工人搞破坏。

机器人并不仅仅只是机器而已,更确切地说,它是一类人机系统。机器人一旦被设计好、制造出来、编好程序、给予适当保养,它就能够几乎不需要与人发生联系或介入就能自行工作。但很显然,机器人仍需人去进行设计、生产和监控。

工程心理学家参与了工业机器人硬件和软件的设计。其中硬件包括控制面板、工作空间的面貌、操作者座椅、照明及系统的其他一些物理方面。软件包括电脑程序、语言和信息显示。工程心理学家要解决的关键问题是机器人与操作者之间的劳动分工,即功能分配。以下因素会影响这一决策:开发成本、任务的复杂性、安全问题、空间限制和对精确度的要求等。

如今机器人在服务行业里的发展势头也很迅猛。作为保安,机器人在晚上巡逻楼群,当察觉到闯入者时它会召唤保安人员。负责看门的机器人打扫办公室,给它设计程序时应能避免它撞到机器人保安(我们希望如此)。医院里的机器人给病人递送药物和表格,并能领着病人穿过医院走廊,带他们到正确的地方去拍 X 光片,进行实验室测试。在快餐店里,机器人协助残障师傅制作匹萨,编好程序后,机器人就能对诸如"奶酪"和"意大利辣肠"等语音命令做出响应。在日本,机器人作为办公室接待员迎接访客,为他们倒茶并带他们参观。日本在开发机器人方面一直都很具创新性。在日本,劳动力日益减少(有 20% 的人口超过 65 岁而且出生率很低)是个大问题,鉴于此,管理层预计每个上岗的机器人能代替 10 个普通工人(Tabuchi,2008)。

你也许对美国最受欢迎的机器人 Roomba 很熟悉,它是一款由电脑来控制的自走式吸尘器,能自己在屋子里快速行走,把地板清理干净。目前这款机器人已被售出两百多万台,一些用户已变得越来越依赖它们,甚至还给它们取了昵称。

使用起来最令人惊叹、令人振奋的机器人也许是新型双足步行机器人 ASIMO(Advanced Step In Innovative Mobility),它由本田(Honda)公司制造,高达 4.3 英尺。2008 年 5 月 15 日,ASIMO 指挥着底特律交响乐团进行了一场名为《不可能的梦》(The

Impossible Dream）的表演,此次表演改编自音乐剧《梦幻骑士》,讲的是有关堂吉诃德(Don Quixote)的故事。这次演出门票全部售罄。演出一开始,ASIMO 在举起指挥棒之前先向观众们问了声好。表演结束后,观众们爆发出了热烈的掌声。ASIMO 鞠躬致谢并说能够在如此华丽的音乐厅与交响乐团一起演奏实在是太令他激动了,但是他却并没有应观众的要求再加演一个节目。

如果想了解更多关于机器人方面的信息,请登录 www.robots.net 和 www.sciencedaily. com/news/computers_math/robotics/。

本章小结

工程心理学关注工具、设备及工作空间的设计,以使它们能与员工的能力相匹配。心理学家为了创造一个有效的人机系统,要考虑工人的局限和能力以及设备的特点。工程心理学的先导是时间-动作研究,它是由弗瑞德瑞克·泰勒(Fredrick Taylor)及吉尔布雷斯夫妇(Frank and Lillian Gilbreth)发起的。他们试图重新设计工具和工资激励系统,并剔除工作中的无效动作。时间-动作研究被应用于例行性的工作中,而工程心理学往往更侧重于涉及复杂系统的更高水平的工作。

设计人机系统,首先要进行人机功能分配。人的功能优势主要体现在:觉察一定范围内的刺激,从纷繁复杂的背景中检测罕见的或低水平的刺激,感知和识别异常或意外刺激,回忆相关信息,运用过去的经验进行决策,对多样化的情境做出快速反应,使用归纳推理,在问题解决上具有灵活性。而机器的功能优势则主要体现在:能觉察人类感知能力范围外的刺激,长时间进行监控,快速精确地计算,存储和提取大量数据,施加物理作用力以及从事重复性的工作任务而不会出现绩效衰退。随着系统自动化程度的日益增强,有种危险也应运而生,那就是把人从系统中排除出去,而使机器变得既能干活又能思考。

工作空间设计不仅涉及人体测量学(对人体生理结构的测量),还涉及动作经济原则。视觉信息显示有三种类型:定量显示、定性显示以及核读显示。定量显示器会通过模拟显示或数字显示这两种方式呈现一个精确的数值。其中模拟显示器包含着一个数字范围还有一个箭头或指针来指示正确的读数,而数字显示器只呈现当前相关的数值。定性显示器呈现相关运行状况的迹象。而核读显示器则会告知人们系统是否在正常运行或处于开启还是关闭的状态。与视觉显示器相比,听觉显示器更容易吸引注意,这是因为耳朵能接受来自各个方向的声音。触觉显示器通过肤觉来呈现信息,与此同时,操作者还能同时接收来自视觉显示器和听觉显示器的信息。

控制装置发起动作必须要与任务及工人的能力相匹配。应将操作功能类似或相关的控制装置组合在一起,并且它们应能很容易地被识别出来。形象化的符号或形状编码能有效帮助控制装置的识别。有时需对控制装置做出调整以满足不同文化背景下的使用者的需求。

工程心理学研究正被运用于医疗领域,它能帮助开发诸如机器人手术和虚拟病人等救生技术。我们日常生活中的许多方面正是因为有了工程心理学的应用而得以改善。

计算机是人机系统的一类,它可能会给操作者带来一些问题。使用计算机会导致人类技能的衰退、对工作产生不满、厌烦、肌肉劳损及疼痛。在上述这些问题中,有许多都可以通过在设计计算机工作站时关注人因学因素而得到改善。机器人已被用于代替人去完成工厂里那些单调而又危险的工作,此外它还被用于办公室及其他一些工作环境中。

关键术语

听觉显示器	人体测量学	定性视觉显示器
核读显示器	人机系统	形状编码
工程心理学	定量视觉显示器	时间-动作研究

复习题

1. 请描述一下工程心理学的研究目标以及它与人和机器的关系。

2. 人因学这一领域是何时兴起的? 它早期的工作如何帮助美国飞行员更安全地进行驾驶?

3. 试举一例说明人因学研究如何减少撞车事故发生的几率。

4. 为什么人类工程学被认为是一个令人振奋的职业选择?

5. 弗瑞德瑞克·泰勒(Fredrick Taylor)是谁? 他做了哪些努力来提高铲煤工作的效率?

6. 吉尔布雷斯夫妇(Frank and Lillian Gilbreth)是如何改变工作方式的?

7. 吉尔布雷斯夫妇如何将时间-动作研究应用于日常生活中?

8. 请描述源于时间-动作研究并被用来增强手工劳作简易度、速度和准确性的一些原则。

9. 在人机系统中显示器、控制装置与操作者之间存在着怎样的关系? 请举例说明。

10. 人相对于机器而言有哪些优势? 而在哪些方面,机器又优于人?

11. 如果是你,你会怎样去为一个装配和测试手机的人设计工作空间,使其能更快、更安全地工作?

12. 什么是人体测量学? 它是如何被应用到工作空间设计及交通运输领域中去的?

13. 视觉显示定量信息的两种基本方法是什么? 请结合个人经历分别举例加以说明。

14. 在哪些情况下,视觉显示信息要优于听觉显示?

15. 请描述三类视觉显示器,并分别说明它们最适合显示哪些信息。

16. 听觉告警系统存在哪些问题? 如何去改进?

17. 请描述触觉显示系统如何在火灾现场中与消防员协同工作。

18. 什么是远程通信及信息处理技术? 为什么说它在工程心理学研究中很重要?

19. 人因学在对下列问题的研究中分别得出了哪些结论? (1)开车过程中使用手机的

危害;(2)皮革座椅与布料椅套座椅的比较;(3)教室里书桌等设备的设计。

20. 你将如何设计研究以确定一种最高效且省力的冰淇淋勺?

21. 设计计算机工作站时应考虑哪些因素?

22. 电脑使用者最常抱怨的问题有哪些?

23. 你更愿意在电脑显示屏上还是在纸质杂志上阅读文章?哪种方式能让人阅读起来速度更快、理解得更好?

24. 请举一些例子来说明机器人的使用如何改变人们的工作和生活方式。

25. 在你看来,新技术是否降低了人在人机系统中所扮演的角色及重要性呢?你认为自动化系统的持续发展最终对我们是有利的还是不利的?

第 6 部分　消费心理学

　　不是每个人都为组织工作,但是我们每个人都是许多组织所提供产品和服务的消费者。我们购买汽车、化妆品、衣服和手机。我们投票给政治候选人并在民意调查中表达自己的观点。我们对来自慈善组织和特殊利益集团的诉求做出反应。

　　来自商家、政府和其他团体等组织的信息反复轰炸我们,力劝我们以他们希望的方式行事。成千上万的广告诉求出现在电视、计算机屏幕、广告牌、杂志和报纸上。

　　消费心理学家关注消费者与组织之间的相互作用。广告商花费几十亿美元试图影响我们的选择,他们采用的很多说服技巧是由心理学家设计的。消费心理学对作为员工的你也很重要。如果人们不买你所在公司的产品,公司将无法支撑下去。

　　第 14 章探讨生产者与消费者之间的相互作用,包括:研究消费者行为和偏好的方法,广告的本质,包装、商标和产品形象的重要性,对电视节目的反应的评估,以及适合不同社会群体的广告诉求类型。

第 14 章

消费心理学

消费心理学的范围

消费心理学的影响无处不在。拿起一本杂志,打开收音机或电视,驾车经过竖满广告牌的街道,每天都有成千上万的广告信息轰炸你。你每月的电话账单邮件中都附带着广告传单;超市在购物收据背面印刷广告;影院在播映畅销电影时也播放广告片;就连公共建筑的公共厕所隔间里都张贴着广告。

银行的自动取款机上播放广告,在吐出现金时也吐出优惠券;办公大楼的电梯里装着高分辨率的彩色显示器,向电梯里的乘客播放广告;有线电视在屏幕下方呈现滚动条,播放新闻标题、比赛分数、天气预报和交通报道以及广告! 在人们停留的任何场所都有高科技广告:超市收银台、加油站、邮局、医生办公室。候机时,你可能会在行李盘、餐巾纸和呕吐袋上发现广告。欧洲和亚洲的航线在舱门甚至机身外部放置广告。有人计划在飞机跑道旁的地面上安放巨大的广告画面,从而使乘客在飞机准备降落时能看到这些信息。

即便你没有看到某产品的广告,带有香味的纸张也迫使你闻该产品的气味。香水、巧克力、清洁剂和汽车皮革内饰的香气充斥着杂志的彩页。每年有 10 亿以上个香味条散布在外,给过敏者带来严重不便。像一粒盐那么小的微芯片能使我们能够听到平面广告的声音。几年前,一个流行的伏特加品牌花费 100 万美元刊登了一份圣诞节杂志广告,当读者翻开杂志看到广告时,会播放"铃儿响叮当"。这家公司宣称这一广告创造了公司创立以来最高的假日销售额。"闪烁的灯光、弹出广告、口红小样、刮开式香气条、融化于口的品尝条……广告商尽其所能把杂志塞满来让自己的广告引人注目。"(《纽约时报》,2008年 4 月 22 日)

没有人能够注意所有针对消费者的信息并对其做出反应,而且如果我们想要保持清醒的头脑,也不应该这样。我们对周围的大部分信息并没有进行有意识的感知,但是即便我们没有觉察到细节,我们依然会留意到广告的存在,我们中的许多人并不喜欢这样。美国广告代理商协会(American Association of Advertising Agencies)进行过一项大规模全国性调查,结果让广告代理商不太高兴。以下列出的是部分结果(Elliott, 2004):

- 54%的被调查者说他们会专门避开那些广告过多的产品。
- 60%的被调查者说他们对广告的看法比几年前变得更负面了。
- 61%的被调查者说他们接触的广告数量"失控"了。
- 69%的被调查者表示他们对有助于消除或阻挡广告的产品和服务感兴趣。
- 45%的被调查者说广告和宣传降低了日常生活质量。

广告确实会给我们带来烦恼,但广告也能给我们提供信息,甚至使我们愉悦。广告向我们介绍新产品、新款式、产品规格和价格、购买地点和减价信息。一些广告很动人、巧妙和有趣。广告是日常生活的一部分,也是研究的一个重要主题。事实上,工业与组织心理学从诞生之日起就对消费者行为感兴趣,而且最早就是从消费者行为研究开始的。

工业心理学发源自 20 世纪早期斯科特(Walter Dill Scott)在广告和销售方面的工作。1921 年,行为主义心理学的创始人约翰·华生(John B.Watson)开始将人类行为规律应用于商界。华生认为,消费者的行为如同其他行为一样,可以条件反射化,从而能够预测和操控。华生把实验和调查方法引入营销学,他坚持认为广告应该着重于风格和形象,而不是本质和事实。他还率先使用名人推荐这一宣传方式。

消费心理学这一领域在范围和影响方面持续扩张。20 世纪 60 年代晚期,消费者研究协会(Association for Consumer Research)成立,第一本消费者行为学教材出版。1960 年,美国心理学会(American Psychological Association)成立了第 23 个分会——消费心理学会(Society for Consumer Psychology)。消费者行为学领域的研究者来自心理学、社会学、人类学、经济学、工商管理等学科。

消费心理学的研究方法

大多数消费心理学研究依赖于第 2 章介绍的技术,例如实验室实验和调查。研究场所包括诸如大学的实验室、市区的十字路口、消费者的住所、购物中心、制造商和广告商的办公室以及在线研究。

调查和民意调查

采用调查法的前提假定很简单:在有人询问时,大多数人能够并愿意表达自己的感受、反应、观点和愿望。不管是确定人们对新的花生酱品牌的反应,还是对总统候选人的反应,这一假定都成立。调查法经常行得通。许多选举前的民意调查结果能够预测选举结果,许多新产品的成功上市依赖于市场调查。但是,在预测选举结果和产品成功与否时也有一些惊人的失败。表 14-1 总结了各种调查技术的优点和缺点。

表 14-1 各种调查技术的优点和缺点

	邮寄	电话	个人面谈	在线调查
成本	低	中等	高	低
速度	慢	立即	慢	快
应答率	低	中等	高	自选
地理灵活性	很好	好	困难	很好
访问者偏差	不涉及	中等	成问题	不涉及
访问者监督	不涉及	容易	困难	不涉及
反应质量	有限	有限	很好	很好

资料来源:L.Schiffman & L.Kanuk(2004),*Consumer Behavior*(8th ed.). Upper Saddle River, NJ:Prentice Hall,p.351.

调查研究的难题之一是人类行为的复杂性和多变性。人们可能在周五跟民意调查者说自己打算投共和党的票，但是在周二去投了民主党的票。回答者可能对调查者说他们喝昂贵的进口啤酒，但是看一眼他们的冰箱会发现许多普通牌子的啤酒罐。他们声称自己喝进口啤酒，原因是他们认为这样会让自己显得成熟。

对垃圾桶的翻找发现，平均而言，人们喝啤酒等酒精饮料的数量是他们在消费者调查中报告的数量的两倍。调查对象总是会少报垃圾食品的消耗量，多报新鲜蔬菜和低热量软饮料的消耗量。人们在回答调查和测验问题时，会选择他们自认为能提高社会地位的陈述。由于人们的反复无常，选举可能会失败，制造商可能会破产。

一项对 2 448 名收到邮购产品目录的消费者的调查显示，从这家公司购买产品的人中有 10% 声称自己从来没有从该公司购买过任何产品，而没购买产品的人中有 40% 声称自己曾经买过。不管这些虚假反应的原因是什么，比如记忆错误或有意歪曲，这些结果表明对调查题目的反应不准确是一个很严重的问题（Woodside & Wilson, 2002）。

在一项邮寄调查中，研究者发现，与只是简单地邮寄调查问卷而没有预先通知或联系相比，在给潜在回答者邮寄的明信片上留有研究者的联系电话，有助于确立调查的合法性，能明显增加应答率（McPheters & Kossoff, 2003）。在另一项研究中，邮寄材料中贴一张女性照片且标注其是实施调查的研究者，与贴一张男性研究者的照片相比，能显著提高应答率（Dommeyer, 2008）。

自从来电显示和联邦"拒绝商业骚扰电话"计划诞生以来，电话调查的应答率明显下降。研究显示，在拥有电话答录机或订阅了来电显示服务的人中，有一半人会过滤来电，对那些陌生电话不予接听。年龄在 18 至 29 岁、单身、非裔和家里有小孩的人过滤来电的倾向更高。与小城市和城镇相比，大城市及其郊区来电过滤的倾向要高一些（Tuckel & O'Neill, 2002）。

许多消费心理学研究依赖于调查。可能会询问顾客他们正在使用的产品、购买的频率，以及他们为什么选择某一品牌。

许多市场研究者现在转向在线调查，这已经成为一种快速且便宜的获得消费者行为和态度数据的方式。一些网站给在线回答调查提供激励（例如有机会赢得度假套票或电视机）。《消费者报告》在 2003 年开展了首个年度在线产品调查，覆盖 400 万在线用户。回收率是 25%，高于前一年邮寄问卷 14% 的回收率。在线调查的成本只有邮寄调查的一半。

新闻聚焦

在佛罗里达过春假:广告大战!

你在佛罗里达州巴拿马城度过春假吗?每年4月,大约有30万大学生抵达这个城市,随之而来的是成千上万的广告商,他们热切地推销他们的产品。巴拿马城变成了一个鲜活的大市场,有成千上万的免费样品提供,希望学生们能迷上某个品牌或产品,然后穷其一生忠诚于它。

不管是哪儿,都能看到广告或促销伎俩,所有这些都是免费的。漱口水、口嚼烟草、防晒霜、比基尼、T恤、高能量饮料、牛肉干等等。哪儿都有广告,餐馆菜单、路灯柱、宾馆大厅还有海滩。汽车旅馆的浴帘印着身体喷雾的名字,枕头上放着晒黑液小样,房间门卡上也印着广告。海滩上展开竞赛,赢家可以获得免费战利品。甚至沙滩排球上也印了广告。广告无休止!

资料来源:Copeland, L.(2007, May 28). An ocean of promotion for spring breakers: The selling never stops. *Washington Post*.

焦点小组访谈

一种广泛使用的调查方法是焦点小组访谈(focus groups),它需要小样本的消费者,8至12人聚在一起,描述自己对某一产品、包装、广告或政治候选人提倡的理念和论点的看法。焦点小组访谈的成员通常是有报酬的,他们符合普通投票者或某类产品消费者群体的概况。例如,要测试一则狗粮广告,必须是宠物主人才能参加焦点小组访谈。只有婴儿的妈妈才能评价一种新的免洗尿布。可以根据年龄、收入、教育水平或者其他与产品有关的变量来组织焦点小组访谈。

对于不同的人群,组织焦点小组访谈的方法不同。例如,适合青少年群体的方法,在用于注意广度小的儿童或知觉和认知能力有所不同的老年人时,必须进行修改。可以通过单向玻璃观察焦点小组访谈过程,并进行视频摄像以用于后续分析。焦点小组访谈所生成的数据,即参与者的评论和反应,与大规模实证调查问卷所收集的数据相比,更多是定性的。有时候访谈者不直接向小组成员提问,而是观察他们使用新产品的过程。在一个评价一次性剃须刀的活动中,观察者报告说很多男性在剃须时割伤了自己,原因是包装方向不清晰。

与调查类似,焦点小组访谈的参与者可能会歪曲他们的回答,说他们认为别人想听的话,或者他们想让别人听的话。假设一个焦点小组正在讨论一家实施外科植发手术的公司的广告。小组中的男性都坚持说他们个人不为脱发而烦恼,然而所有人都戴着帽子,而且这还是在佐治亚州亚特兰大的大热天!很可能只有他们的实际行为才能更真实地反映他们对于脱发的态度,而不是他们在小组中对别人说的话,但是观察者怎样才能确定这一结论呢?

在线进行的虚拟焦点小组访谈与面对面小组访谈的作用类似,优点是成本低、效率高。虚拟焦点小组能够对更多样化的人群进行取样,因为如果需要这些人亲自前往一处会议室参加小组访谈,他们可能没有时间或交通不便。真实和虚拟焦点小组访谈的反应可能会不一样。在面对面会谈中,某一时刻通常只有一个人在发表看法,有时候某个人可能会主导整个小组的讨论。在线的焦点小组访谈则有所不同,所有参与者都有机会同时发言,因此受别人观点的影响较小。当涉及敏感话题例如健康问题时,在线会谈的保密性和匿名性会让人们的发言更坦白。

动机研究

直接询问的方式无法洞悉所有人的动机,因为人们在回答问题时有机会隐藏或歪曲他们的真实意图和感受。为了探索这些深层的隐蔽动机,一些心理学家采用深度访谈或投射技术。动机研究领域的先驱是心理学家欧内斯特·迪希特(Ernest Dichter, 1907—1992),他生于维也纳,也在维也纳接受过心理学训练并于 1938 年移民美国。他依托于弗洛伊德精神分析学派揭示神经质行为背后之无意识动机的方法,并将这些方法应用于消费者行为研究,考察为什么人们购买某些产品却拒绝购买另一些产品。

迪希特的首次成功与盒装蛋糕粉有关,这一产品诞生于 1940 年左右。烘烤蛋糕所需要的所有材料都在盒子里:糖、面粉、起酥油和蛋粉。只要加上水,搅拌,倒进模子里,就可以开烤了。这一产品是蛋糕烘焙行业的一次革命,简单、快速、整洁,在家里就可以做出香喷喷的新鲜蛋糕,而且永远不会失败。唯一的问题是消费者拒绝这种产品,为什么呢?迪希特应用精神分析技术揭示消费者拒绝的原因,为通用磨坊(General Mills)公司解决了这一问题。迪希特询问了一些女性消费者,她们是那个时代典型的家庭主妇,他发现这些女性对于不费什么力气就给家人做好蛋糕而感到内疚。如何解决这一问题呢?答案是让消费者费点事,让他们发挥创造力。在这个例子中,迪希特建议公司去掉蛋粉,让消费者自己把新鲜的蛋加到材料中。不出他所料,这款产品的销量剧增。迪希特一夜成名,他的动机研究技术成为理解消费者行为的重要工具(参见 Smith, 2004; Stern, 2002)。

我们在第 4 章描述了一些投射技术,例如,罗夏墨迹测验(Rorschach Inkblot Test)、主题统觉测验(Thematic Apperception Test)、句子完成测验(Sentence Completion Test)等。不管投射技术用于员工选拔还是消费者行为,它们背后的原理是共通的。当给人们呈现模糊刺激例如墨迹时,人们在揭示这些刺激的过程中,会把自己的需要、恐惧和价值观投射进来。投射技术的一个经典例子是考察女性对一种置于小塑料碟中的新型杀蟑螂药的反应。调查显示,消费者报告说他们相信塑料碟子远比老式的喷雾更有效,然而他们仍然买喷雾产品。为了弄清楚为什么,研究者要求一组女性给蟑螂画画,并撰写关于蟑螂的故事。研究者发现了女性消费者的如下可能动机:

结果非常有启发——所有图画中的蟑螂都是男性，"代表了抛弃女性、让她们感到自己可怜和无力的男性"。女性通过把药喷在蟑螂身上，看着它们挣扎后死亡，表达她们深藏已久的敌意！(Foxall & Goldsmith, 1994, p.162)

如果直接询问的话，这一动机不可能被揭示。

理论上，采用投射法研究消费者行为的优点，类似于用投射测验进行员工选拔，也就是能够抵达深层的动机，揭示无法用客观测验和问卷评估的感受和愿望。然而，投射测验的信度和效度较低。采用投射技术研究消费者行为有成功的时候，但是由于广告行业不会把它的失败公之于众，很难确定成功的概率有多大。

新闻聚焦

你可以利用焦点小组访谈来谋生

你可以利用焦点小组访谈来谋生，只要你能够告诉人们他们想听到的内容。阅读这篇畅销杂志上的文章，考虑一下你的结论是什么。

"我的职业是焦点小组访谈的成员，我曾经扮演过许多不同的人。在一个旅行研究中，我是一个背包穿过蒙古的冒险家。在一个除臭剂研究中，我谎称由于异常的腺体功能，我不管在什么环境中都大量出汗……我是一名单身白人男性，属于 18 至 34 岁这个年龄段，这是广告商非常看重的一个群体。因此，我的观点很有价值。焦点小组成员的报酬很丰厚：每个小时 75 至 300 美元不等，只需要和其他人坐在一起，讨论从酒类包装到弹力内裤等各类事物。这些研究希望找到理论上的完美人群，收集到新鲜的、未受影响的观点。为此，多数公司要求参与者在半年之内只能参加一次焦点小组访谈。这完全是空话。如果你知道怎样愚弄这个系统，你能够一周参加一次，甚至更多……如果招募者问你在过去半年里是否参加过焦点小组，说没有就够了，他们从来不核实。如果他们问你其他的古怪问题，例如'你在过去一年里买过跑步机吗？'回答是，如果这不是他们想要的答案，他们是不会这样问的。如果他们问你，你最经常购买的品牌有哪些，回答最有名的牌子就行了：雪碧(Sprint)、百威(Budweiser)、万宝路(Marlboro)。他们总是代理这些大公司，或者代理一些想方设法吸引你转而购买他们品牌的小公司。最重要的是，让招募者引导你。如果你不确定问题的答案，停顿几秒钟。他们每次都会泄露他们想要的是什么。"

"一旦你加入小组，关键是要尽可能不引人注目。如果你表现出观点与众不同，与广告商的看法不一致，他们不太可能再次邀请你。你不是一名个体，你是某类人群的典型。因此，像一般人那样行事：把粉色产品包装称作'阴柔'或'懦弱'，或者提及'在下班之后经常和哥们喝点小酒'。在尊尼获加黑方(Johnnie Walker Black)的一次焦点小组访谈中，很明显商家希望我们认为他们的酒是高级货，是在专门场合喝的。认识到这一点之后,我编了一个故事:在得知一个朋友订婚之后,我对他说,'尊尼获加时间到了!'访问员看起来非常想要拥抱我。"

"言辞含糊也很重要。在关于旅行的焦点小组访谈中,访问员问我有没有国家让我在前往时有道德疑虑。正确的答案应该是'噢,根本没有'。但是我脱口而出,'南非',因为我想起了不发达地区的种族隔离。访问员的脸严肃起来,他开始接连问我问题。我忘记了一条金科玉律:他们不想知道你的观点,他们希望你证实他们的观点。你就是他们希望你是的那个人。"

资料来源:Leitch, W.(2004, June 21) Group thinker. *New York*.

购物行为观察

消费者调查和动机研究使用的技术有一个共同的弱点:它们展现的仅仅是人们相信自己将要做的。人们表达的意图并不总是与实际行为一致。由于这一矛盾,一些消费心理学家侧重于观察人们在购买产品时的所作所为,或者当人们选择一个品牌而不是另一个品牌时所体现出的偏好。常识表明,对一个新产品或广告活动的接受将会反映在随后的销售额上。

例如,如果一个牙膏品牌的销售额在新广告发布之后的 6 个月里翻番,那么我们是否可以说这个新广告是成功的呢?实际上,除非控制了影响销售的所有其他变量,否则广告商无法确定地下结论说新广告是销售额猛增的唯一决定因素,有时候新广告连部分原因可能都算不上。比如公司里某些积极进取的销售人员在这 6 个月里安排了更醒目的商品陈列,那么这一明显的增加可能只是销售上升造成的,与广告活动无关;或者公司的头号竞争对手犯了错误,一份政府报告表明对手的牙膏配方中有一种有害成分,从而造成了所有其他牙膏厂商的销量增加。因此,销售数据反映的影响因素可能并不是研究者想要研究的。如果不能充分控制所有可能的额外变量,任何销售额的上升或下降都无法精准地确定原因。

考察购买行为的直接方式是在商店里安放摄像机或安排观察者。研究者观察妈妈和孩子一起购买谷类食品和零食时发现,超过 65% 的时候,儿童会要求购买某种产品,而 50% 以上的妈妈会购买孩子要求的产品。这样的数据非常有价值,因为这表明儿童才应该是谷类食品和零食广告的针对对象,而不是成人。然而,如果在调查中直接问妈妈,她们可能会说自己是选择产品的人,因为她们不想显得自己被孩子所支配,或者她们其实并没有认识到孩子的影响力。

购物行为的观察也可以带来商品摆放的变化。超市观察者留意到,狗粮主要是成年人在购买,而狗零食的购买者经常是儿童或老年人,而且狗零食通常放在货架的高处。隐蔽摄像机拍下了孩子们为拿到狗零食而爬到架子上,老奶奶则借助盒子或其他长条物去拿狗零食等现象。之后商家把狗零食放到了较低的、更好拿取的架子上,销量在一夜之间猛增。

尽管对实际购物行为的观察很有用,但它们成本很高、很费时。购物观察还有其他问题。其中,一个问题与购物行为的取样是否合适有关。不同位置的商店吸引的是不同需求和收入水平的顾客。你可以猜到,城市和郊区购物者喜欢的是不同类型的商店,选择的是不同类型的产品,因为他们用于购物的可支配收入有差别。另外,同一家商店在一天的不同时段或一周的不同时间迎来的顾客也不尽相同,晚上和周末购物的人与白天购物的人在购买习惯上有所不同。研究设计必须对这些问题做出弥补,例如在更多的地点和购物时段进行观察,但这会增加研究成本。

观察购买行为的另一个问题是,对其他额外变量缺乏实验控制,这是所有观察研究的通病。例如,在观察市区和郊区超市的购物模式时,研究者很难确定所发现的差异是由于社会经济水平、种族构成、货架安排还是库存所造成的。所有这些因素都可能会影响研究结果。但是,尽管存在这些局限,直接观察购物行为仍能揭示有价值的信息,而这些信息很难通过其他方式获得。

观察的另一种形式是观察人们对产品的使用。当金佰利-克拉克(Kimberly-Clarke)公司发现他们的哈吉斯(Huggies)纸尿裤和润肤露的销量下降时,他们希望找到原因。然而焦点小组访谈没能提供答案,因此他们尝试了一种新方法。消费者同意在眼镜里安放一台微型摄像机,通过这种办法,研究者能够清楚看到消费者在使用婴儿产品时所看到的景象。在焦点小组访谈中,妈妈们说她们会在尿布桌上更换纸尿裤,而实际上,"她们会在床上、地板上、洗衣机上等古怪的位置更换纸尿裤。研究者看到,她们取纸尿裤和润肤露时需要两只手。因此,公司重新设计了纸尿裤包装盒,盒子上有一个按钮,一只手就可以打开用,润肤露和洗发水也可以用一只手操作"。(Kiley,2005,p.2)。做了这些改变之后,公司的销量增加了。营销者把销量的增加归功于对顾客实际上如何使用产品的了解,而不是相信顾客在焦点小组访谈中所说的内容。

新闻聚焦

你是一辆小型货车还是一辆运动型多功能车?

消费者研究者认为,不同类型的产品吸引不同类型的消费者。人们所驾驶的车辆类型尤其符合这一规律。一项对5 400名小型货车(minivan)和运动型多功能车(SUV)车主的调查显示,你所驾驶的车宣告了你的人格,也许这就是你选择它的原因。

研究显示,与买小型货车的人相比,运动型多功能车车主更好动,更喜欢追求享受,不喜欢社交,更恐惧犯罪。与运动型多功能车车主相比,小型货车车主更自信,更喜欢社交,对于结婚生子的想法更能轻松接受。

两群人都说他们希望"掌控"他们的车,但是使用这个短语的意思是不同的。小型货车主人希望掌控的是安全,在路途中能够娴熟操纵,以及容易停车。运动型多功能车主人的掌控意思是支配周围的每个人。

因此，毫不奇怪，运动型多功能车车主更有攻击性，不太考虑对路上其他驾车者的礼貌。一位法国的人类学家目前正担任福特(Ford)、通用汽车(General Motors)和戴姆勒·克莱斯勒(Daimler Chrysler)的顾问，他说，"运动型多功能车的设计是阳刚和独断的，它们的引擎罩跟18轮卡车类似，它们护栅上的垂直金属条就像丛林猫的牙齿。运动型多功能车吸引那些恐惧暴力和犯罪的美国人。"

他的结论是，运动型多功能车就像武器，"就像战场上的装甲车"。它们传递的信息是"不要惹我"。

你开什么车？你怎么称呼你的车？你给它起名字了吗？是男性还是女性的名字？一项对科罗拉多大学生的研究发现，25％的大学生给自己的车起了名字，50％的大学生认为它们既不阳刚也不阴柔。这些学生在一项人格测验中得分较高，这个测验考察的是与公路暴怒有关的特征，例如在驾车时的言语和身体攻击及愤怒。

因此，你选择的车和你看待它的方式可能反映了你是什么样的人。

资料来源：Benfield, J., Szlemko, W., & Bell, P.(2007). Driver personality and anthropometric attribution of vehicle personality related to reported aggressive driving tendencies, *Personality and Individual Differences*, 42, 247—248; Morin, R. (2006, October 19). Personality of a car an indicator of road rage. *Washington Post*; Bradsher, K.(2000, July 17). Was Freud a minivan or an SUV kind of guy? *New York Times*.

神经营销学

消费心理学中一种新的研究方法是神经营销学，它是对营销和广告的脑活动和功能的测量。通过脑电图(EEG)、磁共振成像(MRI)和正电子发射断层扫描(PET)等设备，扫描人们各个脑区的活动。

神经营销学可以通过考察脑活动来测试广告的有效性，以及新产品和宣传活动的吸引力，而不需要听消费者所讲的话或观测他们所做的事情(Fugate, 2007)。一名神经营销学家这样说，"我们逐秒测量注意的状况，测量情绪投入有多少，不管你看的是广告、电影还是电视节目"(Elliott, 2008)。

在一项研究中，当成年被试在计算机屏幕上观看不同的产品时，研究者记录他们的脑活动。通过检查被试对产品的脑反应，研究者发现能够准确预测被试将会购买什么产品(Knutson, Ricks, Wimmer, Prelec, & Loewenstein, 2007)。

在另一项研究中，研究者给男性被试呈现66张跑车、豪华汽车和小型车的照片，研究发现他们对跑车的喜爱度评分最高。当呈现跑车时，脑成像显示，自我奖励中心相关的脑区活动增加，这些脑区通常只会被性、巧克力或可卡因等刺激激活。看到跑车会使与性欲和愉悦有关的脑区释放鸦片类物质，可见跑车的照片能够带来多么深的愉悦。研究者得知，这类刺激可以用来吸引观看者的注意(Britt, 2004)。

一项对英格兰 200 名电视观众的研究表明,与晚间播放的同样广告相比,在早晨时段播放的电视广告更能刺激与注意、专心、短时和长时记忆以及正性情绪投入相关联的脑区。虽然晚间是所谓的黄金时段——电视观众最多,但也许黄金时段根本不是广告的最佳时间(Haq,2007)。

对广告反应的测试

消费心理学家的一个重要研究是测试广告和宣传活动的有效性。最直接的方法是询问人们对广告的反应。广告让他们想要购买里面的产品吗？他们相信这则广告吗？他们觉得哪个广告更有趣？在这类研究中,回答者必须是产品目标人群的代表性样本。用单身男性或老年女性进行婴儿食品广告的前测是靠不住的。消费心理学家还使用另外三种技术来测试广告的有效性:生理测量、销售测试和优惠券回收率。

生理测量。电视广告希望引发观众的情绪反应。情绪会影响肌肉的电位活动,因此测量肌电活动的生理指标变化有助于确定广告的效果。例如,可以让消费者观看不同的电视广告,通过肌电图(EMG),即通过检测肌肉电位活动的变化来测量他们的生理反应。当应用于面部肌肉时,肌电图能够测量个体对情绪刺激的反应。一段时间后,要求这些消费者根据喜欢程度或激发的愉悦(或其他情绪)程度对广告进行评分。如果结果显示面部肌电数据与广告评分有强的正相关,那么这些广告是有效的。

销售测试。一些营销者和消费心理学家认为,唯一有意义的广告效果测试是检验它是否带来了销售额的上升。不过,前面已提到过使用销售数据来测量广告成功性的局限。销售测试技术(sales test technique)可以减少这些问题,它能够对外来变量的影响进行实验控制。销售测试已被发现能够准确评估广告对销售额的影响。

销售测试中,在所选的试点市场投放广告,例如某个街区或其他地理区域。选择另一个区域作为控制组,该区域与试点市场尽可能相似,在这个控制区域不投放新广告。如果试点区域与控制区域相当,那么试点区域内的任何销售额变化都可以归功于广告宣传。销售测试的主要优势是对其他可能的影响变量进行了控制。研究者并非测量消费者对广告的兴趣或者他们所记住的广告内容,而是消费者实际上是否在广告的影响下购买了产品。

销售测试技术用于研究广告的效果也存在局限:一个充分的销售测试成本很高,需要时间来安排,还需要准确核算大量人群的购买行为;另一个问题是所选择的控制区域,不在控制区域投放新的广告,意味着公司可能会在这个区域输给竞争对手。

优惠券回收率。杂志和报纸广告的效果可以通过计算优惠券回收率来测试。当优惠券回到制造商那里以获得样品或参与抽奖时,这可以代表读者的兴趣。当优惠券用于购买产品或获得折扣时,可以作为实际购买行为的指标。然而,如果返回优惠券的诱因太过强大(例如邮购零售商免费提供一双运动短袜来介绍一个专利产品),有可能导致人们虽然对产品不感兴趣却为了赠品而回应,许多人只是为了得到免费的赠品。还有些人寄送优惠券的目的是为了收到回信。因此很难确定返还的优惠券中多少来自习惯性的优惠券收集者,多少来自真正对产品感兴趣的人。

新闻聚焦

优惠券:如果能够网上下载,为什么还要剪呢?

优惠券诞生于1895年,佐治亚州亚特兰大的阿萨·钱德勒(Asa Chandler)开始发放优惠券,凭优惠券可以在他的汽水桶免费得到一杯可口可乐。现今,每年大约有3 350亿份折扣、免费领取和部分退款优惠券被发放,平均每个美国家庭3 000份。调查显示,每4个美国人中就有3个在购买时使用优惠券。人们从报纸和杂志上剪下优惠券,或者从互联网上下载优惠券,然后带到商店里,在购买牙膏、头疼药、饼干和早餐谷类食品时获得折扣或退款。药店发放处方药的折扣券,百货公司发放促销优惠券,书店通过电子邮件发放优惠券。

优惠券真的可以省钱。通过使用优惠券,一个家庭每年平均可以节省接近700美元,与剪切、打印、收集、归类优惠券的时间花费相比,回报率很高。优惠券的铁杆使用者会买多份《星期日报》来剪优惠券,他们省的钱更多。优惠券所占的版面通常在《星期日报》上排第二位,只有头版的版面比它们更大。

尽管从份额来看,在线优惠券只占优惠券总量的一小部分,但它的使用正以每年50%以上的速度增长。在线优惠券对营销者和研究者而言有一个重要的好处:可以即时收集到下载优惠券的个体的个人信息。在线优惠券的一个下载网址是www.smartsource.com,必须是注册用户才能登录这一网站,注册时需要提供关于自己、家人、宠物、收入和喜欢的商店等细节。作为回报,用户每天可以免费下载35张优惠券,价值接近14美元。当用户使用优惠券时,优惠券代码会让公司了解是谁在使用它以及用于什么产品。来自报纸增刊的优惠券无法提供这些信息。

因此,注册、登录就能得到优惠券,但是你得放弃一些个人隐私。你认为这是公平交易吗?

资料来源:It all started with a coupon for a free Coke(1996, January 11), *St.Petersburg(FL) Times*; Paper coupons still popular as Internet tried to clip them(2006, August 29). *International Herald Tribune*.

优惠券回收率可能代表着一则广告攫取注意力的效果,但它不能直接测量广告对销售的影响。当优惠券意味着可以减价买到产品时,它至少能够暂时引诱人们更改品牌。通过使用优惠券在超市低价购买产品,与同等的减价相比,对销售额的促进作用更大。

在一项研究中,研究者向900多名正在离开各种商店的顾客发放问卷,要求他们把问卷填好后寄回给研究者。结果显示,使用优惠券的人与不使用优惠券的人有所不同。经常使用优惠券的人认为自己是精明的购物者,相信使用优惠券能省钱,对于价格和价值更敏感和留意,更愿意花时间取得优惠券以省钱。与不常使用优惠券的人相比,经常使用优惠券的人还报告说他们更享受购物体验(Garretson & Burton, 2003)。

广告的性质和范围

销售人员想尽各种办法来鼓励、劝说、刺激或操纵消费者购买。最常使用的广告类型是直接推销,目的是立即诱发消费者的反应。其他类型的广告有着不同的目的。

消费者觉察。这种广告的目的是让消费者觉察到某个新产品、某种改良的产品或包装或者价格的更改。这类广告还努力强化品牌名称,很多购买行为与品牌名称相联系,因此,各家公司会投入大量的钱来引起和保持公众对公司和产品名字的觉察。

产品形象。一些广告努力为产品或服务树立形象。很多产品在成分或品质方面难以区分,因此广告商努力营造不同的形象、符号或感受。例如,一辆汽车不仅仅是交通工具;唇膏也不仅仅是为嘴唇画上颜色那么简单。这些产品必须建立形象,让拥有者感觉更年轻、更动感或更有吸引力,或者它们能够提高拥有者的声望和经济地位。一家制造香水的公司总裁这样说,"在工厂里我们制造化妆品,在商店里我们出售希望。"

机构广告。机构广告的目的是让公众相信,广告中的公司是好邻居和社区贡献者。石油公司可能会在广告中宣传公路安全,而不仅仅推销它的汽油品牌。公司宣传他们的产品对环境有好处,他们会把一部分利润捐赠给慈善组织,他们会扶持儿童和青少年运动队等。机构广告可以增强公司与公众的友好关系,提升销售,吸引求职者,提高员工士气,还可以抬高公司股票的价格。

信息广告。信息广告有助于消费者做出更明智的购买决定。这类广告中有很多信息:价格、质量、性能数据、成分或内容、实用性、营养数据、保证、安全记录等等。10 年以前,信息广告占所有广告的比例是 20%,现今已增长到 65% 以上。杂志广告比电视广告更具有信息性。

广告投放。过去几年里,广告的投放渠道变化很大。例如,麦当劳(McDonald's)用于电视广告的营销预算是总营销预算的三分之一,而几年以前这个比例是三分之二。许多公司正在削减用于电视广告的款项,转而采用其他渠道,以覆盖更广泛的目标群体。现在,麦当劳把过去用在 30 秒电视广告上的资金用到了其他渠道,比如有大量西班牙裔美国消费者的酒吧的闭路电视体育节目、《Upscale》杂志(该杂志会被分销给很多黑人客户的理发店)、运动鞋零售商福洛克(Foot Locker)的店内视频、女性杂志、网站的弹出广告。那么电视广告怎么了? 当今许多消费者更喜欢把时间花在计算机而不是电视机前。就算人们看电视,他们也有办法忽略广告,表 14-2 显示了消费者不同产品电视广告兴趣的下降。

机构广告宣传这一观点:公司是一个好邻居和一个好的社区贡献者。
(经 State Farm Insurance Companies 许可重印)

表 14-2　对各类电视广告的兴趣

产品	忽略这些电视广告的观众百分比	使用录像机跳过这些广告的观众百分比
啤酒	5	32
软饮料	22	83
快餐	45	96
汽车	53	69
信用卡	63	94
节目预告	75	94

资料来源：*Business Week*，July 12，2004.

广告诉求的类型

　　广告吸引你购买其产品的主要方法是它的诉求，即它承诺给你带来的好处。找本杂志看看上面的广告，它们能满足你哪方面的需要或动机？心理学家区分了许多人类的需要：先天或基本需要，例如食物、水、住所、安全和性；习得或次级需要，例如权力、地位、成就、自尊和亲和。这些次级需要与个人经历有关，因此存在个体和文化差异。

　　为了销售产品和服务，广告商必须找到相关的人类需要，并把信息直接传递给适当的人群。多数广告都试图满足多种需要。例如，进口啤酒广告承诺解渴（基本需要），还承诺满足地位和归属欲望（次级需要）；漱口水和除臭剂广告承诺它们能避免尴尬，让人们更讨人喜欢；如果你用对了古龙香水，你就能找到真爱，从而满足社会支持和自尊需要；开好车能给你带来权力、声望、成就以及异性的青睐。广告商采用多种技术来利用这些不同的需要。

　　名人代言。演艺明星或运动明星代言产品能让人们认同其成功。广告商经常选择明星来销售他们的产品，尽管名人代言对实际销售影响的证据还不足，只是有证据表明只有人们相信名人有资格推荐该产品时，才对销售有促进作用。一名大学生的研究考察了名人的地位、吸引力、可信度和专业性对人们购买意愿的影响，结果发现，只有名人的专业性与购买意图存在正相关。例如，网球明星会被认为是网球拍的可信代言者，英俊的男影星可以有效地推销古龙香水，而时尚模特则适合推销高档牛仔服。

　　其他研究显示，在杂志广告中使用运动和演艺明星并不能使人们记住广告中的品牌。多数看过广告的人在事后看到明星照片时无法回忆出其代言的品牌（Costanzo & Goodnight，2006）。

　　如果某人被认为是一类产品的专家，但又不是名人，那么他对产品的代言能有效促进销售。一项对 2 000 名消费者的在线调查显示，87％的人相信广告里的牙齿美白产品不如牙医开发的并且只在牙医诊所有售的美白产品有效（Strauss，2008）。

　　一些名人不止代言一种产品，这会给赞助商或制造商带来麻烦。研究显示，一个名人代言的产品数目越多，人们对这个名人代言的可信度评分下降得越明显，消费者对这个名人代言的广告的态度也越消极。

正性和负性情感诉求。广告诉求可以是正性或负性的。广告信息可以显示,如果你使用某种产品,它给你带来好处;或者如果你不使用它,将会有不愉快的事情发生。例如,除臭香皂广告可以展示一屋子快乐的人们,因为使用了除臭香皂,所以他们看起来很讨人喜欢;或者展示一个人孤独地坐在房间里,因为没有用除臭香皂洗澡,所以他没有约会、垂头丧气。另一个类似的方法是让消费者因为没买某一产品而感到内疚,这种策略经常用在年轻妈妈身上。

负性诉求对宣传某些产品很有效,但是当后果过于负面时,这种方法也不起作用。为宣传安全驾驶而呈现可怕的汽车事故图片,或者在禁烟宣传中呈现患病的肺部,是无效的。这些过于恐怖的诉求会让人们分心,从而忽略信息。内疚诉求也一样,中等程度的内疚诉求比强烈的内疚诉求更有效,强烈的内疚诉求很容易引发对广告和公司的愤怒。一种常用的方法是结合正性和负性诉求:首先展示不使用产品的负面后果,然后呈现使用产品的正面后果。

尽管广告中的负性诉求不一定有效,但震惊诉求(有意惊吓或冒犯观众)却经常有用。在一项研究中,研究者向105名大学生呈现三个广告:一个信息类、一个恐惧类和一个震惊类。广告传递的信息是使用安全套来预防艾滋病。震惊广告显示一堆裸体情侣拥抱在一起,信息显示:"不要这么干"。恐惧广告呈现一本有效期被圈出来的驾照,上面写着:"如果你现在感染艾滋病病毒,你和你的驾照会同时过期。"信息广告则呈现艾滋病的首字母缩写,信息显示:"获得性免疫缺损综合征"。与另外两种广告相比,震惊广告组在信息回忆、再认和注意方面得分更高。并且,与信息广告组相比,震惊广告组和恐惧广告组把观察室桌子上的艾滋病材料带走的比例更高(Dahl, Frankenberger, & Manchanda, 2003)。

暗含优越。一种经常被使用的诉求是暗含优越性,这种广告不直接陈述自身产品优于竞争对手,但消费者可以自己推理出这一结论。例如,如果所有头疼药的生效时间差不多,一家公司可能会宣传说没有一种药见效比它的产品快。这一声明没有错,确实没有一种产品比其他产品更快,但是这样的陈述会让人们以为该品牌比其他品牌好,因为听起来好像它见效更快。这则广告还间接暗示说它的声明有科学研究证据。

商标

熟悉的商标能够增强广告的效果,因为商标可以作为与产品相关联的感受和形象的缩略符号,也可以代表产品的关键特征。多数商标是品牌名字,例如可口可乐(Coca-Cola)、舒洁(Kleenex)和施乐(Xerox)。如果品牌商标已经获得市场的认可,那么不需要其他广告信息,仅仅商标本身就能刺激消费者对产品的回忆。

在一个有关品牌名称和商标的调查中,研究者要求主管们评定品牌名称和商标的声望、管理力度和公司的投资潜力。第二个研究要求一个10 000人以上的随机样本根据品牌名

商标。(经沃尔玛和美国电话电报公司许可重印)

称评价产品质量、公司前景和行业领导力。表 14-3 显示了等级排序的结果,按受欢迎程度降序排列。可以看到,只有三个品牌在两份排名中都出现,它们是可口可乐(Coca-Cola)、迪斯尼(Walt Disney)和强生(Johnson & Johnson)。对于其他品牌,主管们所选择的品牌不同于随机消费者样本所选的品牌。因此,什么是"最好的"的品牌取决于让什么人来选。

表 14-3 按照声望和品牌知名度排列的美国公司

主管们的排名	随机样本的排名
可口可乐(Coca-Cola)	**强生(Johnson & Johnson)**
微软(Microsoft)	**可口可乐(Coca-Cola)**
迪斯尼(Walt Disney)	惠普(Hewlett-Packard)
金宝汤(Campbell Soup)	英特尔(Intel)
强生(Johnson & Johnson)	本杰瑞(Ben & Jerry's)
通用电气(General Electric)	沃尔玛(Wal-Mart)
联邦快递(FedEx)	施乐(Xerox)
宝洁(Procter & Gamble)	家得宝(Home Depot)
好时食品(Hershey Foods)	捷威(Gateway)
哈雷-戴维森(Harley-Davidson)	**迪斯尼(Walt Disney)**

　　大量公司投入大笔时间和金钱用于开发产品商标和品牌名称。身份顾问们则擅长于给产品和公司命名和重新命名。例如,加州航空公司(California Airlines)把它的名字改为AirCal,因为焦点小组访谈显示新名字对消费者的吸引力更大。阿勒格尼航空公司(Allegheny Airlines)把它的名字改为 USAir(现在又改为 US Airways),让它听起来更像是一家全国性而不是地区性的航空公司。

　　研究可以告诉制造商其产品名字对于消费者而言的辨识度,以及对于目标受众意味着什么。这对于在其他国家推广产品的美国公司格外重要。有的时候,一个商标在另一种语言中可能有出人意料或令人不快的含义。比如雪佛兰(Chevrolet Nova)的Nova意为亮度和能量突然增加的星星,然而它在西班牙语中变成了"no va",意思是"不能动",这对汽车来说显然不是个好名字。可口可乐公司(Coca-Cola)发现它的译名在中国的意思是"蝌蝌啃蜡",因此改为"可口可乐"。百事(Pepsi)也有类似问题,"百事新一代带给你活力"(Come alive with the Pepsi generation),翻译成中文是"百事把你的祖先从坟墓里带出来"。肯德基(Kentucky Fried Chicken)的"好吃到让你舔手指"(finger-lickin' good),翻译成中文是"咬掉你的手指"。一家美国航空公司在一本西班牙语杂志上夸耀它座椅上的皮革内饰,而翻译过来的意思是"裸体坐着"。斯堪的纳维亚吸尘器制造商伊莱克斯(Electrolux)在美洲推广其吸尘器时,用的广告语是"没有什么比伊莱克斯更有吸力"(Nothing Sucks like an Electrolux),但它的美国销售商却警告说这个品牌形象可不太好[①]。

一个非常有效的商标可能会变成某类产品所有品牌的代表。例如,许多人用舒洁(Kleenex)代表面纸,用施乐(Xerox)代表复印机,用联邦快递(Fedex)代表快递供应商。当品牌变成这种含义时,公司往往会失去辨识度和特定的市场份额。

成功运作多年的商标必须加以改变,以迎合市场文化的变化。贝蒂妙厨(Betty Crocker)是通用磨坊(General Mills)旗下的一个虚拟女性商标。1996年,公司对其形象进行了更新,以反映美国人口在种族多样性方面的增加。新的贝蒂妙厨是计算机合成的75名真人美国面孔的混合,公司希望这样做可以显得更加多元化,能更准确地描绘美国社会。

产品形象

经常与商标联系在一起的是产品的形象,也就是与产品的个性相关联的观念、想法和感受。创造成功的产品形象,让消费者认同,可以使一家公司走向繁荣。事实上,产品形象可能比产品本身的质量更重要。

有时候产品形象可以通过一个符号来传递,例如针织衫上的小鳄鱼。这类符号表达了穿着这类产品的消费者的形象。在一个经典的研究中,研究者比较了消费者对不同时期穿着不同标识衣服的同一个体的知觉,有时该个体穿着简单的针织衫,而另外的时候该个体穿着有鳄鱼、狐狸或马球球手标识的针织衫。穿简单针织衫时,个体被认为是自信、容忍、满足和友好的;而穿着狐狸标识针织衫时,他被认为是自信、热情的,有领导者风范;与其他穿着相比,穿着马球球手标识的衣服时,他又被认为不那么自信、容忍、热情、满足和友好;穿着鳄鱼标识的衣服时,个体又被描述为守规矩的,但既不是领导者也不是追随者。以上所有的针织衫都是完全相同的,而唯一不同的是其标识(Swartz, 1983)。

创造品牌形象时最难的是确定哪些品质能够吸引潜在消费者。研究品牌形象的一种

---

① suck在美国口语中有恶心、讨厌以及差劲等意思。

技术是对选定消费者样本进行群体访谈,询问他们对不同产品的知觉。这类深度访谈努力引发消费者对产品的正面和负面感受。更客观的方法是运用形容词列表,这也是上述针织衫研究中所采用的方法。给消费者呈现一系列描述性的形容词和短语,要求他们选择能够代表他们对产品的感受的那些词,或者能够代表他们认为会购买该产品的人的那些词。

产品包装

广告宣传的另一个重要方面是产品的包装,也就是消费者在销售的关键时刻——决定是否购买的那一刻——所看到的部分。在超市货架上寻找饼干的购物者会面对一整排相互竞争的品牌,他们可能已不记得昨晚他们看过的电视广告或上周读过的杂志广告。这时,包装可能是消费者决定是否购买某种产品的因素。

有一句古老的谚语建议不要根据封面评判一本书,然后很多人却正是根据外观来评判事物的。人们会根据他人的衣着或所开的汽车来评价他人,同样也会根据外观评价所购买的产品。消费者的态度经常不是由产品的质量决定,而是被产品的包装所左右。

最著名的例子是早年一项关于咖啡味道的消费者研究。共有两组人,一组人所喝的咖啡从一个普通的电咖啡壶倒出,另一组人所喝的咖啡从一个雕刻华丽的古董银壶倒出。结果可以猜想得到,消费者把从银壶里倒出来的咖啡评价为味道好于电咖啡壶里的咖啡,而实际上两个壶里的咖啡是一样的。咖啡的容器也就是包装,决定了人们的味道感知。

在另一项研究中,给病人和医生呈现两种尺寸的药丸,要求他们评价每种药的效力。病人和医生都认为大药丸更有效。而实际上,大药丸的效力不到小药丸的一半。

总的说来,包装必须强化广告活动营造出来的产品形象或个性。例如,男性发胶不应该装在印有字母的粉色瓶子里,而是应装在有粗犷线条和颜色的坚固盒子里。研究者可以通过消费者研究来确定产品和包装的设计及匹配度。通过让消费者就当前或推荐的包装设计进行自由联想,研究者可以得知包装设计所引发的积极或消极形象。研究者还可以采用调查和投射技术确定包装的好坏。

包装是制造和营销过程中比较费钱的部分。包装占超市里多数物品成本的三分之一以上。你花在食品、药品、化妆品、衣服和电子产品上的每一块钱,都有大约 3 角 5 分用于产品的容器而不是内容。当产品包装采用新的电子技术时,价格会更高。例如,当被冰冻到适合饮用的温度时,酷尔斯(Coors Light)啤酒瓶子的标签会变成蓝色;哈吉斯(Huggies)的"好奇的河马"牌洗手液瓶子上有个指示灯,每次会闪 20 秒,好让孩子们知道洗手应该洗多久;有的产品被移动时,上面的小型喇叭可能会发声。不久的未来,当你在商店拿起一盒奶酪时可能会听到,"Triscuit 牌饼干适合跟我一起吃"。想象一下,当你推着购物车通过超市过道时,所有的包装都喊叫着以吸引你的注意。

新闻聚焦

这些东西都是你买的？你在想什么呢？

你有没有发现自己经常在购物时买了许多你并不需要的东西，而后奇怪为什么你买了它们？这世上有很多人和你一样。许多人会购买自己不需要的东西，这无疑会让店家很开心。这类人有许多名字：强迫购物者、购物狂或购物成瘾。

购物对一些人来说是一种治疗方法，在不开心或情绪低落时，购物会让他们感觉好一些。在一项研究中，研究者给大学生被试呈现两段视频之一，一段是人们得知死亡悲剧后深感悲痛，另一段是自然风景片。当学生们随后有机会购买运动饮料时，与看过中性情绪的自然风景片的被试相比，看过悲伤视频的被试更愿意以三倍的价钱购买饮料。研究者认为，看过悲伤视频的学生们需要振奋起来，他们相信如果买点东西，不管价格多高，这一行为都能让他们感觉好起来。

一位心理学家这样写道，"购物能暂时让人们脱离烦恼，让人们自我感觉良好。"调查显示，美国6%的男女是强迫购物者。一名大学生的调查发现，无节制的购物是由低自尊等因素驱动的。很明显，他们认为通过购买奢侈品，例如最新式的手机、流行服装或跑车等，可以补偿他们的低自尊。但是，买东西带来的好感觉不会持续很久，甚至在第一次使用购买的产品前就已经消失了。

资料来源：Childs, D. (2008, February 8). Retail Therapy: Does Sadness Mean Spending? Retrieved from abcnews.go.com; Bryner, J. (2008, March 3). Why We Buy: The Truth About Shopaholics. Retrieved from msnbc.com; Koran, L., Faber, R., Aboujaoude, E., Large, M., & Serpe, R. (2006). Estimated prevalence of compulsive buying behavior in the United States. *American Journal of Psychiatry*, 163, 1806—1812.

广告中的性

有吸引力和穿着清凉的男女模特在广告中很常见，你可能以为他们的效果毋庸置疑。然而，人们只是单凭感觉以为广告中的性感形象有用，实际上很少有实证研究支持这一点。性诉求的确很能够抓住人们的注意。借助眼动仪的研究发现，当消费者阅读杂志时，如果遇到几则广告，他们的眼睛会立即看向包含性元素的广告。但是接下来呢？一般而言，如果广告包含挑逗的女性图片，女性比男性更愿意阅读这类广告中的信息。男性看向图片，而女性阅读信息，这意味着广告没能向正确的受众传递信息。广告中若包含有吸引力的男性图片，研究发现结果也是类似的，男性比女性更愿意阅读这种广告中的信息，因此也是吸引了错误的受众。

研究证据表明，对于和性感插图一起出现的信息，被试的回忆率非常低。一家公司发布了两个版本的杂志广告,每个广告都含有一张可获得额外信息的邮寄优惠券。一则广告展示了一个年轻的比基尼美女,另一则广告没有。结果没有性感模特的广告的优惠券回收率更高。

实验室研究也支持这些现场研究的结果。在一项研究中,男性被试被要求观看多个广告,一些广告含有性感插图,另一些没有。然后再次呈现这些广告,但是去掉了品牌名,要求他们确认产品或品牌。24 小时之后再问一次。研究发现,被试对于性感广告和非性感广告的产品回忆率没有差异;7 天之后,被试对性感广告中信息的遗忘率高于非性感广告。

在一项有 324 名男性和女性成年人参与的研究中,研究者呈现性意味明显或中性的电视节目,结果发现,与看中性节目的被试相比,看性节目的被试对节目期间插播的 9 则广告的回忆和再认分数更低。在另一个实验条件下,观看暴力电视节目的被试与看性节目的被试反应类似。在回忆或再认节目期间的广告时,两组人都不如看中性节目者做得好(Bushman & Bonacci, 2002)。

因此,看起来尽管很多人喜欢看性广告,但他们不太可能记得产品。然而,广告客户却继续依赖性的冲击力,他们的宣传越来越大胆,尤其是香水、内衣和牛仔服的广告。

女性对于在广告中被展示性形象感受如何?2008 年一项针对女性大学生的调查表明,这一代大学生没有感到被冒犯,她们也不打算抵制使用这类广告的产品。这一发现明显不同于 20 世纪 90 年代的调查结果,那个时候女大学生感到被冒犯了,而且宣称不会购买把女性描绘为性对象的广告中的产品(Zimmerman & Dahlberg, 2008)。

广告宣传的有效性

对于卖家而言,最重要的问题是它的广告宣传有没有增加产品或服务的销量。很多时候,广告公司和卖家本身都不清楚答案是什么,因为有效性很难确定。并且,公司往往不愿意承认它们的失败,而是会夸大它们的成功。

电视广告研究一致显示,大多数人不喜欢广告。电视观众看过的广告不会超过投放量的一半。他们在广告期间离开房间,关掉声音,或者用遥控器换台,通过视频录像程序抹掉或快进广告。一项对 360 名香港电视观众的研究表明,81% 的观众会避免观看广告(Tse & Lee, 2001)。

广告公司知道多数人不会坐在那里看广告或关注广告。他们把观众叫做游荡者,因为观众们经常从一个频道游荡到另一个频道。在实验室测试中,被试没法关掉广告、转换频道或离开房间,但是当随后立即询问他们时,他们也会误解或忘记大约三分之一的内容。一天之后,他们忘记或误解四分之三的内容。杂志广告的误解和遗忘率更高。当然,并非所有人都能避免每个广告。橄榄球超级杯比赛期间的 30 秒广告位需要花费几百万美元,而研究显示在这种广告中进行宣传的电影票房比未在超级杯做广告的电影票房高出 40%。在这个例子中,足够多的人观看了广告,这足以让商家赚回成本(Yelkur, Tomkovick, & Traczyk, 2004)。

尼尔森公司（Nielsen Company）和阿比创（Arbitron）市场研究公司是两家老牌公司，他们多年追踪人们的电视观看行为，确定人们看了广告而且能够回忆出来的人数比率。当多数人在家里看电视时，这项工作比较容易，但是现今人们经常在计算机、ipod 播放器、黑莓智能手机和公共场合大屏幕上观看节目，他们的研究变得困难了很多。

一项对 2 500 名 12 岁以上美国人的调查显示，35％的人有一段时间不是在家里看电视的。在年轻观众（12 至 17 岁）中，64％的人至少每周有一次不是在家里看电视的，而 55 岁以上观众的这个比例只有 23％。与在家里看电视相比，这些人更不可能避开广告。在住所之外观看电视的人们更有可能是广告的受制观众，因为他们在酒吧、诊所或机场大厅没法换台或使用 Tivo 这种数字录像设备（《纽约时报》，2007 年 4 月 13 日）。想知道更多内容，请访问 www.nielsen-netratings.com。

南非进行过一项研究，考察了 14 400 名在电影院和电视上观看广告的观众，以及 1 291 800 名仅在电影院看过同样广告的观众。结果表明，电影院广告的回忆率高于电视广告，而且年轻人（他们是主要的电影观众）和老年人的结果相同。研究者认为，这也许是因为没法避开电影院广告导致人们对电影院里播放的广告分配了更多的注意（Ewing, DuPlessis, & Foster, 2001）。

人们对广告的总体感受会影响他们对广告的记忆。一项研究测量了 1 914 名成年人对广告的态度。尽管有 45％的人认为广告能够提供信息，但是有 77％觉得广告很烦人，研究还发现人们认为许多产品根本达不到广告中所宣传的效果。这些结果表明，即使人们认为广告可能有用，他们也依然对广告持负面态度。研究者给同样这批被试呈现一系列杂志广告，在第二天要求他们回忆。与对广告的态度非常负面的被试相比，对广告的态度非常积极的被试能够回忆出更多的广告内容（Mehta, 2000）。

种族认同可能会影响人们对广告的态度。160 名黑人被试参加了一项实验，一部分人观看了一则白人女性拿着服装袋的广告，另一批人看了一则黑人女性拿着同一服装袋的广告。结果表明，他们的反应取决于他们对黑人文化的认同程度。对黑人文化高度认同的被试更喜欢黑人模特的广告。而对黑人文化认同低的被试则没有偏好（Whittler & Spira, 2002）。

在杂志上投放处方药广告非常普遍，但是备受争议，许多研究考察了这类广告的效果。盖洛普（Gallup）对 1 475 名 18 岁以上女性展开调查，她们自称经常阅读杂志，结果显示处方药广告确实有效，尤其对那些相信自己出现了广告中所描述症状的女性更有效。有这些症状的人中有一半声称自己读过广告，43％的人报告说自己曾要求他们的医生给自己开广告中的药。老年被试对这种广告内容的回忆率更高。所有被试中有 62％的人相信处方药广告提供了重要信息（Mehta & Purvis, 2003）。

近期的研究表明公众对处方药广告的态度不那么正面了。两项针对 450 多名消费者的研究发现，接近 70％的人认为这类广告没有就药物的风险或收益提供足够的信息。不过，多数被试也相信这些广告推动了他们进一步了解广告中的药物，以及与之相关的医疗状况（Friedman & Gould, 2007；Spake & Joseph, 2007）。

广告商认识到,女性对传统家庭主妇角色范围之外产品的购买力很大。
(经 Samsonite Corporation 许可重印)

　　大众市场广告在中国是一个新生的但增长迅速的事物。一项对 825 名 18 至 64 岁成人的电话调查显示,他们比美国成人对广告的态度更正面。大多数中国被试(69%)认为广告能够提供信息,56%的人在做购买决定时经常借助广告。年轻人对广告的态度更正面,他们认为广告很有趣而且有信息价值。受教育程度高的人对广告的态度更正面(Zhou,Zhang,& Vertinsky,2002)。

网络广告

互联网为广告商提供了发布信息的另一条渠道,尽管在线广告的效果还不确定。调查显示,40％的人使用互联网主要是为了购物。即使是那些不从网上购物的人也认为网络是获得消费信息的良好渠道。人们经常从网上购买的物品包括计算机、书籍、花、音乐、旅行服务和投资产品。尽管网上销售很成功,特别是圣诞购物季前后,但是许多公司对网络销售量并不满意。

新闻聚焦

广告牌正在看你

纽约市街道上的一块电子广告牌装有微型摄像头,当你看它时,它也在看着你。当你停下来审视它,甚至你只是路过时,它会拍下你的照片。这是查明有多少人注意广告的一种新方法。这个才是最可怕的:它能查清你是谁。摄像头能记录所有信息,包括性别、大致年龄、你注视广告的时间,然后把这些信息上传给中央数据库。

作为一种测试广告效果的方法,其开发者宣称最终目的是为了向不同人群呈现不同广告。例如,一名十几岁的男孩看完针对他的广告走开后,一名中年白人女性或一名老年亚裔男性将会看到针对他们的另一种广告。欧洲的宜家(Ikea)、新加坡的麦当劳(Mc-Donald)以及费城的市郊往返车站都在使用这种能根据不同受众进行调整的电子广告牌。因此,下次当你发现一块人行道广告牌时,它可能已经认出你来了!

资料来源:Billboards that look back(2008, May 31). *New York Times.*

针对互联网使用者的调查显示,66％的人曾在线购买过书、玩具、音乐或衣服,78％的人喜欢在线购物的便利。但是,75％的互联网使用者报告说,他们不喜欢在网上提供信用卡或其他个人信息。75％的人报告说,由于一些购物网站缺乏必要的指导信息,他们在购物时感到受挫或困惑(Horrigan, 2008)。

从2006到2008年,全球范围内互联网购物者增加了40％,其中85％以上的人在网上买过东西。网上最常被购买的东西包括书、衣服、鞋、装饰品、DVD、游戏、机票和电子设备。在线购书者主要来自发展中国家,例如中国、巴西、越南和埃及。在线购物比例最高的国家是韩国、英国、德国和日本,美国排在第8位(Nielsen news 供稿,2008)。

对工作人群和大学生的研究显示,网页设计太过复杂对广告效果有负面影响。网页设计越简单,人们购买产品的意愿就越高。并且,简单的网页更能激发人们对公司和广告的正面态度(Bruner & Kumar, 2000；Stevenson, Brunner, & Kumar, 2000)。

在一项研究中,研究者让311名成人浏览4个旅馆网站,研究者发现被试与网站的交互性越高,他们对公司和网站的态度越积极,其他有用的网站特征还包括虚拟产品体验和在线预订系统。而缺乏这些特征的网站得到的评分较低(McMillan, Hwang, & Lee, 2003)。

一项跨国研究考察了欧洲和南美 12 个国家以及美国的 229 名互联网使用者,发现消费者对网站的信任是在线购买产品的重要决定因素。如果网站能够向顾客提供服务担保,以往顾客的评论和推荐以及第三方机构例如某个可靠的消费者组织的证明,那么消费者对该网站的信任度较高(Lynch, Kent, & Srinivasan, 2001)。

男性比女性更喜欢在网上购物。一项问卷研究调查了 227 名 18 岁以上的成人,他们至少曾经在线购物过一次。样本中的女性比男性在线购物的次数少,并且她们对网上购物带来的情感满足和便利评价不如男性高。女性比男性更不信任和更怀疑网站上的广告宣传(Rodgers & Harris, 2003)。哈里斯互动(Harris Interactive)(网址:www.harrisinteractive.com)是一家全球性的市场调研公司,他们的调查结果显示,有 6 类不同的互联网购物者(见表 14-4)。

表 14-4 六类互联网购物者

网络新手
约占 5%,这类人是互联网新手,年龄比较大,最不喜欢在线购物,在网上购物上花的钱最少。

时间敏感的物质主义者
约占 17%,这类人对便利和省时最感兴趣,阅读产品评论、比较价格和使用优惠券的可能性较低。

鼠标和水泥
约占 23%,这类人会浏览购物网站,但是更喜欢在实体店里购物,他们更多是家庭主妇,对在线购物的隐私和安全性表示担忧,比其他几类人更经常去购物中心。

上瘾者、在线者和单身青年
约占 16%,这类人更多是单身的年轻男性,收入较高,使用互联网的时间最长,喜欢玩游戏,最经常在网上下载软件、使用网上银行、在线投资和购物。

狩猎采集者
约占 20%,这类人通常在 30 至 49 岁之间,有两个孩子,最经常访问提供产品和价格分析及比较的网站。

品牌忠诚者
约占 19%,这类人最有可能直接访问他们了解的公司网站,对在线购物最满意,在线购物的金额最高。

资料来源:改编自 L. Schiffman & L. Kanuk(2004), *Consumer Behavior*(8th ed.). Upper Saddle River, NJ: Prentice Hall, p.70,调查结果来自 www.harrisinteractive.com。

网站广告效果的研究数据发表量正在不断增加。在一项研究中,研究者在 13 个宣传和销售各种产品的网站上投放了问卷,超过 13 000 名登录者完成了问卷。研究者通过登录者在网站的逗留时间和点击链接以获得额外信息的次数来衡量标题广告的效果。结果显示,与低卷入产品例如婴儿纸尿裤或日常产品相比,高卷入产品例如豪华轿车的网站广告效果更好(人们在网站上花费更多的时间,点击阅读更多的信息)(Dahlen, Rasch, & Rosengren,

2003)。很明显,人们更愿意花时间了解更重要、更有吸引力和更喜欢的产品的信息,而不是纯粹的功能性产品的信息。

那些花更多时间看网站广告或其他媒体广告的人,是否比花时间少的人记住了更多的广告内容?一项在新西兰进行的研究的回答是肯定的。研究者让149名大学生接触不同的网站广告不等的时间(每个网页20至60秒)。然后,让被试对刚看过的广告进行线索回忆和再认测试。研究发现,被试浏览广告网站的时间越长,在之后回忆和再认广告的可能性越高(Danaher & Mullarkey, 2003)。

研究者对韩国汉城105名每周使用互联网超过一小时的居民的个人访谈显示,他们用在高卷入产品上的上网时间更长。然而总体而言,研究者发现,互联网广告在诱使消费者考虑购买奢侈品方面不如电视广告有效。电视广告对于所研究的4类产品更有效,这些产品包括:豪华轿车、名牌手表、快餐食品和洗发水。此外,报纸、杂志和收音机在吸引消费者购买新产品方面也比较有效(Yoon & Kim, 2001)。

现在的广告商越来越重视像 Facebook、聚友网(MySpace)和 YouTube 这样的社交网站,但是迄今为止结果不甚理想。一项对800名社交网站使用者的调查显示,58%的人报告说很少让他们感兴趣;29%的人认为没有广告让他们感兴趣。只有7%的人报告说他们对这些网站上的广告做出过回应(Loechner, 2008)。

雅虎(Yahoo)、微软(Microsoft)和美国在线(AOL)等主要网站上的广告点击率都不足1%。但是,当根据人们所访问的网页和他们通过搜索引擎查找的信息,有针对性地为他们定制广告时,广告点击率能增加高达300%。如果广告商向人们呈现他们感兴趣的信息,人们会加以注意的。

消费者行为和动机

当消费者做购买决定时,他们可能会被广告宣传之外的市场因素所影响。商店的气氛和整洁、停车是否方便、购物通道的长度等因素都能影响购物者的行为。例如,超市购物行为研究显示,对于短的购物通道,人们只愿意看一眼,而不是穿过它们。他们更愿意穿过长的通道,并因此产生更多的冲动购买。研究还显示,如果产品放在购物通道尽头和接近收银通道时,人们更有可能一时冲动购买。从这里很容易看出制造商为了提高他们产品的可见度而愿意把产品放在哪里了。

对32项研究的元分析表明,商店里播放的背景音乐对顾客的心情和行为有正面影响。音乐能延长人们在商店里的逗留时间。逗留时间的延长会增加冲动购买的可能性。与比较快节奏、吵闹和不熟悉的音乐相比,比较舒缓、安静和熟悉的音乐能使顾客在商店里逗留的时间更长(Garlin & Owen, 2006)。在咖啡馆里对220次顾客与员工相遇的观察发现,顾客的满意度水平受员工的微笑方式影响。明显的微笑比淡淡的微笑或不微笑带来的顾客满意度要高(Barger & Grandey, 2006)。

影响消费者行为的个人因素包括人口学变量,例如年龄、性别、受教育程度、社会经济地位和种族;还包括认知变量,例如感知到的可用于购物的时间、对购物的态度、购物之旅的目的,以及购物者的心情和人格。例如,在公众面前自我意识水平高的人(非常关心自己给别人留下的印象以及别人如何看待他们)会比较关注他们购买的产品上面的标签。也许是因为他们相信,如果他们购买的是名牌而不是自主品牌或无牌产品,人们就会尊敬他们。

影响消费者行为的其他因素还包括品牌植入、购买习惯、品牌忠诚以及产品定价,心理学家对这些因素也很感兴趣。

新闻聚焦

"请按 1——您的来电对我们非常重要"

你得听这句话多少次才能接通电话那头的客服人员呢? 当你试图寻求技术支持,以弄清楚为什么你的新 DVD 机没法用,或者为什么你的互联网连接断了时,经常会有这种情况。不管你为什么拨进电话,总有一个自动化系统准备好了让你心情沮丧。"如果你从家庭电话打来,请按 1。""如果你想接通一位培训过的服务人员,请按 9。"

在美国有超过 100 000 个呼叫中心,另外还有接近 10 000 个呼叫中心外包给其他国家。大多数呼叫中心都有一个共同点:它们的运作不甚成功,让消费者备感困惑、愤怒和疏远。

两位以色列的心理学家研究了这样一个问题:公司怎样才能安抚正在等待下一位接线员的顾客。他们安排不同的条件,考察人们在等待时会如何反应。一些打电话者等待时听到录音音乐。另一些人在音乐中间不时听到周期性的道歉,录音说道,"我们很抱歉让你等待,请不要挂断电话,我们将会按拨入顺序回应您的呼叫。"第三组人听到的音乐相同,期间周期性听到更新信息,告诉他们在队列中的位置或大约还要等待多长时间。

你应该能猜到结果。当提供关于排队位置的更新信息时,人们更满意;人们对录音道歉的反应最消极,大家都不相信这个录制的声音是真心在道歉。

越来越多不开心的打电话者开始在网上表达愤怒,并警告他人避开没能提供良好客户服务的公司。实际上,人们还是有办法绕过自动答录系统快速接通客服人员的。例如 www.gethuman.com 会告诉你如何直接和几百家公司与组织的客户代表通话,并让人们根据电话服务的质量对这些公司进行排名。如果公司真的相信你的来电对他们很重要,那么他们应该安排真人在合理的时间内接听来电。

资料来源:Munichor, N., & Rafaeli, k A.(2007). Numbers or apologies? Customer reactions to telephone waiting time fillers. *Journal of Applied Psychology*, 92, 511—518; Tugend, A.(2008, May 24). Far from always being right, the customer is on hold. *New York Times*.

品牌植入

在看电视或看电影时,任何人都不太可能避开品牌植入。当一名电影角色驾驶一辆跑车或喝某品牌啤酒时,你就会在故事背景中看到品牌植入的例子,而不是独立的广告。研究者对总共 112 小时黄金时段电视节目的总结显示,每小时平均有 30 个品牌植入的情形出现(Avery & Ferraro, 2000)。广告商喜欢在电影、电视节目和视频游戏中进行品牌植入,因为他们知道观众没法像看到单独的广告时选择静音、快进、离开房间或换台。并且,品牌植入通常都包含某个正在使用产品的明星,因此存在名人效应。

新闻聚焦

我应该给多少小费?

消费心理学家努力收集尽量多的关于人类行为和动机信息:我们在哪购物,我们购买什么,我们为什么购买,我们喜欢什么广告,哪些广告让我们厌恶。没有什么事情逃得开消费心理学家的眼睛,包括在餐馆里给小费。对于给人们上菜和清洁桌子的服务员而言,小费是他们收入的很大一部分。因此,顾客愿意为他们的服务支付的金额对他们来说至关重要。

你怎样确定在餐馆留下的小费金额?你会给很多的小费吗?还是你只是象征性地留点小费,并在服务员察觉之前迅速离开?以下是一些影响小费金额的因素:

- 你的账单金额是多少钱?你的账单金额是小费金额的最好预测因素。账单金额越大,小费给得越多。

- 服务员有多友好?新服务员应该学会的第一件事是,他们越友好,得到的小费就越多。微笑和介绍自己名字的服务员会比不这样做的服务员得到更多小费。并且,弯腰或蹲下身子拿定单的服务员会比保持直立的服务员获得更多小费。在账单上画笑脸的女服务员会比不这样做的女服务员得到更多小费,不过画笑脸的男服务员得到的小费更少。

- 服务有多专业?研究显示,顾客对服务质量的评价与小费数额有一个弱的相关。因此,表示友好可以补偿下单时所犯的错误。

- 服务员多漂亮?与其他社会活动一样,外表有吸引力的人的收入更为丰厚。在小费的例子中也是这样,尽管差异没有达到显著水平。

- 有多少人在场吃饭?独自一人还是和其他人一起时留下的小费更多?随着人数的增加,小费金额会下降。独自进餐者平均留下的小费是账单金额的 20%。两名进餐者平均每人 17%。当人数增加到 4 个人以上时,小费下降到约 13%。

- 你经常在那家餐馆吃饭吗?餐馆的常客比初次就餐的顾客或仅仅偶尔在此就餐的顾客给的小费更多。很明显,当人们预期将会再次光顾某家餐馆时,他们对于给小费的感受是不同的。

● 现金还是刷卡？刷卡的顾客比付现金的顾客给的小费更多。可能刷卡支付的感觉就像不是真的在付钱一样。

一项全国性的调查发现,30％的美国人并不知道给餐馆留下 15％至 20％的小费是惯例。康奈尔大学(Cornell University)的消费者行为学教授实施了这项调查,他对结果感到很吃惊。他写道,"30％的人说'我就给 1 块钱或 2 块钱的小费'。我很震惊。我本以为约 90％的人都知道应该给 15％或 20％的小费,也许只有 10％的从不出门的人不知道这一点。"

资料来源:Grimes, W.(1999, February 3). Tips:Check your insecurity at the door. *New York Times*;Sharkey, J.(2004, April 25). He parked your car. She retrieved it. Who gets a tip? *New York Times*;Surowiecki, J.(2005, September 5). Check, please. *New Yorker*.

研究显示,当电影中的主角在使用、驾驶或饮用某品牌的产品时,观众之后对该品牌的回忆会增加。当知名演员在使用产品时,观众对该产品的评价更正面。人们还报告品牌植入会提高他们的观看体验,因为它让电影或电视节目显得更真实(Yang, Roskos-Ewoldson, Roskos-Ewoldson, 2004)。

在一项对 105 名 6 至 12 岁儿童的研究中,研究者给一组儿童播放了一段短片,短片中提到了百事可乐。另一组儿童观看了同一段短片,但短片中没有提到百事可乐,而是不知名的食品和牛奶。然后研究者让儿童从可口可乐和百事可乐中进行选择,之后让他们描述短片。看过品牌植入短片的儿童更多地选择百事可乐,即便是那些说自己不记得在影片中见过百事可乐的儿童也是这样。年龄稍大的儿童比年幼儿童更能回忆出他们见过的品牌,但是在选择百事可乐而不是可口可乐的比例上却没有年龄差异。在这个例子中,品牌植入很有效(Auty & Lewis, 2004)。

购买习惯和品牌忠诚

很多时候,人们都根据习惯选择要购物的商店和要选择的产品。一旦人们找到了喜欢的产品,继续购买它比再找一个新的要容易得多。为了演示购物习惯的力量,一家超市重新排列了它的灌装香皂的摆放。之前香皂根据品牌名称放在一起,而现在改为根据香皂类型的字母顺序排列,因此所有不同品牌的香皂被混在了一起。尽管超市里张贴的公告对新的布置进行了解释,但还是有超过 60％的顾客被愚弄了。习惯让他们径直前往他们以前所选择的香皂的货架。当被询问时,顾客表示香皂跟以前的摆放顺序一样。而当发现他们的购物车里放的是错误的香皂时,他们都非常震惊。当消费者在一家新的商店购物时,由于习惯没法自动引导他们前往喜欢的产品所在的货架,他们会选择购买一些与过去不同品牌的产品。

设计广告宣传来改变牢固的购买习惯非常困难。研究显示,消费者对主导品牌的忠诚可以在长达 8 年的时间里保持不变。1923 年在各自产品类别中占首位的 16 个品牌,60 年后仍然保持领先位置,它们包括:金宝(Campbell)汤料、立顿(Lipton)茶、柯达(Kodak)照相机和箭牌(Wrigley)口香糖。这些发现强调了广告商在消费者儿童时期就建立品牌偏好的重要性。一旦人们喜欢上某个品牌,就会保持多年的忠诚,并把他们的忠诚传递给自己的孩子。

研究者对 938 名消费者进行了在线访谈,他们是如下品牌的购买者:福特(Ford)和沃尔沃(Volvo)汽车,IBM 和康柏(Compaq)计算机,高胜(Grolsch)和喜力(Heineken)啤酒,以及两个品牌的洗发水。研究发现,消费者对于汽车或啤酒品牌选择的情绪卷入度高于计算机或洗发水。结果还显示,与自己的车或啤酒密切联系的消费者,其教育水平和社会阶层更高,他们与产品的情感联结高于与计算机或洗发水密切联系的消费者(Smit, Bronner, & Tolboom, 2007)。

有些时候,研究者难以分辨购买习惯与品牌忠诚,因为二者都表现为重复购买行为,这意味着消费者根本不受竞争品牌广告的影响。一些公司,特别是航空公司、旅馆和租车机构等,已经开发出了很多能有效提升消费者品牌忠诚的项目,比如向重复购买者提供递增的奖励。举个例子,航空公司的飞行常客计划会提供各种奖励,包括免费机票、升级到头等舱、VIP 登机通道、提前登机和机场休息室等。这些计划有效地促进了顾客忠诚。许多人为了积攒更多的飞行里程,宁愿让自己的飞行路线绕远或迂回绕圈。

一项对 643 名成人的调查显示,为建立品牌忠诚度,给顾客的购买行为提供少量到中等的奖励实际上不如给顾客更高的奖励划算。这一结果与对 300 名品牌经理的调查结果相悖,这些经理们相信提供高的奖励在建立品牌忠诚方面是不划算的(Wansink, 2003)。

产品定价

除了广告和产品质量以外,产品定价也是影响购买行为的重要因素。消费者经常使用产品的价格来衡量产品的质量,因为他们相信一件产品的价格越高,它的质量也越好。有的厂商抓住了消费者的这一信念,给自己的产品定更高的价格,即使这些产品的质量与竞争对手无异。同样的产品,不同的只是价格,价格经常是消费者对产品进行评判的依据。东西越贵,人们评判其质量越好。

在一个采用神经成像技术的研究中,通过磁共振成像(MRI)记录被试看到不同品牌红酒时的脑活动。研究者告知被试其中一些红酒比另一些红酒要贵得多,而实际上这些红酒是一样的。但这个虚假的价格信息影响了被试的脑活动水平:被试在品尝所谓的昂贵红酒时,对愉悦体验有反应的脑区的活动更强烈。也就是说,研究者声称的红酒价格改变了被试体验到的皮层愉悦水平(Plassman, O'Doherty, Shiv, & Rangel, 2008)。

超市购物者可能仅仅根据价格就判定某些产品更好。

但是,有些消费者在购买某些东西时并不考虑价格。对超市购物者的观察表明,多数人在购买日常必需品时不会关注价格信息,例如早餐谷类食品、咖啡和软饮料,他们也不能准确报告这些产品当前的价格。由于不同的包装重量和尺寸,购物者往往无法计算出几个品牌中哪个更划算。然而当超市提供单位价格信息,例如每份服务或每件产品的价格时,一些购买者在做购买决定时会考虑这些信息。

为了促进新产品或新包装的销售,一种常用技术是一开始进行低价出售。这一做法的假设是,一旦购物者买了产品,他们就会出于习惯继续购买,即便价格返回到竞争产品的水平。但研究并不支持这一看法,在最初的低价时期,产品销量确实很高,但是当价格回到正常水平时,销量会下降。而在那些引荐新产品时期并不降价的商店,它们的销量通常保持稳定。部分退款是引诱消费者购买的一种更有效的降价方式。以部分退款的方式降价通常比同等幅度的当场降价更能促进销售。

针对西班牙裔、黑人和亚裔的广告宣传

消费心理学家知道,不同种族群体的人在价值观、态度和购物行为方面存在差异。对白人、黑人、西班牙裔美国人和亚裔美国人的研究发现,他们对不同产品的购买存在偏好。在许多大城市,黑人和西班牙裔美国人已成为当地居民的最大组成部分,因此他们已构成了一个具有相当大购买力的市场。

2002 年,西班牙裔美国人成为美国最大的少数民族群体,占总人口的 15％。美国人口调查局(U.S.Census Bureau)估计,西班牙裔美国人在 2050 年将达到总人口的三分之一。西班牙裔美国人现在已超过黑人,成为增长最快的少数民族群体。营销者正以各种方式回应这一群体的增长。目前已有超过 100 个专门针对西班牙裔的广告代理商,他们专门用西班牙语设计宣传材料。西班牙裔广告代理商协会(Association of Hispanic Advertising Agencies)估计,2007年这一群体在购物上花费了9 000亿美元,仅在两年之内就增加了2 000亿美元。西班牙语电视台、电台和网站的数目在全国范围内都在增长,而不仅仅是在佛罗里达、加利福尼亚和得克萨斯这种传统的西班牙裔聚集区,还蔓延到了波士顿、明尼阿波利斯、安克雷奇、锡拉丘兹和俄勒冈州的波特兰。

卡夫(Kraft)、全食(General Foods)和百事可乐(PepsiCo)等公司成立了专门的部门,开发针对西班牙裔的广告宣传。研究显示,与其他少数民族群体相比,西班牙裔对广告的态度是正面的,愿意依靠广告来获得关于产品和服务的信息(Torres & Gelb, 2002)。宝洁(Procter & Gamble)公司认识到他们的这一特征,每年都花费数百万美元用于设计针对西班牙裔媒体的广告,这些广告涵盖从牙膏到清洁剂等多种产品。宝洁还建立了一支由65人组成的双语团队,专门探索西班牙裔消费者的需求和喜好。他们发现,西班牙裔消费者喜欢闻一些家居产品的气味,例如化妆品和去污剂。因此宝洁为针对西班牙裔市场的产品增加了新的气味。

在一项针对十几岁的西班牙裔和非西班牙裔女孩的研究中,研究者发现,西班牙裔少女更喜欢能展现个性的衣着。结果还显示,西班牙裔少女在时尚选择方面更不受家庭影响(Chattalas & Harper, 2007)。市场研究者还发现了西班牙裔购物者的其他特征(见表14-5)。

表14-5 西班牙裔美国购物者的特征

● 喜欢知名或熟悉的品牌	● 较少成为冲动购物者
● 购买他们认为享有声望的产品	● 喜欢点击和使用优惠券
● 讲究时髦	● 喜欢购买父母买过的产品和品牌
● 喜欢在小型个人商店购物	● 喜欢新鲜或现做的食品而不是冷冻食品
● 购买同种族商店宣传的品牌	

资料来源:改编自 L. Schiffman & L. Kanuk(2004),*Consumer behavior*(8th ed.). Upper Saddle River, NJ: Prentice Hall, p.441.

黑人大约占美国总人口的13%,他们的购买力增长很快,已经成为一个很有潜力的市场。黑人消费者比其他人种消费者的品牌忠诚度要高。一旦他们选择了一个品牌,就不太可能再选择竞争对手的品牌。相比其他群体,黑人家庭喜欢把收入的很大一部分用于食品、衣服、娱乐和卫生保健。他们还喜欢在一周当中多次前往商店,次数明显多于其他群体。总体而言,黑人消费者更愿意为他们所认为的高质量产品支付更多。他们喜欢流行产品和名牌产品,因为这些产品可作为成功的标志。总体来说,黑人喜欢关注媒体、电影、电视节目和广告,留意其中的哪些衣服、珠宝或其他产品在主流文化中代表着成功。

针对黑人和西班牙裔消费者的调查显示,他们都会被高档的产品形象和属性以及高档的商店所吸引。与西班牙裔不同,对黑人来说,家人和朋友是购买决定中重要的参照点和信息来源。这些发现表明,口头传播以及显示朋友和家人在使用某产品的广告非常有用。

调查显示,黑人对社区中的广告宣传有某种程度的不信任,因为许多黑人相信广告一般都是为白人所设计的。他们更相信以黑人为对象的媒体,并把这些媒体作为获知产品信息的来源。因此,大型公司正以几百万美元的花费设计广告来吸引黑人,它们将广告投放在以黑人为对象的印刷媒体、收音机和电视节目中。广告商们已经知道,这世上不存在对所有群体都通用的方法。一则在黑人消费者中非常成功的广告,在其他群体中可能非常失败。

亚裔美国人占美国总人口的 4%,它也是一个快速增长的市场。亚洲人的名声是勤劳、自律、努力并渴望中产阶级的生活方式。因此,他们是广告商喜欢的一个市场。亚洲人的受教育水平较高,对计算机的使用也更熟练。大约 60% 的亚裔人年收入超过 6 万美元,他们中大约有一半人从事专业性工作。

亚裔人很重视产品质量,愿意购买知名品牌,倾向于保持品牌忠诚。他们内部的差异性较大,可以分为 15 个不同群体,其购买和消费习惯各不相同,因此,他们对广告宣传的反应也有所不同。例如,生活在美国的越南人中有 80% 不是在美国本土出生的,而在美国的日本人只有不到三分之一出生在美国之外。多数越南人喜欢使用母语,对保持文化传统很重视。他们不喜欢用信用卡买东西,因为欠钱在他们文化中是一种不被赞同的行为。相反,在美国居住多年的韩国人和中国人很愿意使用信用卡,因为这是市场很喜欢的"美国方式"。

向儿童和青少年做广告

在美国 4 至 12 岁的儿童大约有 3 500 万,他们的"可支配收入"大约有 150 亿美元。这些年轻消费者购买的东西包括鞋子、衣服、早餐谷类食品、糖果、软饮料和其他零食,而且这种消费正在快速增长。对于儿童这么高的购买力,心理学家的一个解释是父母的内疚。消

许多青少年购物者负责给家里购买日常用品。

费心理学家认为,在单亲家庭中,在父母两人都全职工作的家庭中,以及在父母直到30多岁才生育的家庭中,父母更纵容孩子,给孩子的零用钱更多,孩子们对家庭购买决定的影响力更大。

向儿童做宣传的技术包括:把产品放在较低的超市货架上,在儿童电视节目中呈现卡通广告,以及把广告印在铅笔、杂志和书籍封面上。不过,市场给儿童做广告的首要方式是通过电子媒体,2岁至11岁的儿童平均每年会看到25 000个电视广告。

研究儿童电视观看习惯的研究者报告了如下研究结果:

- 2岁至7岁的儿童平均每年接触13 900个电视广告。
- 8岁至12岁的儿童平均每年接触30 000个电视广告。
- 13岁至17岁的青少年平均每年接触29 000个电视广告。

针对儿童的所有电视广告中至少有一半是食品广告(34%是糖果和零食,38%是谷类食品,10%是快餐食品)。许多专家相信,儿童肥胖的显著增加至少部分是由于这些广告的作用(Ganz, Schwartz, Angelini, & Rideout, 2007)。

一个对3岁至5岁儿童的研究发现,孩子们更喜欢呈现在麦当劳包装纸中的食物。研究者给孩子们提供了炸薯条、鸡块、牛奶、汉堡和微型胡萝卜,超过四分之三的孩子说麦当劳包装纸中的食物(甚至是胡萝卜!)比一般包装纸中食物的味道更好。

该研究中的儿童每周吃麦当劳一次以上,四分之三的儿童家里有麦当劳玩具。经常在快餐店吃饭和经常在家里看电视的儿童,对麦当劳包装纸内的食品的偏好更强。麦当劳(McDonald's)每年都要花至少10亿美元专门针对儿童做广告。这些广告确实起作用了,在人们小的时候就建立了品牌忠诚(Reinberg, 2007; Robinson, Borzekowski, Matheson, & Kraemer, 2007)。

十几岁的孩子每年花大约300亿美元购买衣服、化妆品和其他个人用品,例如视频游戏和DVD。他们还负责购买许多家庭用品。许多青少年负责制定家庭购物列表,决定购买哪个品牌,并为整个家庭购物。60%以上的女性青少年和40%以上的男性青少年都要负责家庭日常购物。

一项针对近200名青少年的研究发现,有一半青少年报告自己每天花3个小时看电视,三分之一青少年报告每天花3个小时听收音机(LaFerle, Edwards, & Lee, 2000)。青少年还喜欢花好几个小时上网。针对青少年的广告非常之多,这些广告强调拥有流行的鞋子、牛仔裤、手机和汽车的重要性,以至于使青少年改变了对自己的看法以及与同伴、成人交往的方式。一名儿童心理学家指出,"在儿童长到十几岁时,他们处于不安全感高,寻求个人认同的发展阶段,广告教给他们的是物质很重要"(Kersting, 2004, p.61)。孩子们经常根据在电影和电视中看到的形象定义自己。一项针对150名8岁至18岁儿童和青少年的研究发现,当儿童进入青春期时(大约在12到13岁)会对物质有很强的渴望和需求。广告商相信,这个阶段的自尊降低可以通过鼓励孩子们购买合适品牌的衣服、饰品、电子产品等来克服。拥有这些东西能够让孩子们应对不安全感。研究者发现,在16岁至18岁时,自尊开始回升,青少年也就不再那么重视物质了(Chaplin & John，2007)。

新闻聚焦

向儿童营销:当孩子们唠叨着让你买东西

广告是否在剥削儿童? 答案是肯定的。2004 年,美国心理学会(American Psychological Association)的报告指出,针对 8 岁以下儿童的广告应该加以限制,因为年幼儿童会认为他们看到和听到的全是真实和公平的。连广告商也承认他们的营销宣传利用了儿童。一家广告代理商的负责人说,"广告让人们感到,如果不拥有广告中的产品,你就是一个失败者。孩子们对这个很敏感。如果你告诉他们去买某样东西,他们会抵触。但如果你告诉他们不买某样东西就会落伍,他们就会很关注。只要利用他们的情绪弱点,你很容易赢得孩子的心。"

广告商提到产品的所谓"唠叨因子",即一件产品能让孩子们唠叨多久以后,父母们最终会投降并购买。一位临床心理学家报告说,关于如何对这些唠叨做出反应,父母体验到非常多的情绪困扰。父母知道垃圾食品和暴力游戏对儿童没有好处,因此当他们投降并给孩子买这些东西时会感到内疚。但如果他们不同意买,也会感到内疚,因为生怕孩子由于没能得到想要的鞋子和背包会抑郁、焦虑或自尊降低。广告商希望尽早发展出消费者的物质主义态度,批评者认为,这会造成儿童根据所拥有的物质而不是个人品质来定义自我价值。

批评者指出,广告中的操纵和欺骗大规模存在。心理学家也同意这一看法,尽管有很多心理学家帮助广告商开发出说服儿童购买产品的有效技术。一位心理学家这样说,"营销者普遍会为他们的产品编造流行、成功和吸引力这类谎言,我们已经习惯了他们的不诚实。然而我们知道,当成年人长期欺骗和操纵孩子时,这会伤害年轻人对他人的信任和安全感。"

儿童能够较早了解广告并不是真实的生活,他们不应该当真吗? 成长是否就意味着要学会应该相信谁和相信什么呢? 如果没有心理学家的参与,广告商就不会这样做了吗? 以下是广告行业所声称的底线:如果公司都不使用广告手段来销售产品,他们将会被市场淘汰,成千上万的员工将会失业,而这些员工中大多数人都有孩子。你同意这个观点吗?

资料来源:Clay, R.A.(2000, August). Advertising to children: Is it ethical? *Monitor on Psychology*, pp.52—53; Kanner, A.D., & Kasser, T.(2000). Stuffing our kids: Should psychologists help advertisers manipulate children? *The Industrial-Organizational Psychologist*, 38(1), 185—187; Ads that target kids are unfair, studies say(2004, February 24). *St.Petersburg(FL) Times.*

向 50 岁以上的人做广告

人口年龄分布的变化给广告商带来了另一个重要市场:50 岁以上的工作人群。这个消费市场的人数正在不断增加(财富也在增加),至 2020 年将达到总人口的三分之一。这个 50 岁以上的群体包括部分婴儿潮时代出生的人(出生于 1946 年至 1964 年之间),这 7 600 万名消费者有大笔的可支配收入可以自由花费。50 岁以上的人拥有美国可自由支配收入的一半,65 岁以上的人拥有的可自由支配收入是 25 岁至 34 岁人群的两倍。

50 岁以上人群代表了数十亿美元的消费市场。广告商改变了以往广告中的老年人形象,努力消除人们对老年消费者的刻板印象。广告中运用了有吸引力的老年模特,宣传化妆品、头发护理产品、奢华旅行、汽车、衣服、珠宝、健身俱乐部和投资。

65 岁以上的退休者也构成一个很大的市场,他们购买衣服、家具、旅行、娱乐和卫生保健产品及服务。他们阅读更多的报纸和杂志,他们喜欢看的电视节目是新闻和体育节目,因此,他们也会受大众媒体广告的影响。他们还使用互联网来购物。50 岁以上的互联网使用者人数超过 20 岁以下的使用者人数。与 50 岁以下的人相比,50 岁以上的人更经常在网上购买书、股票和计算机设备。

芬兰和美国的研究表明,婴儿潮一代和 65 岁以上的人在互联网使用和在线购物方面有所不同。婴儿潮一代非常喜欢互联网,他们没有 65 岁以上的人所表现出的技术焦虑。不过,许多 65 岁以上的人正在学习如何使用互联网,从而可以与朋友保持联系、追踪世界各地的新闻以及在线比较产品。广告商正在投放针对这个老年群体的在线广告,并且已经取得了不错的效果(Niemela-Nyrhinen, 2007;Reisenwitz, Iyer, Kuhlmeier, & Eastman, 2007)。

向残疾人做广告

每 5 个美国人中就有 1 个有某种程度的身体或心理残疾,这些人总共大约有 5 000 万,这个数字预计在 2020 年将会达到四分之一。残疾比例随着年龄增长而增加。65 岁以上的人群中有 40% 的人存在某种程度的残疾,而 16 岁至 64 岁人群的这个比例只有 19%。

越来越多的广告中开始出现残疾人,例如福特(Ford)、网飞(Netflix)、麦当劳(McDonald's)、威瑞森无线(Verizon Wireless)、西尔斯(Sears)和本田(Honda)的广告,这些广告直接针对残疾人,毕竟残疾人像健康人一样也要买东西。调查显示,75% 以上的残疾人每周外出吃饭至少一次;69% 的残疾人会因公或因私出门旅行;很多人需要买轮椅或助听器等产品,并购买健康人所买的很多产品。因此,商家不再忽视这个消费者市场。登录 www.disaboom.com 可进一步了解这类广告(Newman, 2007)。

向同性恋做广告

作为一个明显的消费者群体,同性恋者通常比一般大众受教育程度更高、更富有。一家民意调查公司对 20 000 名同性恋男女进行调查,结果显示,大约 60％的同性恋都有大学学历,而美国人口总体只有 20％的人大学毕业。作为一个可支配收入很高的巨大潜在市场,同性恋者正越来越受广告商的关注。

一项在旧金山实施的调查表明,同性恋男女家庭收入的中位数是 87 500 美元;40％的被调查者年收入都超过 100 000 美元。几乎每个人在过去两年里都进行过一次隔夜度假旅行。旅游景点正在利用这一趋势,直接针对同性恋做宣传。并且,这个群体花在度假上的时间比其他群体更多(*St.Petersburg*(*FL*) *Times*,June 27,2006)。

对加拿大 44 名男同性恋者的访谈发现,他们喜欢购买对同性恋持正面态度的公司的产品。这些公司在同性恋媒体上做广告、支持同性恋员工并为同性伴侣提供福利。这些公司还普遍对同性恋群体实施帮助,例如向艾滋病慈善机构捐款。并且,调查显示,这些同性恋消费者会主动抵制憎恶同性恋或雇用歧视同性恋的公司(Kates,2000)。

另一项对 372 名美国同性恋男女的调查,证实了他们确实受教育程度更高也更富有,但是这些特征更适用于男性而不是女性。对问卷的回答表明,同性恋更喜欢阅读《华尔街日报》、《商业周刊》、《Money》、《纽约客》、《体育画报》和《国家地理杂志》;他们不太可能阅读《电视指南》和《读者文摘》。看电视的话,他们更喜欢看新闻节目,例如"美国有线电视新闻网"(CNN)、"大卫深夜脱口秀"(Late Night with David Letterman)和"60 分钟"(60 Minutes)。他们很少看游戏竞赛类节目、电视剧或谈话节目。这些信息能让公司知道应该把针对他们的广告投放在哪里。

2005 年,同性恋市场已增长得如此之大以至于维亚康姆(Viacom)集团专门针对同性恋者推出了"标志"(Logo)频道和 www.logoonline.com 网站。在"标志"频道做广告的公司包括安海斯(Anheuser-Busch)、大陆航空公司(Continental Airlines)、戴尔(Dell)、柯达(Eastman Kodak)、易趣(eBay)和通用汽车(General Motors)。收看"标志"频道的家庭大约有 2 300 万,这意味着这是一个很庞大的营销渠道(《纽约时报》,2006 年 6 月 26 日)。

本章小结

消费心理学通过调查、焦点小组访谈和行为观察等方法研究消费者行为。神经营销学是一种新的研究方法,能测量大脑对各种广告和营销计划的反应。可以通过直接询问、生理测量、销售测试和优惠券回收率等方法进行广告效果测试。

产品和服务的卖方通过各种方法影响消费者:直销、消费者觉察、产品形象、信息广告、机构广告等等。广告诉求可以是正面、负面或混合的。一些广告突出名人认可。许多广告都存在暗含优越,而消费者会为此买单。

商标与产品形象一样有助于广告宣传。包装在销售现场非常重要。尽管广告中经常出现性感形象,这很吸引观众,但是并没有促进消费者对广告信息的回忆。多数人不喜欢电视广告,他们避免观看广告并且只能记住大概四分之一的广告。

互联网上的广告越来越多,简单的网页在吸引人们购买产品方面更有效。但是,有一些消费者抗拒在线购物，主要是由于担心信用卡安全。男性比女性更频繁地在线购物。对网站的信任也是影响在线购物的因素。花更多时间看在线广告的人们更有可能回忆出信息并认出产品。投放在社交网站上的广告并不成功。

品牌植入（例如让电影或电视节目中的角色使用产品）能有效影响消费者对产品的看法。品牌忠诚让消费者不受竞争品牌的广告影响。消费者经常把产品价格当作质量的象征，许多人相信价格高的产品总比价格低的产品好。

美国的西班牙裔、黑人和亚裔成为广告宣传针对的受众，广告商专门针对他们的文化需求和价值观设计广告。这些广告主要出现在杂志和电视上。广告的其他目标群体还包括儿童、青少年、老年人、残疾人和同性恋者。

关键术语

焦点小组访谈
销售测试技术

复习题

1. 约翰·华生对消费者行为研究的贡献是什么？

2. 描述美国广告代理商协会进行的广告态度调查的一些结果。

3. 在线消费者调查与电话调查或个人面谈调查相比优点有哪些？

4. 描述如何实施焦点小组访谈。讨论焦点小组访谈与调查相比的优点和缺点。

5. 虚拟焦点小组访谈与面对面小组访谈有哪些不同？你认为哪种方法对于一家开发新产品的公司更有用？

6. 欧内斯特·迪希特关于盒装蛋糕粉的研究对消费者研究的影响是什么？

7. 如果你的工作是观察消费者在超市购买饼干的行为，你会如何设计？在实施这一研究时需要解决哪些问题？

8. 描述消费心理学家采用哪些技术测试人们对广告的反应。

9. 什么是神经营销学？与传统的消费者行为研究相比，它有哪些优势？

10. 采用优惠券确定报纸和杂志广告的效果有效性如何？

11. 在线获取优惠券与从报纸上剪切优惠券相比有哪些优点？

12. 哪种广告诉求更有效：积极的还是消极的？震惊还是恐惧诉求？每种举个例子。

13. 描述采用名人代言来销售产品的优点和缺点。

14. 描述产品包装、产品定价和广告中的性对消费者行为的影响。

15. 哪些因素有助于消费者记住看过的广告？处方药的广告效果如何？

16. 为什么电视广告不像过去那么有效了？

17. 在广告效果方面，在住所之外看电视的人与在家里看电视的人有何不同？

18. 在互联网上做广告的优缺点是什么？

19. 喜欢在线购物的人与不喜欢的人有什么不同？

20. 人们更有可能在线购买哪些产品？他们最不可能在线购买哪些产品？

21. 品牌植入是什么？品牌植入对成人有效吗？对儿童呢？

22. 如果目标是西班牙裔消费者，如何设计高档家具的广告？黑人消费者呢？你会采用哪些媒体渠道？

23. 描述西班牙裔和黑人消费者的主要差异。

24. 影响亚裔消费者行为的特征有哪些？

25. 向不到 8 岁的儿童做广告道德吗？为什么？

26. 同性恋者的消费行为与非同性恋者有何不同？

27. 为什么 50 岁以上的消费者是广告商喜欢的人群？通过哪种方式向老年人宣传产品更有效：电视还是互联网？

参考文献

Abdel-Wahab, A. (2007). Employees' attitudes toward telecommuting. *Behaviour & Information Technology, 26,* 367–375.

Abraham, J., Morrison, J., & Burnett, D. (2006). Feedback seeking among developmental assessment center participants. *Journal of Business Psychology, 20,* 383–394.

Abuairub, R., Khalifa, M., & Habbib, M. (2007). Workplace violence among Iraq hospital nurses. *Journal of Nursing Scholarship, 39,* 281–288.

Adams, J. (1965). Inequity in social exchange. In L. Berkowitz (Ed.), *Advances in experimental social psychology* (Vol. 2). New York: Academic Press.

Aguinis, H. (Ed.). (2004). *Test-score banding in human resource selection: Legal, technical, and societal issues.* Westport, CT: Praeger.

Ahronson, A., & Cameron, J. (2007). The nature and consequences of group cohesion in a military sample. *Military Psychology, 19,* 9–25.

Allen, D., Mahto, R., & Otondo, R. (2007). Web-based recruitment. *Journal of Applied Psychology, 92,* 1696–1708.

Allen, T., Eby, L., & Lentz, E. (2006). Mentorship behaviors and mentorship quality associated with formal mentoring programs. *Journal of Applied Psychology, 91,* 567–578.

Allen, T., Eby, L., Poteet, M., Lentz, E., & Lima, L. (2004). Career benefits associated with mentoring for protégés: A meta-analysis. *Journal of Applied Psychology, 89,* 127–136.

Alvarado, C., & Cao, C. (2004). The role of human factors in healthcare: 2020. *Proceedings of the Human Factors & Ergonomics Society 48th Annual Meeting.*

Andersen, L., & Mikkelsen, K. (2008). Recall of occupational injuries. *Safety Science, 46,* 255–260.

Anderson, C., Spataro, S., & Flynn, F. (2008). Personality and organizational culture as determinants of influence. *Journal of Applied Psychology, 93,* 702–710.

Anderson, N. (2008). Toward reducing work stress. *Monitor on Psychology, 39*(2), 9.

Anderson, N., Lievens, F., Van Dam, K., & Born, M. (2006). A construct-driven investigation of gender differences in a leadership-role assessment center. *Journal of Applied Psychology, 91,* 555–566.

Anger, W., Stupfel, J., Ammerman, T., Tamulinas, A., Bodner, T., & Rohlman, D. (2006). The suitability of computer-based training for workers with limited formal education. *International Journal of Training & Development, 10,* 269–284.

Antonioni, D. (1994). The effects of feedback accountability on upward appraisal ratings. *Personnel Psychology, 47,* 349–356.

Antonioni, D., & Park, H. (2001). The effects of personality similarity on peer ratings of contextual work behavior. *Personnel Psychology, 54,* 331–360.

Aquino, K., Tripp, T., & Bies, R. (2001). How employees respond to personal offense: The effects of blame attribution, victim status, and offender status on revenge and reconciliation in the workplace. *Journal of Applied Psychology, 86,* 52–59.

Arnold, K., Turner, N., Barling, J., Kelloway, E., & McKee, M. (2007). Transformational leadership and psychological well-being. *Journal of Occupational Health Psychology, 12,* 193–203.

Arthur, M. (2003). Share price reactions to work-family initiatives: An institutional perspective. *Academy of Management Journal, 46,* 497–505.

Arthur, W., Bennett, W., Edens, P., & Bell, S. (2003). Effectiveness of training in organizations: A meta-analysis of design and evaluation features. *Journal of Applied Psychology, 88,* 234–245.

Arthur, W., Day, E., McNelly, T., & Edens, P. (2003). A meta-analysis of the criterion-related validity of assessment center dimensions. *Personnel Psychology, 56,* 125–154.

Aryee, S., Chen, Z., Sun, L.-Y., & Debrah, Y. (2007). Antecedents and outcomes of abusive supervision. *Journal of Applied Psychology, 92,* 191–201.

As, S. (2001). *The measurement of accident proneness.* Groningen, Netherlands: Groningen University.

Ashforth, B., Sluss, D., & Saks, A. (2007). Socialization tactics, proactive behavior, and newcomer learning. *Journal of Vocational Behavior, 70,* 447–462.

Athavaley, A. (2007, June 20). A job interview you don't have to show up for. *Wall Street Journal.*

Atkins, P., & Wood, R. (2002). Self-versus others' ratings as predictors of assessment center ratings: Validation evidence for 360-degree feedback programs. *Personnel Psychology, 55,* 871–904.

Atkinson, J. W., & Feather, N. T. (1996). *A theory of achievement motivation*. New York: Wiley.

Atwater, L., & Brett, J. (2006). 360-degree feedback to leaders. *Group & Organization Management, 31*, 578–600.

Atwater, L., Brett, J., & Charles, C. (2007). Multi-source feedback. *Human Resource Management, 46*, 285–307.

Atwater, L., Waldman, D. A., Atwater, D., & Cartier, P. (2000). An upward feedback field experiment. *Personnel Psychology, 53*, 275–295.

Auty, S., & Lewis, C. (2004). The "delicious paradox": Preconscious processing of product placements by children. In L. Schrum (Ed.), *The psychology of entertainment media: Blurring the lines between entertainment and persuasion*. Mahwah, NJ: Erlbaum.

Avery, D. (2003). Reactions to diversity in recruitment advertising: Are differences Black and White? *Journal of Applied Psychology, 88*, 672–679.

Avery, D., & Hysong, S. (2007). A look in the mirror: Examining the ethnic/racial composition of our society. *The Industrial-Organizational Psychologist, 45*(1), 65–70.

Avery, D., & McKay, P. (2006). Target practice: An organizational impression management approach to attracting minority and female job applicants. *Personnel Psychology, 59*, 157–187.

Avery, D., McKay, P., & Wilson, D. (2008). What are the odds? How demographic similarity affects the prevalence of perceived employment discrimination. *Journal of Applied Psychology, 93*, 235–249.

Avery, D., McKay, P., Wilson, D., & Tonidandel, S. (2007). Unequal attendance: The relationships between race, organizational diversity cues, and absenteeism. *Personnel Psychology, 60*, 875–902.

Avery, R., & Ferraro, R. (2000). Verisimilitude or advertising? Brand appearance on prime-time television. *Journal of Consumer Affairs, 34*, 217–244.

Bacharach, S., Bamberger, P., & Doveh, E., (2008). Firefighters, critical incidents, and drinking to cope. *Journal of Applied Psychology, 93*, 155–169.

Bacharach, S., Bamberger, P., & McKinney, V. (2007). Harassing under the influence. *Journal of Occupational Health Psychology, 12*, 232–250.

Bailey, D. (2004). Number of psychology PhDs declining. *Monitor on Psychology, 35*(2), 18–19.

Balderrama, A. (2007). Generation Y: Too demanding at work? www.cnn.com

Bandura, A., & Locke, E. (2003). Negative self-efficacy and goal effects revisited. *Journal of Applied Psychology, 88*, 87–99.

Barger, P., & Grandey, A. (2006). Service with a smile and encounter satisfaction: Emotional contagion and appraisal mechanisms. *Academy of Management Journal, 49*, 1229–1238.

Bargh, J., & McKenna, K. (2004). The Internet and social life. *Annual Review of Psychology, 55*, 573–590.

Barling, J., Kelloway, E., & Iverson, R. (2003). High-quality work, job satisfaction, and occupational injuries. *Journal of Applied Psychology, 88*, 276–283.

Barling, J., Loughlin, C., & Kelloway, E. (2002). Development and test of a model linking safety-specific transformational leadership and occupational safety. *Journal of Applied Psychology, 87*, 488–496.

Barling, J., Zacharatos, A., & Hepburn, C. G. (1999). Parents' job insecurity affects children's academic performance through cognitive difficulties. *Journal of Applied Psychology, 84*, 437–444.

Barreto, A. (2007). Are you ready for Generation Y? Nine ways to recruit, train and retain Generation Y. www.ezinearticles.com

Barrett, J., & Kirk, S. (2000). Running focus groups with elderly and disabled elderly participants. *Applied Ergonomics, 31*, 621–629.

Barrick, M., Stewart, G., & Piotrowski, M. (2002). Personality and job performance: Test of the mediating effects of motivation among sales representatives. *Journal of Applied Psychology, 87*, 43–51.

Barron, K., & Harackiewicz, J. (2001). Achievement goals and optimal motivation: Testing multiple goal models. *Journal of Personality and Social Psychology, 80*, 706–722.

Baruch, Y. (2004). Prosocial behavior and job performance. *Social Behavior and Personality, 32*, 399–412.

Baruch-Feldman, C., Brondolo, E., Ben-Dayan, D., & Schwartz, J. (2002). Sources of social support and burnout, job satisfaction, and productivity. *Journal of Occupational Health Psychology, 7*, 84–93.

Bass, B., Avolio, B., Jung, D., & Berson, Y. (2003). Predicting unit performance by assessing transformational and transactional leadership. *Journal of Applied Psychology, 88*, 207–218.

Bassett-Jones, N., & Lloyd, G. (2005). Does Herzberg's motivation theory have staying power? *Journal of Management Development, 24*, 929–943.

Bauer, B., Bodner, G., Erdogan, B., Truxillo, D., & Tucker, J. (2007). Newcomer adjustment during organizational socialization. *Journal of Applied Psychology, 92*, 707–721.

Bauer, T., Erdogen, B., Liden, R., & Wayne, S. (2006). A longitudinal study of the moderating role of extraversion. *Journal of Applied Psychology, 91*, 298–310.

Baxter, G., Besnard, D., & Riley, D. (2007). Cognitive mismatches in the cockpit. *Applied Ergonomics, 38*, 417–423.

Beal, D., Cohen, R., Burke, M., & McLendon, C. (2003). Cohesion and performance in groups: A meta-analytic clarification of construct relations. *Journal of Applied Psychology, 88,* 989–1004.

Belkin, L. (2007, July 26). When whippersnappers and geezers collide. *New York Times.*

Belkin, L. (2007, November 1). Life's work: The feminine critique. *New York Times.*

Bell, M., & Berry, D. (2007). Viewing diversity through different lenses. *Academy of Management Perspectives, 21*(4), 21–25.

Bell, S. (2007). Deep-level composition variables as predictors of team performance. *Journal of Applied Psychology, 92,* 595–615.

Bellizzi, J. A. (2000). Drawing prospects to E-commerce Websites. *Journal of Advertising Research, 40,* 43–53.

Bennett, J., & Lehman, W. (2001). Workplace substance abuse prevention and help seeking: Comparing team-oriented and informational training. *Journal of Occupational Health Psychology, 6,* 243–254.

Bennett, R. J., & Robinson, S. L. (2000). Development of a measure of workplace deviance. *Journal of Applied Psychology, 85,* 349–360.

Ben-Yaacov, A., Maltz, M., & Shinar, D. (2002). Effects of an in-vehicle collision avoidance warning system on short- and long-term driving performance. *Human Factors, 44,* 335–342.

Berdahl, J. (2007). The sexual harassment of uppity women. *Journal of Applied Psychology, 92,* 425–437.

Berdahl, J., & Moore, C. (2006). Workplace harassment. *Journal of Applied Psychology, 91,* 426–436.

Bergeron, D. (2007). The potential paradox of organizational citizenship behavior. *Academy of Management Review, 32,* 1078–1095.

Bergman, A., Watrous-Rodriguez, K., & Chalkley, K. (2008). Identity and language. *Hispanic Journal of Behavioral Sciences, 30,* 40–68.

Bergman, M., Langhout, R., Palmieri, P., Cortina, L., & Fitzgerald, L. (2002). The (un)reasonableness of reporting: Antecedents and consequences of reporting sexual harassment. *Journal of Applied Psychology, 87,* 230–242.

Berry, C., Gruys, M., & Sackett. P. (2006). Educational attainment as a proxy for cognitive ability in selection. *Journal of Applied Psychology, 91,* 696–705.

Berry, C., Sackett, P., & Wieman, S. (2007). A review of recent developments in integrity test research. *Personnel Psychology, 60,* 271–301.

Bertoa, C., Anderson, N., & Salgado, J. (2005). The predictive validity of cognitive ability tests. *Journal of Occupational and Organizational Psychology, 78,* 387–409.

Bilgel, N., Aytac, S., & Bayram, N. (2006). Bullying in Turkish white-collar workers. *Occupational Medicine, 56,* 226–231.

Birkeland, S., Manson, T., Kisamore, J., Brannick, M., & Smith, M. (2006). A meta-analytic investigation of job applicant faking on personality measures. *International Journal of Selection and Assessment, 14*(4), 317–328.

Birnbaum, M. (2004). Human research on data collection via the Internet. *Annual Review of Psychology, 55,* 803–832.

Bishop, G. D., Enkelmann, H., Tong, E., Why, Y., Diong, S., Ang, J., & Kaader, M. (2003). Job demands, decisional control, and cardiovascular responses. *Journal of Occupational Health Psychology, 8,* 146–156.

Bishop, J. W., & Scott, K. D. (2000). An examination of organizational and team commitment in a self-directed team environment. *Journal of Applied Psychology, 85,* 439–450.

Blackmore, E., Stansfeld, S., Weller, I., Munce, S., Zagorski, B., & Stewart, D. (2007). Major depressive episodes and work stress. *American Journal of Public Health, 97,* 2088–2093.

Blau, F., & Kahn, L. (2007). The gender pay gap. *Academy of Management Perspectives, 21*(1), 7–23.

Bobko, P., Roth, P. L., & Potosky, D. (1999). Derivation and implications of a meta-analytic matrix incorporating cognitive ability, alternative predictors, and job performance. *Personnel Psychology, 52,* 561–589.

Boehm, J., & Lyubomirsky, S. (2008). Does happiness promote career success? *Journal of Career Assessment, 16,* 101–116.

Boff, K. (2006). Revolutions and shifting paradigms in human factors and ergonomics. *Applied Ergonomics, 37,* 391–399.

Bolino, M., & Turnley, W. (2003). Going the extra mile: Cultivating and managing employee citizenship behavior. *Academy of Management Executive, 17*(3), 60–71.

Bond, F., & Bunce, D. (2001). Job control mediates change in work reorganization intervention for stress reduction. *Journal of Occupational Health Psychology, 6,* 290–302.

Bond, F., & Bunce, D. (2003). The role of acceptance and job control in mental health, job satisfaction, and work performance. *Journal of Applied Psychology, 88,* 1057–1067.

Bono, J., & Anderson, M. (2005). The advice and influence networks of transformational leaders. *Journal of Applied Psychology, 90,* 1306–1314.

Bono, J., Foldes, H., Vinson, G., & Muros, J. (2007). Workplace emotions. *Journal of Applied Psychology, 92,* 1357–1367.

Bono, J., & Judge, T. (2003). Self-concordance at work: Toward understanding the motivational effects of transformational leaders. *Academy of Management Review, 46,* 554–571.

Booth-Kewley, S., & Friedman, H. S. (1987). Psychological predictors of heart disease. *Psychological Bulletin, 101,* 343–362.

Boswell, W., Boudreau, J., & Tichy, J. (2005). The relationship between employee job change and job satisfaction. *Journal of Applied Psychology, 90,* 882–892.

Boudreau, J., Boswell, W., Judge, T., & Bretz, R., Jr. (2001). Personality and cognitive ability as predictors of job search among employed managers. *Personnel Psychology, 54,* 25–50.

Bowler, W., & Brass, D. (2006). Relational correlates of interpersonal citizenship behavior. *Journal of Applied Psychology, 91,* 70–82.

Bowling, N., & Bechr, T. (2006). Workplace harassment from the victim's perspective. *Journal of Applied Psychology, 91,* 998–1012.

Braaksma, A. (2005, September 12). Some lessons from the assembly line. *Newsweek,* p. 17.

Braddy, P., Meade, A., & Kroustalis, C. (2006). Organizational recruitment website effects on viewers' perceptions of organizational culture. *Journal of Business and Psychology, 20,* 525–543.

Brandt, M. (2006, October 18). Internet addiction: Too much of a good thing? *Stanford Report.* www.news-service.stanford.edu/news/

Braunsberger, K., Wybenga, H., & Gates, R. (2007). A comparison of reliability between telephone and web-based surveys. *Journal of Business Research, 60,* 758–764.

Brett, J., & Stroh, L. (2003). Working 61 plus hours a week: Why do managers do it? *Journal of Applied Psychology, 88,* 67–78.

Bridger, R. S. (2003). *Introduction to ergonomics* (2nd ed.). London: Taylor & Francis.

Brief, A., & Weiss, H. (2002). Organizational behavior: Affect in the workplace. *Annual Review of Psychology, 53,* 279–307.

Britt, B. (2004). Automakers tap consumer brains. *Automotive News Europe, 9*(1), 1–22.

Broad, W., & Wade, N. (1982). *Betrayers of the truth.* New York: Simon & Schuster.

Brooks, M., Grauer, E., Thornbury, E., & Highhouse, S. (2003). Value differences between scientists and practitioners: A survey of SIOP members. *The Industrial-Organizational Psychologist, 40*(4), 17–23.

Brown, D., Cober, R., Kane, K., Levy, P., & Shalhoop, J. (2006). Proactive personality and the successful job search. *Journal of Applied Psychology, 91,* 717–726.

Brown, K. (2001). Using computers to deliver training: Which employees learn and why? *Personnel Psychology, 54,* 271–296.

Brown, M., Sturman, M., & Simmering, M. (2003). Compensation policy and organizational performance: The efficiency, operational, and financial implications of pay levels and pay structure. *Academy of Management Journal, 46,* 752–762.

Bruck, D., & Ball, M. (2007). Optimizing emergency awakening to audible smoke alarms. *Human Factors, 49,* 585–601.

Bruner, G. C., II, & Kumar, A. (2000). Web commercials and advertising hierarchy-of-effects. *Journal of Advertising Research, 40,* 35–42.

Brustein, D. (2008). The role of work in psychological health and well-being. *American Psychologist, 63,* 228–240.

Bryner, J. (2007). Survey reveals most satisfying jobs. www.livescience.com/health/070417_job_satisfaction.html

Buckley, M., Jackson, K., Bolino, M., Veres, J., & Feild, H. (2007). The influence of racial demography on panel interview ratings. *Personnel Psychology, 60,* 627–646.

Burke, R., Matthiesen, T., & Pallesen, S. (2006). Personality correlates of workaholism. *Personality & Individual Differences, 40,* 1223–1233.

Burnett, J. J. (2000). Gays: Feelings about advertising and media used. *Journal of Advertising Research, 40,* 75–84.

Bushman, B., & Bonacci, A. (2002). Violence and sex impair memory for television ads. *Journal of Applied Psychology, 87,* 557–564.

Butcher, J., Cabiya, J., Lucio, E., & Garrido, M. (2007). *Assessing Hispanic clients using the MMPI-2 and MMPI-A.* Washington, DC: American Psychological Association.

Buttigieg, D., Deery, S., & Iverson, R. (2007). An event history analysis of union joining and leaving. *Journal of Applied Psychology, 92,* 829–839.

Buttigieg, S. (2006). Gender and race differences in scores on the Wonderlic Personnel Test. *Applied HRM Research, 11*(1), 73–74.

Button, S. (2001). Organizational efforts to affirm sexual diversity: A cross-level examination. *Journal of Applied Psychology, 86,* 17–28.

Bycio, P., Hackett, R. D., & Allen, J. S. (1995). Further assessments of Bass's (1985) conceptualization of transactional and transformational leadership. *Journal of Applied Psychology, 80,* 468–478.

Cable, D., & Parsons, C. (2001). Socialization tactics and person-organization fit. *Personnel Psychology, 54,* 1–23.

Caligiuri, P. M. (2000). The Big Five personality characteristics as predictors of expatriates' desire to terminate the assignment and supervisor-rated performance. *Personnel Psychology, 53,* 67–88.

Callister, R. R., Kramer, M. W., & Turban, D. B. (1999). Feedback seeking following career transitions. *Academy of Management Journal, 42,* 429–438.

Campion, M., & Berger, C. (1990). Conceptual integration and empirical test of job design and compensation relationships. *Personnel Psychology, 43,* 525–554.

Campion, M., Outtz, J., Zedeck, S., Schmidt, F., Kehoe, J., Murphy, K., & Guion, R. (2001). The controversy over score banding in personnel selection: Answers to ten key questions. *Personnel Psychology, 54,* 149–185.

Cappo, J. (2003). *The future of advertising: New media, new clients, new consumers in the post-television age.* New York: McGraw-Hill.

Carcone, S., & Keir, P. (2007). Effects of backrest design on biomechanics and comfort during seated work. *Applied Ergonomics, 38,* 755–764.

Carlan, P. (2007). The search for job satisfaction: A survey of Alabama policing. *American Journal of Criminal Justice, 21,* 74–86.

Cartwright, S. (2000). Taking the pulse of executive health in the U.K. *Academy of Management Executive, 14*(2), 16–23.

Cascio, W. F. (1998). The virtual workplace. *The Industrial-Organizational Psychologist, 35*(4), 32–36.

Catano, V., Darr, W., & Campbell, C. (2007). Performance appraisal of behavior based competencies. *Personnel Psychology, 60,* 201–230.

Cavanaugh, M. A., Boswell, W. R., Roehling, M. V., & Boudreau, J. W. (2000). An empirical examination of self-reported work stress among U.S. managers. *Journal of Applied Psychology, 85,* 65–74.

Cawley, J., Rizzo, J., & Haas, K. (2007). Occupation-specific absenteeism costs associated with obesity and morbid obesity. *Journal of Occupational and Environmental Medicine, 49,* 1317–1324.

Celik, Y., & Celik, S. (2007). Sexual harassment against nurses in Turkey. *Journal of Nursing Scholarship, 39,* 200–206.

Cha, A. (2007, September 2). In China, stern treatment for young Internet addicts. www.washingtonpost.com

Chandler, A. D., Jr. (1988). Origins of the organization chart. *Harvard Business Review, 66*(2), 156–157.

Chandola, T., Britton, A., Brunner, E., Hemingway, H., Malik, M., Kumari, M., Badrick, E., Kivimaki, M., & Marmot, M. (2008). Work stress and coronary heart disease. *European Heart Journal, 29,* 640–648.

Chang, S.-K., & Drury, C. (2007). Task demands and human capabilities in door use. *Applied Ergonomics, 38,* 325–335.

Chaplin, L., & John, D. (2007). Growing up in a material world: Age differences in materialism in children and adolescents. *Journal of Consumer Research, 34,* 480–493.

Chapman, D., Uggerslev, K., Carroll, S., Piasentin, K., & Jones, D. (2005). Applicant attraction to organizations. *Journal of Applied Psychology, 90,* 928–944.

Chattalas, M., & Harper, H. (2007). Navigating a hybrid cultural identity: Hispanic teenagers' fashion consumption influences. *Journal of Consumer Marketing, 24,* 351–357.

Chattopadhyay, P., & George, E. (2001). Examining the effects of work externalization through the lens of social identity theory. *Journal of Applied Psychology, 86,* 781–788.

Chen, L.-H. (2008). Job satisfaction among information systems (IS) personnel. *Computers in Human Behavior, 24,* 105–118.

Chen, G., Kirkman, B., Kanfer, R., Allen, D., & Rosen, B. (2007). A multilevel study of leadership, empowerment, and performance in teams. *Journal of Applied Psychology, 92,* 331–346.

Chen, G., & Klimoski, R. (2003). The impact of expectations on newcomer performance in teams as mediated by work characteristics, social exchanges, and empowerment. *Academy of Management Journal, 46,* 591–607.

Chen, Z., Lam, W., & Zhong, J. (2007). Leader-member exchange and member performance. *Journal of Applied Psychology, 92,* 202–212.

Chiang, D., Brooks, A., & Weir, D. (2004). On the highway measures of driver glance behavior with an example automobile navigation system. *Applied Ergonomics, 35*(3), 215–223.

Chiang, K., & Dholakia, R. (2003). Factors driving consumer intention to shop online: An empirical investigation. *Journal of Consumer Psychology, 13,* 177–183.

Chiu, M.-C., & Wang, M.-J. (2007). Professional footwear evaluation for clinical nurses. *Applied Ergonomics, 38,* 133–141.

Church, A. (2001). Is there a method to our madness? The impact of data collection methodology on organizational survey results. *Personnel Psychology, 54,* 937–969.

Clarke, S., & Robertson, I. (2008). An examination of the role of personality in work accidents using meta-analysis. *Applied Psychology: An International Review, 57,* 94–108.

Clay, R. A. (2000). Advertising to children. *Monitor on Psychology, 31*(8), 52–53.

Clevenger, J., Pereira, G., Weichmann, D., Schmitt, N., & Harvey, V. (2001). Incremental validity of situational judgment tests. *Journal of Applied Psychology, 86,* 410–417.

Cohen-Charash, Y., & Mueller, J. (2007). Does perceived unfairness exacerbate or mitigate interpersonal counterproductive work behavior related to envy? *Journal of Applied Psychology, 92,* 666–680.

Colbert, A., Kristof-Brown, A., Bradley, B., & Barrick, M. (2008). CEO transformational leadership. *Academy of Management Journal, 51,* 81–86.

Collela, A., Paetzold, R., & Belliveau, M. (2004). Factors affecting co-workers' procedural justice inferences of the workplace accommodations of employees with disabilities. *Personnel Psychology, 57,* 1–23.

Collins, C., & Stevens, C. (2002). The relationship between early recruitment-related activities and the application decisions of new labor-market entrants: A brand equity approach to recruitment. *Journal of Applied Psychology, 87,* 1121–1133.

Combs, J., Liu, Y., Hall, A., & Ketchen, D. (2006). How much do high-performance work practices matter? *Personnel Psychology, 59,* 501–528.

Coombs, A. (2008, February 3). Seeking loyal devoted workers? Let them stay home. *Wall Street Journal.*

Cooney, M. (2007). Telecommute: Kill a career? www.networkworld.com/news/2007/011707-telecommute-career.html

Cortina, L., Magley, V., Williams, J., & Langhout, R. (2001). Incivility in the workplace: Incidence and impact. *Journal of Occupational Health Psychology, 6,* 64–80.

Costanzo, P., & Goodnight, J. (2006). Celebrity endorsements. *Journal of Promotion Management, 11*(4), 49–62.

Coy, P. (2004, March 22). The future of work: Flexible, creative, and good with people? You should do fine in tomorrow's job market. *Business Week,* pp. 50–52.

Craig, S., & Hannum, K. (2006). Research update: 360-degree performance assessment. *Counseling Psychology Journal: Practice & Research, 58,* 117–124.

Cropanzano, R., Bowen, D., & Gilliland, S. (2007). The management of organizational justice. *Academy of Management Perspectives, 21,* 34–48.

Cropanzano, R., & Greenberg, J. (1997). Progress in organizational justice: Tunneling through the maze. In C. Cooper & I. Robertson (Eds.), *International review of industrial and organizational psychology.* New York: Wiley.

Cropanzano, R., Rupp, D., & Byrne, Z. (2003). The relationship of emotional exhaustion to work attitudes, job performance, and organizational citizenship behaviors. *Journal of Applied Psychology, 88,* 160–169.

Crosby, F., Iver, A., Clayton, S., & Downing, R. (2003). Affirmative action: Psychological data and the policy debates. *American Psychologist, 58,* 93–115.

Crowley, B., Hayslip, B., Jr., & Hobdy, J. (2003). Psychological hardiness and adjustment to life events in adulthood. *Journal of Adult Development, 10,* 237–248.

Cullen, J., & Hammer, L. (2007). Developing and testing a theoretical model linking work-family conflict to employee safety. *Journal of Occupational Health Psychology, 12,* 266–278.

Cynkar, A. (2007). The changing gender composition of psychology. *Monitor on Psychology, 38*(6), 46–47.

Dahl, D., Frankenberger, K., & Manchanda, R. (2003). Does it pay to shock? Reactions to shocking and nonshocking advertising content among university students. *Journal of Advertising Research, 43,* 268–280.

Dahlen, M., Rasch, A., & Rosengren, S. (2003). Love at first site? A study of Website advertising effectiveness. *Journal of Advertising Research, 43,* 25–34.

Dahlgren, A., Kecklund, G., & Akerstedt, T. (2006). Overtime work and its effects on sleep, sleepiness, cortisol and blood pressure in an experimental field study. *Scandinavian Journal of Work, Environment, & Health, 32,* 318–327.

Danaher, P., & Mullarkey, G. (2003). Factors affecting online advertising recall: A study of students. *Journal of Advertising Research, 43,* 252–264.

Davidson, O. B., & Eden, D. (2000). Remedial self-fulfilling prophecy. *Journal of Applied Psychology, 85,* 386–398.

Davis, B. L., & Mount, M. K. (1984). Design and use of a performance appraisal feedback system. *Personnel Administrator, 29*(3), 91–97.

Davis-Blake, A., Broschak, J., & George, E. (2003). Happy together? How using nonstandard workers affects exit, voice, and loyalty among standard employees. *Academy of Management Journal, 46,* 475–485.

Day, D., Schleicher, D., Unckless, A., & Hiller, N. (2002). Self-monitoring personality at work: A meta-analytic investigation of construct validity. *Journal of Applied Psychology, 87,* 390–401.

Dayan, K., Kasten, R., & Fox, S. (2002). Entry-level police candidate assessment center: An efficient tool or a hammer to kill a fly? *Personnel Psychology, 55,* 827–849.

Dean, M., Roth, P., & Bobko, P. (2008). Ethnic and gender subgroup differences in assessment center ratings. *Journal of Applied Psychology, 93,* 685–691.

DeAngelis, T. (2000). Is Internet addiction real? *Monitor on Psychology, 31*(4), 24–26.

deCroon, E., Sluiter, J., Blonk, R., Broersen, J., & Frings-Dresen, M. (2004). Stressful work, psychological job strain, and turnover: A two-year prospective cohort study of truck drivers. *Journal of Applied Psychology, 89,* 442–454.

Deatherage, B. H. (1972). *Human engineering guide to equipment design*. Washington, DC: U.S. Government Printing Office.

De Cuyper, N., & De Witte, H. (2006). Autonomy and workload among temporary workers. *International Journal of Stress Management, 13*, 441–459.

Deery, S., Iverson, R., & Walsh, J. (2006). Toward a better understanding of psychological contract breach. *Journal of Applied Psychology, 91*, 166–175.

DeFrank, R. S., Konopaske, R., & Ivancevich, J. M. (2000). Executive travel stress. *Academy of Management Executive, 14*(2), 58–71.

de Jong, G. M., & Emmelkamp, P. M. G. (2000). Implementing stress management training. *Journal of Occupational Health Psychology, 5*, 309–320.

Dembe, A., Delbos, R., Erickson, J., & Banks, S. (2007). Associations between employees' work schedules and the vocational consequences of workplace injuries. *Journal of Occupational Rehabilitation, 17*, 641–651.

Dembowski, J. M., & Callans, M. C. (2000, April). Comparing computer and paper forms of the Wonderlic Personnel Test. Paper presented at the meeting of the Society for Industrial and Organizational Psychology, New Orleans, LA.

Demerouti, E., Bakker, A., Nachreiner, F., & Schaufeli, W. (2001). The job demands—resources model of burnout. *Journal of Applied Psychology, 86*, 499–512.

Den Hartog, D., De Hoogh, A., & Keegan, A. (2007). The interactive effects of belongingness and charisma on helping and compliance. *Journal of Applied Psychology, 92*, 1131–1139.

DeNisi, A. S., & Kluger, A. N. (2000). Feedback effectiveness. *Academy of Management Executive, 14*(1), 129–139.

Dennis, A., & Williams, M. (2005). A meta-analysis of group size effects in electronic brainstorming. *International Journal of e-Collaboration, 1*, 24–42.

DeRosa, D., Smith, C., & Hantula, D. (2007). The medium matters: Mining the long-promised merit of group interaction in creative idea generation tasks in a meta-analysis of the electronic group brainstorming literature. *Computers in Human Behavior, 23*, 1549–1581.

Detert, J., Trevino, L., Burris, E., & Andiappan, M. (2007). Managerial modes of influence and counterproductivity in organizations. *Journal of Applied Psychology, 92*, 993–1105.

Dewangen, K., Owary, C., & Datta, R. (2008). Anthropometric data of female farm workers from northeastern India and design of hand tools of the hilly region. *International Journal of Industrial Ergonomics, 38*, 90–100.

Dickson, M., Resick, C., & Hanges, P. (2006). When organizational climate is unambiguous, it is also strong. *Journal of Applied Psychology, 91*, 351–364.

Diefendorff, J., & Mehta, K. (2007). The relations of motivational traits with workplace deviance. *Journal of Applied Psychology, 92*, 967–977.

Dietz, J., Robinson, S., Folger, R., Baron, R., & Schulz, M. (2003). The impact of community violence and an organization's procedural justice climate on workplace aggression. *Academy of Management Journal, 46*, 317–326.

Dilchert, S., Ones, D., Davis, R., & Rostow, C. (2007). Cognitive ability predicts objectively measured counterproductive work behaviors. *Journal of Applied Psychology, 92*, 616–627.

Dineen, B., Ash, S., & Noe, R. (2002). A Web of applicant attraction: Person-organization fit in the context of Web-based recruitment. *Journal of Applied Psychology, 87*, 723–734.

Dineen, B., Lewicki, R., & Tomlinson, E. (2006). Supervisory guidance and behavioral integrity. *Journal of Applied Psychology, 91*, 622–635.

Dirks, K., & Ferrin, D. (2002). Trust in leadership: Meta-analytic findings and implications for research and practice. *Journal of Applied Psychology, 87*, 611–628.

Dommeyer, C. (2008). The effects of the researcher's physical attractiveness and gender on mail survey response. *Psychology & Marketing, 25*, 47–70.

Donovan, M. A., Drasgow, F., & Probst, T. M. (2000). Does computerizing paper-and-pencil job attitude scales make a difference? *Journal of Applied Psychology, 85*, 305–313.

Donovan, J. J., & Radosevich, D. J. (1999). A meta-analytic review of the distribution of practice effect. *Journal of Applied Psychology, 84*, 795–805.

Dormann, C., & Zapf, D. (2004). Customer-related social stressors and burnout. *Journal of Occupational Health Psychology, 9*, 61–82.

Douglas, S., & Martinko, M. (2001). Exploring the role of individual differences in the prediction of workplace aggression. *Journal of Applied Psychology, 86*, 547–559.

Drory, A., & Zaidman, N. (2007). Impression management behavior. *Journal of Managerial Psychology, 22*, 290–308.

Druskat, V., & Wheeler, J. (2003). Managing from the boundary: The effective leadership of self-managing work teams. *Academy of Management Journal, 46*, 435–457.

Duehr, E., & Bono, J. (2006). Men, women, and managers. *Personnel Psychology, 59*, 815–846.

Duke, K., Mirka, G., & Sommerich, C. (2004). Productivity and ergonomic investigation of bent-handle pliers. *Human Factors, 46*, 234–243.

Eagly, A., Johannesen-Schmidt, M., & Van Engen, M. (2003). Transformational, transactional, and laissez-faire leadership styles: A meta-analysis comparing men and women. *Psychological Bulletin, 129*, 569–591.

Eddleston, K., Veiga, J., & Powell, G. (2006). Explaining sex differences in managerial career satisfies preferences. *Journal of Applied Psychology, 91*, 437–445.

Eisen, K., Allen, G., Bollash, M., & Pescatello, L. (2008). Stress management in the workplace. *Computers in Human Behavior, 24*, 486–496.

Eisenberger, R., Armeli, S., Rexwinkel, B., Lynch, P., & Rhoades, L. (2001). Reciprocation of perceived organizational support. *Journal of Applied Psychology, 86*, 42–51.

Eisenberger, R., Stingchamber, F., Vandenberghe, C., Socharski, I., & Rhoades, L. (2002). Perceived supervisor support: Contributions to perceived organizational support and employee retention. *Journal of Applied Psychology, 87*, 565–573.

Eklund, J. A. E. (1995). Relationships between ergonomics and quality in assembly work. *Applied Ergonomics, 26*(1), 15–20.

Ellin, A. (2004, February 29). When it comes to salary, many women don't push. *New York Times*.

Elliott, S. (2004, April 14). Advertising: A survey of consumer attitudes reveals the depth of the challenge that the agencies face. *New York Times*.

Elliott, S. (2008, March 31). Is the ad a success? The brain wave tells all. *New York Times*.

Ellis, A., West, B., Ryan, A., & DeShon, R. (2002). The use of impression management tactics in structured interviews: A function of question type? *Journal of Applied Psychology, 87*, 1200–1208.

Ely, R. J. (1995). The power in demography. *Academy of Management Journal, 38*, 589–634.

Epitropaki, O., & Martin, R. (2004). Implicit leadership theories in applied settings: Factor structure, generalizability, and stability over time. *Journal of Applied Psychology, 89*, 293–310.

Erdogan, B., & Enders, J. (2007). Support from the top. Supervisors' perceived organizational support as a moderator of leader-member exchange to satisfaction and performance relationships. *Journal of Applied Psychology, 92*, 321–350.

Erickson, T. (2006). "What is it with you people and 8:30 a.m.?"—Generation Y's first impression of us. www.harvardbusinessonline

Ettner, S., & Grzywacz, J. (2001). Workers' perceptions of how jobs affect health: A social ecological perspective. *Journal of Occupational Health Psychology, 6*(2), 101–113.

Euwema, M., Wendt, H., & Van Emmerik, H. (2007). Leadership styles and group organizational citizenship behavior across cultures. *Journal of Organizational Behavior, 28*, 1035–1057.

Evans, D. (2003). A comparison of other-directed stigmatization produced by legal and illegal forms of affirmative action. *Journal of Applied Psychology, 88*, 121–130.

Evans, G. W., & Johnson, D. (2000). Stress and open-office noise. *Journal of Applied Psychology, 85*, 779–783.

Evans O., & Steptoe, A. (2001). Social support at work, heart rate and control: A self-monitoring study. *Journal of Occupational Health Psychology, 6*(4), 361–370.

Everton, W., Mastrangelo, P., & Jolton, J. (2003). Surfin' USA: Using your work computer for personal reasons. *The Industrial-Organizational Psychologist, 40*(4), 90–93.

Ewing, M., DuPlessis, E., & Foster, C. (2001). Cinema advertising reconsidered. *Journal of Advertising Research, 4*(1), 78.

Facteau, J., & Craig, C. (2001). Are performance appraisal ratings from different rating sources comparable? *Journal of Applied Psychology, 86*, 215–227.

Farmer, S., Tierney, P., & Kung-McIntyre, K. (2003). Employee creativity in Taiwan: An application of role identity theory. *Academy of Management Journal, 46*, 618–630.

Fassinger, R. (2008). Workplace diversity and public policy. *American Psychologist, 63*, 252–268.

Fayard, G. (2008). Work-related fatal injuries in parking lots, 1993–2002. *Journal of Safety Research, 39*, 9–18.

Feder, B. (2008, May 4). Prepping robots for the OR. *New York Times*.

Feinstein, A. (2002). A hazardous profession: War, journalists, and psychopathology. *American Journal of Psychiatry, 159*, 1570–1579.

Feldman, D., & Klass, B. (2002). Internet job hunting: A field study of applicant experiences with online recruiting. *Human Resource Management, 41*, 175–192.

Ferdman, B. (2003). Accounts of inclusion (and exclusion). *The Industrial-Organizational Psychologist, 40*(4), 81–86.

Fiedler, F. E. (1978). The contingency model and the dynamics of the leadership process. In L. Berkowitz (Ed.). *Advances in experimental social psychology*. New York: Academic Press.

Fiedler, F. E. (2002). The curious role of cognitive resources in leadership. In R. Riggio, S. Murphy, & F. Pirozzolo (Eds.), *Multiple intelligences and leadership* (pp. 91–104). Mahwah, NJ: Erlbaum.

Fitness, J. (2000). Anger in the workplace: An emotion script approach to anger episodes between workers and their superiors, co-workers, and subordinates. *Journal of Organizational Behavior, 21*, 147–162.

Fleishman, E., & Harris, E. (1962). Patterns of leadership behavior related to employee grievances and turnover. *Personnel Psychology, 15*, 43–56.

Florey, A. T., & Harrison, D. A. (2000). Responses to informal accommodation requests from employees with disabilities. *Academy of Management Journal, 43*, 224–233.

Ford, M., Heinen, B., & Langkamer, K. (2007). Work and family satisfaction and conflict. *Journal of Applied Psychology, 92*, 57–80.

Forth, J., & Millward, N. (2004). High-involvement management and pay in Britain. *Industrial Relations, 43*, 118–119.

Foxall, G. R., & Goldsmith, R. E. (1994). *Consumer psychology for marketing.* London: Routledge.

Frame, J. H., & Beaty, J. C., Jr. (2000, April). An investigation of high-technology survey methods at Hewlett-Packard. Paper presented at the meeting of the Society for Industrial and Organizational Psychology, New Orleans, LA.

French, H. (2003, July 25). Japan's neglected resource: Female workers. *New York Times.*

Frese, M., Beimel, S., & Schoenborn, S. (2003). Action training for charismatic leadership: Two evaluations of studies of a commercial training module on inspirational communication of a vision. *Personnel Psychology, 56*, 671–697.

Friedman, M., & Gould, J. (2007). Consumer attitudes and behaviors associated with direct-to-consumer prescription drug marketing. *Journal of Consumer Marketing, 24*(2), 100–109.

Friedman, M., & Rosenman, R. H. (1974). *Type A behavior and your heart.* New York: Knopf.

Fritz, C., & Sonnentag, S. (2006). Recovery, well-being, and performance-related outcomes. *Journal of Applied Psychology, 91*, 936–945.

Frone, M. (1998). Predictors of work injuries among employed adolescents. *Journal of Applied Psychology, 83*, 565–576.

Frone, M. (2003). Predictors of overall and on-the-job substance abuse among young workers. *Journal of Occupational Health Psychology, 8*, 39–54.

Frone, M. (2006). Prevalence and distribution of illicit drug use in the workforce and in the workplace. *Journal of Applied Psychology, 91*, 856–869.

Frone, M. (2008). Are work stressors related to employee substance use? *Journal of Applied Psychology, 93*, 199–206.

Fugate, D. (2007). Neuromarketing. *Journal of Consumer Marketing, 24*, 385–394.

Fugate, M., Kinicki, A., & Scheck, C. (2002). Coping with an organizational merger over four stages. *Personnel Psychology, 55*, 905–928.

Fuller, J., Stanton, J., Fisher, G., Spitzmueller, C., Russell, S., & Smith, C. (2003). A lengthy look at the daily grind: Time series analysis of events, mood, stress, and satisfaction. *Journal of Applied Psychology, 88*, 1019–1033.

Fulmer, I., Gerhart, B., & Scott, K. (2003). Are the 100 best better: An empirical investigation of the relationship between being "a great place to work" and firm performance. *Personnel Psychology, 56*, 965–993.

Furst, S., & Cable, E. (2008). Employee resistance to organizational change. *Journal of Applied Psychology, 93*, 453–462.

Gajendran, R., & Harrison, D. (2007). The good, the bad, and the unknown about telecommuting. *Journal of Applied Psychology, 92*, 1524–1541.

Galaif, E., Newcomb, M., & Carmona, J. (2001). Prospective relationships between drug problems and work adjustment in a community sample of adults. *Journal of Applied Psychology, 86*, 337–350.

Gallo, W., Teng, H., Falba, T., Kasl, S., Krumholz, H., & Bradley, E. (2006). The impact of late career job loss on myocardial infarction and stroke. *Occupational & Environmental Medicine, 63*, 683–687.

Ganz, W., Schwartz, N., Angelini, J., & Rideout, V. (2007). Food for thought: Television food advertising to children in the United States. Henry J. Kaiser Family Foundation Report.

Ganzach, Y. (1998). Intelligence and job satisfaction. *Academy of Management Journal, 41*, 526–539.

Ganzach, Y., Pazy, A., Ohayun, Y., & Brainin, E. (2002). Social exchange and organizational commitment: Decision-making training for job choice as an alternative to the realistic job preview. *Personnel Psychology, 55*, 613–637.

Garavan, T. (2007). Using assessment centre performance to predict subjective person-organization fit. *Journal of Managerial Psychology, 22*(2), 150–167.

Garlin, F., & Owen, K. (2006). Setting the tone with the tune: A meta-analytic review of the effects of background music in retail settings. *Journal of Business Research, 59*, 755–764.

Garretson, J., & Burton, S. (2003). Highly coupon and sale prone consumers: Benefits beyond price and savings. *Journal of Advertising Research, 43*(2), 162–173.

George, J., & Zhou, J. (2001). When openness to experience and conscientiousness are related to creative behavior: An interactional approach. *Journal of Applied Psychology, 86,* 513–524.

Gettman, H., & Gelfand, M. (2007). When the customer shouldn't be king: Antecedents and consequences of sexual harassment by clients and customers. *Journal of Applied Psychology, 92,* 757–770.

Giaso, L., Matthiesen, S., Nielsen, M., & Einarsen, S. (2007). Do targets of workplace bullying portray a general victim personality profile? *Scandinavian Journal of Psychology, 48,* 313–319.

Glomb, B., & Liao, H. (2003). Interpersonal aggression in work groups: Social influence, reciprocal, and individual effects. *Academy of Management Journal, 46,* 486–496.

Gilboa, S., Shirom, A., Fried, Y., & Cooper, C. (2008). A meta-analysis of work demand stressors and job performance. *Personnel Psychology, 61,* 227–271.

Gilbreth, F. B. (1911). *Motion study.* Princeton, NJ: Van Nostrand.

Gill, C., & Hodgkinson, G. (2007). Development and validation of the 5-factor model questionnaire (FFMQ). *Personnel Psychology, 60,* 731–766.

Golden, T. (2006). The role of relationships in understanding telecommuter satisfaction. *Journal of Organizational Behavior, 27,* 319–340.

Golden, T., & Veiga, J. (2008). The impact of superior-subordinate relationships on the commitment, job satisfaction, and performance of virtual workers. *Leadership Quarterly, 19*(1), 77–88.

Golden, T., Veiga, J., & Simsek, Z. (2006). Telecommuting's differential impact on work-family conflict. *Journal of Applied Psychology, 91,* 1340–1350.

Goldman, B. (2001). Toward an understanding of employment discrimination claiming: An integration of organizational justice and social information processing theories. *Personnel Psychology, 54,* 361–386.

Goldstein, H., Yusko, K., & Nicolopoulos, V. (2001). Exploring Black-White subgroup differences of managerial competencies. *Personnel Psychology, 54,* 783–807.

Gomez, C., & Rosen, B. (2001). The leader-member exchange as a link between managerial trust and employee empowerment. *Group and Organization Management, 26,* 53–69.

Gomez-Mejia, L., Larraza-Kintana, M., & Makri, M. (2003). The determinants of executive compensation in family controlled public corporations. *Academy of Management Journal, 46,* 226–237.

Gonzalez-Morales, M., Peiro, J., Rodriguez, I., & Greenglass, E. (2006). Coping and distress in organizations. *International Journal of Stress Management, 13,* 228–248.

Gordon, J., Whelan-Berry, K., & Hamilton, E. (2007). The relationship among work-family conflict and enhancement, organizational work-family culture, and work outcomes for older working women. *Journal of Occupational Health Psychology, 12,* 350–364.

Gosling, S., Vazire, S., Srivastava, S., & John, O. (2004). Should we trust Web-based studies? A comparative analysis of six preconceptions. *American Psychologist, 59,* 93–104.

Gouvali, M., & Boudolos, K. (2006). Match between furniture dimensions and children's anthropometry. *Applied Ergonomics, 37,* 765–773.

Gowan, M. A., Riordan, C. M., & Gatewood, R. D. (1999). Test of a model of coping with involuntary job loss following a company closing. *Journal of Applied Psychology, 81,* 75–86.

Graen, G., & Schliemann, W. (1978). Leader-member agreement. *Journal of Applied Psychology, 63,* 206–212.

Graff, G. (2007, March). Smile: You're on YouTube. *Washingtonian,* pp. 49–54.

Grant, A. (2008). Does intrinsic motivation fuel the prosocial fire? *Journal of Applied Psychology, 93,* 48–58.

Grant, S., & Langan-Fox, J. (2007). Personality and the occupational stressor-strain relationship. *Journal of Occupational Health Psychology, 12,* 20–33.

Green, P. (2003). Motor vehicle driver interfaces. In J. Jacko & A. Sears (Eds.), *The human-computer interaction handbook* (pp. 844–860). Mahwah, NJ: Erlbaum.

Greguras, G., Robie, C., Schleicher, D., & Goff, M. (2003). A field study of the effects of rating purpose on the quality of multi-source ratings. *Personnel Psychology, 56,* 1–21.

Griffin, M., & Neal, A. (2000). Perceptions of safety at work. *Journal of Occupational Health Psychology, 5,* 347–358.

Griffith, K., & Hebl, M. (2002). The disclosure dilemma for gay men and lesbians: "Coming out" at work. *Journal of Applied Psychology, 87,* 1191–1199.

Grow, B. (2004, March 15). Is America ready? *Business Week.*

Grzywacz, J., Arcury, T., Marin, A., Carrillo, L., Burke, B., Coates, M., & Quandt, S. (2007). Work-family conflict. *Journal of Applied Psychology, 92,* 1119–1130.

Gustafsson, E., Delive, L., Edlund, M., & Hagberg, M. (2003). The use of information technology among young adults: Experience, attitudes, and health beliefs. *Applied Ergonomics, 34,* 565–570.

Gustafsson, E., & Hagberg, M. (2003). Computer mouse use in two different hand positions: Exposure, comfort, exertion and productivity. *Applied Ergonomics, 34,* 107–113.

Haaland, S., & Christiansen, N. (2002). Implications of trait-activation theory for evaluating the construct validity of assessment-center ratings. *Personnel Psychology, 55*, 137–163.

Hackman, J. R., & Oldham, G. R. (1976). Motivation through the design of work. *Organizational Behavior and Human Performance, 16*, 250–279.

Hackman, J. R., & Oldham, G. R. (1980). *Work redesign.* Reading, MA: Addison-Wesley.

Hagg, G. (2003). Corporate initiatives in ergonomics: An introduction. *Applied Ergonomics, 34*, 3–15.

Haight, F. (2001). *Accident proneness: The history of an idea.* Irvine, CA: University of California Institute of Transportation Studies.

Hair, M., Renaud, K., & Ramsay, J. (2007). The influence of self-esteem and locus of control on perceived email-related stress. *Computers in Human Behavior, 23*, 2791–2803.

Halbesleben, J., & Bowler, W. (2007). Emotional exhaustion and job performance. *Journal of Applied Psychology, 92*, 93–106.

Hamburger University. www.mcdonalds.com/usa/work/burgers.html

Haq, A. (2007, October 8). This is your brain on advertising. *Business Week.*

Hardy, G., Woods, D., & Wall, T. (2003). The impact of psychological distress on absence from work. *Journal of Applied Psychology, 88*, 306–314.

Harned, M., Ormerod, A., Palmieri, P., Collinsworth, L., & Reed, M. (2002). Sexual assault and other types of sexual harassment by workplace personnel: A comparison of antecedents and consequences. *Journal of Occupational Health Psychology, 7*, 174–188.

Harris, K., Kacmar, K., Zivnuska, S., & Shaw, J. (2007). The impact of political skill on impression management effectiveness. *Journal of Applied Psychology, 92*, 278–285.

Harris, M. (2003). Speeding down the information highway: Internet recruitment and testing. *The Industrial-Organizational Psychologist, 41*(2), 103–106.

Harris, M., Anseel, F., & Lievens, F. (2008). Keeping up with the Joneses: A field study of the relationships among upward, lateral, and downward comparisons and pay level satisfaction. *Journal of Applied Psychology, 93*, 665–673.

Harrison, D., Newman, D., & Roth, P. (2006). How important are job attitudes? *Academy of Management Journal, 49*, 305–325.

Hart, P. M. (1999). Predicting employee life satisfaction. *Journal of Applied Psychology, 84*, 564–584.

Harter, J., Schmidt, F., & Hayes, T. (2002). Business-unit-level relationship between employee satisfaction, employee engagement, and business outcomes: A meta-analysis. *Journal of Applied Psychology, 87*, 268–279.

Harvey, S., Kelloway, E., & Duncan-Leiper, L. (2003). Trust in management as a buffer of the relationships between overload and strain. *Journal of Occupational Health Psychology, 8*(4), 306–315.

Hausknecht, J., Halpert, J., DiPaolo, N., & Gerrard, M. (2007). Retesting in selection. *Journal of Applied Psychology, 92*, 373–385.

Hausknecht, J., Trevor, C., & Farr, J. (2002). Retaking ability tests in a selection setting: Implications for practice effects, training performance, and turnover. *Journal of Applied Psychology, 87*, 243–254.

Heaphy, E., & Dutton, J. (2008). Positive social interactions and the human body at work. *Academy of Management Review, 33*, 137–162.

Hebl, M., King, E., Glick, P., Singletary, S., & Kazama, S. (2007). Hostile and benevolent reactions toward pregnant women. *Journal of Applied Psychology, 92*, 1499–1511.

Hechanova-Alampay R., & Beehr, T. (2001). Empowerment, span of control, and safety performance in work teams after workforce reduction. *Journal of Occupational Health Psychology, 6*(4), 275–282.

Heil, G., Bennis, W., & Stephens, D. (2000). *Douglas McGregor, revisited: Managing the human side of the enterprise.* New York: Wiley.

Heilman, M., & Okimoto, T. (2008). Motherhood: A potential source of bias in employment decisions. *Journal of Applied Psychology, 93*, 189–198.

Heiskanen, M. (2007). Violence at work in Finland. *Journal of Scandinavian Studies in Criminology and Crime Prevention, 8*, 22–40.

Heller, C. (2007, August 28). Cyberslacking 101. www.features.us.reuters.com/techlife/news

Hepworth, W., & Towler, A. (2004). The effects of individual differences and charismatic leadership on workplace aggression. *Journal of Occupational Health Psychology, 9*(2), 176–185.

Herbert, B. (2003, December 29). The white-collar blues. *New York Times.*

Heremelin, E., Lievens, F., & Robertson, I. (2007). The validity of assessment centers for the prediction of supervisory performance ratings. *International Journal of Selection and Assessment, 15*(4), 405–411.

Herold, D., Davis, W., Fedor, D., & Parsons, C. (2002). Dispositional influences on transfer of learning in multistage training programs. *Personnel Psychology, 55*, 851–869.

Herold, D., Fedor, D., & Caldwell, S. (2007). Beyond change management. *Journal of Applied Psychology, 92*, 942–951.

Herold, D., Fedor, D., Caldwell, S., & Liu, Y. (2008). The effects of transformational and change leadership on employees' commitment to change. *Journal of Applied Psychology, 93,* 346–357.

Herrbach, O. (2006). A matter of feeling? The affective tone of organizational commitment and identification. *Journal of Organizational Behavior, 27,* 629–643.

Herscovitch, L., & Meyer, J. (2002). Commitment to organizational change: Extension of a three-component model. *Journal of Applied Psychology, 87,* 474–487.

Hershcovis, M., Turner, N., Barling, J., Arnold, K., Dupre, K., Inness, M., LeBlanc, M., & Sivanathan, N. (2007). Predicting workplace aggression. *Journal of Applied Psychology, 92,* 228–238.

Herzberg, F. (1966). *Work and the nature of man.* Cleveland: World.

Herzberg, F. (1974). Motivator-hygiene profiles. *Organizational Dynamics, 3*(2), 18–29.

Heslin, P., Vanderwalle, D., & Latham, G. (2006). Keen to help? Managers' implicit person theories and their subsequent employee coaching. *Personnel Psychology, 59,* 871–902.

Hofmann, D., & Mark, B., (2006). An investigation of the relationship between safety climate and medication errors as well as other nurse and patient outcomes. *Personnel Psychology, 59,* 847–869.

Hofmann, D., Morgeson, F., & Gerras, S. (2003). Climate as a moderator of the relationship between leader-member exchange and content specific citizenship: Safety climate as an exemplar. *Journal of Applied Psychology, 88,* 170–178.

Hogan, J., Barrett, P., & Hogan, R. (2007). Personality measurement, faking, and employment selection. *Journal of Applied Psychology, 92,* 1270–1285.

Hogan, R., Curphy, G. J., & Hogan, J. (1994). What we know about leadership. *American Psychologist, 49,* 493–504.

Holland, K. (2008, March 30). High level of stress rampant in workplace. *New York Times.*

Hollingworth, H. L. (1929). *Vocational psychology and character analysis.* New York: Appleton.

Holton, B., Lee, T., & Tidd, S. (2002). The relationship between work status congruence and work-related attitudes and behaviors. *Journal of Applied Psychology, 87,* 903–915.

Hom, P., Roberson, L., & Ellis, A. (2008). Challenging conventional wisdom about who quits. *Journal of Applied Psychology, 93,* 1–34.

Honkonen, T., Ahola, K., Pertovaara, M., Isometa, E., Kalimo, R., Nykyri, E., Aromaa, A., & Lonnqvist, J. (2006). The association between burnout and physical illness in the general population. *Journal of Psychosomatic Research, 61,* 59–66.

Honor, J., Wright, C., & Sablynski, C. (2007). Puzzle interviews. *Applied HRM Research, 11*(2), 79–96.

Hoobler, J., & Brass, D. (2006). Abusive supervision and family undermining as displaced aggression. *Journal of Applied Psychology, 91,* 1125–1133.

Horrigan, J. (2007). A typology of information and communication technology users. Pew Internet & American Life Project. www.pewinternet.org

Horrigan, J. (2008, February 13). Online shopping. Pew Internet & American Life Project. www.pewinternet.org

Hosodo, M., Stone-Romero, E., & Coats, G. (2003). The effects of physical attractiveness on job-related outcomes: A meta-analysis of experimental studies. *Personnel Psychology, 56,* 431–462.

Hough, L. M., & Oswald, F. L. (2000). Personnel selection. *Annual Review of Psychology, 51,* 631–664.

House, R. J. (1971). A path-goal theory of leader effectiveness. *Administrative Science Quarterly, 16,* 321–338.

House, R. J., & Mitchell, T. (1974). Path-goal theory of leadership. *Journal of Contemporary Business, 3,* 81–97.

Hovorka-Mead, A., Ross, W., Jr., Whipple, T., & Renchin, M. (2002). Watching the detectives: Seasonal student employee reactions to electronic monitoring with and without advance notification. *Personnel Psychology, 55,* 329–362.

Howard, A., Erkers, S., & Bruce, N. (2007). The selection forecast 2006/2007: Slogging through the war for talent. intelligence.monster.com

Howell, J. M., & Hall-Merenda, K. E. (1999). The ties that bind. *Journal of Applied Psychology, 84,* 680–694.

Hsueh, Y. (2002). The Hawthorne experiments and the introduction of Jean Piaget in American industrial psychology, 1929–1932. *History of Psychology, 5,* 163–189.

Huang, X., & Iun, J. (2006). The impact of subordinate-supervisor similarity in growth-need strength on work outcomes. *Journal of Organizational Behavior, 27,* 1121–1148.

Huang, Y.-H., Chen, J.-C., Dearmond, S., Cigularov, K., & Chen, P. (2007). Roles of safety climate and shift work on perceived injury risk. *Accident Analysis & Prevention, 39,* 1088–1096.

Huffcutt, A., Conway, J., Roth, P., & Stone, N. (2001). Identification and meta-analytic assessment of psychological constructs measured in employment interviews. *Journal of Applied Psychology, 86,* 897–913.

Huffcutt, A., Weekley, J., Wiesner, W., DeGroot, T., & Jones, C. (2001). Comparison of situational and behavior description interview questions for higher-level positions. *Personnel Psychology, 54,* 619-644.

Humphrey, S., Nahrgang, J., & Morgeson, F. (2007). Integrating motivational, social, and contextual work design features. *Journal of Applied Psychology, 92*, 1332–1356.

Hunter, L., & Thatcher, S. (2007). Feeling the heat: Effects of stress, commitment, and job experience on job performance. *Academy of Management Journal, 50*, 953–968.

Huseman, R. C., Hatfield, J. D., & Miles, E. W. (1987). A new perspective on equity theory. *Academy of Management Review, 12*, 222–234.

Ilies, R., Hauserman, N., Schwochau, S., & Stibal, J. (2003). Reported incidence rates of work-related sexual harassment in the United States: Using meta-analysis to explain reported role disparities. *Personnel Psychology, 56*, 609–631.

Ilies, R., & Judge, T. (2003). On the heritability of job satisfaction: The mediating role of personality. *Journal of Applied Psychology, 88*, 750–759.

Ilies, R., Nahrgang, J., & Morgeson, F. (2007). Leader-member exchange and citizenship behaviors. *Journal of Applied Psychology, 92*, 269–277.

Ilies, R., Schwind, K., Wagner, D., Johnson, M., DeRue, D., & Ilgen, D. (2007). When can employees have a family life? *Journal of Applied Psychology, 92*, 1368–1379.

Iverson, R., & Deery, S. (2001). Understanding the "personological" basis of employee withdrawal: The influence of affective disposition on employee tardiness, early departure, and absenteeism. *Journal of Applied Psychology, 86*, 856–866.

Jackson, N. (2003, August 3). Opinions to spare? Click here. *New York Times*.

Jacobs, D. (2004). Douglas McGregor: The human side of enterprise in peril [book review]. *Academy of Management Review, 29*, 293–296.

Jamal, M. (2007). Job stress and job performance controversy revisited. *International Journal of Stress Management, 14*, 175–187.

Jamal, M., & Baba, V. (2003). Type A behavior, components and outcomes: A study of Canadian employees. *International Journal of Stress Management, 10*, 39–50.

James, E., Brief, A., Dietz, J., & Cohen, R. (2001). Prejudice matters: Understanding the reactions of Whites to affirmative-action programs targeted to benefit Blacks. *Journal of Applied Psychology, 86*, 1120–1128.

Jansen, P., & Stoop, B. (2001). The dynamics of assessment-center validity: Results of a nine-year study. *Journal of Applied Psychology, 86*, 741–753.

Janssen, O., & Van Yperen, N. (2004). Employees' goal orientations, the quality of leader-member exchange, and the outcomes of job performance and job satisfaction. *Academy of Management Journal, 47*, 368–384.

Jawahar, I. (2001). Attitudes, self-monitoring, and appraisal behaviors. *Journal of Applied Psychology, 86*, 875–883.

Jeanneret, P., & Strong, M. (2003). Linking O*NET job analysis information to job requirement predictors: An O*NET application. *Personnel Psychology, 56*, 465–492.

Jett, Q., & George, J. (2003). Work interrupted: A closer look at the role of interruptions in organizational life. *Academy of Management Review, 28*, 494–507.

Jex, S., Bliese, P., Buzzell, S., & Primeau, J. (2001). The impact of self-efficacy on stressor–strain relations: Coping style as an explanatory mechanism. *Journal of Applied Psychology, 86*, 401–409.

Jockin, V., Arvey, R., & McGue, M. (2001). Perceived victimization moderates self-reports of workplace aggression and conflict. *Journal of Applied Psychology, 86*, 1262–1269.

Johnson, J. W., & Ferstl, K. L. (1999). The effects of inter-rater and self-other agreement on performance improvement following upward feedback. *Personnel Psychology, 52*, 271–303.

Joireman, J., Kamdar, D., Daniels, D., & Duell, B. (2006). Good citizens to the end? It depends. Empathy and concern with future consequences moderate the impact of a short-term horizon on organizational citizenship behaviors. *Journal of Applied Psychology, 91*, 1307–1320.

Jones, F., O'Connor, D., Conner, M., McMillan, B., & Ferguson, E. (2007). Impact of daily moods, work hours, and iso-strain variables on self-reported health behaviors. *Journal of Applied Psychology, 92*, 1731–1740.

Jones, L., & Sarter, N. (2008). Tactile displays. *Human Factors, 50*, 90–111.

Judge, T., & Bono, J. (2000). Five-factor model of personality and transformational leadership. *Journal of Applied Psychology, 85*, 751–765.

Judge, T., & Bono, J. (2001). Relationship of core self-evaluations traits—self-esteem, generalized self-efficacy, locus of control, and emotional stability—with job satisfaction and job performance: A meta-analysis. *Journal of Applied Psychology, 86*, 80–92.

Judge, T., Bono, J., Ilies, R., & Gerhardt, M. (2002). Personality and leadership: A qualitative and quantitative review. *Journal of Applied Psychology, 87*, 765–780.

Judge, T., Bono, J., & Locke, E. (2000). Personality and job satisfaction. *Journal of Applied Psychology, 85*, 237–249.

Judge, T., & Cable, D., (2004). The effect of physical height on workplace success and income: Preliminary test of a theoretical model. *Journal of Applied Psychology, 89*, 428–441.

Judge, T., Colbert, A., & Ilies, R. (2004). Intelligence and leadership: A quantitative review and test of theoretical propositions. *Journal of Applied Psychology, 89,* 542–552.

Judge, T., & Erez, A. (2007). Interaction and intersection: The constellation of emotional stability and extraversion in predicting performance. *Personnel Psychology, 60,* 573–596.

Judge, T., Heller, D., & Mount, M. (2002). Five-factor model of personality and job satisfaction: A meta-analysis. *Journal of Applied Psychology, 87,* 530–541.

Judge, T., & Ilies, R. (2002). Relationship of personality to performance motivation: A meta-analytic review. *Journal of Applied Psychology, 87,* 797–807.

Judge, T., Ilies, R., & Scott, B. (2006). Work-family conflict and emotions. *Personnel Psychology, 59,* 779–814.

Judge, T., Piccolo, R., & Ilies, R. (2004). The forgotten ones? The validity of consideration and initiating structure in leadership research. *Journal of Applied Psychology, 89,* 36–51.

Judge, T., Thoresen, C., Bono, J., & Patton, G. (2001). The job satisfaction–job performance relationship: A qualitative and quantitative review. *Psychological Bulletin, 127,* 376–407.

Judge, T., Thoresen, C., Pucik, V., & Welbourne, T. M. (1999). Managerial coping with organizational change. *Journal of Applied Psychology, 84,* 107–122.

Kacmar, K., Andrews, M., Van Rooy, D., Steilberg, R., & Cerrone, S. (2006). Sure everyone can be replaced, but at what cost? Turnover as a predictor of unit-level performance. *Academy of Management Journal, 49,* 133–144.

Kacmar, K., Witt, L., Ziunuska, S., & Gully, S. (2003). The interactive effect of leader-member exchange and communications frequency on performance ratings. *Journal of Applied Psychology, 88,* 764–772.

Kaiser, R., Hogan, R., & Craig, S. (2008). Leadership and the fate of organizations. *American Psychologist, 63,* 96–110.

Kalev, A., Dobbin, F., & Kelly, E. (2006). Best practices of best guesses? Assessing the efficacy of corporate affirmative action and diversity policies. *American Sociological Review, 71,* 589–617.

Kalimo, R., Taris, T., & Schaufeli, W. (2003). The effects of past and anticipated future downsizing on survivor well-being: An equity perspective. *Journal of Occupational Health Psychology, 8*(2), 91–109.

Kammeyer-Mueller, J., & Wanberg, C. (2003). Unwrapping the organizational entry process: Disentangling multiple antecedents and their pathways to adjustment. *Journal of Applied Psychology, 88,* 779–794.

Kanner, A. D., & Kasser, T. (2000). Stuffing our kids. *The Industrial-Organizational Psychologist, 38*(1), 185–187.

Kark, R., Shamir, B., & Chen, G. (2003). The two faces of transformational leadership: Empowerment and dependency. *Journal of Applied Psychology, 88,* 246–255.

Kates, S. M. (2000). Out of the closet and out on the street! *Psychology and Marketing, 17,* 493–513.

Katkowski, D., & Medsker, G. (2001). SIOP income and employment: Income and employment of SIOP members in 2000. *The Industrial-Organizational Psychologist, 391,* 21–36.

Keller, R. (2006). Transformational leadership, initiating structure, and substitutes for leadership. *Journal of Applied Psychology, 91,* 202–210.

Kelloway, E., Mullen, J., & Francis, L. (2006). Divergent effects of transformational and passive leadership on employee safety. *Journal of Occupational Health Psychology, 11,* 76–86.

Kelly, R. M., & Kelly, V. P. (1990). Lillian Moller Gilbreth (1878–1972). In A. N. O'Connell & N. F. Russo (Eds.), *Women in psychology* (pp. 117–124). New York: Greenwood.

Kerr, N., & Tindale, R. (2004). Group performance and decision making. *Annual Review of Psychology, 55,* 623–655.

Kersting, K. (2004). Driving teen egos and buying through branding. *Monitor on Psychology, 35*(6), 60–61.

Khanna, C., & Medsker, G. (2007). 2006 income and employment survey results for the Society for Industrial and Organizational Psychology (SIOP). *The Industrial-Organizational Psychologist, 45*(1), 17–32.

Kiley, D. (2005, November 14). Shoot the focus group. *Business Week.*

Kim, E. (2007). Occupational stress. *International Journal of Stress Management, 14,* 111–120.

Kim, Y., & Kang, J. (2001). The effects of ethnicity and product on purchase decision making. *Journal of Advertising Research, 41*(2), 39.

King, E., Shapiro, J., Hebl, M., Singletary, S., & Turner, S. (2006). The stigma of obesity in customer service. *Journal of Applied Psychology, 91,* 579–593.

Kinicki, A., McKee-Ryan, F., Schriesheim, C., & Carson, K. (2002). Assessing the construct validity of the Job Descriptive Index: A review and meta-analysis. *Journal of Applied Psychology, 87,* 14–32.

Kinicki, A., Prussia, G., & McKe-Ryan, F. (2000). A panel study of coping with involuntary job loss. *Academy of Management Journal, 43,* 90–100.

Kinnersley, S., & Roelen, A. (2007). The contribution of design to accidents. *Safety Science, 45,* 31–60.

Klein, H., & Kim, J. S. (1998). A field study of the influence of situational constraints, leader-member exchange, and goal commitment on performance. *Academy of Management Journal, 41,* 88–95.

Klein, H., & Weaver, N. (2000). The effectiveness of an organizational-level orientation training program in the socialization of new hires. *Personnel Psychology, 53,* 47–66.

Klein, H., Wesson, M. J., Hollenbeck, J. R., & Alge, B. J. (1999). Goal commitment and the goal-setting process. *Journal of Applied Psychology, 84,* 885–896.

Klein, K., Conn, A., & Sorra, J. (2001). Implementing computerized technology: An organizational analysis. *Journal of Applied Psychology, 86,* 811–824.

Kluger, J. (2004, April 5). Just too loud. *Time.*

Knutson, B., Ricks, S., Wimmer, G., Prelec, D., & Loewenstein, G. (2007). *Neural predictors of purchases. Neuron, 53,* 147–156.

Kobasa, S. C. (1979). Stressful life events, personality, and health. *Journal of Personality and Social Psychology, 37,* 1–11.

Kobasa, S. C. (1982). The hardy personality. In G. Sanders & J. Suls (Eds.), *Social psychology of health and illness* (pp. 3–32). Hillsdale, NJ: Erlbaum.

Kodak's ergonomic design for people at work (2nd ed.). (2004). New York: Wiley.

Kolmstetter, E. (2003). I-O's making an impact: TSA transportation security screener skill standards, selection system, and hiring process. *The Industrial-Organizational Psychologist, 40*(4), 39–46.

Korkki, P. (2007, September 2). The care and feeding of references. *New York Times.*

Korsgaard, M., Brodt, S., & Whitener, E. (2002). Trust in the face of conflict: The role of managerial trustworthy behavior and organizational context. *Journal of Applied Psychology, 87,* 312–319.

Korsgaard, M., Sapienza, H., & Schweiger, D. (2002). Beaten before begun: The role of procedural justice in planning change. *Journal of Management, 28,* 497–516.

Koys, D. (2001). The effects of employee satisfaction, organizational citizenship behavior, and turnover on organizational effectiveness: A unit-level longitudinal study. *Personnel Psychology, 54,* 101–114.

Krajewski, H., Goffin, R., Rothstein, M., & Johnston, N. (2007). Is personality related to assessment center performance? *Journal of Business Psychology, 22,* 21–33.

Kraut, R., Olson, J., Banaji, M., Bruckman, A., Cohen, J., & Couper, M. (2004). Psychological research online: Report of the Board of Scientific Affairs' Advisory Group on the Conduct of Research on the Internet. *American Psychologist, 59,* 105–117.

Kravitz, D. (2003). More women in the workplace: Is there a payoff in firm performance? *Academy of Management Executive, 17*(3), 148–149.

Kravitz, D., & Klineberg, S. L. (2000). Reactions to two versions of affirmative action among Whites, Blacks, and Hispanics. *Journal of Applied Psychology, 85,* 597–611.

Kroemer, K., Kroemer, H., & Kroemer-Elbert, K. (2000). *Ergonomics: How to design for ease and efficiency* (2nd ed.). Upper Saddle River, NJ: Prentice Hall.

Kroustalis, C., Behrend, T., Meade, A., & Surface, E. (2007). Influence of post-survey action on current survey responses. Paper presented at the 22nd annual meeting of the Society for Industrial and Organizational Psychology, New York.

Kuegler, T. (2000). *Advertising and marketing* (3rd ed.). Rocklin, CA: Prima Publishing.

Kuncel, N., Hezlett, S., & Ones, D. (2004). Academic performance, career potential, creativity, and job performance: Can one construct predict them all? *Journal of Personality and Social Psychology, 86,* 148–161.

Kwak, H., Fox, R., & Zinkhan, G. (2002). What products can be successfully promoted and sold via the Internet? *Journal of Advertising Research, 42*(1), 23–39.

LaFerle, C., Edwards, S. M., & Lee, W.-N. (2000). Teens' use of traditional media and the Internet. *Journal of Advertising Research, 40*(3), 55–65.

Lam, S., Yik, M., & Schaubroeck, J. (2002). Responses to formal performance appraisal feedback: The role of negative affectivity. *Journal of Applied Psychology, 87,* 192–201.

LaMotte, J., Ridder, W., Yeung, K., & DeLand, P. (2000). Effect of aftermarket automobile window tinting films on driver vision. *Human Factors, 42,* 327–336.

Lancaster, J. (2004). *Making time: Lillian Moller Gilbreth: A life beyond "Cheaper by the dozen."* Boston: Northeastern University Press.

Landrum, R., & Harrold, R. (2003). What employers want from psychology graduates. *Teaching of Psychology, 30*(2), 131–133.

Latham, G. (2004). The motivational benefits of goal setting. *Academy of Management Executive, 18,* 126–129.

Latham, G., & Locke, E. (2007). New developments in and directions for goal-setting research. *European Psychologist, 12,* 290–300.

Lawler, E. (1986). *High-involvement management.* San Francisco: Jossey-Bass.

Lawler, E. (2007). Why HR practices are not evidence-based. *Academy of Management Journal, 50,* 1033–1036.

Le, H., Oh, I., Shaffer, J., & Schmidt, F. (2007). Implications of methodological advances for the practice of personnel selection: How practitioners benefit from meta-analysis. *Academy of Management Perspectives, 21*(3), 6–15.

LeBlanc, M., & Kelloway, E. (2002). Predictors and outcomes of workplace violence and aggression. *Journal of Applied Psychology, 87,* 444–453.

Lee, D., McLoone, H., & Dennerlein, J. (2008). Observed finger behaviors during computer mouse use. *Applied Ergonomics, 39,* 107–113.

Lee, J., McGehee, D., Brown, T., & Reyes, M. (2002). Collision warning timing, driver distraction, and driver response to imminent rear-end collisions in a high-fidelity driving simulator. *Human Factors, 44,* 314–334.

Lee, K., & Allen, N. (2002). Organizational citizenship behavior and workplace deviance: The role of affect and cognitions. *Journal of Applied Psychology, 87,* 131–142.

Lee, S., & Brand, J. (2005). Effects of control over office workspace on perceptions of the work environment and work outcomes. *Journal of Environmental Psychology, 25,* 323–333.

Lefkowitz, J. (1970). Effect of training on the productivity and tenure of sewing machine operators. *Journal of Applied Psychology, 54,* 81–86.

Legree, P., Heffner, T., Psotka, J., Medsker, G., & Martin, D. (2003). Traffic crash involvement: Experiential driving knowledge and stressful contextual antecedents. *Journal of Applied Psychology, 88,* 15–26.

Lemov, R. (2005). *World as laboratory: Experiments with mice, mayes and men.* New York: Hill & Wang.

Levashina, J., & Campion, M. (2007). Measuring faking in the employment interview. *Journal of Applied Psychology, 92,* 1638–1656.

Levin, D., & Linn, S. (2004). The commercialization of childhood: Understanding the problem and finding solutions. In T. Kasser & A. Kanner (Eds.), *Psychology and consumer culture: The struggle for a good life in a materialistic world* (pp. 213–232). Washington, DC: American Psychological Association.

Lewis, K. (2000). When leaders display emotion: How followers respond to negative emotional expression of male and female leaders. *Journal of Organizational Behavior, 21,* 221–234.

Liao, H., Arvey, R., Butler, R., & Nutting, S. (2001). Correlates of work injury frequency and duration among firefighters. *Journal of Occupational Health Psychology, 6*(3), 229–242.

Liden, R. C., Wayne, S. J., & Sparrowe, R. T. (2000). An examination of the mediating role of psychological empowerment on the relations between the job, interpersonal relationships, and work outcomes. *Journal of Applied Psychology, 85,* 407–416.

Lievens, F., Harris, M., Van Keer, E., & Bisqueret, C. (2003). Predicting cross-cultural training performance: The validity of personality, cognitive ability, and dimensions measured by an assessment center and a behavior description interview. *Journal of Applied Psychology, 88,* 476–489.

Lim, S., Cortina, L., & Magley, V. (2008). Personal and work group incivility. *Journal of Applied Psychology, 93,* 95–107.

Lim, V. (2003). Managing HIV at the workplace: An empirical study of HIV and HR managers in Singapore. *Journal of Occupational Health Psychology, 8*(4), 235–246.

Liu, C., Spector, P., & Shi, L. (2007). Cross-national job stress. *Journal of Organizational Behavior, 28,* 209–237.

Locke, E. A. (1968). Toward a theory of task motivation and incentives. *Organizational Behavior and Human Performance, 3,* 157–189.

Locke, E. A., & Latham, G. P. (1990). *A theory of goal setting and task performance.* Upper Saddle River, NJ: Prentice Hall.

Locke, E. A., & Latham, G. P. (2002). Building a practically useful theory of goal setting and task motivation: A 35-year odyssey. *American Psychologist, 57,* 705–717.

Locke, E. A., & Latham, G. P. (2004). What should we do about motivation theory? Six recommendations for the 21st century. *Academy of Management Review, 29,* 388–403.

Loechner, J. (2008, May 30). Target social network ads to capture clicks. Center for Media Research. www.mediapost.com/blogs/research_brief/?p=1718

Lord, R., Brown, D., & Freiburg, S. (1999). Understanding the dynamics of leadership: The role of follower self-concepts in the leader-follower relationship. *Organizational Behavior and Human Decision Processes, 78,* 167–203.

Lord, R., & Maher, K. (1993). *Leadership and information processing: Linking perceptions and performance.* London: Routledge.

Lu, L., Kao, S.-F., Chang, T.-T., Wu, H.-P., & Cooper, C. (2008). Work-family demands, work flexibility, work-family conflict and their consequences at work. *International Journal of Stress Management, 15,* 1–21.

Luchak, A., & Gellatly, I. (2007). A comparison of linear and nonlinear relations between organizational commitment and work outcomes. *Journal of Applied Psychology, 92,* 786–793.

Lundberg, U., & Lindfors, P. (2002). Psychophysiological reactions to telework in female and male white-collar workers. *Journal of Occupational Health Psychology, 7*(4), 354–364.

Lynch, P., Kent, R., & Srinivasan, S. (2001). The global Internet shopper: Evidence from shopping tasks in 12 countries. *Journal of Advertising Research, 41*(3), 15–31.

Lyness, K., & Heilman, M. (2006). When fit is fundamental: Performance evaluations and promotions of upper-level female and male managers. *Journal of Applied Psychology, 91,* 777–785.

Lyness, K., & Thompson, D. (2000). Climbing the corporate ladder. *Journal of Applied Psychology, 85,* 86–101.

Madigan, J., & Dickson, M. (2007). Good science—good practice. *The Industrial-Organizational Psychologist, 44*(3), 93–96.

Maier, G., & Brunstein, J. (2001). The role of personal work goals in newcomers' job satisfaction and organizational commitment: A longitudinal analysis. *Journal of Applied Psychology, 86,* 1034–1042.

Mainiero, L., & Gibson, D. (2003). Managing employee trauma: Dealing with the emotional fallout from September 11th. *Academy of Management Executive, 17*(3), 130–143.

Major, V., Klein, K., & Ehrart, M. (2002). Work time, work interference with family, and psychological distress. *Journal of Applied Psychology, 87,* 427–436.

Malach-Pines, A., & Keinan, G. (2007). Stress and burnout in Israeli police officers during a Palestinian uprising. *International Journal of Stress Management, 14,* 160–174.

Malhotra. A., Majchrzak, A., & Rosen, B. (2007). Leading virtual teams. *Academy of Management Perspective, 21,* 60–70.

Mann, S. (2007). The boredom boom. *The Psychologist, 20*(2), 90–93.

Marcus, B., Lee, K., & Ashton, M. (2007). Personality dimensions explaining relationships between integrity tests and counterproductive behavior. *Personnel Psychology, 60,* 1–34.

Margulies, A. (2004). 2004 SIOP tour: Hamburger University. *The Industrial-Organizational Psychologist, 41*(3), 168–169.

Markham, S., Scott, K., & McKee, G. (2002). Recognizing good attendance: A longitudinal, quasi-experimental field study. *Personnel Psychology, 55,* 639–660.

Martell, R., & Desmet, A. (2001). A diagnostic-ratio approach to measuring beliefs about the leadership abilities of male and female managers. *Journal of Applied Psychology, 86,* 1223–1231.

Martin, D., Brooks, R., Ortiz, D., & Veniegas, R. (2003). Perceived employment barriers and their relation to workforce-entry intent among people with HIV/AIDS. *Journal of Occupational Health Psychology, 8*(3), 181–194.

Martin, J., Norris, B., Murphy, B., & Crowe, J. (2008). Medical device development. *Applied Ergonomics, 39,* 271–283.

Maslach, C., & Jackson, S. E. (1986). *Maslach Burnout Inventory manual* (2nd ed.). Palo Alto, CA: Consulting Psychologists Press.

Maslach, C., & Leiter, M. (2008). Early predictors of job burnout and engagement. *Journal of Applied Psychology, 93,* 498–512.

Maslach, C., Schaufeli, W., & Leiter, M. (2001). Job burnout. *Annual Review of Psychology, 52,* 397–422.

Maslow, A. (1970). *Motivation and personality* (2nd ed.). New York: Harper & Row.

Maslyn, J., & Uhl-Bien, M. (2001). Leader-member exchange and its dimensions: Effects of self-effort and others' effort on relationship quality. *Journal of Applied Psychology, 86,* 697–708.

Maurer, T., Solamon, J., Andrews, K., & Troxtel, D. (2001). Interviewee coaching, preparation strategies, and response strategies in relation to performance in situational employment interviews. *Journal of Applied Psychology, 86,* 709–717.

Maurer, T., Weiss, E., & Barbeite, F. (2003). A model of involvement in work-related learning and development activity: The effects of individual, situational, motivational, and age variables. *Journal of Applied Psychology, 88,* 707–724.

May, D., Reed, K., & Schwoerer, C. (2004). Ergonomic office design and aging: A quasi-experimental field study of employee reactions to an ergonomics intervention program. *Journal of Occupational Health Psychology, 9*(2), 123–135.

Mayer, D., Nishii, L., Schneider, B., & Goldstein, H. (2007). The precursors and products of justice climates: Group leader antecedents and employee attitudinal consequences. *Personnel Psychology, 60,* 929–963.

Mayer, R. C., & Davis, J. H. (1999). The effect of the performance appraisal system on trust for management. *Journal of Applied Psychology, 84,* 123–136.

McClelland, D. C. (1961). *The achieving society.* New York: Free Press.

McClelland, D. C. (1975). *Power.* New York: Irvington.

McClelland, D. C., Atkinson, J. W., Clark, R. A., & Lowell, E. L. (1953). *The achievement motive.* New York: Appleton-Century-Crofts.

McCormack, K. (2007). Careers: The goods on Generation Y. www.businessweek.com

McDaniel, M., Hartman, N., Whetzel, D., & Grubb, W. (2007). Situational judgment tests, response instructions, and validity. *Personnel Psychology, 60,* 63–91.

McDaniel, M., Morgeson, F., Finnegan, E., Campion, M., & Braverman, E. (2001). Use of situational judgment tests to predict job performance: A clarification of the literature. *Journal of Applied Psychology, 86,* 730–740.

McDougall, S., Tyrer, V., & Folkard, S. (2006). Searching for signs, symbols, and icons. *Journal of Experimental Psychology: Applied, 12,* 118–128.

McElroy, J., Morrow, P., & Rude, S. (2001). Turnover and organizational performance: A comparative analysis of the effects of voluntary, involuntary, and reduction-in-force turnover. *Journal of Applied Psychology, 86,* 1294–1299.

McFadden, K. (2002). DWI convictions linked to a higher risk of alcohol-related aircraft accidents. *Human Factors, 44,* 522–529.

McFarlin, S. K., Fals-Stewart, W., Major, D. A., & Justice, E. M. (2000, April). Alcohol use and workplace aggression. Paper presented at the meeting of the Society for Industrial and Organizational Psychology, New Orleans, LA.

McGregor, D. (1960). *The human side of enterprise.* New York: McGraw-Hill.

McKay, P., Avery, D., & Morris, M. (2008). Mean racial-ethnic differences in employee sales performance. *Personnel Psychology, 61,* 349–374.

McKay, P., Avery, D., Tonidandel, S., Morris, M., Hernandez, M., & Hebl, M. (2007). Racial differences in employee retention. *Personnel Psychology, 60,* 35–62.

McKay, P., & McDaniel, M. (2006). A reexamination of Black-White mean differences in work performance. *Journal of Applied Psychology, 91,* 538–554.

McKinney, A., Mecham, K., D'Angelo, N., & Connerly, M. (2003). Recruiters' use of CPA in initial screening decisions. *Personnel Psychology, 56,* 823–845.

McLean, L., Tingley, M., Scott, R., & Rickards, J. (2001). Computer terminal work and the benefit of micro-breaks. *Applied Ergonomics, 32,* 225–237.

McMillan, S., Hwang, J., & Lee, G. (2003). Effects of structural and perceptual factors on attitudes toward the Web site. *Journal of Advertising Research, 43*(14), 400–410.

McNatt, D. B. (2000). Ancient Pygmalion joins contemporary management. *Journal of Applied Psychology, 85,* 314–322.

McPheters, R., & Kossoff, J. (2003). Effects of differential enhancements on mail response rates. *Journal of Advertising Research, 43*(1), 14–16.

Mearns, K., & Reader, T. (2008). Organizational support and safety outcomes. *Safety Science, 46,* 388–397.

Mehlum, I., Kjuus, H., Veiersted, K., & Wergeland, E. (2006). Self-reported work-related health problems from the Oslo health study. *Occupational Medicine, 56,* 371–379.

Mehta, A. (2000). Advertising attitudes and advertising effectiveness. *Journal of Advertising Research, 40*(3), 67–72.

Mehta, A., & Purvis, S. (2003). Consumer response to print prescription drug advertising. *Journal of Advertising Research, 43*(2), 194–206.

Melamed, S., Fried, Y., & Froom, P. (2001). The interactive effect of chronic exposure to noise and job complexity on changes in blood pressure and job satisfaction: A longitudinal study of industrial employees. *Journal of Occupational Health Psychology, 6*(3), 182–195.

Meyer, J. P., & Allen, N. J. (1991). A three-component conceptualization of organizational commitment. *Human Resource Management Review, 1,* 61–98.

Miner-Rubino, K., & Cortina, L. (2007). Beyond targets: Consequences of vicarious exposure to misogyny at work. *Journal of Applied Psychology, 92,* 1254–1269.

Mitchell, M., & Ambrose, M. (2007). Abusive supervision and workplace deviance and the moderating effects of negative reciprocity beliefs. *Journal of Applied Psychology, 92,* 1159–1168.

Morgeson, F., Campion, M., Dipboye, R., Hollenback, J., Murphy, K., & Schmitt, N. (2007). Reconsidering the use of personality tests in personnel selection contexts. *Personnel Psychology, 60,* 683–729.

Morgeson, F., Johnson, M., Campion, M., Medsker, G., & Mumford, T. (2006). Understanding reactions to job redesign. *Personnel Psychology, 59,* 333–363.

Morrison, E. (2002). Newcomers' relationships: The role of social network ties during socialization. *Academy of Management Journal, 45,* 1149–1160.

Morrison, E. W., & Phelps, C. C. (1999). Taking charge at work. *Academy of Management Journal, 42,* 403–419.

Mount, M., Ilies, R., & Johnson, E. (2006). Relationship of personality traits and counterproductive work behaviors. *Personnel Psychology, 59,* 591–622.

Moutafi, J., Furnham, A., & Crump, J. (2007). Is managerial level related to personality? *British Journal of Management, 18*(3), 272–280.

Muchinsky, P. (2004). When the psychometrics of test development meet organizational realities: A conceptual framework for organizational change, examples, and recommendations. *Personnel Psychology, 57,* 175–209.

Mumaw, R., Roth, E., Vicente, K., & Burns, C. (2000). There is more to monitoring a nuclear power plant than meets the eye. *Human Factors, 42,* 36–55.

Munson, L. J., Hulin, C., & Drasgow, F. (2000). Longitudinal analysis of dispositional influences and sexual harassment. *Personnel Psychology, 53,* 21–46.

Münsterberg, H. (1913). *The psychology of industrial efficiency.* Boston: Houghton Mifflin.

Nagashima, S., Suwazono, Y., Okubo, Y., Uetani, M., Kobayashi, E., & Kido, T. (2007). Working hours and mental and physical fatigue in Japanese workers. *Occupational Medicine, 57,* 449–452.

Naglieri, J., Drasgow, F., Schmit, M., Handler, L., Prifitera, A., Margolis, A., & Velasquez, R. (2004).

Psychological testing on the Internet: New problems, old issues. *American Psychologist, 59,* 150–162.

Neal, A., & Griffin, M. (2006). A study of the lagged relationships among safety climate, safety motivation, safety behavior, and accidents at the individual and group levels. *Journal of Applied Psychology, 91,* 946–953.

Nelson, D. L., & Burke, R. J. (2000). Women executives. *Academy of Management Executive, 14*(2), 107–121.

Nemanich, L., & Keller, R. (2007). Transformational leadership in an acquisition. *Leadership Quarterly, 18,* 49–68.

Neubert, M., & Cady, S. (2001). Program commitment: A multi-study longitudinal field investigation of its impact and antecedents. *Personnel Psychology, 54,* 421–448.

Neuman, G. A., & Wright, J. (1999). Team effectiveness. *Journal of Applied Psychology, 84,* 376–389.

Newman, A. (2007, October 30). Web marketing to a segment too big to be a niche. *New York Times.*

Newnam, S., Griffin, M., & Mason, C. (2008). Safety in work vehicles. *Journal of Applied Psychology, 93,* 632–644.

Ng, T., & Feldman, D. (2008). The relationship of age to ten dimensions of job performance. *Journal of Applied Psychology, 93,* 392–423.

Ng, T., Sorensen, K., & Eby, L. (2006). Locus of control at work. *Journal of Organizational Behavior, 27,* 1057–1087.

Niedhammer, I., David, S., & Degioanni, S. (2006). Association between workplace bullying and depressive symptoms in the French working population. *Journal of Psychosomatic Research, 61,* 251–259.

Nielsen news release (January 28, 2008). Over 875 million consumers have shopped online—the number of Internet shoppers up 40% in two years. Retrieved from www.nielsen.com

Niemela-Nyrhinen, J. (2007). Baby boom consumers and technology. *Journal of Consumer Marketing, 24*(5), 305–312.

Noguchi, Y. (2004, June 6). Hola! Stay in touch? Telecom companies are eager to help Hispanic families do just that. *Washington Post.*

Nordquist, C. (2006, April 3). American children getting too fat for car safety seats. Medical News Today. www.medicalnewstoday.com

Offermann, L., & Malamut, A. (2002). When leaders harass: The impact of target perceptions of organizational leadership and climate on harassment reporting and outcomes. *Journal of Applied Psychology, 87,* 885–893.

O'Kane, P., Palmer, M., & Hargie, O. (2007). Workplace interactions and the polymorphic role of e-mail. *Leadership & Organization Development Journal, 28,* 308–324.

Okunribido, O., Shimbles, S., Magnusson, M., & Pope, M. (2007). City bus driving and low back pain. *Applied Ergonomics, 38,* 29–38.

Olson, G., & Olson, J. (2003). Human-computer interaction: Psychological aspects of the human use of computing. *Annual Review of Psychology, 54,* 491–516.

Olson, W., & Sarter, N. (2001). Management by consent in human-machine systems: When and why it breaks down. *Human Factors, 43,* 255–266.

O'Neil, B., & Mone, M. (1998). Investigating equity sensitivity as a moderator of relations between self-efficacy and workplace attitudes. *Journal of Applied Psychology, 83,* 805–816.

Ones, D., & Viswesvaran, C. (2007). A research note on the incremental validity of job knowledge and integrity tests for predicting maximal performance. *Human Performance, 20,* 293–303.

Ozer, D., & Benet-Martinez, V. (2006). Personality and the prediction of consequential outcomes. *Annual Review of Psychology, 57,* 401–421.

Packard, E. (2007). Psychology students design safer runways. *GradPsych, 5*(4), 6.

Panagiotopoulou, G., Christoulas, K., Papanckolaou, A., & Mandroukas, K. (2004). Classroom furniture dimensions and anthropometric measures in primary school. *Applied Ergonomics, 35*(2), 121–128.

Parasuraman, S., & Purohit, Y. S. (2000). Distress and boredom among orchestra musicians. *Journal of Occupational Health Psychology, 5,* 74–83.

Parker, S. (1998). Enhancing role-breadth self-efficacy. *Journal of Applied Psychology, 83,* 835–852.

Parker, S., Axtell, C., & Turner, M. (2001). Designing a safer workplace: Importance of job autonomy, communications quality, and supportive supervisors. *Journal of Occupational Health Psychology, 6*(3), 211–228.

Parker, S., & Griffin, M. (2002). What is so bad about a little name-calling? Negative consequences of gender harassment for over-performance demands and distress. *Journal of Occupational Health Psychology, 7*(3), 195–210.

Parker, S., Griffin, M., Sprigg, C., & Wall, T. (2002). Effect of temporary contracts on perceived work characteristics and job strain: A longitudinal study. *Personnel Psychology, 55,* 689–719.

Parker, S., Williams, H., & Turner, N. (2006). Modeling the antecedents of proactive behavior at work. *Journal of Applied Psychology, 91,* 636–652.

Parkes, K. (2003). Shiftwork and environment as interactive predictors of work perceptions. *Journal of Occupational Health Psychology, 8*(4), 266–281.

Parks, K., & Steelman, L. (2008). Organizational wellness programs. *Journal of Occupational Health Psychology, 13*, 58–68.

Paronto, M., Truxillo, D., Bauer, T., & Leo, M. (2002). Drug testing, drug treatment, and marijuana use: A fairness perspective. *Journal of Applied Psychology, 87*, 1159–1166.

Payne, J. (2006, November 14). Caught in the Web. www.washingtonpost.com

Payne, N., Jones, F., & Harris, P. (2002). The impact of working life on health behavior: The effect of job strain on the cognitive predictors of exercise. *Journal of Occupational Health Psychology, 79*(4), 342–353.

Payne, S., & Webber, S. (2006). Effects of service provider attitudes and employment status on citizenship behaviors and customers' attitudes and loyalty behavior. *Journal of Applied Psychology, 91*, 365–378.

Pearson, Q. (2008). Role overload, job satisfaction, and psychological health among employed women. *Journal of Counseling & Development, 86*, 57–63.

Pereira, G., & Osburn, H. (2007). Effects of participation in decision making on performance and employee attitudes. *Journal of Business Psychology, 22*, 145–153.

Peterson, N., Mumford, M., Borman, W., Jeanneret, P., Fleishman, E., Levin, K., Campion, M., Mayfield, M., Morgeson, F., Pearlman, K., Gowing, M., Lancaster, A., Silver, M., & Due, D. (2001). Understanding work using the occupational information network O*NET: Implications for practice and research. *Personnel Psychology, 54*, 451–492.

Peterson, R., Smith, D., Martorana, P., & Owens, P. (2003). The impact of chief executive officer personality on top management team dynamics: One mechanism by which leadership affects organizational performance. *Journal of Applied Psychology, 88*, 795–807.

Peterson, U., Demerouti, E., Bergstrom, G., Asberg, M., & Nygren, A. (2008). Work characteristics and sickness absence in burnout and nonburnout groups. *International Journal of Stress Management, 15*, 153–172.

Phillips, J., & Reddie, L. (2007). Decisional style and self-reported e-mail use in the workplace. *Computers in Human Behavior, 23*, 2414–2428.

Piccolo, R., & Colquitt, J. (2006). Transformational leadership and job behaviors. *Academy of Management Journal, 49*, 327–340.

Plassmann, H., O'Doherty, J., Shiv, B., & Rangel, A. (2008). Marketing actions can modulate neural representations of experienced pleasantness. *Proceedings of the National Academy of Sciences, 105*, 1050–1054.

Ployhart, R., Weekley, J., Holtz, B., & Kemp, C. (2003). Web-based and paper-and-pencil testing of applicants in a proctored setting: Are personality, biodata, and situational judgment tests comparable? *Personnel Psychology, 56*, 733–752.

Posig, M., & Kickul, J. (2003). Extending our understanding of burnout: Test of an integrated model in nonservice occupations. *Journal of Occupational Health Psychology, 8*(1), 3–19.

Posthuma, R., Morgeson, F., & Campion, M. (2002). Beyond employment interview validity: A comprehensive narrative review of recent research and trends over time. *Personnel Psychology, 55*, 1–81.

Potter, P., Smith, B., Strobel, K., & Zautra, A. (2002). Interpersonal workplace stressors and well-being: A multi-wave study of employees with and without arthritis. *Journal of Applied Psychology, 87*, 789–796.

Powell, G., & Butterfield, D. (2002). Exploring the influence of decision-makers' race and gender on actual promotion to top management. *Personnel Psychology, 55*, 397–428.

Premeaux, S., Adkins, C., & Mossholder, K. (2007). Balancing work and family. *Journal of Organizational Behavior, 28*, 705–727.

Price, R., Choi, J., & Vinokur, A. (2002). Links in the chain of adversity following job loss: How financial strain and loss of personal control lead to depression, impaired functioning, and poor health. *Journal of Occupational Health Psychology, 9*(4), 302–312.

Probst, T. (2000). Wedded to the job. *Journal of Occupational Health Psychology, 5*, 63–73.

Probst, T. (2004). Safety and insecurity: Exploring the moderating effect of organizational safety climate. *Journal of Occupational Health Psychology, 9*(1), 3–10.

Probst, T., & Brubaker, T. (2001). The effects of job insecurity on employee safety outcomes: Cross-sectional and longitudinal explorations. *Journal of Occupational Health Psychology, 6*(2), 139–159.

Psihogios, J., Sommerich, C., Mirka, G., & Moon, S. (2001). A field evaluation of monitor placement effects in VDT users. *Applied Ergonomics, 32*, 313–325.

Rafferty, A., & Griffin, M. (2006). Perception of organizational change. *Journal of Applied Psychology, 91*, 1154–1162.

Ragins, B., & Cotton, J. (1999). Mentor functions and outcomes. *Journal of Applied Psychology, 84*, 529–550.

Ragins, B., & Cornwell, J. (2001). Pink triangles: Antecedents and consequences of perceived workplace discrimination against gay and lesbian employees. *Journal of Applied Psychology, 86*, 1244–1261.

Ragins, B., Singh, J., & Cornwell, J. (2007). Making the invisible visible: Fear and disclosure of sexual orientation at work. *Journal of Applied Psychology, 92*, 1103–1118.

Ray, B. (2006). Who's afraid of the big bad boss? www.fsu.edu/news/2006/12/04/bad.boss/

Reilly, R. R., Smither, J. W., & Vasilopoulos, N. L. (1996). A longitudinal study of upward feedback. *Personnel Psychology, 49,* 599–612.

Reinberg, S. (2007, August 6). Foods taste better with McDonald's logo, kids say. *Washington Post.*

Reisenwitz, T., Iyer, R., Kuhlmeier, D., & Eastman, J. (2007). The elderly's Internet usage. *Journal of Consumer Marketing, 24,* 406–418.

Rexrode, C. (2007, August 6). Mind the (generation) gap. *St. Petersburg (FL) Times,* p. D1.

Rexrode, C. (2007, December 23). Come and get it: Way to worker's heart may be via onsite cafeteria. *St. Petersburg (FL) Times,* p. F1.

Rhoades, L,. & Eisenberger, R. (2002). Perceived organizational support: A review of the literature. *Journal of Applied Psychology, 87,* 698–714.

Rhoades, L., Eisenberger, R., & Armeli, S. (2001). Affective commitment to the organization: The contributions of perceived organizational support. *Journal of Applied Psychology, 86,* 825–836.

Ricci, J., Chee, E., Lorandeau, A., & Berger, J. (2007). Fatigue in the U.S. workforce. *Journal of Occupational & Environmental Medicine, 49,* 1–10.

Richardson, K., & Rothstein, H. (2008). Effects of occupational stress management intervention programs. *Journal of Occupational Health Psychology, 13,* 69–93.

Richtel, M. (2000, July 6). The lure of data: Is it addictive? *New York Times.*

Roberts, B., Caspi, A., & Moffitt, T. (2003). Work experiences and personality development in young adulthood. *Journal of Personality and Social Psychology, 84,* 582–593.

Roberts, B., Harms, P., Caspi, A., & Moffitt, T. (2007). Predicting the counterproductive employee in a child-to-adult prospective study. *Journal of Applied Psychology, 92,* 1427–1436.

Robertson, M., & Huang, Y.-H. (2006). Effect of a workspace design and training intervention on individual performance, group effectiveness, and collaboration. *Work: Journal of Prevention, Assessment, & Rehabilitation, 27,* 3–12.

Robie, C., & Brown, D. (2007). Measurement equivalence of a personality inventory administered on the internet versus a kiosk. *Applied HRM Research, 11*(2), 97–106.

Robie, C., Brown, D., & Bly, P. (2005). The big five in the USA and Japan. *Journal of Management Development, 24,* 720–736.

Robinson, R. (2007, June 29). The Iron Horse and Ripken. *New York Times.*

Robinson, T., Borzekowski, D., Matheson, D., & Kraemer, H. (2007). Effects of fast food branding on children's taste preferences. *Archives of Pediatrics & Adolescent Medicine, 16,* 792–797.

Rodgers, S., & Harris, M. (2003). Gender and e-commerce: An exploratory study. *Journal of Advertising Research, 43*(3), 322–330.

Roelen, C., Schreuder, K., Koopmans, P., & Groothoff, J. (2008). Perceived job demands relate to self-reported health complaints. *Occupational Medicine. 58,* 58–63.

Roethlisberger, F. J., & Dickson, W. J. (1939). *Management and the worker.* Cambridge, MA: Harvard University Press.

Rogelberg, S. G., Luong, A., Sederburg, M. E., & Cristol, D. S. (2000). Employee attitude surveys. *Journal of Applied Psychology, 85,* 284–293.

Rose, D., Sidle, S., & Griffith, K. (2007). A penny for your thoughts: Monetary incentives improve response rates for company-sponsored employee surveys. *Organizational Research Methods, 10,* 225–240.

Rosenthal, R., & Jacobson, L. (1968). *Pygmalion in the classroom.* New York: Holt.

Rospenda, K. (2002). Workplace harassment, services utilization, and drinking outcomes. *Journal of Occupational Health Psychology, 7*(2), 141–155.

Roth, P., Bevier, C., Bobko, P., Switzer, F., & Tyler, P. (2001). Ethnic group differences in cognitive ability in employment and educational settings: A meta-analysis. *Personnel Psychology, 54,* 297–330.

Rothbard, N., & Edwards, J. (2003). Investment in work and family roles: A test of identity and utilitarian motives. *Personnel Psychology, 56,* 699–736.

Rotundo, M., Nguyen, D., & Sackett, P. (2001). A meta-analytic review of gender differences in perception of sexual harassment. *Journal of Applied Psychology, 86,* 914–922.

Rotundo, M., & Sackett, P. (1999). Effect of rater race on conclusions regarding differential prediction in cognitive ability tests. *Journal of Applied Psychology, 84,* 815–822.

Rowold, J. (2007). Individual influences on knowledge acquisition in a call center training context in Germany. *International Journal of Training & Development, 11,* 21–34.

Ryan, A., West, B., & Carr, J. (2003). Effects of the terrorist attacks of September 11, 2001, on employee attitudes. *Journal of Applied Psychology, 89,* 647–659.

Rynes, S., Brown, K., & Colbert, A. (2002). Seven common misconceptions about human resource practices: Research findings versus practitioner beliefs. *Academy of Management Executive, 16*(3), 92–102.

Rynes, S., Giluk, T., & Brown, K. (2007). The very separate worlds of academic and practitioner periodicals in human resource management. *Academy of Management Journal, 50*, 987–1008.

Sacco, J., Scheu, C., Ryan, A., & Schmitt, N. (2003). An investigation of race and sex similarity effects in interviews: A multilevel approach to relational demography. *Journal of Applied Psychology, 88*, 852–865.

Sackett, P., Borneman, M., & Connelly, B. (2008). High-stakes testing in higher education and employment. *American Psychologist, 63*, 215–227.

Saks, A. (2002). So what is a good transfer of training estimate? *The Industrial-Organizational Psychologist, 39*(3), 29–30.

Saks, A., & Ashforth, B. (2002). Is job search related to employment quality? *Journal of Applied Psychology, 87*, 646–654.

Saks, A., & Belcourt, M. (2006). An investigation of training activities and transfer of training in organizations. *Human Resource Management, 45*, 629–648.

Saks, A., Uggerslev, K., & Fassina, N. (2007). Socialization tactics and newcomer adjustment. *Journal of Vocational Behavior, 70*, 413–446.

Salas, E., Baker, D., King, H., & Battles, J. (2006). Opportunities and challenges for human factors and ergonomics in enhancing patient safety. *Human Factors, 48*, 1–5.

Salas, E., & Cannon-Bowers, J. (2001). The science of training: A decade of progress. *Annual Review of Psychology, 52*, 471–499.

Salgado, J., Anderson, N., Moscoso, S., Bertua, C., & Fruyt, F. (2003). International validity generalization of general mental ability and cognitive abilities: A European community meta-analysis. *Personnel Psychology, 56*, 573–605.

Salgado, J., Anderson, N., Moscoso, S., Bertua, C., Fruyt, F., & Rolland, J. (2003). A meta-analytic study of general mental ability validity for different occupations in the European community. *Journal of Applied Psychology, 88*, 1068–1081.

Salzberg, B. (2007, October 25). Shaping the workforce of the future. *Business Week.*

Samaha, E., Lai, S., Samaha, N., & Wyndham, J. (2007). Psychological lifestyle and coping contributors to chronic fatigue in shiftworker nurses. *Journal of Advanced Nursing, 59*, 221–232.

Sanders, M. S., & McCormick, E. J. (1987). *Human factors in engineering and design* (6th ed.). New York: McGraw-Hill.

Sarchione, C. D., Cuttler, M. J., Muchinsky, P. M., & Nelson-Gray, R. O. (1998). Prediction of dysfunctional job behavior among law enforcement officers. *Journal of Applied Psychology, 83*, 904–912.

Sarter, N., & Schroeder, B. (2001). Supporting decision making and action selection under time pressure and uncertainty: The case of in-flight icing. *Human Factors, 43*, 573–583.

Savicki, V. (2002). *Burnout across 13 cultures: Stress and coping in child and youth care workers.* Westport, CT: Praeger/Greenwood.

Schat, A., & Kelloway, E. (2003). Reducing the adverse consequences of workplace aggression and violence: The buffering effects of organizational support. *Journal of Occupational Health Psychology, 8*(2), 110–122.

Schaubroeck, J., Jones, J., & Xie, J. (2001). Individual differences in utilizing control to cope with job demands: Effects on susceptibility to infectious disease. *Journal of Applied Psychology, 86*, 265–278.

Schaubroeck, J., & Lam, S. (2002). How similarity to peers and supervisor influences organizational advancement in different cultures. *Academy of Management Journal, 45*, 1120–1136.

Schaubroeck, J., Lam, S., & Cha, S. (2007). Embracing transformational leadership. *Journal of Applied Psychology, 92*, 1020–1030.

Schaubroeck, J., Lam, S., & Xie, J. (2000). Collective efficacy versus self-efficacy in coping responses to stressors and control. *Journal of Applied Psychology, 85*, 512–525.

Schaufeli, W., Taris, T., & Van Rhenen, W. (2008). Workaholism, burnout, and work engagement. *Applied Psychology: An International Review, 57*, 173–203.

Schiffman, L., & Kanuk, L. (2004). *Consumer behavior* (8th ed.). Upper Saddle River, NJ: Prentice Hall.

Schleicher, D., Venkataramani, V., Morgeson, F., & Campion, M. (2006). So you didn't get the job; now what do you think? Examining opportunity-to-perform fairness perceptions. *Personnel Psychology, 59*, 559–590.

Schmidt, F. L., & Hunter, J. E. (1998). The validity and utility of selection methods in personnel psychology. *Psychological Bulletin, 124*, 262–274.

Schmidt, F. L., & Hunter, J. E. (2004). General mental ability in the world of work: Occupational attainment and job performance. *Journal of Personality and Social Psychology, 86*, 162–173.

Schmidt, K. (2007). Organizational commitment. *International Journal of Stress Management, 14*, 26–40.

Schmidt, K., & Neubach, B. (2007). Self-control demands: A source of stress at work. *International Journal of Stress Management, 14*, 398–416.

Schminke, M., Ambrose, M. L., & Cropanzano, R. S. (2000). The effect of organizational structure on perceptions of procedural fairness. *Journal of Applied Psychology, 85,* 294–304.

Schmitt, N., & Kunce, C. (2002). The effects of required elaboration of answers to biodata questions. *Personnel Psychology, 55,* 569–587.

Schmitz, N., Neumann, W., & Oppermann, R. (2000). Stress, burnout, and locus of control in German nurses. *International Journal of Nursing Studies, 37*(2), 95–99.

Schneider, K. T., Hitlan, R. T., & Radhakrishnan, P. (2000). An examination of the nature and correlates of ethnic harassment experiences in multiple contexts. *Journal of Applied Psychology, 81,* 3–12.

Scholz, U., Dona, B., Sud, S., & Schwarzer, R. (2002). Is general self-efficacy a universal construct? Psychometric findings from 25 countries. *European Journal of Psychological Assessment, 18*(3), 242–251.

Schriesheim, C. A., Neider, L. L., & Scandura, T. A. (1998). Delegation and leader-member exchange. *Academy of Management Journal, 41,* 298–318.

Schweitzer, M. E., & Kerr, J. L. (2000). Bargaining under the influence. *Academy of Management Executive, 14*(2), 47–57.

Scott, W. D. (1903). *The theory and practice of advertising.* Boston: Small.

Scotter, J., Moustafa, K., Burnett, J., & Michael, P. (2007). Influence of prior acquaintance with the rate on rater accuracy and halo. *Journal of Management Development, 26,* 790–803.

Seagull, J., & Sanderson, P. (2001). Anaesthesia alarms in context: An observational study. *Human Factors, 43,* 66–78.

Seashore, S. E., & Bowers, D. G. (1970). Durability of organizational change. *American Psychologist, 25,* 227–233.

Segerstrom, S., & Miller, G. (2004). Psychological stress and the human immune system: A meta-analytic study of 30 years of inquiry. *Psychological Bulletin, 130,* 601–630.

Seibert, S., Crant, J., & Kraimer, M. (1999). Proactive personality and career success. *Journal of Applied Psychology, 84,* 416–427.

Seibert, S., Kraimer, M., & Crant, J. (2001). What do proactive people do? A longitudinal model linking proactive personality and career success. *Personnel Psychology, 54,* 845–874.

Seifert, C., Yukl, G., & McDonald, R. (2003). Effects of multi-source feedback and a feedback facilitator on the influence behavior of managers toward subordinates. *Journal of Applied Psychology, 88,* 561–569.

Shah, P. P. (2000). Network destruction. *Academy of Management Journal, 43,* 101–112.

Shalley, C. E., Gilson, L. L., & Blum, T. C. (2000). Matching creativity requirements and the work environment. *Academy of Management Journal, 43,* 215–223.

Shan, G., & Bohn, C. (2003). Anthropometrical data and coefficients of regression related to gender and race. *Applied Ergonomics, 34,* 327–337.

Shanock, L., & Eisenberger, R. (2006). When supervisors feel supported. *Journal of Applied Psychology, 91,* 689–695.

Shao, L., & Webber, S. (2006). A cross-cultural test of the five-factor model of personality and transformational leadership. *Journal of Business Research, 59,* 936–944.

Shapiro, D., Kirkman, B., & Courtney, H. (2007). Perceived causes and solutions of the translation problem in management research. *Academy of Management Journal, 50,* 249–266.

Sharit, J., Czaja, S., Nair, S., & Lee, C. (2003). Effects of age, speech rate, and environmental support in using telephone voice menu systems. *Human Factors, 45,* 234–251.

Shaw, J., Duffy, M., Mitra, A., Lockhart, D., & Bowler, M. (2003). Reactions to merit pay increases: A longitudinal test of a signal sensitivity perspective. *Journal of Applied Psychology, 88,* 538–544.

Sherony, K., & Green, S. (2002). Co-worker exchange: Relationships between co-workers, leader-member exchange, and work attitudes. *Journal of Applied Psychology, 87,* 542–548.

Shin, S., & Zhou, J. (2003). Transformational leadership, conservation, and creativity: Evidence from Korea. *Academy of Management Journal, 46,* 703–714.

Shipper, F., Hoffman, R., & Rotondo, D. (2007). Does the 360 feedback process create actionable knowledge equally across cultures? *Academy of Management Learning & Education, 6*(1), 33–50.

Shore, L., Cleveland, J., & Goldberg, C. (2003). Work attitudes and decisions as a function of manager age and employee age. *Journal of Applied Psychology, 88,* 529–537.

Simon, E. (2007, November 5). Employer study of applicants' personalities. news.yahoo.com

Simoneau, G., & Marklin, R. (2001). Effect of computer keyboard shape and height on wrist extension angle. *Human Factors, 43,* 287–298.

Simonite, T. (2007, January 3). Vibrating vest could send alerts to soldiers. www.newscientist.com/article/dn1084b

Simons, T., Friedman, R., Liu, L., & Parks, J. (2007). Racial differences in sensitivity to behavioral integrity. *Journal of Applied Psychology, 92,* 650–665.

Simons, T., & Roberson, Q. (2003). Why managers should care about fairness: The effects of aggregate justice perceptions on organizational outcomes. *Journal of Applied Psychology, 88,* 432–443.

Simonson, I., Carmon, Z., Dhar, R., Drolet, A., & Nowlis, S. (2001). Consumer research. *Annual Review of Psychology, 52*, 249–275.

Sims, C., Drasgow, F., & Fitzgerald, L. (2005). The effects of sexual harassment on turnover in the military. *Journal of Applied Psychology, 90*, 1141–1152.

Sitzmann, T., Brown, K., Casper, W., Ely, K., & Zimmerman, R. (2008). A review and meta-analysis of the nomological network of trainee reactions. *Journal of Applied Psychology, 93*, 280–295.

Sitzmann, T., Kraiger, K., Stewart, D., & Wisher, R. (2006). The comparative effectiveness of Web-based and classroom instruction. *Personnel Psychology, 59*, 623–664.

Skitka, L., & Sargis, E., (2006). The Internet as psychological laboratory. *Annual Review of Psychology, 57*, 529–555.

Smit, E., Bronner, F., & Tolboom, M. (2007). Brand relationship quality and its value for personal contact. *Journal of Business Research, 60*, 627–633.

Smith, D. (2004, April 14). When flour power invaded the kitchen. *New York Times.*

Smith, D., & Ellingson, J. (2002). Substance versus style: A new look at social desirability in motivating contexts. *Journal of Applied Psychology, 87*, 211–219.

Smith, D., Hanges, P., & Dickson, M. (2001). Personnel selection and the 5-factor model: Reexamining the effects of applicant's form of reference. *Journal of Applied Psychology, 86*, 304–315.

Smith, P., Frank, J., Bondy, S., & Mustard, C. (2008). Do changes in job control predict differences in health status? *Psychosomatic Medicine, 70*, 85–91.

Smith, S., Kilby, S., Jorgensen, G., & Douglas, J. (2007). Napping and nightshift work. *Sleep & Biological Rhythms, 52*, 117–125.

Smither, J., London, M., Flautt, R., Vargas, Y., & Kucine, I. (2003). Can working with an executive coach improve multi-source feedback ratings over time? A quasi-experimental study. *Personnel Psychology, 56*, 23–44.

Smither, J., & Walker, A. (2004). Are the characteristics of narrative comments related to improvement in multi-rater feedback ratings over time? *Journal of Applied Psychology, 89*, 575–581.

Smithikrai, C. (2007). Personality traits and job success: An investigation in a Thai sample. *European Journal of Selection and Assessment, 15*(1), 134–138.

Smith-Jentsch, K. H., Jentsch, F. G., Payne, S. C., & Salas, E. (1996). Can pre-training experiences explain individual differences in learning? *Journal of Applied Psychology, 81*, 110–116.

Smith-Jentsch, K. H., Salas, E., & Brannick, M. (2001). To transfer or not to transfer? Investigating the combined effects of trainee characteristics, team leader support, and team climate. *Journal of Applied Psychology, 86*, 279–292.

Snape, E., & Redman, T. (2003). An evaluation of a 3-component model of occupational commitment: Dimensionality and consequences among United Kingdom human resource management specialists. *Journal of Applied Psychology, 88*, 152–159.

Sommerich, C., Joines, S., & Psihogios, J. (2001). Effects of computer monitor viewing angle and related factors on strain, performance, and preference outcomes. *Human Factors, 43*, 39–55.

Song, Z., Foo, M.-D., & Uy, M. (2008). Mood spillover and crossover among dual-earner couples. *Journal of Applied Psychology, 93*, 443–452.

Sonnentag, S. (2003). Recovery, work engagement, and proactive behavior: A new look at the interface between nonwork and work. *Journal of Applied Psychology, 88*, 518–528.

Sonnentag, S., & Zijlstra, F. (2006). Job characteristics and off-job activities as predictors of need for recovery, well-being, and fatigue. *Journal of Applied Psychology, 91*, 330–350.

Spake, D., & Joseph, M. (2007). Consumer opinion and effectiveness of direct-to-consumer advertising. *Journal of Consumer Marketing, 24*, 283–293.

Spector, P. E., Chen, P. Y., & O'Connell, B. J. (2000). A longitudinal study of relations between job stressors and job strains while controlling for prior negative affectivity and strains. *Journal of Applied Psychology, 85*, 211–218.

Spector, P. E., et al. (2004). A cross-national comparative survey of work-family stressors, working hours, and well-being: China and Latin America versus the Anglo world. *Personnel Psychology, 57*, 119–142.

Spence, C., & Gallace, A. (2007). Recent developments in the study of tactile attention. *Canadian Journal of Experimental Psychology, 61*, 196–207.

Sprig, C., Stride, C., Wall, T., Holman, D., & Smith, P. (2007). Work characteristics, musculoskeletal disorders and the mediating role of psychological strain. *Journal of Applied Psychology, 92*, 1456–1466.

Srivastava, A., Bartol, K., & Locke, E. (2006). Empowering leadership in management teams. *Academy of Management Journal, 49*, 1239–1251.

Stajkovic, A. D., & Luthans, F. (1998). Self-efficacy and work-related performance. *Psychological Bulletin, 124*, 240–261.

Stajkovic, A. D., & Luthans, F. (2003). Behavioral management and task performance in organizations: Conceptual background, meta-analysis, and test of alternative models. *Personnel Psychology, 56*, 155–194.

Stanton, E. (2002, December 29). If a résumé lies, truth can loom large. *New York Times.*

Stanton, N., & Baber, C. (2003). On the cost-effectiveness of ergonomics. *Applied Ergonomics, 34*, 407–411.

Stark, S., Chernyshenko, O., Chan, K., Lee, W., & Drasgow, F. (2001). Effects of the testing situation on item responding. *Journal of Applied Psychology, 86,* 943–953.

Steers, R., Mowday, R., & Shapiro, D. (2004). The future of work motivation theory. *Academy of Management Review, 29,* 379–387.

Stern, B. (2002). The importance of being Ernest: A tribute to [Ernest] Dichter. *Journal of Advertising Research, 42,* 19–23.

Sternberg, R. (2003). WICS: A model of leadership in organizations. *Academy of Management Learning and Education, 2,* 386–401.

Stevenson, J. S., Bruner, G. C., II, & Kumar, A. (2000). Web page background and viewer attitudes. *Journal of Advertising Research, 40,* 29–34.

Stewart, G., & Nandkeolyar, A. (2007). Exploring how constraints created by other people influence intraindividual variations in objective performance measures. *Journal of Applied Psychology, 92,* 1149–1158.

Stone, G., Besser, D., & Lewis, L. E. (2000). Recall, liking, and creativity in TV commercials. *Journal of Advertising Research, 40,* 7–18.

Strauss, A. (2008, January 10). The smile boutique in the dentist's office. *New York Times.*

Strayer, P. (2006). Cell phones and driver distraction. American Psychological Association convention presentation.

Subedi, B. (2006). Cultural factors and beliefs influencing transfer of training. *International Journal of Training & Development, 10,* 88–97.

Sutton, R. I., & Rafaeli, A. (1998). Untangling the relationship between displayed emotions and organizational sales. *Academy of Management Journal, 31,* 461–487.

Sverke, M., Hellgren, J., & Naswall, K. (2002). No security: A meta-analysis and review of job insecurity and its consequences. *Journal of Occupational Health Psychology, 7*(3), 242–264.

Swanbrow, D. (2006). Job insecurity takes toll on worker health. www.ur.umich.edu/0506/Apr03_06/00.shtml

Swartz, T. A. (1983). Brand symbols and message differentiation. *Journal of Advertising Research, 23,* 59–64.

Szeto, G., & Sham, K. (2008). The effects of angled position of computer display screen on muscle activities of the neck-shoulder stabilizers. *International Journal of Industrial Ergonomics, 38,* 9–17.

Tabuchi, H. (2008, March 2). Japan looks to a robot future. www.msnbc.com

Tan, H., & Aryee, S. (2002). Antecedents and outcomes of union loyalty: A constructive replication and an extension. *Journal of Applied Psychology, 87,* 715–722.

Tangirala, S., Green, S., & Ramanujam, R. (2007). In the shadow of the boss's boss: Effects of supervisors' upward exchange relationships on employees. *Journal of Applied Psychology, 92,* 309–320.

Taris, T., & Schreurs, P. (2007). How may nonresponse affect findings in organizational surveys? *International Journal of Stress Management, 14,* 249–259.

Taylor, F. W. (1911). *Scientific management.* New York: Harper.

Taylor, P., Kan Shi, W.-D., & Borman, W. (2008). The transportability of job information across countries. *Personnel Psychology, 61,* 69–111.

Taylor, S. E., Klein, L. C., Lewis, B. P., Gruenewald, T. L., Gurung, R. A. R., & Updegraff, J. A. (2000). Biobehavioral responses to stress in females. *Psychological Review, 107,* 411–429.

Tenopyr, M. L. (1992). Reflections of a pioneering woman in industrial psychology. *Professional Psychology, 23,* 172–175.

Tepper, B., Duffy, M., & Shaw, J. (2001). Personality moderators of the relationship between abusive supervision and subordinates' resistance. *Journal of Applied Psychology, 86,* 974–983.

Tepper, B., Moss, S., Lockhart, D., & Carr, J. (2007). Abusive supervision, upward maintenance communication, and subordinates' psychological distress. *Academy of Management Journal, 50,* 1169–1180.

Tetrick, L., Shore, L., McClurg, L., & Vandenberg, R. (2007). A model of union participation. *Journal of Applied Psychology, 92,* 820–828.

Tett, R., & Christiansen, N. (2007). Personality tests at the crossroads. *Personnel Psychology, 60,* 967–993.

Thee, M. (2007, December 7). Cell phones challenge poll sampling. *New York Times.*

Thompson, B., Brough, P., & Schmidt, H. (2006). Supervisor and subordinate work-family values. *International Journal of Stress Management, 13,* 45–62.

Thompson, C., & Prottas, D. (2005). Relationships among organizational family support, job autonomy, perceived control, and employee well-being. *Journal of Occupational Health Psychology, 10,* 110–118.

Thompson, J. (2005). Proactive personality and job performance. *Journal of Applied Psychology, 90,* 1011–1017.

Thompson, L., Surface, E., Martin, D., & Sanders, M. (2003). From paper to pixels: Moving personnel surveys to the Web. *Personnel Psychology, 56,* 197–227.

Tierney, P., & Farmer, S. (2002). Creative self-efficacy: Its potential antecedents and relationship to creative performance. *Academy of Management Journal, 45,* 1137–1148.

Tierney, P., Farmer, S., & Graen, G. B. (1999). An examination of leadership and employee creativity. *Personnel Psychology, 52,* 591–620.

Tippins, N., Beaty, J., Drasgow, F., Gibson, W., Pearlman, K., Segall, D., & Shepherd, W. (2006). Unproctored Internet testing in employment settings. *Personnel Psychology, 59,* 189–325.

Toegel, G., & Conger, J. (2003). 360-degree assessment: Time for reinvention. *Academy of Management Learning and Education, 2,* 297–311.

Torres, I., & Gelb, B. (2002). Hispanic-targeted advertising. *Journal of Advertising Research, 42*(6), 69–76.

Tourangeau, R. (2004). Survey research and societal change. *Annual Review of Psychology, 55,* 775–801.

Treadway, D., Ferris, G., Duke, A., Adams, G., & Thatcher, J. (2007). The moderating role of subordinate political skill on supervision. *Journal of Applied Psychology, 92,* 848–855.

Trimmel, M., Meixner-Pendleton, M., & Haring, S. (2003). Stress response caused by system response time when searching for information on the Internet. *Human Factors, 45,* 615–621.

Tse, A., & Lee, R. (2001). Zapping behavior during commercial breaks. *Journal of Advertising Research, 42*(3), 3–28.

Tsutsumi, A., Kayaba, K., Ojima, T., Ishikawa, S., Kawakami, N., and the Jichi Medical School Cohort Study Group (2007). Low control at work and the risk of suicide in Japanese men. *Psychotherapy and Psychosomatics, 76,* 177–185.

Tuckel, P., & O'Neill, H. (2002). The vanishing respondent in telephone surveys. *Journal of Advertising Research, 42*(5), 26–51.

Vaananen, A., Kevin, M., Kouvonen, A., Kumpulainen, R., Ala-Mursula, L., Kivimaki, M., Toivanen, M., Linna, A., & Vahtera, J. (2008). Work-family characteristics as determinants of sickness absence. *Journal of Occupational Health Psychology, 13,* 181–196.

Valcour, M. (2007). Work-based resources as moderators of the relationship between work hours and satisfaction with work-family balance. *Journal of Applied Psychology, 92,* 1512–1523.

Van der Ploeg, E., Dorresteijn, S., & Kleber, R. (2003). Critical incidents and chronic stressors at work: Their impact on forensic doctors. *Journal of Occupational Health Psychology, 8*(2), 157–166.

Van der Zee, K., Bakker, A., & Bakker, P. (2002). Why are structured interviews so rarely used in personnel selection? *Journal of Applied Psychology, 87,* 176–184.

Van De Vliert, E., Van Yperen, N., & Thierry, H. (2008). Are wages more important for employees in poorer countries with harsher climates? *Journal of Organizational Behavior, 29,* 79–94.

Van Dierendonck, D., Schaufeli, W., & Buunk, B. (2001). Burnout and inequity among human service professionals: A longitudinal study. *Journal of Occupational Health Psychology, 6*(1), 43–52.

Van Vianen, A. E. M. (2000). Person-organization fit. *Personnel Psychology, 53,* 113–149.

Van Yperen, N. (2006). A novel approach to assessing achievement goals in the context of the 2 × 2 framework. *Personality and Social Psychology Bulletin, 32,* 1432–1445.

Van Yperen, N., & Hagedoorn, M. (2003). Do high job demands increase intrinsic motivation or fatigue or both? The role of job control and job social support. *Academy of Management Journal, 46,* 339–348.

Van Yperen, N., & Janssen, O. (2002). Fatigued and dissatisfied or fatigued but satisfied? Goal orientations and responses to high job demands. *Academy of Management Journal, 45,* 1161–1171.

Vecchio, R., & Brazil, D. (2007). Leadership and sex-similarity. *Personnel Psychology, 60,* 303–335.

Vecchio, R., & Bullis, R. (2001). Moderators of the influence of supervisor-subordinate similarity on subordinate outcomes. *Journal of Applied Psychology, 86,* 884–896.

Vedantam, S. (2008, January 20). Most diversity training ineffective, study finds. *Washington Post.*

Veitch, J., Charles, K., Farley, K., & Newsham, G. (2007). A model of satisfaction with open-plan office conditions. *Journal of Environmental Psychology, 27,* 177–189.

Velada, R., Caetano, A., Michel, J., Lyons, B., & Kavanagh, M. (2007). The effects of training design, individual characteristics and work environment on transfer of training. *International Journal of Training & Development, 11,* 282–294.

Venkatesh, V., & Johnson, P. (2002). Telecommuting technology implementations: A within- and between-subjects longitudinal study. *Personnel Psychology, 55,* 661–685.

Vera, D., & Crossan, M. (2004). Strategic leadership and organizational leaving. *Academy of Management Review, 29,* 222–240.

Viswesvaran, C., Schmidt, F., & Ones, D. (2003). The moderating influence of job performance dimensions on convergence of supervisory and peer ratings of job performance: Unconfounding construct-level convergence and rating difficulty. *Journal of Applied Psychology, 87,* 345–354.

Vogt, D., Rizvi, S., Shipherd, J., & Resick, P. (2008). Longitudinal investigations of reciprocal relationship between stress reactions and hardiness. *Personality & Social Psychology Bulletin, 34,* 61–73.

Vroom, V. (1964). *Work and Motivation.* New York: Wiley.

Vroom, V., & Jago, A. (2007). The role of the situation in leadership. *American Psychologist, 62,* 17–24.

Waclawski, J., Church, A., & Berr, S. (2002). The 2002 SIOP member survey results. *The Industrial-Organizational Psychologist, 40*(1), 16–27.

Wagner, S., Parker, C., & Christiansen, N. (2003). Employees that think and act like owners: Effects of ownership beliefs and behaviors on organizational effectiveness. *Personnel Psychology, 56*, 847–871.

Waldman, D., & Korbar, T. (2004). Student assessment center performance in the prediction of early career success. *Academy of Management Learning and Education, 3*(2), 151–167.

Walker, A. G., & Smither, J. W. (1999). A five-year study of upward feedback. *Personnel Psychology, 52*, 393–423.

Wallace, J., Popp, E., & Mondore, S. (2006). Safety climate as a mediator between foundation climates and occupational accidents. *Journal of Applied Psychology, 91*, 681–688.

Wallace, J., & Vodanovich, S. (2003). Workplace safety performance: Conscientiousness, cognitive failure, and their interaction. *Journal of Occupational Health Psychology, 8*(4), 316–327.

Wallen, E., & Mulloy, K. (2006). Computer-based training for safety. *Journal of Safety Research, 37*, 461–467.

Walsh, M. (2002, November 19). Number of women in upper ranks rises a bit. *New York Times*.

Walz, S., & Niehoff, B. (2000). Organizational citizenship behaviors: Their relationship to organizational effectiveness. *Journal of Hospitality and Tourism Research, 24*(3), 301–319.

Wanberg, C. R., & Banas, J. T. (2000). Predictors and outcomes of openness to changes in a reorganizing workplace. *Journal of Applied Psychology, 85*, 132–142.

Wanberg, C. R., & Kammeyer-Mueller, J. D. (2000). Predictors and outcomes of proactivity in the socialization process. *Journal of Applied Psychology, 85*, 373–385.

Wang, M. (2007). Profiling retirees in the retirement transition and adjustment process. *Journal of Applied Psychology, 92*, 455–474.

Wansink, B. (2003). Developing a cost-effective brand loyalty program. *Journal of Advertising Research, 43*(3), 301–310.

Wardell, J. (2008, January 28). McDonald's given power to award British school qualifications. *Washington Post*.

Wated, G., & Sanchez, J. (2006). The role of accent as a work stressor on attitudinal and health-related work outcomes. *International Journal of Stress Management, 13*, 329–350.

Wayne, S., Shore, L., Bommer, W., & Tetrick, L. (2002). The role of fair treatment and rewards in perceptions of organizational support and leader-member exchange. *Journal of Applied Psychology, 87*, 590–598.

Weber, M. (1947). *The theory of social and economic organization*. New York: Oxford University Press.

Wells, M., & Perrine, R. (2001). Critters in the cube farm: Perceived psychological and organizational effects of pets in the workplace. *Journal of Occupational Health Psychology, 69*(1), 81–87.

Wells, W., Burnett, J., & Moriarty, S. (2003). *Advertising: Principles and practice* (6th ed.). Upper Saddle River, NJ: Prentice Hall.

Wesson, M., & Gogus, C. (2005). Shaking hands with a computer: An examination of two methods of organizational newcomer orientation. *Journal of Applied Psychology, 90*, 1018–1026.

Westerman, J., & Yamamora, J. (2007). Generational preferences for work environment fit. *Career Development International, 12*, 150–161.

Whittler, T., & Spira, J. (2002). Model's race: A peripheral cue in advertising messages? *Journal of Consumer Psychology, 12*(4), 291–301.

Wiesenfeld, B., Swann, W., Brockner, J., & Bartel, C. (2007). Is more fairness always preferred? Self-esteem moderates reactions to procedural justice. *Academy of Management Journal, 50*, 1235–1253.

Wilk, S., & Cappelli, P. (2003). Understanding the determinants of employer use of selection methods. *Personnel Psychology, 56*, 103–124.

Wilks, S., Mortimer, M., & Nylen, P. (2006). The introduction of sit-stand worktables. *Applied Ergonomics, 37*, 359–365.

Williams, M., McDaniel, M., & Nguyen, N. (2006). A meta-analysis of the antecedents and consequences of pay level satisfaction. *Journal of Applied Psychology, 91*, 392–413.

Willness, C., Steel, P., & Lee, K. (2007). A meta-analysis of the antecedents and consequences of workplace sexual harassment. *Personnel Psychology, 60*, 127–162.

Witt, L., Burke, L., Barrick, M., & Mount, M. (2002). The interactive effects of conscientiousness and agreeableness on job performance. *Journal of Applied Psychology, 87*, 164–169.

Witt, L., & Ferris, G. (2003). Social skill as moderator of the conscientiousness-performance relationship: Convergent results across four studies. *Journal of Applied Psychology, 88*, 809–820.

Wogalter, M., Conzola, V., & Smith-Jackson, T. (2002). Research-based guidelines for warning design and evaluation. *Applied Ergonomics, 33*, 219–230.

Wolburg, J., & Pokyrwczynski, J. (2001). A psychographic analysis of Generation Y college students. *Journal of Advertising Research, 41*(5), 33–53.

Woodside, A., & Wilson, E. (2002). Respondent inaccuracy. *Journal of Advertising Research, 42*(5), 7–20.

Woodson, W., Tillman, B., & Tillman, P. (1992). *Human factors design handbook* (2nd ed.). New York: McGraw-Hill.

Wright, T., & Bonett, D. (2002). The moderating effects of employee tenure on the relation between organizational commitment and job performance: A meta-analysis. *Journal of Applied Psychology, 87*, 1183–1190.

Wright, T., Cropanzano, R., & Bonett, D. (2007). The moderating role of employee positive well-being on the relation between job satisfaction and job performance. *Journal of Occupational Health Psychology, 12*, 93–104.

Yakubovich, V., & Lup, D. (2006). Stages of the recruitment process and the referrer's performance effect. *Organizational Science, 17*, 710–723.

Yang, M., Roskos-Ewoldson, B., & Roskos-Ewoldson, D. (2004). Mental models for brand placement. In L. Shrum (Ed.), *The psychology of entertainment media: Blurring the lines between entertainment and persuasion* (pp. 79–98). Mahwah, NJ: Erlbaum.

Yang, N., Chen, C. C., Choi, J., & Zou, Y. (2000). Sources of work-family conflict. *Academy of Management Journal, 43*, 113–123.

Yelkur, R., Tomkovick, C., & Traczyk, P. (2004). Super Bowl advertising effectiveness: Hollywood finds the games golden. *Journal of Advertising Research, 44*(3), 143–159.

Yildirim, K., Akalin-Baskaya, A., & Celebi, M. (2007). The effects of window proximity, partition height, and gender on perceptions of open-plan offices. *Journal of Environmental Psychology, 27*, 154–165.

Yoon, S., & Kim, J. (2001). Is the Internet more effective than traditional media? Factors affecting the choice of media. *Journal of Advertising Research, 41*(6), 53–61.

Yrle, A., Hartman, S., & Galle, W. (2002). An investigation of relationships between communication style and leader-member exchange. *Journal of Communications Management, 6*(3), 257–268.

Yukl, G., & Taber, T. (1983). The effective use of managerial power. *Personnel, 60*(2), 37–44.

Zaslow, J. (2007, April 20). The most-praised generation goes to work. *Wall Street Journal,* pp. W1, 7.

Zatzick, C., & Iverson, R. (2006). High-involvement management and workforce reduction. *Academy of Management Journal, 49*, 999–1015.

Zellars, K., & Perrewe, P. (2001). Affective personality and the content of emotional social support: Coping in organizations. *Journal of Applied Psychology, 86*, 459–467.

Zellars, K., Tepper, B., & Duffy, M. (2002). Abusive supervision and subordinates' organizational citizenship behavior. *Journal of Applied Psychology, 87*, 1068–1076.

Zhang, Z.-X., Hempel, P., Han, Y.-L., & Tjosvold, D. (2007). Transactive memory system links work team characteristics and performance. *Journal of Applied Psychology, 92*, 1722–1730.

Zhao, H., & Seibert, S. (2006). The Big Five personality dimensions and entrepreneurial status. *Journal of Applied Psychology, 91*, 259–271.

Zhao, H., Wayne, S., Glibkowski, B., & Bravo, J. (2007). The impact of psychological contract breach on work-related outcomes. *Personnel Psychology, 60*, 647–680.

Zhou, D., Zhang, W., & Vertinsky, I. (2002). Advertising trends in urban China. *Journal of Advertising Research, 42*(3), 73–82.

Zimmerman, A., & Dahlberg, J. (2008). The sexual objectification of women in advertising. *Journal of Advertising Research, 48*, 71–79.

Zimmerman, R. (2008). Understanding the impact of personality traits on individuals' turnover decisions. *Personnel Psychology, 61*, 309–348.

Zohar, D. (2002). Modifying supervisory practices to improve subunit safety: A leadership-based intervention model. *Journal of Applied Psychology, 87*, 156–163.

术语表

Accident proneness 事故倾向

有些人具有倾向于发生事故的人格特征，而且绝大部分事故是由少数具有此类特征的人所引起或参与的。这种理论没有得到研究的支持。

Achievement motivation theory 成就动机理论

一种动机理论，该理论强调个体实现某事、做一份好工作以及把工作做到最好的需要。

Adverse impact 负面影响

在雇员安置决策过程中，更差地对待应聘者或员工中的某一群体时，就存在负面影响。

Apprenticeship 学徒制

针对需要技艺的工艺品及相关行业的一种培训方法，包括课堂教学和在职培训。

Aptitude tests 能力测验

测量某种特定能力的心理测验，比如机械技能或者文书技能。

Assessment Center 评价中心

包括工作情境模拟的一种选拔与培训方法，在此类工作情境中，候选人需要处理一些现实的工作问题。

Attribute 归因

绩效评估误差的来源之一，评估者会对员工的某种行为作出积极或消极的解释。

Auditory displays 听觉显示器

人机系统中的警报或者警告信号。听觉显示器比视觉显示器可能更容易引起人的注意。

Authoritarian leadership 专制型领导

一种领导风格，领导做出所有的决策，并告诉下属该做什么。

Average rating error 中心化误差

绩效评估误差的来源之一，评估者不愿意做出非常好或非常差的评价，结果绝大部分的评价都集中在评价表的中间部分。

Banding 分数归组

一种尚存争议的选拔雇用实践。为了使雇用率相等，组织将少数民族应聘者的测验分数归入对应的分数组。

Behavior modeling 行为模仿

一种让受训者尝试模仿成功管理者的工作行为的管理培训技术。

Behavior modification 行为矫正

对雇员表现出适宜的工作行为给予奖励的一种正强化的培训程序。

Behavior observation scales (BOS) 行为观察量表

由评价者对雇员关键工作行为的出现频率进行评估的一种绩效评估技术。

Behaviorally anchored rating scales (BARS) 行为锚定评估量表

由评价者对雇员的关键工作行为进行评估的一种绩效评估技术。

Biodata inventory 履历调查表

包含了应聘者过去的行为、态度、偏好和价值观的一种雇员选拔技术。

Biofeedback 生物反馈

一种减压技术，可以对生理过程进行电子监控，这样人们就可以学着控制其肌肉的紧张度、血压和脑电。

Bureaucracy 科层制

企业的一种正式的、有序的、理性的组织形式。

Burnout　倦怠

一种由于工作过度而导致的工作压力情形。

Business games　商业博弈

一种通过模拟复杂的组织情境来提升问题解决技能和决策技能的培训方法。

Career self-management　职业生涯自我管理

一种由雇员自身而非组织实施的终身学习和技能提升方式。

Carpal tunnel syndrome　腕管综合征

由重复性活动导致的运动障碍,可能包括手指、手掌和前臂的麻痹、麻刺感或者疼痛。

Case studies　案例研究

一种要求受训者分析商业问题并给出解决方法的管理培训方法。

Change agents　变革代理人

组织发展的推动者,他们和业务团队共同工作,以实施变革,并提升团队的信心和效能。

Charismatic leadership　魅力型领导

一种以自我促进的人格、精力充沛和愿意承担风险为特征的领导风格。魅力型领导者鼓励其追随者独立思考。

Check reading visual displays　核读式显示器

可告诉操作者系统的开关状态、安全与否的状态以及运转是否正常的显示器。

Computer-assisted instruction(CAI)　计算机辅助教学

基于计算机的培训方法,受训者可以以他们自己的速度学习材料并在学习的过程中得到及时反馈。

Computerized adaptive tests　计算机自适应测验

实施心理测验的一种方法,被试对当前问题的回答会决定下一个问题的难度。

Concurrent validity　同时效度

建立效标关联效度的方法,即对雇员进行一项测验并把测验分数与其工作绩效的数据求相关。

Consideration leadership functions　关怀维度

一种对下属情感有所觉察和敏感的领导行为。

Constant bias　常误(系统误差)

由于评估者使用了不同的评定标准而引起的一种绩效评估误差。

Construct validity　构念效度

效度的一种,用来确定被一个心理测验所测到的心理特征。

Content validity　内容效度

效度的一种,用来评估测验题目是否充分地代表了测验所测技能的全部。

Contingency theory　权变理论

一种领导理论,该理论认为领导有效性是由领导者的个人特征和情境特征的交互作用决定的。

Control group　控制组

实验中不接受自变量处理的被试组。

Correlation　相关

两个变量之间的相互关系。这种相互关系的大小和方向用相关系数表示。

Criterion-related validity　效标关联效度

效度的一种,关注的是被试的测验得分与其随后的工作绩效的关系。

Critical-incidents technique　关键事件技术

识别导致适宜或不适宜的工作后果的特定活动或行为的技术。

Democratic leadership　民主型领导

由领导者和下属一起讨论问题和做决策的领导风格。

Dependent variable　因变量

实验中,因变量是被试的行为结果,这种结果取决于对自变量的控制。

Descriptive statistics　描述性统计

以简洁的、有意义的方式来描述或者表征研究数据的方法。

Diversity training　劳动力多元化培训

一种培训项目,旨在让雇员意识到自己的个人偏见,并提升其对他人的事情和观点的敏感性。

Employee assistance programs(EAPs)　员工帮助计划

对不同的雇员问题,尤其是酗酒和吸毒问题,进行咨询和康复服务。

Engineering psychology　工程心理学

设计为人类使用的机器和设备,以及确定对机器进行高效操作的适宜的人类行为。这个领域也被称为人因学、人类工程学和工效学。

Environmental psychology　环境心理学

研究工作场所设计对行为和态度的影响。

Equity theory　公平理论

这种动机理论指出我们的工作动机受到我们对自己是否被公平对待的知觉的影响。

Equivalent-forms method　复本法

确定测验信度的一种方法,即对同一批被试施测两套目的和形式都对等的量表,然后求这两套测验分数的相关。

Executive coaching　执行力训练

一种管理培训技术,通过教练的个别辅导,来提高受训者在某个方面的工作绩效。

Experimental group　实验组

实验中接受自变量处理的被试组。

Experimental method　实验法

确定变量如何对被试的绩效或行为产生影响的科学方法。

Face validity　表面效度

测题与某项工作的要求之间相关度的主观印象。

Fixed-alternative questions　限选题

问卷的一种题型,被试只能从所提供的限定选项中选出答案。这种题目很像大学考试中的多项选择题。

Flextime　弹性工时

一种弹性工作时间系统,由强制的核心工作时间段和该工作日开始或结束的某个可选工作时间段组成。

Focus groups　焦点小组访谈

一种调查公众看法的方法,该方法有偿邀请8至12人聚在一起,描述他们对一件产品、一则广告或者其他特定事物的看法。

Forced-choice technique　迫选法

一种绩效评估技术,要求评估者从所呈现的几组描述中选出每组当中最能描述或最不能描述被评估者的那一项。

Force-distribution technique　强制分布法

一种绩效评估技术,要求主管根据规定的等级分布对雇员进行评估,类似于在一条曲线上评分。

Frequency distribution　频次分布

原始数据的图形表征,表明每个分数出现的次数。

Goal-setting theory　目标设置理论

这种动机理论的基本观点是:人们的主要工作动机源自其完成某个特定目标的愿望。

Group cohesiveness　群体凝聚力

一个小工作群体具有共同的兴趣和利益,成员关系具有紧密性、亲近性。

Group tests　团体测验

可同时给一群人施测的心理测验。

Halo effect　晕轮效应

基于某人单方面的品质,判断其行为或性格所有方面的倾向。

Hardiness　坚韧性

解释个体面对压力时的脆弱性程度的人格变量。坚韧性强的人相信他们能控制生活中的事件,因而具有更强的压力耐受力。

Hawthorne studies　霍桑实验

在位于美国伊利诺伊州的西部电气的霍桑工厂进行的一项长期研究项目。该项目记录了很多管理或组织因素对雇员行为的影响。

Human anthropometry　人体测量学

工程心理学的一个分支，关注对人体生理结构的测量。

Implicit leadership theory　内隐领导理论

一种领导理论，认为个体会依据其过去和不同领导的相处经历来描述什么是好领导。

Impression management　印象管理

为了给别人留下好的印象或者以讨人喜欢的方式呈现自己而谨慎行为。

Inadequate information error　不充分信息误差

绩效评估误差的一种，当主管所了解的情况还不足以使其对下属做出公平、精确的评价时，就对下属进行评价。

In-basket technique　文件筐技术

评价中心技术的一种任务，要求应聘者处理一个典型的经理文件筐里可能出现的留言、信件和指示等。

Independent variable　自变量

实验中被操作的刺激变量，从而确定它对被试行为的影响。

Individual tests　个体测验

一次只对一个人施测的心理测验。

Inferential statistics　推断统计

基于概率分析研究数据所表达的关系的方法。

Initiating structure leadership functions　定规维度

组织、规定和指导下属工作活动的领导行为。

Integrity tests　诚信度测验

为了检测雇员的偷盗行为，评估雇员的不诚实态度以及测量相关的人格变量（比如违法倾向）而设计的一种纸笔测验。

Interest tests　兴趣测验

评估个体兴趣和偏好的心理测验。这种测验经常被用来做职业咨询。

I-O psychology　工业与组织心理学

把心理学的方法、事实和原理运用到工作上的学科。

Job analysis　职位分析

对一项工作进行研究，从而具体描述工作中各项任务的性质。

Job congruence　人职匹配

个体能力与工作要求之间的匹配。

Job engagement　敬业度

表明员工真正享受工作的程度，敬业度高的人一般在工作干劲、投入度和效率方面的得分都很高。

Job enrichment　工作丰富化

增加雇员的工作范畴，让他们在计划、实施和评价自己的工作时扮演更重要的角色。

Job rotation　轮岗制

一种管理培训技术，要求受训者在几年的时间内分阶段从事多项工作和到多个部门工作。

Job satisfaction　工作满意度

我们对所做工作的积极或消极的情感和态度。

Job simplification　工作简化

把制造型工作简化到最简单的成分，从而使无技术或半技术的工人也能掌握。

Job-characteristic theory　工作-特征理论

一种动机理论，该理论认为特定的工作特征会导致一些心理状态，而这些心理状态会增加那些成长需求高的雇员的动机、绩效和满意度。

Leadless group discussion　无领导小组讨论

评价中心的一种技术，要求求职位申请者在规定时间内共同讨论一个实际的商业问题。通常会有一名领导从小组中脱颖而出，引导讨论的进行。

Leader-member exchange　领导—成员交换理论

一种领导理论，关注领导者和下属的关系如何影响领导过程。

Locus of control　控制点

个体对其所得回报的来源的信念。内控的

人相信工作绩效、薪资和升职问题都受自己的控制,而且依赖于自己的行为。外控的人则认为这些事情都受运气等外部力量的影响。

Management by objectives(MBO)　目标管理

一种绩效评估技术,要求雇员和管理者对一段给定时间内所要达到的目标达成共识。

Mass psychogenic illness　群体癔症

一种与压力相关的伴有多种躯体症状的紊乱/疾病,且这些症状会在一个工作群体内部迅速蔓延,通常被称为生产线癔症。

Matched group design　匹配组设计

保证实验组和控制组同质性的方法,把那些可能影响因变量的特征,如年龄、工作经验和智力,在两组被试中进行匹配。

Mean　平均数

算术平均数,描述数据分布的集中趋势的方法。

Median　中数

处在一组数据分布中间位置的数,有一半数据落在中数之下,一半落在中数之上。

Merit pay　绩效工资

基于绩效水平付薪水的薪资系统。

Merit rating　业绩评估

评价工作绩效的一种客观的评定方法。

Meta-analysis　元分析

对以往研究的结果进行大规模的再分析。

Mode　众数

数据分布中出现频率最多的数据。

Most-recent-performance error　近因误差

绩效评估中的一种误差,评估者倾向于根据员工最近的表现对员工进行评估,而不是根据从上一次评估结束后的一个周期内的表现。

Motivator-hygiene(two-factor) theory　激励－保健因素(双因素)理论

一种动机理论,根据工作任务和工作场所的特点解释工作动机和工作满意度。

Naturalistic observation　自然观察法

在自然的情况下对行为进行科学的观察,对自变量不进行任何实验处理。

Needs assessment　需求评估

在设计培训项目之前,对公司和个人的目标进行分析。

Needs hierarchy theory　需要层次理论

这种动机理论认为人的需要包括生理需要、安全需要、归属需要、自尊需要和自我实现需要。

Negative affectivity　负性情感

个体具有对生活和工作持有普遍不满以及关注生活事件的消极方面倾向的一种人格特征。

Nominal working hours　名义工时

雇员应当花在工作上的时间;但实际上,并不是所有的这些时间都会被用在工作上。

Normal distribution　正态分布

一种呈钟形分布的数据,绝大部分数据集中在中间,极少数的分布在高低两端。

Objective tests　客观测验

评分过程不受主观判断影响的测验。

Occupational health psychology　职业健康心理学

涉及工作压力对健康的影响和雇员幸福感的研究领域。

On-the-job training　在职培训

当受雇员工在岗工作时,直接对其进行的培训。

Open-end questions　开放性问题

被试可以用自己的话回答的问题。跟大学考试里写文章的题目很像。

Organizational culture　组织文化

企业与工业实践中所显现出来的组织的信念、期望和价值模式。

Organizational development(OD)　组织发展

对那些有计划的组织变革进行研究和实施。

Organization-based self-esteem　组织自尊

一个人格维度,我们对自己在组织中的地位的充分度和价值所做出的评价。

Paired-comparison technique　配对比较技术

一种绩效评估技术，在组织中对每一个员工的绩效与其他员工的绩效都要进行两两对比。

Path-goal theory　路径-目标理论

一种领导理论，强调领导者应该采取各种行为以使下属实现个人和组织目标。

Peer rating　同伴评定

一种绩效评估技术，要求处在同一高度的经理或主管互相评估对方的能力和工作表现。

Performance appraisal　绩效评估

以职业决策为目的，对雇员进行正式的周期性的评估。

Personality tests　人格测验

评估人格特质和情绪的心理测验。

Person-machine system　人机系统

人和机器相互协作完成特定任务的系统。

Person-organization fit　个人-组织匹配

雇员的价值与组织的价值之间的一致性。

Power tests　难度测验

没有时间限制的测验。允许被试花任意需要的时间来完成测验。

Predictive validity　预测效度

建立效标关联效度的方法，首先用一种新测验对所有求职者施测，不管测验得分是多少，雇用所有的求职者。工作一段时间后，得到他们的工作绩效分数，再把测验分数与绩效分数进行相关分析，看该测验多大程度上能预测工作上的成功。

Proactivity　主动性

采取行动，试着影响或改变个人所处环境的倾向。

Probability　概率

实验组和控制组平均数之间的差异出现的可能性。

Probability sampling　随机取样

为调查或选举建立具有代表性的样本的方法。总体中的每个人都会有已知的概率或机会被选入样本。

Protective techniques　投射技术

一种人格测验技术，要求参加测验的人把他们的情感投射到模棱两可的图像上，比如墨迹。

Prosocial behavior　亲社会行为

对领导、同事和顾客表现出来的有益于组织的行为。

Protective exclusion　保护性排斥

由于担心遭遇法律问题而拒绝某些群体做那种具有潜在危险性的工作，比如育龄妇女。

Pygmalion effect　皮革马利翁效应

一种自证预言，管理者对雇员绩效水平的期望会影响雇员的绩效。

Qualitative visual displays　定性视觉显示器

用来呈现范围而不是具体数值的显示器。它们经常被用来显示一些元器件是否在安全或者不安全的范围内运行，比如发动机的温度。

Quality-of-work-life(QWL) programs　工作生活质量计划

激发雇员积极参与决策和政策制定的组织计划。

Quantitative visual displays　定量视觉显示器

用来呈现具体数值的显示器，比如呈现速度、海拔或者温度等。

Quota sampling　分层抽样

为调查或选举建立具有代表性的样本的方法。因为所选样本必须反映其在更大的总体中所占的比例，所以配额会根据不同的分类来建立，比如年龄、性别或种族。

Race norming　种族常模

备受争议的一种做法，现在已被视为违法，即通过增加少数民族职位申请者的测验分数来平衡雇用率。

Random group design　随机区组设计

确保实验组和控制组之间平衡性的方法，要求实验者把被试随机分配到各实验条件中。

Ranking technique　排序法

一种绩效评估技术,要求主管对其团队成员按照从最高到最低或者最好到最差的顺序排序。

Rating scales 评定量表

一种绩效评估技术,要求管理者评价员工具备其工作相关特征的程度。

Rational validity 理性效度

与测验的本质、属性和内容相关的一种效度,与工作绩效的测量无关。

Realistic job previews 现实工作预览

一种招募技术,让可能成为雇员的人了解未来要做工作的好处和坏处。

Recognition technique 再认技术

测验广告效果的技术,通过询问人们是否能认出某个广告,在哪看见的,以及所能回忆的关于广告的信息。

Relaxation training 放松训练

集中精力,放松身体不同部位的减压技术。

Reliability 信度

一项心理测验测量结果的一致性和稳定性。

Reverse discrimination 反向歧视

在招募、雇用、晋升或者做其他人事决策时可能会出现这种现象,即为了弱势群体的利益导致对强势群体的歧视。

Role ambiguity 角色模糊

在工作责任不明确或者界定不清楚时,这种情境就会发生。

Role conflict 角色冲突

职位的多项要求之间或者工作需要和雇员的个人标准之间不一致时所产生的情形。

Role-playing 角色扮演

一种管理培训技术,要求受训者扮演管理者的角色,在与下属共事的情境中表现出各种行为。

Sales test technique 销售测试技术

通过向所选的试点市场投放新广告来测试一项广告宣传活动的效果的方法。

Scientific management 科学管理

致力于提高生产率的管理哲学,把员工看作是他们所操作的机器的外延。

Scientific method 科学方法

以控制的、客观的和系统的方法做研究。

Selection ratio 选拔比率

拟雇用人数(岗位数)与潜在的可雇用人数(潜在劳动力供应量)之间的关系。

Self-managing work teams 自我管理工作团队

一种工作团队,允许成员自行管理、控制和监督所做工作的所有方面,包括从招募、雇用和培训新员工到决定何时休息等。

Self-ratings 自我评价

一种绩效评估技术,要求管理者对自己的能力和工作绩效进行评估。

Self-report personality inventories 自陈式人格测验

这种人格评估测验由涉及情境、症状和情感等内容的题目组成,要求受测者回答每个题目的描述与自己的相像程度或者他们对每个题目的描述的同意程度。

Shape coding 形状编码

为控制仪表板而设计易于识别的不同形状的按钮,这样只通过触摸就能确认这些按钮的功能。

Situational interviews 情景面试

这种面试不关注个人特征或工作经验,而关注达到成功的工作表现所需要的行为。

Situational judgment tests 情景判断测验

在与工作相关的情境中评估行为和表现的方法。

Situational testing 情景模拟测试

用于员工选拔和绩效评估的评价中心技术的一个早期术语。即员工被置于一个模拟的工作情境中,这样他们在压力下的行为就能被观察和评价。

Skewed distribution 偏态分布

不对称分布的数据,绝大部分数据都分布在高分端或者低分端。

Social loafing　社会惰化

这一观点认为人们在群体中工作时没有像单独工作时那样努力。

Socialization　社会化

新员工逐渐了解自己在组织架构中的角色、公司的价值观和被工作群体广泛接受的行为模式等的适应过程。

Speed tests　速度测验

有时间限制的测验,到时间后人们必须停止测验。

Split-halves method　分半法

确定测验信度的一种方法,对一群被试实施一个新测验后,把测验的所有题目分成两半,然后把两半的得分求相关。

Standard deviation　标准差

一种度量数据分布变异程度的方法,标准差是数据到分布基准线的精确距离。

Standardization　标准化

实施心理测验的条件和程序的一致性。

Standardization sample　标准化样本

用来建立测验常模的被试群体。标准化样本的得分会作为人们测试后的得分的比较标准。

Statistical significance　统计显著性

实验结果的置信水平,显著性是基于概率值的计算得出的。

Stress　压力

个体对过度的而且通常是不愉快的刺激以及环境中的危险事件的生理和心理反应。

Structured interviews　结构化面试

这种面试对每个申请某个职位的人询问预先设置好的一系列问题。

Subjective tests　主观测验

采用像问答题这样的题目的测验。评分过程会受到评分者的个人特质和态度的影响。

Survey research method　调查法

设计面试、行为观察和问卷来调查人们的感受和观点或者他们在给定情境中的行为方式。

Test norms　测验常模

与受测的职位申请者同质的一大群被试的测验得分分布。

Test-retest method　重测法

确定测验信度的方法,用新测验对同一批被试进行先后两次施测,求这两次得分的相关。

Theory X/Theory Y　X理论/Y理论

管理的X理论假设人们都很懒惰,不喜欢工作,因此必须对人们进行引导。Y理论假设人们会在工作中得到满足,而且在那种允许他们朝着个人和组织双重目标工作的领导的带领下,工作的表现最好。

360-degree feedback　360度反馈

绩效评估的一种多源方法,包括从上级、下属、同事和自己等来源的评估。

Time-and-motion study　时间—动作研究

重新设计操作工具以及重塑那些常规性的、重复性的工作的操作方法的一种早期尝试。

Total quality management(TQM)　全面质量管理

以增加雇员的卷入度和责任感为特征的参与性管理计划。

Transactional leadership　交易型领导

基于下属对领导能力的知觉和期望,并关注领导和下属之间的社会互动的一种领导风格。

Transformational leadership　变革型领导

一种领导风格,领导者不被下属的看法所束缚,反而可以自由地采取行动去改变下属的观念。

Unstructured interviews　非结构化面试

所问问题及形式都由面试官自行决定的面试。

Valence-instrumentality-expectancy(VIE)theory　效价-工具-期望理论

一种动机理论,认为人们是根据他们对采取

特定行为后所产生的回报的期望来做决策的。

Validity　效度

确定一个心理测验或者其他选拔工具是否测到了其想测的东西。

Validity generalization　效度概化

一种观点，认为在一种情景下有效的测验在另一种情境下可能也有效。

Vestibule training　仿真培训

在模拟工作场所中进行的培训。

Wage-incentive system　计件工资激励系统

主要为生产型工人设计的薪酬体系，人们生产的产品越多，拿到的工资就越高。

Work analysis　工作分析

对可以让员工从一个工作转换到另一个工作的特定任务和技能进行的研究。

Work overload　工作超负荷

在一定时间内有太多工作要做或者工作对员工而言难度太大。

Work underload　工作负荷不足

相对于员工的能力而言，工作太简单或者挑战性不够。

Workholism　工作狂

由于焦虑和不安全感或者因为纯粹地热爱工作而造成所谓的工作成瘾。

图书在版编目(CIP)数据

工业与组织心理学:心理学与现代社会的工作:第
10 版/(美)舒尔茨(Schultz, D.),(美)舒尔茨
(Schultz, S.E.)著;孟慧等译.—上海:上海人民出
版社,2014
书名原文:Psychology and work today
ISBN 978 - 7 - 208 - 12502 - 5

Ⅰ.①工… Ⅱ.①舒… ②舒… ③孟… Ⅲ.①工业心
理学-组织心理学 Ⅳ.①F406.13

中国版本图书馆 CIP 数据核字(2014)第 180612 号

责任编辑 李 莹
装帧设计 今亮后声·张张玉

工业与组织心理学(第10版)
——心理学与现代社会的工作
[美]杜安·P.舒尔茨 悉尼·埃伦·舒尔茨 著
孟 慧 林晓鹏 等 译

出 版	上海人民出版社	
	(200001 上海福建中路 193 号)	
发 行	上海人民出版社发行中心	
印 刷	常熟市新骅印刷有限公司	
开 本	720×1000 1/16	
印 张	30.25	
插 页	2	
字 数	632,000	
版 次	2014 年 12 月第 1 版	
印 次	2020 年 10 月第 2 次印刷	

ISBN 978 - 7 - 208 - 12502 - 5/B·1082
定 价 95.00 元